PAPILLON

*Dans le milieu, on l'appelait Papillon : jamais là où on le croyait,
arrivant quand on ne l'attendait plus, « allant de fleur en fleur ».
C'étaient les années 30. Et en 1930, justement, il « tombe » : il est
arrêté pour un meurtre qu'il n'a pas commis, car Henri Charrière n'est
ni barbeau ni tueur. Commence alors la plus fantastique des aventures. Condamné au bagne à vie à Cayenne, grâce à de faux témoignages, il refuse cette peine aussi injuste que démesurée : la grande
cavale a pris le départ.*

*« PAPILLON » se révèle écrivain et son livre se place rapidement
au niveau des best-sellers avec plus d'un million d'exemplaires vendus
en France.*

Voici l'une des plus étourdissantes et des plus toniques épopées que
nous ayons lues depuis longtemps. Quarante-trois jours après son arrivée au bagne, Papillon s'en évade : 2 500 km en mer, l'île de Trinidad, les Anglais (fair-play), la Colombie et ses cachots sous-marins, les
Indiens Guajiros, les cavales de Baranquilla, le retour au bagne, la
Réclusion (deux ans dans une cage à fauves), les nouvelles tentatives
de cavale, la vie trafiquante du bagne où tout le monde est mouillé,
la Réclusion — encore ! — et enfin, au bout de treize ans, la grande
cavale, la dernière, réussie. Mais à quel prix : l'océan dans un canot
et un nouveau bagne au Venezuela ! On n'ose croire que, cette fois
encore, il s'en sortira.
Extraordinaire film d'aventures, extraordinaire document sur la vie
des forçats dans l'Enfer vert, extraordinaire leçon de courage et de
virilité, ce livre se lit d'un trait car on ne peut échapper ni à son
suspense permanent ni au dur charme de son héros. Pas d'amertume, pas de vaines plaintes, mais la vivacité du coup d'œil, la gam-
berge, l'action rapide : tout pour la cavale. Jamais abattu, même
après les échecs les plus secs, Papillon repart toujours.

HENRI CHARRIÈRE

Papillon

RÉCIT

PRÉSENTÉ PAR JEAN-PIERRE CASTELNAU

suivi de

PAPILLON OU LA LITTÉRATURE ORALE

PAR JEAN-FRANÇOIS REVEL

LAFFONT

Au peuple Vénézuélien,
à ses humbles pêcheurs du golfe de
Paria,
à tous, intellectuels, militaires et
autres
qui m'ont donné ma chance de
revivre,

à Rita, ma femme, ma meilleure
amie.

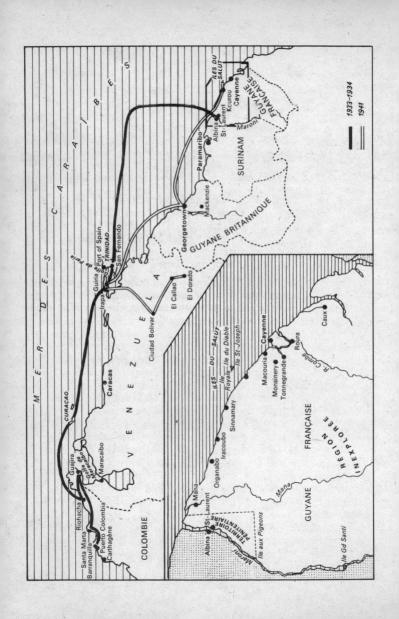

PRÉSENTATION

Ce livre n'aurait sans doute jamais existé si, en juillet 1967, dans les journaux de Caracas, un an après le tremblement de terre qui l'avait ruiné, un jeune homme de soixante ans n'avait entendu parler d'Albertine Sarrazin. Elle venait de mourir, ce petit diamant noir tout d'éclat, de rire et de courage. Célèbre dans le monde entier pour avoir publié en un peu plus d'un an trois livres dont deux sur ses cavales et ses prisons.

Cet homme s'appelait Henri Charrière et revenait de loin. Du bagne, pour être précis, de Cayenne, où il était « monté » en 1933, truand oui, mais pour un meurtre qu'il n'avait pas commis et condamné à perpétuité, c'est-à-dire jusqu'à sa mort. Henri Charrière, dit Papillon — autrefois — dans le milieu, né Français d'une famille d'instituteurs de l'Ardèche, en 1906, est Vénézuélien. Parce que ce peuple a préféré son regard et sa parole à son casier judiciaire et que treize ans d'évasions et de lutte pour échapper à l'enfer du bagne dessinent plus un avenir qu'un passé.

Donc, en juillet 67, Charrière va à la librairie française de Caracas et achète L'Astragale. *Sur la bande du livre, un chiffre : 123ᵉ mille. Il le lit et, simplement, se dit :*

« C'est beau, mais si la môme, avec son os cassé, allant de planque en planque, a vendu 123 000 livres, moi, avec mes trente ans d'aventures, je vais en vendre trois fois plus. »

Raisonnement logique mais on ne peut plus dangereux et qui, depuis le succès d'Albertine, entre autres, encombre les tables d'éditeurs de dizaines de manuscrits sans espoir. Car l'aventure, le malheur, l'injustice les plus corsés ne font pas forcément un bon livre. Encore faut-il savoir les écrire, c'est-à-dire avoir ce don injuste qui fait qu'un lecteur voit, ressent, vit, par l'intérieur, comme s'il y était, tout ce qu'a vu, ressenti, vécu celui qui a écrit.

Et là, Charrière a une grande chance. Pas une fois il n'a pensé à écrire une ligne de ses aventures : c'est un homme d'action, de vie, de chaleur, une généreuse tempête à l'œil malin, à la voix méridionale chaude et un peu rocailleuse, qu'on peut écouter pendant des heures car il raconte comme personne, c'est-à-dire comme tous les grands conteurs. Et le miracle se produit : pur de tout contact et de toute ambition littéraires (il m'écrira : Je vous envoie mes aventures, faites-les écrire par quelqu'un du métier), ce qu'il écrit c'est « comme il vous le raconte », on le voit, on le sent, on le vit, et si par malheur on veut s'arrêter au bas d'une page alors qu'il est en train de raconter qu'il se rend aux cabinets (lieu au rôle multiple et considérable au bagne), on est obligé de tourner la page parce que ce n'est plus lui qui y va mais soi-même.

Trois jours après avoir lu L'Astragale, il écrit les deux premiers cahiers d'un seul jet, des cahiers format écolier, à spirale. Le temps de recueillir un ou deux avis sur cette nouvelle aventure, peut-être plus surprenante pour lui que toutes les autres, il attaque la suite au début 68. En deux mois il termine les treize cahiers.

Et comme pour Albertine, c'est par la poste que m'arrive son manuscrit en septembre. Trois semaines après, Charrière était à Paris. Avec Jean-Jacques Pauvert, j'avais lancé Albertine : Charrière me confie son livre.

Ce livre, écrit au fil encore rouge vif du souvenir, tapé par d'enthousiastes, changeantes et pas toujours très françaises dactylos, je n'y ai pour ainsi dire pas touché. Je n'ai fait que rétablir la ponctuation, convertir certains hispanismes trop obscurs, corriger telles confusions de sens et telles inversions dues à la pratique quotidienne, à Caracas, de trois ou quatre langues apprises oralement.

Quant à son authenticité, je m'en porte garant sur le fond. Par deux fois Charrière est venu à Paris et nous avons longuement parlé. Des jours, et quelques nuits aussi. Il est évident que, trente ans après, certains détails peuvent s'être estompés, avoir été modifiés par la mémoire. Ils sont négligeables. Quant au fond, il n'est que de se reporter à l'ouvrage du professeur Devèze, CAYENNE (Julliard, coll. Archives, 1965) pour constater immédiatement que Charrière n'a forcé ni sur les mœurs du bagne, ni sur son horreur. Bien au contraire.

Par principe, nous avons changé tous les noms des bagnards, des surveillants et commandants de l'Administration pénitentiaire, le propos de ce livre n'étant pas d'attaquer des personnes mais de fixer des types et un monde. De même pour les dates : certaines sont précises, d'autres indicatives d'époques. C'est suffisant. Car Charrière n'a pas voulu écrire un livre d'historien, mais raconter, tel qu'il l'a à vif vécu, avec dureté, avec foi, ce qui apparaît comme l'extraordinaire épopée d'un homme qui n'accepte pas ce qu'il peut y avoir de démesuré à l'excès entre la compréhensible défense d'une société contre ses truands et une répression à proprement parler indigne d'une nation civilisée.

Je veux remercier Jean-François Revel qui, épris de ce texte dont il fut un des premiers lecteurs, a bien voulu dire pourquoi, dans le rapport qu'il lui paraît avoir avec la littérature passée et contemporaine.

JEAN-PIERRE CASTELNAU.

Premier cahier

LE CHEMIN DE LA POURRITURE

LES ASSISES

La gifle a été si forte que je ne m'en suis relevé qu'au bout de treize ans. En effet, ce n'était pas une baffe ordinaire, et pour me la balancer, ils s'étaient mis à beaucoup.

Nous sommes le 26 octobre 1931. Depuis huit heures du matin on m'a sorti de la cellule que j'occupe à la Conciergerie depuis un an. Je suis rasé de frais, bien vêtu, un costume d'un grand faiseur me donne une allure élégante. Chemise blanche, nœud papillon bleu pâle, qui apporte la dernière touche à cette tenue.

J'ai vingt-cinq ans et en parais vingt. Les gendarmes, un peu freinés par mon allure de « gentleman », me traitent courtoisement. Ils m'ont même enlevé les menottes. Nous sommes tous les six, cinq gendarmes et moi, assis sur deux bancs dans une salle nue. Il fait gris dehors. En face de nous, une porte qui doit certainement communiquer avec la salle des assises, car nous sommes au Palais de Justice de la Seine, à Paris.

Dans quelques instants, je serai accusé de meurtre. Mon avocat, maître Raymond Hubert, est venu me saluer : « Il n'y a aucune preuve sérieuse contre vous, j'ai confiance, nous serons acquittés. » Je souris de ce « nous serons ». On dirait que lui aussi, maître Hubert, comparaît aux assises comme inculpé et que s'il y a condamnation, il devra, lui aussi, la subir.

Un huissier ouvre la porte et nous invite à passer. Par les deux battants grands ouverts, encadré par quatre gendarmes, l'adjudant sur le côté, je fais mon entrée dans une salle immense. Pour me la balancer, la gifle, on a tout habillé de rouge sang : tapis, rideaux des grandes fenêtres, et jusqu'aux robes des magistrats qui, tout à l'heure, vont me juger.

« Messieurs, la Cour ! »

D'une porte, à droite, apparaissent l'un derrière l'autre six hommes. Le président, puis cinq magistrats, toque sur la tête. Devant la chaise du milieu s'arrête le président, à droite et à gauche se placent ses assesseurs.

Un silence impressionnant règne dans la salle où tout le monde est resté debout, moi compris. La Cour s'assied ainsi que tout le monde.

Le président, joufflu aux pommettes rosées, l'air austère, me regarde dans les yeux sans laisser paraître aucun sentiment. Il s'appelle Bevin. Il va, plus tard, diriger les débats avec impartialité et, par son attitude, fera comprendre à tout le monde que, magistrat de carrière, lui n'est pas très convaincu de la sincérité des témoins et des policiers. Non, lui n'aura aucune responsabilité dans la gifle, il ne fera que me la servir.

L'avocat général est le magistrat Pradel. C'est un procureur très redouté par tous les avocats du barreau. Il a la triste renommée d'être le premier fournisseur de la guillotine et des pénitenciers de France et d'Outre-Mer.

Pradel représente la vindicte publique. C'est l'accusa-

teur officiel, il n'a rien d'humain. Il représente la Loi,
la Balance, c'est lui qui la manie et fera tout son possible pour qu'elle penche de son côté. Il a des yeux de
vautour, abaisse un peu les paupières et me regarde
intensément, de toute sa hauteur. D'abord celle de la
chaire qui le colloque plus haut que moi, ensuite celle
de sa propre stature, un mètre quatre-vingts au moins,
qu'il porte avec arrogance. Il ne quitte pas son manteau
rouge, mais pose sa toque devant lui. Il s'appuie sur ses
deux mains grandes comme des battoirs. Un anneau d'or
indique qu'il est marié et, à son petit doigt, comme
bague il porte un clou de cheval bien poli.

Il se penche un peu vers moi pour me dominer
mieux. Il a l'air de me dire : « Mon gaillard, si tu penses
pouvoir m'échapper, tu te trompes. On ne voit pas que
mes mains sont des serres, mais leurs griffes qui vont te
déchiqueter sont bien en place dans mon âme. Et si je
suis redouté par tous les avocats, et coté dans la magis-
trature comme un avocat général dangereux, c'est parce
que jamais je ne laisse échapper ma proie.

« Je n'ai pas à savoir si tu es coupable ou innocent,
je dois user seulement de tout ce qu'il y a contre toi :
ta vie de bohème à Montmartre, les témoignages provo-
qués par la police et les déclarations des policiers eux-
mêmes. Avec ce fatras dégoûtant accumulé par le juge
d'instruction, je dois arriver à te rendre suffisamment
repoussant pour que les jurés te fassent disparaître de
la société. »

Il me semble que, très clairement, je l'entends réellement me parler, à moins que je ne rêve, car je suis
vraiment impressionné par ce « mangeur d'hommes » :

« Laisse-toi faire, accusé, surtout n'essaie pas de te
défendre : je te conduirai sur le « chemin de la pourriture ».

« Et j'espère que tu ne crois pas aux jurés ? Ne t'illu-
sionne pas. Ces douze hommes ne savent rien de la vie.

« Regarde-les, alignés en face de toi. Tu les vois bien,
ces douze fromages importés à Paris d'un lointain pate-

lin de province ? Ce sont des petits-bourgeois, des retrai-
tés, des commerçants. Pas la peine de te les dépeindre.
Tu n'as tout de même pas la prétention qu'ils les comprennent, eux, tes vingt-cinq ans et la vie que tu mènes
à Montmartre ? Pour eux, Pigalle et la place Blanche,
c'est l'Enfer, et tous les gens qui vivent la nuit sont des
ennemis de la société. Tous sont excessivement fiers
d'être jurés aux Assises de la Seine. De plus ils souffrent,
je te l'assure, de leur position de petits-bourgeois étri-
qués.

« Et toi, tu arrives, jeune et beau. Tu penses bien que
je ne vais pas me gêner pour te dépeindre comme un
don juan des nuits de Montmartre. Ainsi, au départ, je
ferai de ces jurés tes ennemis. Tu es trop bien vêtu, tu
aurais dû venir humblement habillé. Là, tu as commis
une grande faute de tactique. Tu ne vois pas qu'ils
envient ton costume ? Eux, ils s'habillent à la Samari-
taine et n'ont jamais, même en rêve, été habillés par un
tailleur. »

Il est dix heures et nous voilà prêts à ouvrir les débats.
Devant moi, six magistrats dont un procureur agressif
qui mettra tout son pouvoir machiavélique, toute son
intelligence, à convaincre ces douze bonshommes que,
d'abord, je suis coupable, et que seuls le bagne ou la
guillotine peuvent être le verdict du jour.

On va me juger pour le meurtre d'un souteneur, donneur du milieu montmartrois. Il n'y a aucune preuve,
mais les poulets — qui prennent du galon chaque fois
qu'ils découvrent l'auteur d'un délit — vont soutenir que
c'est moi le coupable. Faute de preuves, ils diront avoir
des renseignements « confidentiels » qui ne laissent
aucun doute. Un témoin préparé par eux, véritable dis-
que enregistré au 36, quai des Orfèvres, du nom de Polein,
sera la pièce la plus efficace de l'accusation. Comme je
maintiens que je ne le connais pas, à un moment donné
le président, très impartialement, me demande : « Vous
dites qu'il ment, ce témoin. Bien. Mais pourquoi men-
tirait-il ?

— Monsieur le président, si je passe des nuits blanches depuis mon arrestation, ce n'est pas par remords d'avoir assassiné Roland le Petit, puisque ce n'est pas moi. C'est justement ce que je cherche, le motif qui a poussé ce témoin à s'acharner sur moi sans limites et à apporter, chaque fois que l'accusation faiblissait, de nouveaux éléments pour la renforcer. J'en suis arrivé, monsieur le président, à cette conclusion que les policiers l'ont pris en train de commettre un délit important et qu'ils ont fait un marché avec lui : on passe la main, à condition que tu charges Papillon. »

Je ne croyais pas si bien dire. Le Polein, présenté aux assises comme un homme honnête et sans condamnation, était arrêté quelques années après et condamné pour trafic de cocaïne.

Maître Hubert essaie de me défendre, mais il n'a pas la taille du procureur. Seul maître Bouffay arrive par son indignation chaleureuse à tenir quelques instants le procureur en difficulté. Hélas ! ça ne dure pas et l'habileté de Pradel l'emporte bien vite dans ce duel. Par surcroît, il flatte les jurés, gonflés d'orgueil d'être traités en égaux et en collaborateurs par cet impressionnant personnage.

A onze heures du soir, la partie d'échecs est terminée. Mes défenseurs sont échec et mat. Et moi qui suis innocent, je suis condamné.

La société française représentée par l'avocat général Pradel vient d'éliminer pour la vie un jeune homme de vingt-cinq ans. Et pas de rabais, s'il vous plaît ! Le plat copieux m'est servi par la voix sans timbre du président Bevin.

« Accusé, levez-vous. »

Je me lève. Un silence total règne dans la salle, les respirations sont suspendues, mon cœur bat légèrement plus vite. Les jurés me regardent ou baissent la tête, ils ont l'air honteux.

« Accusé, les jurés ayant répondu « oui » à toutes les questions sauf une, celle de la préméditation, vous êtes condamné à subir une peine de travaux forcés à perpétuité. Avez-vous quelque chose à dire ? »

Je n'ai pas bronché, mon attitude est normale, je serre seulement un peu plus fort la barre du box où je suis appuyé.

« Monsieur le président, oui, j'ai à dire que je suis vraiment innocent et victime d'une machination policière. »

Du coin des femmes élégantes, invitées de marque assises derrière la Cour, me parvient un murmure. Sans crier je leur dis :

« Silence, les femmes à perles qui venez ici goûter des émotions malsaines. La farce est jouée. Un meurtre a été heureusement solutionné par votre police et votre Justice, alors vous devez être satisfaites !

— Gardes, dit le président, emmenez le condamné. »

Avant de disparaître j'entends une voix qui crie : « T'en fais pas mon homme, j'irai te chercher là-bas. » C'est ma brave et noble Nénette qui hurle son amour. Les hommes du milieu qui sont dans la salle applaudissent. Ils savent à quoi s'en tenir, eux, sur ce meurtre et me manifestent ainsi qu'ils sont fiers que je ne me sois pas mis à table et n'aie dénoncé personne.

De retour dans la petite salle où nous étions avant les débats, les gendarmes me passent les menottes et l'un d'eux s'attache à moi par une courte chaîne, mon poignet droit lié à son poignet gauche. Pas un mot. Je demande une cigarette. L'adjudant m'en tend une et me l'allume. Chaque fois que je la retire ou la mets à ma bouche, le gendarme doit lever le bras ou le baisser pour accompagner mon mouvement.

Je fume debout à peu près les trois quarts de la cigarette. Personne ne souffle un mot. C'est moi qui, regardant l'adjudant, lui dis : « En route. »

Après avoir descendu les escaliers, escorté par une douzaine de gendarmes, j'arrive dans la cour intérieure du Palais. Le panier à salade qui nous attend est là.

Il n'est pas cellulaire, on s'assied sur des bancs, une dizaine à peu près. L'adjudant dit : « Conciergerie. »

LA CONCIERGERIE

Quand nous arrivons au dernier château de Marie-Antoinette, les gendarmes me remettent au gardien-chef qui signe un papier, la décharge. Ils s'en vont sans rien dire mais avant, surprise, l'adjudant me serre mes deux mains emmenottées.

Le gardien-chef me demande :

« Combien ils t'ont foutu ?

— Perpétuité.

— C'est pas vrai ? » Il regarde les gendarmes et comprend que c'est la vérité. Ce geôlier de cinquante ans qui a vu tant de choses et qui connaît très bien mon affaire, a pour moi cette bonne parole :

« Ah ! les salauds ! Mais ils sont fous ! »

Doucement, il m'enlève les menottes et il a la gentillesse de m'accompagner lui-même à une cellule capitonnée, spécialement aménagée pour les condamnés à mort, les fous, les très dangereux ou les travaux forcés.

« Courage, Papillon, me dit-il en fermant la porte sur moi. On va t'envoyer certaines de tes affaires et le manger que tu as dans ton autre cellule. Courage !

— Merci, chef. Croyez-moi, j'ai du courage et j'espère que la perpétuité leur restera au gosier. »

Quelques minutes après, on gratte à la porte. « Qu'est-ce que c'est ? »

Une voix me répond : « Rien. Ce n'est que moi qui pends un carton.

— Pourquoi ? Qu'est-ce qu'il y a dessus ?

— « Travaux forcés à perpétuité. A surveiller étroitement. »

Je pense : ils sont vraiment dingues. Croient-ils par hasard, que le choc de l'avalanche que j'ai reçu sur la tête peut me troubler au point de me mener au suicide ?

Je suis et je serai courageux. Je lutterai envers et contre tous. Dès demain j'agirai.

Le matin, en buvant mon café, je me suis interrogé : vais-je faire cassation ? Pourquoi ? Aurai-je plus de chance devant une autre Cour ? Et combien de temps de perdu pour cela ? Un an, peut-être dix-huit mois... et pourquoi : pour avoir vingt ans au lieu de la perpète ?

Comme je suis bien décidé à m'évader, la quantité ne compte pas et il me revient à l'esprit la phrase d'un condamné qui demande au président des assises : « Monsieur, combien durent les travaux forcés à perpétuité en France ? »

Je tourne autour de ma cellule. J'ai envoyé un pneumatique à ma femme pour la consoler et un autre à une sœur qui a essayé de défendre son frère, seule contre tous.

C'est fini, le rideau est tombé. Les miens doivent souffrir plus que moi, et mon pauvre père, là-bas au fond de sa province, doit avoir bien de la peine à porter une si lourde croix.

J'ai un sursaut : mais, je suis innocent ! Je le suis, mais pour qui ? oui, pour qui je le suis ? Je me dis : Surtout ne t'amuse jamais à raconter que tu es innocent, on rigolerait trop de toi. Payer perpétuité pour un barbeau et par-dessus le marché dire que c'est un autre qui l'a dessoudé, ça serait trop marrant. Le mieux c'est de fermer ta gueule.

N'ayant jamais, pendant ma prévention, aussi bien à la Santé qu'à la Conciergerie, pensé à l'éventualité d'être si lourdement condamné, je ne me suis jamais préoccupé, avant, de savoir ce que pouvait être le « chemin de la pourriture ».

Bon. La première des choses à faire : prendre contact avec des hommes déjà condamnés, susceptibles dans l'avenir d'être des compagnons d'évasion.

Je choisis un Marseillais, Dega. Au coiffeur, je le verrai sûrement. Il va tous les jours s'y faire raser. Je demande à y aller. Effectivement, quand j'arrive je le vois le nez au mur. Je l'aperçois au moment même où il fait passer subrepticement un autre avant lui pour avoir à attendre plus longtemps son tour. Je me mets directement à côté de lui en en écartant un autre. Je lui glisse rapidement :

« Alors, Dega, comment ça va ?

— Ça va, Papi. J'ai quinze ans, et toi ? On m'a dit qu'on t'avait salé ?

— Oui, j'ai perpète.

— Tu feras cassation ?

— Non. Ce qu'il faut, c'est bien manger et faire de la culture physique. Reste fort, Dega, car certainement on aura besoin d'avoir de bons muscles. Tu es chargé ?

— Oui, j'ai dix sacs[1] en livres sterling. Et toi ?

— Non.

— Un bon conseil : charge-toi vite. Ton avocat, c'est Hubert ? Il est con, jamais il te rentrera le plan. Envoie ta femme avec le plan chargé chez Dante. Qu'elle le remette à Dominique le Riche et je te garantis qu'il te parviendra.

— Chut, le gaffe nous regarde.

— Alors on profite pour bavarder ?

— Oh ! rien de grave, répond Dega. Il me dit qu'il est malade.

— Qu'est-ce qu'il a ? Une indigestion d'assises ? » Et le gros bidon de gaffe éclate de rire.

C'est ça la vie. Le « chemin de la pourriture », j'y suis déjà. On rit aux éclats en faisant des plaisanteries sur un gosse de vingt-cinq ans condamné pour toute son existence.

Je l'ai eu le plan. C'est un tube d'aluminium, merveilleusement poli, qui s'ouvre en le dévissant juste au milieu. Il a une partie mâle et une partie femelle. Il contient cinq mille six cents francs en billets neufs. Quand on me le remet, je l'embrasse ce bout de tube de six centimètres de long, gros comme le pouce ; oui

1. 10 000 francs de 1932, soit environ 5 000 francs 1969.

je l'embrasse avant de me le mettre dans l'anus. Je respire fort pour qu'il monte dans le colon. C'est mon coffre-fort. On peut me mettre à poil, me faire écarter les jambes, me faire tousser, plier en deux, rien à faire pour savoir si j'ai quelque chose. Il est monté très haut dans le gros intestin. Il fait partie de moi-même. C'est ma vie, ma liberté que je porte en moi... la route de la vengeance. C'est que je pense bien me venger ! Je ne pense même qu'à ça.

Dehors il fait nuit. Je suis seul dans cette cellule. Une grosse lumière au plafond permet au gaffe de me voir par un petit trou percé dans la porte. Cette lumière puissante m'éblouit. Je pose mon mouchoir plié sur mes yeux, car vraiment elle me blesse les yeux. Je suis étendu sur un matelas posé sur un lit de fer, sans oreiller, et je revois tous les détails de cet horrible procès.

Alors là, pour qu'on puisse comprendre la suite de ce long récit, pour qu'on comprenne à fond les bases qui me serviront à me soutenir dans ma lutte, il faut peut-être que je sois un peu long, mais que je raconte tout ce qui m'est venu et que j'ai réellement vu dans mon esprit dans les premiers jours où j'ai été un enterré vivant :

Comment m'y prendrai-je quand je me serai évadé ? Car maintenant que j'ai le plan, je ne doute pas un instant que je m'évaderai.

D'abord je reviens le plus vite possible à Paris. Le premier à tuer, c'est ce faux témoin de Polein. Puis les deux condés de l'affaire. Mais deux condés, ce n'est pas assez, c'est tous les condés que je dois tuer. Du moins, le plus possible. Ah ! je sais. Une fois libre, je reviens à Paris. Dans une malle je mettrai le plus d'explosifs possible. Je ne sais pas trop : dix, quinze, vingt kilos. Et je cherche à calculer combien d'explosifs il faudrait pour faire beaucoup de victimes.

De la dynamite ? Non, la cheddite c'est mieux. Et pourquoi pas de la nitroglycérine ? Bon, ça va, je demanderai conseil à ceux qui, là-bas, en savent plus que moi. Mais les poulets, qu'ils me fassent confiance, je mettrai le compte et ils seront bien servis.

J'ai toujours les yeux fermés et le mouchoir sur les paupières pour les comprimer. Je vois très nettement la malle, d'apparence inoffensive, chargée d'explosifs, et le réveil, bien réglé qui actionnera le détonateur. Attention, il faut qu'elle éclate à dix heures du matin, dans la salle du rapport de la Police judiciaire, 36, quai des Orfèvres, au premier étage. A cette heure-là, il y a au moins cent cinquante poulets réunis pour prendre les ordres et écouter le rapport. Combien il y a de marches à monter ? Faut pas que je me trompe.

Il faudra minuter le temps exactement nécessaire pour que la malle arrive de la rue à sa destination à la seconde même où elle doit exploser. Et qui portera la malle ? Bon, je me paierai de culot. J'arrive en taxi juste devant la porte de la Police judiciaire et aux deux condés de garde, je leur dirai d'une voix autoritaire : « Montez-moi cette malle à la salle de rapports, je vous suis. Dites au commissaire Dupont que l'inspecteur-chef Dubois envoie ça et que j'arrive aussitôt. »

Mais, vont-ils obéir ? Et si par hasard, dans cette multitude d'imbéciles, je tombe sur les deux seuls intelligents de cette corporation ? Alors ce serait raté. Va falloir que je trouve autre chose. Et je cherche, je cherche. Dans ma tête, je n'admets pas que je ne réussirai pas à trouver un moyen sûr à cent pour cent.

Je me lève pour boire un peu d'eau. De tant penser, j'en ai mal à la tête.

Je me recouche sans le bandeau, les minutes coulent lentement. Et cette lumière, cette lumière, Bon Dieu de Bon Dieu ! Je mouille le mouchoir et je le remets. L'eau fraîche me fait du bien et, par le poids de l'eau, le mouchoir se colle mieux sur mes paupières. Dorénavant, j'emploierai toujours ce moyen.

Ces longues heures où j'échafaude ma future vengeance sont si aiguës que je me vois agir exactement comme si le projet était en voie d'exécution. Chaque nuit et même une partie de la journée, je voyage dans Paris, comme si mon évasion était chose faite. C'est sûr, je m'évaderai et je reviendrai à Paris. Et bien entendu, première chose à faire, je présenterai la note à payer d'abord à Polein et, après, aux poulets. Et les jurés ? ces connards, ils vont continuer à vivre tranquilles ? Ils ont dû rentrer chez eux, ces croulants, très satisfaits d'avoir accompli leur devoir avec un grand D. Pleins d'importance, gonflés d'orgueil auprès des voisins et de leur bourgeoise qui les attend, mal peignée, pour bouffer la soupe.

Bon. Les jurés, que dois-je faire avec eux ? Rien. Ce sont des pauvres cons. Ils ne sont pas préparés pour être juges. Si c'est un gendarme en retraite ou un douanier, il réagit comme un gendarme ou comme un douanier. Et s'il est laitier, comme un bougnat quelconque. Ils ont suivi la thèse du procureur qui n'a pas eu de peine à les mettre dans sa poche. Ils ne sont pas vraiment responsables. Aussi c'est décidé, jugé et réglé : je ne leur ferai aucun mal.

En écrivant toutes ces pensées que j'ai réellement eues il y a déjà tant d'années et qui reviennent en foule m'assaillir avec une clarté terrible, je me dis à quel point le silence absolu, l'isolement complet, total, infligé à un homme jeune, enfermé dans une cellule, peut provoquer, avant de virer à la folie, une véritable vie imaginative. Tellement intense, tellement vivante, que l'homme se dédouble littéralement. Il s'envole et va vraiment vagabonder où bon lui semble. Sa maison, son père, sa mère, sa famille, son enfance, les différentes étapes de sa vie. Et puis, et surtout, les châteaux en Espagne que son esprit fécond invente, qu'il invente avec une imagination si incroyablement vive que, dans ce dédoublement formidable, il arrive à croire qu'il est en train de vivre tout ce qu'il est en train de rêver.

Trente-six ans ont passé, et pourtant, c'est sans le moindre effort de mémoire que ma plume court pour retracer ce que j'ai réellement pensé à ce moment-là de ma vie.

Non, je ne leur ferai aucun mal aux jurés. Mais l'avocat général ? Ah ! celui-là, faut pas le louper. Pour lui d'ailleurs, j'ai une recette toute prête, donnée par Alexandre Dumas. Agir exactement comme dans *Le Comte de Monte-Cristo,* avec le mec qu'on avait mis à la cave et qu'on laissait crever de faim.

Ce magistrat, oui, il est responsable. Ce vautour affublé de rouge, il a tout pour que je l'exécute le plus horriblement possible. Oui, c'est ça, après Polein et les poulets, je m'occuperai exclusivement de ce rapace. Je louerai une villa. Elle devra avoir une cave très profonde avec des murs épais et une porte très lourde. Si la porte n'est pas assez épaisse, je la calfeutrerai moi-même avec un matelas et de l'étoupe. Quand j'aurai la villa, je le localise et je le rapte. Comme j'aurai scellé des anneaux dans le mur, je l'enchaîne tout de suite en arrivant. Alors, à moi la bonne soupe !

Je suis en face de lui, je le vois avec une extraordinaire précision sous mes paupières fermées. Oui, je le regarde de la même façon qu'il me regardait aux assises. La scène est claire et nette à un tel point que je sens la chaleur de son souffle sur mon visage, car je suis très près de lui, face à face, on se touche presque.

Ses yeux d'épervier sont éblouis et affolés par la lumière d'un phare très fort que j'ai braqué sur lui. Il sue de grosses gouttes qui coulent sur son visage congestionné. Oui, j'entends mes questions, j'écoute ses réponses. Je vis intensément ce moment.

« Salopard, tu me reconnais ? C'est moi, Papillon, que tu as envoyé si allègrement aux durs [1] à perpète. Tu crois que ça valait la peine d'avoir bûché tant d'années pour arriver à être un homme supérieurement instruit, d'avoir passé tes nuits sur les codes romains et autres ; d'avoir appris le latin et le grec, sacrifié des années de jeu-

---

1. Aux durs : au bagne, là où sont envoyés les durs.

nesse à devenir un grand orateur ? Pour arriver à quoi, espèce de con ? A créer une nouvelle et bonne loi sociale ? à convaincre les foules que la paix est la meilleure des choses du monde ? à prêcher une philosophie d'une merveilleuse religion ? ou simplement à influer sur les autres, par la supériorité de ta préparation universitaire, pour qu'ils soient meilleurs ou s'arrêtent d'être méchants ? Dis, tu as employé ton savoir à sauver des hommes ou à les noyer ?

« Rien de tout cela, une seule aspiration te fait agir ! Monter, monter. Monter les échelons de ta carrière dégueulasse. La gloire pour toi, c'est d'être le meilleur fournisseur du bagne, le pourvoyeur sans frein du bourreau et de la guillotine.

« Si Deibler [1] était un peu reconnaissant, il devrait à chaque fin d'année t'envoyer une caisse du meilleur champagne. N'est-ce pas grâce à toi, espèce de cochon, qu'il a pu couper cinq ou six têtes de plus cette année ? De toute façon, maintenant c'est moi qui te tiens là, enchaîné à ce mur, bien solidement. Je revois ton sourire, oui, je le vois l'air vainqueur que tu as eu lorsqu'on a lu ma condamnation après ton réquisitoire. Il me semble que c'est seulement hier et pourtant il y a des années. Combien d'années ? dix ans ? vingt ans ? »

Mais qu'est-ce qui m'arrive ? pourquoi dix ans ? pourquoi vingt ans ? Touche-toi, Papillon, tu es fort, tu es jeune et dans ton ventre tu as cinq mille six cents francs. Deux ans, oui, je ferai deux ans sur perpétuité, pas plus — je me le jure à moi-même.

Allons ! tu deviens jobard, Papillon ! Cette cellule, ce silence t'emmènent à la folie. Je n'ai pas de cigarettes. J'ai fini la dernière hier. Je vais marcher. Après tout, je n'ai pas besoin d'avoir les yeux fermés, ni mon mouchoir sur eux pour continuer à voir ce qui va se passer. C'est ça, je me lève. La cellule a quatre mètres de long, c'est-à-dire cinq petits pas, de la porte au mur.

1. Exécuteur des hautes œuvres en 1932.

Je commence à marcher, les mains derrière le dos. Et je reprends :

« Bon. Comme je te le dis, je le revois très clairement ton sourire vainqueur. Eh bien, je vais te le transformer en rictus ! Toi, tu as un avantage sur moi : je ne pouvais pas crier, mais toi, si. Crie, crie, autant que tu le veux, aussi fort que tu le peux. Qu'est-ce que je vais te faire ? La recette de Dumas ? Te laisser crever de faim ? Non, c'est pas assez. D'abord, je te crève les yeux. Ah ? tu as l'air de triompher encore, tu penses que si je te crèves les yeux tu auras au moins l'avantage de ne plus me voir et, d'un autre côté, je serai privé moi-même de la jouissance de lire tes réactions dans tes pupilles. Oui, tu as raison, je ne dois pas te les crever, du moins pas tout de suite. Ce sera pour plus tard.

« Je vais te couper la langue, cette langue si terrible, tranchante comme un couteau — non, plus qu'un couteau, comme un rasoir ! Cette langue prostituée à ta glorieuse carrière. La même langue qui dit des mots doux à ta femme, tes gosses et ta maîtresse. Une maîtresse, toi ? Un amant plutôt, ça oui. Tu ne peux être qu'un pédéraste passif et veule. Effectivement, je dois commencer par éliminer ta langue, car, après ton cerveau, c'est elle l'exécutrice. Grâce à elle, puisque tu sais si bien la manier, tu as convaincu le jury de répondre « oui » aux questions posées.

« Grâce à elle, tu as présenté les poulets comme des hommes sains, sacrifiés à leur devoir ; grâce à elle, l'histoire à la noix du témoin tenait debout. Grâce à elle, j'apparaissais aux douze fromages comme l'homme le plus dangereux de Paris. Si tu ne l'avais pas eue, cette langue, si fourbe, si habile, si convaincante, si entraînée à déformer les gens, les faits et les choses, je serais encore assis à la terrasse du Grand-Café de la place Blanche, d'où je n'aurais jamais eu à bouger. Donc c'est entendu, je vais te l'arracher, cette langue. Mais avec quel instrument ? »

Je marche, je marche, la tête me tourne, mais je suis

toujours face à face avec lui... quand, tout à coup, la lumière s'éteint et qu'un jour très faible arrive à s'infiltrer dans ma cellule à travers la planche de la fenêtre.

Comment ? C'est déjà le matin ? J'ai passé la nuit à me venger ? Quelles belles heures je viens de passer ! Cette nuit si longue, comme elle a été courte !

J'écoute, assis sur mon lit. Rien. Le silence le plus absolu. De temps en temps un petit « tic » à ma porte. C'est le gardien qui, chaussé de pantoufles pour ne pas faire de bruit, vient soulever la petite glissière de fer afin de coller son œil au trou minuscule qui lui permet de me voir sans que moi je l'aperçoive.

La machine conçue par la République française en est à sa deuxième étape. Elle fonctionne à merveille puisque, dans la première, elle a éliminé un homme qui pouvait lui procurer des ennuis. Mais cela ne suffit pas. Il ne faut pas que cet homme meure trop vite, il ne faut pas qu'il lui échappe par un suicide. On a besoin de lui. Que ferait-on dans l'Administration pénitentiaire s'il n'y avait pas de prisonniers ? On serait beau. Aussi, surveillons-le. Il faut qu'il aille au bagne où il servira à faire vivre d'autres fonctionnaires. Le « tic » revenant de se produire, ça me fait sourire.

Ne te fais pas de mauvais sang, bon à rien, je ne t'échapperai pas. Tout au moins pas de la façon que tu crains : le suicide.

Je ne demande qu'une chose, continuer à vivre le mieux portant possible et partir le plus vite pour cette Guyane française où, grâce à Dieu, vous faites la connerie de m'envoyer.

Je sais que tes collègues, mon vieux gardien de prison qui produit le « tic » à tout instant, ne sont pas des enfants de chœur. Tu es un bon papa, toi, à côté des gaffes de là-bas. Je le sais depuis longtemps, car Napoléon, quand il créa le bagne et qu'on lui posa la question : « Par qui ferez-vous garder ces bandits ? » répondit : « Par plus bandit qu'eux. » Par la suite, j'ai pu constater qu'il n'avait pas menti, le fondateur du bagne.

Clac, clac, un guichet de vingt centimètres sur vingt s'ouvre au milieu de ma porte. On me tend le café et une boule de pain de sept cent cinquante grammes. Étant condamné, je n'ai plus le droit au restaurant mais, toujours en payant, je peux acheter des cigarettes et quelques victuailles à une modeste cantine. Encore quelques jours, puis il n'y aura plus rien. La Conciergerie est l'antichambre de la réclusion. Je fume avec délice une Lucky Strike, le paquet à 6,60 francs. J'en ai acheté deux. Je dépense mon pécule parce qu'on va me le saisir pour payer les frais de justice.

Dega me fait dire d'aller à l'épuration par un petit billet que j'ai trouvé glissé dans le pain : « Dans une boîte d'allumettes il y a trois poux. » Je sors les allumettes et je trouve les poux, gros et bien portants. Je sais ce que cela veut dire. Je les montrerai au surveillant et ainsi, demain, il m'enverra avec toutes mes affaires, matelas compris, dans une salle de vapeur pour tuer tous les parasites — sauf nous, bien sûr. Effectivement, le lendemain je retrouve Dega là-bas. Pas de surveillant dans la salle de vapeur. Nous sommes seuls.

« Merci, Dega. Grâce à toi, j'ai reçu le plan.

— Il ne te gêne pas ?

— Non.

— Chaque fois que tu vas aux cabinets, lave-le bien avant de le remettre.

— Oui. Il est bien étanche, je crois, car les billets pliés en accordéon sont en parfait état. Et pourtant, voici sept jours que je le porte.

— Alors, c'est qu'il est bon.

— Que penses-tu faire, Dega ?

— Je vais faire le fou. Je ne veux pas monter au bagne. Ici, en France, je ferai peut-être huit ou dix ans. J'ai des relations et pourrai avoir au moins cinq ans de grâce.

— Quel âge as-tu ?

— Quarante-deux ans.

— Tu es fou ! Si tu te tapes dix piges sur quinze, tu vas sortir vieux. T'as peur de monter aux durs ?

— Oui, j'ai peur du bagne, je n'ai pas honte de te le dire, Papillon. Vois-tu, c'est terrible en Guyane. Chaque année il y a une perte de quatre-vingts pour cent. Un convoi remplace l'autre et les convois sont de mille huit cents à deux mille hommes. Si tu n'attrapes pas la lèpre, tu chopes la fièvre jaune ou des dysenteries qui ne pardonnent pas, ou la tuberculose, le paludisme, la malaria infectieuse. Si tu te sauves de tout ça, tu as de grandes chances de te faire assassiner pour te voler le plan ou de mourir en cavale. Crois-moi, Papillon, c'est pas pour te décourager que je te dis ça, mais moi j'ai connu plusieurs bagnards qui sont revenus en France après avoir fait des petites peines, cinq ou sept ans, et je sais à quoi m'en tenir. Ce sont de vraies loques humaines. Ils passent neuf mois par an à l'hôpital et, pour ce qui est de la cavale, ils disent que ce n'est pas du tout cuit comme le croient beaucoup de gens.

— Je te crois, Dega, mais j'ai confiance en moi et je ne ferai pas long feu là-bas, sois certain. Je suis marin, je connais la mer et tu peux être sûr que je vais faire très vite pour partir en cavale. Et toi, tu te vois faisant dix ans de réclusion ? Si on t'en enlève cinq, ce qui n'est pas certain, tu crois que tu pourras les supporter, ne pas devenir fou, par l'isolement complet ? Moi, à l'heure actuelle, dans cette cellule où je suis seul, sans livres, sans sortir, sans pouvoir parler à personne, les vingt-quatre heures de chaque jour, ce n'est pas par soixante minutes qu'il faut les multiplier, mais par six cents, et encore tu serais loin de la vérité.

— C'est possible, mais toi tu es jeune et moi j'ai quarante-deux ans.

— Ecoute, Dega, franchement, qu'est-ce que tu crains le plus ? Ce n'est pas les autres bagnards ?

— Oui, franchement, Papi. Tout le monde sait que je suis millionnaire, et de là à m'assassiner en croyant que je porte cinquante ou cent mille balles, il n'y a pas loin.

— Ecoute, tu veux qu'on fasse un pacte ? Tu me promets de ne pas aller aux fous et moi je te promets d'être toujours près de toi. On s'épaulera l'un à l'autre. Jc suis fort et rapide, j'ai appris à me battre très jeune et je sais très bien me servir du couteau. Donc, du côté des autres bagnards, sois tranquille : on sera plus que respectés, on sera craints. Pour la cavale, on n'a besoin de personne. Tu as du pognon, j'ai du pognon, je sais me servir d'une boussole et conduire un bateau. Que veux-tu de plus ? »

Il me regarde bien droit dans les yeux... On s'embrasse. Le pacte est signé.

Quelques instants après, la porte s'ouvre. Il part de son côté, avec son barda, et moi du mien. Nous ne sommes pas très loin l'un de l'autre et on pourra de temps en temps se voir au coiffeur, au docteur, ou à la chapelle le dimanche.

Dega est tombé dans l'affaire de faux bons de la Défense Nationale. Un faussaire les avait fabriqués d'une façon très originale. Il blanchissait les bons de 500 francs et réimprimait dessus, d'une façon parfaite, des titres de 10 000 francs. Le papier étant le même, les banques et les commerçants les acceptaient en toute confiance. Cela durait depuis plusieurs années et la Section financière du Parquet ne savait plus où donner de la tête, jusqu'au jour où on arrête un nommé Brioulet en flagrant délit. Louis Dega était bien tranquille à la tête de son bar de Marseille, où se réunissait chaque nuit la fleur du milieu du Midi et où, comme un rendez-vous international, se rencontraient les grands vicieux voyageurs du monde.

Il était millionnaire en 1929. Une nuit, une femme bien vêtue et jolie, jeune, se présente au bar. Elle demande M. Louis Dega.

« C'est moi, madame, que désirez-vous ? Passez s'il vous plaît dans la salle suivante.

— Voilà, je suis la femme de Brioulet. Il est en prison

à Paris, pour avoir vendu des faux bons. Je l'ai vu au parloir de la Santé, il m'a donné l'adresse du bar et m'a dit de venir vous demander vingt mille francs pour payer l'avocat. »

C'est alors, que l'un des plus grands vicieux de France, Dega, devant le danger d'une femme au courant de son rôle dans l'affaire des bons, ne trouve que la seule réponse qu'il ne fallait pas faire :

« Madame, je ne connais pas du tout votre homme et si vous avez besoin d'argent, allez faire du tapin. Vous en gagnerez plus que vous n'en avez besoin, jolie comme vous l'êtes. » La pauvre femme, outrée, part en courant, tout en pleurs. Elle va raconter la scène à son mari. Indigné, Brioulet, le lendemain, racontait tout ce qu'il savait au juge d'instruction, accusant formellement Dega d'être l'homme qui fournissait les faux bons. Une équipe des plus fins policiers de France se mit derrière Dega. Un mois après, Dega, le faussaire, le graveur et onze complices étaient arrêtés à la même heure en diffé- rents endroits et mis sous les verrous. Ils comparurent aux assises de la Seine et le procès dura quatorze jours. Chaque accusé était défendu par un grand avocat. Brioulet ne se rétracta jamais. Conclusion : pour vingt mille malheureux francs et une parole idiote, le plus vicieux de France, ruiné, vieilli de dix ans, écopait quinze ans de travaux forcés. Cet homme, c'était l'homme avec qui je venais de signer un pacte de vie et de mort.

Maître Raymond Hubert est venu me voir. Il n'avait pas beaucoup de verve. Je ne lui fais aucun reproche.

... Une, deux, trois, quatre, cinq, demi-tour... Une, deux, trois, quatre, cinq, demi-tour. Voici plusieurs heures, que je fais ces aller et retour de la fenêtre à la porte de ma cellule. Je fume, je me sens conscient, équilibré et apte à supporter n'importe quoi. Je me promets de ne pas penser pour le moment à la vengeance.

Le procureur, laissons-le au point où je l'ai laissé, attaché aux anneaux du mur, face à moi, sans que j'aie encore décidé de quelle manière je dois le faire crever.

Tout à coup, un cri, un cri de désespoir, aigu, horriblement angoissant, arrive à franchir la porte de ma cellule. Qu'est-ce que c'est ? On dirait les cris d'un homme qu'on torture. Pourtant on n'est pas à la Police judiciaire ici. Pas moyen de savoir ce qui se passe. Ça m'a bouleversé, ces cris dans la nuit. Et quelle puissance ils doivent avoir pour franchir cette porte capitonnée. C'est peut-être un fou. C'est si facile de le devenir dans ces cellules où rien n'arrive jusqu'à vous. Je parle tout seul, à haute voix, je m'interroge : « Qu'est-ce que cela peut bien te faire ? Pense à toi, rien qu'à toi et à ton nouvel associé, à Dega. » Je me baisse, je me relève, puis je m'envoie un coup de poing contre ma poitrine. Je me suis fait très mal, donc tout va bien : mes muscles des bras fonctionnent parfaitement. Et mes jambes ? Félicite-les, car il y a plus de seize heures que tu marches et tu ne te sens même pas fatigué.

Les Chinois ont inventé la goutte d'eau qui vous tombe sur la tête. Les Français, eux, ont inventé le silence. Ils suppriment tout moyen de se distraire. Ni livres, ni papier, ni crayon, la fenêtre aux gros barreaux est complètement bouchée par des planches, quelques petits trous laissent passer un peu de lumière très tamisée.

Très impressionné par ce cri déchirant, je tourne comme une bête dans une cage. J'ai vraiment bien la sensation d'être abandonné de tous et de me trouver littéralement enterré vivant. Oui, je suis bien seul, tout ce qui me parvient ne sera jamais qu'un cri.

On ouvre la porte. Un vieux curé apparaît. Tu n'es pas seul, il y a un curé, là, devant toi.

« Mon enfant, bonsoir. Excuse-moi de n'être pas venu avant, mais j'étais en vacances. Comment vas-tu ? » Et le bon vieux curé entre sans façon dans la cellule et s'assied tout bonnement sur mon grabat.

« D'où es-tu ?

— De l'Ardèche.

— Tes parents ?

— Maman est morte quand j'avais onze ans. Mon papa m'a beaucoup aimé.

— Que faisait-il ?

— Instituteur.

— Il est vivant ?

— Oui.

— Pourquoi parles-tu de lui au passé puisqu'il vit ?

— Parce que si lui il vit, moi je suis mort.

— Oh ! ne dis pas ça. Qu'as-tu fait ? »

En un éclair je pense au ridicule de lui dire que je suis innocent, et je réponds vite :

« La police dit que j'ai tué un homme, et si elle le dit, ça doit être vrai.

— C'était un commerçant ?

— Non, un souteneur.

— Et c'est pour une histoire du milieu qu'on t'a condamné aux travaux forcés à perpétuité ? Je ne comprends pas. C'est un assassinat ?

— Non, un meurtre.

— C'est incroyable, mon pauvre enfant. Que puis-je faire pour toi ? Veux-tu prier avec moi ?

— Monsieur le curé, pardonnez-moi, je n'ai reçu aucune instruction religieuse, je ne sais pas prier.

— Cela ne fait rien, mon enfant, je vais prier pour toi. Le Bon Dieu aime tous ses enfants, baptisés ou non. Tu répéteras chaque parole que je dirai, tu veux bien ? »

Ses yeux sont si doux, sa grosse figure montre tant de lumineuse bonté que j'ai honte de lui refuser et, comme il s'est agenouillé, je fais comme lui. « Notre Père, qui êtes aux Cieux... » Les larmes me viennent aux yeux et le bon Père, qui les voit, recueille sur ma joue, d'un doigt boudiné, une très grosse larme, la porte à ses lèvres et la boit.

« Tes pleurs, mon fils, sont pour moi la plus grande récompense que Dieu pouvait m'envoyer aujourd'hui à travers toi. Merci. » Et en se levant il m'embrasse sur le front.

Nous sommes à nouveau sur le lit, côte à côte.

« Il y a combien de temps que tu n'avais pas pleuré ?

— Quatorze ans.

— Quatorze ans, pourquoi ?

— Le jour de la mort de ma maman. »

Il prend ma main dans la sienne et me dit : « Pardonne à ceux qui t'ont fait tant souffrir. »

J'arrache ma main de la sienne et, d'un bond, je me retrouve sans le vouloir au milieu de la cellule.

« Ah ! non, pas cela ! Jamais je ne pardonnerai. Et vous voulez que je vous confie une chose, mon père ? Eh bien, chaque jour, chaque nuit, chaque heure, chaque minute, je passe mon temps à combiner, quand, comment, de quelle façon je pourrai faire mourir tous les gens qui m'ont envoyé ici.

— Tu dis et tu crois cela, mon fils. Tu es jeune, très jeune. L'âge venant, tu renonceras à châtier et à la vengeance. »

Trente-quatre ans après, je pense comme lui.

« Que puis-je faire pour toi ? répète le curé.

— Un délit, mon père.

— Lequel ?

— Aller à la cellule 37 dire à Dega qu'il fasse faire par son avocat une demande pour être envoyé à la centrale de Caen et que moi je l'ai faite aujourd'hui. Il faut vite partir de la Conciergerie pour une des centrales où l'on forme les convois pour la Guyane. Car si on rate le premier bateau, on doit attendre deux ans de plus en réclusion avant qu'il y en ait un autre. Après l'avoir vu, monsieur le curé, il faut revenir ici.

— Le motif ?

— Par exemple, que vous avez oublié votre bréviaire. J'attends la réponse.

— Et pourquoi es-tu si pressé de t'en aller dans cette horrible chose qu'est le bagne ? »

Je le regarde, ce curé, véritable commis voyageur du Bon Dieu, et, sûr qu'il ne me trahira pas :

« Pour m'évader plus vite, mon père.

— Dieu t'aidera mon enfant, j'en suis sûr, et tu

referas ta vie, je le sens. Vois-tu, tu as les yeux d'un bon garçon et ton âme est noble. J'y vais, au 37. Attends la réponse. »

Il est revenu très vite. Dega est d'accord. Le curé m'a laissé son bréviaire jusqu'au lendemain.

Quel rayon de soleil j'ai eu aujourd'hui, ma cellule en est tout illuminée. Grâce à ce saint homme.

Pourquoi, si Dieu existe, permet-il que sur la terre il y ait des êtres humains aussi différents ? Le procureur, les policiers, des Polein et puis le curé, le curé de la Conciergerie ?

Elle m'a fait du bien la visite de ce saint homme et elle m'a aussi rendu service.

Le résultat des demandes n'a pas traîné. Une semaine après, on se retrouve sept hommes, à quatre heures du matin, alignés dans le couloir de la Conciergerie. Les gaffes sont présents, au grand complet.

« A poil ! » Tous on se déshabille lentement. Il fait froid, j'ai la chair de poule.

« Laissez vos affaires en face de vous. Demi-tour, un pas en arrière ! » Et chacun se trouve devant un paquet.

« Habillez-vous ! » La chemise de fil que je portais quelques instants auparavant est remplacée par une grosse chemise de toile écrue, raide, et mon beau costume par un blouson et un pantalon de bure. Mes chaussures disparaissent et à leur place je mets les pieds dans une paire de sabots. Jusqu'à ce jour, on avait un aspect d'homme normal. Je regarde les six autres : quelle horreur ! Finie la personnalité de chacun : en deux minutes on s'est transformés en bagnards.

« A droite, en file ! En avant, marche ! » Escortés par une vingtaine de gardiens, nous arrivons dans la cour où, l'un après l'autre, chacun est introduit dans un placard étroit d'une voiture cellulaire. En route pour Beaulieu, nom de la centrale de Caen.

LA CENTRALE DE CAEN

A peine arrivés, on est introduits dans le bureau du directeur. Il trône derrière un meuble Empire, sur une estrade haute d'un mètre.

« Garde à vous ! Le directeur va vous parler.

— Condamnés, vous êtes ici à titre de dépôt en attendant votre départ pour le bagne. Ici, c'est une maison de force. Silence obligatoire à tout moment, pas de visite à attendre, ni de lettre de personne. Ou on plie, ou on casse. Il y a deux portes à votre disposition : une pour vous conduire au bagne si vous vous comportez bien ; l'autre pour le cimetière. En cas de mauvaise conduite, voici : la moindre faute sera punie de soixante jours de cachot au pain et à l'eau. Personne n'a résisté à deux peines de cachot consécutives. A bon entendeur, salut ! »

Il s'adresse à Pierrot le Fou, extradé d'Espagne :

« Quelle était votre profession dans la vie ?

— Toréador, monsieur le directeur. »

Furieux de la réponse, le directeur crie : « Enlevez-moi cet homme, militairement ! » En moins de deux, le toréador est assommé, matraqué par quatre ou cinq gaffes, emporté en vitesse loin de nous. On l'entend crier : « Espèces d'enc..., vous vous mettez cinq contre un et encore avec des matraques, salopards ! » Un « ah ! » d'animal blessé à mort, et puis plus rien. Seulement le frottement sur le ciment de quelque chose que l'on traîne par terre.

Après cette scène, si on n'a pas compris on ne comprendra jamais. Dega est près de moi. Il déplace un doigt, un seul, pour me toucher le pantalon. J'ai compris ce qu'il veut me dire : « Tiens-toi bien si tu veux arriver vivant au bagne. » Dix minutes après, chacun de nous (sauf Pierrot le Fou qui a été descendu au sous-sol dans un infâme cachot) se trouve dans une cellule du quartier disciplinaire de la centrale.

La chance a voulu que Dega soit dans la cellule à côté

de la mienne. Auparavant, on a été présentés à une espèce de monstre rouquin d'un mètre quatre-vingt-dix ou plus, borgne, un nerf de bœuf tout neuf dans la main droite. C'est le prévôt, un prisonnier qui fait fonction de tortionnaire aux ordres des gardiens. Il est la terreur des condamnés. Les gardiens ont avec lui l'avantage de pouvoir bastonner et flageller les hommes, d'une part sans se fatiguer et, s'il y a mort, sans responsabilité pour l'Administration.

J'ai su par la suite, lors d'un court stage à l'infirmerie, l'histoire de cette bête humaine. Félicitons le directeur de la centrale d'avoir su si bien choisir son bourreau. Ce mec en question était carrier de son métier. Un beau jour, dans la petite ville du Nord où il vivait, il décida de se suicider en supprimant en même temps sa femme. Il utilisa pour cela une cartouche de dynamite assez grosse. Il se couche auprès de sa femme qui repose au deuxième étage d'un immeuble de six. Sa femme dort. Il allume une cigarette et s'en sert pour mettre le feu à la mèche de la cartouche de dynamite qu'il tient dans sa main gauche entre sa tête et celle de sa femme. Explosion épouvantable. Résultat : on doit ramasser sa femme à la cuillère, car elle est littéralement réduite en miettes. L'immeuble s'écroule en partie, trois enfants meurent écrasés dans les décombres ainsi qu'une vieille femme de soixante-dix ans. Les autres sont plus ou moins grièvement blessés.

Lui, Tribouillard, a perdu une partie de la main gauche dont il ne lui reste plus que le petit doigt et la moitié du pouce, l'œil et l'oreille gauches. Il a une blessure à la tête suffisamment grave pour nécessiter une trépanation. Depuis sa condamnation, il est prévôt des cellulaires disciplinaires de la centrale. Ce moitié-fou peut disposer comme bon lui semble des malheureux qui viennent échouer dans son domaine.

Une, deux, trois, quatre, cinq, demi-tour... une, deux, trois, quatre, cinq, demi-tour... et commence le va-et-vient interminable du mur à la porte de la cellule.

On n'a pas le droit de se coucher pendant la journée. A cinq heures du matin, un coup de sifflet strident réveille tout ce monde. Il faut se lever, faire son lit, se laver, et ou marcher ou s'asseoir sur un tabouret fixé au mur. On n'a pas le droit de se coucher dans la journée. Comble de raffinement du système pénitentiaire, le lit se relève contre le mur et reste accroché. Ainsi le prisonnier ne peut pas s'étendre et on peut mieux le surveiller.

... Une, deux, trois, quatre, cinq... quatorze heures de marche. Pour bien acquérir l'automatisme de ce mouvement continu, il faut apprendre à baisser la tête, les mains derrière le dos, ne marcher ni trop vite ni trop doucement, bien faire des pas de même dimension et tourner automatiquement, à un bout de la cellule sur le pied gauche et à l'autre bout sur le pied droit.

Une, deux, trois, quatre, cinq... Les cellules sont mieux éclairées qu'à la Conciergerie et on entend les bruits extérieurs, ceux du quartier disciplinaire, et aussi certains qui nous arrivent de la campagne. La nuit on perçoit les sifflements ou les chansons des ouvriers de la campagne qui rentrent chez eux contents d'avoir bu un bon coup de cidre.

J'ai eu mon cadeau de Noël : par une fissure des planches qui bouchent la fenêtre, j'aperçois la campagne toute blanche de neige et quelques gros arbres noirs' éclairés par une grosse lune. On dirait une de ces cartes postales typiques pour la Noël. Secoués par le vent, les arbres se sont débarrassés de leur manteau de neige et, grâce à cela, on les distingue bien. Ils se découpent en grosses taches sombres sur le reste. C'est Noël pour tout le monde, c'est même Noël dans une partie de la prison. Pour les bagnards en dépôt, l'Administration a fait un effort : on a eu le droit d'acheter deux barres de chocolat. Je dis bien deux barres et non deux tablettes. Ces deux morceaux de chocolat d'Aiguebelle ont été mon réveillon de 1931.

... Une, deux, trois, quatre, cinq... La répression de la

Justice m'a transformé en balancier, l'aller et retour
dans une cellule est tout mon univers. C'est mathémati-
quement calculé. Rien, absolument rien, ne doit être
laissé dans la cellule. Il ne faut surtout pas que le
condamné puisse se distraire. Si j'étais surpris à regarder à travers cette fente du bois de la fenêtre, j'aurais
une sévère punition. Au fait, n'ont-ils pas raison, puisque je ne suis pour eux qu'un mort vivant ? De quel
droit me permettrais-je de jouir de la vue de la nature ?

Un papillon vole, il est bleu clair avec une petite raie
noire, une abeille ronronne non loin de lui, près de la
fenêtre. Que viennent chercher ces bêtes à cet endroit ?
On dirait qu'elles sont folles de ce soleil d'hiver, à moins
qu'elles aient froid et veuillent entrer en prison. Un
papillon en hiver est un ressuscité. Comment n'est-il
pas mort ? Et cette abeille, pourquoi a-t-elle quitté sa
ruche ? Quel culot inconscient de s'approcher d'ici. Heureusement que le prévôt n'a pas d'ailes, car ils ne
vivraient pas longtemps.

Ce Tribouillard est un horrible sadique et je pressens
qu'il m'arrivera quelque chose avec lui. Je ne m'étais
malheureusement pas trompé. Le lendemain de la visite
de ces deux charmants insectes, je me fais porter
malade. Je n'en peux plus, j'étouffe de solitude, j'ai besoin
de voir un visage, d'entendre une voix, même désagréable, mais enfin une voix, d'entendre quelque chose.

Tout nu dans le froid glacial du couloir, face au mur,
mon nez à quatre doigts de lui, j'étais l'avant-dernier
d'une file de huit, attendant mon tour de passer devant
le docteur. Je voulais voir du monde... eh bien, j'ai
réussi ! Le prévôt nous surprit au moment où je mur-
murais quelques mots à Julot, dit l'homme au marteau.
La réaction de ce sauvage rouquin fut terrible. D'un
coup de poing derrière ma tête, il m'assomma à moitié
et, comme je n'avais pas vu venir le coup, je suis allé
frapper du nez contre le mur. Le sang jaillit et après
m'être relevé, car je suis tombé, je me secoue et essaie
de réaliser ce qui m'est arrivé. Comme j'esquisse un

geste de protestation, le colosse qui n'attendait que cela,
d'un coup de pied dans le ventre m'étend à nouveau à
terre et commence à me cravacher avec son nerf de
bœuf. Julot ne peut supporter cela. Il lui saute dessus,
une terrible bagarre s'engage et comme Julot a le dessous, les gardiens assistent impassibles à la bataille.
Personne ne s'occupe de moi qui viens de me relever. Je
regarde autour si je ne vois rien comme arme. Tout
à coup, j'aperçois le docteur penché sur son fauteuil,
essayant de voir de la salle de visite ce qui se passe
dans le couloir et, en même temps, le couvercle d'une
marmite qui se soulève sous la poussée de la vapeur.
Cette grosse marmite en émail est posée sur le poêle à
charbon qui chauffe la salle du docteur. Sa vapeur doit
servir à purifier l'air, certainement.

Alors, d'un réflexe rapide j'attrape la marmite par
ses oreilles, je me brûle mais ne lâche pas prise et, d'un
seul coup, je jette cette eau bouillante à la figure du
prévôt qui ne m'avait pas vu tant il était occupé avec
Julot. Un cri épouvantable sort de la gorge du bougre.
Il est bien touché. Il se roule par terre et comme il porte
trois tricots de laine, il se les arrache difficilement, l'un
après l'autre. Quand il arrive au troisième, la peau vient
avec. Le cou du maillot est étroit et dans son effort
pour le faire passer, la peau de la poitrine, une partie de
celle du cou et toute celle de la joue viennent, collées
au maillot. Il a été brûlé aussi à son unique œil et est
aveugle. Enfin il se relève, hideux, sanguinolent, les
chairs à vif et Julot en profite pour lui porter un coup
de pied terrible en pleines couilles. Il s'écroule, le géant,
et se met à vomir et à baver. Il a son compte. Nous,
on ne perd rien pour attendre.

Les deux surveillants qui ont assisté à la scène ne
sont pas assez gonflés pour nous attaquer. Ils sonnent
l'alarme pour du renfort. Il en arrive de tous les côtés
et les coups de matraque pleuvent sur nous gros comme
de la grêle. J'ai la chance d'être très vite assommé, ce qui
m'empêche de sentir les coups.

Je me retrouve deux étages plus bas, complètement nu, dans un cachot inondé d'eau. Lentement je reprends mes sens. Ma main parcourt mon corps douloureux. Sur ma tête il y a au moins douze à quinze bosses. Quelle heure est-il ? Je ne sais pas. Ici il n'y a ni nuit ni jour, pas de lumière. J'entends des coups contre le mur, ils viennent de loin.

Pan, pan, pan, pan, pan, pan. Ces coups sont la sonnerie du « téléphone ». Je dois moi-même frapper deux coups contre le mur si je veux recevoir la communication. Frapper, mais avec quoi ? Dans le noir, je ne distingue rien qui puisse me servir. Avec les poings c'est impossible, leurs coups ne se répercuteraient pas assez. Je m'approche du côté où je suppose que se trouve la porte, car c'est un peu moins noir. Je me heurte contre des barreaux que je n'avais pas vus. En tâtonnant je me rends compte que le cachot est fermé par une porte distante de moi de plus d'un mètre, à laquelle une grille, celle que je touche, m'empêche de parvenir. Ainsi, quand quelqu'un entre chez un prisonnier dangereux, celui-ci ne peut pas le toucher car il est dans une cage. On peut lui parler, le mouiller, lui jeter à manger et l'insulter sans aucun danger. Mais, avantage, on ne peut pas le frapper sans se mettre en danger car, pour le frapper, il faut ouvrir la grille.

Les coups se répètent de temps en temps. Qui peut bien m'appeler ? Il mérite que je lui réponde, ce type, car il risque gros s'il est pris. En marchant, je manque me casser la gueule. J'ai mis mon pied sur quelque chose de dur et de rond. Je touche, c'est une cuillère en bois. Vite, je la saisis et m'apprête à répondre. L'oreille collée au mur, j'attends. Pan, pan, pan, pan, pan-stop, pan, pan. — Je réponds : pan, pan. Ces deux coups veulent dire à celui qui appelle : Vas-y, je prends la communication. Les coups commencent : pan, pan, pan... les lettres de l'alphabet défilent rapidement... *a b c d e f g h i j k l m n o p*, stop. Il s'arrête à la lettre *p*. Je frappe un grand coup : pan. Il sait ainsi que j'ai enregistré la lettre *p*, puis vient un *a*, un *p*, un *i*, etc. Il me dit : « Papi ça va ? Tu es bien touché, moi j'ai un bras cassé. » C'est Julot.

On se téléphone pendant plus de deux heures sans se préoccuper d'être surpris. On est littéralement enragés d'échanger des phrases. Je lui dis que je n'ai rien de cassé, que ma tête est pleine de bosses mais que je n'ai pas de blessures.

Il m'a vu descendre, tiré par un pied, et me dit qu'à chaque marche ma tête tombait de la précédente en cognant. Lui n'a jamais perdu connaissance. Il croit que le Tribouillard a été grièvement brûlé et que la laine aidant, les blessures sont profondes — il en a pour un moment.

Trois coups frappés très vite et répétés m'annoncent qu'il y a du pétard. J'arrête. Effectivement, quelques instants après, la porte s'ouvre. On crie :

« Au fond, salopard ! Mets-toi au fond du cachot au garde-à-vous ! » C'est le nouveau prévôt qui parle. « Je m'appelle Batton, de mon vrai nom. Tu vois que j'ai le nom de l'emploi. » A l'aide d'une grosse lanterne de marine, il éclaire le cachot et mon corps nu.

« Tiens, voilà pour t'habiller. Ne bouge pas de là-bas. Voilà de l'eau et du pain. Mange pas tout d'un coup, car tu ne toucheras rien de plus avant vingt-quatre heures [1]. »

Il crie comme un sauvage, puis lève la lanterne à son visage. Je vois qu'il sourit, pas méchamment. Il pose un doigt sur sa bouche et me montre du doigt les effets qu'il a laissés. Dans le couloir doit se trouver un gardien et il a voulu me faire comprendre ainsi qu'il n'est pas un ennemi.

Effectivement, dans la boule de pain je trouve un gros morceau de viande bouillie et dans la poche du pantalon, fortune ! un paquet de cigarettes et un briquet avec un petit bout d'amadou. Ici, ces cadeaux valent un mil-

---

1. Quatre cent cinquante grammes de pain et un litre d'eau.

lion. Deux chemises au lieu d'une et un caleçon de laine qui me descend jusqu'aux chevilles. Je m'en rappellerai toujours, de ce Batton. Tout cela signifie qu'il vient de me récompenser d'avoir éliminé Tribouillard. Avant l'incident, il n'était qu'un aide-prévôt. Maintenant, grâce à moi, il passe grand chef en titre. En somme, il me doit son avancement et m'a témoigné sa reconnaissance.

Comme il faut une patience de Sioux pour localiser d'où proviennent les coups de téléphone et que seul le prévôt peut le faire, les gardiens étant trop fainéants, on s'en paie à gogo avec Julot, tranquilles du côté de Batton. Toute la journée on s'envoie des télégrammes. J'apprends par lui que le départ pour le bagne est imminent : trois ou quatre mois.

Deux jours après on nous sort du cachot et, chacun encadré par deux gardiens, on est conduit au bureau du directeur. En face de l'entrée sont assises derrière un meuble trois personnes. C'est une espèce de tribunal. Le directeur fait fonction de président, le sous-directeur et le surveillant-chef, d'assesseurs.

« Ah ! ah ! mes gaillards, vous voilà ! Qu'avez-vous à dire ? »

Julot est très pâle, les yeux gonflés, il a sûrement de la fièvre. Avec son bras cassé depuis trois jours, il doit souffrir horriblement.

Doucement Julot répond : « J'ai un bras cassé. »

« Eh bien, vous l'avez voulu qu'on vous le casse, ce bras. Ça vous apprendra à attaquer les gens. Vous verrez le docteur lorsqu'il viendra. J'espère que ce sera dans une semaine. Cette attente sera salutaire car peut-être que la douleur vous servira à quelque chose. Vous n'espérez pas, je pense, que je fasse venir un médecin spécialement pour un individu de votre espèce ? Attendez donc que le docteur de la Centrale ait le temps de venir et il vous soignera. Cela n'empêche pas que je vous condamne tous les deux à rester au cachot jusqu'à nouvel ordre. »

Julot me regarde en face, dans les yeux : « Ce monsieur

bien vêtu dispose bien facilement de la vie d'êtres humains », semble-t-il me dire.

Je tourne la tête à nouveau vers le directeur et le regarde. Il croit que je veux parler. Il me dit : « Et vous, ça ne vous plait pas cette décision ? Qu'avez-vous à en redire ? »

Je réponds : « Absolument rien, monsieur le directeur. Je ressens seulement le besoin de vous cracher dessus, mais je ne le fais pas car j'aurais peur de salir ma salive. »

Il est tellement stupéfait qu'il rougit et ne réalise pas tout de suite. Mais le gardien-chef, lui, si. Il crie aux surveillants :

« Enlevez-le et soignez-le bien ! J'espère le voir dans une heure demander pardon en rampant. On va le dresser ! Je lui ferai nettoyer mes chaussures avec la langue, dessus et dessous. N'y allez pas de main morte, je vous le confie. »

Deux gardiens me font un roulé du bras droit, deux autres du gauche. Je suis aplati par terre, les mains relevées à la hauteur des omoplates. On me passe les menottes avec des poucettes qui me lient l'index gauche au pouce droit et le surveillant-chef me relève comme un animal en me tirant par les cheveux.

Pas besoin de vous raconter ce qu'ils m'ont fait. Il suffit de savoir que j'ai gardé les menottes derrière le dos onze jours. Je dois la vie à Batton. Chaque jour il jetait dans mon cachot la boule de pain réglementaire mais, privé de mes mains, je ne pouvais pas la manger. Je n'arrivais même pas, même en la coinçant avec ma tête contre la grille, à mordre dedans. Mais Batton jetait aussi, en quantité suffisante pour me maintenir vivant, des morceaux de pain de la grosseur d'une bouchée. Avec mon pied je faisais des petits tas, puis je me couchais à plat ventre et les mangeais comme un chien. Chaque morceau, je le mastiquais bien, pour ne rien perdre.

Le douzième jour, quand on m'enleva les menottes,

l'acier avait pénétré dans les chairs et le fer était, par endroits, recouvert de viande tuméfiée. Le gardien-chef prit peur, d'autant plus que je m'évanouis de douleur. Après m'avoir fait revenir à moi, on me conduisit à l'infirmerie où on me nettoya à l'eau oxygénée. L'infirmier exigea que l'on me fasse une piqûre antitétanique. Mes bras étaient ankylosés et ne pouvaient pas reprendre leur position normale. Après plus d'une demi-heure de friction à l'huile camphrée, je pus les baisser le long de mon corps.

Je redescends au cachot et le surveillant-chef, voyant les onze boules de pain, me dit : « Tu vas t'en payer un festin ! C'est drôle, tu n'es pas tellement maigre après onze jours de jeûne...

— J'ai bu beaucoup d'eau, chef.

— Ah ! c'est cela, je comprends. Maintenant mange beaucoup pour te remonter. » Et il s'en va.

Pauvre idiot ! Il me dit cela, persuadé que je n'ai rien mangé depuis onze jours et que si je bouffe trop d'un coup je vais mourir d'indigestion. Il en sera pour ses frais. Vers le soir, Batton me fait passer du tabac et des feuilles. Je fume, je fume, soufflant la fumée dans le trou du chauffage qui ne marche jamais, bien entendu. Il a au moins cette utilité.

Plus tard j'appelle Julot. Il croit que je n'ai pas mangé depuis onze jours et me conseille d'y aller doucement. J'ai peur de lui dire la vérité, craignant qu'un salopard puisse déchiffrer le télégramme au passage. Son bras est dans le plâtre, il a un bon moral et me félicite de tenir le coup.

D'après lui, le convoi approche. L'infirmier lui a dit que les ampoules des vaccins destinés aux forçats avant le départ sont arrivées. Généralement, elles sont là un mois avant le départ. Il est imprudent, Julot, car il me demande aussi si j'ai sauvé mon plan.

Oui, je l'ai sauvé, mais ce que j'ai fait pour garder cette fortune, je ne peux pas le décrire. J'ai à l'anus des blessures cruelles.

Trois semaines après, on nous sort des cachots. Que se passe-t-il ? On nous fait prendre une douche sensationnelle avec du savon et de l'eau chaude. Je me sens revivre. Julot rit comme un gosse et Pierrot le Fou irradie la joie de vivre.

Comme nous sortons du cachot, nous ne savons rien de ce qui se passe. Le coiffeur n'a pas voulu répondre à ma brève question murmurée du bout des lèvres : « Que se passe-t-il ? »

Un inconnu à la sale gueule me dit : « Je crois qu'on est amnistiés de cachot. Ils ont peut-être peur d'un inspecteur qui doit passer. L'essentiel c'est d'être vivants. » Chacun de nous est conduit dans une cellule normale. A midi, dans ma première soupe chaude depuis quarante-trois jours, je trouve un morceau de bois. Dessus, je lis : « Départ huit jours. Demain vaccin. »

Qui m'envoie ça ?

Je ne l'ai jamais su. Certainement un réclusionnaire qui a eu la gentillesse de nous avertir. Il sait que si l'un de nous le sait, tous vont l'apprendre. Le message m'est certainement arrivé, à moi, par pur hasard.

Vite, j'avertis par téléphone Julot : « Fais suivre. »

Toute la nuit j'ai entendu téléphoner. Moi, une fois mon message envoyé, j'ai arrêté.

Je suis trop bien dans mon lit. Je ne veux pas d'ennuis. Et retourner au cachot, cela ne me dit rien. Aujourd'hui moins que jamais.

Deuxième cahier

EN ROUTE POUR LE BAGNE

SAINT-MARTIN-DE-RÉ

LE soir, Batton me fait passer trois gauloises et un papier où je lis : « Papillon, je sais que tu t'en iras en emportant un bon souvenir de moi. Je suis prévôt, mais j'essaie de faire le moins de mal possible aux punis. J'ai pris ce poste, car j'ai neuf enfants et j'ai hâte d'être gracié. Je vais essayer, sans trop faire de mal, de gagner ma grâce. Adieu. Bonne chance. Le convoi est pour après-demain. »

En effet, le lendemain on nous réunit par groupes de trente dans le couloir du quartier disciplinaire. Des infirmiers venus de Caen nous vaccinent contre les maladies tropicales. Pour chacun, trois vaccins et deux litres de lait. Dega est auprès de moi. Il est pensif. On ne respecte plus aucune règle de silence, car nous savons qu'on ne peut pas nous mettre au cachot juste après avoir été vaccinés. On bavarde à voix basse sous le nez des gaffes qui n'osent rien dire à cause des infirmiers de la ville. Dega me dit :

« Est-ce qu'ils vont avoir assez de voitures cellulaires pour nous emmener tous d'un coup ?

— Je pense que non.

— C'est loin, Saint-Martin-de-Ré, et s'ils en emmènent soixante par jour, ça va durer dix jours, car on est près de six cents rien qu'ici.

— L'essentiel, c'est d'être vaccinés. Ça veut dire qu'on est sur la liste et qu'on sera bientôt aux durs[1]. Courage, Dega, une autre étape va commencer. Compte sur moi comme je compte sur toi. »

Il me regarde de ses yeux brillants de satisfaction, me met sa main sur mon bras et répète : « A la vie à la mort, Papi. »

Sur le convoi, peu d'incidents dignes d'être racontés, si ce n'est qu'on étouffait, chacun dans son petit placard du fourgon cellulaire. Les gardiens se refusèrent à nous donner de l'air, même en entrouvrant un peu les portes. A l'arrivée à La Rochelle, deux de nos compagnons de fourgon étaient trouvés morts, asphyxiés.

Les badauds rassemblés sur le quai, car Saint-Martin-de-Ré est une île et il nous fallait prendre un bateau pour traverser le bras de mer, assistèrent à la découverte des deux pauvres diables. Sans rien manifester envers nous d'ailleurs. Et comme les gendarmes devaient nous remettre à la Citadelle, morts ou vivants, ils chargèrent les cadavres avec nous sur le bateau.

La traversée ne fut pas longue, mais on put respirer un bon coup l'air de mer. Je dis à Dega : « Ça sent la cavale. » Il sourit. Et Julot, qui était à côté, nous dit :

« Oui. Ça sent la cavale. Moi, je retourne là-bas d'où je me suis évadé il y a cinq ans. Je me suis fait arrêter comme un con au moment où j'allais bousiller mon receleur qui m'avait donné lors de mon affaire, il y a dix ans. Tâchons de rester les uns à côté des autres, car à

---

1. Aux durs : au bagne, là où sont envoyés les durs.

Saint-Martin on nous met au hasard par groupes de dix dans chaque cellule. »

Il se trompait, le Julot. En arrivant là-bas, on l'appela, lui et deux autres, et on les mit à part. C'étaient trois évadés du bagne, recapturés en France et qui retournaient là-bas pour la deuxième fois.

En cellules par groupes de dix, commence pour nous une vie d'attente. On a le droit de parler, de fumer, on est très bien nourris. Cette période n'est dangereuse que pour le plan. Sans qu'on sache pourquoi, on vous appelle tout à coup, on vous met à poil et on vous fouille minutieusement. D'abord les recoins du corps jusqu'à la plante des pieds, puis les effets. « Rhabillez-vous ! » Et on retourne d'où on venait.

La cellule, le réfectoire, la cour où nous passons de longues heures à marcher en file. Une, deux ! Une, deux ! Une, deux !... Nous marchons par groupes de cent cinquante détenus. La queue de saucisson est longue, les sabots claquent. Silence absolu obligatoire. Puis vient le « Rompez les rangs ! » Chacun s'assoit par terre, des groupes se forment, par catégories sociales. D'abord les hommes du vrai milieu, chez qui l'origine importe peu : Corses, Marseillais, Toulousains, Bretons, Parisiens, etc. Il y a même un Ardéchois, c'est moi. Et je dois dire en faveur de l'Ardèche, qu'il n'y en a que deux dans ce convoi de mille neuf cents hommes : un garde-champêtre qui a tué sa femme, et moi. Conclusion : les Ardéchois sont de braves gens. Les autres groupes se forment n'importe comment, car il y a plus de caves qui montent au bagne que d'affranchis. Ces jours d'attente s'appellent jours d'observation. Et c'est vrai qu'on nous observe sous tous les angles.

Un après-midi, j'étais assis au soleil quand un homme s'approche de moi. Il porte des lunettes, il est petit, maigre. J'essaie de le localiser, mais avec notre tenue uniforme, c'est très difficile.

« C'est toi Papillon ? » Il a un très fort accent corse.
« Oui, c'est moi. Qu'est-ce que tu me veux ?

— Viens aux cabinets », me dit-il. Et il s'en va.

« Ça, c'est un cave corse, me dit Dega. Sûrement un bandit des montagnes. Qu'est-ce qu'il peut bien te vouloir ?

— Je vais le savoir. »

Je me dirige vers les cabinets installés au milieu de la cour et là, je fais semblant d'uriner. L'homme est à côté de moi, dans la même position. Il me dit sans me regarder :

« Je suis le beau-frère de Pascal Matra. Il m'a dit, au parloir, que si j'avais besoin d'aide, je m'adresse à toi de sa part.

— Oui, Pascal est mon ami. Que veux-tu ?

— Je ne peux plus porter le plan : j'ai la dysenterie. Je ne sais pas à qui me confier et j'ai peur qu'on me le vole ou que les gaffes le trouvent. Je t'en supplie, Papillon, porte-le quelques jours pour moi. » Et il me montre un plan beaucoup plus gros que le mien. J'ai peur qu'il me tende un piège et qu'il me demande cela pour savoir si j'en porte un : si je dis que je ne suis pas sûr de pouvoir en porter deux, il saura. Alors, froidement, je lui demande :

« Combien il y a dedans ?

— Vingt-cinq mille francs. »

Sans rien de plus, je prends le plan, très propre d'ailleurs et, devant lui, me l'introduis dans l'anus en me demandant si un homme peut en porter deux. Je n'en sais rien. Je me relève, remets mon pantalon... tout va bien, je ne suis pas gêné.

« Je m'appelle Ignace Galgani, me dit-il avant de s'en aller. Merci, Papillon. »

Je retourne près de Dega et lui raconte l'affaire à l'écart.

« C'est pas trop lourd ?

— Non.

— Alors, n'en parlons plus. »

Nous cherchons à entrer en contact avec les retours de cavale, si possible Julot ou le Guittou. Nous avons

soif de renseignements : comment c'est, là-bas ; comment
on y est traité ; comment s'y prendre pour rester à deux
avec un pote, etc. Le hasard veut qu'on tombe sur un
type curieux, un cas à part. C'est un Corse qui est né
au bagne. Son père y était surveillant et vivait avec
sa mère aux Iles du Salut. Il était né à l'île Royale, une
des trois îles, les autres étant Saint-Joseph et le Diable
et, ô destin ! retournait là-bas non pas en fils de surveillant mais comme bagnard.

Il avait pris douze ans de durs pour vol avec effrac-
tion. Dix-neuf ans, une figure ouverte, des yeux clairs
et nets. Avec Dega, on voit tout de suite que c'est un
accidenté. Il n'a qu'un petit aperçu du milieu, mais il
nous sera utile en nous donnant tous les renseignements
possibles sur ce qui nous attend. Il nous raconte la vie
aux Iles, où il a vécu quatorze ans. Il nous apprend,
par exemple, que sa nourrice, aux Iles, était un bagnard,
un fameux dur tombé dans une affaire de duel au couteau sur la Butte pour les beaux yeux de Casque d'Or.

Il nous donne des conseils précieux : il faut partir en
cavale de la Grande Terre, car des Iles, c'est impossible ;
ensuite ne pas être catalogué dangereux, car avec cette
notation, à peine débarqué à Saint-Laurent-du-Maroni,
port d'arrivée, on est interné à temps ou à vie selon
le degré de sa notation. En général, moins de cinq pour
cent des transportés sont internés aux Iles. Les autres
restent à la Grande Terre. Les Iles sont saines, mais
la Grande Terre, comme me l'avait raconté Dega, est une
saloperie qui suce peu à peu le bagnard par toutes sortes de maladies, de morts diverses, assassinats, etc.

Avec Dega, nous espérons ne pas être internés aux
Iles. Mais un nœud se forme dans ma gorge : et si
j'étais noté dangereux ? Avec ma perpète, l'histoire de
Tribouillard et celle du directeur, je suis beau !

Un jour, un bruit court : n'aller à l'infirmerie sous
aucun prétexte, car ceux qui sont trop faibles ou trop
malades pour supporter le voyage y sont empoisonnés.
Ce doit être un bobard. En effet, un Parisien, Francis la

Passe, nous confirme que c'est du bidon. Il y a bien eu un empoisonné, mais son frère à lui, employé à l'infirmerie, lui a expliqué ce qui s'est passé.

Le mec suicidé, grand spécialiste des coffres-forts, avait, disait-on, cambriolé l'ambassade d'Allemagne, à Genève ou à Lausanne, pendant la guerre, pour le compte des services français. Il y avait pris des documents très importants qu'il remit aux agents français. Pour cette opération, les poulets l'avaient sorti de prison où il purgeait une peine de cinq ans. Et depuis 1920, à raison d'une ou deux opérations par an, il vivait tranquille. Chaque fois qu'il se faisait prendre, il y allait de son petit chantage au Deuxième Bureau qui se hâtait d'intervenir. Mais cette fois-ci, ça n'avait pas marché. Il avait pris vingt ans et devait partir avec nous. Pour louper le convoi, il avait feint d'être malade et était entré à l'infirmerie. Une pastille de cyanure — toujours d'après le frère de Francis la Passe — avait terminé l'affaire. Les coffres-forts et le Deuxième Bureau pouvaient dormir tranquilles.

Cette cour est pleine d'histoires, les unes vraies, les autres fausses. De toute façon, on les écoute, ça fait passer le temps.

Quand je vais aux cabinets, dans la cour ou dans la cellule, il faut que Dega m'accompagne, à cause des plans. Il se met devant moi pendant que j'opère et me masque aux regards trop curieux. Un plan, c'est déjà toute une histoire, mais moi j'en ai toujours deux, car Galgani est de plus en plus malade. Et là, un mystère : le plan que j'introduis le dernier sort toujours le dernier, et le premier toujours le premier. Comment ils se retournaient dans mon ventre, je ne sais pas, mais c'était ainsi.

Hier, au coiffeur, on a tenté d'assassiner Clousiot pendant qu'on le rasait. Deux coups de couteau autour du cœur. Par miracle, il n'est pas mort. Par un de ses amis, j'ai su l'histoire. Elle est curieuse et je la raconterai un jour. Cet assassinat était un règlement de comptes. Celui qui l'a manqué mourra six ans plus tard, à Cayenne, en avalant du bichromate de potasse dans ses lentilles. Il mourut dans d'affreuses douleurs. L'infirmier qui seconda le docteur dans l'autopsie nous apporta un bout de boyau d'une dizaine de centimètres. Il y avait dix-sept trous. Deux mois plus tard, son assassin était trouvé étranglé sur son lit de malade. On n'a jamais su par qui.

Voilà douze jours, maintenant, que nous sommes à Saint-Martin-de-Ré. La forteresse est pleine à craquer. Jour et nuit, les sentinelles montent la garde sur le chemin de ronde.

Une bagarre a éclaté aux douches, entre deux frères. Ils se sont battus comme des chiens et l'un d'eux est mis dans notre cellule. Il s'appelle André Baillard. On ne peut pas le punir, me dit-il, parce que c'est la faute de l'Administration : les gardiens ont l'ordre de ne pas laisser se rencontrer les deux frères, sous aucun prétexte. Quand on sait leur histoire, on comprend pourquoi.

André avait assassiné une rentière, et son frère, Emile, cachait le magot. Emile tombe pour un vol et prend trois ans. Un jour, au cachot avec d'autres punis, monté contre son frère qui ne lui a pas envoyé d'argent pour ses cigarettes, il lâche le paquet et raconte qu'André, il l'aura : car c'est André, explique-t-il, qui a tué la vieille et lui, Emile, a caché l'argent. Aussi, quand il sortira, il ne lui donnera rien. Un détenu s'empresse d'aller raconter ce qu'il a entendu au directeur de la prison. Ça ne traîne pas. André est arrêté et les deux frères sont condamnés à mort. Dans le quartier des condamnés à mort, à la Santé, ils ont les deux cellules voisines. Chacun fait son recours en grâce. Celui d'Emile est accepté le quarante-troisième jour, mais celui d'André est refusé. Cependant, par mesure d'humanité pour André, Emile est maintenu au quartier des condamnés à mort et les deux frères font chaque jour leur promenade, l'un après l'autre, les chaînes aux pieds.

Le quarante-sixième jour, la porte d'André s'ouvre à

quatre heures et demie. Ils sont tous là : le directeur, le greffier, le procureur qui a requis sa tête. C'est l'exécution. Mais au moment où le directeur s'avance pour parler, son avocat arrive en courant, suivi d'une autre personne qui remet un papier au procureur. Tout le monde se retire dans le couloir. La gorge d'André est tellement serrée qu'il ne peut pas avaler sa salive. Ce n'est pas possible, jamais on n'arrête une exécution en cours. Et pourtant si. Ce ne sera que le lendemain, après des heures d'angoisse et d'interrogation, qu'il apprendra de son avocat que la veille de son exécution le président Doumer a été assassiné par Gorguloff. Mais Doumer n'était pas mort sur le coup. Toute la nuit, l'avocat avait monté la garde devant la clinique après avoir informé le Garde des Sceaux que si le président mourait avant l'heure de l'exécution (de quatre heures et demie à cinq heures), il demandait le renvoi de l'exécution pour vacance du chef de l'exécutif. Doumer mourut à quatre heures deux minutes. Le temps de prévenir la Chancellerie, de sauter dans un taxi suivi par le porteur de l'ordre de sursis, il était arrivé trois minutes trop tard pour empêcher qu'on ouvre la porte de la cellule d'André. La peine des deux frères fut commuée en travaux forcés à perpétuité. En effet, le jour de l'élection du nouveau président, l'avocat s'était rendu à Versailles, et dès qu'Albert Lebrun fut élu, l'avocat lui présenta sa demande de grâce. Jamais un président n'a refusé la première grâce qui lui est sollicitée : « Lebrun signa, termina André, et me voilà, mec, bien vivant et bien portant, en route pour la Guyane. » Je regarde ce rescapé de la guillotine et me dis que malgré tout ce que j'ai souffert, ça ne doit pas être comparable au calvaire qu'il a subi.

Cependant, je ne le fréquentai jamais. Savoir qu'il a tué une pauvre vieille pour la voler me donne la nausée. Il aura d'ailleurs toutes les chances. Plus tard, à l'île Saint-Joseph, il assassinera son frère. Plusieurs forçats l'ont vu. Emile pêchait à la ligne, debout sur un rocher, ne pensant qu'à sa pêche. Le bruit des vagues, très fortes, amortissait tout autre bruit. André s'approcha de son frère par-derrière, un gros bambou de trois mètres de long à la main et, d'une seule poussée dans le dos, lui fit perdre l'équilibre. L'endroit étant infesté de requins, Emile leur tint vite lieu de plat du jour. Absent à l'appel du soir, il fut porté disparu au cours d'une tentative d'évasion. On n'en parla plus. Seuls quatre à cinq bagnards qui ramassaient des cocos sur le haut de l'île avaient assisté à la scène. Bien entendu, tous les hommes le surent, sauf les gaffes. André Baillard ne fut jamais inquiété.

Il fut désinterné pour « bonne conduite » et, à Saint-Laurent-du-Maroni, jouissait d'un régime de faveur. Il avait une petite cellule rien que pour lui. Un jour, ayant eu une histoire avec un autre forçat, il l'invita vicieusement à pénétrer dans sa cellule et le tua d'un coup de couteau en plein cœur. Reconnu en légitime défense, il fut acquitté. Lors de la suppression du bagne, toujours pour sa « bonne conduite », il fut gracié.

Saint-Martin-de-Ré est bourré de prisonniers. Deux catégories bien différentes ; huit cents ou mille bagnards et neuf cents relégués. Pour être bagnard, il faut avoir fait quelque chose de grave ou, tout au moins, avoir été accusé d'avoir commis un gros délit. La peine la moins forte est sept ans de travaux forcés, le reste allant par échelons jusqu'à perpétuité. Un gracié de la peine de mort est condamné automatiquement à perpète. Les relégués, c'est différent. Trois à sept condamnations et un homme peut être relégué. C'est vrai que ce sont tous des voleurs incorrigibles et on comprend que la société doive se défendre. Toutefois, il est honteux pour un peuple civilisé d'avoir la peine accessoire de relégation. Il y a des petits voleurs, maladroits puisqu'ils se font souvent prendre, qui sont relégués — ce qui revenait, de mon temps, au même que d'être condamné à perpète — et qui n'ont, dans toute leur vie de voleurs, pas volé dix mille francs. C'est là où il y a le plus grand non-sens de la civilisation française. Un peuple n'a pas le droit de se venger ni d'éliminer d'une façon trop rapide les gens qui provoquent des ennuis à la société. Ces gens sont plus des gens à soigner qu'à punir d'une façon aussi inhumaine.

Voici dix-sept jours que nous sommes à Saint-Martin-de-Ré. On connaît le nom du bateau qui nous conduira au bagne, on l'appelle le *La Martinière*. Il va emporter mille huit cent soixante-dix condamnés. Les huit ou neuf cents bagnards sont réunis ce matin dans la cour de la forteresse. Depuis une heure à peu près, nous sommes debout par rangées de dix, remplissant le rectangle de la cour. Une porte s'ouvre et nous voyons apparaître des hommes vêtus d'une autre façon que les gardiens que nous avons connus. Ils portent un vêtement de coupe militaire bleu ciel et sont bien vêtus. C'est différent d'un gendarme et aussi d'un soldat. Tous portent une large ceinture d'où pend un étui à revolver. On voit la crosse de l'arme. Ils sont à peu près quatre-vingts. Certains ont des galons. Tous ont la peau brûlée par le soleil, ils sont de tout âge, de trente-cinq à cinquante ans. Les vieux sont plus sympathiques que les jeunes qui se gonflent la poitrine d'un air avantageux et important. L'état-major de ces hommes est accompagné du directeur de Saint-Martin-de-Ré, d'un colonel de gendarmerie, de trois ou quatre toubibs en tenue de la coloniale et de deux curés en soutanes blanches. Le colonel de gendarmerie prend un entonnoir dans ses mains et le porte à la bouche. On s'attend à un « garde à vous », rien de tout ça. Il crie :

« Ecoutez tous attentivement. A partir de cet instant vous passez sous la responsabilité des autorités du ministre de la Justice représentant l'Administration pénitentiaire de la Guyane française dont le centre administratif est la ville de Cayenne. Monsieur le commandant Barrot, je vous remets les huit cent seize condamnés ici présents dont voici la liste. Veuillez constater qu'ils sont tous présents. »

Immédiatement commence le pointage : « Un tel, pré-

sent ; Un tel, etc. » Cela dure deux heures et tout est
en règle. Puis on assiste aux échanges de signatures entre
les deux administrations sur une petite table apportée
pour la circonstance.

Le commandant Barrot qui a autant de galons que le
colonel, mais de couleur or et non argent comme dans
la gendarmerie, prend à son tour le porte-voix :

« Transportés, dorénavant c'est le mot par lequel vous
serez toujours désignés : transporté Un tel ou transporté
tel matricule, celui qui vous sera affecté. Dès maintenant
vous êtes sous les lois spéciales du bagne, de ses règlements, de ses tribunaux internes qui prendront, quand
il le faudra, les décisions nécessaires à votre égard. Ces
tribunaux autonomes peuvent vous condamner, pour les
différents délits commis au bagne, de la simple prison
à la peine de mort. Bien entendu ces peines disciplinaires, prison et réclusion, sont effectuées dans des différents locaux qui appartiennent à l'Administration. Les
agents que vous voyez en face de vous s'appellent des
surveillants. Lorsque vous vous adresserez à eux, vous
direz : « Monsieur le surveillant. » Après la soupe,
chacun de vous recevra un sac marin avec les tenues
du bagne. Tout est prévu, vous n'aurez pas à avoir d'autres effets que ceux-là. Demain, vous embarquerez sur
le *La Martinière*. Nous voyagerons ensemble. Ne soyez
pas désespérés de partir, vous serez mieux au bagne que
dans une réclusion en France. Vous pouvez parler, jouer,
chanter et fumer, vous n'avez pas à craindre d'être mal-
traités si vous vous conduisez bien. Je vous demande
d'attendre d'être au bagne pour régler vos différends
personnels. La discipline pendant le voyage doit être très
sévère, j'espère que vous le comprendrez. Si parmi vous
il y a des hommes qui ne se sentent pas en condition
physique pour faire le voyage, qu'ils se présentent à
l'infirmerie où ils seront visités par les capitaines-méde-
cins qui accompagnent le convoi. Je vous souhaite un
bon voyage. » La cérémonie est terminée.

« Alors, Dega, qu'en penses-tu ?

— Mon vieux Papillon, je vois que j'avais raison quand je te disais que le plus gros danger que l'on a à vaincre, c'est les autres forçats. Cette phrase où il a dit : « Atten-« dez d'être au bagne pour régler vos différends », en dit long. Qu'est-ce qu'il doit y avoir comme meurtres et assassinats !

— T'en fais pas pour ça, fais-moi confiance. »

Je recherche Francis la Passe et lui dis : « Ton frère est toujours infirmier ?

— Oui, c'est pas un dur lui, c'est un relégué.

— Entre en contact avec lui le plus vite possible, demande-lui qu'il te donne un bistouri. S'il veut qu'on le paie, tu me diras combien, je paierai ce qu'il faudra. »

Deux heures après j'étais en possession d'un bistouri avec manche en acier très fort. Son seul défaut était d'être un peu grand, mais c'était une arme redoutable.

Je me suis assis très près des cabinets du centre de la cour et j'ai envoyé chercher Galgani pour lui rendre son plan, mais il doit être difficile à trouver dans cette cohue changeante qu'est cette immense cour pleine de huit cents hommes. Ni Julot, ni le Guittou, ni Suzini n'ont été aperçus depuis notre arrivée.

L'avantage de la vie en commun c'est qu'on vit, on parle, on appartient à une nouvelle société, si on peut appeler cela société. Il y a tellement de choses à dire, à écouter et à faire qu'on n'a plus le temps de penser. En constatant combien le passé s'estompe et passe au deuxième rang par rapport à la vie journalière, je pense qu'une fois arrivé aux durs on doit presque oublier qui on a été, pourquoi on est venu échouer là et comment, pour ne plus s'occuper que d'une chose : s'évader. Je me trompais, car la chose d'abord la plus absorbante et la plus importante, c'est surtout de se garder vivant. Où sont-ils les poulets, les jurés, les assises, les magistrats, ma femme, mon père, mes amis ? Ils sont là bien vivants, avec chacun sa place dans mon cœur, mais on dirait qu'à cause de la fièvre du départ, du grand saut dans l'inconnu, de ces nouvelles amitiés et de ces différentes connaissances, on dirait qu'ils n'ont plus autant d'importance qu'avant. Mais ce n'est qu'une simple impression. Quand je le voudrai, à la seconde où mon cerveau voudra bien ouvrir le tiroir qui correspond à chacun, ils seront de nouveau tous présents.

Voilà Galgani, on le conduit à moi, car même avec ses énormes verres, il y voit à peine. Il paraît en meilleure santé. Il s'approche de moi et, sans mot dire, me serre la main. Je lui dis :

« Je voudrais te redonner ton plan. Maintenant tu es bien, tu peux le porter et le garder. C'est une trop grosse responsabilité pour moi pendant le voyage, et puis qui sait si on sera près l'un de l'autre et même si au bagne on se verra ? Donc il vaut mieux que tu le reprennes. » Galgani me regarde d'un air malheureux.

« Allez, viens aux cabinets que je te le donne, ton plan.

— Non je ne le veux pas, garde-le, je t'en fais cadeau, il est à toi.

— Pourquoi tu dis ça ?

— Je ne veux pas me faire assassiner pour mon plan. Je préfère vivre sans argent que crever à cause de lui. Je te le donne, car après tout il n'y a pas de raison que tu risques ta vie pour me garder mon pognon. Au moins, si tu la risques, que ce soit pour ton avantage.

— Tu as peur, Galgani. On t'a déjà menacé ? On se doute que tu dois être chargé ?

— Oui, je suis constamment pisté par trois Arabes. C'est pour ça que je ne suis jamais venu te voir, pour qu'ils ne se doutent pas qu'on est en contact. Chaque fois que je vais aux cabinets, que ce soit la nuit ou le jour, un des trois biques vient se mettre auprès de moi. Ostensiblement je leur ai fait voir, sans faire semblant de rien, que je ne suis pas chargé, mais malgré tout ils n'arrêtent pas leur surveillance. Ils pensent qu'un autre a mon plan, ils ne savent pas qui, et me suivent derrière pour voir à quel moment il va revenir en ma possession. »

Je regarde Galgani et m'aperçois qu'il est terrorise, vraiment persécuté. Je lui dis : « Quel est l'endroit de la cour qu'ils fréquentent ? » Il me dit : « Vers la cuisine et la lavanderie. — Bon, reste là, j'arrive. Et puis non, viens avec moi. » Je me dirige avec lui vers les biques. J'ai enlevé le bistouri de mon calot et je le tiens la lame rentrée dans ma manche droite et le manche dans ma main. Effectivement, en arrivant à l'endroit je les vois. Ils sont quatre : trois Arabes et un Corse, un nommé Girando. J'ai compris tout de suite : c'est le Corse qui, laissé à l'écart par les hommes du milieu, a soufflé l'affaire aux biques. Il doit savoir que Galgani est le beau-frère de Pascal Matra et qu'il ne peut pas ne pas avoir le plan.

« Alors, Mokrane, ça va ?

— Oui, Papillon. Et toi, ça va ?

— Crouilla, non, ça ne va pas. Je viens vous voir pour vous dire que Galgani est mon ami. Quoi qu'il lui arrive, le premier à morfler c'est toi d'abord, Girando ; les autres, c'est vous après. Prenez-le comme vous le voulez. »

Mokrane se lève. Il est aussi grand que moi, un mètre soixante-quatorze environ, et aussi carré. La provocation l'a touché et il va faire un geste pour commencer la bataille quand, rapidement, je sors le bistouri tout brillant de neuf et, le tenant à pleine main, je lui dis :

« Si tu bouges, je te tue comme un clebs. »

Désorienté de me voir armé dans un endroit où on est constamment fouillé, impressionné par mon attitude et la longueur de l'arme, il dit :

« Je me suis levé pour discuter, non pour me battre. » Je sais que ce n'est pas vrai, mais il est de mon intérêt de lui sauver la face devant ses amis. Je lui donne une porte de sortie élégante :

« Bien. Puisque tu t'es levé pour discuter...

— Je savais pas que Galgani était ton ami. Je croyais que c'était un cave et tu dois comprendre, Papillon, que puisqu'on est fauché il faudra bien trouver du pèze pour partir en cavale.

— Bon, c'est normal. Tu as le droit, Mokrane, de lutter pour ta vie. Seulement tu sais que là, c'est sacré. Regarde ailleurs. »

Il me tend la main, je la lui serre. Ouf ! Je m'en suis bien sorti car au fond, si je tuais ce mec, je ne partais plus demain. Je me suis aperçu un peu plus tard que j'avais fait une erreur. Galgani retourne avec moi. Je lui dis : « Ne dis rien à personne de cet incident. Je n'ai pas envie de me faire engueuler par le père Dega. » J'essaie de convaincre Galgani d'accepter le plan, il me dit : « Demain, avant le départ. » Il s'est si bien planqué, le lendemain, que j'ai embarqué pour les durs avec deux plans.

Cette nuit, dans cette cellule où nous sommes onze hommes à peu près, personne ne parle. C'est tous, plus ou moins, pensent que c'est le dernier jour passé sur la terre de France. Chacun de nous est plus ou moins pris par la nostalgie de laisser la France à jamais avec, comme destin, une terre inconnue dans un régime inconnu.

Dega ne parle pas. Il est assis à côté de moi près de la porte grillée qui donne sur le couloir et par où vient un peu plus d'air qu'ailleurs. Je me sens littéralement désorienté. Nous avons des renseignements si contradictoires sur ce qui nous attend, que je ne sais si je dois être content, ou triste ou désespéré.

Les hommes qui m'entourent dans cette cellule sont tous des hommes du milieu. Il n'y a que le petit Corse né au bagne qui n'est pas vraiment du milieu. Tous ces hommes sont dans un état amorphe. La gravité et l'importance du moment les a rendus à peu près muets. La fumée des cigarettes sort de la cellule comme un nuage attiré par l'air du couloir et si l'on ne veut pas que les yeux piquent, il faut être assis plus bas que les nuages de fumée. Personne ne dort si ce n'est André Baillard, ce qui se justifie puisqu'il avait perdu la vie.

Pour lui le reste ne peut être qu'un paradis inespéré.

Le film de ma vie se déroule rapidement devant moi : mon enfance auprès d'une famille pleine d'amour, d'éducation, de bonnes manières et de noblesse ; les fleurs des champs, le ronron des ruisseaux, le goût des noix, des pêches et des prunes que notre jardin nous donnait copieusement ; le parfum du mimosa qui, chaque printemps, fleurissait devant notre porte ; l'extérieur de notre maison et l'intérieur avec les attitudes des miens ; tout cela défile rapidement devant mes yeux. Ce film parlant où j'entends la voix de ma pauvre mère qui m'a tant aimé, et puis celle de mon père toujours tendre et caressante, et les aboiements de Clara, la chienne de chasse de papa, qui m'appelle du jardin pour jouer ; les filles, les garçons de mon enfance, compagnons de jeux des meilleurs moments de ma vie, ce film auquel j'assiste sans avoir décidé de le voir, cette projection d'une lanterne magique allumée contre ma volonté par mon subconscient, emplit d'une émotion douce cette nuit d'attente pour le saut vers le grand inconnu de l'avenir.

C'est l'heure de faire le point. Voyons : j'ai vingt-six ans, je me porte très bien, j'ai dans mon ventre cinq mille six cents francs qui sont à moi et vingt-cinq mille francs de Galgani. Dega, à côté de moi, a dix mille. Je crois que je peux compter sur quarante mille francs, car si ce Galgani est incapable de défendre cette somme ici, il le sera encore bien moins à bord du bateau et en Guyane. Il le sait d'ailleurs, et c'est pour ça qu'il n'est pas venu chercher son plan. Donc, je peux compter sur cet argent, bien entendu en emmenant avec moi Galgani ; il faut qu'il en profite, car c'est à lui et non à moi. Je l'emploierai pour son bien à lui, mais directement j'en profiterai aussi. Quarante mille francs c'est beaucoup d'argent, je vais donc pouvoir acheter facilement des complices, bagnards en cours de peine, libérés et surveillants.

La mise au point est positive. A peine arrivé, je dois m'évader en compagnie de Dega et Galgani, c'est ça le seul sujet qui doit m'absorber. Je touche le bistouri, satisfait de sentir le froid de son manche d'acier. Avoir une arme aussi redoutable avec moi me donne de l'assurance. J'en ai déjà prouvé l'utilité dans l'incident des Arabes. Vers trois heures du matin, des réclusionnaires ont aligné devant la grille de la cellule onze sacs marin de grosse toile pleins à craquer, chacun avec une grosse étiquette. Je peux en regarder une qui pend à l'intérieur de la grille. Je lis : C... Pierre, trente ans, un mètre soixante-treize, taille quarante-deux, chaussures pointure quarante et un, matricule X... Ce Pierre C... c'est Pierrot le Fou, un Bordelais condamné à Paris pour meurtre à vingt ans de travaux forcés.

C'est un brave garçon, un homme du milieu droit et correct, je le connais bien. Cette fiche m'apprend combien minutieuse et bien organisée est cette Administration qui dirige le bagne. C'est mieux qu'à la caserne où ils vous font essayer les effets au jugé. Ici, tout est enregistré et chacun recevra donc des effets à sa taille. Par un bout de treillis qui est à la surface du sac, je vois que la tenue est blanche avec des raies verticales de couleur rouge. Avec ce costume, on ne doit pas passer inaperçu.

Volontairement, je cherche à ce que mon cerveau fabrique les images des assises, des jurés, du procureur, etc. Il refuse catégoriquement de m'obéir et je ne peux obtenir de lui que des images normales. Je comprends que pour vivre intensément, comme je les ai vécues, les scènes de la Conciergerie ou de Beaulieu, il faut être seul, complètement seul. J'éprouve un soulagement à constater cela et je comprends que la vie collective qui m'attend provoquera d'autres besoins, d'autres réactions, d'autres projets.

Pierre le Fou s'approche de la grille et me dit : « Ça va, Papi ?

— Et toi ?

— Eh bien, moi, j'ai toujours rêvé de monter aux Amériques mais, comme je suis joueur, jamais j'ai pu faire les économies pour me payer le voyage. Les poulets ont pensé à m'offrir ce voyage gratuit. C'est bien, y a rien à dire, n'est-ce pas, Papillon ? »

Il parle naturellement, il n'y a aucune forfanterie dans ses paroles. On le sent sérieusement sûr de lui. — « Ce voyage gratuit offert par les poulets pour monter aux Amériques a effectivement ses avantages. Je préfère aller au bagne que de me taper quinze ans de réclusion en France.

— Reste à savoir le résultat final, Pierrot. Tu ne crois pas ? Devenir dingue en cellule, ou mourir de misère physiologique dans un cachot d'une réclusion quelconque en France, est encore pire que crever lépreux ou de la fièvre jaune, c'est mon avis.

— C'est aussi le mien, dit-il.

— Regarde, Pierrot, cette fiche c'est la tienne. »

Il se penche, il la regarde très attentivement pour la lire, il l'épelle : « Je suis pressé de mettre ce costume, j'ai envie d'ouvrir le sac et de m'habiller, on ne me dira rien. Après tout, ces affaires me sont destinées.

— Laisse tomber, attends l'heure. C'est pas le moment d'avoir des histoires, Pierre. J'ai besoin de tranquillité. »
Il comprend et se retire de la grille.

Louis Dega me regarde et me dit : « Petit, c'est la dernière nuit. Demain on s'éloignera de notre beau pays.

— Notre si beau pays n'a pas une belle justice, Dega. Peut-être que nous connaîtrons d'autres pays qui ne seront pas beaux comme le nôtre, mais qui auront une manière plus humaine de traiter ceux qui ont fauté. »
Je ne croyais pas si bien dire, l'avenir m'apprendra que j'avais raison. De nouveau le silence.

DÉPART POUR LE BAGNE

A six heures, branle-bas. Des réclusionnaires viennent nous donner le café, puis arrivent quatre surveillants. Ils sont en blanc, aujourd'hui, toujours le revolver sur le côté. Les boutons de leur tunique impeccablement blanche sont dorés. L'un d'eux a trois galons d'or en V sur la manche gauche, rien aux épaules.

« Transportés, vous allez sortir deux par deux dans le couloir. Chacun cherchera le sac qui lui correspond, il y a votre nom sur l'étiquette. Prenez le sac et retirez-vous contre le mur, face au couloir, votre sac devant vous. »

Il nous faut quelque vingt minutes pour être tous alignés le sac devant nous.

« Déshabillez-vous, faites un paquet de vos affaires et attachez-les dans la vareuse par les manches... Très bien. Toi, là, ramasse les paquets et mets-les dans la cellule... Habillez-vous, mettez un caleçon, un tricot de peau, un pantalon rayé de drill, un blouson de drill, des chaussures avec chaussettes... Tous sont vêtus ?

— Oui, monsieur le surveillant.

— Bon. Gardez la vareuse de laine en dehors du sac en cas qu'il pleuve et pour vous protéger du froid. Sacs sur les épaules gauches !... En file deux par deux, suivez-moi. »

Le galonné en avant, deux sur le côté, le quatrième surveillant en queue, notre petite colonne se dirige vers la cour. En moins de deux heures, huit cent dix bagnards sont alignés. On appelle quarante hommes dont nous sommes avec Louis Dega ainsi que les trois retours d'évasion : Julot, Galgani et Santini. Ces quarante hommes sont alignés par dix. En tête de la colonne qui se forme, chaque rang a un surveillant sur le côté. Pas de chaînes, ni de menottes. En avant de nous, à trois mètres, marchent à reculons dix gendarmes. Ils nous font face, mousqueton à la main, ils marcheront ainsi tout le trajet, chacun guidé par un autre gendarme qui le tire par son baudrier.

La grande porte de la Citadelle s'ouvre et lentement la colonne se met en marche. Au fur et à mesure que l'on sort de la forteresse, des gendarmes, fusil ou mitraillette à la main, se joignent au convoi, approximativement à

deux mètres de lui et le suivent ainsi. Un monde fou de
curieux est tenu à l'écart par les gendarmes : ils sont
venus assister au départ pour le bagne. Au milieu du
parcours, aux fenêtres d'une maison, on siffle doucement
entre les dents. Je lève la tête et je vois ma femme
Nénette et Antoine D... mon ami à une fenêtre ; Paula,
la femme de Dega et son ami Antoine Giletti à l'autre
fenêtre. Dega aussi les a vus, et nous marchons les
yeux fixés sur cette fenêtre pendant tout le temps
que nous le pouvons. Ce sera la dernière fois que j'aurai
vu ma femme, et aussi mon ami Antoine qui mourra
plus tard sous un bombardement à Marseille. Comme
personne ne parle, le silence est absolu. Ni prisonnier,
ni surveillant, ni gendarme, ni public ne trouble ce
moment vraiment poignant où tout le monde comprend
que ces mille huit cents hommes vont disparaître à
jamais de la vie normale.

On monte à bord. Les quarante premiers, nous sommes dirigés à fond de cale dans une cage entourée de
gros barreaux. Un carton y est fixé. Je lis : « Salle N° 1,
40 hommes, catégorié très spéciale. Vigilance continue et
stricte. » Chacun reçoit un hamac roulé. Il y a des
anneaux en quantité pour accrocher les hamacs. Quelqu'un m'embrasse, c'est Julot. Lui, il connaît ça, car il
a déjà fait, voici dix ans, le voyage. Il sait à quoi s'en
tenir. Il me dit :

« Vite, viens par là. Pends ton sac à l'anneau où tu
pendras ton hamac. Cet endroit est près de deux hublots
fermés, mais en mer ils seront ouverts et on respirera
toujours mieux ici qu'à n'importe quel autre endroit de
la cage. »

Je lui présente Dega. On est en train de parler quand
un homme s'approche. Julot lui barre le passage avec
son bras et lui dit : « Ne viens jamais de ce côté si tu
veux arriver vivant aux durs. Tu as compris ? — Oui, »,
dit l'autre. — Tu sais pourquoi ? — Oui. — Alors casse-
toi. » Le mec s'en va. Dega est heureux de cette démons-

tration de force et il ne s'en càche pas : « Avec vous deux, je pourrai dormir tranquille. » Julot répond : « Avec nous, tu es ici plus en sécurité que dans une villa sur la côte qui a une fenêtre ouverte. »

Le voyage a duré dix-huit jours. Un seul incident : une nuit, un grand cri réveille tout le monde. Un mec est retrouvé mort avec un grand couteau planté entre les épaules. Le couteau avait été piqué de bas en haut et avait traversé le hamac avant de le transpercer. Le couteau, arme redoutable, avait plus de vingt centimè-tres de long. Immédiatement, vingt-cinq ou trente sur-veillants braquent sur nous leurs revolvers ou leurs mousquetons, en criant :

« Tout le monde à poil, et rapide ! »

Tout le monde se met à poil. Je comprends qu'on va faire la fouille. Je mets le bistouri sous mon pied nu droit, m'appuyant plus sur ma jambe gauche que sur la droite car le fer me blesse. Mais mon pied couvre le bistouri. Quatre surveillants passent à l'intérieur et com-mencent à fouiller les chaussures et les vêtements. Avant d'entrer, ils ont quitté leurs armes et on a refermé sur eux la porte de la cage, mais de dehors on nous surveille toujours, les armes braquées sur nous. « Le premier qui bouge est mort », dit la voix d'un chef. Dans la fouille, ils découvrent trois couteaux, deux clous de charpentier aiguisés, un tire-bouchon et un plan en or. Six hommes sont sortis sur le plateau, toujours nus. Le chef du convoi, le commandant Barrot, arrive accompagné de deux docteurs de la coloniale et du commandant du bateau. Quand les gaffes sont sortis de notre cage, tout le monde s'est rhabillé sans attendre l'ordre. J'ai récu-péré mon bistouri.

Les surveillants se sont retirés au fond du plateau. Au milieu, Barrot, les autres auprès de l'escalier. En face d'eux, en ligne, les six hommes à poil au garde-à-vous.

« Ça, c'est à celui-ci, dit le gaffe qui a fait la fouille, en prenant un couteau et en désignant le propriétaire.

— C'est vrai, c'est à moi.

— Bon, dit Barrot. Il fera le voyage en cellule sur les machines. »

Chacun est désigné soit pour les clous, soit pour le tire-bouchon, soit pour les couteaux, et chacun reconnaît être le propriétaire des objets trouvés. Chacun d'eux, toujours à poil, monte les escaliers, accompagné de deux gaffes. Reste par terre un couteau et le plan en or ; un seul homme pour les deux. Il est jeune, vingt-trois ou vingt-cinq ans, bien bâti, un mètre quatre-vingts au moins, un corps athlétique, des yeux bleus.

« C'est à toi, ça, n'est-ce pas ? dit le gaffe, et il tend le plan en or.

— Oui, c'est à moi.

— Qu'est-ce qu'il contient ? dit le commandant Barrot qui l'a pris dans ses mains.

— Trois cents livres anglaises, deux cents dollars et deux diamants de cinq carats.

— Bien, on va voir. » Il ouvre. Comme le commandant est entouré par les autres, on ne voit rien mais on l'entend dire : « C'est exact. Ton nom ?

— Salvidia Roméo.

— Tu es Italien ?

— Oui, monsieur.

— Tu ne seras pas puni pour le plan, mais pour le couteau, si.

— Pardon, le couteau n'est pas à moi.

— Ne dis pas ça, voyons, je l'ai trouvé dans tes chaussures, dit le gaffe.

— Le couteau n'est pas à moi, je le répète.

— Alors je suis un menteur ?

— Non, vous vous trompez.

— Alors, à qui est le couteau ? dit le commandant Barrot. S'il n'est pas à toi, il est bien à quelqu'un ?

— Il n'est pas à moi, c'est tout.

— Si tu ne veux pas être mis au cachot où tu vas cuire, car ils sont au-dessus des chaudières, dis à qui est le couteau.

— Je ne sais pas.

— Tu te fous de ma gueule ? On trouve un couteau dans tes chaussures et tu ne sais pas à qui il est ? Tu me prends pour un imbécile ? Ou il est à toi, ou tu sais qui l'a mis là. Réponds.

— Il n'est pas à moi et ce n'est pas à moi de dire à qui il est. Je ne suis pas un mouchard. Est-ce que vous me voyez une gueule de garde-chiourme, par hasard ?

— Surveillant, passez les menottes à ce type-là. Tu vas payer cher cette manifestation d'indiscipline. »

Les deux commandants parlent entre eux, celui du bateau et celui du convoi. Le commandant du bateau donne un ordre à un second maître qui monte en haut. Quelques instants après, arrive un marin breton, véritable colosse, avec un seau en bois plein d'eau de mer sans doute et une grosse corde de la grosseur du poignet. On attache l'homme à la dernière marche d'escalier, à genoux. Le marin trempe sa corde dans le seau puis il frappe lentement, de toutes ses forces, sur les fesses, les reins et le dos du pauvre diable. Pas un cri ne sort de ses lèvres, le sang coule des fesses et des côtes. Dans ce silence de cimetière, il part un cri de protestation de notre cage :

« Bande de salopards ! »

C'était tout ce qu'il fallait pour déclencher les cris de tout le monde : « Assassins ! Salauds ! Pourris ! » Plus on menace de nous tirer dessus si on ne se tait pas, plus on hurle, quand tout à coup le commandant crie :

« Mettez la vapeur ! »

Des matelots tournent des roues et des jets de vapeur arrivent sur nous avec une telle puissance qu'en moins de deux tout le monde est à plat ventre. Les jets de vapeur étaient projetés à la hauteur de poitrine. Une peur collective s'empara de nous. Les brûlés n'osaient pas se plaindre, cela ne dura même pas une minute, mais terrorisa tout le monde.

« J'espère que vous avez compris, les fortes têtes ?

Au moindre incident, je fais envoyer la vapeur. Entendu ?
Levez-vous ! »

Seuls trois hommes ont été vraiment brûlés. On les
emmena à l'infirmerie. Le flagellé fut remis avec nous.
Six ans après il mourait dans une cavale avec moi.

Pendant ces dix-huit jours de voyage, nous avons le
temps de nous renseigner ou d'essayer d'avoir un aperçu
du bagne. Rien ne se passera comme on l'aura cru et
pourtant Julot aura fait son possible pour nous infor-
mer. Par exemple, nous savons que Saint-Laurent-du-
Maroni est un village à cent vingt kilomètres de la mer
sur un fleuve qui s'appelle Maroni. Julot nous explique :

« C'est dans ce village que se trouve le pénitencier, le
centre du bagne. Dans ce centre s'effectue le triage par
catégorie. Les relégués vont directement à cent cinquante
kilomètres de là, dans un pénitencier nommé Saint-Jean.
Les bagnards sont immédiatement classés en trois groupes :

« — Les très dangereux, qui seront appelés dans
l'heure même de l'arrivée et mis dans des cellules au
quartier disciplinaire en attendant leur transfert aux
Iles du Salut. Ils y sont internés à temps ou à vie. Ces
Iles sont à cinq cents kilomètres de Saint-Laurent et à
cent kilomètres de Cayenne. Elles s'appellent : Royale ;
la plus grande, Saint-Joseph, où se trouve la Réclusion
du bagne ; et le Diable, la plus petite de toutes. Les
bagnards ne vont pas au Diable, sauf de très rares
exceptions. Les hommes qui sont au Diable sont des
bagnards politiques ;

« — Puis les dangereux de deuxième catégorie : ils resteront sur le camp de Saint-Laurent et seront astreints
à des travaux de jardinage et à la culture de la terre.
Chaque fois qu'on en a besoin, on les envoie dans des
camps très durs : Camp Forestier, Charvin, Cascade,
Crique Rouge, Kilomètre 42, dit le camp de la mort ;

« — Puis la catégorie normale : ils sont employés à
l'Administration, aux cuisines, au nettoyage du village et
du camp ou à différents travaux : atelier, menuiserie,

peinture, forge, électricité, matelasserie, tailleur, buanderie, etc. ◆

« Donc l'heure H, c'est celle de l'arrivée : si on est
appelé et conduit en cellule, c'est qu'on est interné aux
Iles, ce qui enlève tout espoir de s'évader. Une seule
chance : vite se blesser, s'ouvrir les genoux ou le ventre
pour aller à l'hôpital et, de là, s'évader. Il faut à tout
prix éviter d'aller aux Iles. Autre espoir : si le bateau
qui doit emporter les internés aux Iles n'est pas prêt
à faire le voyage, alors il faut sortir de l'argent et l'offrir
à l'infirmier. Celui-ci vous fera une piqûre d'essence de
térébenthine dans une jointure, ou passera un cheveu
trempé dans de l'urine dans la chair pour que cela
s'infecte. Ou il te passera du soufre pour que tu le res-
pires, puis dira au docteur que tu as 40° de fièvre. Pendant ces quelques jours d'attente, il faut aller à l'hôpital
à n'importe quel prix.

« Si on n'est pas appelé et qu'on est laissé avec les
autres dans des baraques sur le camp, on a le temps
d'agir. Dans ce cas, il ne faut pas rechercher un emploi
à l'intérieur du camp. Il faut payer le comptable pour
avoir au village une place de vidangeur, balayeur, ou
être employé à la scierie d'un entrepreneur civil. En
sortant travailler hors du pénitencier et en rentrant
chaque soir au camp, on a le temps de prendre contact
avec des forçats libérés qui vivent dans le village ou
avec des Chinois pour qu'ils te préparent la cavale.
Eviter les camps autour du village : tout le monde
y crève vite ; il y a des camps où aucun homme n'a
résisté trois mois. En pleine brousse les hommes sont
obligés de couper un mètre cube de bois par jour. »

Tous ces renseignements précieux, Julot nous les a
remâchés tout le long du voyage. Lui, il est prêt. Il sait
qu'il va directement au cachot comme retour d'évasion.
Aussi il a un tout petit couteau, plutôt un canif, dans
son plan. A l'arrivée, il va le sortir et s'ouvrir le genou.
En descendant du bateau il tombera de l'échelle devant
tout le monde. Il pense qu'il sera transporté directement

du quai à l'hôpital. C'est d'ailleurs exactement ce qui se
passera.   ✦

SAINT-LAURENT-DU-MARONI

Les surveillants se sont relayés pour aller se changer.
Ils reviennent chacun à son tour habillés en blanc avec
un casque colonial au lieu du képi. Julot dit : « On
arrive. » Il fait une chaleur épouvantable car on a fermé
les hublots. A travers eux, on voit la brousse. On est
donc dans le Maroni. L'eau est boueuse. Cette forêt
vierge est verte et impressionnante. Des oiseaux s'envo-
lent, troublés par la sirène du bateau. On va très lentement, ce qui permet de détailler tout à son aise cette
végétation vert obscur, exubérante et drue. On aperçoit
les premières maisons en bois avec leur toit de tôles
de zinc. Des Noirs et des Noires sont devant leur porte,
ils regardent passer le bateau. Ils sont habitués à le voir
décharger sa cargaison humaine et c'est pour cela qu'ils
ne font aucun geste de bienvenue à son passage. Trois
coups de sirène et des bruits d'hélice nous apprennent
qu'on arrive, puis tout bruit de machine s'arrête. On
entendrait voler une mouche.

Personne ne parle. Julot a son couteau ouvert et coupe
son pantalon au genou en déchiquetant les bords des
coutures. C'est seulement sur le pont qu'il doit se tailler
le genou — pour ne pas laisser une traînée de sang. Les
surveillants ouvrent la porte de la cage et on nous range
par trois. Nous sommes au quatrième rang, Julot entre
Dega et moi. On monte sur le pont. Il est deux heures
de l'après-midi et un soleil de feu surprend mon crâne
tondu et mes yeux. Alignés sur le pont, on nous dirige
vers la passerelle. A un hésitement de la colonne, provoqué par l'entrée des premiers sur la passerelle, je
maintiens le sac de Julot sur son épaule et lui, de ses
deux mains, tire la peau de son genou, enfonce le couteau et tranche d'un seul coup sept à huit centimètres

de chair. Il me passe le couteau et retient seul son sac. Au moment où nous prenons la passerelle, il se laisse tomber et roule jusqu'en bas. On le ramasse et, le voyant blessé, on appelle des brancardiers. Le scénario s'est passé comme il l'avait prévu : il s'en va emporté par deux hommes sur un brancard.

Une foule bigarrée nous regarde, curieuse. Des Noirs, des demi-Noirs, des Indiens, des Chinois, des épaves de Blancs (ces Blancs doivent être des bagnards libérés) examinent chacun de ceux qui mettent pied à terre et se rangent derrière les autres. De l'autre côté des surveillants, des civils bien vêtus, des femmes en toilette d'été, des gosses, tous avec le casque colonial sur la tête. Eux aussi regardent les nouveaux arrivants. Quand nous sommes deux cents, le convoi s'ébranle. Nous marchons à peu près dix minutes et arrivons devant une porte en madriers, très haute, où est écrit : « Pénitencier de Saint-Laurent-du-Maroni. Capacité 3 000 hommes. » La porte s'ouvre et on rentre par rangs de dix. « Une, deux ; une, deux, marche ! » De nombreux forçats nous regardent arriver. Ils sont perchés sur des fenêtres ou sur des grosses pierres pour mieux voir.

Arrivés au milieu de la cour, on crie : « Halte ! Posez vos sacs devant vous. Distribuez les chapeaux, vous autres ! » On nous donne à chacun un chapeau de paille, on en avait besoin : deux ou trois, déjà, sont tombés d'insolation. Dega et moi on se regarde, car un gaffe galonné a pris une liste dans les mains. On pense à ce qu'a dit Julot. Ils vont appeler le Guittou : « Par ici ! » Il est encadré par deux surveillants et s'en va. Suzini, même chose, Girasol kif-kif.

« Jules Pignard !

— Jules Pignard (c'est Julot), il s'est blessé, il est parti à l'hôpital.

— Bien. » Ce sont les internés aux Iles, puis le surveillant continue :

« Ecoutez attentivement. Chaque nom que je vais appeler sortira des rangs avec son sac sur l'épaule et ira se ranger devant cette baraque jaune, la n° 1. Un tel, présent, etc. Dega, Carrier et moi nous retrouvons avec les autres alignés devant la baraque. On nous ouvre la porte et nous entrons dans une salle rectangulaire longue de vingt mètres approximativement. Au milieu, un passage de deux mètres de large ; à droite et à gauche, une barre de fer qui court d'un bout à l'autre de la salle. Des toiles qui servent de lit-hamac sont tendues entre la barre et le mur, chaque toile a une couverture. Chacun s'installe où il veut. Dega, Pierrot le Fou, Santori, Grandet et moi, nous nous mettons les uns à côté des autres et immédiatement les gourbis se forment. Je vais au fond de la salle : à droite les douches, à gauche les cabinets, pas d'eau courante. Pendus aux barreaux des fenêtres nous assistons à la distribution des autres arrivés derrière nous. Louis Dega, Pierrot le Fou et moi sommes radieux ; on n'est pas internés puisqu'on est dans une baraque en commun. Sinon on serait déjà en cellule, comme l'a expliqué Julot. Tout le monde est content, jusqu'au moment où, quand tout est terminé, vers les cinq heures du soir, Grandet dit :

« C'est drôle, dans ce convoi on n'a pas appelé un seul interné. C'est bizarre. Ma foi tant mieux. » Grandet est l'homme qui a volé le coffre-fort d'une centrale, une affaire qui a fait rire toute la France.

Aux tropiques, la nuit et le jour arrivent sans crépuscule ni aube. On passe de l'un à l'autre d'un seul coup, toute l'année à la même heure. La nuit tombe brusquement à six heures et demie du soir. Et à six heures et demie, deux vieux forçats apportent deux lanternes à pétrole qu'ils suspendent à un crochet au plafond et qui donnent très peu de lumière. Les trois quarts de la salle sont en pleine obscurité. A neuf heures, tout le monde dort, car l'excitation de l'arrivée passée, on crève de chaleur. Pas un souffle d'air, tout le monde est en caleçon. Couché entre Dega et Pierrot le Fou, nous chuchotons puis on s'endort.

Le lendemain matin, il fait encore nuit quand sonne

le clairon. Chacun se lève, se lave et s'habille. On nous donne le café et une boule de pain. Une planche est scellée au mur pour y mettre son pain, sa gamelle et le reste des affaires. A neuf heures, entrent deux surveillants et un forçat, jeune, habillé en blanc sans rayures. Les deux gaffes sont des Corses et ils parlent en corse avec des forçats pays à eux. Pendant ce temps, l'infirmier se promène dans la salle. En arrivant à ma hauteur, il me dit :

« Ça va, Papi ? Tu ne me reconnais pas ?

— Non.

— Je suis Sierra l'Algérois, je t'ai connu chez Dante à Paris.

— Ah ! oui, je te reconnais maintenant. Mais tu es monté en 29, nous sommes en 33 et tu es toujours là ?

— Oui, on ne part pas comme ça si vite. Fais-toi porter malade. Et lui, qui c'est ?

— Dega, c'est mon ami.

— Je t'inscris aussi à la visite. Toi, Papi, tu as la dysenterie. Et toi, vieux, tu as des crises d'asthme. Je vous verrai à la visite à onze heures, j'ai à vous parler. » Il continue son chemin et crie à haute voix : « Qui est malade ici ? » Il va à ceux qui lèvent le doigt et les inscrit. Quand il repasse devant nous il est accompagné d'un des surveillants, basané et tout vieux :

« Papillon, je te présente mon chef, le surveillant infirmier Bartiloni. Monsieur Bartiloni, celui-ci et celui-là, c'est mes amis dont je vous ai parlé.

— Ça va, Sierra, on arrangera ça à la visite, comptez sur moi. »

A onze heures, on vient nous chercher. Nous sommes neuf malades. Nous traversons le camp à pied entre les baraques. Arrivés devant une baraque plus neuve et la seule peinte en blanc avec une croix rouge, nous y entrons et pénétrons dans une salle d'attente où se trouvent à peu près soixante hommes. A chaque coin de la salle, deux surveillants. Sierra apparaît, vêtu d'une blouse immaculée de médecin. Il dit : « Vous, vous et vous, passez. » On rentre dans une pièce qu'on reconnaît tout de suite comme le bureau du docteur. Il parle aux trois vieux en espagnol. Cet Espagnol-là, je le reconnais d'un seul coup : c'est Fernandez, celui qui a tué les trois Argentins au café de Madrid à Paris. Quand ils ont échangé quelques paroles, Sierra le fait passer dans un cabinet qui donne sur la salle, puis il vient vers nous :

« Papi, laisse que je t'embrasse. Je suis content de pouvoir te rendre un grand service à toi et à ton ami : vous êtes internés tous les deux... Oh ! laisse-moi parler ! Toi, Papillon, à vie, et toi, Dega, à cinq ans. Vous avez du pognon ?

— Oui.

— Alors donnez-moi cinq cents francs chacun et demain matin vous serez hospitalisés, toi pour dysenterie. Et toi, Dega, dans la nuit frappe à la porte ou, mieux que ça, que quelqu'un de vous appelle le gaffe et réclame l'infirmier en disant que Dega s'étouffe. Le reste je m'en charge. Papillon, je te demande qu'une chose : si tu te casses, fais-moi avertir à temps, je serai au rendez-vous. A l'hôpital, pour cent francs chacun par semaine, ils vont pouvoir vous garder un mois. Faut faire vite. »

Fernandez ressort du cabinet et remet devant nous cinq cents francs à Sierra. Moi je rentre au cabinet et quand je ressors, je lui remets non pas mille mais mille cinq cents francs. Il refuse les cinq cents francs. Je ne veux pas insister. Il me dit :

« Ce pognon que tu me donnes, c'est pour le gaffe. Moi, je ne veux rien pour moi ? On est des amis, non ? »

Le lendemain, Dega, moi et Fernandez, nous sommes dans une cellule immense à l'hôpital. Dega a été hospitalisé au milieu de la nuit. L'infirmier de la salle est un homme de trente-cinq ans, on l'appelle Chatal. Il a toutes les instructions de Sierra pour nous trois. Quand le docteur passera, il présentera un examen de selles où j'apparaîtrai pourri d'amibes. Pour Dega, dix minutes avant la visite, il fait brûler un peu de soufre qu'on lui a fourni et lui fait respirer le gaz avec une serviette

sur la tête. Fernandez a une joue énorme : il s'est piqué
la peau à l'intérieur de la joue et a soufflé le plus possible pendant une heure. Il l'a fait si consciencieusement,
l'enflure est telle qu'elle lui bouche un œil. La cellule est
au premier étage d'un bâtiment, il y a près de soixante-
dix malades, dont beaucoup de dysenterie. Je demande
à l'infirmier où est Julot. Il me dit :

« Juste dans le bâtiment en face. Tu veux que je lui
dise quelque chose ?

— Oui. Dis-lui que Papillon et Dega sont là, qu'il se
mette à la fenêtre. »

L'infirmier entre et sort quand il veut de la salle. Pour
cela il n'a qu'à frapper à la porte et un Arabe lui ouvre.
C'est un « porte-clefs », un bagnard qui sert d'auxiliaire
aux surveillants. Sur des chaises, à droite et à gauche
de la porte, sont assis trois surveillants, mousqueton sur
les genoux. Les barreaux des fenêtres sont des rails
de chemin de fer, je me demande comment on va faire
pour couper ça. Je m'assieds à la fenêtre.

Entre notre bâtiment et celui de Julot, il y a un
jardin plein de jolies fleurs. Julot apparaît à la fenêtre,
une ardoise à la main sur laquelle il a écrit à la craie :
BRAVO. Une heure après, l'infirmier m'apporte une lettre
de Julot. Il me dit : « Je cherche à aller dans ta salle.
Si j'échoue, essayez de venir dans la mienne. Le motif
c'est que vous avez des ennemis dans votre salle. Alors
vous êtes internés ? Courage, on les aura. » L'incident de
la Centrale de Beaulieu où nous avons souffert ensemble
nous a liés beaucoup l'un à l'autre. Julot était le spécialiste de la masse de bois, c'est pour cela qu'il était surnommé l'homme au marteau. Il arrivait en voiture
devant une bijouterie, en plein jour, au moment où les
plus beaux bijoux étaient en devanture dans leurs écrins.
La voiture, conduite par un autre, s'arrêtait moteur en
marche. Il descendait rapidement muni d'une grosse
masse de bois, défonçait la vitrine d'un grand coup, prenait le plus d'écrins possible et remontait dans la voiture
qui démarrait sur les chapeaux de roue. Après avoir

réussi à Lyon, Angers, Tours, Le Havre, il s'attaqua à
une grande bijouterie de Paris, à trois heures de l'après-
midi, emportant près d'un million de bijoux. Il ne m'a
jamais raconté pourquoi et comment il avait été identifié. Il fut condamné à vingt ans et s'évada au bout
de quatre. Et c'est en rentrant à Paris, comme il nous
l'avait raconté, qu'il fut arrêté : il cherchait son receleur
pour l'assassiner car celui-ci n'avait jamais remis à sa
sœur une grosse quantité d'argent qu'il lui devait. Le
receleur le vit rôder dans la rue où il habitait et avertit
la police, Julot fut pris et retourna au bagne avec nous.

Voici une semaine que nous sommes à l'hôpital. Hier,
j'ai remis deux cents francs à Chatal, c'est le prix par
semaine pour nous maintenir tous les deux à l'hôpital.
Pour nous faire estimer, nous donnons du tabac à tous
ceux qui n'en ont pas. Un dur de soixante ans, un
Marseillais nommé Carora, s'est fait ami avec Dega. Il
est son conseiller. Il lui dit plusieurs fois par jour
que s'il a beaucoup d'argent et que ça se sait au village
(par les journaux qui arrivent de France on sait les grosses affaires), il vaut mieux qu'il ne s'évade pas parce
que les libérés vont le tuer pour lui voler le plan. Le
vieux Dega me fait part de ces conversations avec le
vieux Carora. J'ai beau lui dire que le vieux est certainement un bon à rien puisqu'il y a vingt ans qu'il est là,
il ne me fait pas cas. Dega est très impressionné des
racontars du vieux et j'ai de la peine à le soutenir de
mon mieux et de ma foi.

J'ai fait passer un billet à Sierra pour qu'il m'envoie
Galgani. C'est pas long. Le lendemain Galgani est à
l'hôpital, mais dans une salle sans barreaux. Comment
faire pour lui remettre son plan ? Je fais part à Chatal
de la nécessité impérieuse que j'ai de parler avec Galgani,
je lui laisse croire que c'est une préparation de cavale.
Il me dit qu'il peut me l'amener cinq minutes à midi
précis. A l'heure du changement de garde, il le fera
monter sur la véranda et parler avec moi à la fenêtre, et
cela pour rien. Galgani m'est amené à la fenêtre à midi,

je lui mets directement le plan dans les mains. Il se
le met debout devant moi, il pleure. Deux jours après,
je recevais une revue de lui avec cinq billets de mille
francs et un seul mot : Merci.

Chatal, qui m'a remis le magazine, a vu l'argent. Il ne
m'en parle pas mais moi je veux lui offrir quelque chose,
il refuse. Je lui dis :

« Nous voulons nous en aller. Veux-tu partir avec
nous ?

— Non, Papillon, je suis engagé ailleurs, je ne veux
essayer l'évasion que dans cinq mois, quand mon associé
sera libéré. La cavale sera mieux préparée et ce sera plus
sûr. Toi, comme tu es interné, je comprends que tu sois
pressé, mais d'ici, avec ces barreaux, ça va être très dur.
Ne compte pas sur moi pour t'aider, je ne veux pas
risquer ma place. Ici, j'attends tranquille que mon ami
sorte.

— Très bien, Chatal. Il faut être franc dans la vie je
ne te parlerai jamais de rien.

— Mais quand même, dit-il, je te porterai les billets
et te ferai les commissions.

— Merci, Chatal. »

Cette nuit, on a entendu des rafales de mitraillette.
C'est, on l'a su le lendemain, l'homme au marteau qui
s'est évadé. Que Dieu l'aide, c'était un bon ami. Il a dû
avoir une occasion et en a profité. Tant mieux pour lui.

Quinze ans après, en 1948, je suis à Haïti où, accompagné d'un millionnaire vénézuélien, je viens traiter
avec le président du Casino un contrat pour y tenir le
jeu. Une nuit que je sors d'un cabaret où on a bu du
champagne, une des filles qui nous accompagne, noire
comme du charbon mais éduquée comme une provin-
ciale de bonne famille française, me dit :

« Ma grand-mère qui est prêtresse du vaudou, vit
avec un vieux français. C'est un évadé de Cayenne, il y
a vingt ans qu'il est avec elle, il se soûle tout le temps,
il s'appelle Jules Marteau. »

Je me dessoûle d'un seul coup :

« Petite, emmène-moi chez ta grand-mère tout de suite. »

En patois haïtien, elle parle au chauffeur du taxi qui roule à toute allure. On passe devant un bar de nuit étincelant : « Arrête. » J'entre dans le bar acheter une bouteille de Pernod, deux bouteilles de champagne, deux bouteilles de rhum du pays. — « En route. » Nous arrivons au bord de la mer devant une coquette maisonnette blanche aux tuiles rouges. L'eau de la mer arrive presque aux escaliers. La fille frappe, frappe et il sort d'abord une grande femme noire, les cheveux tout blancs. Elle est vêtue d'une camisole qui va jusqu'aux chevilles. Les deux femmes parlent en patois, elle me dit : « Entrez, monsieur, cette maison est à vous. » Une lampe à carbure éclaire une salle très propre, pleine d'oiseaux et de poissons.

« Vous voulez voir Julot ? Attendez, il arrive. Jules, Jules ! Il y a quelqu'un qui veut te voir. »

Vêtu d'un pyjama rayé de bleu qui me rappelle la tenue du bagne, arrive pieds nus une homme vieux.

« Eh bien, Boule de Neige, qui c'est qui vient me voir à cette heure-ci ? Papillon ! Non, c'est pas vrai ! » Il me prend dans ses bras, il dit :

« Approche la lampe, Boule de Neige, que je voie la gueule de mon pote. Mais oui, c'est toi, mec ! C'est bien toi ! Alors tu es le bienvenu. La tôle, le peu de pognon que j'ai, la petite fille de ma femme, tout est à toi. T'as qu'à parler. »

Nous avons bu le Pernod, le champagne, le rhum et, de temps en temps, Julot chante.

« On les a eus quand même, hein mon pote ? Vois-tu, y a pas comme l'aventure. Moi j'ai passé par la Colombie, Panama, Costa Rica, la Jamaïque et puis, voici vingt ans à peu près, je suis venu ici et je suis heureux avec Boule de Neige qui est la meilleure des femmes qu'un homme peut rencontrer. Quand pars-tu ? Tu es ici pour longtemps ?

— Non, une semaine.

— Que viens-tu faire ici ?

— Prendre le jeu du Casino avec un contrat, directement avec le président.

— Mon pote, je voudrais que tu restes toute ta vie auprès de moi dans ce bled de charbonniers, mais si tu as pris contact avec le président, ne fais rien avec ce mec, il te fera assassiner quand il verra que ton buisness marche.

— Merci pour le conseil.

— Quant à toi, Boule de Neige, prépare ton bal du vaudou « pas pour touristes ». Un vrai de vrai pour mon ami ! » Dans une autre occasion je vous raconterai ce fameux bal du vaudou « pas pour touristes ».

Donc Julot s'est évadé et moi, Dega et Fernandez on est toujours dans l'attente. De temps en temps je regarde, sans faire semblant de rien, les barreaux des fenêtres. Ce sont de vrais rails de chemin de fer, il n'y a rien à faire. Reste maintenant, la porte. Nuit et jour trois surveillants armés la gardent. Depuis l'évasion de Julot, la surveillance s'est accentuée. Les rondes se suivent de plus près, le docteur est moins aimable. Chatal ne vient que deux fois par jour dans la salle, pour les piqûres et pour prendre la température. Une deuxième semaine passe, je paie à nouveau deux cents francs. Dega parle de tout, sauf d'évasion. Hier il a vu mon bistouri et il me dit :

« Tu l'as toujours ? Pourquoi ? » Je réponds de mauvaise humeur :

« Pour défendre ma peau et la tienne si c'est nécessaire. »

Fernandez n'est pas espagnol, il est argentin. Il est bien comme homme, c'est un vrai aventurier, mais lui aussi a été impressionné par les bavardages du vieux Carora. Un jour, je l'entends dire avec Dega : « Les Iles, il paraît que c'est très sain, c'est pas comme ici, et il fait pas chaud. Dans cette salle on peut attraper la dysenterie car rien qu'en allant aux cabinets, on peut attraper les microbes. » Tous les jours, un ou deux hommes, dans cette salle de soixante-dix, meurent de dysenterie. Chose curieuse à noter, ils meurent tous à la marée basse de l'après-midi ou du soir. Jamais un malade ne meurt le matin. Pourquoi ? Mystère de la nature.

Cette nuit, j'ai eu une discussion avec Dega. Je lui ai dit que quelquefois, la nuit, le porte-clefs arabe fait l'imprudence d'entrer dans la salle et de soulever les draps des grands malades qui ont la figure couverte. On pourrait l'assommer, s'habiller de son costume (nous sommes tous en chemise et sandales, pas plus). Une fois vêtu, je sors et j'arrache par surprise un mousqueton à un des gaffes, je les braque et les fais entrer dans la cellule dont je ferme la porte. Puis on saute le mur de l'hôpital, côté du Maroni, on se jette à l'eau et on se laisse aller, emportés à la dérive par le courant. Après on verra. Puisqu'on a de l'argent, on achètera un bateau et des vivres pour partir en mer. Tous les deux refusent catégoriquement ce projet et même ils le critiquent. Alors, je sens qu'ils sont dégonflés, je suis très déçu et les jours passent.

Voilà trois semaines moins deux jours qu'on est là. Il ne reste plus que dix à quinze jours maximum pour tenter la belle. Aujourd'hui, jour mémorable, 21 novembre 1933, entre dans la salle Joanes Clousiot, l'homme qu'on a tenté d'assassiner à Saint-Martin, au coiffeur. Il a les yeux fermés et est presque aveugle, ses yeux sont pleins de pus. Une fois Chatal retiré, je vais près de lui. Rapidement il me dit que les autres internés sont partis aux Iles voici plus de quinze jours, mais que lui, on l'a oublié. Voici trois jours, un comptable l'en a averti. Il s'est mis un grain de ricin dans les yeux et les yeux purulents ont fait qu'il a pu venir ici. Il est gonflé à bloc pour partir. Il me dit qu'il est prêt à tout, même à tuer s'il le faut, mais il veut partir. Il a trois mille francs. Les yeux lavés à l'eau chaude lui permettent de voir de suite très clair. Je lui explique mon projet de plan pour s'évader, il le trouve bien, mais il me dit que pour surprendre les surveillants, il faut sortir deux, ou si possible trois. On pourrait démonter les pieds du lit et, chacun un pied de fer à la main, les assommer. D'après lui, même avec un mousqueton à la main, ils ne croiront pas que l'on va tirer et ils peuvent appeler les autres gaffes de garde de l'autre pavillon d'où s'est échappé Julot et qui est à moins de vingt mètres.

Troisième cahier

PREMIÈRE CAVALE

ÉVASION DE L'HOPITAL

CE soir, j'ai attrapé Dega et après Fernandez. Dega me dit qu'il n'a pas confiance dans ce projet, qu'il va payer une grosse somme s'il le faut pour se faire enlever son internement. Il me demande pour cela d'écrire à Sierra qu'il a eu cette proposition, de nous dire si c'est possible. Chatal, dans le même jour, porte le billet et la réponse : « Ne paie à personne pour te faire enlever l'internement, c'est une mesure qui vient de France et personne, même pas le directeur du pénitencier, peut nous l'enlever. Si vous êtes désespérés à l'hôpital, vous pouvez essayer de sortir juste le lendemain du jour où le bateau qui va aux Iles et qui s'appelle le *Mana* sera parti. »

On restera huit jours aux quartiers cellulaires avant de monter aux Iles et peut-être que ce sera mieux pour s'évader que de la salle où on est tombés à l'hôpital. Dans ce même billet, Sierra me dit que si je veux, il m'enverra un forçat libéré parler avec moi pour me préparer le bateau derrière l'hôpital. C'est un Toulonnais qui s'appelle Jésus, c'est lui qui a préparé l'évasion du docteur Bougrat voici deux ans. Pour le voir, il faut que j'aille passer la radio dans un pavillon spécialement équipé. Ce pavillon se trouve dans l'enceinte de l'hôpital, mais les libérés y ont accès avec un faux ordre de passer à la radio ce jour-là. Il me dit qu'avant d'aller à la radio j'enlève le plan, car le docteur pourrait le voir s'il regarde plus bas que les poumons. J'envoie un mot à Sierra, lui disant d'envoyer Jésus à la radio et de combiner avec Chatal pour qu'on m'y envoie aussi. Ce sera pour après-demain neuf heures, m'avertit Sierra le soir même.

Le lendemain, Dega demande à sortir de l'hôpital, ainsi que Fernandez. Le *Mana* est parti le matin. Ils espèrent s'évader des cellules du camp, je leur souhaite bonne chance, moi je ne change pas mes projets.

J'ai vu Jésus. C'est un vieux forçat libéré, sec comme une sardine, le visage basané, balafré de deux horribles cicatrices. Il a un œil qui pleure tout le temps quand il vous regarde. Sale gueule, sale regard. Il ne m'inspire guère confiance, l'avenir me donnera raison. Vite on parle :

« Je peux te préparer un bateau pour quatre hommes, maximum cinq. Un tonneau d'eau, des vivres, du café et du tabac ; trois pagaies (carrelettes d'Indien), des sacs de farine vides, une aiguille et du fil pour que tu fasses la voile et le foc toi-même ; une boussole, une hache, un couteau, cinq litres de tafia (rhum de Guyane), pour deux mille cinq cents francs. La lune termine dans trois jours. D'ici quatre jours, si tu acceptes, je t'attendrai dans le canot à l'eau toutes les nuits, de onze heures à trois heures du matin pendant huit jours. Au premier quartier de la lune, je ne t'attends plus. Le bateau sera exactement en face de l'angle vers le bas du mur de l'hôpital. Dirige-toi par le mur, car tant que tu n'es pas sur le bateau, tu ne peux pas le voir, même à deux mètres. » Je n'ai pas confiance mais je dis oui quand même.

— Le pognon ? me dit Jésus.

— Je te l'enverrai par Sierra. » Et on se quitte sans se serrer la main. C'est pas brillant.

A trois heures, Chatal s'en va au camp porter le pognon à Sierra, deux mille cinq cents francs. Je me suis dit : « Je joue ce pognon grâce à Galgani, car c'est risqué. Pourvu qu'il ne les boive pas en tafia, ces deux mille cinq cents balles ! »

Clousiot est radieux, il a confiance en lui-même, en moi et dans le projet. Une seule chose le tracasse : pas toutes les nuits mais souvent, l'Arabe porte-clefs rentre dans la salle et, surtout, rarement très tard. Un autre problème : qui pourrait-on choisir comme troisième pour lui faire la proposition ? Il y a un Corse du milieu niçois, il s'appelle Biaggi. Il est au bagne depuis 1929, se trouve dans cette salle de haute surveillance parce qu'il a tué un type, en prévention pour ce meurtre. Clousiot et moi discutons si on doit lui parler et quand. Pendant que nous sommes en train de causer à voix basse, il s'approche de nous un éphèbe de dix-huit ans, beau comme une femme. Il s'appelle Maturette et a été condamné à mort puis gracié pour son jeune âge — dix sept ans — pour l'assassinat d'un chauffeur de taxi. Ils étaient deux de seize ans et de dix-sept ans, et ces deux enfants, aux assises, au lieu de s'accuser réciproquement, déclaraient chacun avoir tué le chauffeur. Or, le chauffeur n'avait reçu qu'une balle. Cette attitude lors de leur procès les avait rendus sympathiques à tous les forçats, ces deux gosses.

Maturette, très efféminé, s'approche donc de nous et d'une voix de femme nous demande du feu. On lui en donne et, par-dessus le marché, je lui fais cadeau de quatre cigarettes et d'une boîte d'allumettes. Il me remercie avec un sourire aguichant, nous le laissons se retirer. Tout à coup Clousiot me dit : « Papi, on est sauvés. Le bique va rentrer autant que nous voulons et à l'heure que nous voudrons, c'est dans la poche.

— Comment ?

— C'est bien simple : on va parler au petit Maturette qu'il rende le bique amoureux de lui. Tu sais, les Arabes ça aime les jeunes. De là à l'amener à entrer la nuit pour se taper le gosse, il y a pas loin. A lui de faire des manières, disant qu'il a peur d'être vu, pour que l'Arabe entre à des heures qui nous conviennent.

— Laisse-moi faire. »

Je vais vers le Maturette, il me reçoit avec un sourire engageant. Il croit qu'il m'a ému avec son premier sourire aguichant. Tout de suite je lui dis : « Tu te trompes, va aux cabinets. » Il va aux cabinets et là-bas je commence :

« Si tu répètes un mot de ce que je vais te dire, tu es un homme mort. Voilà : veux-tu faire ça, ça et ça pour de l'argent ? Combien ? Pour nous rendre service ? ou veux-tu partir avec nous ?

— Je veux partir avec vous, ça va ? » Promis, promis. On se serre la main.

Il va se coucher et moi, après quelques mots à Clousiot, je me couche aussi. Le soir, à huit heures, Maturette est assis à la fenêtre. Il n'a pas à appeler l'Arabe, il vient tout seul, la conversation s'engage entre eux à voix basse. A dix heures Maturette se couche. Nous, on est couchés, un œil ouvert, depuis neuf heures. Le bique entre dans la salle, fait deux tours, trouve un homme mort. Il frappe à la porte et peu de temps après entrent deux brancardiers qui enlèvent le mort. Ce mort nous servira, car il justifiera les rondes de l'Arabe à n'importe quelle heure de la nuit. Sur notre conseil, le lendemain, Maturette lui donne rendez-vous à onze heures du soir. Le porte-clefs arrive à cette heure-là, passe devant le lit du petit, le tire par les pieds pour le réveiller, puis il se dirige vers les cabinets. Maturette le suit. Un quart d'heure après sort le porte-clefs qui va tout droit à la porte et sort. A la minute,

Maturette va se coucher sans nous parler. Bref, le lendemain pareil, mais à minuit. Tout est au poil, le bique viendra à l'heure que lui indiquera le petit.

Le 27 novembre 1933, deux pieds de lit prêts à être enlevés pour servir de massues, j'attends à quatre heures de l'après-midi un mot de Sierra. Chatal, l'infirmier, arrive sans papier. Il me dit seulement : « François Sierra m'a dit de te dire que Jésus t'attend à l'endroit fixé. Bonne chance. » A huit heures du soir, Maturette dit à l'Arabe :

« Viens après minuit, car on pourra rester, à cette heure-là, plus longtemps ensemble. »

L'Arabe a dit qu'il viendrait après minuit. A minuit juste, on est prêt. L'Arabe entre vers minuit un quart, il va droit au lit de Maturette, lui tire les pieds et continue vers les cabinets. Maturette entre avec lui. J'arrache le pied de mon lit, il fait un peu de bruit en tombant. De Clousiot, on n'entend rien. Je dois me mettre derrière la porte des cabinets et Clousiot doit marcher vers lui pour attirer son attention. Après une attente de vingt minutes, tout se passe très vite. L'Arabe sort des cabinets et, surpris de voir Clousiot, il dit :

« Que fais-tu là, planté au milieu de la salle à cette heure-ci ? Va te coucher. »

Au même moment, il reçoit le coup du lapin en plein cervelet et tombe sans bruit. Vite, je m'habille de ses vêtements, je mets ses chaussures, on le traîne sous un lit et, avant de le pousser complètement, je lui donne un autre coup à la nuque. Il a son compte.

Pas un des quatre-vingts hommes de la salle n'a bougé. Je me dirige rapidement vers la porte, suivi de Clousiot et de Maturette, tous les deux en chemise et je frappe. Le surveillant ouvre, je brandis mon fer : tac ! sur la tête de celui qui a ouvert. L'autre en face laisse tomber son mousqueton, il était endormi sûrement. Avant qu'il réagisse, je l'assomme. Les miens n'ont pas crié, celui de Clousiot a fait « Ah ! » avant de s'écrouler. Les deux miens sont restés assommés sur leur chaise, le troi-

sième est étendu raide de tout son long. On retient notre
respiration. Pour nous, ce « Ah ! » a été entendu par tout
le monde. C'est vrai qu'il a été assez fort et pourtant
personne ne bouge. On ne les rentre pas dedans la
salle, on part avec les trois mousquetons. Clousiot en
premier, le môme au milieu et moi derrière, on descend
les escaliers mal éclairés par une lanterne. Clousiot a
lâché son fer, moi je l'ai dans la main gauche et, dans
la droite, le mousqueton. En bas, rien. Autour de nous
la nuit est comme de l'encre. Il faut bien regarder pour
voir le mur vers le fleuve, on s'y dirige rapidement.
Arrivé au mur, je fais la courte échelle. Clousiot monte,
se met à califourchon et tire Maturette, puis moi.
On se laisse glisser dans le noir de l'autre côté du mur.
Clousiot tombe mal dans un trou et se fait mal au
pied, Maturette et moi arrivons bien. On se lève tous
deux, on a abandonné les mousquetons avant de sauter.
Quand Clousiot veut se lever, il ne le peut pas, il dit
qu'il a la jambe cassée. Je laisse Maturette avec Clousiot,
je cours vers l'angle en laissant frotter ma main contre
le mur. Il fait si noir que quand j'arrive au bout du
mur je ne m'en aperçois pas et, ma main tombant dans
le vide, je me casse la gueule. J'entends du côté du fleuve
une voix qui dit :

« C'est vous ?

— Oui. C'est Jésus ?

— Oui. »

Il allume une demi-seconde une allumette. J'ai repéré
où il est, je me mets dans l'eau, j'arrive à lui. Ils sont
deux.

« Monte le premier. Qui c'est ?

— Papillon ?

— Bon.

— Jésus faut remonter en arrière, mon ami s'est cassé
la jambe en tombant du mur.

— Alors prends cette pelle et tire dessus. »

Les trois pagaies s'enfoncent dans l'eau et le léger
canot a vite fait de faire les cent mètres qui nous sépa-

rent de l'endroit où ils doivent être, parce qu'on n'y
voit rien. J'appelle : « Clousiot ! »

« Ne parle pas, nom de Dieu ! dit Jésus. L'Enflé, fais
marcher la roulette de ton briquet. » Des étincelles jaillis-
sent, ils les ont vues. Clousiot siffle à la lyonnaise entre
ses dents : c'est un sifflet qui ne fait pas de bruit du
tout mais qu'on entend bien. On dirait le sifflement
d'un serpent. Il siffle sans s'arrêter, ce qui nous conduit
jusqu'à lui. L'Enflé descend, prend Clousiot dans ses
bras et le met dans le canot. Maturette monte à son tour,
puis l'Enflé. Nous sommes cinq et l'eau vient à deux
doigts du bord du canot.

« Faites pas un seul mouvement sans avertir avant,
dit Jésus. Papillon, arrête de pagayer, mets la pelle
en travers de tes genoux. Arrache, l'Enflé ! » Et rapidement, le courant aidant, le bateau s'enfonce dans la
nuit.

Quand nous passons, à un kilomètre de là, devant le
pénitencier pauvrement éclairé par l'électricité d'une
mauvaise dynamo, nous sommes au milieu du fleuve et
volons à une vitesse incroyable, emportés par le courant.
L'Enflé a remonté sa pagaie. Seul Jésus, la queue de la
sienne collée contre sa cuisse, ne fait que maintenir
en équilibre le bateau. Il ne le pousse pas, il le dirige
seulement.

Jésus dit : « Maintenant on peut parler et fumer. Ça
a bien marché, je crois. Tu es sûr que vous n'avez tué
personne ?

— Je ne crois pas.

— Nom de Dieu ! Tu m'as doublé, Jésus ! dit l'Enflé.
Tu m'as dit que c'était une cavale sans histoire, total c'est
une cavale d'internés d'après ce que je crois comprendre.

— Oui, c'est des internés, l'Enflé. J'ai pas voulu te le
dire, sinon tu ne m'aurais pas aidé et j'avais besoin d'un
homme. Te fais pas de mauvais sang. Si on est marron,
je prendrai tout sur moi.

— C'est correct, Jésus. Pour cent balles que tu m'as

payé, je ne veux pas risquer ma tête s'il y a un mort, ni perpète s'il y a un blessé. »

Je dis : « L'Enflé, je vous ferai un cadeau de mille francs pour vous deux.

— Ça va alors, mec. C'est régulier. Merci, on crève de faim au village, c'est pire d'être libéré que d'être condamné. Au moins, condamné, on a la bouffe tous les jours et des habits.

— Mec, dit Jésus à Clousiot, tu ne souffres pas de trop ?

— Ça va, dit Clousiot. Mais comment on va faire, Papillon, avec ma jambe cassée ?

— On verra. Où on va, Jésus ?

— Je vais vous cacher dans une crique à trente kilomètres de la sortie de la mer. Là, vous resterez huit jours pour laisser passer le chaud de la chasse des gaffes et des chasseurs d'hommes. Il faut donner l'impression que vous êtes sortis cette même nuit du Maroni et entrés en mer. Les chasseurs d'hommes vont dans des canots sans moteur, c'est les plus dangereux. Du feu, parler, tousser, peut vous être fatal s'ils ne sont pas loin de vous à l'écoute. Les gaffes, eux, sont dans des canots à moteur trop grands pour entrer dans la crique, ils toucheraient le fond. »

Là nuit s'éclaire. Il est près de quatre heures du matin quand, après avoir cherché longtemps, on tombe enfin sur le repère connu de Jésus seul, et nous entrons littéralement dans la brousse. Le bateau aplatit la petite brousse qui, quand on a passé, se redresse derrière nous, faisant un rideau protecteur très touffu. Il faudrait être sorcier pour savoir qu'il y a suffisamment d'eau pour porter un bateau. On entre, on pénètre dans la brousse plus d'une heure en écartant les branches qui nous barrent le passage. D'un seul coup, nous nous trouvons dans une espèce de canal et l'on s'arrête. La berge est verte d'herbe et propre, les arbres sont immenses et le jour, c'est six heures, n'arrive pas à percer leur feuillage. Sous cette voûte imposante, des cris de milliers de bêtes pour nous inconnues. Jésus dit : « C'est là qu'il faudra attendre huit jours. Je viendrai le septième jour vous apporter des vivres. » Il dégage de sous une végétation touffue une toute petite pirogue de deux mètres environ. Dedans, deux pagaies. C'est avec ce bateau qu'il va rentrer, à la marée montante, à Saint-Laurent.

Maintenant occupons-nous de Clousiot qui est alors couché sur la berge. Comme il est toujours en chemise, il a les jambes nues. Avec la hache, on arrange des branches sèches en forme de planches. L'Enflé tire sur le pied, Clousiot sue de grosses gouttes et, à un moment, dit : « Arrête ! dans cette position cela me fait moins mal, l'os doit être à sa place. » On met les planches et on les attache avec de la corde de chanvre neuve qu'il y a dans le canot. Il est soulagé. Jésus avait acheté quatre pantalons, quatre chemises et quatre vareuses de laine de relégués. Maturette et Clousiot s'habillent, moi je reste avec les effets de l'Arabe. On boit du rhum. C'est la deuxième bouteille qui y passe depuis le départ, ça réchauffe, heureusement. Les moustiques nous attaquent sans relâche : faut sacrifier un paquet de tabac. On le met à tremper dans une calebasse et on se passe le jus de la nicotine sur le visage, les mains et les pieds. Les vareuses sont en laine, formidables, et nous tiennent chaud dans cette humidité qui nous pénètre.

L'Enflé dit : « On part. Et les mille balles promises ? » Je vais à l'écart et reviens vite avec un billet de mille tout neuf.

« Au revoir, ne bougez pas de là pendant huit jours, dit Jésus. On viendra le sept. Le huit vous prenez la mer. Pendant ce temps-là, faites la voile, le foc et mettez de l'ordre dans le bateau, chaque chose à sa place, fixez les gonds du gouvernail qui n'est pas monté. En cas que dix jours passent et qu'on ne soit pas revenus, c'est qu'on est arrêtés au village. Comme l'affaire a été corsée de l'attaque du surveillant, il doit y avoir un pétard sanglant. » D'autre part Clousiot nous a appris que lui n'a pas laissé le mousqueton au bas du mur. Il l'a jeté par-dessus le mur et le fleuve en est si près, ce qu'il ignorait, que certainement il a dû tomber dans l'eau. Jésus dit que c'est bon, car si on ne l'a pas retrouvé, les chasseurs d'hommes vont croire que nous sommes armés. Et comme ils sont les plus dangereux, il n'y aurait de ce fait rien à craindre : étant seulement armés d'un revolver et d'un sabre d'abattis et nous croyant armés de mousquetons, ils ne s'aventureront plus. Au revoir, au revoir. Au cas où on serait découverts et qu'on devrait abandonner le canot, il faudrait remonter le ruisseau jusqu'à la brousse sans eau et, avec la boussole, se diriger toujours au nord. Il y a de grandes chances que nous rencontrions au bout de deux ou trois jours de marche le camp de la mort dit « Charvin ». Là, il faudrait payer quelqu'un pour avertir Jésus qu'on est à tel endroit. Ils s'en vont, les deux vieux bagnards. Quelques minutes après, leur pirogue a disparu, on n'entend rien et on ne voit rien.

Le jour entre dans la brousse d'une façon toute particulière. On dirait que l'on est sous des arcades qui reçoivent le soleil en haut, et ne laissent filtrer aucun rayon en bas. Il commence à faire chaud. Nous nous trouvons alors, Maturette, Clousiot et moi, seuls. Premier réflexe, on rit : ça a marché comme sur des roulettes. Le seul inconvénient c'est la jambe de Clousiot. Lui, il dit que maintenant qu'elle est entourée de lamelles de branches, ça va. On pourrait faire chauffer du café tout de suite. Ça va vite, on fait un feu et on boit un grand quart de café noir chacun, sucré avec de la cassonade. C'est délicieux. On a tellement dépensé d'énergie depuis hier soir, qu'on n'a pas le courage de regarder les affaires ni d'inspecter le bateau. On verra après. On est libre, libre, libre. Il y a exactement trente-sept jours qu'on est arrivés aux durs. Si on réussit la cavale, ma perpétuité n'aura pas été longue. Je dis : « Monsieur le président, combien durent les travaux forcés à perpétuité en France ? » Et j'éclate de rire. Maturette aussi, qui a perpète. Clousiot dit : « Chantons pas encore victoire. C'est loin de nous la Colombie, et ce bateau fait avec un arbre brûlé me paraît bien peu de chose pour prendre la mer. »

Je ne réponds pas parce que moi, franchement parlant, jusqu'au dernier moment j'ai cru que ce bateau c'était une pirogue destinée à nous emmener là où était le vrai bateau pour prendre la mer. Découvrant que je m'étais trompé, je n'avais rien osé dire pour ne pas influencer mes amis, d'abord. D'autre part, comme Jésus avait l'air de trouver cela tout naturel, je ne voulais pas donner l'impression de ne pas connaître les bateaux habituellement utilisés pour s'évader.

Nous avons passé ce premier jour à parler et à prendre contact avec cette inconnue qu'est la brousse. Les singes et de petits genres d'écureuils font sur nos têtes des cabrioles terribles. Il est venu boire et se baigner un troupeau de baquires, espèce de petits cochons sauvages. Il y en avait au moins deux mille. Ils entrent dans la crique et nagent, arrachant les racines qui pendent. Un caïman sort de je ne sais où et attrape la patte d'un cochon qui se met à gueuler comme un perdu, et alors les cochons attaquent le caïman, lui montent dessus, essaient de le mordre à la commissure de son énorme bouche. A chaque coup de queue que donne le crocodile il envoie valser un cochon à droite ou à gauche. L'un d'eux est assommé et flotte le ventre en l'air. Aussitôt ses compagnons le mangent. La crique est pleine de sang. Le spectacle a duré vingt minutes, le caïman s'est enfui dans l'eau. On ne l'a plus revu.

On a bien dormi et le matin on a fait le café. J'avais quitté ma vareuse pour me laver avec un gros savon de Marseille trouvé dans le canot. Avec mon bistouri, Maturette me rase grosso modo, puis il rase Clousiot. Lui, Maturette, n'a pas de barbe. Quand je prends ma vareuse pour la mettre, il en tombe, accrochée à elle, une araignée énorme, velue et noir-violet. Les poils sont très longs et se terminent au bout comme par une petite boule platinée. Elle doit peser au moins cinq cents

grammes, elle est énorme et je l'écrase avec dégoût. On a
sorti toutes les affaires du canot y compris le petit tonneau d'eau. L'eau est violette, je crois que Jésus a
mis trop de permanganate dedans pour l'empêcher de se
décomposer. Dans des bouteilles bien fermées se trouvent des allumettes et des frottoirs. La boussole est une
boussole d'écolier ; elle donne seulement nord, sud, ouest
et est, et n'a pas de graduations. Le mât ayant seulement
deux mètres cinquante de haut, on coud les sacs de farine
en trapèze avec, tout au bord, une corde pour renforcer
la voile. Je fais un petit foc en triangle isocèle : il
aidera à monter le nez du canot à la lame.

Quand on met le mât, je m'aperçois que le fond du
canot n'est pas solide : le trou où entre le mât est
mangé et usé gravement. En mettant les tire-fond pour
fixer les gonds de portes qui vont servir à supporter
le gouvernail, les tire-fond entrent comme dans du
beurre. Ce canot est pourri. Ce salaud de Jésus nous
envoie à la mort. Je fais voir à contrecœur tout cela
aux deux autres, je n'ai pas le droit de le leur cacher. Que
va-t-on faire ? Quand Jésus va venir on l'obligera à nous
trouver un canot plus sûr. Pour cela on le désarmera et
moi, armé du couteau et de la hache, je partirai avec
lui chercher au village un autre bateau. C'est un gros
risque à prendre, mais c'est un risque moins grand que
de prendre la mer avec un cercueil. Les vivres ça va : il y
a une bonbonne d'huile et des boîtes pleines de farine
de manioc. Avec ça, on va loin.

Ce matin, on a assisté à un curieux spectacle : une
bande de singes à la face grise se sont battus avec des
singes à la face noire et velue. Maturette a reçu dans
la bagarre un morceau de branche sur la tête et il a
une bosse grosse comme une noix.

Voilà cinq jours et quatre nuits que nous sommes là.
Cette nuit, il a plu à torrents. On s'est abrités avec des
feuilles de bananiers sauvages. L'eau coulait sur leur
vernis, mais nous on ne s'est pas mouillés du tout, sauf
les pieds. Ce matin, en buvant le café, je pense combien

Jésus est criminel. Avoir profité de notre inexpérience pour nous balancer ce canot pourri ! Pour économiser cinq cents ou mille francs, il envoie trois hommes à une mort certaine. Je me demande si après que je l'aurai obligé à me fournir un autre bateau je ne vais pas le tuer.

Des cris de geais ameutent tout notre petit monde, des cris si aigus et agaçants que je dis à Maturette de prendre le sabre et d'aller voir. Il revient au bout de cinq minutes et me fait signe de le suivre. On arrive à un endroit à environ cent cinquante mètres du canot et je vois, suspendu en l'air un merveilleux faisan ou gibier d'eau, gros comme deux fois un gros coq. Il est pris dans un lasso et pend pris par la patte à une branche. D'un coup de sabre, je lui coupe le cou pour arrêter ses cris horripilants. Je le soupèse, il fait au moins cinq kilos. Il a des ergots comme les coqs. On décide de le manger mais, en réfléchissant, on se dit que le collet, quelqu'un l'a mis et qu'il doit y en avoir d'autres. Allons voir. Nous retournons sur les lieux et on trouve une chose curieuse : c'est une véritable barrière de trente centimètres de haut, faite de feuilles et de lianes entrelacées, à dix mètres à peu près de la criquc. Ccttc barrière court parallèlement à l'eau. De temps en temps, une porte, et à la portc, dissimulé par des brindilles de bois, un lasso de fil de laiton accroché par son extrémité à une branche d'arbuste doublée. De suite je comprends que l'animal doit choquer contre la barrière et la longer pour trouver un passage. Quand il trouve la porte, il passe, mais sa patte se prend au laiton et déclenche la branche. L'animal se trouve alors pendu en l'air jusqu'à ce que le propriétaire des trappes vienne le prendre.

Cette découverte nous fait faire du mauvais sang. La barrière paraît bien entretenue, donc elle n'est pas vieille, nous sommes en danger d'être découverts. Il ne faut pas faire de feu le jour, mais la nuit le chasseur ne doit pas venir. On décide de faire un tour de garde pour surveiller en direction des trappes. Le bateau est dissimulé sous des branches et le matériel, au complet, dans la brousse.

Je suis de garde le lendemain à dix heures. On a mangé cette nuit le faisan ou le coq, on ne sait pas trop. Le bouillon nous a fait un bien énorme et la viande, même bouillie, était délicieuse. Chacun en a mangé deux gamelles. Donc je suis de garde mais, intrigué par des fourmis-manioc très grandes, noires et portant chacune de gros morceaux de feuilles qu'elles emmènent dans une énorme fourmilière, j'oublie ma garde. Ces fourmis ont près d'un centimètre et demi de long et sont hautes sur pattes. Elles portent chacune des morceaux énormes de feuilles. Je les suis jusqu'à la plante qu'elles décortiquent et je vois toute une organisation. Il y a d'abord les coupeuses, qui ne font que préparer des morceaux. Rapidement elles cisaillent une énorme feuille genre bananier, elles découpent des morceaux tous de la même grandeur avec une habileté incroyable et les morceaux tombent à terre. En bas il y a une ligne de fourmis de même race mais un peu différentes. Elles ont sur le côté de la mâchoire une raie grise. Ces fourmis sont en demi-cercle, et surveillent les porteuses. Les porteuses arrivent sur la droite, en file, et s'en vont vers la gauche à la fourmilière. Rapides, elles se chargent avant de prendre la file, mais de temps en temps, dans leur précipitation à se charger et à se mettre en file, il y a un encombrement. Alors les policiers fourmis interviennent et poussent chacune des ouvrières à la place qu'elles doivent occuper. Je ne pus comprendre quelle faute grave avait commis une ouvrière, mais elle fut sortie des rangs et deux fourmis gendarmes lui coupèrent, l'une la tête, l'autre le corps en deux à la hauteur du corset. Deux ouvrières furent stoppées par les policiers, elles déposèrent leur bout de feuille, firent un trou avec leurs pattes et les trois parties de la fourmi, tête, poitrine et corps furent ensevelis puis recouvertes de terre.

L'ILE AUX PIGEONS

J'étais tellement absorbé à regarder ce petit monde et à suivre les soldats pour voir si leur surveillance allait jusqu'à l'entrée de la fourmilière, que je fus totalement surpris quand une voix me dit :

« Ne bouge pas ou tu es un homme mort. Tourne-toi. »

C'est un homme au torse nu, en short kaki, chaussé d'une paire de bottes en cuir rouge. Il tient un fusil de deux canons à la main. Il est moyen et trapu, brûlé par le soleil. Il est chauve et ses yeux et son nez sont couverts par un masque très bleu tatoué. Juste au milieu du front, se trouve aussi tatoué un cafard.

« Tu es armé ?

— Non.

— Tu es seul ?

— Non.

— Combien vous êtes ?

— Trois.

— Mène-moi à tes amis.

— Je ne peux pas parce que l'un d'eux a un mousqueton et je ne veux pas te faire tuer avant de savoir les intentions.

— Ah ! Alors bouge pas et parle doucement. C'est vous les trois mecs évadés de l'hôpital ?

— Oui.

— Qui est Papillon ?

— C'est moi.

— Eh bien, tu peux dire que tu en as fait une révolution au village avec ton évasion ! La moitié des libérés sont arrêtés à la gendarmerie. » Il s'approche de moi et, baissant le canon du fusil vers la terre, il me tend la main et me dit : « Je suis le Breton au masque, tu as entendu parler de moi ?

— Non, mais je vois que tu n'es pas un chasseur d'hommes.

— Tu as raison, je mets des trappes ici pour attraper

des hoccos. Le tigre a dû m'en bouffer un, à moins que
ce soit vous autres.

— C'est nous.

— Tu veux du café ? » Dans un sac qu'il porte derrière
le dos il a un thermos, il me donne un peu de café
et en boit aussi. Je lui dis : « Viens voir mes amis. » Il
vient et s'assied avec nous. Il rit tout doucement du
coup que je lui ai fait du mousqueton. Il me dit : « Je
l'ai cru d'autant plus qu'aucun chasseur d'hommes n'a
voulu partir à votre recherche, car tout le monde sait
que vous êtes partis avec un mousqueton. »

Il nous explique qu'il y a vingt ans qu'il est en Guyane
et libéré depuis cinq ans. Il a quarante-cinq ans. Par la
bêtise qu'il a faite de se tatouer ce masque sur la
figure, la vie en France ne l'intéresse pas. Il adore la
brousse et vit exclusivement d'elle : peau de serpent,
peau de tigre, collection de papillons et surtout la chasse
à l'hocco vivant, l'oiseau que nous avons mangé. Il le
vend deux cents à deux cent cinquante francs. Je lui
offre de le lui payer, il refuse, indigné. Voici ce qu'il nous
raconte : « Cet oiseau sauvage est un coq de brousse.
Bien entendu, il n'a jamais vu ni poule, ni coq, ni homme. Eh bien, j'en attrape un, je l'emporte au village et
le vends à quelqu'un qui a un poulailler, car il est très
recherché. Bon. Sans lui couper les ailes, sans rien faire,
tu le mets le soir à la tombée de la nuit dans le poulailler et le matin, quand on ouvre la porte, il est planté
devant et a l'air de compter les poules et les coqs qui
sortent. Il les suit et, tout en mangeant comme eux, il
regarde de tous ses yeux de tous côtés, en bas, en haut,
dans les fourrés autour. C'est un chien de garde sans
pareil. Le soir, il se met à la porte et on ne comprend
pas comment il sait qu'il manque une ou deux poules,
mais il le sait et va les chercher. Et, coq ou poule, il les
rentre à grands coups de bec pour leur apprendre à être
à l'heure. Il tue rats, serpents, musaraignes, araignées,
mille-pattes et à peine un rapace apparaît dans le ciel
qu'il envoie tout le monde se cacher dans les herbes

tandis que lui fait face. Il ne s'en va plus du poulailler. »
Cet extraordinaire oiseau, nous l'avions mangé comme un
vulgaire coq.

Le Breton au masque nous dit que Jésus, l'Enflé et
une trentaine de libérés sont en prison à la gendarmerie
de Saint-Laurent où ils venaient regarder les libérés pour
voir s'ils reconnaissaient quelqu'un qui aurait rôdé
autour du bâtiment d'où nous étions sortis. L'Arabe est
au cachot de la gendarmerie. Il est isolé, accusé de
complicité. Les deux coups qui l'ont assommé ne lui ont
fait aucune blessure, tandis que les gaffes ont une légère
enflure sur la tête. « Moi, je n'ai pas été inquiété parce
que tout le monde sait que je ne m'occupe jamais de
préparer une cavale. » Il nous dit que Jésus c'est un
salopard. Quand je lui parle du canot, il veut le voir.
A peine il l'a vu, il s'écrie :

« Mais il vous envoyait à la mort, ce mec ! Jamais
cette pirogue ne pourrait flotter plus d'une heure en mer.
A la première lame un peu forte, quand il va retomber
il se coupera en deux. Ne partez jamais là-dedans, ce
serait un suicide.

— Et alors que faire ?
— Tu as du pognon ?
— Oui.
— Je vais te dire ce que tu dois faire, et mieux que
ça, je vais t'aider, tu le mérites. Je t'aiderai pour rien
à ce que tu triomphes, toi et tes amis. A aucun prix
il ne faut vous approcher du village. Pour avoir une
bonne embarcation, il faut aller à l'île aux Pigeons. Dans
cette île se trouvent près de deux cents lépreux. Il n'y a
pas de surveillant là-bas et personne de sain n'y va, pas
même le médecin. Tous les jours à huit heures, un canot
apporte les vivres pour vingt-quatre heures, crus. L'infirmier de l'hôpital remet une caisse de médicaments
aux deux infirmiers, eux-mêmes lépreux, qui soignent
les malades. Personne, ni gardien, ni chasseur d'hommes, ni curé, ne descend dans l'île. Les lépreux vivent
dans des paillotes toutes petites fabriquées par eux.

Ils ont une salle commune où ils se réunissent. Ils élèvent des poules et des canards qui leur servent à améliorer leur ordinaire. Ils ne peuvent officiellement rien vendre en dehors de l'île et ils trafiquent clandestinement avec Saint-Laurent, Saint-Jean et les Chinois de Guyane hollandaise d'Albina. Ce sont tous des assassins dangereux. Rarement ils se tuent entre eux, mais ils commettent de nombreux forfaits après être sortis clandestinement de l'île où ils reviennent se planquer leurs méfaits accomplis. Pour ces excursions, ils possèdent quelques bateaux volés au village voisin. Le plus gros délit, c'est d'avoir un bateau. Les gaffes tirent sur toute pirogue qui entre ou sort de l'île aux Pigeons. Aussi les lépreux coulent-ils leurs bateaux en les chargeant de pierres : quand ils ont besoin d'une embarcation, ils plongent pour sortir les pierres et le bateau remonte à la surface. Il y a de tout sur l'île, de toutes races et de toutes les régions de France. Conclusion : ta pirogue peut seulement te servir dans le Maroni, et encore, pas trop chargée ! Pour prendre la mer, il faut trouver un autre bateau et le mieux c'est à l'île aux Pigeons.

— Comment faire ?

— Voilà. Moi, je vais t'accompagner sur le fleuve jusqu'à la vue de l'île. Toi, tu ne la trouverais pas ou tu pourrais te tromper. Elle est à peu près à cent cinquante kilomètres de l'embouchure, il faut donc revenir en arrière. Cette île est plus loin de Saint-Laurent de cinquante kilomètres. Je te mettrai le plus près possible et après, moi je passe sur ma pirogue qu'on aura remorquée et à toi d'agir sur l'île.

— Pourquoi tu ne viens pas sur l'île avec nous ?

— Ma Doué, dit le Breton, j'ai seulement un jour mis le pied sur l'appontement où officiellement arrive le bateau de l'Administration. C'était en plein jour et pourtant ce que j'ai vu m'a suffit. Pardonne-moi, Papi, mais jamais de ma vie je mettrai les pieds sur cette île. D'autre part, je serais incapable de surmonter ma répulsion à être près d'eux, à parler et traiter. Je te serais donc plus nuisible qu'utile.

— Quand on part ?

— A la tombée de la nuit.

— Il est quelle heure, Breton ?

— Trois heures.

— Bon, je vais dormir un peu.

— Non, il faut que tu charges et arranges tout sur ta pirogue.

— Mais non, je vais avec la pirogue vide et je reviendrai chercher Clousiot qui, lui, restera ici à garder les affaires.

— Impossible, jamais tu ne pourrais retrouver l'endroit, même en plein jour. Et de jour, en aucun cas, tu ne dois être sur le fleuve. La chasse contre vous n'est pas arrêtée. Le fleuve est très dangereux encore. »

Le soir arrive. Il est allé chercher sa pirogue qu'on attache derrière la nôtre. Clousiot est près du Breton qui prend la pagaie du gouvernail, Maturette au milieu, moi en avant. On sort difficilement de la crique et, quand on débouche sur le fleuve, la nuit va tomber. Un soleil immense, d'un rouge brun, incendie l'horizon du côté mer. Mille feux d'un énorme feu d'artifice luttent les uns contre les autres pour être plus intenses, plus rouges dans les rouges, plus jaunes dans les jaunes, plus bigarrés dans les parties où les couleurs se mélangent. On voit clairement, à vingt kilomètres devant nous, l'estuaire de ce majestueux fleuve qui se précipite tout scintillant de paillettes rose argenté dans la mer.

Le Breton dit : « C'est la fin du perdant. Dans une heure la marée montante va se faire sentir, nous profiterons d'elle pour remonter le Maroni et ainsi, sans effort, poussés par elle, nous irons assez vite à l'île. » La nuit tombe d'un seul coup.

« En avant, dit le Breton. Pagaye fort pour prendre le milieu du fleuve. Ne fumez plus. » Les pelles entrent dans l'eau et nous filons en travers du courant, assez rapidement, chout, chout, chout. Bien en cadence, moi et le Breton on tire bien synchronisés sur les pagaies. Maturette fait ce qu'il peut. Plus on avance vers le milieu du fleuve, plus on sent la marée qui nous pousse. Nous glissons vite, on sent le changement chaque demi-heure. La marée augmente de force et nous entraîne toujours plus vite. Six heures après, nous sommes très près de l'île, on va droit dessus : une grosse tache, presque au milieu du fleuve, légèrement sur la droite : « C'est là », dit à voix basse le Breton. La nuit n'est pas très noire, mais ça doit être difficile de nous apercevoir d'un peu loin à cause du brouillard au ras du fleuve. On approche. Quand on distingue mieux le découpage des roches, le Breton monte dans sa pirogue, la détache rapidement de la nôtre et simplement dit à voix basse : « Bonne chance, mecs !

— Merci.

— Y a pas de quoi. »

Le bateau n'étant plus dirigé par le Breton est emporté droit sur l'île en travers. J'essaie de le redresser et de lui faire un tête-à-queue, mais j'y arrive mal et, poussés par le courant, on arrive de trois quarts dans la végétation qui pend dans l'eau. On est arrivés si fort, malgré que je freinais avec ma pagaie, que si on avait trouvé, au lieu de branches et feuilles d'arbres, un rocher, on aurait cassé la pirogue et alors tout perdu, vivres, matériel, etc. Maturette saute dans l'eau, tire le canot et nous nous trouvons glissés sous une énorme touffe de plantes. Il tire, tire et on attache le canot. On boit un coup de rhum et j'escalade seul la berge, laissant mes deux amis dans le canot.

Ma boussole à la main, je marche après avoir cassé plusieurs branches et laissé attachés à différents endroits des bouts de sac de farine que j'avais préparés avant de partir. Je vois une lueur et distingue soudain des voix et trois paillotes. J'avance, et comme je ne sais pas comment je vais me présenter, je décide de me faire découvrir. J'allume une cigarette. Au moment où la lumière jaillit, un petit chien se précipite en aboyant sur moi, il fait des sauts pour me mordre aux jambes. « Pourvu qu'il ne soit pas lépreux, le chien, je pense. Idiot, les chiens n'ont pas la lèpre. »

« Qui va là ? Qui c'est ? C'est toi, Marcel ?

— C'est un homme en cavale.

— Qu'est-ce que tu viens faire ici ? Nous voler ? Tu crois qu'on en a de trop ?

— Non, j'ai besoin d'aide.

— Gratuit ou en payant ?

— Ferme ta gueule, la Chouette ! »

Quatre ombres sortent des paillotes.

« Avance doucement, l'ami, je parie que c'est toi l'homme au mousqueton. Si tu l'as avec toi, dépose-le par terre, ici tu ne crains rien.

— Oui, c'est moi, mais le mousqueton n'est pas avec moi. » J'avance, je suis près d'eux, il fait nuit et je ne peux distinguer les traits. Bêtement je tends la main, personne ne me la touche. Je comprends trop tard que c'est un geste qui ne se fait pas ici : ils ne veulent pas me contaminer.

« Rentrons dans la paillote, dit la Chouette. » Ce cabanon est éclairé par une lampe à huile posée sur la table.

« Assieds-toi. »

Je m'assieds sur une chaise sans dossier, en paille. La Chouette allume trois autres lampes à huile et en pose une sur une table juste devant moi. La fumée que dégage la mèche de cette lampe à huile de coco est d'une odeur écœurante. Moi je suis assis, eux cinq debout, je ne distingue pas leurs visages. Le mien, la lumière l'éclaire car je suis juste à la hauteur de la lampe, ce qu'ils ont voulu. La voix qui a dit à la Chouette de fermer sa gueule dit :

« L'Anguille, va demander à la maison commune s'ils veulent qu'on l'emmène là-bas. Apporte vite la réponse, et surtout si Toussaint est d'accord. Ici on ne peut rien t'offrir à boire, mon pote, à moins que tu veuilles avaler des œufs. » Il dépose devant moi un panier tressé plein d'œufs.

« Non, merci. »

A ma droite, très près de moi, l'un d'eux s'assied et c'est alors que je vois le premier visage d'un lépreux. C'est horrible et je fais des efforts pour ne pas me détourner de lui ni extérioriser mon impression. Le nez est rongé complètement, os et chair, un trou directement au milieu du visage. Je dis bien : non pas deux trous, mais un seul, gros comme une pièce de deux francs. La lèvre inférieure, sur la droite, est rongée et laisse apparaître, déchaussées, trois dents très longues et jaunes que l'on voit entrer dans l'os de la mâchoire supérieure à nu. Il n'a qu'une oreille. Il pose une main sur la table, entourée d'un pansement. C'est la droite. De deux doigts qui lui restent à la main gauche, il soutient un gros et long cigare, fait certainement par lui-même avec une feuille de tabac demi-mûre, car le cigare est verdâtre. Il n'a plus de paupières que sur l'œil gauche, le droit n'en a plus et une plaie profonde part de l'œil vers le haut du front se perdre dans des cheveux gris touffus.

D'une voix très rauque il me dit : « On t'aidera, mec, il faut que tu aies le temps de devenir comme moi, ça je ne veux pas.

— Merci.

— Je m'appelle Jean sans Peur, je suis du faubourg. J'étais plus beau, plus sain et plus fort que toi quand je suis arrivé au bagne. En dix ans, voilà ce que je suis devenu.

— On te soigne pas ?

— Si. Je vais mieux depuis que je me fais des piqûres d'huile de choumogra. Regarde. » Il tourne la tête et me présente le côté gauche : « Ça sèche de ce côté. »

Une immense pitié m'envahit et je fais un geste pour toucher sa joue gauche en démonstration d'amitié. Il se jette en arrière et me dit : « Merci de vouloir me toucher, mais jamais ne touche un malade, ni ne mange, ni ne boit dans leur gamelle. » Je n'ai toujours vu qu'un visage de lépreux, celui qui a eu le courage d'affronter que je le regarde.

« Où il est le mec ? » Sur le seuil de la porte, une ombre d'un petit homme tout juste plus grand qu'un nain :

« Toussaint et les autres veulent le voir. Emmène-le au centre. »

Jean sans Peur se lève et me dit : « Suis-moi. » Nous partons tous dans la nuit, quatre ou cinq devant, moi à côté de Jean sans Peur, d'autres derrière. Quand on arrive au bout de trois minutes sur une esplanade, un peu de lune éclaire cette sorte de place. C'est le sommet plat de l'île. Au milieu, une maison. De la lumière sort de deux fenêtres. Devant la porte, une vingtaine d'hommes nous attendent, on marche sur eux. Quand on arrive devant la porte, ils s'écartent pour nous laisser le passage. C'est une salle rectangulaire de dix mètres de long sur approximativement quatre de large, avec une espèce de cheminée où brûle du bois, entourée de quatre énormes pierres toutes de la même hauteur. La salle est éclairée par deux grosses lampes-tempêtes à pétrole. Assis sur un tabouret, un homme sans âge, blanc de visage. Derrière lui, assis sur un banc, cinq ou six hommes. Il a des yeux noirs et me dit :

« Je suis Toussaint le Corse et toi, tu dois être Papillon.

— Oui.

— Les nouvelles vont vite au bagne, aussi vite que tu agis. Où as-tu mis le mousqueton ?

— On l'a jeté dans le fleuve.

— A quel endroit ?

— En face du mur de l'hôpital, exactement où on a sauté.

— Alors il doit être récupérable ?

— Je le suppose, car l'eau n'est pas profonde à cet endroit.

— Comment tu le sais ?

— On a été obligés de se mettre à l'eau pour porter mon ami blessé et le mettre dans le canot.

— Qu'est-ce qu'il a ?

— Une jambe cassée.

— Qu'as-tu fait pour lui ?

— J'ai mis des branches coupées en deux par le milieu et je lui ai fait une espèce de carcan à la jambe.

— Il souffre ?

— Oui.

— Où il est ?

— Dans la pirogue.

— Tu as dit que tu viens chercher de l'aide, quel genre d'aide ?

— Un bateau.

— Tu veux qu'on te donne un bateau ?

— Oui, j'ai de l'argent pour le payer.

— Bon. Je te vendrai le mien, il est formidable et tout neuf, je l'ai volé la semaine dernière à Albina. C'est pas un bateau, c'est un transatlantique. Il n'y a qu'une chose qui manque, une quille. Il n'est pas quillé, mais en deux heures on te mettra une bonne quille. Il a tout ce qu'il faut : un gouvernail avec sa barre complète, un mât de quatre mètres de bois de fer et une voile toute neuve en toile de lin. Combien tu m'offres ?

— Dis-moi ton prix je ne sais pas quelle valeur ont les choses ici.

— Trois mille francs si tu peux payer, si tu ne peux pas, va chercher le mousqueton la nuit prochaine et en échange je te donne le bateau.

— Non, je préfère payer.

— Ça va, marché conclu. La Puce, donne du café ! »

La Puce, qui est le presque nain qui est venu me chercher, se dirige vers une planche fixée au mur au-dessus du feu, il prend une gamelle brillante de neuf et de propreté, verse d'une bouteille du café dedans et la met au feu. Au bout d'un moment il retire la gamelle, verse du café dans quelques quarts qui sont posés près des pierres et Toussaint se penche et passe des quarts aux hommes derrière lui. La Puce me tend la gamelle en me disant : « Bois sans crainte, car cette gamelle n'est que pour les passagers. Aucun malade ne boit dedans. »

J'attrape la gamelle et bois puis la repose sur mon genou. A ce moment-là, je m'aperçois, que collé à la gamelle, il y a un doigt. Je suis en train de réaliser quand la Puce dit :

« Tiens, j'ai encore perdu un doigt ! Où diable est-il tombé ?

— Il est là », je lui dis en montrant la gamelle. Il le décolle et le jette dans le feu, me redonne la gamelle et dit :

« Tu peux boire, car moi j'ai la lèpre sèche. Je m'en vais en pièces détachées, mais je ne pourris pas, je ne suis pas contagieux. » Une odeur de viande grillée arrive à moi. Je pense : Ça doit être le doigt.

Toussaint dit : « Tu vas être obligé de passer toute la journée jusqu'au soir où il y aura le perdant. Il faut que tu ailles avertir tes amis. Monte le blessé dans une paillote, ramasses tout ce qu'il y a dans le canot et coule-le. Personne ne peut vous aider, tu dois comprendre pourquoi. » Rapidement je vais aux deux autres, on prend Clousiot puis on le porte à une paillote. Une heure après, tout est enlevé et le matériel de la pirogue soigneusement rangé. La Puce demande qu'on lui fasse cadeau de la pirogue et d'une pagaie. Je la lui donne, il va la couler à un endroit qu'il connaît. La nuit a passé vite. Nous sommes tous les trois dans la paillote, couchés sur des couvertures neuves envoyées par Toussaint. Elles nous sont arrivées empaquetées dans du papier fort d'emballage. Allongé sur ces couvertures, je donne à Clousiot et à Maturette les détails sur ce qui s'est passé depuis mon arrivée à l'île et sur le marché conclu avec Toussaint. Clousiot a un mot bête qu'il dit sans réfléchir : « La cavale coûte alors six mille cinq cents francs. Je vais te donner la moitié, Papillon, c'est-à-dire les trois mille francs que j'ai.

— On n'est pas là pour faire des comptes d'Arméniens. Tant que j'ai des sous, je paie. Après, on verra. »

Aucun lépreux ne pénètre dans la paillote. Le jour se lève, Toussaint arrive : « Bonjour. Vous pouvez sortir tranquille. Ici, personne ne peut venir vous déranger. Sur un coco, en haut de l'île, il y a un mec pour voir s'il y a des embarcations de gaffes sur le fleuve. On n'en voit pas. Tant qu'il y a le chiffon blanc qui flotte, c'est qu'il n'y a rien en vue. S'il voit quelque chose, il descendra le dire. Vous pouvez cueillir vous-mêmes des papayes et les manger si vous voulez. » Je lui dis :

« Toussaint, et la quille ?

— On va la faire avec une planche de la porte de l'infirmerie. C'est du bois serpent lourd. Avec deux planches on fera la quille. On a déjà monté le canot sur le plateau en profitant de la nuit. Viens le voir. »

On va. C'est un magnifique canot de cinq mètres de long, tout neuf, deux bancs dont un troué pour laisser passer le mât. Il est lourd et on a de la peine, moi et Maturette, à le retourner. La voile et les cordes sont toutes neuves. Sur le côté sont fixés les anneaux pour attacher la charge, dont le tonneau d'eau. On se met au travail. A midi, une quille qui va en s'effilant du derrière à l'avant est solidement fixée par de longues vis et les quatre tire-fond que j'avais.

En cercle autour de nous, les lépreux nous regardent travailler sans mot dire. Toussaint nous explique comment on doit faire et on obéit. Aucune plaie sur le visage de Toussaint qui paraît normal, mais quand il parle on s'aperçoit que seul un côté de sa face bouge, celui de gauche. Il me le dit et me dit aussi qu'il est atteint de la lèpre sèche. Son torse et son bras droit sont également paralysés et il s'attend à ce que la jambe droite se paralyse avant peu. L'œil droit est fixe comme un œil de verre, il voit avec, mais ne peut pas le bouger. Je ne donne aucun nom des lépreux. Peut-être que jamais ceux qui les ont aimés ou connus ont su de quelle horrible façon ils se sont décomposés vivants.

Tout en travaillant, je cause avec Toussaint. Personne d'autre ne parle. Sauf une fois, comme j'allais prendre quelques charnières qu'ils avaient arrachées à un meuble de l'infirmerie pour renforcer la fixation de la quille, l'un d'eux dit : « Ne les prends pas encore, laisse-les là. Je me suis coupé en en arrachant une et il y a du sang bien que je les aie essuyées. » Un lépreux versa dessus du rhum et y mit le feu à deux reprises : « Maintenant, dit l'homme, tu peux t'en servir. » Pendant qu'on travaille, Toussaint dit à un lépreux : « Toi qui es parti plusieurs fois, explique bien à Papillon comment il doit faire, puisque aucun des trois n'est jamais parti. » Aussitôt il explique :

« Très tôt ce soir, il y a le perdant. La marée descendante commence à trois heures. A la tombée de la nuit, vers six heures, tu as devant toi un courant très fort qui t'emmènera en moins de trois heures à cent kilomètres à peu près vers la sortie. Quand il faudra t'arrêter, ce sera neuf heures. Tu devras attendre, bien attaché à un arbre de la brousse, les six heures du montant qui font trois heures du matin. Ne pars pas à cette heure-là, car le courant ne se retire pas assez vite. Jette-toi au milieu du fleuve à quatre heures et demie du matin. Tu as une heure et demie avant que le jour se lève pour faire cinquante kilomètres. Cette heure et demie, c'est toute ta chance. Il faut qu'à six heures, au moment que le jour se lève, tu entres en mer. Même si les gaffes te voient, ils ne peuvent pas te poursuivre car ils arriveraient sur la barre de la sortie juste quand le montant se fait. Ils ne pourront pas passer et toi tu auras déjà franchi la barre. Ce kilomètre d'avance que tu es obligé d'avoir quand ils t'apercevront, c'est ta vie. Ici il n'y a qu'une voile, qu'avais-tu sur la pirogue ?

— Une voile et un foc.

— Ce bateau est lourd, il peut supporter deux focs, l'un en trinquette de la pointe du bateau au bas du mât, l'autre gonflé sorti en dehors de la pointe de l'embarcation pour bien lui soulever le nez. Sors toutes voiles dehors, droit sur les lames de la mer qui est toujours grosse à l'estuaire. Fais coucher tes amis au fond du canot pour mieux le stabiliser et toi, tiens ta barre bien en main. N'attache pas la corde qui tient la voile à ta jambe, fais-la passer par l'anneau qu'il y a exprès dans le bateau et tiens-la avec un seul tour à ton poignet. Si tu vois que la force du vent ajoute au déplacement d'une grosse lame et que tu vas te coucher dans l'eau au risque de te retourner, lâche tout et, aussi sec, tu verras que ton bateau reprendra son équilibre. Si ça se passait, n'arrête pas, laisse flotter folle la voile et sors toujours en avant plein vent, avec la trinquette et le foc. C'est seulement dans les eaux bleues que tu auras le temps de faire descendre la voile par le petit, de la ramener à bord et de repartir après l'avoir remontée. Tu connais la route ?

— Non. Je sais seulement que le Venezuela et la Colombie sont au nord-ouest.

— C'est ça, mais fais attention de ne pas être rejeté à la côte. La Guyane hollandaise, en face, rend les évadés, la Guyane anglaise aussi. Trinidad ne te rend pas mais t'oblige à repartir quinze jours après. Le Venezuela rend, après t'avoir mis à travailler aux routes un an ou deux. »

J'écoute de toutes mes oreilles. Il me dit qu'il part de temps en temps, mais comme il est lépreux on le renvoie aussi sec. Il avoue n'avoir jamais été plus loin que la Guyane anglaise, Georgetown. Il n'a la lèpre visible qu'aux pieds, où tous les doigts ont disparu. Il est pieds nus. Toussaint me demande de répéter tous les conseils qu'on vient de me donner, je le fais sans me tromper. A ce moment, Jean sans Peur dit : « Combien de temps il doit prendre vers le large ? » Je réponds avant :

« Je ferai trois jours nord-nord-est. Avec la dérive, ça fera nord-nord, et le quatrième jour je piquerai nord-ouest, cela reviendra à ouest plein.

— Bravo, dit le lépreux. Moi, la dernière fois, j'ai fait que deux jours nord-est, ainsi je suis tombé en

Guyane anglaise. Avec trois jours au nord, tu vas passer au nord de Trinidad ou de Barbados, et d'un seul coup tu passes le Venezuela sans t'en apercevoir pour tomber sur Curaçao ou en Colombie. »

Jean sans Peur dit : « Toussaint, combien tu as vendu ton bateau ?

— Trois mille, dit Toussaint. C'est cher ?

— Non, je ne dis pas ça pour cela. Pour savoir, pas plus. Tu peux payer, Papillon ?

— Oui.

— Il va te rester de l'argent ?

— Non, c'est tout ce qu'on a, exactement trois mille que porte mon ami Clousiot.

— Toussaint, je te donne mon revolver, dit Jean sans Peur. Je veux les aider, ces mecs. A combien tu le prends ?

— A mille francs, dit Toussaint. Moi aussi je veux les aider.

— Merci pour tout, dit Maturette en regardant Jean sans Peur.

— Merci », dit Clousiot. Et moi, à ce moment, j'ai honte d'avoir menti et je dis :

« Non, je ne peux pas accepter cela de toi, y a pas de raison. » Il me regarde et me dit :

« Si, il y a une raison. Trois mille francs, c'est beaucoup d'argent et pourtant, à ce prix, Toussaint perd au moins deux mille, car c'est un fameux bateau qu'il vous donne. Y a pas de raison que moi je ne fasse pas quelque chose aussi pour vous. » Il se passe alors une chose émouvante : la Chouette a mis un chapeau par terre et voilà que les lépreux jettent des billets ou des pièces dedans. Il sort des lépreux de partout et tous mettent quelque chose. Une honte m'envahit. Je ne peux pourtant pas dire que j'ai encore de l'argent ! Que faire, mon Dieu, c'est une infamie que je suis en train de commettre envers tant de noblesse : « Je vous en prie, ne faites pas ce sacrifice ! » Un Noir tombouctou, complètement mutilé — il a deux moignons comme main, pas un seul doigt — dit : « L'argent ne nous sert pas à vivre. Accepte-le sans honte. L'argent ne nous sert que pour jouer ou baiser des lépreuses qui viennent de temps en temps d'Albina. » Cette phrase me soulage et m'empêche d'avouer que j'ai de l'argent.

Les lépreux ont fait cuire deux cents œufs. Ils les apportent dans une caisse marquée d'une croix rouge. C'est la caisse reçue le matin avec les médicaments du jour. Ils apportent aussi deux tortues vivantes d'au moins trente kilos chacune, bien attachées sur le dos, du tabac en feuilles et deux bouteilles pleines d'allumettes et de frottoirs, un sac d'au moins cinquante kilos de riz, deux sacs de charbon de bois, un primus, celui de l'infirmerie, et une bonbonne d'essence. Toute cette misérable communauté est émue par notre cas et ils veulent tous contribuer à notre réussite. On dirait que cette cavale est la leur. On a tiré le canot près de l'endroit où nous sommes arrivés. Ils ont compté l'argent du chapeau : huit cent dix francs. Je dois seulement donner mille deux cents francs à Toussaint. Clousiot me remet son plan, je l'ouvre devant tout le monde. Il contient un billet de mille et quatre billets de cinq cents francs. Je remets à Toussaint mille cinq cents francs, il me rend trois cents puis me dit :

« Tiens, prends le revolver, je t'en fais cadeau. Vous avez joué le tout pour le tout, il faudrait pas qu'au dernier moment, faute d'une arme, ça claque. J'espère que tu n'auras pas à t'en servir. »

Je ne sais comment le remercier, lui d'abord et tous les autres après. L'infirmier a préparé une petite boîte avec coton, alcool, aspirine, bandes, iode, une paire de ciseaux et du sparadrap. Un lépreux apporte des planchettes bien rabotées et fines et deux bandes Velpeau dans leur emballage, toutes neuves. Il les offre simplement pour que je change les planches de Clousiot.

Vers cinq heures, il se met à pleuvoir. Jean sans Peur me dit : « Vous avez toutes les chances. On ne risquera pas de vous voir, vous pouvez partir tout de suite et gagner une bonne demi-heure. Ainsi vous serez plus près de l'embouchure pour repartir à quatre heures et demie du matin. » Je lui dis :

« Comment vais-je savoir les heures ?

— La marée te le dira suivant qu'elle monte ou qu'elle descend. » On met le canot à l'eau. Ce n'est pas comme la pirogue. Lui, il dépasse au-dessus de l'eau de plus de quarante centimètres, chargé de tout le matériel et de nous trois. Le mât enroulé dans la voile est couché puisqu'on ne doit la mettre qu'à la sortie. On place le gouvernail avec sa tringle de sécurité et la barre, plus un coussin de lianes pour m'asseoir. Avec les couvertures, on a arrangé une niche au fond du canot pour Clousiot qui n'a pas voulu changer son pansement. Il est à mes pieds, entre moi et le tonneau d'eau. Maturette se met au fond, mais à l'avant. J'ai tout de suite une impression de sécurité que je n'ai jamais eue avec la pirogue.

Il pleut toujours, je dois descendre le fleuve au milieu mais un peu à gauche, du côté de la côte hollandaise. Jean sans Peur me dit :

« Adieu, cassez-vous vite !

— Bonne chance ! » dit Toussaint. Et il donne un grand coup de pied au canot.

« Merci, Toussaint, merci, Jean, merci à tous mille fois ! » Et nous disparaissons très vite, pris par ce perdant qui a commencé il y a deux heures et demie et qui va à une vitesse incroyable.

Il pleut toujours, on ne voit pas à dix mètres devant nous. Comme il y a deux petites îles plus bas, Maturette est penché à l'avant, les yeux fixés devant nous pour ne pas aller sur leurs rochers. La nuit est tombée. Un gros arbre qui descend le fleuve avec nous, heureusement plus lentement, nous gêne un moment avec ses branches. On s'en dégage rapidement et on continue à filer à trente à l'heure pour le moins. On fume, on boit du rhum. Les lépreux nous ont donné six bouteilles de chianti empaillées, mais pleines de rhum. Chose bizarre, aucun de nous ne parle des blessures affreuses que nous avons vues sur différents lépreux. Un seul motif de conversation : leur bonté, leur générosité, leur droiture, notre chance d'avoir rencontré le Breton au masque qui nous a conduits jusqu'à l'île aux Pigeons. Il pleut de plus en plus fort, je suis trempé jusqu'aux os, mais ces vareuses de laine sont si bonnes que, même trempées, elles tiennent chaud. Nous n'avons pas froid. Seule la main qui manie la barre s'ankylose sous la pluie.

« En ce moment, dit Maturette, on descend à plus de quarante à l'heure. Depuis combien de temps crois-tu qu'on est partis ?

— Je vais te le dire, dit Clousiot. Attends un peu : trois heures quinze minutes.

— Tu es fou ? Comment le sais-tu ?

— J'ai compté depuis le départ par trois cents secondes et chaque fois j'ai coupé un morceau de carton. J'ai trente-neuf cartons. A cinq minutes chacun, cela fait trois heures un quart qu'on descend. Si je ne me suis pas trompé, d'ici quinze à vingt minutes on ne descendra plus, on remontera d'où on vient. »

Je pousse ma barre à droite pour prendre le fleuve en biais et m'approcher de la berge, côté Guyane hollandaise. Avant de choquer contre la brousse, le courant s'est arrêté. On ne descend plus, ni on ne monte. Il pleut toujours. On ne fume plus, on ne parle plus, on chuchote : « Prends la pagaie et tire dessus. » Moi-même, je pagaie tenant coincée la barre sous ma cuisse droite. Doucement on touche la brousse, on tire sur les branches et on s'abrite dessous. On est dans le noir formé par la végétation. Le fleuve est gris, plein de brouillard. Il serait impossible de dire, sans se fier au flux et au reflux, où est la mer et où est l'intérieur du fleuve.

LE GRAND DÉPART

La marée montante va durer six heures. Plus une

PREMIÈRE CAVALE 119

heure et demie qu'on doit attendre de perdant, je peux
dormir sept heures, malgré que je suis très excité. Je
dois dormir, car une fois en mer, quand est-ce que je
pourrai le faire ? Je m'allonge entre le tonneau et le
mât. Maturette met une couverture comme toit entre
le banc et le tonneau et, bien abrité, je dors, je dors.
Absolument rien ne vient troubler ce sommeil de plomb,
ni rêve, ni pluie, ni mauvaise position. Je dors, je dors
jusqu'au moment où Maturette me réveille :

« Papi, nous croyons qu'il est l'heure, ou à peu près.
Le perdant, il y a longtemps qu'il a commencé. »

Le bateau est tourné vers la mer et le courant sous
mes doigts coule vite, vite. Il ne pleut plus, un quartier
de lune nous permet de voir nettement, à cent mètres
devant nous, le fleuve qui charrie de l'herbe, des arbres,
des formes noires. Je cherche à voir la démarcation du
fleuve et de la mer. Là où nous sommes, il n'y a pas
de vent. Y en a-t-il au milieu du fleuve ? Est-il fort ?
Nous sortons de sous la brousse, le canot toujours
attaché à une grosse racine par un nœud coulant. C'est
en regardant le ciel que je devine la côte, la fin du
fleuve, le commencement de la mer. Nous sommes des-
cendus bien plus bas qu'on le croyait et j'ai l'impression qu'on n'est pas à dix kilomètres de l'embouchure.
On boit un bon coup de rhum. Je consulte : on met le
mât ici ? Oui, on le lève et il est très bien coincé au fond
de son sabot et dans le trou du banc. Je monte la voile
sans la déployer, enroulée autour du mât. La trinquette
et le foc sont prêts à être montés par Maturette
quand je le croirai nécessaire. Pour faire fonctionner la
voile, il n'y a qu'à lâcher la corde qui la tient collée
au mât, c'est moi qui, de ma place, ferai la manœuvre. En avant, Maturette avec une pagaie, moi
à l'arrière avec une autre. Il faut se décoller très
fort et très vite de la berge où le courant nous plaque.

« Attention. En avant, à la grâce de Dieu !
— A la grâce de Dieu, répète Clousiot.

— Dans tes mains je me confie », dit Maturette.

Et on arrache. Bien ensemble, on tire l'eau avec les pelles, j'enfonce bien et je tire, Maturette aussi. On décolle facile. On n'a pas fait vingt mètres d'écart par rapport à la berge qu'on en a descendu cent avec le courant. D'un seul coup le vent se fait sentir et nous pousse vers le milieu du fleuve.

« Monte la trinquette et le foc, bien amarrés tous les deux ! »

Le vent s'engouffre dedans et le bateau, comme un cheval, se cabre et file comme une flèche. Il doit être plus tard que l'heure combinée, car d'un seul coup le fleuve s'éclaire comme en plein jour. On distingue facilement à à peu près deux kilomètres la côte française à droite et, à notre gauche, à un kilomètre, la côte hollandaise. En face de nous, très visibles, les moutons blancs des crêtes des vagues.

« Nom de Dieu ! On s'est trompés d'heure, dit Clousiot. Tu crois qu'on va avoir le temps de sortir ?

— Je ne sais pas.

— Regarde combien les vagues de la mer sont hautes et les crêtes blanches ! Est-ce que le perdant aurait commencé ?

— Impossible, moi je vois des choses qui descendent. »

Maturette dit : « On ne va pas pouvoir sortir, on n'arrivera pas à temps.

— Ferme ta gueule et tiens-toi assis à côté des cordes du foc et de la trinquette. Toi aussi, Clousiot, la ferme ! »

Pan-inh... Pan-inh... Des coups de carabine sont tirés sur nous. Le deuxième, je l'ai clairement localisé. Ils ne viennent pas du tout des gaffes, ils viennent de la Guyane hollandaise. Je lève la voile qui se gonfle si fort qu'un peu plus elle m'emporte en me tirant par mon poignet. Le bateau est incliné à plus de quarante-cinq degrés. Je prends le plus de vent possible, c'est pas difficile, il y en a de trop. Pan-inh, pan-inh, pan-inh, puis plus rien. Nous sommes déportés plus du côté français que hollandais, c'est certainement pour cela que les coups de feu se sont arrêtés.

On file à une vitesse vertigineuse avec un vent à tout casser. On va si vite que je me vois lancé au milieu de l'estuaire de telle façon que dans peu de minutes je vais toucher la berge française. On voit très nettement des hommes qui courent vers la berge. Je vire doucement de bord, le plus doucement possible, en tirant de toutes mes forces sur la corde de la voile. Elle est droite devant moi, le foc change tout seul de bord et la trinquette aussi. Le bateau tourne de trois quarts, je lâche la voile et nous sortons de l'estuaire plein vent arrière. Ouf ! ça y est ! Dix minutes après, la première vague de la mer essaie de nous barrer le passage, on la monte facile, et le schuit-schuit que faisait le bateau sur le fleuve, se transforme en tac-y-tac-y-tac. On les passe ces vagues pourtant hautes avec la facilité d'un gamin qui saute à saute-mouton. Tac-y-tac, le bateau monte et descend les vagues sans vibrer, ni secouer. Rien que le tac de sa coque qui frappe la mer en retombant de la vague.

« Hourra ! hourra ! on est sortis ! » s'écrie à pleins poumons Clousiot.

Et pour éclairer cette victoire de notre énergie sur les éléments, le Bon Dieu nous envoie un lever de soleil éblouissant. Les vagues se succèdent avec toutes le même rythme. Elles diminuent de hauteur au fur et à mesure que nous pénétrons dans la mer. L'eau est salement boueuse. En face, au nord, on la voit noire, plus tard elle sera bleue. J'ai pas besoin de regarder ma boussole : le soleil sur mon épaule droite, je fonce tout droit, plein vent mais le bateau moins incliné, car j'ai laissé couler de la corde à la voile et elle est gonflée à moitié sans être tendue. On commence la grande aventure.

Clousiot se soulève. Il veut sortir la tête et le corps pour bien voir. Maturette vient l'aider à s'accommoder assis face à moi, le dos appuyé contre le tonneau, il me fait une cigarette, l'allume, me la passe et on fume tous les trois.

« Passe-moi le tafia pour arroser cette sortie », dit Clousiot.

Maturette met un bon coup dans trois quarts en fer et on trinque. Maturette est assis à côté de moi, à ma gauche, nous nous regardons. Leurs visages sont illuminés de bonheur, le mien doit être pareil. Alors Clousiot me dit :

« Capitaine, où allez-vous, s'il vous plaît ?

— En Colombie, si Dieu veut.

— Dieu le voudra, nom de Dieu ! » dit Clousiot.

Le soleil monte vite et on n'a pas de peine à se sécher. La chemise d'hôpital est transformée en burnous façon arabe. Mouillée, elle tient frais sur la tête et évite de prendre un coup de soleil. La mer est d'un bleu opale, les vagues sont de trois mètres et très longues, ce qui aide à voyager confortablement. Le vent se maintient fort et nous nous éloignons rapidement de la côte que, de temps en temps, je regarde s'estomper à l'horizon. Cette masse verte, plus on s'en éloigne, plus elle nous révèle les secrets de son festonnage. Je suis en train de regarder derrière moi quand une vague mal prise me rappelle à l'ordre et aussi à ma responsabilité concernant la vie de mes camarades et la mienne.

« Je vais faire cuire du riz, dit Maturette.

— Je tiendrai le fourneau dit Clousiot, et toi la marmite. »

La bonbonne d'essence est bien calée, complètement à l'avant, où il est défendu de fumer. Le riz au gras sent bien bon. On le mange tout chaud, mélangé avec deux boîtes de sardines. Par-dessus, un bon café. « Un coup de rhum ? » Je refuse, il fait trop chaud. D'ailleurs, je ne suis pas buveur. Clousiot, à chaque instant, me fait des cigarettes et me les allume. Le premier repas à bord s'est bien passé. A la position du soleil, nous supposons qu'il est dix heures du matin. Nous avons cinq heures de large seulement et pourtant on sent qu'au-dessous de nous l'eau est très profonde. Les vagues ont diminué de hauteur et nous filons en les coupant sans que le canot frappe. La journée est merveilleuse. Je me rends compte que, dans la journée, on n'a pas besoin de boussole constamment. De temps en temps je situe le soleil par rapport à l'aiguille et je me guide sur lui, c'est très facile. La réverbération du soleil me fatigue les yeux. Je regrette de ne pas avoir pensé à me procurer une paire de lunettes noires.

D'un seul coup, Clousiot me dit : « Quelle chance j'ai eue de te rencontrer à l'hôpital !

— T'es pas seul, moi aussi j'ai eu la chance que tu sois venu. » Je pense à Dega, à Fernandez... s'ils avaient dit oui, ils seraient là avec nous.

« Pas sûr, dit Clousiot. Tu aurais eu des complications pour avoir l'Arabe à l'heure juste à ta disposition dans la salle.

— Oui, Maturette nous a été très utile et je me félicite de l'avoir emmené parce qu'il est très dévoué, courageux et habile.

— Merci, dit Maturette, et merci à vous deux d'avoir eu, malgré mon jeune âge et ce que je suis, confiance en moi. Je ferai en sorte d'être toujours à la hauteur. »

Puis je dis : « Et François Sierra, lui que j'aurais tant voulu qu'il soit ici, ainsi que Galgani...

— Comme les choses ont tourné, Papillon, c'était pas possible. Si Jésus avait été un homme correct et qu'il ait fourni un bon bateau, on aurait pu les attendre à la planque — lui, Jésus, les faire évader et nous les amener. Enfin, ils te connaissent et savent bien que si tu ne les as pas fait chercher, c'est parce que c'était impossible.

— A propos, Maturette, comment se fait-il que tu te trouvais dans cette salle de haute surveillance à l'hôpital ?

— Je ne savais pas que j'étais interné. Je suis allé à la visite parce que j'avais mal à la gorge et pour me promener, et le docteur, quand il m'a vu, m'a dit : « Je

« vois sur ta fiche que tu es interné aux Iles. Pour-
« quoi ? — Je ne sais pas, docteur. Qu'est-ce que c'est
« *interné* ? — Bon, rien. A l'hôpital. » Et je me suis
trouvé hospitalisé, c'est tout.

« Il a voulu te faire une fleur, dit Clousiot.

— Va savoir pour quel motif il a fait ça, le toubib.
Il doit se dire : « Mon protégé, avec sa gueule d'enfant
« de chœur, il était pas si con que ça puisqu'il est parti
« en cavale. »

On parle de bêtises. Je dis : « Qui sait si on va rencontrer Julot, l'homme au marteau. Il doit être loin,
à moins qu'il soit toujours planqué en brousse. » Clousiot dit : « Moi, en partant j'ai laissé un mot sous mon
oreiller : Parti sans laisser d'adresse. » On éclate tous
de rire.

Nous voguons cinq jours sans histoire. Le jour, le
soleil par sa trajectoire est-ouest me sert de boussole.
La nuit, je me sers de la boussole. Le sixième jour, au
matin, un soleil brillant nous salue, la mer s'est apaisée
d'un seul coup, des poissons volants passent pas loin
de nous. Je suis crevé de fatigue. Cette nuit, pour m'empêcher de dormir, Maturette me passait sur la figure un
linge trempé d'eau de mer et, malgré ça, je m'endor-
mais. Alors Clousiot me brûlait avec sa cigarette. Comme
c'est calme plat, j'ai décidé de dormir. On baisse la voile
et le foc, on garde seulement la trinquette et je dors
comme une masse au fond du canot, bien abrité du
soleil par la voile tendue au-dessus de moi. Je me
réveille secoué par Maturette qui me dit : « C'est midi
ou une heure, mais je te réveille parce que le vent
fraîchit et à l'horizon, du côté d'où vient le vent, c'est
tout noir. » Je me lève et prends ma place. Le foc,
qu'on a mis seul, nous fait glisser sur la mer sans rides.
Derrière moi, à l'est, c'est tout noir, le vent fraîchit de
plus en plus. La trinquette et le foc suffisent à tirer le
bateau très vite. Je fais bien attacher la voile enroulée
au mât.

« Tenez-vous bien, car ce qui arrive, c'est la tempête. »

De grosses gouttes commencent à tomber sur nous. Ce noir s'approche de nous avec une vitesse vertigineuse, en moins d'un quart d'heure il est arrivé de l'horizon à très près de nous. Ça y est, il arrive, un vent d'une violence inouïe fonce sur nous. Les vagues, comme par enchantement, se forment avec une vitesse incroyable, toutes crêtées d'écume, le soleil est complètement anéanti, il pleut à torrents, on n'y voit rien et les vagues, en frappant sur le bateau, m'envoient des giclées cinglantes à la figure. C'est la tempête, ma première tempête, avec toute la fanfare de la nature déchaînée, le tonnerre, les éclairs, la pluie, les vagues, le hululement du vent qui rugit sur nous, autour de nous.

Le bateau, emporté comme un brin de paille, monte et descend à des hauteurs incroyables et dans des gouffres si profonds qu'on a l'impression qu'on n'en sortira pas. Et pourtant, malgré ces plongeons fantastiques, le bateau remonte, franchit une nouvelle crête de vague et passe et repasse. Je tiens ma barre à deux mains et, pensant qu'il est bon de résister un peu à une lame de fond plus haute que je vois arriver, au moment où je braque pour la couper, trop vite sûrement, j'embarque une grande quantité d'eau. Tout le canot est inondé. Il doit y avoir plus de soixante-quinze centimètres d'eau. Nerveusement, sans le vouloir, je me mets en travers d'une vague, ce qui est extrêmement dangereux, et le bateau s'est tellement incliné, prêt à se renverser, qu'il rejette lui-même une très grosse partie de l'eau qu'on avait embarquée.

« Bravo ! crie Clousiot. Tu en connais un rayon, Papillon ! T'as eu vite fait de le vider, ton canot. »

Je dis : « Oui, tu as vu ! »

S'il savait que par mon manque d'expérience on a failli couler en se renversant en haute mer ! Je décide de ne plus lutter contre le cours des vagues, je ne m'occupe plus de direction à suivre, simplement de maintenir mon canot le plus en équilibre possible. Je prends les vagues de trois quarts, je descends volontairement au fond avec elles et je remonte avec la mer elle-même. Vite je me rends compte que ma découverte est importante et qu'ainsi j'ai supprimé quatre-vingt-dix pour cent du danger. La pluie s'arrête, le vent souffle toujours avec rage, mais maintenant cela me permet de voir bien devant et derrière moi. Derrière, il fait clair, devant il fait noir, nous sommes au milieu de ces deux extrêmes.

Vers les cinq heures, tout est passé. Le soleil brille à nouveau sur nous, le vent est normal, les vagues moins hautes, je monte la voile et nous partons à nouveau, contents de nous. Avec des casseroles, ils ont vidé l'eau qui restait dans le canot. On sort les couvertures : attachées au mât, avec le vent elles seront vite sèches. Riz, farine, huile et café double, un bon coup de rhum. Le soleil va se coucher, illuminant de tous ses feux cette mer bleue en un tableau inoubliable : le ciel est tout rouge-brun, ce soleil en partie enfoncé dans la mer projette de grandes langues jaunes, aussi bien vers le ciel et ses quelques nuages blancs, que vers la mer ; les lames, en montant sont bleues au fond, vertes après, et la crête rouge, rose ou jaune suivant la couleur du rayon qui la touche.

Une paix m'envahit d'une douceur peu commune, et avec la paix, la sensation que je peux avoir confiance en moi. Je m'en suis bien tiré et cette courte tempête m'a été très utile. Tout seul, j'ai appris comment manœuvrer en ces cas-là. J'attaquerai la nuit avec une sérénité complète.

« Alors, Clousiot, tu as vu ce coup pour vider le bateau ?

— Mon pote, si tu ne faisais pas ça et qu'une deuxième vague arrivait sur nous en travers, on aurait piqué. T'es un champion.

— Tu as appris tout ça dans la marine ? dit Maturette.

— Oui, tu vois que ça sert à quelque chose les leçons de la marine de guerre. »

On a dû dériver beaucoup. Va savoir, avec un vent et des vagues pareils, de combien on a dérivé en quatre heures ? Je vais marcher nord-ouest pour corriger, c'est ça. La nuit tombe d'un seul coup dès que le soleil a disparu dans la mer envoyant les dernières étincelles, cette fois violettes, de son feu d'artifice.

Pendant six jours encore, nous naviguons sans histoire si ce n'est quelques grains de tempête et de pluie qui n'ont jamais dépassé trois heures de durée ni l'éternité du premier orage. Ce matin, il est dix heures. Pas un brin de vent, un calme plat. Je dors près de quatre heures. Quand je me réveille, mes lèvres me brûlent. Elles n'ont plus de peau, ni mon nez d'ailleurs. Ma main droite est aussi sans peau, à vif. Maturette c'est pareil, ainsi que Clousiot. Nous passons de l'huile deux fois par jour sur nos visages et nos mains, mais ça ne suffit pas : le soleil des tropiques a vite fait de la sécher.

Il doit être deux heures de l'après-midi par rapport au soleil. Je mange et puis, comme c'est calme plat, on s'arrange pour faire de l'ombre avec la voile. Des poissons viennent autour de l'embarcation à l'endroit où Maturette a lavé la vaisselle. Je prends le sabre d'abattis et je dis à Maturette de jeter quelques grains de riz qui, d'ailleurs, depuis qu'il a été mouillé, commence à fermenter. Les poissons se réunissent là où tombe le riz jusqu'à fleur d'eau et, comme l'un d'eux a presque la tête dehors, je lui fous un grand coup, il est aussi sec le ventre en l'air. C'est un poisson de dix kilos. On le nettoie et on le fait cuire à l'eau et au sel. On l'a mangé le soir avec la farine de manioc.

Voici onze jours que nous avons pris la mer. Nous n'avons aperçu, tout ce temps-là, qu'un seul bateau très loin à l'horizon. Je commence à me demander où diable sommes-nous. Au grand large, ça c'est sûr, mais dans quelle position par rapport à Trinidad ou à n'importe laquelle des îles anglaises. Quand on parle du loup... En effet, droit devant nous, un point noir qui grossit petit à petit. Serait-ce un bateau ou une chaloupe de haute mer ? C'est une erreur, il ne venait pas sur nous. C'est un bateau, on le distingue bien, maintenant, en travers de nous. Il s'approche, c'est vrai, mais en biais, sa route ne le mène pas sur nous. Comme il n'y a pas de vent, nos voiles pendent lamentablement, le bateau ne nous a certainement pas vus. D'un seul coup, le hululement d'une sirène, puis trois coups, puis il change de route et alors vient droit sur nous.

« Pourvu qu'il s'approche pas trop, dit Clousiot.

— Il n'y a pas de danger, la mer est d'huile. »

C'est un pétrolier. Plus il approche, plus on distingue du monde sur le pont. On comprend qu'il doit se demander ce que font ces gens-là avec leur coquille de noix, ici, au grand large. Doucement il s'approche de nous, on distingue bien maintenant les officiers du bord et d'autres hommes d'équipage, le cuisinier, puis on voit arriver sur le pont des femmes en robes bariolées et des hommes en chemises de couleur. On comprend que ce sont des passagers. Des passagers sur un pétrolier, ça me paraît rare. Doucement le pétrolier s'approche et le capitaine nous parle en anglais.

« *Where are you coming from ?*

— *French Guyane.*

— Vous parlez français ? dit une femme.

— Oui, madame.

— Que faites-vous en haute mer ?

— On va où Dieu nous pousse. »

La dame parle avec le capitaine et dit : « Le capitaine vous demande de monter à bord, il va hisser votre petit bateau.

— Dites-lui qu'on le remercie mais que nous sommes très bien sur notre bateau.

— Pourquoi vous ne voulez pas d'aide ?

— Parce que nous sommes des évadés et que nous n'allons pas dans votre direction.

— Où allez-vous ?

— A la Martinique et encore bien plus. Où sommes-nous ?

— En haute mer.

— Quelle est la route pour tomber sur les Antilles ?

— Vous savez lire une carte marine anglaise ?

— Oui. »

Un moment après, on nous descend avec une corde une carte anglaise, des cartons de cigarettes, du pain, un gigot rôti.

« Regardez la carte ! » Je regarde et je dis : « Je dois faire ouest un quart sud pour rencontrer les Antilles anglaises, c'est ça ?

— Oui.

— Combien de milles approximativement ?

— Dans deux jours vous serez là-bas, dit le capitaine.

— Au revoir, merci à tous !

— Le commandant du bord vous félicite pour votre courage de marin !

— Merci, adieu ! » Et le pétrolier s'en va doucement, il nous rase presque, je m'écarte de lui de peur du remous des hélices et, à ce moment, un marin m'envoie une casquette marine. Elle tombe juste au milieu du canot et, c'est coiffé de cette casquette qui a un galon doré et une ancre marine que, deux jours après, sans histoire, nous arrivons à Trinidad.

TRINIDAD

Les oiseaux nous ont, bien longtemps avant qu'on la voie, annoncé la terre. Il est sept heures et demie du matin quand ils viennent tourner autour de nous. « On arrive, mec ! On arrive ! On a réussi la première partie de la cavale, la plus difficile. Vive la liberté ! » Chacun de nous extériorise sa joie par des exclamations puériles. Nos visages sont couverts de beurre de cacao dont nous a fait cadeau, pour soulager nos brûlures, le bateau rencontré. Vers les neuf heures on voit la terre. Un vent frais sans être fort, nous emmène à une bonne vitesse sur une mer peu agitée. C'est seulement vers les quatre heures de l'après-midi que nous apercevons les détails d'une île longue, bordée de petits tas de maisons blanches, dont le sommet est plein de cocotiers. On ne peut pas encore distinguer si vraiment c'est une île ou une presqu'île, non plus si ces maisons sont habitées. Il faudra plus d'une heure encore pour distinguer des gens qui courent vers la plage vers laquelle nous nous dirigeons. En moins de vingt minutes, une multitude bigarrée est réunie. Ce petit village est sorti tout entier au bord de la mer pour nous recevoir. Nous saurons plus tard qu'il s'appelle San Fernando.

A trois cents mètres de la côte, je jette l'ancre qui accroche tout de suite. Je fais cela d'une part pour voir la réaction de ces gens et aussi pour ne pas crever mon bateau quand il va toucher, si le fond est de corail. On ramasse les voiles et on attend. Un petit canot vient vers nous. A bord, deux Noirs qui pagaient et un Blanc casqué à la coloniale.

« Bienvenue à Trinidad », dit en pur français le Blanc. Les Noirs rient de toutes leurs dents.

« Merci, monsieur, de votre bonne parole. Le fond de la plage est-il de corail ou de sable ?

— Il est de sable, vous pouvez sans danger aller jusqu'à la plage. »

Nous tirons l'ancre à bord et doucement, les vagues nous poussent sur la plage. A peine on touche que dix hommes entrent dans l'eau et d'un seul trait tirent le bateau à sec. Ils nous regardent, nous touchent avec des gestes caressants, les femmes noires ou coolies, ou indoues nous convient par des gestes. Tout le monde veut nous avoir chez lui, c'est ce que m'explique en français le Blanc. Maturette ramasse une poignée de sable et la porte à sa bouche pour l'embrasser. C'est du délire. Le Blanc, à qui j'ai dit l'état de Clousiot, le fait transporter très près de la plage dans sa maison. Il nous dit que nous pouvons tout laisser jusqu'à demain dans le canot, que personne ne touchera à rien. Tout le monde m'appelle « *captain* », je ris de ce baptême. Ils me disent tous : « *Good captain, long ride on small boat* (bon capitaine, longue course sur petit bateau) ! »

La nuit tombe et après avoir demandé que l'on pousse le bateau un peu plus loin et l'avoir attaché à un autre beaucoup plus gros couché sur la plage, je suis l'Anglais jusque chez lui. C'est un bungalow comme on peut en voir partout en terre anglaise ; quelques marches en bois, une porte avec de la toile métallique. J'entre derrière l'Anglais, Maturette me suit. En entrant je vois, assis sur un fauteuil, sa jambe blessée sur une chaise, Clousiot qui crâne entouré d'une dame et d'une jeune fille.

« Ma femme et ma fille, dit le monsieur. J'ai un fils étudiant en Angleterre.

— Soyez les bienvenus dans cette maison, dit la dame en français.

— Asseyez-vous, messieurs, dit la jeune fille qui nous avance deux fauteuils d'osier.

— Merci, mesdames, ne vous dérangez pas trop pour nous.

— Pourquoi ? Nous savons d'où vous venez, soyez tranquilles, et je vous le répète : bienvenue dans cette maison. »

Le monsieur est avocat, il s'appelle Master Bowen, il a son buffet (bureau) dans la capitale, à quarante kilomètres, à Port of Spain, capitale de Trinidad. On nous apporte du thé au lait, des toasts, du beurre, de la confiture. Ce fut notre première soirée d'hommes libres, je ne l'oublierai jamais. Pas un mot du passé, aucune question indiscrète, seulement combien de jours nous avions mis en mer et comment avait marché le voyage ; si Clousiot souffrait beaucoup et si nous désirions qu'on avertisse la police demain ou attendre un jour de plus avant de l'avertir ; si nous avions des parents vivants, femmes et enfants. Si nous désirions leur écrire, ils mettraient les lettres à la poste. Que vous dire : une réception exceptionnelle, aussi bien du peuple sur la plage que de cette famille pleine d'indescriptibles attentions pour trois fugitifs.

Master Bowen consulte par téléphone un toubib qui

lui dit de lui amener le blessé à sa clinique demain après-midi pour lui faire une radiographie et voir ce qu'il y a à faire. Master Bowen téléphone à Port of Spain, au commandant de l'Armée du Salut *Salvation Army*. Celui-ci dit qu'il va nous préparer une chambre à l'hôtel de l'Armée du Salut, que l'on vienne quand on veut, de bien garder notre bateau s'il est bon, car on aura besoin de lui pour repartir. Il demande si on est des bagnards ou des relégués, on lui répond qu'on est des bagnards. Cela paraît plaire à l'avocat que nous soyons des bagnards.

« Voulez-vous vous baigner et vous raser ? me dit la jeune fille. Ne refusez surtout pas, cela ne nous gêne en rien. Dans la salle de bain vous trouverez des effets qui, je l'espère, vous iront. »

Je passe dans la salle de bain, je prends un bain, me rase et sors bien peigné avec un pantalon gris, une chemise blanche, des souliers de tennis et chaussettes blanches.

Un Indou frappe à la porte, il tient un paquet sous le bras et le donne à Maturette en lui disant que le docteur a remarqué que j'étais plus ou moins de la taille du docteur et que je n'avais besoin de rien pour m'habiller, mais que lui, le petit Maturette, ne pouvait pas trouver des effets pour lui, car personne, chez l'avocat, n'avait sa petite taille. Il s'incline, comme le font les musulmans, devant nous et se retire. Devant tant de bonté, que vous dire ? L'émotion qui gonflait mon cœur est indescriptible. Clousiot fut couché le premier, puis nous cinq nous échangeâmes une quantité d'idées sur différentes choses. Ce qui intriguait le plus ces charmantes femmes, c'était comment nous pensions faire pour nous refaire une existence. Rien du passé, tout sur le moment et l'avenir. Master Bowen regrettait que Trinidad n'accepte pas que des évadés s'installent sur l'île. Il avait, m'expliqua-t-il, à plusieurs reprises sollicité cette mesure pour quelques-uns, mais jamais on n'avait accepté.

La jeune fille parle en français très pur, comme le père, sans accent ni faute de prononciation. Elle est blonde, pleine de taches de rousseur, et est âgée de dix-sept à vingt ans, je n'ai pas osé lui demander son âge. Elle dit :

« Vous êtes bien jeunes et la vie vous attend, je ne sais pas ce que vous avez fait pour avoir été condamnés et je ne veux pas le savoir, mais d'avoir eu le courage de vous jeter en mer dans un si petit bateau pour faire un si long et dangereux voyage, dénote que vous êtes prêts à jouer à n'importe quel prix pour être libres et cela est très méritant. »

Nous avons dormi jusqu'à huit heures du matin. Nous trouvons la table mise à notre lever. Les deux dames nous disent très naturellement que Master Bowen est parti à Port of Spain et ne reviendra que l'après-midi avec les renseignements nécessaires pour agir en notre faveur.

Cet homme qui abandonne sa maison avec trois forçats évadés dedans nous donne une leçon sans égale, voulant nous dire : Vous êtes des êtres normaux ; jugez si j'ai confiance en vous pour que, douze heures après vous avoir connus, je vous laisse seuls dans ma maison auprès de ma femme et de ma fille. Cette façon muette de nous dire : J'ai vu, après avoir conversé avec vous trois, des êtres parfaitement dignes de confiance au point que ne doutant pas que vous ne pourrez ni en fait, ni en geste, ni en parole vous comporter mal chez moi, je vous laisse dans mon foyer comme si vous étiez de vieux amis — cette manifestation nous a beaucoup émotionnés.

Je ne suis pas un intellectuel qui peut vous peindre, lecteur — si un jour ce livre a des lecteurs — avec l'intensité nécessaire, avec assez de puissante verve, l'émotion, la formidable impression de respect de nous-mêmes, non : d'une réhabilitation sinon d'une nouvelle vie. Ce baptême imaginaire, ce bain de pureté, cette élévation de mon être au-dessus de la fange où j'étais embourbé, cette façon de me mettre en face d'une responsabilité réelle du jour au lendemain, viennent de faire d'une façon si simple un autre homme de moi que ce complexe de forçat qui même libre entend ses chaînes et croit à chaque instant que quelqu'un le surveille, que tout ce que j'ai vu, passé et supporté, tout ce que j'ai subi, tout ce qui m'entraînait à devenir un homme taré, pourri, dangereux à tous les instants, passivement obéissant en surface et terriblement dangereux dans sa révolte, tout cela, comme par enchantement, a disparu. Merci, maître Bowen, avocat de Sa Majesté, merci d'avoir fait de moi un autre homme en si peu de temps !

La très blonde jeune fille aux yeux aussi bleus que la mer qui nous entoure, est assise avec moi sous les cocotiers de la maison de son père. Des bougainvillées rouges, jaunes et mauves, tout en fleur, donnent à ce jardin la touche de poésie qu'il faut à cet instant.

« Monsieur Henri (elle me dit Monsieur. Depuis combien de temps on ne m'a pas dit Monsieur !), comme papa vous l'a dit hier, une incompréhension injuste des autorités anglaises font que malheureusement vous ne pouvez pas rester ici. Elles vous donnent seulement quinze jours pour vous reposer et repartir en mer. De bonne heure je suis allée voir votre bateau, c'est bien léger et bien menu pour ce si long voyage qui vous attend. Espérons que vous arriverez dans une nation plus hospitalière que la nôtre et plus compréhensive. Toutes les îles anglaises ont la même façon d'agir dans ces cas-là. Je vous demande, si dans ce futur voyage vous souffrez beaucoup, de ne pas en vouloir au peuple qui habite ces îles ; il n'est pas responsable de cette façon de voir les choses, ce sont des ordres d'Angleterre, émanant de gens qui ne vous connaissent pas. L'adresse de papa est 101 Queen Street, Port of Spain, Trinidad. Je vous demande, si Dieu veut que vous le pouviez, de nous écrire quelques mots pour connaître votre sort. »

Je suis tellement ému que je ne sais quoi répondre. Madame Bowen s'approche de nous. C'est une très belle femme d'une quarantaine environ, blond châtain, les yeux verts. Elle porte une robe blanche très simple, attachée avec un cordon blanc, et une paire de sandales vert clair.

« Monsieur, mon mari ne viendra qu'à cinq heures. Il est en train d'obtenir que vous alliez sans escorte policière dans sa voiture à la capitale. Il veut aussi vous éviter de coucher la première nuit à la Station de Police de Port of Spain. Votre ami le blessé ira directement à la clinique d'un médecin ami, et vous deux vous irez à l'hôtel de l'Armée du Salut. »

Maturette vient nous rejoindre dans le jardin, il est allé voir le bateau qui est entouré, me dit-il, de curieux. Rien n'a été touché. En examinant le canot, les curieux ont trouvé une balle incrustée au-dessous du gouvernail, quelqu'un lui a demandé la permission de l'arracher comme souvenir. Il a répondu : « Captain, captain. » L'Indou a compris qu'il fallait demander au capitaine, il me dit : « Pourquoi on mettrait pas les tortues en liberté ?

— Vous avez des tortues ? demande la jeune fille. Allons les voir. »

Nous allons au bateau. En route, une petite Indoue ravissante m'a pris sans façon la main. « Good after-noon », bon après-midi, dit tout ce monde bigarré. Je sors les deux tortues : « Que faisons-nous ? On les jette à la mer ? Ou bien les voulez-vous pour les mettre dans votre jardin ?

— Le bassin du fond est d'eau de mer. On va les mettre dans ce bassin, ainsi j'aurai un souvenir de vous. — C'est ça. » Je distribue aux gens qui sont là tout ce qu'il y a dans le canot, sauf la boussole, le tabac, le tonneau, le couteau, le sabre d'abattis, la hache, les couvertures et le revolver que je dissimule dans les couvertures — personne ne l'a vu.

A cinq heures arrive Master Bowen : « Messieurs, tout est arrangé. Je vais vous conduire moi-même à la capitale. Nous déposerons d'abord le blessé à la clinique

et puis nous irons à l'hôtel. » Nous installons Clousiot
sur le siège arrière de la voiture. Je suis en train de
remercier la jeune fille, quand sa mère arrive avec une
valise à la main et nous dit : « Veuillez accepter quelques affaires de mon mari, nous vous l'offrons de tout
cœur. » Que dire devant tant d'humaine bonté ? —
« Merci, merci infiniment. » Et on part avec la voiture,
dont le volant est à droite. A six heures moins le quart,
on arrive à la clinique. Elle s'appelle Saint-George. Des
infirmiers montent Clousiot sur un brancard dans une
salle où se trouve un Indou assis sur son lit. Le docteur
arrive, il serre la main à Bowen, et après à nous autres,
il ne parle pas français mais il nous fait dire que Clousiot sera bien soigné et que nous pouvons venir le voir
tant que nous voulons. Dans la voiture de Bowen on
traverse la ville. On est émerveillés de la voir éclairée,
avec ses autos, ses bicyclettes. Blancs, Noirs, Jaunes,
Indous, coolies, marchent ensemble sur les trottoirs de
cette ville tout en bois qu'est Port of Spain. Arrivés
à l'Armée du Salut, un hôtel dont seul le rez-de-chaussée
est en pierre et le restant en bois, bien situé sur une
place illuminée où j'ai pu lire Fish Market (Marché aux
Poissons), le capitaine de l'Armée du Salut nous reçoit
en compagnie de tout son état-major, femmes et hommes. Il parle un peu français, tout le monde nous
adresse des paroles en anglais, que l'on ne comprend
pas, mais les visages sont si riants, les yeux si accueillants, que nous savons qu'ils nous disent de gentilles
choses.

On nous conduit dans une chambre, au deuxième étage,
à trois lits — le troisième prévu pour Clousiot — une
salle de bain attenante à la chambre avec savon et serviette à notre disposition. Après nous avoir indiqué
notre chambre, le capitaine nous dit : « Si vous voulez
manger, le dîner se prend en commun à sept heures,
donc d'ici une demi-heure.

— Non, on n'a pas faim.

— Si vous voulez aller promener dans la ville, voilà

deux dollars antillais pour prendre un café ou un thé, ou manger une glace. Surtout ne vous perdez pas. Quand vous voudrez rentrer, demandez votre chemin avec seulement ces mots : « Salvation Army, please ? »

Dix minutes après, nous sommes dans la rue, on marche sur les trottoirs, on coudoie les gens, personne ne nous regarde, personne ne fait attention à nous, on respire profondément, goûtant avec émotion ces premiers pas libres dans une ville. Cette continuelle confiance de nous laisser libres dans une assez grande ville nous réconforte et nous donne non seulement confiance en nous-mêmes, mais aussi la parfaite conscience qu'il est impossible que nous trahissions cette foi en nous. Maturette et moi marchons lentement au milieu de la foule. On a besoin de côtoyer des gens, d'être bousculés, de nous assimiler à elle pour en faire partie. Nous entrons dans un bar et demandons des bières. Ça semble rien de dire : « Two beers, please », oui, c'est tellement naturel. Eh bien, malgré ça, cela nous paraît fantastique qu'une coolie indoue avec sa coquille d'or dans le nez nous demande après nous avoir servis : « Half a dollar, sir. » Son sourire aux dents de perle, ses grands yeux d'un noir-violet un tout petit peu bridés sur les coins, ses cheveux de jais qui tombent sur ses épaules, son corsage demi-ouvert sur le début des seins qui laisse entrevoir qu'ils sont de toute beauté, ces choses futiles si naturelles pour tout le monde nous paraissent à nous autres fantastiquement féeriques. Voyons, Papi, c'est pas vrai, ça ne peut pas être vrai que si vite, de mort vivant, de bagnard à perpète, tu sois en train de te transformer en homme libre !

C'est Maturette qui a payé, il ne lui reste qu'un demi-dollar. La bière est délicieusement fraîche et il me dit : « On en boit une autre ? » Cette deuxième tournée qu'il voudrait boire me paraît une chose à ne pas faire.

« Voyons, il n'y a pas une heure que tu es en vraie liberté et déjà tu penses à te soûler ?

— Oh ! je t'en prie, Papi, n'exagère pas ! Entre boire deux bières et se soûler, il y a loin.

— Peut-être tu as raison, mais je trouve que décemment on ne doit pas se jeter sur les plaisirs que nous offre le moment. Je crois qu'il faut les déguster petit à petit et non en glouton. D'abord, cet argent n'est pas à nous.

— Oui, c'est vrai, tu as raison. On va apprendre à être libre au compte-gouttes, c'est plus à la hauteur. »

On sort et nous descendons la grande rue de Watters Street, boulevard principal qui traverse la ville de part en part et, sans nous en apercevoir tant nous sommes émerveillés par les tramways qui passent, par les ânes avec leur petite charrette, les automobiles, les annonces flamboyantes des cinémas et des bars-boîtes, les yeux des jeunes Noires ou Indoues qui nous regardent en riant, on se trouve au port sans l'avoir voulu. Devant nous, les bateaux tout illuminés, bateaux de touristes avec des noms enchanteurs : *Panama, Los Angeles, Boston, Québec* ; bateaux de charges : *Hambourg, Amsterdam, Londres,* et, allongés tout le long du quai, collés les uns aux autres, des bars, des cabarets, des restaurants tout plein d'hommes et de femmes buvant, chantant, se disputant en grands cris. Tout d'un coup, un besoin irrésistible me pousse à me mêler à cette foule, vulgaire peut-être, mais si pleine de vie. A la terrasse d'un bar, rangés dans de la glace, des huîtres, des oursins, des écrevisses, des couteaux de mer, des moules, tout un étalage de fruits de mer qui provoquent le passant. Les tables avec des nappes à carreaux rouges et blancs, la plupart occupées, vous invitent à s'asseoir. Des filles, la peau brun clair, le profil fin, mulâtresses qui n'ont aucun trait négroïde, moulées dans des corsages de toutes couleurs largement décolletés, vous sollicitent encore plus de profiter de tout cela. Je m'approche de l'une d'elles et lui dis : « French money good ? » en lui présentant un billet de mille francs. « Yes, I change for you. — OK » Elle prend le billet et disparaît dans la salle bourrée de monde.

Elle revient. « Come here » et m'emmène à la caisse où se trouve un Chinois.

« Vous Français ?

— Oui.

— Changer mille francs ?

— Oui.

— Tout dollars antillais ?

— Oui.

— Passeport ?

— J'ai pas.

— Carte de marin ?

— J'ai pas.

— Papiers immigration ?

— J'ai pas.

— Bon. » Il dit deux mots à la fille, elle regarde la salle, va à un type genre marin qui a une casquette comme la mienne, un galon d'or et une ancre, et l'amène à la caisse. Le Chinois dit :

« Ta carte d'identité ?

— Voilà. » Et froidement le Chinois fait une fiche de change de mille francs au nom de l'inconnu, le fait signer et la femme le prend par le bras et l'emmène. L'autre ne sait certainement pas ce qui se passe, moi je touche deux cent cinquante dollars antillais dont cinquante dollars en billets de un et deux dollars. Je donne un dollar à la fille, on sort dehors et, assis à une table, nous nous tapons une orgie de fruits de mer accompagnés d'un vin blanc sec délicieux.

PREMIÈRE CAVALE (Suite)

TRINIDAD

JE revois, comme si c'était hier, cette première nuit de liberté dans cette ville anglaise. Nous allions partout, soûls de lumière, de chaleur dans nos cœurs, palpant à chaque moment l'âme de cette foule heureuse et riante qui déborde de félicité. Un bar plein de marins et de ces filles des tropiques qui les attendent pour les plumer. Mais ces filles n'ont rien de sordide, rien de comparable aux femmes des bas-fonds de Paris, du Havre ou de Marseille. C'est autre chose, différent. Au lieu de ces visages trop maquillés, marqués par le vice, éclairés d'yeux fiévreux pleins de ruse, ce sont des filles de toutes couleurs de peau, de la Chinoise à la Noire africaine, en passant par la chocolat clair aux cheveux lisses, à l'Indoue ou à la Javanaise dont les parents furent contactés dans les cultures de cacao ou de canne à sucre, ou la coolie métissée de Chinois et d'Indou avec la coquille d'or dans le nez, la Llapane au profil romain, son visage cuivré illuminé par deux yeux énormes, noirs, brillants, aux cils très longs, projetant une poitrine largement découverte comme pour dire : « Regarde mes seins comme ils sont parfaits », toutes ces filles, chacune avec des fleurs de couleur différente dans les cheveux, extériorisent l'amour, provoquent le goût du sexe, sans rien de sale, de commercial ; elles ne donnent pas l'impression de faire un travail, elles s'amusent vraiment et l'on sent que l'argent pour elles n'est pas le principal de leur vie.

Comme deux hannetons qui vont buter contre les lampes, nous allons tous les deux, Maturette et moi, trébuchant de bar en bar. C'est en débouchant sur une petite place inondée de lumière que je vois l'heure à l'horloge d'une église ou d'un temple. Deux heures. C'est deux heures du matin ! Vite, rentrons vite. Nous avons abusé de la situation. Le capitaine de l'Armée du Salut doit avoir une drôle d'opinion de nous. Vite rentrons. J'arrête un taxi qui nous emmène, two dollars. Je paie et nous rentrons très honteux à l'hôtel. Dans le hall, une femme soldat de l'Armée du Salut, blonde, très jeune, vingt-cinq à trente ans, nous reçoit gentiment. Elle ne paraît pas étonnée ni offusquée que nous rentrions si tard. Après quelques mots en anglais que nous devinons gentils et accueillants, elle nous donne la clef de la chambre et nous souhaite bonne nuit. On se couche. Dans la valise, j'ai trouvé un pyjama. Au moment d'éteindre, Maturette me dit : « Quand même, on pourrait remercier le Bon Dieu de nous avoir donné tant de choses en si peu de temps. Qu'en dis-tu, Papi ?

— Remercie-le pour moi, ton Bon Dieu, c'est un grand mec. Et comme tu le dis si bien, il a été drôlement généreux avec nous. Bonsoir. » Et j'éteins la lumière.

Cette résurrection, ce retour du tombeau, la sortie de ce cimetière où j'étais enterré, toutes ces émotions successives et le bain de cette nuit qui m'a réincorporé à la vie au milieu d'autres êtres m'ont tant excité que je n'arrive pas à dormir. Dans le kaléidoscope de mes yeux fermés, les images, les choses, tout ce mélange de sensations, arrivent à moi sans ordre chronologique et se présentent avec précision mais d'une façon complètement décousue : les assises, la Conciergerie, puis les lépreux, puis Saint-Martin-de-Ré, Tribouillard, Jésus, la tempête... Dans une danse fantasmagorique, on dirait que tout ce que j'ai vécu depuis un an veut se présenter en même temps dans la galerie de mes souvenirs. J'ai beau essayer de chasser ces images, je n'y parviens pas. Et le plus drôle, c'est qu'elles sont mélangées aux cris de cochons, de hocco, au hululement du vent, au bruit des vagues, le tout enrobé de la musique des violons à une corde que les Indous jouaient il y a quelques instants dans les divers bars où nous sommes passés.

Enfin je dors quand le jour se lève. Vers les dix heures, on frappe à la porte. C'est Master Bowen, souriant.

« Bonjour, mes amis. Encore couchés ? Vous êtes rentrés tard. Vous êtes-vous bien amusés ?

— Bonjour. Oui, nous sommes rentrés tard, excusez-nous.

— Mais non, voyons ! C'est normal après tout ce que vous avez enduré. Il vous fallait bien profiter de votre première nuit d'hommes libres. Je suis venu pour vous accompagner à la Station de Police. Il faut vous présenter à la police pour déclarer officiellement que vous êtes entrés clandestinement dans le pays. Après cette formalité, nous irons voir votre ami. De très bonne heure on lui a fait des radiographies. On saura le résultat plus tard. »

Après une rapide toilette, nous descendons dans la salle du bas où, en compagnie du capitaine, nous attend Bowen.

« Bonjour, mes amis, dit en mauvais français le capitaine.

— Bonjour, tout le monde, ça va ? » Une gradée de l'Armée du Salut nous dit : « Vous avez trouvé Port of Spain sympathique ? »

— Oh ! oui, madame ! Ça nous a fait plaisir. »

Une petite tasse de café et on part à la Station de Police. On va à pied, c'est à deux cents mètres à peu près. Tous les policiers nous saluent et nous regardent sans curiosité spéciale. Nous entrons dans un bureau sévère et imposant après avoir passé devant deux sentinelles d'ébène en uniforme kaki. Un officier d'une cinquantaine d'années, chemise et cravate kaki, plein d'insignes et de médailles, se lève. Il est en short et nous dit en français : « Bonjour. Asseyez-vous. Avant de recueillir officiellement votre déclaration, je désire parler un peu avec vous. Quel âge avez-vous ?

— Vingt-six ans et dix-neuf ans.

— Pourquoi avez-vous été condamnés ?

— Pour meurtre.

— Quelle est votre peine ?

— Travaux forcés à perpétuité.

— Alors ce n'est pas pour un meurtre, c'est pour un assassinat ?

— Non, monsieur, moi c'est un meurtre.

— Moi, c'est un assassinat, dit Maturette. J'avais dix-sept ans.

— A dix-sept ans, on sait ce que l'on fait, dit l'officier. En Angleterre, si le fait avait été prouvé, on vous aurait pendu. Bon, les autorités anglaises n'ont pas à juger la justice française. Mais ce sur quoi nous ne sommes pas d'accord, c'est sur l'envoi en Guyane française des condamnés. Nous savons que c'est un châtiment inhumain et peu digne d'une nation civilisée comme la France. Mais malheureusement vous ne pouvez pas rester à Trinidad, ni dans aucune autre île anglaise. C'est impossible. Aussi je vous demande de jouer la partie honnêtement et de ne pas chercher d'échappatoire, maladie ou autre prétexte, afin de retarder votre départ. Vous pourrez vous reposer librement à Port of Spain de quinze à dix-huit jours. Votre canot est bon, paraît-il. Je vais vous le faire amener ici, dans le port. S'il y a des réparations à faire, les charpentiers de la Marine Royale vous les feront. Vous recevrez pour partir tous les vivres nécessaires ainsi qu'une bonne boussole et une carte marine. J'espère que les pays sud-américains vous accepteront. N'allez pas au Venezuela, car vous seriez arrêtés et obligés de travailler sur les routes jusqu'au jour où l'on vous remettrait aux autorités françaises. Après une grosse faute, un homme n'est pas obligé d'être perdu pour toujours. Vous êtes jeunes et sains, vous avez l'air sympathiques, j'espère donc qu'après ce que vous avez eu à supporter vous n'accepterez pas d'être vaincus à jamais. Rien que le fait d'être venus ici démontre le contraire. Je suis heureux d'être un des éléments qui vous aideront à devenir des hommes bons et responsables. Bonne chance. Si vous avez un problème, téléphonez à ce numéro, on vous répondra en français. »

Il sonne et un civil vient nous chercher. Dans une salle où plusieurs policiers et civils tapent à la machine, un civil prend notre déclaration.

« Pourquoi êtes-vous venus à Trinidad ?

— Pour nous reposer.

— D'où venez-vous ?

— Guyane française.

— Pour vous évader, vous avez commis un délit, provoqué des lésions ou la mort chez d'autres personnes ?

— Nous n'avons blessé grièvement personne.

— Comment le savez-vous ?

— On l'a su avant de partir.

— Votre âge, votre situation pénale par rapport à la France ? (etc.) Messieurs, vous avez de quinze à dix-huit jours pour vous reposer ici. Vous êtes complètement libres de faire ce que vous voulez pendant ce temps. Si vous changez d'hôtel, avertissez-nous. Je suis le sergent Willy. Voici sur ma carte deux téléphones : celui-ci, mon numéro officiel de la police, celui-là, mon numéro privé. Quoi qu'il vous arrive, si vous avez besoin de mon aide appelez-moi immédiatement. Nous savons que la confiance que nous vous donnons est bien placée. Je suis sûr que vous vous comporterez bien. »

Quelques instants plus tard, Mr. Bowen nous accompa-

gne à la clinique. Clousiot est content de nous voir.
Nous ne lui racontons rien de la nuit passée en ville.
Nous lui disons seulement qu'on nous laisse libres d'aller
où bon nous semble. Il est tellement surpris qu'il dit :

« Sans escorte ?

— Oui, sans escorte.

— Ben alors, c'est des drôles de types les rosbifs (les
Anglais) ! »

Bowen qui était sorti à la rencontre du docteur, revient
avec lui. Il demande à Clousiot : « Qui vous a réduit la
fracture avant de l'attacher aux planches ?

— Moi et un autre qui n'est pas là.

— Vous l'avez si bien fait qu'il n'y a pas à refracturer
la jambe. Le péroné fracturé a été bien rajusté. On va
simplement plâtrer et vous mettre un fer pour que vous
puissiez marcher un peu. Préférez-vous rester ici ou aller
avec vos camarades ?

— Aller avec eux.

— Eh bien, demain matin vous pourrez aller les
rejoindre. »

On se confond en remerciements. Mr. Bowen et le
docteur se retirent et nous passons la fin de la matinée
et une partie de l'après-midi avec notre ami. Nous sommes radieux quand, le lendemain, nous nous retrouvons
réunis tous les trois dans notre chambre d'hôtel, la
fenêtre grande ouverte et les ventilateurs en marche
pour rafraîchir l'air. Nous nous félicitons les uns les
autres de notre bonne mine et de la bonne allure que
nous donnent nos nouveaux vêtements. Quand je vois
la conversation reprendre sur le passé, je leur dis :

« Maintenant, le passé, oublions-le le plus possible et
voyons le présent et l'avenir. Où irons-nous ? Colombie ?
Panama ? Costa Rica ? Faudrait consulter Bowen sur
les pays où nous avons des chances d'être admis. »

J'appelle Bowen à son buffet, il n'y est pas. J'appelle
chez lui, à San Fernando, c'est sa fille qui répond. Après
un échange de mots gentils elle me dit : « Monsieur Henri,
près de l'hôtel, au Fish Market, il y a des autobus qui

viennent à San Fernando. Pourquoi ne viendriez-vous pas passer l'après-midi chez nous ? Venez, je vous attends. » Et nous voilà tous les trois en route pour San Fernando. Clousiot est magnifique dans sa tenue semi-militaire de couleur cachou.

Ce retour dans cette maison qui nous a accueillis avec tant de bonté nous émeut tous les trois. On dirait que ces femmes comprennent notre émotion car elles disent ensemble : « Vous voilà de retour dans votre maison, chers amis. Asseyez-vous confortablement. » Et au lieu de nous dire « Monsieur », chaque fois qu'elles s'adressent à nous, elles nous appellent par nos prénoms : « Henri, passez-moi le sucre ; André (Maturette s'appelle André), encore du pudding ? »

Mme et Mlle Bowen, j'espère que Dieu vous aura récompensées de tant de bonté envers nous et que vos hautes âmes qui nous ont prodigué tant de fines joies, n'ont eu, dans le restant de votre vie, que bonheur ineffable.

Nous discutons avec elles et on déploie une carte sur une table. Les distances sont grandes : mille deux cents kilomètres pour arriver au premier port colombien Santa Marta ; deux mille cent kilomètres pour Panama ; deux mille cinq cents pour Costa Rica. Master Bowen arrive : « J'ai téléphoné à tous les consulats, et j'ai une bonne nouvelle : vous pouvez relâcher quelques jours à Curaçao pour vous reposer. La Colombie n'a rien d'établi au sujet des évadés. A la connaissance du consul, il n'y a jamais eu d'évadés arrivés par mer en Colombie. A Panama et ailleurs non plus.

— Je connais un endroit sûr pour vous, dit Margaret, la fille de Mr. Bowen. Mais c'est bien loin, trois mille kilomètres au moins.

— Où est-ce ? demande son père.

— Le British Honduras. Le gouverneur est mon parrain. »

Je regarde mes amis et leur dis : « Destination British Honduras. » C'est une possession anglaise, qui, au sud, touche la République du Honduras et, au nord, le Mexique.

Nous passons l'après-midi, aidés de Margaret et de sa mère, à tracer la route. Première étape : Trinidad-Curaçao, mille kilomètres. Deuxième étape : de Curaçao à une île quelconque sur notre chemin. Troisième étape : British Honduras.

Comme on ne sait jamais ce qui peut se passer en mer, en plus des vivres que nous donnera la police, il est décidé que, dans une caisse spéciale, nous aurons des conserves de réserve : viandes, légumes, marmelades, poissons, etc. Margaret nous dit que le Super Market « Salvattori » se fera un plaisir de nous faire cadeau de ces conserves. « En cas de refus, ajoute-t-elle simplement, maman et moi nous vous les achèterons.

— Non, mademoiselle.

— Taisez-vous, Henri.

— Mais non, ce n'est pas possible, car nous avons de l'argent et ce serait mal à nous de profiter de votre bonté quand nous pouvons très bien acheter ces vivres nous-mêmes. »

Le canot est à Port of Spain, à l'eau, sous un abri de la marine de guerre. Nous nous quittons en promettant une visite avant le grand départ. Tous les soirs nous sortons religieusement à onze heures. Clousiot s'assied sur un banc du square le plus animé et chacun son tour, Maturette ou moi, lui tenons compagnie pendant que l'autre vagabonde dans la ville. Voilà dix jours que nous sommes ici : Clousiot marche sans trop de difficulté grâce au fer fixé sous le plâtre. On a appris à aller au port en tramway. Nous y allons souvent l'après-midi et toujours le soir. On est connus et adoptés dans quelques bars du port. Les policiers de garde nous saluent, tout le monde sait qui on est et d'où on vient, jamais personne ne fait allusion à quoi que ce soit. Mais nous nous sommes aperçus que les bars où nous sommes connus nous font payer ce que nous mangeons ou buvons moins cher qu'aux marins. Même chose pour les filles.

D'habitude, quand elles s'assoient aux tables des marins, des officiers ou des touristes, elles boivent sans arrêt et cherchent à leur faire dépenser le plus possible. Dans les bars où l'on danse, elles ne dansent jamais avec quelqu'un sans qu'on leur ai offert plusieurs verres avant. Mais avec nous, toutes se comportent différemment. Elles s'asseyent de longs moments et il faut insister pour qu'elles boivent un drink. Si elles acceptent, ce n'est pas pour prendre leur fameux minuscule verre, mais une bière ou un vrai whisky and soda. Tout cela nous fait beaucoup de plaisir car c'est une façon indirecte de nous dire que l'on connaît notre situation et qu'ils sont de cœur avec nous.

Le bateau a été repeint et on a ajouté un bordage de dix centimètres de haut. La quille a été consolidée. Aucune nervure intérieure n'a souffert, le bateau est intact. Le mât a été remplacé par un mât plus haut mais plus léger que l'autre ; le foc et la trinquette en sacs de farine, par de la bonne toile de couleur ocre. A la Marine, un capitaine de vaisseau m'a remis une boussole avec rose des vents (ils l'appellent compas) et m'a expliqué comment, à l'aide de la carte, je peux approximativement savoir où je me trouve. La route est tracée ouest un quart nord pour arriver à Curaçao.

Le capitaine de vaisseau m'a présenté un officier de marine commandant du bateau-école le *Tarpon* qui m'a demandé si je voulais bien prendre la mer vers les huit heures le lendemain matin et sortir un peu du port. Je ne comprends pas pourquoi, mais je le lui promets. Le lendemain, je suis à la Marine à l'heure dite avec Maturette. Un marin monte avec nous et je sors du port par bon vent. Deux heures après, alors que nous sommes en train de tirer des bordées entrant et sortant du port, un bateau de guerre arrive sur nous. Sur le pont, alignés, l'équipage et les officiers, tous en blanc. Ils passent près de nous et crient « Hourra ! », ils font le tour et montent et descendent deux fois leur drapeau. C'est un salut officiel dont je ne comprends pas la signification.

Nous rentrons à la Marine où le bateau de guerre est déjà collé au débarcadère. Nous, on amarre au quai. Le marin nous fait signe de le suivre, nous montons à bord où le commandant du bateau nous reçoit en haut de la passerelle. Un coup de sifflet modulé salue notre arrivée et après nous avoir présentés aux officiers, ils nous font passer devant les élèves et sous-officiers au garde-à-vous. Le commandant leur dit quelques paroles en anglais et puis tout le monde rompt les rangs. Un jeune officier m'explique que le commandant vient de dire aux élèves de l'équipage combien nous méritons le respect des marins pour avoir, sur cette petite embarcation, fait un si long trajet et que nous allions en faire un encore plus long et plus dangereux. Nous remercions cet officier de tant d'honneur. Il nous fait cadeau de trois cirés de mer qui nous seront bien utiles par la suite. Ce sont des imperméables noirs avec une grosse fermeture Eclair, munis de capuchons.

Deux jours avant de partir, Master Bowen vient nous voir et nous demande, de la part du superintendant de police, de prendre avec nous trois relégués qui ont été arrêtés voici une semaine. Ces relégués ont été débarqués sur l'île et leurs compagnons sont repartis au Venezuela, d'après leur thèse. Je n'aime pas cela, mais nous avons été traités avec trop de noblesse pour refuser de prendre ces trois hommes à bord. Je demande à les voir avant de donner ma réponse. Une voiture de la police vient me chercher. Je passe parler au superintendant, l'officier galonné qui nous a interrogés lors de notre arrivée. Le sergent Willy sert d'interprète.

« Comment ça va ?

— Bien, merci. Nous avons besoin que vous nous rendiez un service.

— Si possible, avec plaisir.

— Il y a, à la prison, trois Français relégués. Ils ont vécu quelques semaines clandestinement dans l'île et prétendent que leurs compagnons les ont abandonnés ici et sont repartis. Nous pensons qu'ils ont coulé leur bateau, mais chacun dit ne pas savoir conduire une embarcation. Nous pensons que c'est une manœuvre pour qu'on leur fournisse un bateau. Nous devons les faire partir : il serait regrettable que je sois obligé de les remettre au commissaire du premier bateau français qui passerait.

— Monsieur le superintendant, je vais faire l'impossible mais je veux leur parler avant. Vous devez comprendre qu'il est dangereux d'embarquer à bord trois inconnus.

— Je comprends. Willy, donnez l'ordre de faire sortir les trois Français dans la cour. »

Je veux les voir seul et je demande au sergent de se retirer.

« Vous êtes des relégués ?

— Non, on est des durs (bagnards).

— Pourquoi vous avez dit être des relégués ?

— On pensait qu'ils préfèrent un homme qui a commis des petits délits qu'un gros. On a vu qu'on a fait une erreur. Et toi qui tu es ?

— Un dur.

— On te connaît pas.

— Je suis du dernier convoi, et vous ?

— Du convoi de 1929.

— Et moi de 27, dit le troisième.

— Voilà : le superintendant m'a fait appeler pour me demander de vous prendre à bord avec nous qui sommes déjà trois. Il dit que si je n'accepte pas, comme aucun de vous ne sait manier un bateau, il se verra dans l'obligation de vous remettre au premier bateau français qui passe. Qu'en dites-vous ?

— Pour des raisons qui nous regardent, on ne veut plus repartir en mer. On pourrait faire semblant de partir avec vous, tu nous déposes à la pointe de l'île et toi tu continues ta cavale.

— Je ne peux pas faire ça.

— Pourquoi ?

— Parce que je ne veux pas payer les bonnes attentions qu'on a eues pour nous par une saloperie.

— Je crois, mec, qu'avant les rosbifs, tu dois faire passer les durs.

— Pourquoi ?

— Parce que tu es un dur.

— Oui, mais il y a tellement de différents durs, qu'il y a peut-être plus de différence entre vous et moi qu'entre moi et les rosbifs, ça dépend comme on le voit.

— Alors, tu vas nous laisser rendre aux autorités françaises ?

— Non, mais je ne vais pas non plus vous débarquer avant Curaçao.

— Je ne me sens pas le courage de recommencer, dit l'un.

— Ecoutez, voyez le canot d'abord. Peut-être que celui avec lequel vous êtes venus était mauvais.

— Bon, on va essayer, disent les deux autres.

— Ça va. Je vais demander au superintendant de vous laisser venir voir le canot. »

Accompagnés du sergent Willy, nous allons au port. Les trois mecs paraissent avoir plus confiance après avoir vu le canot.

NOUVEAU DÉPART

Deux jours après on part, nous trois et les trois inconnus. Je ne sais comment elles l'ont su, mais une douzaine de filles des bars assistent au départ ainsi que la famille Bowen et le capitaine de l'Armée du Salut. Comme une des filles m'embrasse, Margaret me dit en riant : « Henri, vous vous êtes fiancé si vite ? Ce n'est pas sérieux !

— Au revoir à tous. Non, adieu ! Mais sachez bien que dans nos cœurs vous avez pris une place considérable qui ne s'effacera jamais. »

Et à quatre heures de l'après-midi on part, tirés par

un remorqueur. On a vite fait de sortir du port, non sans avoir essuyé une larme et regardé jusqu'au dernier moment le groupe qui est venu nous dire adieu et qui agite de grands mouchoirs blancs. A peine le câble qui nous relie au remorqueur est-il lâché que, toutes voiles dehors bien gonflées, on attaque les premières des millions de vagues que nous allons avoir à franchir avant d'arriver à destination.

Il y a deux couteaux à bord, un sur moi, l'autre sur Maturette.

La hache est près de Clousiot, ainsi que le sabre-coutelas. Nous sommes certains qu'aucun des autres n'est armé. Nous avons pris des mesures pour que jamais plus d'un de nous ne dorme pendant le voyage. Vers le coucher du soleil, le bateau-école vient nous accompagner près d'une demi-heure. Il salue et s'en va.

« Comment tu t'appelles ?
— Leblond.
— Quel convoi ?
— 27.
— Ta peine ?
— Vingt ans.
— Et toi ?
— Kargueret. Convoi 29, quinze ans, je suis breton.
— Tu es breton et tu ne sais pas conduire un bateau ?
— Non.
— Moi, je m'appelle Dufils, je suis d'Angers. J'ai perpète pour une parole bête dite aux assises, sans cela j'aurais dix ans maximum. Convoi 29.
— Et cette parole ?
— Voilà, j'ai tué ma femme avec un fer à repasser. Lors de mon procès, un juré m'a demandé pourquoi j'avais employé un fer à repasser pour la frapper. Je sais pas pourquoi, je lui ai répondu que je l'avais tuée avec un fer à repasser parce qu'elle prenait des mauvais plis. Et c'est pour cette phrase idiote que, d'après mon avocat, ils m'ont tellement salé.

— D'où êtes-vous partis ?

— D'un camp de travail forestier qu'on appelle Cascade, à quatre-vingts kilomètres de Saint-Laurent. Ça n'a pas été difficile de partir parce qu'on jouissait de beaucoup de liberté. On a levé à cinq, tout ce qu'il y a de facile.

— Comment à cinq ? Et où sont les deux autres ? » Un silence gêné. Clousiot dit :

— Mec, ici il y a que des hommes, et comme on est ensemble, on doit savoir. Parle.

— Je vais tout vous dire, dit le Breton. Effectivement on est partis à cinq, mais les deux Cannois qui manquent nous avaient dit qu'ils étaient des pêcheurs de la côte. Ils n'avaient rien payé pour la cavale et disaient que leur travail à bord valait plus que de l'argent. Or, on s'est aperçus en route que ni l'un ni l'autre ne connaissait quelque chose à la navigation. On a failli se noyer vingt fois. On allait en rasant les côtes, d'abord la Guyane hollandaise, puis l'anglaise et enfin Trinidad. Entre Georgetown et Trinidad, j'ai tué celui qui disait qu'il pouvait être le capitaine de la cavale. Ce mec méritait la mort, car pour partir gratuit il avait trompé tout le monde sur sa capacité de marin. Et l'autre, il a cru qu'on allait le tuer aussi et, par mauvais temps, il s'est jeté volontairement à la mer, abandonnant le gouvernail du bateau. On s'est arrangés comme on a pu. On a rempli plusieurs fois l'embarcation, on s'est écrasés sur un rocher et, par miracle, on s'est sauvés. Je donne ma parole d'homme que tout ce que je dis est la stricte vérité.

— C'est vrai, disent les deux autres. Ça s'est passé comme ça et on était les trois d'accord pour tuer ce mec. Que dis-tu de cela, Papillon ?

— Je suis mal placé pour être juge.

— Mais, insiste le Breton, qu'aurais-tu fait dans notre cas ?

— C'est à réfléchir. Pour être juste là-dedans, il faut avoir vécu le moment, sans cela on ne sait pas où est la vérité. » Clousiot dit :

« Moi je l'aurais tué, car c'est un mensonge qui peut coûter la vie à tout le monde.

— Bon, n'en parlons plus. Mais j'ai l'impression que vous avez eu si peur, que la peur ne vous a pas encore quittés et que vous êtes en mer parce qu'obligés, est-ce vrai ?

— Oh oui ! répondent-ils en chœur.

— Donc, ici, pas de panique quoi qu'il arrive. Personne ne peut, dans aucun cas, extérioriser sa peur. Celui qui a peur, qu'il ferme sa gueule. Ce bateau est bon, il l'a prouvé. Maintenant nous sommes plus chargés qu'avant, mais il est plus haut de dix centimètres. Ça compense largement la surcharge. »

On fume, on boit du café. Nous avons bien mangé avant de partir et décidé de ne manger que demain matin.

Nous sommes le 9 décembre 1933, il y a quarante-deux jours que la cavale a commencé à se déclencher dans la salle blindée de l'hôpital de Saint-Laurent. C'est Clousiot, le comptable de la société, qui nous apprend cela. J'ai trois choses précieuses de plus qu'au départ : une montre en acier étanche achetée à Trinidad, une vraie boussole dans sa double boîte de suspension, très précise avec sa rose des vents, et une paire de lunettes noires en celluloïd. Clousiot et Maturette, une casquette chacun.

Trois jours passent sans histoire, si ce n'est qu'à deux reprises on est tombés sur des bandes de dauphins. Ils nous ont fait couler des sueurs froides, car une équipe de huit s'est mise à jouer avec le canot. Ils passaient dessous dans sa longueur d'abord et ressortaient juste devant le canot. Quelquefois nous touchions l'un d'eux. Mais ce qui nous impressionne le plus, c'est le jeu suivant : trois dauphins en triangle, un devant et deux parallèles derrière, foncent droit sur nous, face à l'avant, à une vitesse folle. Au moment d'être virtuellement sur nous, ils s'enfoncent, puis ressortent à droite et à gauche du canot. Bien que le vent soit fort et qu'on file pleine voile, ils vont encore plus vite que nous. Ce jeu dure des heures, c'est hallucinant. La moindre erreur dans leurs calculs et ils nous renversent ! Les trois nouveaux n'ont rien dit, mais fallait voir leurs gueules décomposées !

Au milieu de la nuit du quatrième jour, une tempête abominable se déchaîne. Ce fut vraiment quelque chose d'effrayant. Le pire était que les vagues ne suivaient pas le même sens. Elles s'entrechoquaient souvent les unes contre les autres. Certaines étaient profondes, les autres courtes, c'était à n'y rien comprendre. Pas un mot de personne si ce n'est Clousiot qui me criait de temps en temps : « Vas-y, mon pote ! Tu l'auras celle-là, comme les autres ! » ou : « Fais-toi gaffe à une qui vient derrière ! » Chose rare, par moments les lames arrivaient de trois quarts, rugissantes et pleines d'écume. Bon, j'estimais leur vitesse et prévoyais très bien à l'avance l'angle d'attaque. Et, illogiquement, d'un seul coup, il m'arrivait une lame dans le cul du bateau complètement debout. Plusieurs fois ces lames ont cassé sur mes épaules et, bien entendu, une bonne partie entrait dans le canot. Les cinq hommes, casseroles et boîtes à la main, vidaient l'eau sans arrêt. Malgré tout cela, jamais je n'ai rempli plus d'un quart du canot et nous n'avons donc jamais risqué de couler à pic. Cette fête foraine a duré toute la moitié de la nuit, près de sept heures. A cause de la pluie on n'a vu le soleil que vers huit heures.

La tempête calmée, ce soleil tout neuf du commencement de la journée, brillant de tous ses feux, fut salué par tous, moi compris, avec joie. Avant tout, café. Un café au lait Nestlé bouillant, des galettes de marin, dures comme du fer mais qui, une fois trempées dans le café, sont délicieuses. La lutte de la nuit contre cette tempête m'a crevé, j'en peux plus, et bien que le vent soit encore fort et les vagues hautes et indisciplinées, je demande à Maturette de me remplacer un peu. Je veux dormir. Il n'y a pas dix minutes que je suis couché que Maturette se fait prendre en travers et qu'on rem-

plit le canot aux trois quarts. Tout nage : boîtes, fourneau, couvertures... J'arrive, de l'eau jusqu'au ventre,
jusqu'au gouvernail, et j'ai juste le temps de le prendre
pour éviter une vague brisée qui pique droit sur nous.
D'un coup de gouvernail, j'ai présenté l'arrière à la vague
qui n'a pu rentrer dans le canot et nous a poussés très
fort à plus de dix mètres de l'impact.

Tout le monde vide l'eau. La grande marmite maniée
par Maturette jette quinze litres à la fois. Personne ne
s'occupe de récupérer quoi que ce soit, tout le monde
n'a qu'une idée fixe : vider, vider le plus vite possible
cette eau qui rend le bateau si lourd et l'empêche de
bien se défendre des vagues. Je dois reconnaître que les
trois nouveaux se sont bien comportés et le Breton,
ayant vu sa boîte emportée, a sans hésiter pris tout
seul la décision, pour soulager le canot, de libérer le
tonneau d'eau qu'il a sans peine poussé hors du canot.
Deux heures après, tout est sec, mais nous avons perdu
les couvertures, le primus, le fourneau, les sacs de charbon de bois, la bonbonne d'essence et le tonneau d'eau,
celui-ci volontairement.

Il est midi quand, voulant mettre un autre pantalon,
je m'aperçois que ma petite valise elle aussi est partie
avec la vague, ainsi que deux cirés sur trois. Tout au
fond du canot, on a trouvé deux bouteilles de rhum. Tout
le tabac est perdu ou mouillé, les feuilles ont disparu
avec leur boîte en fer-blanc étanche. Je dis :

« Mecs, d'abord un coup de rhum, une bonne dose,
et puis ouvrez la caisse de réserve pour voir sur quoi
nous pouvons compter. Il y a des jus de fruits, bien. On
va se rationner pour boire. Il y a des boîtes de biscuits
petits-beurre, videz-en une et fabriquez un fourneau avec.
On va mettre les boîtes de conserve au fond du bateau
et on fera du feu avec les planches de la caisse. Nous
avons eu justement tous peur, mais maintenant le
danger est passé. Chacun doit récupérer et être à la
hauteur des événements. A partir de ce moment, personne ne doit dire : J'ai soif ; personne ne doit dire :

J'ai faim ; et personne ne doit dire : J'ai envie de fumer. D'accord ?

— Oui, Papi, d'accord. »

Tout le monde s'est bien comporté et la Providence a fait tomber le vent pour nous permettre de faire une soupe à base de corned-beef. Avec une gamelle pleine de cette soupe où on trempe les galettes de soldat, on s'est mis un bon et chaud emplâtre dans le ventre, suffisant pour attendre demain. On a fait un tout petit peu de thé vert pour chacun. Dans la caisse intacte, on a trouvé un carton de cigarettes. Ce sont des petits paquets de huit cigarettes, il y en a vingt-quatre. Les cinq autres décident que moi seul je dois fumer pour m'aider à rester éveillé et, pour qu'il n'y ait pas de jaloux, Clousiot refuse de m'allumer les cigarettes, mais il me donne du feu. Grâce à cette compréhension, il ne se passe aucun désagréable incident entre nous.

Voilà six jours qu'on est partis et je n'ai pas encore pu dormir. Comme il fait une mer d'huile ce soir, je dors, je dors à poings fermés près de cinq heures. Il est dix heures du soir quand je me réveille. Toujours calme plat. Ils ont mangé sans moi et je trouve une espèce de polenta très bien faite avec de la farine de maïs, en boîte naturellement, que je mange avec quelques saucisses fumées. C'est délicieux. Le thé est presque froid, ça ne fait rien. Je fume et j'attends que le vent veuille bien se lever.

La nuit est merveilleusement étoilée. L'étoile du nord brille de tout son éclat et seule la Croix du Sud la gagne en luminosité. On voit nettement le Grand et le Petit Chariot. Pas un nuage et une lune pleine déjà bien montée dans le ciel étoilé. Le Breton grelotte. Il a perdu sa veste et est en bras de chemise. Je lui prête le ciré. On attaque le septième jour.

« Les hommes, on ne peut pas être très loin de Curaçao. J'ai l'impression que je suis monté un peu trop au nord, je vais faire plein ouest dorénavant, car il faudrait pas manquer les Antilles hollandaises. Ça serait grave maintenant qu'on n'a plus d'eau douce et qu'on a perdu tous les vivres sauf la réserve.

— On te fait confiance, Papillon, dit le Breton.

— Oui, on te fait confiance, répètent en chœur tous les autres. Fais comme tu veux.

— Merci. »

Je crois que ce que j'ai dit c'est le mieux. Le vent se laisse désirer toute la nuit et c'est seulement vers les quatre heures du matin qu'une bonne brise nous permet de repartir. Cette brise, qui augmentera de force dans la matinée, dure plus de trente-six heures avec une puissance suffisante pour que le bateau file bon train, mais avec des vagues si petites que nous ne frappons pas de la coque.

CURAÇAO

Des mouettes. D'abord les cris, car c'est la nuit, puis elles-mêmes, tournant autour du bateau. L'une d'elles se pose sur le mât, part, revient se poser. Ce manège dure plus de trois heures, jusqu'au jour qui se lève avec un soleil radieux. Rien à l'horizon qui nous indique la terre. D'où diable proviennent ces mouettes et ces goélands ? Toute la journée nos yeux fouillent en vain. Pas la moindre indication d'une terre prochaine. La pleine lune se lève au moment où le soleil se couche et cette lune tropicale est si brillante que la réverbération me gêne. Je n'ai plus mes lunettes noires, elles sont parties avec la fameuse vague, ainsi que toutes les casquettes. Vers huit heures du soir on aperçoit à l'horizon, très très loin dans ce jour lunaire, une ligne noire.

« Ça, c'est la terre, sûr ! dis-je le premier.

— Oui, en effet. »

Bref, tout le monde est d'accord pour dire qu'il voit une ligne sombre qui doit être une terre. Tout le reste de la nuit, je reste mon avant braqué sur cette ombre qui se précise peu à peu. On arrive. Avec un grand vent sans nuages et une vague haute mais longue et disciplinée, on arrive vers elle à fond de train. Cette masse noire n'est pas très haute sur l'eau et rien n'indique si la côte est faite de falaises, de rochers, ou de plage. La lune, en train de se coucher de l'autre côté de cette terre, fait une ombre qui m'empêche de rien voir sinon, à ras de l'eau, une chaîne de lumière d'abord unie, puis fragmentée. J'approche, j'approche, puis à un kilomètre à peu près je jette l'ancre. Le vent est fort, le bateau tourne sur lui-même et fait face à la lame qui le prend debout chaque fois qu'elle passe. C'est très remuant, donc très incommode. Bien entendu les voiles sont baissées et pliées. On aurait pu attendre jusqu'au jour dans cette désagréable mais sûre position, malheureusement d'un seul coup l'ancre lâche. Pour pouvoir diriger le bateau, il faut qu'il marche, sans ça on ne peut pas le gouverner. On monte le foc et la trinquette mais, chose bizarre, l'ancre n'accroche pas rapidement. Mes camarades tirent la corde à bord, elle revient sans ancre, on l'a perdue. Malgré tous mes efforts, les vagues nous rapprochent si dangereusement des rochers de cette terre que je décide de monter la voile et d'y aller volontairement, avec force. Je réussis si bien ma manœuvre qu'on se trouve plantés entre deux rochers, le canot complètement disloqué. Personne ne crie « sauve qui peut », mais quand la vague suivante s'amène, tous on s'y jette pour arriver sur cette terre, roulés, battus, mais vivants. Seul Clousiot avec son plâtre a été plus maltraité par les vagues que nous autres. Il a le bras, la figure et les mains en sang, pleins d'écorchures. Nous autres, quelques coups aux genoux, aux mains et aux chevilles. Moi je saigne d'une oreille qui a frotté trop durement contre un rocher.

Quoi qu'il en soit, nous sommes tous vivants à l'abri des vagues sur la terre sèche. Quand le jour se lève, nous récupérons le ciré et je retourne au bateau qui commence à se défaire. J'arrive à arracher le compas cloué sur le banc arrière. Personne sur les lieux ni aux environs. On regarde l'endroit des fameuses lumières, c'est une rangée de lampes qui servent à indiquer aux pêcheurs, on le saura plus tard, que l'endroit est dangereux. Nous nous dirigeons à pied vers l'intérieur de cette terre. Il n'y a que des cactus, d'énormes cactus et des ânes. On arrive à un puits, très fatigués car chacun son tour, deux d'entre nous doivent porter Clousiot en faisant avec les bras une espèce de chaise. Autour du puits, des carcasses desséchées d'ânes et de chèvres. Le puits est sec, les ailes du moulin qui jadis le faisaient fonctionner tournent à vide sans monter d'eau. Pas une âme, seulement des ânes et des chèvres.

Nous avançons jusqu'à une petite maison dont les portes ouvertes nous invitent à entrer. On crie : « Holà ! holà ! » Personne. Sur la cheminée, un sac en toile fermé par un cordon, je le prends et l'ouvre. En l'ouvrant, le cordon se casse, il est plein de florins, monnaie hollandaise. Donc nous sommes en territoire hollandais : Bonaire, Curaçao ou Aruba. On remet le sac sans rien y toucher, on trouve de l'eau et chacun son tour boit avec une louche. Personne dans la maison, personne aux alentours. Nous partons et allons très lentement, à cause de Clousiot, quand une vieille Ford nous barre le passage.

« Vous êtes des Français ?

— Oui, monsieur.

— Veuillez monter dans la voiture. » On installe Clousiot sur les genoux des trois qui sont à l'arrière. Je suis à côté du chauffeur, Maturette à côté de moi.

« Vous avez fait naufrage ?

— Oui.

— Il y a des noyés ?

— Non.

— D'où venez-vous ?

— Trinidad.

— Et avant ?

— De la Guyane française.

— Bagnards ou relégués ?

— Bagnards.

— Je suis le docteur Naal, propriétaire de cette langue de terrain, une presqu'île collée à Curaçao. Cette presqu'île est surnommée l'île des Anes. Les ânes et les chèvres y vivent en mangeant des cactus pleins de longues épines. Ces épines sont baptisées par le peuple « les demoiselles de Curaçao ». Je dis :

« C'est pas très flatteur pour les vraies demoiselles de Curaçao. »

Le gros et grand monsieur rit bruyamment. La Ford essoufflée, avec un chunt-chunt d'asthmatique, s'arrête d'elle-même. Je dis, en montrant des troupeaux d'ânes :

« Si la voiture n'en peut plus, on va facilement se faire traîner.

— J'ai une espèce de harnais dans le coffre, mais le tout c'est de pouvoir en attraper deux et de leur passer les harnais. Ce n'est pas facile. » Le gros bonhomme soulève le capot et tout de suite voit qu'un trop grand cahot a déconnecté un fil qui va aux bougies. Avant de remonter en voiture, il regarde de tous côtés, il a l'air inquiet. On repart et, après avoir passé par des chemins ravinés, on sort pour déboucher, sur une barrière blanche qui bouche le passage. Il y a une petite maisonnette blanche. Il parle en hollandais avec un Noir très clair et vêtu proprement, qui à chaque moment dit : « Ya master, ya master. » Après quoi il nous dit : « J'ai donné l'ordre à cet homme de vous tenir compagnie et de vous donner à boire, si vous avez soif, jusqu'à ce que je revienne. Veuillez descendre. » Nous descendons et on s'assied au-dehors de la camionnette, sur l'herbe, à l'ombre. La Ford teuf-teuf s'en va. A peine il a fait cinquante mètres que le Noir nous dit en papiamento, patois hollandais des Antilles fait de mots anglais, hollandais, français et espagnols, que son patron, le docteur Naal, est allé chercher la police car il a très peur de nous, qu'il lui a dit de faire attention à lui-même car nous étions des voleurs évadés. Et le pauvre diable de mulâtre

ne sait quoi faire pour nous être agréable. Il prépare
un café très clair mais qui, avec cette chaleur, nous fait
du bien. On attend plus d'une heure, quand arrive un
camion genre gros panier à salade, avec six policiers
vêtus à l'allemande, et une voiture décapotable avec
chauffeur en uniforme de policier et trois messieurs dont
le docteur Naal derrière.

Ils descendent et l'un d'eux, le plus petit, avec une
tête de curé rasé de trop frais, nous dit :

« Je suis le chef de la sécurité de l'île de Curaçao. Je
me vois, par cette responsabilité même, dans l'obligation
de vous faire arrêter. Avez-vous commis un délit depuis
votre arrivée sur l'île et lequel ? Et lequel de vous ?

— Monsieur, nous sommes des forçats évadés. Nous
venons de Trinidad et il n'y a que quelques heures que
nous avons fracassé notre bateau sur vos rochers. Je suis
le capitaine de ce petit groupe et puis affirmer qu'aucun
de nous n'a commis le plus petit délit. »

Le commissaire se tourne vers le gros docteur Naal
et lui parle en hollandais. Tous deux discutent quand
arrive un bonhomme à bicyclette. Il parle vite et bruyamment, tant au docteur Naal qu'au commissaire.

« Monsieur Naal, pourquoi avez-vous dit à cet homme
que nous étions des voleurs ?

— Parce que cet homme que vous voyez là m'a averti,
avant que je vous rencontre, que caché derrière un cactus
il vous a vus entrer et sortir de sa maison. Cet homme
est un employé à moi qui s'occupe d'une partie des
ânes.

— Et parce qu'on est entrés dans la maison on est des
voleurs ? C'est bête ce que vous dites, monsieur, nous
n'avons pris que de l'eau, vous trouvez cela un vol ?

— Et la bourse de florins ?

— La bourse, je l'ai ouverte, effectivement, et même
j'ai cassé le cordon en l'ouvrant. Je n'ai absolument
pas fait autre chose que de regarder quelle monnaie
c'était pour savoir dans quel pays on était arrivés. Scrupuleusement j'ai remis l'argent et la bourse au même

endroît où ils étaient, sur la plaque d'une cheminée. »

Le commissaire me regarde dans les yeux et, se tournant brusquement vers l'homme à la bicyclette, lui parle très durement. Le docteur Naal fait un geste et veut parler. Très sèchement et à l'allemande, le commissaire l'empêche d'intervenir. Le commissaire fait monter le bonhomme à côté du chauffeur de sa voiture, monte dedans accompagné de deux policiers et s'en va. Naal et l'autre homme arrivé avec lui rentrent avec nous.

« Je dois vous expliquer, nous dit-il, que cet homme m'a dit que la bourse avait disparu. Avant de vous faire fouiller, le commissaire a interrogé l'homme, supposant qu'il mentait. Si vous êtes innocents, je suis désolé de l'incident mais ce n'est pas ma faute. »

Moins d'un quart d'heure après la voiture retourne et le commissaire me dit : « Vous avez dit la vérité, cet homme est un infâme menteur. Il sera puni pour avoir voulu vous porter un gros préjudice. » Pendant ce temps le bonhomme est embarqué dans le panier à salade, les cinq autres montent aussi et moi j'allais monter quand le commissaire me retient et me dit : « Prenez place dans ma voiture à côté du chauffeur. » On part en avant du camion et, très vite, nous le perdons de vue. On prend des routes bien goudronnées, puis nous pénétrons dans la ville dont les maisons ont le style hollandais. Tout est très propre et la plupart des gens vont à bicyclette. Des centaines de personnes sur deux roues vont et viennent ainsi dans la ville. Nous entrons à la Station de Police. D'un grand bureau où plusieurs officiers de police, tous en blanc, ont chacun leur écritoire, nous passons dans une autre pièce à air conditionné. Il y fait frais. Un homme grand et fort, blond, de quarante ans environ, est assis dans un fauteuil. Il se lève et parle en hollandais. Les échanges terminés, le commissaire dit en français :

« Je vous présente le premier commandant de la police de Curaçao. Monsieur le commandant, cet homme est un Français qui est le chef du groupe des six hommes que nous avons arrêtés.

— Bien, commissaire. Soyez les bienvenus à Curaçao à titre de naufragés. Quel est votre nom.

— Henri.

— Bon, Henri vous avez eu à passer un très désagréable moment avec l'incident de la bourse, mais cet incident vous favorise aussi car il démontre sans aucun doute que vous êtes un honnête homme. Je vais vous faire donner une salle bien éclairée avec couchette pour que vous vous reposiez. Votre cas sera soumis au gouverneur qui donnera les ordres en conséquence. Le commissaire et moi-même interviendrons en votre faveur. » Il me tend la main et nous sortons. Dans la cour, le docteur Naal me fait des excuses et me promet d'intervenir pour nous. Deux heures après, nous sommes tous enfermés dans une salle très grande, rectangulaire, avec une douzaine de lits et une longue table en bois avec des bancs au milieu. Avec les dollars de Trinidad on demande à un policier, par la fenêtre grillée, de nous acheter tabac, papier et allumettes. Il ne prend pas l'argent et nous ne comprenons pas ce qu'il a répondu.

« Ce Noir d'ébène, dit Clousiot, il a l'air service-service. On l'a pas encore, ce tabac. » Je vais frapper à la porte qui au même moment s'ouvre. Un petit homme, genre coolie, avec un costume gris type prisonnier et un numéro sur la poitrine pour qu'on se trompe pas, nous dit : « L'argent cigarettes. — Non. Tabac, allumettes et papier. » Il revient peu de minutes après avec tout cela et un gros pot fumant, du chocolat ou cacao. Chacun boit un des grands bols apportés par le prisonnier.

Dans l'après-midi, on vient me chercher. Je retourne au bureau du commandant de la police.

« Le gouverneur m'a donné l'ordre de vous laisser libres dans la cour de la prison. Dites à vos camarades de ne pas chercher à s'évader, car les conséquences seraient graves pour tous. Vous, en tant que capitaine, vous pouvez sortir en ville chaque matin deux heures, de dix heures à midi et chaque après-midi de trois heures à cinq heures. Vous avez de l'argent ?

— Oui. Anglais et français.

— Un policier en civil vous accompagnera où vous voudrez pendant vos sorties.

— Que va-t-on faire de nous ?

— Nous allons, je crois, chercher à vous embarquer un par un sur des pétroliers de différentes nations. Curaçao ayant une des plus grandes raffineries du monde qui traite le pétrole du Venezuela, chaque jour il entre et sort de vingt à vingt-cinq pétroliers de tous les pays. Ce serait la solution rêvée pour vous car vous arriveriez dans les Etats sans problème aucun.

— Quels pays par exemple ? Panama, Costa Rica, Guatemala, Nicaragua, Mexico, Canada, Cuba, les U.S.A. et les pays de lois anglaises ?

— Impossible, Europe également impossible. Soyez tranquilles, ayez confiance, laissez-nous travailler à vous aider à vous mettre le pied à l'étrier dans la voie d'une nouvelle vie.

— Merci, commandant. »

Je raconte tout cela très fidèlement à mes camarades. Clousiot, le plus vicieux de la bande, me dit :

« Ton opinion, Papillon ?

— Je ne sais pas encore, j'ai peur que ça soit un baratin pour qu'on se tienne tranquilles, qu'on ne s'évade pas.

— Moi, dit-il, j'ai peur que tu aies raison. » Le Breton croit en ce plan merveilleux. Le mec au fer à repasser jubile en disant : « Plus de canot, plus d'aventure, ça c'est du sûr. On arrive chacun dans un pays quelconque avec un gros pétrolier et on entre officiellement dans le bled. » Leroux est du même avis. « Et toi, Maturette ? » Et ce môme de dix-neuf ans, ce petit cave accidentellement transformé en bagnard, ce gosse aux traits plus fins qu'une femme, dit de sa voix douce :

« Et vous croyez que ces policiers aux têtes carrées vont fabriquer pour chacun de nous des pièces d'identité douteuses ou fausses ? Je n'y crois pas. Au pis-aller ils pourraient fermer les yeux pour que, un à un, on embarque clandestinement à bord d'un pétrolier sur le départ, pas plus. Et encore, ils feraient cela pour se débarrasser de nous sans douleurs de tête. Voilà mon avis. J'y crois pas à cette histoire. »

Je sors très rarement, un peu le matin, pour faire quelques achats. Voici une semaine que nous sommes là et rien de nouveau. On commence à être nerveux. Un après-midi, on voit trois curés entourés de policiers qui visitent cellules et salles tour à tour. Ils s'arrêtent longtemps à la cellule la plus près de nous où se trouve un Noir accusé de viol. Supposant qu'ils vont venir chez nous, nous rentrons tous dans la salle et nous asseyons chacun sur notre lit. Effectivement, ils entrent tous les trois, accompagnés du docteur Naal, du commandant de la police, et d'un galonné vêtu de blanc qui doit être officier de marine.

« Monseigneur, voilà les Français, dit en français le commandant de la police. Ils ont eu une conduite exemplaire.

— Je vous félicite, mes enfants. Asseyons-nous sur les bancs autour de cette table, nous serons mieux pour causer. » Tout le monde s'assoit y compris ceux qui accompagnent l'évêque. On apporte un tabouret qui se trouvait devant la porte, dans la cour, et il est mis au bout de la table. Ainsi l'évêque voit bien tout le monde.

« Les Français sont presque tous catholiques, qui ne l'est pas parmi vous ? » Personne ne lève la main. Je pense que le curé de la Conciergerie m'a presque baptisé et que je dois me considérer comme catholique, moi aussi.

« Mes amis, je suis descendant de Français, je m'appelle Irénée de Bruyne. Mes ancêtres étaient des protestants huguenots réfugiés en Hollande au moment où Catherine de Médicis les poursuivait à mort. Je suis donc de sang français, évêque de Curaçao, ville où il y a plus de protestants que de catholiques mais où les catholiques sont pleinement croyants et pratiquants. Quelle est votre situation ?

— On attend d'être embarqués l'un après l'autre sur des pétroliers.

— Combien il y en a de partis de cette manière ?

— Aucun encore.

— Hum ! que dites-vous de cela, commandant ? Répondez-moi, s'il vous plaît, en français, vous le parlez si bien.

— Le gouverneur, monseigneur, a eu sincèrement l'idée d'aider ces hommes en employant cette formule, mais je dois dire sincèrement que, jusqu'à ce jour, pas un seul capitaine de bateau n'a voulu accepter d'en prendre un, surtout parce qu'ils n'ont pas de passeport.

— C'est par là qu'il faut commencer. Le gouverneur ne pourrait-il pas donner à chacun un passeport exceptionnel ?

— Je ne sais pas. Il ne m'a jamais parlé de cela.

— Après-demain, je vais dire une messe pour vous. Voulez-vous, demain après-midi, venir vous confesser ? Je vous confesserai personnellement afin de vous aider pour que le Bon Dieu vous pardonne vos péchés. Vous me les ferez envoyer à la cathédrale à trois heures, est-ce possible ?

— Oui.

— Je désirerais qu'ils viennent en taxi ou en voiture particulière.

— Je les accompagnerai moi-même, monseigneur, dit le docteur Naal.

— Merci, mon fils. Mes enfants, je ne vous promets rien. Qu'une seule et véridique parole : dès cet instant je m'efforcerai de vous être le plus utile possible. » Voyant que Naal lui baise son anneau, et le Breton après, nous effleurons de nos lèvres l'anneau épiscopal et l'accompagnons jusqu'à sa voiture parquée dans la cour.

Le lendemain, tout le monde se confesse auprès de l'évêque. Je suis le dernier.

« Allons, mon enfant, commence d'abord par le plus gros péché.

— Mon père, d'abord je ne suis pas baptisé, mais un curé à la prison en France m'a dit que, baptisé ou non, on est tous les enfants du Bon Dieu.

— Il avait raison. Bien. Nous allons sortir du confessionnal et tu me diras tout. »

Je lui raconte en détail ma vie. Longuement, patiemment, très attentivement, ce prince de l'Eglise m'écoute sans m'interrompre. Il a pris mes mains dans les siennes et me regarde souvent dans les yeux et, quelquefois, aux passages difficiles à avouer, il baisse les yeux pour m'aider dans ma confession. Ce prêtre de soixante ans a les yeux et la figure tellement purs qu'il reflète quelque chose d'enfantin. Son âme limpide et sûrement pleine d'une infinie bonté s'irradie dans tous ses traits, et son regard gris clair entre en moi comme un baume sur une blessure. Doucement, très doucement, toujours avec mes mains dans les siennes, il me parle si suavement que c'est presque un murmure : « Dieu donne quelquefois à ses enfants de supporter la méchanceté humaine pour que celui qu'il a choisi comme victime en ressorte plus fort et plus noble que jamais. Vois-tu, mon fils, si tu n'avais pas eu ce calvaire à gravir, jamais tu n'aurais pu t'élever aussi haut et t'approcher si intensément de la vérité de Dieu. Je dirai mieux : les gens, les systèmes, les engrenages de cette horrible machine qui t'a broyé, les êtres foncièrement mauvais qui t'ont de différentes manières torturé et porté préjudice, t'ont rendu le plus grand service qu'ils pouvaient te rendre. Ils ont provoqué en toi un nouvel être, supérieur au premier et, aujourd'hui, si tu as le sens de l'honneur, de la bonté, de la charité, et l'énergie nécessaire pour surmonter tous les obstacles et devenir quelqu'un de supérieur, tu le leur dois. Ces idées de vengeance, de punir chacun en raison de l'importance du mal qu'il t'a fait, ne peuvent prospérer dans un être comme toi. Tu dois être un sauveur d'hommes et non vivre pour faire du mal, même en croyant que ce serait justifié. Dieu a été généreux envers toi, il t'a dit : « Aide-toi, je t'aiderai. » Il t'a aidé en tout et même t'a permis de sauver d'autres hommes et les emmener vers la liberté. Ne crois pas, surtout, que tous ces péchés que tu as commis sont tellement graves. Il y a beaucoup de gens de haute situation sociale qui se sont rendus coupables de faits bien plus graves que les tiens. Seulement eux n'ont pas eu, dans le châtiment infligé par la justice des hommes, l'occasion de s'élever comme toi tu l'as fait.

— Merci, mon père. Vous m'avez fait un bien énorme, pour toute ma vie. Je ne l'oublierai jamais. » Et j'embrasse ses mains.

« Tu vas repartir, mon fils, et affronter d'autres dangers. Je voudrais te baptiser avant ton départ. Qu'en dis-tu ?

— Mon père, laissez-moi comme cela pour le moment. Mon papa m'a élevé sans religion. Il a un cœur d'or. Quand ma maman est morte, il a su trouver, pour m'aimer encore plus, des gestes, des mots, des attentions de mère. Il me semble que si je me laisse baptiser, je commettrais une sorte de trahison envers lui. Laissez-moi le temps d'être complètement libre avec une identité établie, une façon de vivre normale, pour que quand je lui écrirai, je lui demande si je peux, sans lui faire de la peine, abandonner sa philosophie et me faire baptiser.

— Je te comprends, mon fils, et je suis sûr que Dieu est avec toi. Je te bénis et demande à Dieu de te protéger. »

« Voilà comment Mgr Irénée de Bruyne se peint tout entier dans ce sermon, me dit le docteur Naal.

— Certainement, monsieur. Et maintenant que comptez-vous faire ?

— Je vais demander au gouverneur qu'il donne l'ordre à la douane de me laisser la préférence à la première vente de bateaux saisis aux contrebandiers. Vous viendrez avec moi pour donner votre opinion et choisir celui qui vous convient. Pour le reste, aliments et habits, ce sera facile. »

Du jour du sermon de l'évêque, nous avons constamment des visites le soir surtout, vers six heures. Ces gens veulent nous connaître. Ils s'assoient sur les bancs de la table, chacun apporte quelque chose qu'il dépose sur un lit et y laisse sans dire : Je vous ai apporté cela. Vers les deux heures de l'après-midi, il vient toujours des petites sœurs des pauvres accompagnées de la supérieure qui parlent français très bien. Leur cabas est toujours plein de bonnes choses cuisinées par elles. La supérieure est très jeune, moins de quarante ans. On ne voit pas ses cheveux, pris dans une coiffe blanche, mais ses yeux sont bleus et ses sourcils sont blonds. Elle est d'une famille hollandaise importante (renseignement du docteur Naal) et a écrit en Hollande pour qu'on trouve un autre moyen que celui de nous réexpédier en mer. Nous passons de bons moments ensemble et à plusieurs reprises elle m'a fait raconter notre évasion. Quelquefois elle me demande de la raconter directement à des sœurs qui l'accompagnent et qui parlent français. Et si j'oublie ou saute un détail, elle me rappelle doucement à l'ordre : « Henri, pas si vite. Vous sautez l'histoire du hocco... Pourquoi oubliez-vous les fourmis aujourd'hui ? C'est très important les fourmis puisque c'est à cause d'elles que vous avez été surpris par le Breton au masque ! » Je raconte tout cela, car ce sont des moments si doux, si complètement opposés à tout ce que nous avons vécu, qu'une lumière céleste éclaire d'une façon irréelle ce chemin de la pourriture en voie de disparition.

J'ai vu le bateau, un magnifique bateau de huit mètres de long, très quillé, un mât très haut et des voiles immenses. Il est vraiment bâti pour la course de la contrebande. Il est tout équipé mais plein de scellés en cire de la douane. Aux enchères, un monsieur commence à six mille florins, environ mille dollars. Bref, on nous le donne pour six mille un florins, après quelques mots murmurés à ce monsieur par le docteur Naal.

En cinq jours on est prêts. Peint à neuf, bourré de victuailles bien rangées dans la cale, ce bateau à demi ponté est un cadeau de roi. Six valises, une pour chacun avec des effets neufs, des souliers, tout ce qu'il faut pour s'habiller, sont rangées dans une toile imperméable, puis placées dans le roof du bateau.

LA PRISON DE RIO HACHA

Au lever du jour, on part. Le docteur et les petites sœurs sont venus nous dire au revoir. Nous décollons facile du quai, le vent nous prend tout de suite et nous voguons normalement. Le soleil se lève, radieux, une journée sans histoire nous attend. Tout de suite je m'aperçois que le bateau a trop de voile et n'est pas assez lesté. Je décide d'être prudent. On file à toute vitesse. Ce bateau est un pur-sang pour la vitesse, mais jaloux et irritable. Je fais plein ouest. Il a été décidé de débarquer clandestinement sur la côte colombienne les trois hommes qui se sont joints à nous à Trinidad. Ils ne veulent rien savoir d'une longue traversée, ils disent avoir confiance en moi, mais plus dans le temps. Effectivement, d'après les bulletins météorologiques des journaux lus à la prison, on s'attend à du mauvais temps et même à des ouragans.

Je reconnais leur droit et il est convenu que je les débarquerai sur une presqu'île désolée et inhabitée, appelée la Guajira. Nous, nous repartirons tous les trois pour le British Honduras. Le temps est splendide et la nuit étoilée qui suit cette journée radieuse nous facilite, par une demi-lune puissante, ce projet de débarquement. On va droit à la côte colombienne, je jette l'ancre et petit à petit on sonde pour voir s'ils peuvent débarquer. Malheureusement, l'eau est très profonde et il nous faut nous approcher dangereusement d'une côte rocheuse pour arriver à avoir moins d'un mètre cinquante d'eau. On se serre la main, chacun d'eux descend, prend pied puis, sa valise sur la tête, avance vers la terre. Nous observons la manœuvre avec intérêt et un peu de tristesse. Ces camarades se sont bien comportés avec nous, ils ont été à la hauteur de toutes les circonstances. Il est regrettable qu'ils abandonnent le bateau. Pendant qu'ils s'approchent de la côte, le vent tombe complètement. Merde ! pourvu qu'on ne soit pas vus du village marqué sur la carte et qui s'appelle Rio Hacha ! C'est le premier port où se trouvent des autorités policières. Espérons que non. Il me semble que nous sommes bien plus en avant du point indiqué en raison du petit phare qui se trouve à la pointe que nous venons de passer.

Attendre, attendre... Les trois ont disparu après avoir lancé un adieu avec mouchoir blanc. Le vent, nom de nom ! Du vent pour décoller de cette terre colombienne qui est un point d'interrogation pour nous ! En effet, on ne sait pas s'ils rendent ou non les prisonniers évadés. Tous trois, nous préférons la certitude du British Honduras à l'inconnu de la Colombie. C'est seulement à trois heures de l'après-midi que le vent se lève et qu'on peut s'en aller. Je monte toute la voile et, penché un peu trop peut-être, on file doucement plus de deux heures de temps quand une vedette chargée d'hommes se dirige droit sur nous et tire en l'air des coups de fusil pour nous faire stopper. Je fonce sans obéir, essayant de gagner du large pour sortir des eaux territoriales. Impossible. Cette puissante vedette nous rattrape en moins d'une heure et demie de chasse et, braqués par dix hommes le fusil à la main, on est obligés de se rendre.

Ces soldats ou policiers qui nous ont arrêtés ont tous des gueules particulières : un pantalon sale qui a été blanc, des tricots de laine qui n'ont certainement jamais été lavés, avec des trous, tous pieds nus sauf le « commandant » mieux vêtu et plus propre. S'ils sont mal vêtus, ils sont armés jusqu'aux dents : une cartouchière pleine de balles comme ceinture, des fusils de guerre bien entretenus et, par surcroît, une gaine abritant un grand poignard, le manche à portée de la main. Celui qu'ils appellent « commandant » a une tête de métis assassin. Il porte un gros revolver qui pend, lui aussi, d'un ceinturon plein de balles. Comme ils ne parlent qu'espagnol, on ne comprend pas ce qu'ils disent, mais ni leur regard, ni leurs gestes, ni le ton de leur voix ne sont sympathiques, tout est hostile.

Nous allons à pied du port à la prison, traversant le village qui est effectivement Rio Hacha, encadrés par six chenapans plus trois qui marchent à deux mètres, leur arme dirigée contre nous. L'arrivée n'est donc pas des plus sympathiques.

On arrive dans la cour d'une prison entourée d'un petit mur. Une vingtaine de prisonniers barbus et sales sont assis ou debout, qui nous regardent eux aussi avec des regards hostiles. « *Vamos, vamos.* » On comprend qu'ils veulent dire : « Allons, allons. » Ce qui nous est difficile car Clousiot bien qu'il aille beaucoup mieux, marche toujours sur le fer de sa jambe plâtrée et ne peut pas aller vite. Le « commandant », qui est resté en arrière, nous rejoint avec, sous le bras, la boussole et le ciré. Il mange de nos galettes avec notre chocolat, et nous comprenons tout de suite qu'on va être dépouillés de tout. On ne se trompe pas. Nous sommes enfermés dans une salle dégueulasse avec une fenêtre à gros barreaux. Par terre, des planches avec, d'un côté, une espèce d'oreiller en bois : ce sont des lits. « Français, Français » vient nous dire à la fenêtre un prisonnier lorsque les policiers sont partis après nous avoir enfermés.

« Que veux-tu ?

— Français, pas bon, pas bon !

— Pas bon, quoi ?

— Police.

— Police ?

— Oui, police pas bon. » Et il s'en va. La nuit est tombée, la salle est éclairée par une lampe électrique qui doit être de faible ampérage car elle éclaire peu. Des moustiques nous sifflent aux oreilles et se mettent dans nos nez.

« Eh bien, on est beaux ! Ça va nous coûter cher d'avoir accepté de débarquer ces mecs.

— Que veux-tu, on ne savait pas. C'est surtout qu'on n'a pas eu de vent.

— Tu t'es trop approché, dit Clousiot.

— Ferme ça. C'est pas le moment de s'accuser ou d'accuser les autres, c'est le moment de serrer les coudes. On doit être plus unis que jamais.

— Pardon, tu as raison, Papi. C'est la faute de personne. »

Oh ! ce serait trop injuste d'avoir tant lutté et que la cavale se termine là, aussi lamentablement. Ils ne nous ont pas fouillés. J'ai dans ma poche mon plan, je m'empresse de le mettre. Clousiot met aussi le sien. On a bien fait de ne pas s'en défaire. D'ailleurs, c'est un portefeuille étanche et peu volumineux, facile à garder sur nous. A ma montre il est huit heures du soir. On nous apporte du sucre cassonade marron, un morceau comme le poing chacun, et trois espèces de paquets de pâte de riz cuite à l'eau et au sel. « Buenas noches ! — Ça doit vouloir dire : bonne nuit », dit Maturette. Le lendemain à sept heures on nous sert dans la cour du café excellent dans des gobelets en bois. Vers huit heures, le commandant passe. Je lui demande d'aller au bateau pour prendre nos affaires. Ou il n'a pas compris, ou il fait semblant. Plus je le regarde, plus je lui trouve la gueule d'un assassin. Il porte à gauche une petite bouteille dans un étui de cuir, il la sort, la débouche, boit une gorgée, crache et me tend le flacon. Devant ce premier geste aimable, je la prends et je bois. Heureusement que j'en ai pris très peu, c'est du feu au goût d'alcool à brûler. Je l'avale rapidement et me mets à tousser et il rit bruyamment, cet Indien métissé de Noir !

A dix heures arrivent plusieurs civils vêtus de blanc et cravatés. Ils sont six ou sept et entrent dans un bâtiment qui paraît être la direction de la prison. On nous fait appeler. Ils sont tous assis sur des chaises en demi-cercle dans une salle où trône un grand tableau d'un officier blanc très décoré : « Presidente Alfonso Lopez de Colombia. » Un de ces messieurs fait asseoir Clousiot en lui parlant en français, nous on reste debout. L'individu du centre, maigre, nez en bec d'aigle et des lunettes aux verres coupés, commence à m'interroger. L'interprète ne traduit rien et me dit :

« Le monsieur qui vient de parler et qui va vous interroger est le juge de la ville de Rio Hacha, les autres sont des notables, amis à lui. Moi, qui sers de traducteur, je suis un Haïtien qui dirige les travaux d'électricité de ce département. Je crois que parmi ces gens-là, bien qu'ils ne le disent pas, quelques-uns comprennent un peu le français, peut-être même le juge. »

Le juge s'impatiente de ce préambule et commence en espagnol son interrogatoire. Le Haïtien traduit au fur et à mesure les demandes et les réponses.

« Vous êtes Français ?

— Oui.

— D'où venez-vous ?

— Curaçao.

— Et avant ?

— Trinidad.

— Et avant ?

— Martinique.

— Vous mentez. Notre consul de Curaçao a été averti, il y a plus d'une semaine, de surveiller les côtes parce que six évadés du pénitencier de France allaient essayer de débarquer chez nous.

— Bon. Nous sommes des évadés du pénitencier.

— Cayenero alors ?

— Oui.

— Si un pays aussi noble que la France vous a envoyés si loin et punis si sévèrement, c'est que vous êtes des bandits très dangereux ?

— Peut-être.

— Voleurs ou assassins ?

— Meurtriers.

— Matadors, c'est pareil. Alors vous êtes des matadors ? Où sont les trois autres ?

— Ils sont restés à Curaçao.

— Vous mentez encore. Vous les avez débarqués à soixante kilomètres d'ici dans un pays qui s'appelle Castillette. Ils sont arrêtés, heureusement, et seront là dans quelques heures. Vous avez volé ce bateau ?

— Non, on nous en a fait cadeau, l'évêque de Curaçao.

— Bon. Vous allez rester prisonniers ici jusqu'à ce que le gouvernement décide ce qu'on doit faire de vous. Pour avoir commis le délit de débarquer trois de vos complices sur territoire colombien en essayant par la suite de reprendre la mer, je condamne à trois mois de prison le capitaine du bateau, vous, et à un mois les deux autres. Conduisez-vous bien si vous ne voulez pas être châtiés corporellement par les policiers qui sont des hommes très durs. Avez-vous quelque chose à dire ?

— Non. Je désire seulement recueillir mes affaires et les vivres qui sont à bord du bateau.

— Tout cela est confisqué par la douane, sauf un pantalon, une chemise, une veste et une paire de souliers pour chacun de vous. Le reste est confisqué et n'insistez pas : il y a rien à faire, c'est la loi. » On se retire dans la cour. Le juge est assailli par les misérables prisonniers du pays : « Docteur, docteur ! » Il passe au milieu d'eux, plein de son importance, sans répondre et sans s'arrêter. Ils sortent de la prison et disparaissent.

A une heure arrivent les trois autres dans un camion avec sept ou huit hommes armés. Ils descendent tout penauds avec leur valise. On rentre avec eux dans la salle.

« Quelle erreur monstrueuse nous avons commise et nous vous avons fait commettre, dit le Breton. On est impardonnables, Papillon. Si tu veux me tuer, tu peux le faire, je ne me défendrai même pas. On n'est pas des hommes, on est des pédés. On a fait ça par peur de la mer, eh bien, d'après l'aperçu que j'ai de la Colombie et des Colombiens, les dangers de la mer c'était de la rigolade par rapport aux dangers d'être dans les mains de cocos pareils. C'est à cause du manque de vent que vous avez été marrons ?

— Oui, Breton. Je n'ai à tuer personne, tous on a fait l'erreur. Je n'avais qu'à refuser de vous débarquer et rien ne se serait passé.

— Tu es trop bon, Papi.

— Non, je suis juste. » Je leur raconte l'interrogatoire. « Enfin, peut-être que le gouverneur va nous mettre en liberté.

— Ouais. Comme dit l'autre : espérons, l'espoir fait vivre. »

A mon avis les autorités de ce bled à demi civilisé ne peuvent pas prendre de décision sur notre cas. Ce n'est qu'en haut lieu qu'on décidera si nous pouvons rester en Colombie, être rendus à la France, ou remis sur notre bateau pour aller plus loin. Ce serait bien le diable si ces gens à qui nous n'avons causé aucun préjudice prenaient la plus grave décision, car enfin nous n'avons commis aucun délit sur leur territoire.

Voici une semaine que nous sommes là. Pas de changement si ce n'est que l'on parle de nous transférer sous bonne garde dans une ville plus importante, à deux cents kilomètres de là, Santa Marta. Ces policiers aux gueules de boucaniers ou de corsaires n'ont pas changé d'attitude envers nous. Hier, encore un peu je recevais un coup de fusil de l'un d'eux pour lui avoir repris mon savon au lavoir. On est toujours dans cette salle pourrie de moustiques, heureusement un peu plus propre que nous l'avons trouvée grâce à Maturette et au Breton qui la lavent chaque jour. Je commence à me désespérer, je perds confiance. Cette race de Colombiens, mélange d'Indiens et de Noirs, ces métissés d'Indiens et d'Espagnols qui ont dans l'ancien temps été les maîtres de ce pays, me fait perdre confiance. Un vieux journal de Santa Marta m'est prêté par un prisonnier colombien. En première page, nos six photos et au-dessous le commandant de la police, avec son énorme chapeau de feutre, un cigare à la bouche et la photographie d'une dizaine de policiers armés de leurs pétoires. Je comprends que la capture est romancée, et agrandi le rôle joué par eux. On dirait que la Colombie entière s'est sauvée d'un danger terrible par notre arrestation. Et pourtant la photo des bandits est plus sympathique à regarder que celle des policiers. Les bandits ont plutôt l'air d'honnêtes gens, tandis que les policiers, pardon ! en commençant par le commandant, on est fixé ! Que faire ? Je commence à savoir quelques mots d'espagnol : s'évader, fugarse ; prisonnier, preso ; tuer, matar ; chaîne, cadena ; menottes, esposas ; homme, hombre ; femme, mujer.

CAVALE DE RIO HACHA

Il y a un mec dans la cour qui constamment porte les menottes et dont je me fais un ami. On fume le même cigare, cigare long et fin, très fort, mais on fume. J'ai compris qu'il est contrebandier entre le Venezuela et l'île d'Araba. Il est accusé d'avoir tué des gardes-côtes et attend son procès. Certains jours, il est extraordinairement calme et d'autres, nerveux et excité. J'arrive à remarquer qu'il est calme quand on est venu le voir et qu'il mâche des feuilles qu'on lui apporte. Un jour il m'en donne la moitié d'une, et tout de suite je comprends. Ma langue, mon palais et mes lèvres deviennent insensibles. Les feuilles sont des feuilles de coca. Cet homme de trente-cinq ans aux bras velus et à la poitrine couverte de poils frisés très noirs doit être d'une force peu commune. Ses pieds nus ont, dessous, une telle corne, que bien des fois il en enlève des bouts de verre ou un clou, qui se sont piqués dedans mais sans atteindre la chair.

« Fuga, toi et moi », dis-je un soir au contrebandier. A une visite de l'Haïtien je lui avais demandé un dictionnaire français-espagnol. Il a compris, le mec, et me fait signe que lui il voudrait s'évader, mais les menottes ! Ce sont des menottes américaines à cran. Elles ont une fente pour la clef qui sûrement est une clef plate. Avec un fil de fer aplati au bout, le Breton me fabrique un crochet. Après plusieurs essais, j'ouvre les menottes de mon nouvel ami quand je veux. Il est seul dans un cala-bozo (cachot), la nuit, dont les barreaux sont assez gros. Chez nous les barreaux sont fins, on peut certainement les écarter. Il n'y aura donc qu'un barreau à scier, celui d'Antonio — il s'appelle Antonio, le Colombien. « Comment avoir une sacette (scie) ? — Plata (argent). — Cuanto (combien) ? — Cent pesos. — Dollars ? — Dix. » Bref pour dix dollars que je lui donne il est en posses-sion de deux scies à métaux. Je lui explique, en dessinant sur la terre de la cour, que chaque fois qu'il a scié un peu, il doit mélanger la sciure de fer avec de la pâte des boules de riz qu'on nous donne, et colmater bien la fente. Au dernier moment, avant de rentrer, je lui ouvre une menotte. Au cas où on les lui vérifierait, il n'a qu'à appuyer dessus pour qu'elle se referme seule. Il met trois nuits pour couper le barreau. Il m'explique qu'en moins d'une minute il terminera de le couper et qu'il est sûr de pouvoir le doubler avec ses mains. Il doit venir me chercher.

Il pleut souvent, aussi il dit que la « primera noche de Iluvia » (première nuit de pluie) il viendra. Cette nuit il pleut à torrents. Mes camarades sont au courant de mes projets, personne ne veut me suivre, ils croient que la région où je veux me rendre est trop loin. Je veux me rendre à la pointe de la péninsule colombienne, à la frontière du Venezuela. Sur la carte qu'on possède, il est écrit que ce territoire s'appelle « Guajira » et que c'est un territoire contesté, ni colombien ni vénézuélien. Le Colombien dit que « eso es la tierra de los indios (c'est la terre des Indiens) » et qu'il n'y a aucune police, ni colombienne ni vénézuélienne. Quelques contrebandiers passent par là. C'est dangereux car les Indiens Guajiros ne tolèrent pas qu'un homme civilisé pénètre dans leur territoire. Ils sont de plus en plus dangereux à l'intérieur des terres. Sur la côte, il y a des Indiens pêcheurs qui, par l'intermédiaire d'autres Indiens un peu plus civilisés, trafiquent avec le village de Castillette et un hameau, La Vela. Lui, Antonio, ne veut pas aller là-bas. Ses compagnons ou lui-même auraient tué quelques Indiens lors d'une bataille avec eux, un jour que le bateau chargé de contrebande s'était par force réfugié sur la côte de leur territoire. Mais Antonio s'engage à m'emmener très près de la Guajira, ensuite je devrai continuer seul. Tout cela, inutile que je le dise, a été très laborieux à construire entre nous parce qu'il emploie des mots qui ne sont pas dans le dictionnaire. Donc, cette nuit il pleut à torrents. Je suis près de la fenêtre. Une planche a été décollée il y a longtemps du bat-flanc. Nous ferons une pesée pour écarter les barreaux. A un essai fait il y a deux nuits, on a vu qu'ils cédaient facile.

« Listo (prêt). »

La gueule d'Antonio apparaît, collée contre les barreaux. En une pesée, aidé de Maturette et du Breton, le barreau non seulement s'écarte mais se descelle par en bas. On me pousse en me levant et je reçois des claques sur les fesses avant de disparaître. Ces claques sont la poignée de main de mes amis. On est dans la cour. La pluie torrentielle fait un bruit infernal en tombant sur les toits en tôle. Antonio me prend la main et m'entraîne jusqu'au mur. Le sauter est un jeu car il n'a que deux mètres. Toutefois je me coupe la main sur un des verres du sommet, ça ne fait rien, en route. Ce sacré Antonio arrive à reconnaître son chemin au milieu de cette pluie qui nous empêche de voir à trois mètres. Il en profite pour traverser carrément tout le village, puis on prend une route entre la brousse et la côte. Très tard dans la nuit, une lumière. Il nous faut faire un long détour dans la brousse heureusement peu touffue, et on retombe dans le chemin. On marche sous la pluie jusqu'au lever du jour. Au départ il m'a donné une feuille de coca que je mâche de la même façon que je lui ai vu faire à la prison. Je ne suis pas fatigué du tout quand le jour se lève. Est-ce la feuille ? Certainement. Malgré le jour on continue à marcher. De temps en temps il se couche et met une oreille contre la terre ruisselante d'eau. Et on repart.

Il a une façon curieuse de marcher. Il ne court ni ne marche, c'est des espèces de petits bonds successifs, tous de la même longueur, les bras se balançant comme s'il ramait l'air. Il a dû entendre quelque chose car il m'entraîne dans la brousse. Il pleut toujours. En effet, il passe devant nos yeux un rouleau tiré par un tracteur, pour aplatir la terre sur la route sûrement.

Dix heures et demie du matin. La pluie s'est arrêtée, le soleil s'est levé. On est entrés dans la brousse après avoir marché plus d'un kilomètre sur l'herbe et non sur le chemin. Couchés sous une plante très touffue, entourés par une végétation épaisse et pleine de piquants, je crois qu'on ne craint rien et pourtant Antonio ne me laisse pas fumer ni parler bas. Antonio n'arrêtant pas d'avaler le jus des feuilles, je fais comme lui mais un peu plus modérément. Il a une pochette avec plus de vingt feuilles dedans, qu'il me fait voir. Ses dents magnifiques brillent dans l'ombre quand il rit sans bruit. Comme c'est plein de moustiques, il a mâché un cigare et avec la salive pleine de nicotine on s'est barbouillé la figure et les mains. Depuis on est tranquilles. Sept heures du soir. La nuit est tombée mais la lune éclaire trop le chemin. Il met son doigt sur neuf heures et dit : « Iluvia (pluie). » Je comprends qu'à neuf heures il va pleuvoir. En effet, à neuf heures vingt il pleut, on repart. J'ai appris, pour rester à sa hauteur, à sauter en marchant et à ramer avec mes bras. Ce n'est pas difficile, on avance plus vite qu'en marchant vite et pourtant on ne court pas. Dans la nuit, nous avons dû entrer en brousse trois fois pour laisser passer une auto, un camion et une charrette tirée par deux ânes. Grâce à ces feuilles je ne sens pas la fatigue quand le jour se lève. La pluie s'arrête à huit heures et alors, même chose, on marche doucement dans l'herbe pendant plus d'un kilomètre puis on entre en brousse se cacher. L'inconvénient de ces feuilles, c'est qu'on ne peut pas dormir. On n'a pas fermé l'œil depuis

le départ. Les pupilles d'Antonio sont tellement dilatées
qu'il n'y a plus d'iris. Les miennes doivent être pareilles.
   Neuf heures du soir. Il pleut. On dirait que la pluie
attend cette heure pour se mettre à tomber. Je saurai
plus tard qu'aux tropiques, quand la pluie commence à
tomber à telle heure, durant tout le quartier de lune elle
tombera à la même heure chaque jour et s'arrêtera à
peu près à la même heure aussi. Au début de la marche,
cette nuit, on entend des cris, puis on voit des lumières.
« Castillette », dit Antonio. Ce diable d'homme me prend
par la main sans hésiter, nous rentrons en brousse et
après une marche pénible de plus de deux heures, nous
nous retrouvons sur la route. On marche, on saute plutôt, pendant tout le reste de la nuit et une grande partie
de la matinée. Le soleil a séché nos vêtements sur nous.
Voilà trois jours qu'on est mouillés, trois jours qu'on n'a
mangé qu'un morceau de cassonade, le premier jour.
Antonio a l'air d'être presque sûr que nous ne rencon-
trerons pas de mauvaises personnes. Il marche insouciam-
ment et voici plusieurs heures qu'il n'a pas mis son
oreille contre la terre. Le chemin côtoyant la plage,
Antonio coupe un bâton. Maintenant nous marchons sur
le sable humide. Nous avons laissé le chemin. Antonio
s'arrête pour examiner une large trace de sable aplati,
de cinquante centimètres, qui sort de la mer et arrive
au sable sec. On suit la trace et arrivés à un endroit
où la raie s'élargit en forme de cercle, Antonio enfonce
son bâton. Quand il le retire, il y reste collé un liquide
jaune, comme du jaune d'œuf. Effectivement, je l'aide
à faire un trou en grattant le sable avec nos mains et,
peu de temps après, apparaissent des œufs, trois ou
quatre cents à peu près, je ne sais pas. Ce sont des
œufs de tortue de mer. Ces œufs n'ont pas de coquilles,
seulement une peau. On en prend toute une chemise
qu'Antonio s'est enlevée, peut-être une centaine. On sort
de la plage et nous traversons le chemin pour rentrer en
brousse. A l'abri de tout regard, nous commençons à
manger, rien que le jaune m'indique Antonio. D'un coup

de ses dents de loup il tranche la peau qui enveloppe l'œuf, fait couler le blanc puis aspire le jaune, un lui, un moi. Il en ouvre une quantité, en gobant un et me passant l'autre. Repus à crever, on s'allonge avec chacun notre veste comme oreiller. Antonio dit :

« Mañana tu sigues solo dos dias más. De mañana en adelante no hay policias (Demain toi tu continues seul deux jours de plus. A partir de demain il n'y aura plus de policiers). »

Dernier poste frontière ce soir dix heures. Nous le reconnaissons aux aboiements de chiens et à une maisonnette farcie de lumière. Tout cela évité d'une façon magistrale par Antonio. Nous marchons alors toute la nuit sans prendre de précautions. Le chemin n'est pas large, c'est un sentier que l'on sent être quand même fréquenté car il est nettement sans herbes. Il a à peu près cinquante centimètres de large et longe la brousse en dominant la plage d'une hauteur de deux mètres environ. On voit aussi, imprimés par endroits, des marques de fers de chevaux et d'ânes. Antonio s'assied sur une grosse racine d'arbre et me fait signe de m'asseoir. Le soleil frappe dur. A ma montre il est onze heures, au soleil il doit être midi : un petit bâton planté dans la terre ne fait aucune ombre, donc c'est midi et je mets ma montre à midi. Antonio vide son sac de feuilles de coca : il y en a sept. Il m'en donne quatre et en garde trois. Je m'éloigne un peu, entre dans la brousse, reviens avec cent cinquante dollars de Trinidad et soixante florins et les lui tends. Il me regarde très étonné, touche les billets, ne comprend pas pourquoi ils sont dans cet état de neuf et comment ils ne se sont jamais mouillés puisque jamais il ne m'a vu les sécher. Il me remercie, tous les billets dans sa main, réfléchit longuement puis prend six billets de cinq florins, donc trente florins, et me rend le reste. Malgré mon insistance il refuse d'accepter plus. A ce moment quelque chose change en lui. Il était décidé qu'on allait se quitter là, mais il a l'air de vouloir m'accompagner maintenant un jour de plus.

Après, il fera demi-tour, me fait-il comprendre. Bon, on part après avoir gobé quelques jaunes d'œufs et avoir allumé un cigare après bien du travail pour avoir du feu en frappant plus d'une demi-heure deux pierres l'une contre l'autre pour faire prendre un peu de mousse sèche.

Voici trois heures que l'on marche quand vient vers nous, sur une ligne droite, un homme à cheval. Cet homme porte un chapeau de paille immense, des bottes, pas de pantalon mais une espèce de slip en cuir, une chemise verte et une veste délavée, verte aussi, genre militaire. Comme arme, une carabine très belle et un énorme revolver à la ceinture.

« Caramba ! Antonio, hijo mio (mon fils). » De très loin Antonio avait reconnu le cavalier, il ne m'avait rien dit mais il savait qui arrivait, c'était flagrant. Il descend de cheval, ce grand gaillard cuivré de quarante ans au moins, et ils se donnent mutuellement de grands coups dans les épaules. Cette façon de s'embrasser, je la retrouverai par la suite partout.

— Et celui-là ?

— Compañero de fuga (compagnon d'évasion), un Français.

— Où vas-tu ?

— Le plus près possible des pêcheurs indiens.

— Il veut passer par le territoire indien, entrer au Venezuela et là-bas chercher un moyen pour retourner à Aruba ou Curaçao.

— Indien Guajiro mal, dit l'homme. Tu n'es pas armé, toma (prends). » Il me donne un poignard avec sa gaine de cuir et son manche en corne polie. On s'est assis au bord du sentier. Je défais mes chaussures, mes pieds sont en sang. Antonio et le cavalier parlent rapidement, on voit clairement que mon projet de traverser la Guajira ne leur plaît pas. Antonio me fait signe de monter à cheval : mes souliers attachés sur mon épaule, je resterai pieds nus pour sécher mes plaies. Je comprends tout ça par gestes. Le cavalier monte sur le cheval,

Antonio me donne la main et, sans comprendre, je suis emporté au galop à califourchon derrière l'ami d'Antonio. Toute la journée et toute la nuit on a galopé. De temps en temps on s'arrête, il me passe une bouteille d'anis, j'en bois un peu chaque fois. Au lever du jour, il s'arrête. Le soleil se lève, il me donne du fromage dur comme du fer et deux galettes, six feuilles de coca et me fait cadeau d'un sac spécial pour les porter, étanche, qu'on attache à la ceinture. Il m'étreint dans ses bras en me tapant sur les épaules comme je l'ai vu faire avec Antonio, remonte sur son cheval et part au grand galop.

LES INDIENS

Je marche jusqu'à une heure de l'après-midi. Il n'y a plus de brousse, plus d'arbre à l'horizon. La mer scintille, argentée, sous le soleil brûlant. Je marche pieds nus, toujours mes chaussures pendant à cheval sur mon épaule gauche. Au moment où je décide de me coucher, il me semble apercevoir au loin cinq ou six arbres, ou des rochers, bien en retrait de la plage. Je cherche à évaluer la distance : dix kilomètres, peut-être. Je prends une grosse demi-feuille et, tout en mâchant, je repars d'un pas assez rapide. Une heure après j'identifie ces cinq ou six choses : ce sont des paillotes avec toit de chaume, ou de paille, ou de feuilles marron clair. De l'une d'elles sort de la fumée. Puis je vois des gens. Ils m'ont vu. Je perçois les cris et les gestes que fait un groupe en direction de la mer. Je vois alors quatre bateaux qui s'approchent rapidement de la plage et qui débarquent une dizaine de personnes. Tout le monde est réuni devant les maisons et regarde vers moi. Je vois nettement qu'hommes et femmes sont nus, ayant seulement quelque chose qui pend devant pour cacher le sexe. Je marche lentement vers eux. Trois sont appuyés sur des arcs et tiennent à la main une flèche. Aucun geste, ni d'hostilité ni d'amitié. Un chien aboie et rageusement se précipite sur moi. Il me mord au bas du mollet, emportant un morceau du pantalon... Quand il revient à la charge, il reçoit dans l'arrière-train une petite flèche sortie je ne sais d'où (j'ai su après : d'une sarbacane), s'enfuit en hurlant et paraît rentrer dans une maison. J'approche en boitant, car il m'a sérieusement mordu. Je ne suis qu'à dix mètres du groupe. Pas un seul n'a bougé ni parlé, les enfants sont derrière leur mère. Ils ont des corps cuivrés, nus, musclés, splendides. Les femmes ont des seins droits, durs et fermes avec des pointes énormes. Une seule a de gros seins pendants.

L'un d'eux est tellement noble dans son attitude, ses traits sont si fins, sa race d'une noblesse incontestable se manifeste si clairement que je vais droit sur lui. Il n'a ni arc ni flèches. Il est aussi grand que moi, ses cheveux sont bien coupés avec une grosse frange à hauteur des sourcils. Ses oreilles sont cachées par les cheveux qui, derrière, arrivent à hauteur du lobe des oreilles, noirs de jais, presque violets. Ses yeux sont gris fer. Pas un poil, ni à la poitrine, ni aux bras, ni aux jambes. Ses cuisses cuivrées sont musclées ainsi que ses jambes galbées et fines. Il est pieds nus. A trois mètres de lui, je m'arrête. Il fait alors deux pas et me regarde droit dans les yeux. Cet examen dure deux minutes. Ce visage dont pas un trait ne bouge, paraît une statue de cuivre aux yeux bridés. Puis il sourit et me touche l'épaule. Alors tout le monde vient me toucher et une jeune Indienne me prend par la main et m'entraîne à l'ombre d'une des paillotes. Là, elle relève la jambe de mon pantalon. Tout le monde est autour, assis en cercle. Un homme me tend un cigare allumé, je le prends et me mets à fumer. Tout le monde rit de ma façon de fumer, car eux fument, femmes et hommes, le feu dans la bouche. La morsure ne saigne plus, mais un morceau d'à peu près la moitié d'une pièce de cent sous a été emporté. La femme arrache les poils puis, quand tout est bien épilé, elle lave la blessure avec de l'eau de mer qu'une petite Indienne est allée chercher. Avec l'eau, elle presse pour faire saigner. Pas satisfaite, elle gratte chaque trou qu'elle a agrandi avec un morceau de fer aiguisé. Je m'efforce de ne pas bronché car tout le monde m'observe. Une autre jeune Indienne veut l'aider, elle la repousse durement. A ce geste, tout le monde se met à rire. Je comprends qu'elle a voulu indiquer à l'autre que je lui appartiens exclusivement et que c'est pour cela que tout le monde rit. Puis elle coupe les deux jambes de mon pantalon bien au-dessus des genoux. Elle prépare sur une pierre des algues de mer qu'on lui a apportées, les met sur la plaie et les attache avec des bandes tirées de mon pantalon. Satisfaite de son œuvre elle me fait signe de me lever.

Je me lève, je quitte ma veste. A ce moment, elle voit dans l'échancrure de ma chemise un papillon tatoué que j'ai au bas du cou. Elle regarde puis, découvrant d'autres tatouages, elle m'enlève elle-même ma chemise pour mieux voir. Tous, hommes et femmes, sont très intéressés par les tatouages de ma poitrine : à droite, un disciplinaire de Calvi ; à gauche, la tête d'une femme ; sur l'estomac, une gueule de tigre ; sur la colonne vertébrale, un grand marin crucifié et sur toute la largeur des reins, une chasse aux tigres avec chasseurs, palmiers, éléphants et tigres. Quand ils ont aperçu ces tatouages, les hommes écartent les femmes et longuement, minutieusement, touchent, regardent chaque tatouage. Après le chef, chacun donne son opinion. A partir de ce moment, je suis définitivement adopté par les hommes. Les femmes m'avaient adopté dès le premier moment où le chef avait souri et m'avait touché l'épaule.

On entre dans la plus grande des paillotes et là, je suis complètement déconcerté. La paillote est faite de terre battue rouge brique. Elle a huit portes, est ronde et, à l'intérieur, la charpente supporte dans un coin des hamacs bariolés de couleurs vives en pure laine. Au milieu, une pierre ronde et plate, autour de cette pierre brune et polie, des pierres plates pour s'asseoir. Au mur, plusieurs fusils à deux canons, un sabre de militaire et, accrochés partout, des arcs de toutes dimensions. Je note aussi une carapace de tortue énorme où un homme pourrait se coucher, une cheminée faite en pierres sèches bien arrangées les unes sur les autres en un tout homogène sans l'ombre de ciment. Sur la table, une moitié de calebasse avec, au fond, deux ou trois poignées de perles. On me donne à boire dans une toutoune en bois un breuvage de fruits fermentés, aigre-doux, très bon, puis, sur une feuille de bananier, on m'apporte un gros poisson d'au moins deux kilos cuit sur la braise. Je suis invité à manger et je mange lentement. Quand j'ai fini ce délicieux poisson, la femme me prend par la main et me mène à la plage où je me lave les mains et la bouche à l'eau de mer. Puis nous revenons. Assis en rond, la jeune Indienne à côté de moi, sa main sur ma cuisse, nous essayons par des gestes et des paroles d'échanger quelques renseignements sur nous.

D'un seul coup le chef se lève, va au fond de la hutte, revient avec un morceau de pierre blanche et fait des dessins sur la table. D'abord des Indiens nus et leur village, puis la mer. A droite du village indien, des maisons avec fenêtres, des hommes et des femmes habillés. Les hommes ont un fusil à la main ou un bâton. A gauche, un autre village, les hommes avec fusil et chapeau, sale gueule, les femmes habillées. Après que j'ai bien regardé les dessins, il s'aperçoit qu'il a oublié quelque chose et il trace un chemin qui va du village indien au patelin à droite, et un autre chemin à gauche vers l'autre village. Pour m'indiquer comment ils sont situés par rapport à son village, il dessine du côté vénézuélien, à droite, un soleil représenté par un rond et des traits qui sortent de tous côtés et du côté du village colombien, un soleil coupé à l'horizon par une ligne sinueuse. Il n'y a pas à se tromper : d'un côté le soleil se lève, de l'autre il se couche. Le jeune chef regarde son œuvre avec fierté et tout le monde, tour à tour, regarde. Quand il voit que j'ai bien compris ce qu'il voulait dire, il prend la craie et couvre de traits les deux villages, seul le sien reste intact. Je comprends qu'il veut me dire que les gens des villages sont méchants, qu'il ne veut rien avoir à faire avec eux et que seul son village est bon. A qui le dit-il !

Avec un chiffon de laine mouillé on essuie la table. Quand c'est sec, il me met dans la main le bout de craie et c'est à moi de raconter mon histoire en dessins. C'est plus compliqué que la sienne. Je dessine un homme les mains liées avec deux hommes armés qui le regardent, puis ce même homme qui court et les deux hommes qui le poursuivent le fusil braqué. Je fais trois fois la même scène, mais chaque fois je suis un peu plus éloigné de mes poursuivants et, à la dernière, les policiers sont arrêtés et moi je continue de courir vers leur village que je dessine avec les Indiens et le chien et, en avant de tous, le chef les bras tendus vers moi.

Mon dessin ne devait pas être si mal réussi car après des parlotes assez longues entre les hommes, le chef ouvrit les bras comme dans mon dessin. Ils avaient compris.

La même nuit, l'Indienne m'emmena dans sa hutte où vivaient six Indiennes et quatre Indiens. Elle installa un magnifique hamac de laine bariolé très large et où facilement on pouvait coucher à deux en travers. Je m'étais couché dans le hamac, mais dans le sens de la longueur, quand elle s'installa dans un autre hamac et se coucha en travers. Je fis pareil et alors elle vint se coucher à côté de moi. Elle me toucha le corps, les oreilles, les yeux, la bouche avec ses doigts longs et fins mais très rugueux, pleins de blessures cicatrisées, petites mais striées. C'étaient les coupures qu'elles se font avec le corail quand elles plongent pour ramasser les huîtres à perles. Quand à mon tour je caresse son visage, elle me prend la main, très étonnée de la rencontrer fine, sans corne. Après cette heure de hamac, on se lève et on se rend à la grande hutte du chef. On me donne les fusils à examiner, des calibres 12 et 16 de Saint-Etienne. Ils avaient six boîtes pleines de cartouches à plomb double zéro.

L'Indienne est de taille moyenne, elle a des yeux gris

fer comme le chef, son profil est très pur, elle porte des
cheveux tressés qui lui arrivent aux hanches, avec une
raie au milieu. Ses seins sont admirablement bien faits,
hauts et en forme de poire. Les bouts sont plus noirs que
la peau cuivrée et très longs. Pour embrasser, elle mor-
dille, elle ne sait pas embrasser. Je lui ai vite appris
à embrasser à la civilisée. Quand on marche, elle ne veut
pas marcher à côté de moi, il n'y a rien à faire, elle
marche derrière moi. Une des paillotes est inhabitée et
en mauvais état. Aidée des autres femmes, elle arrange le
toit de feuilles de coco et raccommode le mur avec des
emplâtres de terre rouge très argileuse. Les Indiens possèdent toutes sortes de fers tranchants : couteaux, poi-
gnards, sabres d'abattis, haches, binettes, et une fourche
avec des dents de fer. Il y a des fait-tout en cuivre, en
aluminium, des arrosoirs, des casseroles, une meule
d'émeri, un four, des tonneaux de fer et de bois. Des
hamacs démesurément grands en pure laine, décorés de
franges tressées et de dessins coloriés très violents, rouge
sang, bleu de prusse, noir cirage, jaune canari. La maison est bientôt finie et elle commence à y apporter des
choses qu'elle reçoit des autres Indiens (jusqu'à un
harnais d'âne), un rond monté sur trépied en fer pour
faire du feu, un hamac où on pourrait coucher à quatre
adultes en travers, des verres, des pots de fer-blanc, des
casseroles, etc.

On se caresse mutuellement depuis près de quinze
jours que je suis là, mais elle s'est refusée violemment
à aller jusqu'au bout. Je ne comprends pas, car c'est elle
qui m'a provoqué et au bon moment elle ne veut pas.
Elle ne met jamais un bout d'étoffe sur elle si ce n'est
le cache-sexe, attaché autour de sa fine taille par une
cordelette très mince, les fesses toutes nues. Sans cérémonie aucune, nous nous sommes installés dans la maisonnette où il y a trois portes, une au centre du cercle,
la principale, les deux autres opposées l'une à l'autre. Ces
trois portes, dans le cercle de la maison ronde, forment
un triangle isocèle. Ces portes ont toutes leur raison

d'être : moi, je dois sortir et rentrer toujours par la porte du nord. Elle, elle doit sortir et rentrer toujours par la porte du sud. Je ne dois pas entrer ou sortir par sa porte, elle ne doit pas utiliser la mienne. C'est par la grande porte qu'entrent les amis et, moi, ou elle, ne pouvons entrer par la grande porte qu'accompagnés de visiteurs.

C'est seulement quand nous sommes installés dans la maison qu'elle a été mienne. Je ne veux pas entrer dans des détails, mais ce fut une amoureuse ardente et consommée par intuition, qui s'enroula à moi comme une liane. En cachette de tous, sans exception, je la peigne et lui tresse les cheveux. Elle est très heureuse quand je la peigne, un bonheur ineffable se voit sur son visage et en même temps une crainte qu'on nous surprenne, car je comprends qu'un homme ne doit pas peigner sa femme, ni lui frotter les mains avec une pierre comme une pierre ponce, ni lui baiser de certaine façon la bouche et les seins.

Lali, c'est son nom, et moi sommes donc installés à la maison. Je m'étonne d'une chose, c'est que jamais elle ne se sert des poêles ou marmites en fer ou aluminium, elle ne boit jamais dans un verre, elle fait tout dans des casseroles ou pots en terre cuite fabriqués par eux-mêmes.

L'arrosoir sert pour se laver avec la pomme. On va aux cabinets dans la mer.

J'assiste à l'ouverture des huîtres pour y chercher les perles. Ce sont les femmes les plus âgées qui font ce travail. Chaque jeune femme pêcheuse de perles a son sac. Les perles trouvées dans les huîtres sont partagées de la façon suivante : une part pour le chef qui représente la communauté, une part pour le pêcheur, une demi-part pour l'ouvreuse des huîtres et une part et demie pour la plongeuse. Quand elle vit avec sa famille, elle donne ses perles à son oncle, le frère de son père. Je n'ai jamais compris pourquoi c'est aussi l'oncle qui, le premier, entre dans la maison des amoureux à marier, prend le bras de la femme et le passe autour de la taille de l'homme et met le bras droit de l'homme autour de la taille de la femme, l'index devant rentrer dans le nombril. Une fois cela fait, il s'en va.

Donc, j'assiste à l'ouverture des huîtres, mais je n'assiste pas à la pêche, car on ne m'a pas invité à monter dans un canot. Ils pêchent assez loin de la côte, à près de cinq cents mètres. Certains jours, Lali revient toute griffée sur les cuisses ou les côtes par le corail. Il arrive que des coupures coule du sang. Elle écrase alors des algues marines et les frotte sur les plaies. Je ne fais rien sans qu'on m'invite par signes à le faire. Je n'entre jamais dans la maison du chef si quelqu'un ou lui-même ne m'y entraîne par la main. Lali soupçonne que trois jeunes Indiennes de son âge viennent se coucher dans l'herbe le plus près possible de la porte de notre maison pour essayer de voir ou d'entendre ce qu'on fait quand nous sommes seuls.

J'ai vu hier l'Indien qui fait la liaison entre le village des Indiens et la première agglomération colombienne, à deux kilomètres du poste frontière. Ce village s'appelle La Vela. L'Indien a deux ânes et porte une carabine Winchester à répétition, il n'a aucun effet sur lui si ce n'est, comme tous, le cache-sexe. Il ne parle pas un mot d'espagnol, et alors, comment il fait ses échanges ? A l'aide du dictionnaire je mets sur un papier : Agujas (aiguilles), de l'encre de Chine bleue et rouge et du fil à coudre parce que le chef me demande souvent de le tatouer. Cet Indien de liaison est petit et sec. Il a une horrible blessure au torse qui part de la côte au bas du buste, traverse tout le corps et vient finir sur l'épaule droite. Cette blessure s'est cicatrisée en faisant un bourrelet gros comme un doigt. On met les perles dans une boîte à cigares. La boîte est divisée en compartiments et les perles vont dans les compartiments par grosseur. Quand l'Indien s'en va, j'ai l'autorisation du chef de l'accompagner un peu. Par une façon simpliste, pour m'obliger à retourner, le chef m'a prêté un fusil à deux canons et six cartouches. Il est sûr que je serai ainsi obligé de revenir, certain qu'il est que je n'emporterai pas une chose qui n'est pas à moi. Les ânes n'étant pas chargés, l'Indien monte l'un et moi l'autre. Nous voyageons toute la journée par la même route que j'ai prise pour venir, mais à peu près à trois ou quatre kilomètres du poste frontière, l'Indien tourne le dos à la mer et s'enfonce dans l'intérieur des terres.

Vers cinq heures, on arrive au bord d'un ruisseau où se trouvent cinq maisons d'Indiens. Tous viennent me voir. L'Indien parle, parle et parle jusqu'au moment où il arrive un type avec les yeux, les cheveux, le nez, tout le faciès d'un Indien, sauf la couleur. Il est blanc blafard et a des yeux rouges d'albinos. Il porte un pantalon kaki. Alors, là, je comprends que l'Indien de mon village ne va jamais plus loin que cet endroit. L'Indien blanc me dit :

« Buenos dias (bonjour). Tu eres el matador que se fue con Antonio ? (tu es le tueur qui s'est évadé avec Antonio ?) Antonio es compadre mio de sangre (Antonio est mon parent lié par le pact du sang mêlé). » Pour se « lier », deux hommes agissent ainsi : ils s'attachent deux bras l'un à l'autre, puis chacun promène son couteau sur le bras de l'autre en l'incisant. Puis ils barbouillent le bras de l'autre de son propre sang et se lèchent réciproquement la main enduite de leur sang.

« Que quieres (Que veux-tu) ?

— Agujas, tinta china roja y azul (aiguilles, encre de Chine rouge et bleue). Nada mas (rien d'autre).

— Tu lo tendras de aqui a un cuarto de luna (tu l'auras d'ici à un quart de lune). »

Il parle mieux que moi l'espagnol et on sent qu'il sait établir le contact avec les civilisés, organiser les échanges en défendant avec acharnement les intérêts de sa race. Au moment de partir, il me donne un collier fait de pièces d'argent colombiennes montées, en argent très blanc. Il me dit que c'est pour Lali.

« Vuelva a verme (Retourne me voir) », me dit l'Indien

blanc. Pour être sûr que je revienne, il me donne un arc.

Je repars seul et je n'ai pas fait la moitié du chemin de retour que je vois Lali accompagnée d'une de ses sœurs, très jeune, peut-être douze ou treize ans. Lali a certainement de seize à dix-huit ans. Arrivée sur moi comme une folle, elle me griffe la poitrine, car je me cache la figure, puis me mord cruellement au cou. J'ai de la peine à la maintenir en employant toutes mes forces. Subitement elle se calme. Je mets la jeune Indienne sur l'âne et je m'en vais marchant derrière, entrelacé avec Lali. On retourne lentement au village. En chemin, je tue une chouette. J'ai tiré sur elle sans savoir ce que c'était, seulement en voyant des yeux qui brillaient dans la nuit. Lali veut à tout prix l'emporter et l'accroche à la selle de l'âne. Nous arrivons à l'aube. Je suis si fatigué que je veux me laver. Lali me lave puis, devant moi, enlève le cache-sexe de sa sœur, se met à la laver puis se lave elle-même.

Quand elles rentrent toutes les deux, je suis assis, attendant que bouille l'eau que j'ai mise à chauffer pour boire avec du citron et du sucre. Alors là, il se passe une chose que je n'ai comprise que bien après. Lali pousse sa sœur entre mes jambes, me prend les bras pour que j'entoure sa taille et je m'aperçois que la sœur de Lali n'a pas de cache-sexe et porte le collier que j'ai donné à Lali. Je ne sais comment me sortir de cette situation si particulière mais, doucement, je retire la petite de mes jambes, la prends dans mes bras et la couche dans le hamac. Je lui enlève le collier et le passe au cou de Lali. Lali se couche à côté de sa sœur et moi à côté de Lali. J'ai compris bien après que Lali avait cru que je prenais des renseignements pour m'en aller parce que je n'étais peut-être pas heureux avec elle et que peut-être sa sœur saurait me retenir. C'est les yeux bouchés par la main de Lali que je me réveille. Il est très tard, onze heures du matin. La petite n'est plus là et Lali me regarde amoureusement avec ses grands yeux gris et me mord doucement la commissure des lèvres.

Elle est heureuse de me faire voir qu'elle a compris que je l'aime et que je ne suis pas parti parce qu'elle ne savait pas me retenir.

Devant la maison, est assis l'Indien qui a l'habitude de conduire le canot où monte Lali. Je comprends qu'il l'attend. Lui me sourit et ferme les yeux dans une mimique très jolie où il me dit qu'il sait que Lali dort. Je m'assieds à côté de lui, il parle de choses que je ne comprends pas. Il est extraordinairement musclé, jeune, carré comme un athlète. Il regarde mes tatouages longuement, les examine puis me fait signe qu'il voudrait que je le tatoue. Je fais signe que oui de la tête, mais on dirait qu'il croit que je ne sais pas. Lali arrive. Elle s'est enduit tout le corps d'huile. Elle sait que je n'aime pas ça, mais me fait comprendre que l'eau, avec ce temps nuageux, doit être très froide. Ces mimiques, faites à moitié en riant, à moitié sérieusement, sont si jolies que je les lui fais répéter plusieurs fois, faisant semblant de ne pas comprendre. Quand je lui fais signe de recommencer, elle fait une moue qui veut dire clairement : « Est-ce que tu es bête ou c'est moi qui suis *torpe* (dure) à t'expliquer pourquoi j'ai mis de l'huile ? »

Le chef passe devant nous avec deux Indiennes. Elles portent un énorme lézard vert d'au moins quatre à cinq kilos, et lui, un arc et des flèches. Il vient de le chasser et m'invite à venir plus tard le manger. Lali lui parle et lui me touche l'épaule et me montre la mer. Je comprends que je peux aller avec Lali si je veux. Nous partons tous les trois, Lali, son compagnon de pêche habituel et moi. Un petit bateau très léger, fait avec un bois bouchon, est mis à l'eau facilement. Ils marchent dans l'eau en portant le canot sur l'épaule et on s'enfonce dans l'eau. La mise à la mer est curieuse : l'Indien monte le premier à l'arrière, une énorme pagaie à la main. Lali, de l'eau jusqu'au buste, tient le canot en équilibre et l'empêche de reculer vers la plage, je monte et me mets au milieu puis, d'un seul coup, Lali se trouve dans le canot au même moment que d'un arrachage de sa pagaie l'Indien nous fait avancer en mer. Les vagues sont en forme de rouleaux, des rouleaux de plus en plus hauts au fur et à mesure qu'on va vers le large. A cinq ou six cents mètres du rivage on trouve une espèce de chenal où se trouvent déjà deux bateaux en train de pêcher. Lali a attaché ses tresses sur sa tête au moyen de cinq lanières de cuir rouge, trois en travers, deux en longueur, elles-mêmes attachées au cou. Un fort couteau à la main, Lali suit la grosse barre de fer d'une quinzaine de kilos qui sert d'ancre et que l'homme a envoyée au fond. Le bateau reste ancré mais non tranquille, à chaque rouleau il monte et il descend.

Pendant plus de trois heures, Lali descend et remonte du fond de la mer. On ne voit pas le fond, mais au temps qu'elle met, il doit y avoir de quinze à dix-huit mètres. Chaque fois, elle remonte des huîtres dans le sac et l'Indien le vide dans le canot. Pendant ces trois heures, jamais Lali ne monte dans le canot. Pour se reposer, elle se tient de cinq à dix minutes accrochée au rebord. On a changé deux fois de place sans que pour cela Lali remonte. Au deuxième endroit, le sac revient avec plus d'huîtres qui sont plus grosses. On retourne à terre. Lali est montée sur le canot et le rouleau a vite fait de nous pousser vers le rivage. La vieille Indienne attend. Lali et moi lui laissons transporter les huîtres sur le sable sec avec l'Indien. Quand toutes les huîtres sont à sec, Lali empêche la vieille de les ouvrir, c'est elle qui commence. Du bout de son couteau, rapidement elle en ouvre une trentaine avant de trouver une perle. Inutile de vous dire que j'en ai gobé au moins deux douzaines. Il faut que l'eau soit froide au fond, car leur chair est fraîche. Doucement elle extirpe la perle, grosse comme un pois chiche. Cette perle, elle est plutôt dans les grandes tailles que dans les moyennes. Comme elle brille, cette perle ! La nature lui a donné les tons des plus changeants sans pour cela être trop voyants. Lali prend la perle entre ses doigts, la met dans sa bouche, la garde un moment puis, l'ayant retirée, la met dans la

mienne. Par une série de gestes de sa mâchoire, elle
me fait comprendre qu'elle veut que je l'écrase avec
mes dents et que je l'avale. Sa supplique devant mon
premier refus est si belle que je passe par où elle veut :
j'écrase la perle entre mes dents et j'avale les débris.
Elle ouvre quatre ou cinq huîtres et me les donne à
gober, voulant que toute la perle entre bien en moi.
Comme une gosse, elle m'ouvre la bouche après m'avoir
couché sur le sable et cherche s'il ne m'est pas resté
de petits grains entre les dents. Nous partons, laissant
les deux autres continuer le travail.

Voilà un mois que je suis là. Je ne peux pas me
tromper, car chaque jour je marque sur un papier le
jour et la date. Les aiguilles sont arrivées depuis longtemps avec l'encre de Chine rouge, bleue, et violette. J'ai
découvert chez le chef trois rasoirs Sulliguen. Il ne s'en
sert jamais pour la barbe, les Indiens étant imberbes.
Un des rasoirs sert pour faire tomber les cheveux bien
graduellement. J'ai tatoué Zato, le chef, sur le bras. Je
lui ai fait un Indien casqué, avec des plumes de toutes
couleurs. Il est ravi et m'a fait comprendre de ne tatouer
personne avant de lui faire un grand tatouage sur la
poitrine. Il veut la même tête de tigre que celle que j'ai,
avec ses grandes dents. Je ris, je ne sais pas assez dessiner pour faire une aussi belle gueule. Lali m'a épilé
tout le corps. A peine elle voit un poil qu'elle l'arrache
et me frotte d'une algue de mer qu'elle a pilée, mélangée avec de la cendre. Les poils repoussent plus difficilement il me semble.

Cette communauté indienne s'appelle Guajira. Ils
vivent sur la côte et à l'intérieur de la plaine, jusqu'au
pied des montagnes. Dans les montagnes vivent d'autres
communautés qui s'appellent Motilones. Des années
après, j'aurai affaire à eux. Les Guajiros ont indirectement, comme je l'ai expliqué, contact avec la civilisation par l'intermédiaire d'échanges. Ceux de la côte
remettent à l'Indien blanc leurs perles et aussi des tortues. Les tortues sont fournies vivantes et arrivent à

peser environ cent cinquante kilos. Jamais elles n'arrivent au poids et à la grandeur des tortues de l'Orénoque ou du Maroni qui arrivent à peser quatre cents kilos, et dont la carapace a quelquefois deux mètres de long sur plus d'un mètre dans leur plus grande largeur. Mises sur le dos, les tortues n'arrivent pas à se relever. J'en ai vu être emportées après être restées trois semaines sur le dos sans manger ni boire, toujours vivantes. Quant aux gros lézards verts, ils sont très bons à manger. Leur chair est délicieuse, blanche et tendre, et leurs œufs cuits dans le sable au soleil sont aussi pleins de saveur. Seul leur aspect les rend peu engageants à manger.

Chaque fois que Lali pêche, elle apporte à la maison les perles qui lui reviennent et me les donne. Je les mets dans une coupe en bois sans les trier, grosses, moyennes et petites mélangées. J'ai seulement à part, dans une boîte d'allumettes vide, deux perles roses, trois noires et sept d'un gris métallique formidablement belles. J'ai aussi une grosse perle baroque de la forme d'un haricot, aussi grosse qu'un haricot blanc ou rouge de chez nous. Cette perle baroque a trois couleurs superposées et, suivant le temps, l'une d'elles ressort plus que les autres, la couche noire, la couche acier de montre bruni ou la couche argentée à reflet rose. Grâce aux perles et à quelques tortues, la tribu ne manque de rien. Seulement ils ont des choses qui ne leur servent à rien, tandis que d'autres qui pourraient leur être utiles leur manquent. Par exemple, dans toute la tribu il n'y a pas une glace. Il a fallu que d'un bateau je récupère, d'un naufrage sans doute, une planche carrée de quarante centimètres de côté, nickelée sur une face, pour que je puisse me raser et me regarder.

Ma politique auprès de mes amis est facile : je ne fais rien qui puisse diminuer l'autorité et le savoir du chef, encore moins celle d'un très vieil Indien qui vit seul à quatre kilomètres à l'intérieur des terres entouré de serpents, de deux chèvres et d'une douzaine de brebis et de moutons. C'est le sorcier des différents hameaux des Guajiros. Cette attitude fait que personne ne me jalouse ni ne me regarde mal. Au bout de deux mois, je suis totalement adopté par tous. Le sorcier a aussi une vingtaine de poules. Etant donné que dans les deux hameaux que je connais il n'y a ni chèvres, ni poules, ni brebis, ni moutons, avoir des animaux domestiques doit être le privilège du sorcier. Chaque matin, chacune à son tour, une Indienne part, un panier tressé sur la tête, lui porter du poisson et des coquilles de mer fraîchement pêchés. Elles lui portent aussi des galettes de maïs faites le matin même et grillées sur des pierres entourées de feu. Quelquefois, pas toujours, elles reviennent avec des œufs et du lait caillé. Quand le sorcier veut que j'aille le voir, il m'envoie personnellement trois œufs et un couteau en bois bien poli. Lali m'accompagne la moitié du chemin et m'attend à l'ombre d'énormes cactus. La première fois, elle m'a mis le couteau en bois dans la main et m'a fait signe d'aller dans la direction de son bras.

Le vieil Indien vit dans une saleté repoussante sous une tente faite de peaux de vaches tendues, le côté poil à l'intérieur. Trois pierres au milieu avec un feu que l'on sent être toujours allumé. Il ne dort pas dans un hamac, mais sur une espèce de lit fait avec des branches d'arbres et à plus d'un mètre au-dessus du sol. La tente est assez grande, elle doit faire vingt mètres carrés. Elle n'a pas de murs, sauf quelques branches du côté d'où vient le vent. J'ai vu deux serpents, l'un de près de trois mètres, gros comme le bras, l'autre d'environ un mètre avec un V jaune sur la tête et je me dis : « Qu'est-ce qu'ils doivent se taper comme poulets et œufs, les serpents ! » Je ne comprends pas comment, sous cette tente, peuvent s'abriter chèvres, poules, brebis et l'âne aussi. Le vieil Indien m'examine sur toutes les coutures, il me fait quitter mon pantalon transformé en short par Lali et, quand je suis nu comme un vers, me fait asseoir sur une pierre près du feu. Il met sur le feu des feuilles vertes qui font beaucoup de fumée et sentent la menthe.

La fumée m'entoure à étouffer, mais je ne tousse presque pas et attends que cela passe pendant près de dix minutes. Après, il brûle mon pantalon et me donne deux cache-sexe d'Indien, l'un en peau de mouton et l'autre en peau de serpent, souple comme un gant. Il me passe au bras un bracelet de lanières tressées en cuir de chèvre, de mouton et de serpent. Il a dix centimètres de large et se fixe par une lanière de cuir de serpent qu'on serre ou lâche comme on veut.

A la cheville gauche, le sorcier a un ulcère gros comme une pièce de deux francs, couvert de moucherons. De temps en temps il les chasse et quand il est trop assailli par eux, il saupoudre la plaie de cendre. Adopté par le sorcier, je vais m'en aller quand il me donne un couteau en bois plus petit que celui qu'il m'envoie quand il veut me voir. Lali m'expliquera par la suite que dans le cas où je voudrais voir le sorcier, je dois lui envoyer ce petit couteau et, s'il accepte de me voir, il m'enverra le grand. Je quitte le très vieil Indien après avoir remarqué combien sont ridés son visage maigre et son cou. Sa bouche édentée n'a plus que cinq dents, trois en bas et deux en haut sur le devant. Ses yeux, fendus en amande comme chez tous les Indiens, ont des paupières si chargées de peau que quand il les ferme, ça fait deux boules rondes. Pas de cils ni de sourcils, mais des cheveux raides et tout noirs qui pendent sur ses épaules et sont coupés bien net à leur pointe. Comme tous les Indiens il porte une frange à la hauteur des sourcils.

Je m'en vais et me trouve gêné avec mes fesses à l'air. Je me sens tout drôle. Enfin, c'est la cavale ! Il faut pas rigoler avec les Indiens et être libre vaut bien quelques inconvénients. Lali regarde le cache-sexe et rit de toutes ses dents, aussi belles que les perles qu'elle pêche. Elle examine le bracelet et l'autre slip de serpent. Pour voir si j'ai passé à la fumée, elle me renifle. L'odorat des Indiens est, entre parenthèses, très développé.

Je me suis accoutumé à cette vie et je m'aperçois qu'il ne faudrait pas rester trop longtemps à vivre de cette façon, car il pourrait faire que l'on n'ait plus envie de s'en aller. Lali m'observe constamment, elle désirerait me voir prendre plus activement part à la vie commune. Par exemple, elle m'a vu sortir pêcher du poisson, elle sait que je pagaie très bien et manie le petit et léger canot avec dextérité. De là à souhaiter que ce soit moi qui conduise le canot à la pêche, il n'y a pas loin. Or, moi, ça ne me convient pas. Lali est la meilleure plongeuse de toutes les filles du village, c'est toujours son bateau qui rapporte le plus d'huîtres et les plus grosses, donc pêchées plus profond que les autres. Je sais aussi que le jeune pêcheur qui conduit son canot est le frère du chef. En allant avec Lali, je lui porterai tort, je ne dois donc pas le faire. Quand Lali me voit pensif, elle part à nouveau à la recherche de sa sœur. Celle-ci vient joyeuse en courant et entre dans la maison par ma porte. Cela doit avoir une signification importante. Par exemple, elles arrivent ensemble devant la grande porte, côté face à la mer. Là, elles se séparent, Lali fait un tour, entre par sa porte, et Zoraïma, la petite, va passer par ma porte. Zoraïma a des seins à peine gros comme des mandarines et ses cheveux ne sont pas longs. Ils sont coupés en carré à la hauteur du menton, la frange du front est plus basse que les sourcils et arrive presque au début des paupières. Chaque fois qu'elle vient ainsi, appelée par sa sœur, elles se baignent toutes les deux et, en entrant, se dépouillent de leur cache-sexe qu'elles pendent au hamac. La petite part toujours de chez nous très triste que je ne l'aie pas prise. L'autre jour, où nous étions couchés tous les trois, Lali au milieu, elle s'est levée et en se recouchant m'a laissé collé au corps nu de Zoraïma.

L'Indien associé de pêche de Lali s'est blessé au genou, une très profonde et large entaille. Les hommes l'ont porté au sorcier, il est revenu avec un emplâtre de terre d'argile blanche. Ce matin j'ai donc été pêcher avec Lali. La mise à l'eau, faite exactement de la même

façon qu'avec l'autre, a très bien marché. Je l'ai
emmenée un peu plus loin que d'habitude. Elle est
radieuse de joie de me voir avec elle dans le canot. Avant
de plonger, elle se passe de l'huile. Je pense qu'au fond
que je vois tout noir, l'eau doit être très froide. Trois
ailerons de requin passent assez près de nous, je les lui
fais voir, elle n'y attache aucune importance. Il est dix
heures du matin, le soleil brille. Son sac enroulé autour
du bras gauche, son couteau dans sa gaine bien assu-
jetti à sa ceinture, elle plonge sans pour cela pousser
le canot avec ses pieds comme ferait en plongeant une
personne normale. Avec une rapidité inouïe elle disparaît au fond de l'eau dans le noir. Son premier plongeon
a dû être d'exploration, car dans le sac il y a peu d'huîtres. Il me vient une idée. A bord se trouve une grosse
pelote de lanières de cuir. Je fais une double clef au sac,
je le remets à Lali et défais le rouleau quand elle descend. Elle entraîne la lanière avec elle. Elle a dû comprendre la manœuvre, car elle remonte après un long
moment sans le sac. Accrochée au bateau pour se reposer de cette si longue plongée elle me fait signe de tirer
le sac. Je tire, tire, mais à un moment donné il reste
accroché, certainement à du corail. Elle plonge et le
décroche, le sac arrive à moitié plein, je le vide dans
le canot. Ce matin-là, en huit plongées de quinze mètres
on a presque rempli le canot. Quand elle monte à bord,
il manque deux doigts pour que l'eau entre. Quand je
veux tirer l'ancre, le canot est tellement chargé d'huîtres
qu'on se met en danger de couler. Alors on défait la
corde de l'ancre et on attache au bout une pagaie qui
va flotter jusqu'à ce qu'on revienne. On atterrit sans
histoire.

La vieille nous attend et son Indien est sur le sable
sec à l'endroit où, chaque fois qu'ils pêchent, ils ouvrent
les huîtres. Il est d'abord content qu'on ait tant ramassé
d'huîtres. Lali a l'air de lui expliquer ce que j'ai fait :
attacher le sac, ce qui la soulage pour remonter et lui
permet aussi de mettre plus d'huîtres. Il regarde com-

ment j'ai attaché le sac et examine attentivement la double clef. Il la défait et, au premier essai, la refait très bien. Il me regarde alors, fier de lui.

En ouvrant les huîtres la vieille trouve treize perles. Lali, qui d'habitude ne reste jamais pour cette opération et attend chez elle qu'on lui porte sa part, est restée jusqu'à ce qu'on ouvre la dernière huître. J'en avale au moins trois douzaines, Lali cinq ou six. La vieille fait les parts. Les perles sont plus ou moins de la même grosseur, grosses comme un beau petit pois. Elle fait un tas de trois perles pour le chef, puis de trois perles pour moi, de deux perles pour elle, de cinq perles pour Lali. Lali prend les trois perles et me les donne. Je les prends et les tends à l'Indien blessé. Il ne veut pas les recevoir, mais je lui ouvre la main et la referme sur les perles. Alors il accepte. Sa femme et sa fille observaient la scène à distance de notre groupe et, elles qui étaient silencieuses, se mettent à rire et se joignent à nous. J'aide à porter le pêcheur à sa paillote.

Cette scène s'est répétée pendant près de deux semaines. Chaque fois je remets les perles au pêcheur. Hier, j'ai gardé une perle sur les six qui me revenaient. Arrivé à la maison, j'ai obligé Lali à la manger. Elle était folle de joie et tout l'après-midi elle a chanté. De temps en temps je vais voir l'Indien blanc. Il me dit de l'appeler Zorrillo ce qui veut dire, en espagnol, petit renard. Il me dit que le chef lui fait me demander pourquoi je ne lui tatoue pas la gueule de tigre, je lui explique que c'est parce que je ne sais pas bien dessiner. Aidé du dictionnaire, je lui demande de m'apporter une glace rectangulaire de la superficie de ma poitrine, du papier transparent, un pinceau fin et une bouteille d'encre, du papier carbone et, s'il n'en trouve pas, un gros crayon bien gras. Je lui dis aussi de m'apporter des effets à ma taille et de les laisser chez lui avec trois chemises kaki. J'apprends que la police l'a questionné sur moi et Antonio. Il leur a dit que j'avais passé par la montagne au Venezuela et qu'Antonio avait été mordu par un serpent et était mort. Il sait aussi que les Français sont en prison à Santa Marta.

Dans la maison du Zorrillo, se trouvent exactement les mêmes choses hétérogènes que dans la maison du chef : un gros tas de pots de terre d'argile décorés de dessins chers aux Indiens, céramiques très artistiques aussi bien par leurs formes que par leurs dessins et leurs coloris ; de magnifiques hamacs en pure laine, les uns tout blancs, d'autres de couleur, avec des franges ; des peaux tannées de serpents, de lézards, de crapauds-buffles énormes ; des paniers tressés en lianes blanches et d'autres en lianes colorées. Tous ces objets, me dit-il, sont faits par les Indiens de la même race que celle de ma tribu mais qui vivent sous bois à l'intérieur de la brousse à vingt-cinq jours de marche d'ici. C'est de cet endroit que viennent les feuilles de coca dont il me donne plus de vingt. Quand j'aurai le cafard, j'en mâcherai une. Je quitte le Zorillo en lui demandant, s'il le peut, de m'apporter tout ce qu'on a noté, plus quelques journaux ou revues en espagnol, car avec mon dictionnaire j'ai appris beaucoup en deux mois. Il n'a pas de nouvelles d'Antonio, il sait seulement qu'il y a eu un nouveau choc entre gardes-côtes et contrebandiers. Cinq gardes-côtes et un contrebandier ont été tués, le bateau n'a pas été capturé. Jamais je n'ai vu au village une goutte d'alcool, si ce n'est ce truc fermenté fait avec des fruits. Apercevant une bouteille d'anis, je lui dis de me la donner. Il refuse. Si je veux je peux la boire ici-même, mais pas l'emporter. Cet albinos est un sage.

Je quitte le Zorrillo et m'en vais avec un âne qu'il m'a prêté et qui reviendra demain tout seul à la maison. J'emporte seulement un gros paquet de bonbons de toutes couleurs, chacun enveloppé dans du papier fin, et soixante paquets de cigarettes. Lali m'attend à plus de trois kilomètres du village, avec sa sœur, elle ne me fait aucune scène et accepte de marcher à côté de moi, enlacée. De temps en temps elle s'arrête et m'embrasse à la civilisée sur la bouche. Quand on arrive, je vais

voir le chef et lui offre les bonbons et les cigarettes.
Nous sommes assis devant la porte, face à la mer. Nous
buvons de la boisson fermentée gardée fraîche dans les
jarres de terre. Lali est à ma droite, ses bras entourant
ma cuisse, et sa sœur à ma gauche dans la même position. Elles sucent des bonbons. Le paquet est ouvert
devant nous, et les femmes et les enfants se servent
discrètement. Le chef pousse la tête de Zoraïma vers la
mienne et me fait comprendre qu'elle veut être ma
femme comme Lali. Lali fait des gestes en prenant ses
seins dans les mains et puis fait voir que Zoraïma a des
petits seins et que c'est pour ça que je ne la veux pas.
Je hausse les épaules et tout le monde rit. Zoraïma, je
le vois, paraît très malheureuse. Alors je la prends dans
mes bras entourant son cou et lui caresse les seins, elle
rayonne de bonheur. Je fume quelques cigarettes, des
Indiens essaient, les rejettent vite et reprennent leur
cigare, le feu dans la bouche. Je prends Lali par le bras
pour m'en aller après avoir salué tout le monde. Lali
marche derrière moi et Zoraïma suit. On fait cuire des
gros poissons à la braise, c'est toujours un régal. J'ai
mis dans la braise une langouste d'au moins deux kilos.
Nous mangeons cette chair délicate avec plaisir.

J'ai eu la glace, le papier fin et le papier à décalquer,
un tube de colle que je n'avais pas demandé mais qui
peut m'être utile, plusieurs crayons gras demi-durs,
l'encrier et le pinceau. J'installe la glace pendue à un
fil à la hauteur de ma poitrine quand je suis assis. Dans
la glace apparaît nettement, avec tous ses détails et de
la même grandeur, ma tête de tigre. Lali et Zoraïma,
curieuses et intéressées me regardent. Je suis les traits
avec le pinceau mais comme l'encre coule toujours j'ai
recours à la colle : je mélange de la colle avec l'encre.
A partir de ce moment tout va bien. En trois séances
d'une heure j'arrive à avoir sur la glace l'exacte réplique
de la tête du tigre.

Lali est partie chercher le chef, Zoraïma me prend les
mains et me les met sur ses seins, elle a l'air si malheu-

reuse et amoureuse, ses yeux sont si pleins de désirs et d'amour que sans bien savoir ce que je fais, je la possède là, par terre, au milieu de la paillote. Elle a gémi un peu mais son corps tendu de plaisir s'enlace à moi et ne veut plus me lâcher. Doucement je me dégage et je vais me baigner dans la mer car je suis plein de terre, elle vient derrière moi et nous nous baignons ensemble. Je lui frotte le dos, elle me frotte les jambes et les bras, et nous revenons vers la maison. Lali est assise à l'endroit où l'on s'est couchés, quand on rentre elle a compris. Elle se lève, m'entoure le cou de ses bras et m'embrasse tendrement, puis elle prend sa sœur par le bras et la fait sortir par ma porte, elle retourne et sort par la sienne. J'entends des coups à l'extérieur, je sors et je vois Lali, Zoraïma et deux autres femmes qui cherchent avec un fer, à trouer le mur. Je comprends qu'elles vont faire une quatrième porte. Pour que le mur s'ouvre sans se fendre ailleurs, elles le mouillent avec l'arrosoir. En peu de temps la porte est faite. Zoraïma pousse les débris dehors. Dorénavant, elle seule sortira et rentrera par cette ouverture, jamais plus elle ne se servira de la mienne.

Le chef est venu accompagné de trois Indiens et de son frère dont la jambe est presque cicatrisée. Il regarde le dessin dans la glace et se regarde. Il est émerveillé de voir le tigre si bien dessiné et de voir son visage. Il ne comprend pas ce que je veux faire. Tout étant sec, je mets la glace sur la table, le papier transparent par-dessus et je commence à copier. Ça va très vite, c'est très facile. Le crayon demi-dur suit fidèlement tous les traits. En moins d'une demi-heure, sous les yeux intéressés de tous, je sors un dessin aussi parfait que l'original. L'un après l'autre chacun prend la feuille et examine, comparant le tigre de ma poitrine et celui du dessin. Je fais coucher Lali sur la table, je la mouille très légèrement avec un chiffon humide, sur son ventre je mets une feuille de calque et, par-dessus, la feuille que je viens de dessiner. Je fais quelques traits et l'émerveillement de tout le monde est au comble quand on voit tracé sur le ventre de Lali une partie du dessin. C'est à ce moment seulement que le chef a compris que toute cette peine que je me donne, c'est pour lui.

Les êtres qui n'ont pas l'hypocrisie d'une éducation de civilisé réagissent naturellement, comme ils perçoivent les choses. C'est dans l'immédiat qu'ils sont contents ou mécontents, joyeux ou tristes, intéressés ou indifférents. La supériorité d'Indiens purs comme ces Guajiros est frappante. Ils nous dépassent en tout, car s'ils adoptent quelqu'un, tout ce qu'ils ont est à lui et, à leur tour, quand de cette personne ils reçoivent la moindre attention, dans leur être supersensible, ils sont émus profondément. J'ai décidé de faire les grandes lignes au rasoir de façon qu'à la première séance les contours du dessin soient définitivement fixés par un premier tatouage. Je repiquerai au-dessus après, avec trois aiguilles fixées à un petit bâton. Le lendemain je me mets au travail.

Le Zato est couché sur la table. Après avoir reporté le dessin du papier fin sur un autre papier blanc plus résistant, avec un crayon dur je le décalque sur sa peau, déjà préparée par un lait d'argile blanche que j'ai laissé sécher. Le décalque sort au poil, je laisse bien sécher. Le chef est étendu sur la table, raide sans broncher ni bouger la tête tant il a peur d'abîmer le dessin que je lui fais voir dans la glace. J'attaque tous les traits au rasoir. Le sang coule très légèrement et j'essuie chaque fois. Quand tout est bien repassé et que de fines lignes rouges ont remplacé le dessin, je barbouille toute la poitrine d'encre de Chine bleue. L'encre ne prend difficilement, rejetée par le sang, qu'aux endroits où j'ai un peu trop enfoncé, mais presque tout le dessin ressort merveilleusement. Huit jours après, Zato a sa gueule de tigre bien ouverte avec sa langue rose, ses dents blanches, son nez et ses moustaches noires ainsi que ses yeux. Je suis content de mon œuvre : elle est plus belle que la mienne et ses tons sont plus vifs.

Quand les croûtes tombent, je repique avec les aiguilles certains endroits. Zato est si content qu'il a demandé six glaces au Zorrillo, une pour chaque paillote et deux pour la sienne.

Les jours passent, les semaines, les mois. Nous sommes au mois d'avril, voici quatre mois que je suis ici. Ma santé est excellente. Je suis fort et mes pieds habitués à marcher nus me permettent de faire de longues marches sans me fatiguer en chassant les gros lézards. J'ai oublié de dire qu'après ma première visite au sorcier, j'avais demandé au Zorrillo de m'apporter de la teintude d'iode, de l'eau oxygénée, du coton, des bandes, de la quinine en tablettes et du Stovarsol. J'avais vu un bagnard, à l'hôpital, avec un ulcère aussi gros que celui du sorcier. Chatal, l'infirmier, écrasait une pilule de Stovarsol et la lui mettait dessus. J'avais eu tout cela plus une pommade que de son propre chef avait apportée le Zorrillo. J'avais envoyé le petit couteau de bois au sorcier qui m'avait répondu en envoyant le sien. Il fut très long et difficile de le persuader de se laisser soigner. Mais après quelques visites, l'ulcère était réduit de moitié, puis il avait continué tout seul le traitement et, un beau jour, il m'envoya le grand couteau de bois pour que je vienne voir qu'il était complètement guéri. Jamais personne ne sut que c'était moi qui l'avais guéri.

Mes femmes ne me lâchent pas. Quand Lali est à la pêche, Zoraïma est avec moi. Si Zoraïma va plonger, Lali me tient compagnie.

Un fils est né à Zato. Sa femme est allée sur la plage au moment des douleurs, elle a choisi un gros rocher qui l'abrite des regards de tous, une autre femme de Zato lui porte un gros panier avec des galettes, de l'eau douce et du papelon — sucre non raffiné brun, en cônes de deux kilos. Elle a dû accoucher vers quatre heures de l'après-midi, car au coucher du soleil elle criait en avançant vers le village en levant son gosse à bout de bras. Zato sait, avant qu'elle arrive, que c'est un garçon. Je crois comprendre que si c'est une fille, au lieu de lever le gosse en l'air et de crier joyeusement, elle arrive sans crier, le gosse dans ses bras non levés. Lali, par des mimiques, me l'explique. L'Indienne avance, puis s'arrête après avoir levé son gosse. Zato tend les bras en criant, mais sans bouger. Alors elle se lève et avance encore de quelques mètres, lève le gosse en l'air et crie et s'arrête de nouveau. Zato crie de nouveau et tend les bras. Cela, cinq ou six fois dans les trente ou quarante derniers mètres. Zato ne bronche toujours pas du seuil de sa paillote. Il est devant la grande porte, avec tout le monde à droite et à gauche. La mère s'est arrêtée, elle n'est plus qu'à cinq ou six pas, elle lève à bout de bras son gosse et crie. Alors Zato s'avance, prend le gosse sous les aisselles, le soulève à son tour à bout de bras, se tourne vers l'est et crie par trois fois en le levant trois fois. Puis il assied le gosse sur son bras droit, le couche en travers de sa poitrine et lui met la tête sous son aisselle en le cachant de son bras gauche. Il rentre sans se retourner par la grande porte de la paillote. Tout le monde le suit, la mère entre la dernière. On a bu tout ce qu'il avait comme vin fermenté.

Toute la semaine on arrose matin et soir le devant de la paillote de Zato, puis hommes et femmes tassent la terre en frappant du talon ou du pied. Ils font ainsi un cercle très grand de terre d'argile rouge parfaitement battue. Le lendemain ils montent une grande tente en peau de bœuf et je devine qu'il va y avoir une fête. Sous la tente, de grands pots de terre cuite se remplissent de leur boisson préférée, au moins vingt énormes jarres. Des pierres sont arrangées et, autour d'elles, du bois sec et vert dont le tas augmente chaque jour. Beaucoup de ce bois a été apporté il y a longtemps par la mer, il est sec, blanc et poli. Il y a de très gros troncs qui ont été tirés loin des flots, va savoir quand. Sur les pierres, ils ont monté deux fourches de bois de même hauteur : ce sont les bases d'une énorme broche. Quatre tortues retournées, plus de trente lézards aussi énormes les uns que les autres, vivants, les ongles de leurs pattes entrelacés de telle manière qu'ils ne peuvent pas s'en aller, deux moutons, toute cette victuaille attend d'être sacrifiée et mangée. Il y a au moins deux mille œufs de tortue.

Un matin, arrive une quinzaine de cavaliers, tous des Indiens avec des colliers autour du cou, des chapeaux de paille très grands, le cache-sexe, les cuisses, jambes, pieds et fesses nus, une veste en peau de mouton retournée sans manches. Tous ont un énorme poignard à la ceinture, deux un fusil de chasse à deux canons, le chef une carabine à répétition et aussi une magnifique veste avec manches de cuir noir et un ceinturon plein de balles. Les chevaux sont magnifiques, petits, mais très nerveux, tous gris pommelé. Derrière eux, sur la croupe, ils portent un paquet d'herbes sèches. De très loin, ils ont annoncé leur arrivée par des coups de fusil, mais comme ils allaient au grand galop, ils ont été rapidement près de nous. Le chef ressemble étrangement, en un peu plus âgé, à Zato et à son frère. Descendu de son pur-sang il va à Zato et ils se touchent l'épaule mutuellement. Il entre seul dans la maison et revient avec l'Indien derrière lui et le gosse dans ses bras. Il le présente à bout de bras à tous, puis fait le même geste que Zato : après l'avoir présenté à l'est, où le soleil se lève, il le cache sous son aisselle et son avant-bras gauche et rentre dans la maison. Alors tous les cavaliers mettent pied à terre, ils entravent les chevaux un peu plus loin avec la botte d'herbe pendue au cou de chacun. Vers midi, arrivent les Indiennes dans un énorme chariot traîné par quatre chevaux. Le conducteur, c'est Zorrillo. Dans le chariot, au moins vingt Indiennes toutes jeunes et sept ou huit enfants, tous des garçonnets.

Avant qu'il arrive, le Zorrillo, j'ai été présenté à tous les cavaliers en commençant par le chef. Zato me fait remarquer que son petit doigt du pied gauche est tordu et passe au-dessus de l'autre doigt. Son frère a la même chose, et le chef qui vient d'arriver, pareil. Après, il me fait voir sous le bras de chacun la même tache noire, genre de grain de beauté. J'ai compris que le nouvel arrivé est son frère. Les tatouages de Zato sont très admirés par tout le monde, surtout la gueule du tigre. Toutes les Indiennes qui viennent d'arriver ont des dessins sur leur corps et leur figure, de toutes les couleurs. Lali met quelques colliers de morceaux de corail autour du cou de certaines, et aux autres des colliers de coquillages. Je remarque une Indienne admirable, plus grande que les autres qui sont plutôt de taille moyenne. Elle a un profil d'Italienne, on dirait un camée. Ses cheveux sont noir-violet, ses yeux complètement vert jade, immenses avec des cils très longs et des sourcils bien arqués. Elle porte les cheveux coupés à l'indienne, la frange, la raie au milieu les partageant en deux, de façon qu'ils tombent à droite et à gauche du visage en couvrant les oreilles. Ils sont coupés net dix centimètres au milieu du cou. Ses seins de marbre sont rapprochés à la naissance et s'ouvrent harmonieusement.

Lali me présente à elle et l'entraîne chez nous avec Zoraïma et une autre très jeune Indienne qui porte des gobelets et des genres de pinceaux. En effet, les visiteuses doivent peindre les Indiennes de mon village. J'assiste au chef-d'œuvre que la belle fille peint sur Lali et Zoraïma. Leurs pinceaux sont faits d'un bout de bois avec un petit bout de laine au bout. Elle le trempe dans différentes couleurs pour faire ses dessins. Alors je prends mon pinceau et, partant du nombril de Lali, je fais une plante dont deux branches vont chacune à la base du sein, puis je peins des pétales roses et le bout du sein en jaune. On dirait une fleur demi-ouverte, avec son pistil. Les trois autres veulent que je leur fasse pareil. Il faut que je demande à Zorrillo. Il vient et me dit que je peux les peindre comme je veux du moment qu'elles sont d'accord. Qu'est-ce que je n'avais pas fait là ! Pendant plus de deux heures, j'ai peint tous les seins des jeunes Indiennes en visite et ceux des autres. Zoraïma exige d'avoir exactement la même peinture que Lali. Pendant ce temps, les Indiens ont fait rôtir à la broche les moutons, deux tortues cuisent par morceaux sur la braise. Leur viande est rouge et belle, on dirait du bœuf.

Je suis assis auprès de Zato et de son père, sous la tente. Les hommes mangent d'un côté, les femmes de l'autre, sauf celles qui nous servent. La fête se termine par une espèce de danse, très tard dans la nuit. Pour faire danser, un Indien joue d'une flûte en bois qui donne des tons aigres peu variés et tape sur deux tambours de peau de mouton. Beaucoup d'Indiens et d'Indiennes sont ivres, mais il n'y a aucun incident désagréable. Le sorcier est venu sur un âne. Tout le monde regarde la cicatrice rose qu'il y a à la place de l'ulcère, cet ulcère que tout le monde connaissait. Aussi c'est une vraie surprise de le voir bouché. Zorrillo et moi seuls savons à quoi nous en tenir. Zorrillo m'explique que le chef de la tribu qui est venue est le père de Zato et qu'on l'appelle Justo, ce qui veut dire Juste. C'est lui qui juge les affaires qui arrivent entre gens de sa tribu et des autres tribus de race guajiro. Il me dit aussi que quand il y a des histoires avec une autre race d'Indiens, les Lapus, ils se réunissent pour discuter s'ils vont faire la guerre ou arranger les choses à l'amiable. Quand un Indien est tué par un autre de l'autre tribu, ils tombent d'accord, pour éviter la guerre, que le tueur paie le mort de l'autre tribu. Quelquefois cela va jusqu'à deux cents têtes de bœufs, car dans les montagnes et à leur pied, toutes les tribus ont beaucoup de vaches et de bœufs. Malheureusement ils ne les vaccinent jamais contre la fièvre aphteuse et les épidémies tuent des quantités considérables d'animaux. D'un côté c'est un bien, dit le Zorrillo, car sans ces maladies ils en auraient trop. Ce bétail ne peut pas être vendu officiellement en Colombie ou au Venezuela, il doit rester toujours en territoire indien de peur qu'il amène la fièvre aphteuse dans ces deux pays. Mais, dit le Zorrillo, il y a par les montagnes une grande contre-bande de troupeaux.

Le chef visiteur, le Juste, me fait dire par le Zorrillo de venir le voir dans son village où il y a, paraît-il, près de cent paillotes. Il me dit de venir avec Lali et Zoraïma, qu'il me donnera une paillote pour nous, et de ne rien emporter, car là-bas j'aurai tout ce qu'il faut. Il me dit d'emporter seulement mon matériel de tatouage pour lui faire à lui aussi un tigre. Il enlève son poignet de force en cuir noir et me le donne. D'après le Zorrillo, c'est un geste important qui veut dire qu'il est mon ami et que devant tous mes désirs il sera sans force pour les refuser. Il me demande si je veux un cheval, je lui dis que oui, mais que je ne peux pas l'ac-cepter, car ici il n'y a presque pas d'herbe. Il dit que Lali ou Zoraïma peuvent, chaque fois qu'il est néces-saire, aller à une demi-journée de cheval. Il explique où et que là-bas il y a de l'herbe haute et bonne. J'accepte le cheval qu'il m'enverra, dit-il, bientôt.

Je profite de cette longue visite du Zorrillo pour lui dire que j'ai confiance en lui, que j'espère qu'il ne va pas me trahir en disant mon idée d'aller au Venezuela ou en Colombie. Il me dépeint les dangers des trente premiers kilomètres autour des frontières. D'après les renseignements des contrebandiers, le côté véné-zuélien est plus dangereux que le côté colombien. D'au-tre part, lui-même pourrait m'accompagner côté Colom-bie presque jusqu'à Santa Marta, ajoutant que j'avais déjà fait le chemin et que d'après lui c'était la Colom-bie le mieux indiqué. Il serait d'accord pour que j'achète un autre dictionnaire, ou plutôt des livres de leçons d'espagnol où il y a des phrases standard. D'après lui, si j'apprenais à bégayer très fort, ce serait un grand avantage car les gens s'énerveraient en m'écoutant et termineraient eux-mêmes les phrases sans faire trop attention à l'accent et la prononciation. C'est décidé, il m'apportera des livres, une carte la plus précise possible et il se charge aussi de vendre mes perles quand il le faudra contre de l'argent colombien. Zorrillo m'explique que les Indiens, en commençant par le chef, ne peuvent qu'être avec moi dans ma décision de partir, puisque je le désire. Ils regretteront mon départ mais comprendront qu'il est normal que je cherche à retourner avec les miens. Le difficile ce sera Zoraïma et surtout Lali. L'une comme l'autre, mais surtout Lali, sont très capables de m'abattre d'un coup de fusil. D'autre part, toujours par Zorrillo, j'apprends une chose que je ne savais pas : Zoraïma est enceinte. Je n'ai rien noté, aussi je suis stupéfait.

La fête est terminée, tout le monde est parti, la tente de peau est démontée, tout redevient comme avant, du moins en apparence. J'ai reçu le cheval, un magnifique gris pommelé avec une longue queue qui touche presque terre et une crinière d'un gris platiné merveilleux. Lali et Zoraïma ne sont pas contentes du tout et le sorcier m'a fait appeler pour me dire que Lali et Zoraïma lui ont demandé si elles pouvaient donner sans danger du verre pilé au cheval pour qu'il meure. Il leur a dit de ne pas faire cela parce que j'étais protégé par je ne sais quel saint indien et qu'alors le verre reviendrait dans leur ventre à elles. Il ajoute qu'il croit qu'il n'y a plus de danger, mais que ce n'est pas une certitude. Je dois faire attention. Et pour moi-même ? Non, dit-il. Si elles voient que je me prépare sérieusement à partir, tout ce qu'elles peuvent faire, surtout Lali, c'est de me tuer d'un coup de fusil. Puis-je essayer de les convaincre de me laisser partir en disant que je reviendrai ? Surtout pas, ne jamais montrer que je désire m'en aller.

Le sorcier a pu me dire tout cela, car il a fait venir le même jour le Zorrillo qui a servi d'interprète. Les choses étaient trop graves pour ne pas prendre toutes les précautions, conclut Zorrillo. Je reviens à la maison. Zorrillo est venu chez le sorcier et en est reparti par un chemin complètement différent du mien. Personne du village ne sait que le sorcier m'a fait appeler en même temps que Zorrillo.

Voici maintenant six mois qui ont passé et j'ai hâte de partir. Un jour, je rentre et trouve Lali et Zoraïma penchées sur la carte. Elles essaient de comprendre ce que représentent ces dessins. Ce qui les inquiète, c'est le dessin avec les flèches indiquant les quatre points cardinaux. Elles sont déconcertées mais devinent que ce papier a quelque chose de très important à voir avec notre vie.

Le ventre de Zoraïma a commencé à bien grossir. Lali est un peu jalouse et me force à faire l'amour à n'importe quelle heure du jour ou de la nuit et à n'importe quel endroit propice. Zoraïma réclame aussi de faire l'amour, mais seulement la nuit, heureusement. Je suis allé voir Juste, le père de Zato. Lali et Zoraïma sont venues avec moi. Je me suis servi du dessin, que j'avais heureusement conservé, pour décalquer la gueule du tigre sur sa poitrine. En six jours elle était finie, car la première croûte est tombée vite grâce à un lavage qu'il s'est fait avec de l'eau où il avait mis un petit morceau de chaux vive. Juste est si content qu'il se regarde dans la glace plusieurs fois par jour. Pendant mon séjour est venu le Zorrillo. Avec mon autorisation il a parlé au Juste de mon projet car je voudrais qu'il me change le cheval. Les chevaux des Guajiros, gris pommelé, n'existent pas en Colombie, mais le Juste a trois chevaux au poil roux, qui sont colombiens. A peine Juste connaît-il mes projets qu'il envoie chercher les chevaux. Je choisis celui qui me paraît le plus tranquille, il fait mettre une selle, des étriers et un mors en fer, car les leurs n'ont pas de selle et le mors c'est un os. M'ayant équipé à la colombienne, le Juste me met dans la main des brides de cuir marron, et après, devant moi, il compte à Zorrillo trente-neuf pièces d'or de cent pesos chacune. Zorrillo doit les garder et me les remettre le jour où je partirai. Il veut me donner sa carabine à répétition Winchester, je refuse et d'ailleurs Zorrillo dit que je ne peux pas entrer armé en Colombie. Alors Juste me donne deux flèches longues comme un doigt, enveloppées dans de la laine et enfermées dans un petit étui en cuir. Zorrillo me dit que ce sont des flèches empoisonnées avec un poison très violent et très rare.

Zorrillo n'avait jamais vu ni eu de flèches empoisonnées. Il doit les garder jusqu'à mon départ. Je ne sais comment faire pour exprimer combien je suis reconnaissant de tant de magnificence de la part de Juste. Il me dit que par Zorrillo il connaît un peu de ma vie et que la partie qu'il ne connaît pas doit être riche car je suis un homme complet ; qu'il a pour la première fois de sa vie connu un homme blanc, qu'avant il les tenait tous pour des ennemis mais que maintenant il va les aimer et chercher à connaître un autre homme comme moi.

« Réfléchis, dit-il, avant de partir pour une terre où tu as beaucoup d'ennemis quand sur cette terre où nous sommes tu n'as que des amis. »

Il me dit que Zato et lui veilleront sur Lali et Zoraïma, que l'enfant de Zoraïma aura toujours une place d'honneur, si c'est un garçon bien entendu, dans la tribu. — « Je ne voudrais pas que tu partes. Reste et je te donnerai la belle Indienne que tu as connue à la fête. C'est une fille et elle t'aime. Tu pourrais rester ici avec moi. Tu auras une grande paillote et les vaches et les bœufs que tu voudras. »

Je quitte cet homme magnifique et retourne à mon village. Pendant tout le trajet, Lali n'a pas dit un mot. Elle est assise derrière moi sur le cheval roux. La selle lui blessait les cuisses, mais elle n'a rien dit pendant tout le voyage. Zoraïma et derrière un Indien qui la porte sur son cheval. Zorrillo est parti pour son village par un autre chemin. Dans la nuit, il fait un peu froid. Je passe à Lali une veste de peau de mouton que Juste m'a donnée. Elle se laisse habiller sans dire un seul mot, ni rien exprimer. Pas un geste. Elle accepte la veste, sans plus. Le cheval a beau trotter un peu fort, elle ne me tient pas la taille pour se mainte nir. Arrivé au village, quand je vais saluer Zato, elle part avec le cheval, l'accroche à la maison, un paquet d'herbe devant lui, sans enlever la selle ou lui enlever le mors. Après avoir passé une bonne heure avec Zato, je rentre chez moi.

Quand ils sont tristes, les Indiens et surtout les Indiennes ont un visage fermé, pas un muscle de leur visage ne bouge, leurs yeux sont noyés de tristesse mais jamais ils ne pleurent. Ils peuvent gémir, mais ils ne pleurent pas. En bougeant, j'ai fait du mal au ventre de Zoraïma, la douleur lui a fait pousser un cri. Alors je me lève de peur que cela recommence et je vais me coucher dans un autre hamac. Ce hamac est pendu très bas, je m'y couche donc et je sens que quelqu'un l'a touché. Je fais semblant de dormir. Lali s'assied sur un tronc de bois et me regarde sans bouger. Un moment après je sens la présence de Zoraïma : elle a l'habitude de se parfumer en écrasant des fleurs d'oranger et en les frottant sur sa peau. Ces fleurs, elle les achète en troc par petits sacs à une Indienne qui vient de temps en temps au village. Quand je me réveille elles sont toujours là, immobiles. Le soleil est levé, il est près de huit heures. Je les emmène à la plage et je m'étends sur le sable sec. Lali est assise, ainsi que Zoraïma. Je caresse les seins et le ventre de Zoraïma, elle reste de marbre. Je couche Lali et l'embrasse, elle ferme les lèvres. Le pêcheur est venu attendre Lali. Rien que de voir son visage, il a compris, il s'est retiré. Je suis vraiment peiné et je ne sais que faire, sinon les caresser et les embrasser pour leur démontrer que je les aime. Pas une parole ne sort de leur bouche. Je suis vraiment troublé par tant de douleur à la simple idée de ce que sera leur vie quand je serai parti. Lali veut faire l'amour par force. Avec une sorte de désespoir elle se donne à moi. Quel est le motif ? Il ne peut y en avoir qu'un : chercher à être enceinte de moi.

Pour la première fois, ce matin, j'ai vu un geste de jalousie envers Zoraïma. Je caressais le ventre et les seins de Zoraïma et elle me mordillait le lobe des oreilles. Nous étions couchés sur la plage, dans un creux bien abrité sur le sable fin. Lali est arrivée, a pris sa sœur par le bras, lui a passé la main sur son ventre gonflé et puis sur son ventre à elle, lisse et plat. Zoraïma s'est levée et, de l'air de dire : tu as raison, lui a laissé la place près de moi.

Les femmes me font chaque jour à manger, mais elles ne mangent rien. Voici trois jours qu'elles n'ont rien mangé. J'ai pris le cheval et j'ai failli faire une faute grave, la première en plus de cinq mois : je suis parti sans permission pour aller voir le sorcier. En route je me suis repris et, au lieu d'aller chez lui, j'ai passé et repassé à environ deux cents mètres de sa tente. Il m'a vu et m'a fait signe de venir le voir. Tant bien que mal, je lui ai fait comprendre que Lali et Zoraïma ne mangent plus. Il me donne une espèce de noix que je dois mettre dans l'eau douce de la maison. Je retourne et, dans la grande jarre, je mets la noix. Elles ont bu plusieurs fois mais n'ont pas mangé pour cela. Lali ne pêche plus. Elle a fait aujourd'hui, après quatre jours de jeûne complet, une vraie folie : elle est allée sans bateau, à la nage, à près de deux cents mètres du rivage et est revenue avec trente huîtres pour que je les mange. Leur désespoir muet me trouble au point que moi non plus je ne mange presque plus. Voici six jours que cela dure. Lali est couchée avec de la fièvre. En six jours elle a sucé quelques citrons, c'est tout. Zoraïma mange une fois par jour à midi. Je ne sais plus quoi faire. Je suis assis à côté de Lali. Elle est étendue par terre sur un hamac que j'ai plié pour lui faire une sorte de matelas, elle regarde fixement le toit de la maison sans bouger. Je la regarde, je regarde Zoraïma avec son ventre en pointe et je ne sais pas

pourquoi exactement, je me mets à pleurer. Sur moi-
même peut-être, sur elles ? Va savoir ! Je pleure, de
grosses larmes coulent sur mes joues. Zoraïma qui les
voit se met à gémir et alors Lali tourne la tête et me
voit tout en pleurs. D'un coup de reins elle se lève,
s'assied entre mes jambes, gémissant doucement. Elle
m'embrasse et me caresse. Zoraïma m'a passé un bras
sur les épaules, et Lali se met à parler, à parler en
même temps qu'elle gémit et Zoraïma lui répond. Elle
a l'air de faire des reproches à Lali. Lali prend un
morceau de cassonade gros comme le poing elle me
fait voir qu'elle le fait fondre dans l'eau et l'avale en
deux fois. Puis elle sort avec Zoraïma, j'entends qu'elles
tirent le cheval que je trouve tout sellé quand je sors,
le mors mis et les brides attachées au pommeau de la
selle. Je mets la veste de mouton pour Zoraïma et sur
la selle Lali met, plié, un hamac. Zoraïma monte la
première très en avant, presque sur le cou du cheval,
moi au milieu et Lali derrière. Je suis tellement désorienté que je pars sans saluer personne ni avertir le
chef.

Lali tire la bride car, croyant qu'on allait chez le sorcier, j'avais pris cette direction. Non, Lali tire la bride et
dit : « Zorrillo. » Nous allons voir Zorrillo. En route, bien
accrochée à ma ceinture, plusieurs fois elle m'embrasse
dans le cou. Moi j'ai la main gauche prise par les brides
et de la droite je caresse ma Zoraïma. Nous arrivons
au village du Zorrillo juste au moment où lui-même
revient de Colombie avec trois ânes et un cheval chargé
à bloc. Nous entrons dans la maison. Lali parle la première, puis Zoraïma.

Et voici ce que m'explique le Zorrillo : jusqu'au
moment où j'ai pleuré, Lali a cru que j'étais un Blanc
qui n'attachait aucune importance à elle. Que j'allais
partir, elle le savait, Lali, mais j'étais faux comme le
serpent puisque je ne lui avais jamais dit ou fait comprendre. Elle dit qu'elle était profondément déçue, car
elle croyait qu'une Indienne comme elle pouvait rendre

heureux un homme, qu'un homme satisfait ne s'en va pas, qu'elle pensait qu'il n'y avait pas de raison pour qu'elle continue à vivre après un fracas aussi grave. Zoraïma dit pareil, et en plus elle avait peur que son fils soit comme son père : un homme sans parole, faux et qui demanderait à ses femmes des choses si difficiles à faire, qu'elles, qui donneraient leur vie pour lui, ne pourraient pas le comprendre. Pourquoi j'allais la fuir comme si elle était le chien qui m'avait mordu le jour où j'étais arrivé ? Je répondis :

« Que ferais-tu, Lali, si ton père était malade ?

— Je marcherais sur des épines pour aller le soigner.

— Que ferais-tu, si on t'avait chassé comme une bête pour te tuer, le jour que tu pourrais te défendre ?

— Je chercherais mon ennemi partout, pour l'enterrer si profond qu'il ne pourrait même plus se retourner dans son trou.

— Toutes ces choses accomplies, que ferais-tu si tu avais deux merveilleuses femmes qui t'attendent ?

— Je reviendrais sur un cheval.

— C'est ce que je ferai, c'est sûr.

— Et si, quand tu reviens, je suis vieille et laide ?

— Je reviendrai bien avant que tu sois laide et vieille.

— Oui, tu as laissé couler de l'eau de tes yeux, jamais tu ne pourras faire cela exprès. Aussi tu peux partir quand tu veux, mais tu dois partir au grand jour, devant tout le monde et non comme un voleur. Tu dois partir comme tu es venu, à la même heure de l'après-midi, bien habillé tout entier. Tu dois dire qui doit veiller sur nous nuit et jour. Zato est le chef, mais il doit y avoir un autre homme qui veille sur nous. Tu dois dire que la maison est toujours ta maison, que pas un homme sauf ton fils, si c'est un homme qu'il y a dans le ventre de Zoraïma, pas un homme ne doit entrer chez toi. Pour ça, Zorrillo doit venir le jour où tu dois partir. Pour qu'il dise tout ce que tu auras à dire. »

Nous avons couché chez Zorrillo. Ce fut une nuit déli-

cieusement tendre et douce. Les murmures, les bruits des
bouches de ces deux filles de la nature avaient des
sons d'amour si troublants que j'en étais tout remué.
Nous sommes revenus à cheval tous les trois, doucement pour le ventre de Zoraïma. Je dois partir huit
jours après la première lune, car Lali veut me dire
si c'est une certitude qu'elle soit enceinte. La lune dernière, elle n'a pas vu de sang. Elle a peur de se
tromper mais, si cette lune elle ne voit pas encore de
sang, c'est qu'alors elle a un enfant qui germe. Zorrillo
doit apporter toutes les affaires que je mettrai : je
dois m'habiller là-bas après avoir parlé en Guajiro,
c'est-à-dire nu. La veille, nous devrons aller chez le sorcier tous les trois. Il nous dira, si dans la maison, on doit
fermer ma porte ou la laisser ouverte. Ce retour lent,
pour le ventre de Zoraïma, n'eut rien de triste. Elles
préfèrent savoir que de rester abandonnées et ridicules
devant les femmes et les hommes du village. Quand
Zoraïma aura eu son enfant, elle prendra un pêcheur
pour sortir beaucoup de perles qu'elle me gardera. Lali
pêchera plus longtemps chaque jour pour être occupée
aussi. Je regrette de ne pas avoir appris à parler plus
d'une douzaine de mots de guajiro. J'aurai tant de choses à leur dire, qu'on ne peut pas dire à travers un
interprète. Nous arrivons. La première des choses à
faire est de voir Zato pour lui faire comprendre que
je m'excuse d'être parti sans rien dire. Zato est aussi
noble que son frère. Avant que je parle, il m'a mis sa
main sur mon cou et me dit « Uilu (tais-toi). » La
nouvelle lune sera dans une douzaine de jours. Avec les
huit que je dois attendre après, dans vingt jours, je
serai en route.

Alors que je regarde à nouveau la carte, changeant
certains détails dans la façon de passer les villages,
je repense à ce que m'a dit Juste. Où serai-je plus heureux qu'ici où tout le monde m'aime ? Ne vais-je pas
faire moi-même mon malheur en retournant à la civilisation ? L'avenir le dira.

Ces trois semaines ont passé comme un enchantement. Lali a eu la preuve qu'elle est enceinte et c'est deux ou trois enfants qui attendront mon retour. Pourquoi trois ? Elle me dit que sa mère a eu deux fois deux jumeaux. Nous sommes allés chez le sorcier. Non, on ne doit pas fermer la porte. On doit seulement mettre une branche d'arbre en travers. Le hamac où nous couchons tous les trois doit être tendu au plafond de la paillote. Elles doivent toujours coucher toutes les deux car elles ne font qu'une. Puis il nous fait asseoir près du feu, met des feuilles vertes et nous entoure de fumée plus de dix minutes. Nous sommes partis à la maison, attendant le Zorrillo qui, effectivement, arrive le soir même. Autour d'un feu, devant ma paillote, nous avons passé toute la nuit à parler. A chacun des Indiens je disais, par l'intermédiaire de Zorrillo, une parole gentille et lui, il répondait aussi quelque chose. Au lever du soleil, je me suis retiré avec Lali et Zoraïma. Toute la journée nous avons fait l'amour. Zoraïma monte sur moi pour mieux me sentir en elle et Lali s'enroule comme un lierre cloué dans son sexe qui bat comme un cœur. L'après-midi, c'est le départ. Je dis, le Zorrillo traduisant :

« Zato, grand chef de cette tribu qui m'a accueilli, qui m'a tout donné, je dois dire qu'il faut que tu me permettes de vous quitter pour beaucoup de lunes.

— Pourquoi veux-tu quitter tes amis ?

— Parce qu'il faut que j'aille punir ceux qui m'ont poursuivi comme une bête. Grâce à toi, j'ai pu, dans ton village, être à l'abri, j'ai pu y vivre heureux, bien manger, avoir des amis nobles, des femmes qui ont mis du soleil dans ma poitrine. Mais cela ne doit pas transformer un homme comme moi en une bête qui, ayant rencontré un refuge chaud et bon, y reste toute sa vie par peur d'avoir à souffrir en luttant. Je vais affronter mes ennemis, je pars vers mon père qui a besoin de moi. Ici, je laisse mon âme, dans mes femmes Lali et Zoraïma, les enfants du fruit de notre union. Ma paillote est à elles et à mes enfants qui vont naître. J'espère que toi, Zato, si quelqu'un l'oublie, tu le lui rappelleras. Je demande qu'en plus de ta vigilance personnelle, un homme qui s'appelle Usli protège jour et nuit ma famille. Je vous ai tous beaucoup aimés et je vous aimerai toujours. Je vais faire mon possible pour retourner très vite. Si je meurs en accomplissant mon devoir, ma pensée ira à vous, Lali, Zoraïma et mes enfants, et à vous, Indiens Guajiros, qui êtes ma famille. »

Je rentre dans ma paillote suivi de Lali et Zoraïma. Je m'habille, chemise et pantalon kaki, chaussettes, demi-bottes.

Très longtemps, j'ai tourné la tête pour voir morceau par morceau ce village idyllique où je viens de passer six mois. Cette tribu guajira si redoutée, autant par les autres tribus que par les Blancs, a été pour moi un havre pour souffler, un refuge sans pareil contre la méchanceté des hommes. J'y ai trouvé amour, paix, tranquillité et noblesse. Adieu, Guajiros, Indiens sauvages de la péninsule colombo-vénézuélienne. Ton territoire si grand est heureusement contesté et libre de toute ingérence des deux civilisations qui t'entourent. Ta sauvage façon de vivre et de te défendre m'a appris une chose très importante pour l'avenir, qu'il vaut mieux être un Indien sauvage qu'un licencié en lettres magistrat.

Adieu, Lali et Zoraïma, femmes incomparables, aux réactions si près de la nature, sans calcul, spontanées et qui, au moment de partir, d'un geste simple, ont mis dans un petit sac de toile toutes les perles qu'il y avait dans la paillote. Je retournerai, c'est sûr, c'est certain. Quand ? Comment ? Je ne sais pas, mais je me promets de revenir.

Vers la fin de l'après-midi, Zorrillo monte à cheval, et nous partons vers la Colombie. J'ai un chapeau de paille. Je marche en tenant mon cheval par la bride. Tous les Indiens de la tribu, sans exception, se cachent le visage avec le bras gauche et étendent vers moi le bras droit. Ils me signifient ainsi qu'ils ne veulent pas me voir partir, que cela leur fait trop de peine et ils tendent le bras, la main en l'air pour faire le geste de me retenir. Lali et Zoraïma m'accompagnent près de cent mètres. Je croyais qu'elles allaient m'embrasser quand, brusquement, en hurlant, elles sont parties vers notre maison en courant, sans se retourner.

RETOUR A LA CIVILISATION

PRISON DE SANTA MARTA

Sortir du territoire de la Guajira indienne n'est pas difficile et nous franchissons sans histoire les postes frontières de La Vela. A cheval nous pouvions parcourir en deux jours ce que j'avais mis tant de temps à faire avec Antonio. Mais il n'y a pas que ces postes frontières d'extrêmement dangereux, il y a aussi une frange de plus de cent vingt kilomètres jusqu'à Rio Hacha, le village d'où je me suis évadé.

Avec Zorrillo près de moi, j'ai fait ma première expérience de conversation dans une espèce d'auberge où on vend à boire et à manger, avec un civil colombien. Je ne m'en suis pas mal tiré et, comme m'a dit Zorrillo, bégayer fortement aide beaucoup à dissimuler l'accent et la façon de parler.

On est repartis vers Santa Marta. Zorrillo doit me laisser à moitié chemin et il reviendra en arrière ce matin.

Zorrillo m'a quitté. Nous avons décidé qu'il emmène-rait le cheval. En effet, posséder un cheval c'est avoir un domicile, appartenir à un village déterminé et alors risquer d'être obligé de répondre à des questions encom-brantes : « Vous connaissez Un tel ? Comment s'appelle le maire ? Que fait Madame X ? Qui tient la « fonda » ? »

Non, il vaut mieux que je continue à pied, que je voyage en camion ou en autobus et, après Santa Marta, en train. Je dois être pour tout le monde un « forastero » (étranger) à cette région, qui travaille n'importe où et fait n'importe quoi.

Zorrillo m'a changé trois pièces en or de cent pesos. Il m'a donné mille pesos. Un bon ouvrier gagne de huit à dix pesos par jour, donc j'ai de quoi me maintenir assez longtemps rien qu'avec cela. Je suis monté sur un camion qui va très près de Santa Marta, un port assez important, à cent vingt kilomètres à peu près de là où m'a laissé Zorrillo. Ce camion va chercher des chèvres ou des chevreaux, je ne sais pas trop.

Tous les six ou dix kilomètres, il y a toujours une taverne. Le chauffeur descend et m'invite. Il m'invite, mais moi je paie. Et chaque fois il boit cinq ou six verres d'un alcool de feu. Moi, je fais semblant d'en boire un. Quand on a parcouru une cinquantaine de kilomètres, il est soûl comme une bourrique. Il est tellement cuit qu'il se trompe de route et entre dans un chemin boueux où le camion s'enlise et d'où on ne peut plus sortir. Le Colombien ne se fait pas de mau-vais sang : il se couche dans le camion, derrière, et il me dit de dormir dans la cabine. Je ne sais que faire. Il doit encore faire près de quarante kilomètres vers Santa Marta. Etre avec lui m'empêche d'être interrogé par les rencontres, et malgré ces nombreux arrêts, je vais plus vite qu'à pied.

Donc, vers le matin, je décide de dormir. Le jour est levé, il est près de sept heures. Voilà qu'une charrette tirée par deux chevaux arrive. Le camion l'empêche de passer. On réveille le chauffeur, croyant que c'était moi, puisque j'étais dans la cabine. Je fais, en bégayant, l'homme endormi qui, réveillé en sursaut, ne sait pas trop où il en est.

Le chauffeur se réveille et discute avec le charretier. On n'arrive pas, après plusieurs essais, à sortir le camion. Il a de la boue jusqu'aux essieux, rien à faire. Dans la charrette se trouvent deux sœurs habillées de noir, avec leurs cornettes, et trois petites filles. Après bien des discussions, les deux hommes se mettent d'accord pour défricher un espace de la brousse afin que la charrette, une roue sur la route et l'autre dans la partie défrichée, franchisse ce mauvais pas de vingt mètres environ.

Chacun avec un « machete » (un sabre pour couper la canne à sucre, outil que porte tout homme en chemin) ils coupent tout ce qui pouvait gêner et moi je l'arrange dans le chemin afin de diminuer la hauteur et aussi pour protéger la charrette qui risque de s'enfoncer dans la boue. Au bout de deux heures à peu près, le passage est fait. C'est alors que les sœurs, après m'avoir remercié, me demandent où je vais. Je dis : « Santa Marta.

— Mais vous n'allez pas dans le bon chemin, il faut retourner en arrière avec nous. Nous vous emmènerons très près de Santa Marta, à huit kilomètres. »

Il m'est impossible de refuser, cela paraîtrait anormal. D'un autre côté, j'aurais voulu dire que je vais rester avec le camionneur pour l'aider, mais devant la difficulté d'avoir à parler si longuement je préfère dire : « Gracias, gracias. »

Et me voilà derrière dans la charrette avec les trois petites filles ; les deux bonnes sœurs sont assises sur le banc à côté du charretier.

On part, et vraiment nous marchons assez vite pour franchir les cinq ou six kilomètres qu'on avait faits par erreur avec le camion. Une fois sur la bonne route, nous allons un bon train et vers midi on s'arrête à une auberge pour manger. Les trois petites filles et le charretier à une table et les deux bonnes sœurs et moi à une table voisine. Les sœurs sont jeunes, de vingt-cinq à trente ans. La peau très blanche. L'une est espagnole, l'autre est irlandaise. Doucement, l'Irlandaise interroge :

« Vous n'êtes pas d'ici, n'est-ce pas ?

— Si, je suis de Baranquilla.

— Non, vous n'êtes pas colombien, vos cheveux sont trop clairs et votre teint est foncé parce que vous êtes brûlé par le soleil. D'où venez-vous ?

— De Rio Hacha.

— Que faisiez-vous là-bas ?

— Electricien.

— Ah ! j'ai un ami de la Compagnie électrique, il s'appelle Pérez, il est espagnol. Le connaissez-vous ?

— Oui.

— Ça me fait plaisir. »

Vers la fin du repas, elles se lèvent pour aller se laver les mains et l'Irlandaise revient seule. Elle me regarde et puis, en français :

« Je ne vous trahirai pas, mais ma camarade dit qu'elle a vu votre photo dans un journal. Vous êtes le Français qui s'est évadé de la prison de Rio Hacha, n'est-ce pas ? »

Nier, ce serait plus grave encore.

« Oui, ma sœur. Je vous en prie, ne me dénoncez pas. Je ne suis pas le mauvais garçon qu'on a dépeint. J'aime Dieu et le respecte. »

L'Espagnole arrive, l'autre lui dit : « Oui. » Elle répond très vite une chose que je ne comprends pas. Elles ont l'air de réfléchir, se lèvent et s'en vont aux cabinets de nouveau. Pendant les cinq minutes de leur absence, je réagis rapidement. Dois-je partir avant qu'elles reviennent, dois-je rester ? Cela revient au même si elles pensent me dénoncer, car si je m'en vais, on me retrouverait assez vite. Cette région n'a pas une « selva » (jungle, brousse) très fournie et les accès aux chemins qui mènent aux villes sont certainement très vite surveillés. Je vais m'en remettre au destin qui, jusqu'à aujourd'hui, n'a pas été contraire.

Elles reviennent toutes souriantes, l'Irlandaise me demande mon nom.

« Enrique.

— Bon, Enrique, vous allez venir avec nous, jusqu'au couvent où nous allons, qui est à huit kilomètres de Santa Marta. Avec nous dans la charrette, vous ne craignez rien en route. Ne parlez pas, tout le monde croira que vous êtes un travailleur du couvent. »

Les sœurs paient le manger de nous tous. J'achète une cartouche de douze paquets de cigarettes et un briquet à amadou. Nous partons. Pendant tout le trajet les sœurs ne m'adressent plus la parole et je leur en sais gré. Ainsi le charretier ne se rend pas compte que je parle mal. Vers la fin de l'après-midi on s'arrête à une grande auberge. Il y a un autobus où je lis : « Rio Hacha — Santa Marta. » J'ai une envie de le prendre. Je m'approche de la sœur irlandaise et je lui dis mon intention d'utiliser ce bus.

« C'est très dangereux, dit-elle, car avant d'arriver à Santa Marta, il y a au moins deux postes de police où on demande aux passagers leur « cédula » (carte d'identité), ce qui n'arrivera pas à la charrette. »

Je la remercie vivement et alors l'angoisse que j'avais depuis qu'elles m'ont découvert, disparaît tout à fait. C'était au contraire une chance inouïe pour moi d'avoir rencontré ces bonnes sœurs. Effectivement, à la tombée de la nuit nous arrivons à un poste de police (en espagnol « alcabale »). Un autobus, qui venait de Santa Marta et allait à Rio Hacha, était inspecté par la police. Je suis couché dans la charrette sur le dos, mon chapeau de paille sur le visage, faisant semblant de dormir. Une petite fille d'une huitaine d'années a sa tête appuyée sur mon épaule et dort vraiment. Quand la charrette passe, le charretier arrête ses chevaux juste entre l'autobus et le poste.

« Cómo estan por aqui ? (Comment allez-vous par ici ?) dit la sœur espagnole.

— Muy bien, Hermana (Très bien, ma sœur).

— Me alegro, vamonos, muchanos (J'en suis contente, allons-nous-en, mes enfants). » Et on part, tranquillement.

A dix heures du soir, un autre poste, très éclairé. Deux files de voitures de toutes classes attendent, arrêtées. Une vient de droite, la nôtre de gauche. On ouvre les malles des autos et les policiers regardent dedans. Je vois une femme obligée de descendre, farfouillant dans son sac. Elle est emmenée dans le poste de police. Probablement elle n'a pas de « cédula ». Dans ce cas, il n'y a rien à faire. Les véhicules passent l'un après l'autre. Comme il y a deux files, on ne peut pas avoir un passage de faveur. Faute d'espace il faut se résigner à attendre. Je me vois perdu. Devant nous, il y a un tout petit autobus bourré de passagers. En haut, sur le toit, des valises et des gros paquets. Derrière aussi, une espèce de gros filet plein de paquets. Quatre policiers font descendre les passagers. Cet autobus n'a qu'une porte sur le devant. Hommes et femmes descendent. Des femmes avec leurs gosses sur les bras. Un à un ils remontent.

« Cédula ! Cédula ! »

Et tous sortent et montrent un carton avec sa photo.

Jamais Zorrillo ne m'a parlé de cela. Si j'avais su, j'aurais pu peut-être essayer de m'en procurer une fausse. Je pense que si je passe ce poste, je paierai n'importe quoi, mais je me procurerai une « cédula » avant de voyager de Santa Marta à Baranquilla, ville très importante sur la côte atlantique : deux cent cinquante mille habitants, dit le dictionnaire.

Mon Dieu, que c'est long l'opération de cet autobus. L'Irlandaise se retourne vers moi : « Soyez tranquille, Enrique. » Je lui en veux immédiatement de cette phrase imprudente, le conducteur l'a sûrement entendue.

A notre tour, la charrette avance dans cette lumière

éclatante. J'ai décidé de m'asseoir. Il me semble que, couché, je peux donner l'impression que je me cache. Je suis appuyé le dos contre les planches à claire-voie de la charrette et je regarde vers le dos des sœurs. On ne peut me voir que de profil et j'ai le chapeau assez enfoncé, mais sans exagération.

« Cómo estan todos por aqui ? (Comment allez-vous tous ici ?) répète la bonne sœur espagnole.

— Muy bien, Hermanas. Y cómo viajan tan tarde ? (Très bien mes sœurs. Pourquoi voyagez-vous si tard ?)

— Por una urgencia, por eso no me detengo. Somos muy apuradas. (Pour un cas urgent, aussi ne nous retardez pas. Nous sommes très pressées.)

— Vayanse con Dios, Hermanas (Allez avec Dieu, mes sœurs).

— Gracias, hijos. Que Dios los protege. (Merci, mes enfants. Que Dieu vous protège.)

— Amén (Amen) », disent les policiers.

Et nous passons tranquillement sans que personne ne nous demande rien. Les émotions des minutes passées ont dû donner mal au ventre aux bonnes sœurs, car à cent mètres de là elles font arrêter la voiture pour descendre et se perdre un petit moment dans la brousse. Nous repartons. Je me mets à fumer. Je suis tellement ému que, quand l'Irlandaise monte, je lui dis : « Merci, ma sœur. »

Elle me dit : « Pas de quoi, mais nous avons eu si peur que ça nous a dérangé le ventre. »

Vers minuit nous arrivons au couvent. Un grand mur, une grande porte. Le charretier est parti remiser les chevaux et la charrette, et les trois petites filles sont emmenées à l'intérieur du couvent. Sur le perron de la cour, une discussion chaleureuse s'engage entre la sœur portière et les deux sœurs. L'Irlandaise me dit qu'elle ne veut pas réveiller la mère supérieure pour lui demander l'autorisation que je couche au couvent. Là, je manque de décision. J'aurais dû rapidement profiter de cet incident pour me retirer et partir vers Santa

Marta puisque je savais qu'il n'y avait que huit kilomètres à parcourir.

Cette erreur m'a coûté par la suite sept ans de bagne.

Enfin, la mère supérieure réveillée, on m'a donné une chambre au deuxième étage. De la fenêtre je vois les lumières de la ville. Je distingue le phare et les lumières de position. Du port, sort un gros bateau.

Je m'endors et le soleil est levé quand on frappe à ma porte. J'ai fait un rêve atroce. Lali s'ouvrait le ventre devant moi et notre enfant sortait de son ventre par morceaux.

Je me rase et fais très rapidement ma toilette. Je descends en bas. Au pied de l'escalier se trouve la sœur irlandaise qui me reçoit avec un léger sourire :

« Bonjour, Henri. Vous avez bien dormi ?

— Oui, ma sœur.

— Venez, je vous en prie, dans le bureau de notre mère qui veut vous voir. »

Nous rentrons. Une femme est assise derrière un bureau. Un visage extrêmement sévère, d'une personne d'une cinquantaine d'années et plus peut-être, me regarde avec des yeux noirs sans aménité.

« Señor, sabe usted hablar español (Monsieur, parlez-vous l'espagnol ?).

— Muy poco (Très peu).

— Bueno, la Hermana va servir de interprete (Bien, la sœur nous servira d'interprète).

— Vous êtes français, m'a-t-on dit.

— Oui, ma mère.

— Vous vous êtes évadé de la prison de Rio Hacha ?

— Oui, ma mère.

— Il y a combien de temps ?

— Sept mois environ.

— Qu'avez-vous fait pendant ce temps-là ?

— J'étais avec les Indiens.

— Quoi ? Vous, avec les Guajiros ? Ce n'est pas admissible. Jamais ces sauvages n'ont admis personne sur leur territoire. Pas un missionnaire n'a pu y pénétrer, figurez-vous. Je n'admets pas cette réponse. Où étiez-vous ? Dites la vérité.

— Ma mère, j'étais chez les Indiens et j'en ai la preuve.

— Laquelle ?

— Des perles pêchées par eux. » Je détache mon sac qui est épinglé au milieu du dos de ma veste et je le lui remets. Elle l'ouvre et en sort une poignée de perles.

« Combien il y a-t-il de perles ?

— Je ne sais pas, cinq ou six cents peut-être ? A peu près.

— Ceci n'est pas une preuve. Vous pouvez les avoir volées ailleurs.

— Ma mère, pour que votre conscience soit tranquillisée, si vous le désirez, je resterai ici le temps qu'il faudra pour que vous puissiez vous renseigner s'il y a eu un vol de perles. J'ai de l'argent. Je pourrai payer ma pension. Je vous promets de ne pas bouger de ma chambre jusqu'au jour où vous déciderez le contraire. »

Elle me regarde très fixement. Vite, je pense qu'elle doit se dire : « Et si tu t'évades ? Tu t'es évadé de la prison, figure-toi que d'ici c'est plus facile. »

« Je vous laisserai le sac de perles qui sont toute ma fortune. Je sais qu'il est dans de bonnes mains.

— Bien, c'est entendu. Non, vous n'avez pas à rester enfermé dans votre chambre. Vous pouvez le matin et l'après-midi descendre dans le jardin quand mes filles sont à la chapelle. Vous mangerez à la cuisine avec le personnel. »

Je sors de cette entrevue à moitié rassuré. Au moment où j'allais remonter dans ma chambre, la sœur irlandaise m'emmena dans la cuisine. Un grand bol de café au lait, du pain noir très frais et du beurre. La sœur assiste à mon petit déjeuner sans dire un mot et sans s'asseoir, debout devant moi. Elle a l'air soucieux. Je dis : « Merci, ma sœur, pour tout ce que vous avez fait pour moi.

— Je voudrais faire encore plus, mais je ne puis plus

rien, mon ami Henri. » Et sur ces mots elle sort de la cuisine.

Assis devant la fenêtre, je regarde la ville, le port, la mer. La campagne autour est bien cultivée. Je ne peux pas me débarrasser de l'impression que je suis en danger. A un tel point que je décide de m'enfuir la nuit prochaine. Tant pis pour les perles, qu'elle les garde pour son couvent ou pour elle-même, la mère supérieure ! Elle ne me fait pas confiance, et d'ailleurs je ne dois pas me tromper, car comment se fait-il qu'elle ne parle pas français, une Catalane, mère supérieure d'un couvent, donc instruite, c'est bien rare. Conclusion : ce soir je m'en irai.

Oui, cet après-midi, je descendrai dans la cour pour voir l'endroit où je peux franchir le mur. Vers une heure, on frappe à ma porte :

« Veuillez descendre pour manger, Henri.

— Oui, j'arrive, merci. »

Assis à la table de la cuisine, je commence à peine à me servir de la viande avec des pommes de terre bouillies, quand la porte s'ouvre et apparaissent, armés de fusils, quatre policiers en uniformes blancs et un revolver a la main.

« No te mueve, o te mato ! (Ne bouge pas ou je te tue). » Il me passe les menottes. La sœur irlandaise jette un grand cri et s'évanouit. Deux sœurs de la cuisine la relèvent.

« Vamos (allons) », dit le chef. Il monte avec moi dans ma chambre. Mon balluchon est fouillé et ils trouvent tout de suite les trente-six pièces en or de cent pesos qu'il me reste encore, mais ils laissent sans l'examiner l'étui avec les deux flèches. Ils ont dû croire que c'étaient des crayons. Avec une satisfaction non dissimulée, le chef met dans ses poches les pièces en or. On part. Dans la cour, une voiture quelconque.

Les cinq policiers et moi, on s'entasse dans cette guimbarde et on part à fond de train, conduits par un chauffeur habillé en policier, noir comme du charbon.

Je suis anéanti et ne proteste pas ; j'essaie de me maintenir digne. Il n'y a pas à demander pitié ni pardon. Sois un homme et pense que jamais tu ne dois perdre l'espoir. Tout cela passe rapidement dans mon cerveau. Et quand je descends de la voiture, je suis si décidé à avoir l'air d'un homme et non d'une loque et je le réussis si bien que, la première parole de l'officier qui m'examine est pour dire : « Ce Français, il est bien trempé, il n'a pas l'air bien ému d'être dans nos mains. » J'entre dans son bureau. J'enlève mon chapeau et, sans qu'on me le dise, je m'assieds, mon balluchon entre mes pieds.

« Tu sabes hablar español ? (Tu sais parler espagnol ?)

— Non.

— Llame el zapatero (Appelle le cordonnier). » Arrive quelques instants après un petit homme avec un tablier bleu, un marteau de cordonnier à la main.

« Tu es le Français qui s'est évadé de Rio Hacha il y a un an ?

— Non.

— Tu mens.

— Je ne mens pas. Je ne suis pas le Français qui s'est évadé de Rio Hacha il y a un an.

— Quittez-lui les menottes. Enlève-toi la veste et la chemise. (Il prend un papier et regarde. Tous les tatouages sont notés.)

— Il te manque le pouce de la main gauche. Oui. Alors c'est toi.

— Non, ce n'est pas moi, car, moi, je ne suis pas parti il y a un an. Je suis parti il y a sept mois.

— C'est pareil.

— Pour toi oui, pas pour moi.

— Je vois : tu es le tueur type. Que tu sois français ou colombien, tous les tueurs (matadores) sont les mêmes — indomptables. Je suis seulement le deuxième commandant de cette prison. Je ne sais pas ce qu'on va faire de toi. Pour le moment je vais te mettre avec tes anciens camarades.

— Quels camarades ?

— Les Français que tu as amenés en Colombie. »

Je suis les policiers qui m'emmènent dans un cachot dont les grilles donnent sur la cour. Je retrouve tous mes cinq amis. On s'embrasse. « On te croyait sauvé à jamais, mon pote », dit Clousiot. Maturette pleure comme un gosse qu'il est. Les trois autres aussi sont consternés. Les retrouver me donne de la force.

« Raconte, disent-ils.

— Plus tard. Et vous ?

— Nous, on est ici depuis trois mois.

— Vous êtes bien traités ?

— Ni bien ni mal. On attend pour être transférés à Baranquilla où, il paraît, on nous remettra aux autorités françaises.

— Quelles bandes de salauds ! Et pour s'évader ?

— Déjà tu penses à t'évader à peine tu arrives !

— Non, mais des fois ! Tu penses que j'abandonne la partie comme ça ? Etes-vous très surveillés ?

— Le jour pas de trop, mais la nuit il y a une garde spéciale pour nous.

— Combien ?

— Trois surveillants.

— Et ta jambe ?

— Ça va, je boite même pas.

— Vous êtes toujours enfermés ?

— Non, on se promène dans la cour au soleil, deux heures le matin et trois heures l'après-midi.

— Comment sont-ils, les autres prisonniers colombiens ?

— Il y a des mecs très dangereux, paraît-il, autant comme voleurs que comme tueurs. »

L'après-midi, je suis dans la cour, en train de parler à l'écart avec Clousiot, quand on m'appelle. Je suis le policier et entre dans le même bureau que le matin. J'y trouve le commandant de la prison accompagné de celui qui m'a déjà interrogé. La chaise d'honneur est occupée par un homme très foncé, presque noir. Comme couleur, il tire plus sur le Noir que sur l'Indien. Ses cheveux courts, frisés, sont des cheveux de nègre. Il a près de cinquante ans, des yeux noirs et méchants. Une moustache coupée très, très court surplombe une grosse lèvre d'une bouche rageuse. Sa chemise est entrouverte, sans cravate. A gauche, le ruban vert et blanc d'une décoration quelconque. Le cordonnier aussi est là.

« Français, tu as été repris après sept mois d'évasion. Qu'as-tu fait pendant ce temps ?

— J'étais chez les Guajiros.

— Te fous pas de moi ou je vais te faire corriger.

— J'ai dit la vérité.

— Personne n'a jamais vécu chez les Indiens. Rien que cette année il y a eu plus de vingt-cinq gardes-côtes tués par eux.

— Non, les gardes-côtes sont tués par des contrebandiers.

— Comment le sais-tu ?

— J'ai vécu sept mois là-bas. Les Guajiros ne sortent jamais de leur territoire.

— Bon, c'est peut-être vrai. Où as-tu volé les trente-six pièces de cent pesos ?

— Elles sont à moi. C'est le chef d'une tribu de la montagne, nommé le Juste, qui me les a données.

— Comment un Indien a-t-il pu avoir cette fortune et te l'avoir donnée ?

— Ben, chef, y a-t-il eu un vol de pièces de cent pesos en or ?

— Non, c'est vrai. Dans les bulletins il n'y a pas eu ce vol. Cela n'empêche pas qu'on va se renseigner.

— Faites-le, c'est en ma faveur.

— Français, tu as commis une faute grave en t'évadant de la prison de Rio Hacha, et une faute plus grave encore en faisant évader un homme comme Antonio qui allait être fusillé pour avoir tué plusieurs gardes-côtes. Maintenant, on sait que toi-même tu es recherché par la France où tu dois subir une peine à perpétuité. Tu es un tueur dangereux. Aussi, je ne vais pas risquer que tu

t'évades d'ici en te laissant avec les autres Français.
Tu vas être mis au cachot jusqu'à ton départ pour
Baranquilla. Les pièces en or te seront rendues s'il
n'apparaît pas de vol. »

Je sors et on m'entraîne jusqu'à un escalier qui
descend sous terre. Après avoir descendu plus de vingt-
cinq marches, on arrive dans un couloir très peu éclairé
où se trouvent des cages, à droite et à gauche. On
ouvre un cachot et on me pousse dedans. Quand la porte
qui donne sur le couloir se referme, une odeur de pourri
monte d'un sol de terre visqueuse. On m'appelle de tous
les côtés. Chaque trou barreauté a un, deux ou trois
prisonniers.

« Francés, Francés ! Que a hecho ? Por que esta aqui ?
(Qu'as-tu fait ? Pourquoi es-tu ici ?). Sais-tu que ces
cachots sont les cachots de la mort ?

— Taisez-vous ! Qu'il parle ! crie une voix.

— Oui, je suis français. Je suis ici parce que je me
suis évadé de la prison de Rio Hacha. » Mon charabia
espagnol est parfaitement compris par eux.

« Apprends ça, Français, écoute : au fond de ton cachot
il y a une planche. C'est pour se coucher. A droite tu as
une boîte avec de l'eau. Ne la gaspille pas, car on t'en
donne très peu chaque matin et tu ne peux plus en
demander. A gauche, tu as un seau pour aller aux cabinets. Bouche-le avec ta veste. Ici t'as pas besoin de ta
veste, il fait trop chaud, mais bouche ton seau pour que
ça sente moins mauvais. Nous tous, nous couvrons nos
seaux avec nos effets. »

Je m'approche de la grille essayant de distinguer les
visages. Seuls les deux d'en face, collés contre les grilles,
les jambes dehors, sont détaillables. L'un est de type
indien espagnolisé, genre les premiers policiers qui m'ont
arrêté à Rio Hacha ; l'autre, un Noir très clair, beau
garçon et jeune. Le Noir m'avertit que, à chaque marée,
l'eau monte dans les cachots. Il ne faut pas m'effrayer
parce que jamais elle ne monte plus haut que le ventre.
Ne pas attraper les rats qui peuvent monter sur moi,

mais leur donner un coup. Ne jamais les attraper si je
ne veux pas être mordu. Je lui demande :

« Depuis combien de temps es-tu dans ce cachot ?

— Deux mois.

— Et les autres ?

— Jamais plus de trois mois. Celui qui passe trois
mois et qu'on ne sort pas, c'est qu'il doit mourir là.

— Combien en a-t-il fait celui qui est depuis le plus
longtemps ici ?

— Huit mois, mais il n'en a plus pour longtemps.
Voici près d'un mois qu'il ne se lève plus qu'à genoux.
Il ne peut pas se mettre debout. Le jour d'une grande
marée, il va mourir noyé.

— Mais ton pays, c'est un pays de sauvages ?

— Je t'ai jamais dit qu'on était civilisés. Le tien non
plus n'est pas plus civilisé puisque tu es condamné à
perpétuité. Ici en Colombie : ou vingt ans, ou la mort.
Mais jamais la perpétuité.

— Va, c'est partout pareil.

— Tu en as tué beaucoup ?

— Non, un seul.

— C'est pas possible. On ne condamne pas pour si
longtemps pour un seul homme.

— Je t'assure que c'est vrai.

— Alors tu vois que ton pays est aussi sauvage que le
mien.

— Bon, on va pas se disputer pour nos pays. Tu as
raison. La police c'est partout de la merde. Et toi,
qu'as-tu fait ?

— J'ai tué un homme, son fils et sa femme.

— Pourquoi ?

— Ils avaient donné mon jeune frère à manger à une
truie.

— Pas possible. Quelle horreur !

— Mon petit frère de cinq ans jetait tous les jours
des pierres à leur enfant et le petit a été blessé plusieurs
fois à la tête.

— C'est pas une raison.

— C'est ce que j'ai dit quand je l'ai su.

— Comment tu l'as su ?

— Mon petit frère avait disparu depuis trois jours et, en le cherchant, j'ai trouvé une sandale à lui dans du fumier. Ce fumier avait été sorti de l'étable où était la truie. En fouillant le fumier, j'ai trouvé une chaussette blanche pleine de sang. J'ai compris. La femme a avoué avant que je les tue. Je leur ai fait faire leur prière avant de les fusiller. Du premier coup de fusil j'ai brisé les jambes du père.

— Tu as bien fait de les tuer. Que va-t-on te faire ?

— Vingt ans au plus.

— Pourquoi es-tu au cachot ?

— J'ai frappé un policier qui était de leur famille. Il était ici à la prison. On l'a enlevé. Il n'y est plus, je suis tranquille. »

On ouvre la porte du couloir. Un gardien entre avec deux prisonniers qui portent, accroché à deux barres de bois, un tonneau de bois. On devine derrière eux, au fond, deux autres gardiens le fusil à la main. Cachot par cachot, ils sortent les seaux qui servent de cabinets et les vident dans le tonneau. Une odeur d'urine, de merde, empoisonne l'air au point qu'on en suffoque. Personne ne parle. Quand ils arrivent à moi, celui qui prend mon seau laisse tomber un petit paquet par terre. Vite, je le pousse plus loin dans le noir avec mon pied. Quand ils sont repartis, je trouve dans le paquet deux paquets de cigarettes, un briquet d'amadou et un papier écrit en français. D'abord j'allume deux cigarettes et je les jette aux deux qui sont en face. Puis j'appelle mon voisin qui, en tendant le bras, attrape les cigarettes pour les faire passer aux autres prisonniers. Après la distribution j'allume la mienne et cherche à lire à la lueur du couloir. Mais je n'arrive pas. Alors, avec le papier qui enveloppait le paquet, je forme un rouleau fin et, après maints efforts, mon amadou arrive à allumer le papier. Vite, je lis :

« Courage, Papillon, compte sur nous. Fais attention.

Demain on t'enverra du papier et un crayon pour que tu nous écrives. Nous sommes avec toi jusqu'à la mort. »

Ça me donne chaud au cœur. Ce petit mot est pour moi si réconfortant ! Je ne suis pas seul et je peux compter sur mes amis.

Personne ne parle. Tout le monde fume. La distribution des cigarettes m'apprend que nous sommes dix-neuf dans ces cachots de la mort. Eh bien, j'y suis à nouveau dans le chemin de la pourriture, et jusqu'au cou cette fois ! Ces petites sœurs du Bon Dieu, c'étaient des sœurs du Diable. Pourtant, c'est sûrement pas l'Irlandaise, ni l'Espagnole qui m'ont dénoncé. Ah ! quelle connerie j'ai faite de croire en ces petites sœurs ! Non, pas elles. Peut-être le charretier ? Deux ou trois fois on a été imprudents en parlant français. Aurait-il entendu ? Qu'importe ? Tu y es cette fois, et tu y es pour de bon. Sœurs, charretier, ou mère supérieure, le résultat est le même.

Foutu je suis, dans ce cachot dégueulasse qui, paraît-il, s'inonde deux fois par jour. La chaleur est si étouffante que j'enlève d'abord ma chemise, puis mon pantalon. J'enlève mes souliers et j'accroche le tout aux grilles.

Dire que j'ai fait deux mille cinq cents kilomètres pour en arriver là ! C'est vraiment réussi comme résultat ! Mon Dieu ! Toi, qui as été si généreux envers moi, vas-tu m'abandonner ? Peut-être es-tu fâché, car en somme tu m'avais donné la liberté, la plus sûre, la plus belle. Tu m'as donné, non pas une, mais même deux femmes admirables. Et le soleil, et la mer. Et une paillote où j'étais le chef incontesté. Cette vie dans la nature, cette existence primitive mais combien douce et tranquille. Ce cadeau unique que tu m'avais fait d'être libre, sans policier, sans magistrat, sans envieux ni méchants autour de moi ! Et moi, je n'ai pas su l'apprécier à sa juste valeur. Cette mer si bleue, qu'elle en était verte et presque noire, ces levers et couchers de soleil qui baignaient de paix si sereinement douce, cette façon de vivre sans argent, où je ne manquais de rien d'essentiel à la vie d'un homme, tout cela je l'ai piétiné, je l'ai méprisé. Pour partir vers où ? Vers des sociétés qui ne veulent pas se pencher vers moi. Vers des êtres qui ne se donnent même pas la peine de savoir ce qu'il y a en moi de récupérable. Vers un monde qui me repousse, qui me rejette loin de tout espoir. Vers des collectivités qui ne pensent qu'à une chose : m'annihiler par n'importe quel moyen.

Quand ils recevront la nouvelle de ma capture, ils vont bien rigoler les douze fromages du Jury, le Polein pourri, les poulets et le procureur. Car il va bien se trouver un journaliste pour envoyer la nouvelle en France.

Et les miens ? Eux qui, lorsqu'ils ont dû recevoir la visite des gendarmes leur annonçant mon évasion, devaient être si heureux que leur petit ou leur frère ait échappé à ses bourreaux ! Maintenant, en apprenant que je suis repris, ils vont souffrir une autre fois.

J'ai eu tort de renier ma tribu. Oui, je peux le dire « ma tribu », puisqu'ils m'avaient tous adopté. J'ai eu tort et je mérite ce qui m'arrive. Et pourtant... Je ne me suis pas évadé pour agrandir la population des Indiens de l'Amérique du Sud. Bon Dieu, tu dois comprendre que je dois revivre dans une société normalement civilisée et démontrer que je puis en faire partie sans être un danger pour elle. C'est mon vrai destin — avec Toi — ou sans Ton aide.

Je dois arriver à prouver que je peux, que je suis — et je le serai — un être normal sinon meilleur que les autres individus d'une quelconque collectivité ou d'un quelconque pays.

Je fume. L'eau commence à monter. J'en ai à peu près aux chevilles. J'appelle : « Noir, combien de temps l'eau reste dans la cellule ?

— Ça dépend de la force de la marée. Une heure, tout au plus deux heures. J'entends plusieurs prisonniers crier : « Esta llegando (elle arrive) ! »

Doucement, très doucement, l'eau monte. Le métis et

le Noir sont perchés sur les barreaux. Leurs jambes pendent dans le couloir et leurs bras embrassent deux barreaux. J'entends du bruit dans l'eau : c'est un rat d'égout gros comme un chat qui clapote. Il cherche à monter sur la grille. J'attrape un de mes souliers et quand il vient de mon côté je lui en fous un grand coup sur la tête. Il s'en va dans le couloir en criant.

Le Noir me dit : « Francés, tu t'es mis en chasse. Tu n'as pas fini si tu veux les tuer tous. Monte sur la grille, attrape-toi aux barreaux et reste tranquille. »

Je suis son conseil, mais les barreaux me coupent les cuisses, je ne peux pas résister longtemps dans cette position. Je débouche mon seau-cabinets et, reprenant ma veste, je l'attache aux barreaux et me glisse sur elle. Ça me fait une espèce de chaise qui me permet de mieux supporter la position, parce que maintenant je suis presque assis.

Cette invasion d'eau, de rats, de mille-pattes et de crabes minuscules apportés par l'eau est la chose la plus répugnante, la plus déprimante qu'un être humain puisse avoir à supporter. Quand l'eau se retire, une bonne heure après, il reste une boue visqueuse de plus d'un centimètre d'épaisseur. Je mets mes souliers, pour ne pas patauger dans cette fange. Le Noir me jette un bout de planche de dix centimètres de long et me dit de repousser la boue sur le couloir en commençant par la planche où je dois dormir, et puis du fond de mon cachot vers le passage. Cette occupation me prend une bonne demi-heure et m'oblige à ne penser qu'à cela. C'est déjà quelque chose. Avant la marée suivante, je n'aurai pas d'eau, c'est-à-dire pendant onze heures exactement, puisque la dernière heure est celle de l'inondation. Pour avoir de l'eau à nouveau, il faut compter les six heures où la mer se retire et les cinq heures où elle remonte. Je me fais cette réflexion un peu ridicule : ·

« Papillon, tu es destiné à avoir affaire aux marées de la mer. La lune, que tu le veuilles ou non, a pour toi beaucoup d'importance, pour toi et pour ta vie. C'est grâce aux marées, montantes et descendantes, que tu as pu sortir facilement du Maroni quand tu t'es évadé du bagne. C'est en calculant l'heure de la marée que tu es sorti de Trinidad et de Curaçao. Si tu as été arrêté à Rio Hacha, c'est que la marée n'était pas assez forte pour t'éloigner plus vite, et maintenant tu es à la merci permanente de cette marée. »

Parmi ceux qui liront ces pages, si un jour elles sont éditées, certains auront peut-être, au récit de ce que je dois supporter dans ces cachots colombiens, un peu de pitié pour moi. Ce sont les bons. Les autres, les cousins germains des douze fromages qui m'ont condamné, ou les frères du procureur diront : « C'est bien fait pour lui, il n'avait qu'à rester au bagne, ça ne lui serait pas arrivé. » « Eh bien, voulez-vous que je vous dise une chose, aussi bien à vous, les bons, qu'à vous les fromages ? Je ne suis pas désespéré, mais pas du tout, et je vous dirai mieux encore : je préfère être dans ces cachots de la vieille forteresse colombienne, bâtie par l'inquisition espagnole, qu'aux Iles du Salut où je devrais être à l'heure actuelle. Ici, il me reste encore beaucoup à tenter pour la « cavale » et je suis, même dans ce trou pourri, je suis quand même à deux mille cinq cents kilomètres du bagne. Il va falloir qu'ils en prennent vraiment des précautions pour arriver à me les faire refaire à l'envers. Je ne regrette qu'une chose : ma tribu guajira, Lali et Zoraïma et cette liberté dans la nature, sans le confort d'un civilisé, mais aussi sans police ni prison et encore moins de cachots. Je pense qu'à mes sauvages il ne leur prendrait jamais l'idée d'appliquer un supplice pareil à un ennemi, et encore bien moins à un homme comme moi qui n'ai commis aucun délit envers les Colombiens. »

Je me couche sur la planche et fume deux ou trois cigarettes au fond de ma cellule pour que les autres ne me voient pas fumer. En rendant la planchette au Noir je lui ai jeté une cigarette allumée et lui, par pudeur vis-à-vis des autres a fait comme moi. Ces détails qui paraissent un rien ont à mon sens beaucoup de valeur. Cela prouve que nous, les parias de la société, avons pour le moins un restant de savoir-vivre et de délicate pudeur.

Ici, ce n'est pas comme à la Conciergerie. Je peux rêver et vagabonder dans l'espace sans avoir à mettre un mouchoir pour protéger mes yeux d'une lumière trop crue.

Qui peut bien avoir averti la police que j'étais au couvent ? Ah ! si je le sais un jour, ça se paiera. Et puis je me dis : « Déconne pas, Papillon ! Avec ce que tu as à faire en France pour te venger, tu n'es pas venu dans ce pays perdu pour faire du mal ! Cette personne sera certainement punie par la vie elle-même et si tu dois revenir un jour, ce sera non pour te venger, mais pour donner du bonheur à Lali et Zoraïma et peut-être à tes enfants, qu'elles auront eus de toi. Si tu dois revenir dans ce bled, ce sera pour elles et pour tous les Guajiros qui t'ont fait l'honneur de t'accepter parmi eux comme un des leurs. Je suis encore dans le chemin de la pourriture, mais, bien qu'au fond d'un cachot sous-marin, je suis, qu'on le veuille ou non, en cavale et sur le chemin de la liberté. Ça, c'est impossible à nier. »

J'ai reçu du papier, un crayon, deux paquets de cigarettes. Il y a trois jours que je suis là. Je devrais dire trois nuits, car ici il fait toujours nuit. Pendant que j'allume une cigarette « Piel Roja », je ne puis qu'admirer le dévouement des prisonniers entre eux. Il risque gros, le Colombien qui me passe le paquet. S'il est pris, ce sera sans doute pour lui un séjour dans ces mêmes cachots. Il n'est pas sans le savoir, et accepter de m'aider dans mon calvaire est non seulement courageux mais d'une noblesse peu commune. Toujours par le même système du papier allumé, je lis : « Papillon, on sait que tu tiens bien le coup. Bravo ! Donne de tes nouvelles. Nous, toujours pareils. Une bonne sœur qui parle français est venue te voir, on ne l'a pas laissée parler avec nous, mais un Colombien nous a dit qu'il avait eu le temps de lui

dire que le Français est dans les cachots de la mort.
Elle a dit : « Je reviendrai. » C'est tout. On t'embrasse,
tes amis. »

Répondre n'a pas été facile mais je suis tout de même
arrivé à écrire : « Merci de tout. Ça va, je tiens le coup.
Ecrivez au consul français, on ne sait jamais. Que toujours le même donne les commissions pour qu'en cas
d'accident un seul soit puni. Ne touchez pas les pointes
des flèches. Vive la cavale ! »

CAVALE A SANTA MARTA

CE n'est que vingt-huit jours après que, sur l'intervention d'un consul belge à Santa Marta, un nommé Klau-
sen, je suis sorti de cet antre immonde. Le Noir, qui
s'appelait Palacios et était sorti trois semaines après
mon arrivée, avait eu l'idée de dire à sa mère, lors d'une
visite, d'avertir le consul belge qu'un Belge était dans
ces cachots. Cette idée lui était venue en voyant, un
dimanche, un prisonnier belge recevoir la visite du
consul.

Un jour, donc, on m'emmena au bureau du commandant qui me dit :

« Vous êtes français, pourquoi vous faites des réclamations au consul belge ? »

Dans le bureau, un monsieur vêtu de blanc, d'une
cinquantaine d'années, les cheveux blonds presque blancs
sur une figure ronde, fraîche et rose, était assis dans
un fauteuil, une serviette de cuir sur les genoux. De
suite, je réalise la situation :

« C'est vous qui le dites que je suis français. Je suis
évadé, je le reconnais, de la justice française, mais je
suis belge.

— Ah ! Vous voyez, dit le petit homme à la figure de
curé.

— Pourquoi ne l'avez-vous pas dit ?

— Pour moi, ça n'avait aucune importance à votre
égard, car je n'ai vraiment pas commis de délit sérieux

sur votre terre, si ce n'est de m'évader, ce qui est normal pour tout prisonnier.

— Bueno, je vais vous mettre avec vos camarades. Mais, Señor consul, je vous avertis qu'à la première tentative d'évasion je le remets d'où il vient. Emmenez-le chez le coiffeur, puis mettez-le avec ses complices.

— Merci, monsieur le consul, dis-je en français, merci beaucoup de vous être dérangé pour moi.

— Mon Dieu ! Comme vous avez dû souffrir dans ces horribles cachots ! Vite, allez-vous-en. Il ne faudrait pas qu'il change d'avis, cet animal. Je reviendrai vous voir. Au revoir. »

Le coiffeur n'était pas là et l'on me remit avec mes amis. Je devais avoir une drôle de gueule car ils n'arrêtaient pas de dire :

« Mais c'est pas toi ! C'est pas possible ! Qu'est-ce qu'ils t'ont fait, ces salauds, pour te rendre comme tu es ? Parle-nous, dis-nous quelque chose. Es-tu aveugle ? Qu'as-tu aux yeux ? Pourquoi les fermes-tu et les ouvres-tu constamment ?

— C'est que je n'arrive pas à m'accoutumer à cette lumière. Ce jour est trop lumineux pour moi, il blesse mes yeux habitués à l'obscurité. » Je m'assieds en regardant vers l'intérieur de la cellule : « Comme cela, ça va mieux.

— Tu sens le pourri, c'est incroyable ! Même ton corps sent le pourri ! »

Je m'étais mis à poil et ils posèrent mes affaires près de la porte. Mes bras, mon dos, mes cuisses, mes jambes étaient pleins de piqûres rouges, comme celles des punaises de chez nous, et de morsures des crabes lilliputiens qui flottaient avec la marée. J'étais horrible, je n'avais pas besoin d'une glace pour m'en rendre compte. Ces cinq bagnards qui en avaient tant vu s'étaient arrêtés de parler, troublés de me voir dans cet état. Clousiot appelle un policier et lui dit que s'il n'y a pas de coiffeur, il y a de l'eau dans la cour. L'autre lui dit d'attendre l'heure de la sortie.

Je sors tout nu. Clousiot porte les affaires propres
que je vais me mettre. Aidé de Maturette, je me lave
et me relave avec du savon noir du pays. Plus je me
lave, plus il en sort de la crasse. Enfin, après plusieurs
savonnages et rinçages, je me sens propre. Je me sèche
en cinq minutes au soleil et je m'habille. Le coiffeur
arrive. Il veut me tondre, je lui dis : « Non. Coupe-moi
les cheveux normalement et rase-moi. Je te paierai.

— Combien ?

— Un peso.

— Fais-le bien, dit Clousiot, je t'en donnerai deux. »

Baigné, rasé, les cheveux bien coupés, vêtu de vêtements propres, je me sens revivre. Mes amis n'arrêtent
pas de m'interroger :

« Et l'eau, à quelle hauteur ? Et les rats ? Et les
mille-pattes ? Et la boue ? Et les crabes ? Et la merde
des tinettes et les morts qui sortaient ? C'étaient des
morts naturels ou des suicidés pendus ? Ou des « suicidés » par les policiers ? »

Ça n'arrêtait pas les questions et de tant parler m'avait
donné soif. Dans la cour, il y avait un marchand de café.
Pendant les trois heures qu'on est restés dans la cour,
j'ai bu au moins une dizaine de cafés forts, sucrés au
« papelón » (cassonade). Ce café me paraissait la meilleure boisson du monde. Le Noir du cachot d'en face
est venu me dire bonjour. Il m'explique à mi-voix l'histoire du consul belge avec sa mère. Je lui serre la main.
Il est très fier d'avoir été à l'origine de ma sortie. Il
se retire tout heureux me disant : « On parlera demain.
C'est assez pour aujourd'hui. »

Il me semble que la cellule de mes amis est un palais.
Clousiot a un hamac qui lui appartient, il l'a acheté
avec son argent. Il m'oblige à m'y coucher. Je m'étends
en travers. Il s'étonne et je lui explique que s'il se met
dans le sens de la longueur, c'est qu'il ne sait pas se
servir d'un hamac.

Manger, boire, dormir, jouer aux dames, aux cartes
avec des cartes espagnoles, parler espagnol entre nous

et avec les policiers et prisonniers colombiens pour apprendre bien la langue, toutes ces activités meublaient notre journée et même une partie de la nuit. Il est dur d'être couché dès neuf heures du soir. Alors viennent en foule les détails de la cavale de l'hôpital de Saint-Laurent à Santa Marta, ils viennent, défilent devant mes yeux et réclament une suite. Le film ne peut pas s'arrêter là, il faut qu'il continue, il continuera, mec. Laisse-moi reprendre des forces et tu peux être sûr qu'il y aura de nouveaux épisodes, fais-moi confiance ! J'ai trouvé mes fléchettes et deux feuilles de coca, une complètement sèche, l'autre encore un peu verte. Je mâche la verte. Tous me regardent stupéfaits. J'explique à mes amis que ce sont les feuilles avec lesquelles on fabrique la cocaïne.

« Tu te fous de nous !

— Goûte.

— Oui, effectivement, ça insensibilise la langue et les lèvres.

— On en vend ici ?

— Sais pas. Comment fais-tu, Clousiot, pour faire apparaître du pognon de temps en temps ?

— J'ai changé à Rio Hacha et depuis j'ai toujours eu de l'argent aux yeux de tout le monde.

— Moi, dis-je, j'ai trente-six pièces d'or de cent pesos chez le commandant et chaque pièce vaut trois cents pesos. Un de ces jours je vais soulever le problème.

— Ce sont des crève-la-faim, offre-lui plutôt un marché.

— C'est une idée. »

Dimanche j'ai parlé avec le consul belge et le prisonnier belge. Ce prisonnier a commis un abus de confiance vis-à-vis d'une compagnie bananière américaine. Le consul s'est mis à ma disposition pour nous protéger. Il a rempli une fiche où je déclare être né de parents belges à Bruxelles. Je lui ai parlé des sœurs et des perles. Mais lui, protestant, ne connaît ni les sœurs ni les curés. Il connaît un tout petit peu l'évêque. Pour les pièces, il me conseille de ne pas les réclamer. C'est trop risqué. Il devrait être avisé vingt-quatre heures à l'avance de notre départ pour Baranquilla, « et vous pourriez les réclamer en ma présence, dit-il, puisque, si j'ai bien compris, il y a des témoins.

— Oui.

— Mais en ce moment ne réclamez rien, il serait capable de vous remettre dans ces horribles cachots et peut-être, même, de vous faire tuer. C'est une vraie petite fortune ces pièces de cent pesos d'or. Elles ne valent pas trois cents pesos, comme vous le croyez, mais cinq cent cinquante pesos chacune. C'est donc une grosse somme. Il ne faut pas tenter le diable. Pour les perles, c'est autre chose. Donnez-moi le temps de réfléchir. »

Je demande au Noir s'il ne voudrait pas s'évader avec moi et comment à son avis, on devrait agir. Sa peau claire est devenue grise en entendant parler de fuite.

« Je te supplie, homme. N'y pense même pas. Si tu fracasses, ce qui t'attend c'est la mort lente la plus affreuse. Tu en as eu un avant-goût. Attends d'être ailleurs, à Baranquilla. Mais ici ce serait un suicide. Veux-tu mourir ? Alors reste tranquille. Dans toute la Colombie il n'existe pas de cachot comme celui que tu as connu. Alors pourquoi risquer ici ?

— Oui, mais ici où le mur n'est pas excessivement haut, ça doit être relativement facile.

— « Hombre, facil o no », ne compte pas sur moi. Ni pour partir, ni même pour t'aider. Même pas pour en parler. » Et il me quitte, terrorisé, sur cette parole : « Français, tu n'es pas un homme normal, tu es fou de penser à des choses pareilles ici, à Santa Marta. »

Tous les matins et tous les après-midi, je regarde les prisonniers colombiens qui sont là pour de grosses affaires. Ils ont tous des gueules d'assassins, mais on les sent dominés. La terreur d'être envoyés dans ces cachots les paralyse en tout. Il y a quatre ou cinq jours, on a vu sortir du cachot un grand diable d'une tête de plus que moi qu'on appelle « El Caimán ». Il jouit de la réputation d'être un homme extrêmement dangereux.

Je parle avec lui, puis après trois ou quatre promenades je lui dis :

« Caimán, quieres fugarte conmigo ? (veux-tu t'évader avec moi ?) »

Il me regarde comme si j'étais le diable et me dit :

« Pour retourner d'où on vient si on échoue ? Non, merci. Je préférerais tuer ma mère que retourner là-bas. »

Ce fut mon dernier essai. Jamais plus je ne parlerai à quelqu'un d'évasion.

L'après-midi, je vois passer le commandant de la prison. Il s'arrête, me regarde, puis il me dit :

« Comment ça va ?

— Ça va, mais ça irait mieux si j'avais mes pièces d'or.

— Pourquoi ?

— Parce que je pourrais me payer un avocat.

— Viens avec moi. »

Et il m'emmène dans son bureau. Nous sommes seuls. Il me tend un cigare — c'est pas mal —, me l'allume — de mieux en mieux.

« Tu sais assez parler espagnol pour comprendre et répondre clairement en parlant lentement ?

— Oui.

— Bon. Tu me dis que tu voudrais vendre tes vingt-six pièces.

— Non, mes trente-six pièces.

— Ah ! oui, oui ! Et avec cet argent te payer un avocat ? Mais il n'y a que nous deux qui savons que tu as ces pièces.

— Non, il y a le sergent et les cinq hommes qui m'ont arrêté et le deuxième commandant qui les a reçues avant de vous les remettre. Puis il y a mon consul.

— Ah ! Ah ! Bueno. C'est même mieux que beaucoup de gens le sachent comme cela nous agissons au grand jour. Tu sais, je t'ai rendu un grand service. Je me suis tu, je n'ai pas passé de bulletin de demande de renseignements aux diverses polices des pays où tu as passé pour savoir s'ils avaient connaissance d'un vol de pièces.

— Mais vous auriez dû le faire.

— Non, pour ton bien il valait mieux ne pas le faire.

— Je vous remercie, commandant.

— Tu veux que je te les vende ?

— A combien ?

— Bien, au prix que tu m'as dit qu'on t'en avait payé trois : trois cent pesos. Tu me donneras cent pesos par pièce pour t'avoir rendu ce service. Qu'en dis-tu ?

— Non. Tu me remets les pièces dix par dix et je te donnerai non pas cent mais deux cents pesos par pièce. Ça vaut ce que tu as fait pour moi.

— Français, tu es trop malin. Moi, je suis un pauvre officier colombien trop confiant et un peu bête, mais toi tu es intelligent et je te l'ai déjà dit, trop malin.

— Ben alors, quelle offre raisonnable tu veux me faire ?

— Demain je fais venir l'acheteur, ici, dans mon bureau. Il voit les pièces, fait une offre, et moitié moitié. Ça ou rien. Je t'envoie à Baranquilla avec les pièces ou je les garde pour enquête.

— Non, voilà ma dernière proposition : l'homme vient ici, regarde les pièces et tout ce qu'il y a au-dessus de trois cent cinquante pesos pour chacune est à toi.

— Esta bien (C'est bien), tu tienes mi palabra (tu as ma parole). Mais où vas-tu mettre une si grosse somme ?

— Au moment de toucher l'argent, tu feras venir le consul belge. Je la lui donnerai pour payer mon avocat.

— Non, je ne veux pas de témoin.

— Tu ne risques rien, je signerai que tu m'as remis mes trente-six pièces. Accepte, et si tu te conduis correctement envers moi, je te proposerai une autre affaire.

— Laquelle ?

— Fais-moi confiance. Elle est aussi bonne que l'autre et dans la deuxième on fera le cinquante pour cent.

— Cual es ? (Qu'est-ce que c'est ?) Dis-moi.

— Fais vite demain et le soir, à cinq heures, quand mon argent sera en sécurité chez mon consul, je te dirai l'autre affaire. »

L'entrevue a été longue. Quand je reviens tout content

dans la cour, mes amis sont déjà rentrés dans la cellule.

« Alors, qu'est-ce qui se passe ? »

Je leur raconte toute notre conversation. On se tord de rire malgré notre situation.

« Quel renard, ce mec ! Mais tu l'as gagné de vitesse. Tu crois qu'il va marcher ?

— Je joue cent pesos contre deux cents qu'il est dans le sac. Personne ne joue ?

— Non, moi aussi je pense qu'il va marcher. »

Toute la nuit je réfléchis. La première affaire, ça y est. La deuxième — il va être trop content d'aller récupérer les perles — ça y est aussi. Reste la troisième. La troisième... ce serait que je lui offre tout ce qui m'est revenu pour qu'il me laisse voler un bateau dans le port. Ce bateau, je pourrais l'acheter avec l'argent que j'ai dans mon plan. On va voir s'il va résister à la tentation. Qu'est-ce que je risque ? Après les deux premières affaires il ne peut même pas me punir. On verra. Ne vends pas la peau de l'ours, etc. Tu pourrais attendre Baranquilla. Pourquoi ? A ville plus importante, prison plus importante, donc mieux surveillée et avec des murs plus hauts. Je devrais retourner vivre avec Lali et Zoraïma : je m'évade en vitesse, j'attends là-bas des années, je vais à la montagne avec la tribu qui a les bœufs et je prends alors contact avec les Vénézuéliens. Cette cavale il faut à tout prix que je la réussisse. Toute la nuit je combine comment je pourrais m'y prendre pour mener à bien la troisième affaire.

Le lendemain, ça ne va pas traîner. A neuf heures du matin on vient me chercher pour voir un monsieur qui m'attend chez le commandant. Quand j'arrive, le policier reste dehors et je me trouve devant une personne de près de soixante ans, vêtue de gris c'air, cravatée de gris. Sur la table, un grand chapeau en feutre gris, genre cow-boy. Une grosse perle grise et bleu argent s'avance comme dans un écrin portée par la cravate. Cet homme maigre et sec ne manque pas d'une certaine élégance.

« Bonjour, monsieur.

— Parlez-vous français ?

— Oui, monsieur, je suis libanais d'origine. Je vois que vous avez des pièces d'or de cent pesos, je suis intéressé. En voulez-vous cinq cents pour chacune ?

— Non, six cent cinquante.

— Vous vous êtes mal renseigné, monsieur ! Leur prix maximum par pièce est de cinq cent cinquante.

— Ecoutez, comme vous les prenez toutes, je vous les donne à six cents.

— Non, à cinq cent cinquante. »

Bref, on tombe d'accord à cinq cent quatre-vingts. Marché conclu.

« Qué han dicho ? (Qu'avez-vous dit ?)

— Le marché est conclu, commandant, à cinq cent quatre-vingts. La vente se fera après-midi. »

Il part. Le commandant se lève et me dit :

« Très bien, alors combien pour moi ?

— Deux cent cinquante par pièce. Vous voyez, je vous donne deux fois et demie ce que vous vouliez gagner, cent pesos par pièce. »

Il sourit et dit : « L'autre affaire ?

— D'abord que le consul soit là après-midi pour toucher l'argent. Quand il sera parti je te dirai la deuxième affaire.

— C'est donc vrai qu'il y en a une autre ?

— Tu as ma parole.

— Bien, ojalá (que ce soit vrai). »

A deux heures, le consul et le Libanais sont là. Ce dernier me donne vingt mille huit cents pesos. J'en remets douze mille six cents au consul et huit mille deux cent quatre-vingts au commandant. Je signe un reçu au commandant comme quoi il m'a remis mes trente-six pièces de cent pesos en or. Nous restons seuls, le commandant et moi. Je lui raconte la scène de la supérieure

« Combien de perles ?

— Cinq à six cents.

— C'est une voleuse, cette supérieure. Elle aurait dû te les rapporter ou te les faire envoyer, ou les remettre à la police. Je vais la dénoncer.

— Non, tu vas aller la voir et tu lui remettras une lettre de ma part, en français. Avant de parler de la lettre, tu demanderas qu'elle fasse venir l'Irlandaise.

— Je comprends : c'est l'Irlandaise qui doit lire ta lettre écrite en français et la lui traduire. Très bien. J'y vais.

— Attends la lettre.

— Ah ! c'est vrai ! José, prépare la voiture avec deux policiers ! » crie-t-il par la porte entrouverte.

Je m'installe au bureau du commandant et, sur le papier à en-tête de la prison, j'écris la lettre suivante :

Madame la Supérieure du couvent,
   Aux bons soins de la bonne et
   charitable sœur irlandaise,

Quand Dieu m'a conduit chez vous où je croyais recevoir l'aide à laquelle tout persécuté a droit dans la loi chrétienne, j'ai eu le geste de vous confier un sac de perles de ma propriété afin de vous donner confiance que je ne partirais pas clandestinement de votre toit qui abrite une maison de Dieu. Un être vil a cru de son devoir de me dénoncer à la police qui m'a rapidement arrêté chez vous. J'espère que l'âme abjecte qui a commis ce geste n'est pas une âme qui appartient à une des filles de Dieu de votre maison. Je ne peux pas vous dire que je le ou la pardonne, cette âme pourrie, ce serait mentir. Au contraire, je demanderai avec ferveur que Dieu ou l'un de ses saints punisse sans miséricorde la ou le coupable d'un péché aussi monstrueux. Je vous prie, Madame la Supérieure, de remettre au commandant Cesario le sac de perles que je vous ai confié. Il me les remettra religieusement, j'en suis certain. Cette lettre vous servira de reçu.

Veuillez, etc.

Le couvent étant à huit kilomètres de Santa Marta, la voiture revient une heure et demie après. Le commandant m'envoie chercher.

« Ça y est. Compte-les pour voir s'il en manque. »

Je les compte. Pas pour savoir s'il en manque car je n'en connaissais pas le nombre, mais pour savoir combien de perles il y a maintenant entre les mains de ce ruffian : cinq cent soixante-douze.

« C'est ça ?

— Oui.

— No falta ? (Il n'en manque pas ?)

— Non. Maintenant, raconte.

— Quand je suis arrivé au couvent, la supérieure était dans la cour. Les deux policiers m'ont encadré et j'ai dit : « Madame, pour une chose très grave que vous « devez deviner, il est nécessaire que je parle à la « sœur irlandaise en votre présence. »

— Et alors ?

— C'est en tremblant que cette sœur a lu la lettre à la supérieure. Celle-ci n'a rien dit. Elle a baissé la tête, ouvert le tiroir de son bureau et m'a dit : « Voilà la « bourse, intacte, avec ses perles. Que Dieu pardonne « à la coupable d'un tel crime envers cet homme. Dites-« lui que nous prions pour lui. » Et voilà, Hombre ! termine radieux le commandant.

— Quand est-ce qu'on vend les perles ?

— Mañana (demain). Je ne te demande pas d'où elles viennent, je sais maintenant que tu es un matador (tueur) dangereux, mais je sais aussi que tu es un homme de parole et un honnête homme. Tiens, emporte ce jambon et cette bouteille de vin et ce pain français pour que tu fêtes avec tes amis ce jour mémorable.

— Bonsoir.

Et j'arrive avec une bouteille de deux litres de chianti, un jambon fumé de près de trois kilos et quatre pains longs français. C'est un repas de fête. Le jambon, le pain et le vin diminuent rapidement. Tout le monde mange et boit de bon appétit.

« Tu crois qu'un avocat va pouvoir faire quelque chose pour nous ? »

J'éclate de rire. Les pauvres, même eux y ont cru au coup de l'avocat !

« Je ne sais pas. Il faut étudier et consulter avant de payer.

— Le mieux, dit Clousiot, serait de ne payer qu'en cas de succès.

— C'est ça, il faut trouver un avocat qui accepte cette proposition. » Et je n'en parle plus. J'ai un peu honte.

Le lendemain, le Libanais revient : « C'est très compliqué, dit-il. Il faut d'abord classer les perles par mesure, puis par orient, puis selon leur forme ; voir si elles sont bien rondes ou baroques. » Bref, non seulement c'est compliqué, mais par-dessus le marché le Libanais dit qu'il doit amener un autre acheteur possible, plus compétent que lui. En quatre jours on termine. Il paie trente mille pesos. Au dernier moment j'ai retiré une perle rose et deux perles noires pour en faire cadeau à la femme du consul belge. En bons commerçants, ils en profitent pour dire que ces trois perles valent à elles seules cinq mille pesos. Je prends quand même les perles.

Le consul belge fait des difficultés pour accepter les perles Il me gardera les quinze mille pesos. Donc je suis en possession de vingt-sept mille pesos. Il s'agit de mener à bien la troisième affaire.

Comment, de quelle façon vais-je m'y prendre ? Un bon ouvrier gagnait en Colombie de huit à dix pesos par jour. Donc les vingt-sept mille pesos, c'est une grosse somme. Je vais battre le fer tant qu'il est chaud. Le commandant a touché vingt-trois mille pesos. Avec ces vingt-sept mille en plus, cela lui ferait cinquante mille pesos.

« Commandant, combien vaut un commerce qui ferait vivre quelqu'un mieux que vous ?

— Un bon commerce vaut comptant de quarante-cinq à soixante mille pesos.

— Et que produit-il ? Trois fois ce que vous gagnez ? Quatre fois ?

— Plus. Il donne cinq ou six fois plus que ce que je gagne.

— Et pourquoi ne devenez-vous pas un commerçant ?

— Il me faudrait deux fois plus que ce que j'ai.

— Ecoute, commandant, j'ai une troisième affaire à te proposer.

— Ne joue pas avec moi.

— Non, je t'assure. Tu veux les vingt-sept mille pesos que j'ai ? Ils sont à toi quand tu veux.

— Comment ?

— Laisse-moi partir.

— Ecoute Français, je sais que tu n'as pas confiance en moi. Avant, peut-être, tu avais raison. Mais maintenant que grâce à toi je suis sorti de la misère ou tout comme, que je peux m'acheter une maison et envoyer mes enfants à l'école payante, sache que je suis ton ami. Je ne veux pas te voler ni qu'on te tue ; ici je ne peux rien faire pour toi, même pour une fortune. Je ne peux pas te faire évader avec des chances de réussir.

— Et si je te prouve le contraire ?

— Alors on verra, mais pense bien avant.

— Commandant, as-tu un ami pêcheur ?

— Oui.

— Peut-il être capable de me sortir en mer et de me vendre son canot ?

— Je ne sais pas.

— Combien, à peu près, vaut son bateau ?

— Deux mille pesos.

— Si je lui donne sept mille à lui et vingt mille à toi, ça va ?

— Français, avec dix mille c'est assez pour moi, garde quelque chose pour toi.

— Arrange les choses.

— Tu partiras seul ?

— Non.

— Combien ?

— Trois en tout.

— Laisse-moi parler avec mon ami pêcheur. »

Je suis stupéfait du changement de ce type envers moi. Avec sa gueule d'assassin, il a au fond de son cœur de belles choses cachées.

Dans la cour, j'ai parlé à Clousiot et à Maturette. Ils me disent que je fasse comme il me plaira, qu'ils sont prêts à me suivre. Cet abandon de leur vie entre mes mains me donne une satisfaction bien grande. Je n'en abuserai pas, je serai prudent jusqu'à l'extrême, car j'ai pris sur moi une grande responsabilité. Mais je dois avertir nos autres compagnons. Nous venons de terminer un tournoi de dominos. Il est près de neuf heures du soir. C'est le dernier moment que nous avons pour prendre le café. J'appelle : « Cafetero ! » Et l'on se fait servir six cafés bien chauds.

« Il faut que je vous parle. Voilà. Je crois que je vais pouvoir repartir en cavale. Malheureusement, on ne peut partir que trois. Il est normal que je parte avec Clousiot et Maturette qui sont des hommes avec lesquels je me suis évadé des durs. Si l'un de vous trouve quelque chose à redire à cela, qu'il le dise franchement, je l'écouterai.

— Non, dit le Breton, c'est juste à tous les points de vue. D'abord parce que vous êtes partis ensemble des durs. Ensuite, si vous êtes dans cette situation, c'est de notre faute à nous qui avons voulu débarquer en Colombie. Papillon, merci quand même de nous avoir demandé notre avis. Mais tu as parfaitement le droit d'agir ainsi. Que Dieu fasse que vous réussissiez car, si vous êtes pris, c'est la mort certaine et dans de drôles de conditions.

— Nous le savons », disent ensemble Clousiot et Maturette.

Le commandant m'a parlé l'après-midi. Son ami est d'accord. Il demande ce que nous voulons emporter dans le canot.

« Un tonneau de cinquante litres d'eau douce, vingt-cinq kilos de farine de maïs et six litres d'huile. C'est tout.

— Carajo ! s'écrie le commandant. Avec si peu de chose tu ne vas pas prendre la mer ?

— Si.

— Tu es valeureux, Français. »

Ça y est. Il est résolu à faire la troisième opération. Il ajoute froidement : « Je fais cela, que tu le croies ou non, pour mes enfants, et après, pour toi. Tu le mérites pour ton courage. »

Je sais que c'est vrai et je l'en remercie.

« Comment vas-tu faire pour qu'on ne voie pas trop que j'étais d'accord avec toi ?

— Ta responsabilité ne sera pas engagée. Je partirai la nuit, quand le deuxième commandant sera de garde.

— Quel est ton plan ?

— Tu commences demain à enlever un policier de la garde de nuit. Dans trois jours tu en enlèves un autre. Quand il n'y en a plus qu'un, tu fais installer une guérite face à la porte de la cellule. La première nuit de pluie, la sentinelle va s'abriter dans la guérite et moi je sauterai par la fenêtre derrière. Pour la lumière autour du mur, il faut que tu trouves le moyen de faire toi-même le court-circuit. C'est tout ce que je te demande. Tu peux faire le court-circuit en envoyant toi-même un fil de cuivre d'un mètre attaché avec deux pierres, sur les deux fils qui vont au poteau à la ligne des lampes qui éclairent le dessus du mur. Quant au pêcheur, le canot doit être attaché par une chaîne dont il aura forcé le cadenas lui-même de façon que je n'aie pas à perdre de temps, les voiles prêtes à être hissées et trois grosses pagaies pour prendre le vent.

— Mais il y a un petit moteur, dit le commandant.

— Ah ! Alors mieux encore : qu'il mette le moteur au point mort comme s'il le chauffait et qu'il aille au premier café boire de l'alcool. Quand il nous verra arriver, il doit se poster au pied du bateau en ciré noir.

— L'argent ?

— Je couperai en deux tes vingt mille pesos, chaque billet sera coupé à moitié. Les sept mille pesos, je les paierai à l'avance au pêcheur. Je te donnerai à l'avance la moitié des billets et l'autre moitié te sera remise par un des Français qui reste, je te dirai lequel.

— Tu ne crois pas en moi ? C'est mal.

— Non, ce n'est pas que je ne croie pas en toi, mais tu peux commettre une erreur dans le court-circuit et alors je ne paierai pas, car sans court-circuit je ne peux pas partir.

— Bien. »

Tout est prêt. Par l'intermédiaire du commandant, j'ai donné les sept mille pesos au pêcheur. Voici cinq jours qu'il n'y a plus qu'une sentinelle. La guérite est installée et nous attendons la pluie qui n'arrive pas. Le barreau a été scié avec des scies données par le commandant, l'entaille bien colmatée et, par-dessus le marché, dissimulée par une cage où vit un perroquet qui commence à dire « merde » en français. Nous sommes sur des charbons ardents. Le commandant a la moitié des billets. Chaque nuit on attend. Il ne pleut pas. Le commandant doit, une heure après le début de la pluie, provoquer le court-circuit sous le mur, du côté extérieur. Rien, rien, pas de pluie en cette saison, c'est incroyable. Le plus petit nuage aperçu de bonne heure à travers nos grilles nous remplit d'espérance et puis, rien. C'est à devenir jobard. Voilà seize jours que tout est prêt, seize nuits de veille, le cœur dans la gorge. Un dimanche, au matin, le commandant vient lui-même me chercher dans la cour et m'emmène dans son bureau. Il me rend le paquet des moitiés de billets et trois mille pesos en billets entiers.

« Que se passe-t-il ?

— Français, mon ami, tu n'as plus que cette nuit. Demain à six heures vous partez pour Baranquilla. Je ne te rends que trois mille pesos du pêcheur, parce qu'il a dépensé le reste. Si Dieu veut qu'il pleuve cette nuit, le pêcheur t'attendra et en prenant le bateau tu lui donne-

ras l'argent. J'ai confiance en toi, je sais que je n'ai rien
à craindre. »

Il n'a pas plu.

CAVALES A BARANQUILLA

A six heures du matin, huit soldats et deux cabots
accompagnés d'un lieutenant nous mettent les menottes,
et en route pour Baranquilla dans un camion militaire.
Nous faisons les cent quatre-vingts kilomètres en trois
heures et demie. A dix heures du matin, nous sommes
à la prison qui s'appelle la « 80 », calles Medellin à
Baranquilla. Tant d'efforts pour ne pas aller à Baranquilla et nous y trouver quand même ! C'est une ville
importante. Le premier port colombien sur l'Atlantique,
mais situé à l'intérieur de l'estuaire d'un fleuve, le
rio Magdalena. Quant à sa prison, c'est une importante
prison : quatre cents prisonniers et près de cent surveillants. Elle est organisée comme n'importe quelle
prison d'Europe. Deux murs de ronde, hauts de plus de
huit mètres.

On est reçus par l'état-major de la prison avec, à sa
tête, Don Gregorio, le directeur. La prison se compose
de quatre cours. Deux d'un côté, deux de l'autre. Elles
sont séparées par une longue chapelle où l'on dit la
messe et qui sert aussi de parloir. On nous met dans la
cour des plus dangereux. A la fouille, on a trouvé les
vingt-trois mille pesos et les fléchettes. Je crois de mon
devoir d'avertir le directeur qu'elles sont empoisonnées,
ce qui n'est pas pour nous faire passer pour de bons garçons.

« Ils ont même des flèches empoisonnées, ces Français ! »

Nous trouver dans cette prison de Baranquilla est pour
nous le moment le plus dangereux de notre aventure.
C'est ici, en effet, que nous serons remis aux autorités
françaises. Oui, Baranquilla, qui pour nous se réduit à

son énorme prison, représente le point crucial. Il faut s'évader au prix de n'importe quel sacrifice. Je dois jouer le tout pour le tout.

Notre cellule se trouve au milieu de la cour. D'ailleurs, ce n'est pas une cellule, c'est une cage : un toit de ciment reposant sur de gros barreaux de fer avec, dans un des angles, les cabinets et les lavabos. Les autres prisonniers, une centaine, sont répartis dans des cellules creusées dans les quatre murs de cette cour de vingt mètres sur quarante, une grille donnant sur la cour. Chaque grille est surmontée d'une sorte d'auvent en tôle pour empêcher la pluie d'entrer dans la cellule. Il n'y a que nous, les six Français, dans cette cage centrale, exposés jour et nuit aux regards des prisonniers, mais surtout des gardiens. On passe la journée dans la cour, de six heures du matin à six heures du soir. On entre ou sort de la cellule comme on veut. On peut parler, se promener, même manger dans la cour.

Deux jours après notre arrivée, on nous réunit tous les six dans la chapelle en présence du directeur, de quelques policiers et de sept ou huit journalistes photographes.

« Vous êtes des évadés du bagne français de la Guyane ?

— Nous ne l'avons jamais nié.

— Pour quels délits avez-vous, chacun, été condamnés aussi sévèrement ?

— Cela n'a aucune importance. L'important est que nous n'avons commis aucun délit sur la terre colombienne et que votre nation non seulement nous refuse le droit de nous refaire une vie, mais encore sert de chasseurs d'hommes, de gendarmes au gouvernement français.

— La Colombie pense qu'elle ne doit pas vous accepter sur son territoire.

— Mais moi, personnellement, et deux autres camarades, nous étions et sommes bien décidés à ne pas vivre dans ce pays. On nous a arrêtés tous les trois en pleine mer et non pas en train de débarquer sur cette terre. Au contraire, nous faisions tous les efforts possibles pour nous en éloigner.

— Les Français, dit un journaliste d'un journal catholique, sont à peu près tous catholiques, comme nous les Colombiens.

— Il est possible que vous, vous vous baptisiez catholiques, mais votre façon d'agir est bien peu chrétienne.

— Et que nous reprochez-vous ?

— D'être les collaborateurs des gardes-chiourme qui nous poursuivent. Même mieux, de faire leur travail. De nous avoir dépouillés de notre bateau avec tout ce qui nous appartenait et qui était bien à nous, don des catholiques de l'île de Curaçao, représentés si noblement par l'évêque Irénée de Bruyne. Nous ne pouvons pas trouver admissible que vous ne vouliez pas risquer l'expérience de notre problématique régénération et que, pour comble, vous nous empêchiez d'aller plus loin, par nos propres moyens, jusqu'à un pays qui lui, peut-être, accepterait le risque. Ça, c'est inacceptable.

— Vous nous en voulez, à nous Colombiens ?

— Pas aux Colombiens en soi, mais à leur système policier et judiciaire.

— Que voulez-vous dire ?

— Que toute erreur peut être rattrapée quand on le veut. Laissez-nous partir par mer vers un autre pays.

— Nous essaierons d'obtenir cela pour vous. »

Une fois revenus dans la cour, Maturette me dit : « Eh bien, t'as compris ? Cette fois pas d'illusion à se faire, mec ! On y est dans la friture et pour sauter de la poêle, ça va pas être facile.

— Chers amis, je ne sais pas si, unis, nous serions plus forts, mais je vais vous dire que chacun peut faire ce que bon lui semble. Quant à moi, il faut que je m'évade de cette fameuse « 80 ».

Jeudi on m'appelle au parloir et je vois un homme bien vêtu, d'environ quarante-cinq ans. Je le regarde. Il ressemble étrangement à Louis Dega.

« C'est toi, Papillon ?

— Oui.

— Je suis Joseph, le frère de Louis Dega. J'ai lu les journaux et je suis venu te voir.

— Merci.

— Tu as vu mon frère là-bas ? Tu le connais ? »

Je lui raconte exactement l'odyssée de Dega jusqu'au jour où on s'est séparé à l'hôpital. Il m'apprend que son frère est aux îles du Salut, nouvelle qui lui est arrivée par Marseille. Les visites ont lieu à la chapelle, les jeudis et les dimanches. Il me dit qu'à Baranquilla vit une douzaine de Français venus chercher fortune avec leurs femmes. Ce sont tous des barbeaux. Dans un quartier spécial de la ville, une douzaine et demie de prostituées maintiennent la haute tradition française de la prostitution distinguée et habile. Toujours les mêmes types d'homme, les mêmes types de femme qui, du Caire au Liban, de l'Angleterre à l'Australie, de Buenos Aires à Caracas, de Saigon à Brazzaville, promènent sur la terre leur spécialité, vieille comme le monde, la prostitution et la façon d'en vivre, bien.

Joseph Dega m'en apprend une bien bonne : les barbeaux français de Baranquilla se font du mauvais sang. Ils ont peur que notre venue à la prison de cette ville ne trouble leur quiétude et ne porte préjudice à leur commerce florissant. En effet, si l'un ou plusieurs d'entre nous s'évadent, la police ira les rechercher dans les « casetas » des Françaises, même si l'évadé n'y va jamais demander assistance. D'où, indirectement, la police risque de découvrir bien des choses : faux papiers, autorisations de séjour périmées ou viciées. Nous chercher provoquerait des vérifications d'identité et de séjour. Et il y a des femmes et même des hommes qui, découverts, pourraient avoir de gros ennuis.

Me voilà bien renseigné. Il ajoute que lui, il est à ma disposition pour n'importe quoi et qu'il viendra me voir les jeudis et dimanches. Je remercie ce brave garçon qui m'a montré par la suite que ses promesses étaient sincères. Il m'apprend aussi que, d'après les journaux, notre extradition a été accordée à la France.

« Eh bien, messieurs. J'ai beaucoup de choses à vous dire.

— Quoi ? s'exclament tous les cinq en chœur.

— D'abord qu'il n'y a pas à s'illusionner. L'extradition est chose réglée. Un bateau spécial de la Guyane française viendra nous chercher ici pour nous faire retourner d'où nous venons. Ensuite, que notre présence donne des soucis à nos barbeaux, bien installés dans cette ville. Pas celui qui m'a rendu visite. Il s'en fout des conséquences, mais ses collègues de corporation craignent que si l'un de nous s'évade, nous leur provoquions des ennuis. »

Tout le monde s'esclaffe. Ils croient que je plaisante. Clousiot dit :

« Monsieur le maque Un tel, est-ce que je peux m'évader, je vous prie ?

— Assez rigolé. S'il vient nous voir des putes, il faut leur dire de ne plus venir. Entendu ?

— Entendu. »

Dans notre cour se trouvent, comme je l'ai dit, une centaine de prisonniers colombiens. Ils sont bien loin d'être des imbéciles. Il y a de vrais, de bons voleurs, faussaires distingués, escrocs à l'esprit ingénieux, spécialistes de l'attaque à main armée, trafiquants de stupéfiants et quelques tueurs spécialement préparés à cette profession, si banale en Amérique, par des exercices nombreux. Là-bas les riches, les hommes politiques et les aventuriers arrivés louent les services de ces tueurs qui agissent pour eux.

Les peaux sont de couleurs variées. Ça va du noir africain des Sénégalais à la peau de thé de nos créoles martiniquais ; du brique indien mongolique aux cheveux lisses noir-violet, au pur blanc. Je prends des contacts, j'essaie de me rendre compte de la capacité et de la volonté d'évasion de quelques individus choisis. La plupart d'entre eux sont comme moi : comme ils craignent ou ont déjà une longue peine, ils vivent en permanente alerte d'évasion.

Au-dessus des quatre murs de cette cour rectangulaire, circule un chemin de ronde très éclairé la nuit avec, à chaque angle du mur, une petite tourelle où s'abrite une sentinelle. Ainsi, jour et nuit, quatre sentinelles sont de service, plus une dans la cour, à la porte de la chapelle. Cette dernière, sans armes. La nourriture est suffisante et plusieurs prisonniers vendent à manger et à boire du café ou du jus de fruits du pays : oranges, ananas, papaye, etc., qui viennent de l'extérieur. De temps en temps ces petits commerçants sont victimes d'une attaque à main armée exécutée avec une rapidité surprenante. Sans avoir eu le temps de voir venir, ils se retrouvent avec une grande serviette serrée sur le visage pour les empêcher de crier, et un couteau dans les reins ou le cou qui rentrerait profondément au moindre mouvement. La victime est dépouillée de la recette avant de pouvoir dire ouf. Un coup de poing sur la nuque accompagne l'enlèvement de la serviette. Jamais, quoi qu'il arrive, personne ne parle. Quelquefois, le commerçant range ce qu'il vend — manière de fermer la boutique — et recherche qui a bien pu lui faire le coup. S'il le découvre, il y a bataille, toujours au couteau.

Deux voleurs colombiens viennent me faire une proposition. Je les écoute très attentivement. Il existe dans la ville, paraît-il, des policiers voleurs. Lorsqu'ils sont de garde dans un secteur, ils avisent des complices pour qu'ils puissent venir y voler.

Mes deux visiteurs les connaissent tous et m'expliquent que ce serait une malchance si, dans la semaine, il n'y avait pas un de ces policiers qui vienne monter la garde à la porte de la chapelle. Il faudrait que je me fasse rentrer un revolver à la visite. Le policier voleur accepterait sans peine d'être soi-disant forcé de frapper à la porte de sortie de la chapelle qui donne sur un petit poste de garde de quatre à six hommes au plus.

Surpris par nous, revolver au poing, ils ne pourraient nous empêcher de gagner la rue. Et il ne resterait plus qu'à se perdre dans le trafic qui y est très mouvementé.

Le plan ne me plaît pas beaucoup. Le revolver, pour pouvoir le dissimuler, ne peut être qu'une très petite arme, au maximum un 6,35. Avec ça, on risque de ne pas intimider suffisamment les gardes. Ou l'un d'eux peut mal réagir et on serait obligés de le tuer. Je dis non.

Le désir d'action ne tourmente pas que moi, mais aussi mes amis. Avec cette différence que, certains jours d'abattement, ils arrivent à accepter que le bateau qui viendra nous chercher nous trouve à la prison. De là à se voir battus, il n'y a pas loin. Ils discutent même de ce que pourront être nos punitions là-bas et des traitements qui nous y attendent.

« Je ne peux même pas les écouter, vos conneries ! Quand vous voulez parler de cet avenir, faites-le en dehors de moi, allez discuter dans un coin où je ne suis pas. La fatalité dont vous parlez n'est acceptable que si on est impotent. Etes-vous impotents ? Y a-t-il quelqu'un parmi nous à qui on ait coupé les couilles ? Si cela est arrivé, avisez-moi. Car, je vais vous le dire, mecs : quand je pense cavale ici, je pense cavale pour tous. Quand mon cerveau éclate à force de combiner comment s'y prendre pour s'évader, c'est que je pense à s'évader « tous ». Et c'est pas facile, six hommes. Parce que moi, je vais vous le dire, si je vois la date s'approcher de trop sans avoir rien fait, c'est facile : je tue un policier colombien pour gagner du temps. Ils vont pas me rendre à la France si je leur ai tué un policier. Et alors, j'aurai du temps devant moi. Et comme je serai tout seul à m'évader, ce sera plus facile. »

Les Colombiens préparent un autre plan, pas mal combiné. Le jour de la messe, dimanche matin, la chapelle est toujours pleine de visiteurs et de prisonniers. D'abord on écoute la messe tous ensemble, puis, l'office fini, dans la chapelle restent les prisonniers qui ont une visite. Les Colombiens me demandent d'aller dimanche à la messe pour bien me rendre compte comment ça se passe, afin de pouvoir coordonner l'action pour le dimanche suivant. Ils me proposent d'être le chef de la révolte. Mais je refuse cet honneur : je ne connais pas assez les hommes qui vont agir.

Je réponds des quatre Français. Le Breton et l'homme au fer à repasser ne veulent pas participer. Pas de problème, ils n'auront qu'à ne pas aller à la chapelle. Dimanche, nous, les quatre qui seront dans le coup, nous assistons à la messe. Cette chapelle est rectangulaire. Au fond, le chœur ; au milieu, de chaque côté, deux portes qui donnent sur les cours. La porte principale donne sur le poste de garde. Elle est barrée par une grille derrière laquelle sont les gardiens, une vingtaine. Enfin, derrière eux, la porte sur la rue. Comme la chapelle est pleine à craquer, les gardiens laissent la grille ouverte et, pendant l'office, restent debout en rang serré. Parmi les visiteurs doivent venir deux hommes et des armes. Les armes seront portées par des femmes, entre leurs cuisses. Elles les leur passeront une fois tout le monde entré. Ce seront deux gros calibres 38 ou 45. Le chef du complot recevra un revolver gros calibre d'une femme qui se retirera aussitôt. On doit, au signal de la deuxième sonnerie de la clochette de l'enfant de chœur, attaquer d'un seul coup. Moi, je dois mettre un énorme couteau sous la gorge du directeur, Don Gregorio, en disant : « Da la orden de nos dejar passar, si no, te mato. » (Donne l'ordre de nous laisser passer sans quoi je te tue.)

Un autre doit faire la même chose au curé. Les trois autres, de trois angles différents, braqueront leurs armes sur les policiers debout à la grille de l'entrée principale de la chapelle. Ordre d'abattre le premier qui ne jette pas son arme. Ceux qui ne sont pas armés doivent sortir les premiers. Le curé et le directeur serviront de bouclier à l'arrière-garde. Si tout se passe normalement, les policiers auront leurs fusils par terre. Les hommes qui

ont les revolvers doivent les faire entrer dans la chapelle. Nous sortirons en fermant d'abord la grille, puis la
porte en bois. Le poste de garde sera vide puisque tous
les policiers assistent obligatoirement debout à la
messe. Dehors, à cinquante mètres, se trouvera un
camion avec une petite échelle suspendue derrière pour
pouvoir monter plus vite. Le camion démarrera seulement après que le chef de la révolte sera monté. Il doit
monter le dernier. Après avoir assisté au déroulement
de la messe, je suis d'accord. Tout se passe comme me
l'a décrit Fernando.

Joseph Dega ne viendra pas à la visite dimanche. Il
sait pourquoi. Il va faire préparer un faux taxi pour
que nous ne montions pas dans le camion et nous mènera
à une cachette qu'il va aussi préparer. Je suis très excité
pendant toute la semaine et attends l'action avec impatience. Fernando a pu se procurer un revolver par un
autre moyen. C'est un 45 de la Garde civile colombienne,
une arme vraiment redoutable. Jeudi, une des femmes
de Joseph est venue me voir. Elle est très gentille et
me dit que le taxi sera de couleur jaune, on ne pourra
pas se tromper.

« O.K. Merci.

— Bonne chance. » Elle m'embrasse gentiment sur
les deux joues et me paraît un peu émue.

« Entra, entra. Que cette chapelle se remplisse pour
écouter la voix de Dieu », dit le curé.

Clousiot est fin prêt. Maturette a les yeux brillants
et l'autre ne me quitte pas d'une semelle. Très calme, je
prends ma place. Don Gregorio, le directeur, est là, assis
sur une chaise à côté d'une grosse femme. Je suis debout
contre le mur. A ma droite Clousiot, à ma gauche les
deux autres, vêtus convenablement pour ne pas nous
faire remarquer du public si on arrive à gagner la rue.
J'ai le couteau tout ouvert contre mon avant-bras droit.
Il est retenu par un gros élastique et recouvert par la
manche de ma chemise kaki, bien boutonnée au poignet.

C'est au moment de l'élévation, quand tout le monde baisse la tête comme s'ils cherchaient quelque chose, que l'enfant de chœur, après avoir fait tinter très vite sa sonnette, doit faire entendre trois sonneries distinctes. La deuxième, est notre signal. Chacun sait ce qu'il doit alors faire.

Première sonnerie, deuxième... Je me jette sur Don Gregorio, le poignard sous son gros cou ridé. Le curé crie : « Misericordia, no me mata. » (Miséricorde, ne me tuez pas.) Et sans les voir, j'entends les trois autres ordonner aux gardiens de jeter leur fusil. Tout va bien. Je prends Don Gregorio par le col de son beau costume et lui dis :

« Sigua y no tengas miedo, no te haré daño. (Suis-moi et n'aie pas peur, je ne te ferai pas de mal.) »

Le curé est maintenu par un rasoir sous la gorge, près de mon groupe. Fernando dit :

« Vamos, Francès, vamos a la salida. (Allons-y, Français, allons à la sortie.) »

Avec la joie du triomphe, de la réussite, je pousse tout mon monde vers la porte qui donne sur la rue, quand éclatent deux coups de fusil en même temps. Fernando s'écroule et un de ceux qui sont armés aussi. J'avance quand même encore un mètre, mais les gardiens se sont relevés et nous barrent le passage avec leurs fusils. Heureusement qu'entre eux et nous se trouvent des femmes. Elles les empêchent de tirer. Deux autres coups de fusil, suivis d'un coup de revolver. Notre troisième compagnon armé vient d'être abattu après avoir eu le temps de tirer un coup un peu au hasard, car il a blessé une jeune fille. Don Gregorio pâle comme un mort, me dit :

« Donne-moi le couteau. »

Je le lui remets. Ça n'aurait servi à rien de continuer la lutte. En moins de trente secondes la situation a été renversée.

Plus d'une semaine après, j'ai appris que la révolte avait échoué à cause d'un prisonnier d'une autre cour qui assistait en curieux à la messe, de l'extérieur de la chapelle. Dès les premières secondes de l'action, il aver-tit les sentinelles du mur de ronde. Elles sautent de ce mur de plus de six mètres dans la cour, l'une d'un côté de la chapelle, la deuxième de l'autre et, à travers les bar-reaux des portes latérales, tirèrent d'abord sur les deux qui, debout sur un banc, menaçaient de leurs armes les policiers. Le troisième fut abattu quelques secondes après en passant dans leur champ de tir. La suite fut une belle « corrida ». Moi, je suis resté à côté du directeur qui criait des ordres. Seize d'entre nous, dont les quatre Français, nous sommes retrouvés avec des barres de justice dans un cachot, au pain et à l'eau.

Don Gregorio a reçu la visite de Joseph. Il me fait appeler et m'explique que, pour lui faire plaisir, il va me remettre dans la cour avec mes camarades. Grâce à Joseph, dix jours après la révolte, nous étions tous de nouveau dans la cour, Colombiens compris, et dans la même cellule. En y arrivant, je demande que nous don-nions à Fernando et à ses deux amis morts dans l'action quelques minutes de souvenir. Lors d'une visite, Joseph m'expliqua qu'il avait fait une quête et qu'entre tous les barbeaux il avait ramassé cinq mille pesos avec lesquels il avait pu convaincre Don Gregorio. Ce geste releva les barbeaux dans notre estime.

Que faire maintenant ! Qu'inventer de nouveau ? Pour-tant je ne vais pas m'avouer vaincu et attendre sans rien entreprendre l'arrivée du bateau !

Couché dans le lavoir commun, à l'abri d'un soleil de plomb, je peux examiner, sans qu'on y fasse attention, le manège des sentinelles sur le mur de ronde. La nuit, toutes les dix minutes, elles crient chacune à leur tour : « Sentinelles, prenez garde à vous ! » Ainsi le chef de poste peut vérifier qu'aucune des quatre ne dort. Si l'une ne répond pas, l'autre relance son appel jusqu'à ce qu'elle réponde.

Je crois avoir trouvé une faille. En effet, de chaque guitoune, aux quatre coins du chemin de ronde, pend une boîte attachée à une corde. Quand la sentinelle veut du café, elle appelle le « cafetero » qui lui verse un ou deux cafés dans la boîte. L'autre n'a plus qu'à tirer sur la corde. Or, la guitoune de l'extrême droite a une espèce de tourelle qui avance un peu sur la cour. Et je me dis que si je fabrique un gros crochet attaché au bout d'une corde tressée, il doit s'y accrocher facilement. En peu de secondes je dois pouvoir franchir le mur qui donne sur la rue. Seul problème : neutraliser la sentinelle. Comment ?

Je la vois se lever et faire quelques pas sur le mur de ronde. Elle me donne l'impression d'être incommodée par la chaleur et de lutter pour ne pas s'endormir. C'est ça, nom de Dieu ! il faut qu'elle dorme ! Je vais faire confectionner la corde et si je trouve un crochet sûr, je vais l'endormir et tenter ma chance. En deux jours, une corde de près de sept mètres est tressée avec toutes les chemises de toile forte qu'on a pu trouver, surtout les kaki. Le crochet a été relativement facile à trouver. C'est le support d'un des auvents fixés aux portes des cellules pour les protéger de la pluie. Joseph Dega m'a apporté une bouteille d'un somnifère très puissant. D'après les indications, on doit le prendre par dix gouttes seulement. La bouteille contient à peu près six grosses cuillerées à soupe. J'habitue la sentinelle à ce qu'elle accepte que je lui offre le café. Elle envoie la boîte et je lui envoie chaque fois trois cafés. Comme tous les Colombiens aiment l'alcool et que le somnifère a un peu le goût d'anis, je me fais rentrer une bouteille d'anis. Je dis à la sentinelle :

« Veux-tu un café à la française ?

— Comment est-ce ?

— Avec de l'anis dedans.

— Essaie, je veux d'abord le goûter. »

Plusieurs sentinelles ont goûté mon café à l'anis et maintenant, quand j'offre le café, ils me disent : « A la française ?

— Si tu veux. » Et pan ! je leur verse de l'anis.

L'heure H est arrivée. Midi, c'est un samedi. Il fait

une chaleur épouvantable. Mes amis savent qu'il est impossible qu'on ait le temps de passer à deux, mais un Colombien au nom arabe, Ali, me dit qu'il monte derrière moi. J'accepte. Ça évite qu'un Français fasse figure de complice et soit puni par la suite. D'autre part, je ne peux pas avoir la corde et le crochet sur moi, puisque la sentinelle aura tout le temps de m'observer quand je lui donnerai le café. A notre avis, en cinq minutes, il doit être K.O.

Il est « moins cinq ». J'appelle la sentinelle.

« Ça va ?

— Oui.

— Tu veux boire un café ?

— Oui, à la française, c'est meilleur.

— Attends, je te l'apporte. »

Je vais au « cafetero » : « Deux cafés. » Dans ma boîte j'ai déjà mis toute la bouteille de somnifère. Si avec ça il ne tombe pas raide ! J'arrive au-dessous de lui et il me voit verser l'anis bien ostensiblement.

« Tu le veux fort ?

— Oui. »

J'en mets encore un peu, verse le tout dans sa boîte et il la monte aussitôt.

Cinq minutes, dix, quinze, vingt minutes passent ! Il ne dort toujours pas. Mieux que cela, au lieu de s'asseoir il fait quelques pas, son fusil à la main, aller et retour. Pourtant il a tout bu. Et la relève de la garde est à une heure.

Comme sur des charbons ardents, j'observe ses mouvements. Rien n'indique qu'il soit drogué. Ah ! Il vient de trébucher. Il s'assied devant la guérite, son fusil entre ses jambes. Sa tête s'incline sur son épaule. Mes amis et deux ou trois Colombiens au courant de cette affaire suivent aussi passionnément que moi ses réactions

« Vas-y, dis-je au Colombien. La corde ! »

Il se prépare à la jeter, quand le garde se lève, laisse tomber son fusil par terre, s'étire et fait marcher ses jambes comme s'il marquait le pas sur place. Juste à temps, le Colombien s'arrête. Il reste dix-huit minutes avant la relève. Alors je me mets à appeler mentalement Dieu à mon secours : « Je t'en prie, aide-moi encore une fois ! Je t'en supplie, ne m'abandonne pas ! » Mais c'est inutilement que j'invoque ce Dieu des chrétiens, si peu compréhensif parfois, surtout pour moi, un athée.

« Ça par exemple ! dit Clousiot s'approchant de moi. C'est extraordinaire qu'il ne s'endorme pas ce connard ! »

La sentinelle reprend son fusil et, au moment où elle se baisse pour le ramasser, elle tombe de tout son long sur le chemin de ronde, comme foudroyée. Le Colombien lance le crochet, mais le crochet ne prend pas et retombe. Il l'envoie une seconde fois. Le voilà accroché. Il tire un peu pour voir s'il est bien pris. Je le vérifie et au moment où je mets les pieds contre le mur pour faire la première traction et commencer à monter, Clousiot me dit :

« Fais gaffe ! Voilà la relève. »

J'ai juste le temps de me retirer avant d'être aperçu. Mus par cet instinct de défense et de camaraderie des prisonniers, une dizaine de Colombiens m'entourent rapidement et me mêlent à leur groupe. Nous marchons le long du mur, laissant derrière nous la corde pendue. Un garde de la relève aperçoit du même coup d'œil le crochet et la sentinelle affalée avec son fusil. Il court deux ou trois mètres et appuie sur le bouton d'alarme, persuadé qu'il y a eu une évasion.

On vient chercher l'endormi avec un brancard. Il y a plus de vingt policiers sur le chemin de ronde. Don Gregorio est avec eux et fait monter la corde. Il a le crochet à la main. Quelques instants après, fusils braqués, les policiers investissent la cour. On fait l'appel. A chaque nom, l'interpellé doit rentrer dans sa cellule. Surprise ! il ne manque personne. On enferme tout le monde, à clef, chacun dans sa cellule.

Deuxième appel et contrôle, cellule par cellule. Non, personne n'a disparu. Vers trois heures, on nous laisse à nouveau sortir dans la cour. Nous apprenons que la sentinelle ronfle à poings fermés et que tous les moyens employés n'ont pas pu la réveiller. Mon complice colombien est aussi anéanti que moi. Il était tellement convaincu que ça allait réussir ! Il tempête sur les produits américains, car le somnifère était américain.

« Que faire ?

— Hombre, recommencer ! » C'est tout ce que je trouve à lui dire. Il croit que je veux dire : recommencer à endormir une sentinelle ; alors que je pensais : trouver autre chose. Il me dit :

« Tu crois que ces gardiens sont assez cons pour qu'il s'en trouve encore un autre qui veuille boire un café à la française ? »

Malgré le tragique de ce moment, je ne puis m'empêcher de rire.

« Sûrement, mec ! »

Le policier a dormi trois jours et quatre nuits. Quand, finalement, il se réveille, bien entendu, il dit que c'est certainement moi qui l'ai endormi avec le café à la française. Don Gregorio me fait appeler et me confronte avec lui. Le chef du corps de garde veut me frapper avec son sabre. Je bondis dans l'angle de la pièce et le provoque. L'autre lève son sabre, Don Gregorio s'interpose, reçoit le coup en pleine épaule et s'écroule. Il a la clavicule fracturée. Il crie si fort que l'officier ne s'occupe plus que de lui. Il le ramasse. Don Gregorio appelle au secours. Des bureaux voisins accourent tous les employés civils. L'officier, deux autres policiers et la sentinelle que j'avais endormie se battent contre une dizaine de civils qui veulent venger le directeur. Dans cette « tangana », plusieurs sont légèrement blessés. Le seul qui n'a rien, c'est moi. L'important, ce n'est plus mon cas mais celui du directeur et de l'officier. Le remplaçant du directeur, qu'on a transporté à l'hôpital, me reconduit dans la cour :

« On verra pour toi plus tard, Francés. »

Le lendemain, le directeur, l'épaule plâtrée, me demande une déclaration écrite contre l'officier. Je déclare avec plaisir tout ce que l'on veut. On a com-

plètement oublié l'histoire du somnifère. Ça ne les intéresse pas, une chance pour moi.

Quelques jours ont passé, quand Joseph Dega offre
d'organiser une action de l'extérieur. Comme je lui ai
dit que l'évasion de nuit est impossible à cause de l'illu-
mination du chemin de ronde, il cherche le moyen de
couper le courant. Grâce à un électricien, il le trouve :
en abaissant l'interrupteur d'un transformateur situé à
l'extérieur de la prison. Moi, il me reste à acheter la
sentinelle de garde du côté de la rue ainsi que celle de
la cour, à la porte de la chapelle. Ce fut plus compliqué
qu'on croyait. D'abord je fus obligé de convaincre Don
Gregorio de me remettre dix mille pesos sous prétexte
de les envoyer à ma famille par l'intermédiaire de
Joseph, en « l'obligeant », bien entendu, à accepter deux
mille pesos pour acheter un cadeau à sa femme. Puis,
après avoir localisé celui qui organisait les tours et les
heures de garde, il fallut l'acheter à son tour. Il recevra
trois mille pesos, mais ne veut pas intervenir dans les
négociations avec les deux autres sentinelles. C'est à
moi de les trouver et de traiter avec elles. Après, je
lui donnerai leurs noms et lui, il leur donnera le tour
de garde que je lui indiquerai.

La préparation de cette nouvelle cavale me prit plus
d'un mois. Enfin, tout est minuté. Comme on n'aura
pas à se gêner avec le policier de la cour, on coupera
le barreau avec une scie à métaux dotée de sa monture.
J'ai trois lames. Le Colombien au crochet en est averti.
Lui, il coupera son barreau en plusieurs fois. La nuit
de l'action, un de ses amis, qui fait le fou depuis quelque temps, tapera sur un bout de tôle de zinc et
chantera à tue-tête. Le Colombien sait que la sentinelle
n'a voulu traiter que pour l'évasion de deux Français
et qu'elle a dit que s'il montait un troisième homme,
elle tirerait dessus. Il veut tenter sa chance quand
même et me dit qu'en grimpant bien collés l'un à
l'autre dans l'obscurité, la sentinelle ne pourra pas voir
s'il y en a un ou deux. Clousiot et Maturette ont tiré

au sort pour savoir qui partirait avec moi. C'est Clousiot qui a gagné.

La nuit sans lune arrive. Le sergent et les deux policiers ont touché la moitié des billets qui reviennent à
chacun. Cette fois je n'ai pas eu à les couper, ils l'étaient
déjà. Ils doivent aller chercher les autres moitiés au
Barrio Chino, chez la femme de Joseph Dega.

La lumière s'éteint. On attaque le barreau. En moins
de dix minutes il est scié. En pantalon et chemise foncés,
nous sortons de la cellule. Le Colombien se joint à nous
au passage. Il est complètement nu, à part un slip noir.
Je monte la grille de la porte du « calabozo » (cachot,
geôle), qui est dans le mur, contourne l'auvent, lance
le crochet qui a trois mètres de corde. Je suis sur le
chemin de ronde en moins de trois minutes sans avoir
fait aucun bruit. Couché à plat ventre j'attends Clousiot. Il fait une nuit noire. Tout d'un coup je vois, ou
plutôt je devine une main qui se tend, je l'attrape et
je tire. Un bruit épouvantable se produit. C'est que
Clousiot a passé entre l'auvent et le mur et il est
accroché par le bourrelet de la ceinture de son pantalon
à la tôle. Bien entendu, au bruit j'arrête de tirer. Le
zinc s'est tu. Je tire à nouveau Clousiot, pensant qu'il
s'est dégagé et, au milieu du boucan que fait cette
tôle de zinc, je l'arrache par force et le hisse sur le
haut du chemin de ronde.

Des coups de fusil partent des autres postes, mais pas
du mien. Affolés par ces coups de fusil nous sautons du
mauvais côté, dans la rue qui est en contrebas à neuf
mètres alors qu'à droite se trouvait une autre rue à
cinq mètres seulement. Résultat : Clousiot se recasse
la jambe droite. Je ne peux pas me relever non plus :
je me suis cassé les deux pieds. Plus tard j'apprendrai qu'il s'agissait des calcanéums. Le Colombien, lui
se démet un genou. Les coups de fusil font sortir la
garde dans la rue. On nous entoure sous le feu d'une
grosse lanterne électrique, fusils braqués. Je pleure de
rage. Par surcroît, les policiers ne veulent pas admettre

que je ne puisse pas me relever. C'est à genoux, rampant sous des centaines de coups de baïonnette, que je rentre à la prison. Clousiot, lui, saute sur un pied, le Colombien pareil. Je saigne horriblement d'une blessure à la tête faite par un coup de crosse.

Les coups de feu ont réveillé Don Gregorio qui, heureusement de garde cette nuit-là, dormait dans son bureau. Sans lui nous étions achevés à coups de crosse et de baïonnette. Celui qui s'acharne le plus sur moi est précisément le sergent que j'ai payé pour placer les deux gardiens complices. Don Gregorio arrête cette sauvage curée. Il les menace de les faire passer devant les tribunaux s'ils nous blessent sérieusement. Cette parole magique paralyse tout le monde.

Le lendemain la jambe de Clousiot est plâtrée à l'hôpital. Le Colombien a son genou remis par un rebouteux prisonnier et porte une bande Velpeau. Pendant la nuit, mes pieds ayant enflé au point qu'ils sont gros comme ma tête, rouges et noirs de sang, tuméfiés à l'extrême, le docteur me fait mettre les pieds dans l'eau tiède salée, puis on m'applique des sangsues trois fois par jour. Quand elles sont gorgées de sang, les sangsues se détachent toutes seules et on les met à dégorger dans du vinaigre. Six points de suture ont refermé la plaie de la tête.

Un journaliste en mal d'informations sort un article sur moi. Il raconte que j'étais le chef de la révolte de l'Eglise, que j'avais « empoisonné » une sentinelle et qu'en dernier lieu j'ai monté une évasion collective avec complicité extérieure puisqu'on a coupé la lumière du quartier en s'attaquant au transformateur. « Espérons que la France viendra le plus vite possible nous débarrasser de son gangster numéro Un », conclut-il.

Joseph est venu me voir, accompagné de sa femme Annie. Le sergent et les trois policiers se sont présentés séparément pour toucher l'autre moitié des billets. Annie est venue me demander ce qu'elle devait faire. Je lui dit de payer parce qu'ils ont tenu leur engagement. Si on a échoué, ce n'est pas leur faute.

Depuis une semaine on me promène dans la cour dans une brouette en fer qui me sert de lit. Je suis étendu, les pieds surélevés reposant sur une bande d'étoffe tendue entre deux morceaux de bois fixés verticalement aux bras de la brouette. C'est la seule position possible pour ne pas trop souffrir. Mes pieds énormes, gonflés et congestionnés de sang caillé, ne peuvent s'appuyer sur rien, même en position couchée. Ainsi arrangé, je souffre un peu moins. Près de quinze jours après m'être cassé les pieds, ils ont dégonflé de moitié et on me fait passer à la radio. J'ai les deux calcanéums cassés. Je resterai toute ma vie avec des pieds plats.

Le journal d'aujourd'hui annonce pour la fin du mois l'arrivée du bateau qui vient nous chercher avec une escorte de policiers français. Il s'appelle le *Mana*, dit le journal. Nous sommes le 12 octobre. Il nous reste dix-huit jours, il faut jouer la dernière carte. Mais laquelle, avec mes pieds cassés ?

Joseph est désespéré. A la visite, il me raconte que tous les Français et toutes les femmes de Barrio Chino sont consternés de m'avoir vu tant lutter pour ma liberté et de me voir à seulement quelques jours d'être rendu aux autorités françaises. Mon cas bouleverse toute la colonie. Je suis réconforté de savoir que ces hommes et leurs femmes sont moralement avec moi.

J'ai abandonné le projet de tuer un policier colombien. En effet, je ne peux pas me décider à supprimer la vie d'un homme qui ne m'a rien fait. Je pense qu'il peut avoir un père ou une mère qu'il aide, une femme, des enfants. Je souris en pensant qu'il faudrait que je trouve un policier méchant et sans aucune famille. Par exemple, je pourrais lui demander : « Si je t'assassine, tu ne manqueras vraiment à personne ? » J'ai le cafard, ce matin du 13 octobre. Je regarde un morceau de pierre d'acide picrique qui doit, après l'avoir mangé, me donner la jaunisse. Si on m'hospitalise, je pourrai peut-être me faire enlever de l'hôpital par des hommes payés par Joseph. Le lendemain 14, je suis plus jaune qu'un citron. Don Gregorio vient me voir dans la cour, je suis à l'ombre, à moitié couché dans ma brouette, les pieds en l'air. Vite, sans détour, sans prudence j'attaque :

« Dix mille pesos pour vous, si vous me faites hospitaliser.

— Français, je vais essayer. Non, pas tant pour les dix mille pesos, mais parce que ça fait de la peine de te voir tant lutter en vain pour ta liberté. Seulement, je ne crois pas qu'ils te garderont à l'hôpital, à cause de cet article dans le journal. Ils auront peur. »

Une heure après, le docteur m'envoie à l'hôpital. Je n'y ai même pas touché terre. Descendu de l'ambulance sur un brancard, je retournais à la prison deux heures après une visite minutieuse et un examen d'urine sans me bouger du brancard.

Nous sommes le 19, un jeudi. La femme de Joseph, Annie, est venue accompagnée de la femme d'un Corse. Elles m'ont apporté des cigarettes et quelques douceurs. Ces deux femmes m'ont, par leurs mots affectueux, fait un bien immense. Les plus jolies choses, la manifestation de leur pure amitié, ont vraiment transformé ce jour « amer » en après-midi ensoleillé. Je ne pourrai jamais exprimer combien la solidarité des gens du milieu m'a fait du bien pendant mon séjour à la prison « 80 ». Ni combien je dois à Joseph Dega qui est allé jusqu'à risquer sa liberté et sa situation pour m'aider à m'évader.

Mais une parole d'Annie m'a donné une idée. En causant, elle me dit :

« Mon cher Papillon, vous avez fait tout ce qu'il était humainement possible de tenter pour regagner votre liberté. Le destin a été bien cruel envers vous. Il ne vous manque plus qu'à faire sauter la « 80 » !

— Et pourquoi pas ? Pourquoi ne ferais-je pas sauter cette vieille prison ? Ce serait un service à leur rendre à ces Colombiens. Si je la fais sauter, peut-être se décideront-ils à en construire une neuve, plus hygiénique. »

En embrassant ces charmantes jeunes femmes à qui j'ai fait mes adieux pour toujours, je dis à Annie :

« Dites à Joseph de venir me voir dimanche. »

Le dimanche 22, Joseph est là.

« Ecoute, fais l'impossible pour que quelqu'un m'apporte jeudi une cartouche de dynamite, un détonateur et un cordon Bickford. De mon côté je vais faire le nécessaire pour avoir un vilebrequin et trois mèches à brique.

— Que vas-tu faire ?

— Je vais faire sauter le mur de la prison en plein jour. Promets cinq mille pesos au faux taxi en question. Qu'il soit à la rue derrière la calle Medellin tous les jours de huit heures du matin à six heures du soir. Il touchera cinq cents pesos par jour s'il ne se passe rien et cinq mille pesos s'il se passe quelque chose. Par le trou que va ouvrir la dynamite, j'arriverai sur le dos d'un costaud colombien jusqu'au taxi et à lui le reste. Si le faux taxi marche, envoie la cartouche. Si non, alors c'est la fin des fins, il n'y a plus d'espoir.

— Compte sur moi », dit Joseph.

A cinq heures je me fais porter à bras dans la chapelle. Je dis que je veux prier seul. On m'y porte. Je demande que Don Gregorio vienne me voir. Il vient.

« Hombre, il n'y a plus que huit jours pour que tu me quittes.

— C'est pour cela que je vous ai fait venir. Vous avez à moi quinze mille pesos. Je veux les remettre à mon ami avant de partir pour qu'il les envoie à ma famille. Veuillez accepter trois mille pesos que je vous offre de grand cœur pour m'avoir toujours protégé des mauvais traitements des soldats. Vous me rendriez service si vous me les donniez aujourd'hui avec un rouleau de papier collant afin que d'ici jeudi je les arrange pour les donner tout prêts à mon ami.

— Entendu. »

Il revient et me remet, toujours coupés en deux, douze mille pesos. Il en garde trois mille.

Rentré dans ma brouette, j'appelle le Colombien dans un coin solitaire, celui qui est parti la dernière fois avec moi. Je lui dis mon projet et lui demande s'il se sent capable de me porter à califourchon pendant vingt ou trente mètres jusqu'au taxi. Il s'y engage formellement. Ça va de ce côté. J'agis comme si j'étais sûr que Joseph allait réussir. Je me mets sous le lavoir le lundi matin de bonne heure, et Maturette qui, avec Clousiot, fait toujours le « chauffeur » de ma brouette, va chercher le sergent à qui j'avais donné les trois mille pesos et qui m'a si sauvagement battu lors de la dernière évasion.

« Sergent Lopez, il faut que je vous parle.

— Que voulez-vous ?

— Pour deux mille pesos je veux un vilebrequin très fort à trois vitesses et six mèches à brique. Deux de un demi-centimètre, deux de un centimètre et deux de un centimètre et demi d'épaisseur.

— Je n'ai pas d'argent pour les acheter.

— Voilà cinq cents pesos.

— Tu les auras demain mardi au changement de garde, à une heure. Prépare les deux mille pesos. »

Le mardi, j'ai le tout à une heure, dans la poubelle vide de la cour, une poubelle à papiers qu'on vide au changement de garde. Pablo, le costaud colombien, ramasse le tout et le cache.

Le jeudi 26, à la visite, pas de Joseph. Vers la fin de la visite on m'appelle. C'est un vieux Français, tout ridé, qui vient de la part de Joseph.

« Dans cette boule de pain il y a ce que tu as demandé.

— Voilà deux mille pesos pour le taxi. Chaque jour cinq cents pesos.

— Le chauffeur de taxi est un vieux Péruvien gonflé à bloc. Te fais pas du mauvais sang de ce côté-là. Ciao.

— Ciao. »

Dans une grande bourse de papier, pour que la boule de pain n'attire pas la curiosité, ils ont mis des cigarettes, des allumettes, des saucisses fumées, un saucisson, un paquet de beurre et un flacon d'huile noire. Pendant qu'il fouille mon paquet, je donne au garde de la porte un paquet de cigarettes, des allumettes et deux saucisses. Il me dit :

« Donne-moi un morceau de pain. »

Manquait plus que ça !

« Non, le pain achète-le. Tiens voilà cinq pesos, car du pain il n'y en aura pas assez pour nous six. »

Ouf ! Je l'ai échappé belle. Quelle idée d'offrir des saucisses à ce mec-là ! La brouette s'écarte en vitesse de ce policier encombrant. J'ai tellement été surpris par cette demande de pain que j'en suis encore tout plein de sueur.

« C'est demain le feu d'artifice. Tout est là, Pablo. Il faut percer le trou exactement sous l'avancée de la tourelle. Le flic d'en haut ne pourra pas te voir.

— Mais il pourra entendre.

— Je l'ai prévu. Le matin, à dix heures, ce côté de la cour est à l'ombre. Il faut qu'un des travailleurs de cuivre se mette à aplatir une feuille de cuivre en la plaquant sur le mur, à quelques mètres de nous, à découvert. S'ils sont deux, ce sera mieux. Je leur donnerai cinq cents pesos chacun. Trouve les deux hommes. »

Il les trouve.

« Deux amis à moi vont marteler le cuivre sans s'arrêter. La sentinelle ne pourra pas discerner le bruit de la mèche. Seulement toi, avec ta brouette, il faut que tu te trouves un peu en dehors de l'avancée et que tu discutes avec les Français. Ça me masquera un peu à la sentinelle de l'autre angle. »

En une heure le trou est percé. Grâce aux coups de marteau sur le cuivre et de l'huile que verse un aide sur la mèche, la sentinelle ne se doute de rien. La cartouche est forcée dans le trou, le détonateur fixé, vingt centimètres de mèche. La cartouche est calée à l'aide d'argile. On se retire. Si tout va bien, à l'explosion un trou va s'ouvrir. La sentinelle tombera avec la guérite et moi, à travers le trou, à cheval sur Pablo, j'arriverai au taxi. Les autres se débrouilleront. Logiquement, Clousiot et Maturette, même en sortant après nous, seront plus vite au taxi que moi.

Juste avant la mise à feu, Pablo avertit un groupe de Colombiens.

« Si vous voulez vous évader, dans quelques instants il va y avoir un trou dans le mur.

— C'est bon, car les policiers vont courir et tirer sur les derniers les plus en vue. »

On met le feu. Une explosion de tous les diables fait trembler le quartier. La tourelle est tombée en bas avec le policier. Le mur a de grosses fentes de tous les côtés, si écartées qu'on voit la rue de l'autre côté, mais aucune de ces ouvertures n'est assez large pour qu'on puisse passer à travers. Aucune brèche suffisante ne s'est produite et c'est seulement à ce moment-là que j'admets que je suis perdu. Mon destin est bien de retourner là-bas, à Cayenne.

Le branle-bas qui suit cette explosion est indescriptible. Il y a plus de cinquante policiers dans la cour. Don Gregorio sait à quoi s'en tenir.

— Bueno (bien), Francès. Cette fois, c'est la dernière, je pense. »

Le chef de la garnison est fou de rage. Il ne peut pas donner l'ordre de frapper un homme blessé, couché dans une brouette et moi, pour éviter des ennuis aux autres, je déclare bien haut que j'ai fait tout moi-même et tout seul. Six gardiens devant le mur fendu, six dans la cour de la prison, six dehors dans la rue, monteront la garde en permanence jusqu'à ce que des maçons aient réparé les dégâts. La sentinelle qui est tombée du mur de ronde ne s'est fait, heureusement, aucun mal.

PAPILLON

RETOUR AU BAGNE

Trois jours après, le 30 octobre, à onze heures du matin, les douze surveillants du bagne, vêtus de blanc, viennent prendre possession de nous. Avant de partir, petite cérémonie officielle : chacun de nous doit être identifié et reconnu. Ils ont apporté nos fiches anthropométriques, photos, empreintes et tout le bataclan. Nos identités vérifiées, le consul français s'approche pour signer un document au juge de l'arrondissement qui est la personne chargée de nous rendre officiellement à la France. Tous ceux qui sont présents sont étonnés de la façon amicale avec laquelle les surveillants nous traitent. Aucune animosité, ni parole dure. Les trois qui ont été là-bas plus longtemps que nous connaissent plusieurs gaffes et parlent et plaisantent avec eux comme de vieux copains. Le chef de l'escorte, le commandant Boural s'inquiète de mon état, il regarde mes pieds et me dit qu'on me soignera à bord, qu'il y a un bon infirmier dans le groupe qui est venu nous chercher.

Le voyage à fond de cale, dans ce rafiot, fut surtout rendu pénible par la chaleur étouffante et par la gêne d'être attachés par deux à ces barres de justice [1] datant du bagne de Toulon. Un seul incident à noter : le bateau fut obligé de faire du charbon à Trinidad, une fois au port, un officier de marine anglais exigea qu'on nous enlève les barres de fer. Il est, paraît-il, défendu d'attacher des hommes à bord d'un bateau. J'ai profité de cet incident pour gifler un autre officier inspecteur anglais. Par ce geste, je cherchais à me faire arrêter et descendre à terre. L'officier me dit :

« Je ne vous arrêterai pas et ne vous descendrai pas à terre pour le grave délit que vous venez de commettre. Vous serez beaucoup plus puni en retournant là-bas. »

---

1. Tiges de fer sur lesquelles coulissent les fers qu'on met aux pieds des prisonniers punis.

J'en suis pour mes frais. Non, vraiment, je suis destiné à revenir au bagne. C'est malheureux, mais ces onze mois d'évasion, d'intenses et diverses luttes se sont terminés lamentablement. Et malgré tout, malgré le fracas retentissant de ces multiples aventures, le retour vers le bagne, avec toutes ses amères conséquences, ne peut effacer les inoubliables moments que je viens de vivre.

Près de ce port de Trinidad que nous venons de quitter, à peu de kilomètres, se trouve l'incomparable famille Bowen. Nous ne sommes pas passés très loin de Curaçao, terre d'un grand homme qui est l'évêque de ce pays, Irénée de Bruyne. Certainement nous avons aussi frôlé le territoire des Indiens Guajiros où j'ai connu l'amour le plus passionnément pur dans sa forme naturellement spontanée. Toute la clarté dont sont capables les enfants, la façon pure de voir les choses qui distingue cet âge privilégié, je les ai trouvées dans ces Indiennes pleines de volonté, riches en compréhension, en amour simple et en pureté.

Et ces lépreux de l'Ile aux Pigeons ! ces misérables forçats atteints de cette horrible maladie et qui ont quand même eu la force de trouver dans leur cœur la noblesse nécessaire pour nous aider !

Jusqu'au consul belge dans sa bonté spontanée, jusqu'à Joseph Dega qui, sans me connaître, s'est tant exposé pour moi ! Tous ces gens, tous ces êtres que j'ai connus dans cette cavale valent la peine de l'avoir faite. Même fracassée, mon évasion est une victoire, rien que pour avoir enrichi mon âme par la connaissance de ces personnes exceptionnelles. Non, je ne regrette pas de l'avoir faite.

Voilà le Maroni et ses eaux boueuses. On est sur le pont du *Mana*. Le soleil des tropiques a déjà commencé à brûler cette terre. Il est neuf heures du matin. Je revois l'estuaire et nous rentrons doucement par où je suis parti si vite. Mes camarades ne parlent pas. Les surveillants sont contents d'arriver. La mer a été mauvaise durant le voyage et beaucoup d'entre eux sont maintenant soulagés.

16 novembre 1934.

Au débarcadère, un monde fou. On sent qu'on attend avec curiosité les hommes qui n'ont pas eu peur d'aller si loin. Comme nous arrivons un dimanche, cela fait aussi une distraction pour cette société qui n'en a pas beaucoup. J'entends des gens dire :

« Le blessé, c'est Papillon. Celui-ci, c'est Clousiot. Celui-là, Maturette... » Et ainsi de suite.

Dans le camp du pénitencier, six cents hommes sont rangés par groupes devant leur baraque. Auprès de chaque groupe, des surveillants. Le premier que je reconnais, c'est François Sierra. Il pleure ouvertement, sans se cacher des autres. Il est perché sur une fenêtre de l'infirmerie et me regarde. On sent que sa peine est vraie. Nous nous arrêtons au milieu du camp. Le commandant du pénitencier prend un porte-voix :

« Transportés, vous pouvez constater l'inutilité de s'évader. Tous les pays vous arrêtent pour vous remettre à la France. Personne ne veut de vous. Il vaut donc mieux rester tranquille et bien se conduire. Ce qui attend ces cinq hommes ? Une forte condamnation qu'ils devront subir à la réclusion de l'Ile de Saint-Joseph et, pour le restant de leur peine, l'internement à vie aux Iles du Salut. Voilà ce qu'ils ont gagné à s'être évadés. J'espère que vous avez compris. Surveillants, emmenez ces hommes au quartier disciplinaire. »

Quelques minutes après, nous nous trouvons en cellule spéciale au quartier de haute surveillance. A peine arrivé, je demande qu'on me soigne mes pieds encore tuméfiés et très enflés. Clousiot dit que le plâtre de sa jambe lui fait mal. On tente le coup... Si jamais ils nous envoyaient à l'hôpital ! François Sierra arrive avec son surveillant.

« Voilà l'infirmier, dit le gaffe.

— Comment vas-tu, Papi ?

— Je suis malade, je veux aller à l'hôpital.

— Je vais essayer de t'y envoyer, mais après ce que tu as fait là-bas, je crois que ce sera presque impossible, et Clousiot pareil que toi. »

Il me masse les pieds, me met une pommade, vérifie le plâtre de Clousiot et s'en va. On n'a rien pu dire car les gaffes étaient là, mais ses yeux exprimaient tant de douceur que j'en ai été tout remué.

« Non, il n'y a rien à faire, me dit-il le lendemain en me faisant un autre massage. Veux-tu que je te fasse passer dans une salle commune ? Est-ce qu'on te met la barre aux pieds, la nuit ?

— Oui.

— Alors c'est mieux que tu ailles dans la salle commune. Tu auras quand même la barre, mais tu ne seras pas seul. Et en ce moment, se trouver à l'isolement, ce doit être horrible pour toi.

— Entendu. »

Oui, l'isolement est en ce moment encore plus difficile à supporter qu'avant. Je suis dans un tel état d'esprit que je n'ai même pas besoin de fermer les yeux pour vagabonder aussi bien dans le passé que dans le présent. Et comme je ne peux pas marcher, pour moi le cachot est encore pire qu'il ne l'était.

Ah ! M'y voilà bien revenu dans « le chemin de la pourriture ». J'avais pourtant pu m'en débarrasser très vite et je volais sur la mer vers la liberté, vers la joie de pouvoir être de nouveau un homme, vers la vengeance aussi. Cette dette que me doit le trio : Polein, poulets et procureur, il ne faudrait pas que je l'oublie. Pour la malle, il n'y a pas besoin de la remettre aux poulets de la porte de la Police judiciaire. J'arriverai habillé en employé des wagons-lits Cook, une belle casquette de la compagnie sur la tête. Sur la malle, une grande étiquette : Commissaire divisionnaire Benoît, 36, quai des Orfèvres à Paris (Seine). Je la monterai moi-même, la malle, dans la salle des rapports, et comme j'aurai cal-

culé que le réveil ne fonctionnera que lorsque je me serai
retiré, ça ne peut pas rater. Avoir trouvé la solution
m'a soulagé d'un grand poids. Pour le procureur, j'ai
le temps de lui arracher la langue. La manière n'est pas
encore arrêtée, mais c'est comme chose faite. Je la lui
arracherai par morceaux, cette langue prostituée.

Dans l'immédiat, premier objectif : soigner mes pieds.
Il faut que je marche le plus vite possible. Je ne vais
passer au tribunal que dans trois mois, et en trois mois
il s'en passe des choses. Un mois pour marcher, un mois
pour mettre les choses au point, et bonsoir, messieurs.
Direction British Honduras. Mais cette fois, personne
ne pourra me mettre la main dessus.

Hier, trois jours après notre retour, on m'a porté dans
la salle commune. Quarante hommes y attendent le
conseil de guerre. Les uns accusés de vol, d'autres de
pillage, d'incendie volontaire, de meurtre, de tentative
de meurtre, d'assassinat, de tentative d'évasion, d'évasion
et même d'anthropophagie. Nous sommes vingt de
chaque côté du bat-flanc en bois, tous attachés à la même
barre de fer de plus de quinze mètres de long. A six
heures du soir, le pied gauche de chaque homme est
relié à la barre commune par une manille de fer. A six
heures du matin, on nous retire ces gros anneaux et
toute la journée on peut s'asseoir, se promener, jouer
aux dames, discuter dans ce qu'on appelle le coursier,
une sorte d'allée de deux mètres de large qui fait la
longueur de la salle. Dans la journée, je n'ai pas le temps
de m'embêter. Tout le monde vient me voir, par petits
groupes, pour que je leur raconte la cavale. Tous crient
au fou, quand je leur dis que j'ai abandonné volontairement ma tribu de Guajiros, Lali et Zoraïma.

« Qu'allais-tu chercher, mon pote ? dit un Parisien
écoutant le récit. Des tramways ? des ascenseurs ? des
cinémas ? la lumière électrique avec son courant de haute
tension pour actionner la chaise électrique ? Ou tu voulais
aller prendre un bain dans le bassin de la place Pigalle ?
Comment, mon pote ! continue le titi, tu as deux gonzes-

ses plus girondes l'une que l'autre, tu vis à poil au milieu de la nature avec toute une bande de nudistes sympas, tu bouffes, tu bois, tu chasses ; tu as la mer, le soleil, le sable chaud et jusqu'aux perles des huîtres sont à toi, gratis, et tu trouves rien de mieux qu'abandonner tout ça pour aller où ? Dis-moi ? Pour avoir à traverser les rues en courant pour ne pas être écrasé par les voitures, pour être obligé de payer un loyer, un tailleur, ta note d'électricité et de téléphone et, si tu veux une bagnole, pour faire le casseur ou travailler comme un con pour un employeur à gagner juste de quoi pas crever de faim ? Je ne comprends pas, mec ! Tu étais au ciel et volontairement tu retournes en enfer où, en plus des soucis de la vie, tu as celui d'échapper à tous les policiers du monde qui te courent après ! C'est vrai que tu as du sang tout frais de France et que tu n'as pas eu le temps de voir tes facultés physiques et morales baisser. Je ne peux même plus te comprendre, moi avec mes dix ans de bagne. Enfin, de toute façon sois le bienvenu parmi nous et comme tu as certainement l'intention de recommencer, compte sur nous tous pour t'aider. C'est pas vrai, les potes ? Vous êtes d'accord ? »

Les mecs sont d'accord et je les remercie tous.

Ce sont, je le vois bien, des hommes redoutables. Du fait de notre promiscuité, il est très difficile que l'un ou l'autre ne s'aperçoive pas qu'on a le plan. La nuit, comme tout le monde est à la barre de justice commune, il n'est pas difficile de tuer impunément quelqu'un. Il suffit que dans la journée, pour une certaine quantité de pognon, le porte-clefs arabe accepte de ne pas bien fermer la manille. Ainsi, la nuit, l'homme intéressé se détache, fait ce qu'il a combiné de faire et revient tranquillement se coucher à sa place en prenant soin de bien refermer sa manille. Comme l'Arabe est indirectement complice, il ferme sa gueule.

Voici trois semaines que je suis revenu. Elles ont passé assez vite. Je commence à marcher un peu en me

tenant à la barre dans le couloir qui sépare les deux
rangées de bat-flanc. Je fais les premiers essais. La
semaine dernière, à l'instruction, j'ai vu les trois gaffes
de l'hôpital qu'on avait assommés et désarmés. Ils sont
très contents qu'on soit revenus et espèrent bien qu'un
jour on tombera dans un endroit où ils seront de service.
Car après notre cavale tous les trois ont eu des sanctions graves : suspension de leurs six mois de congé
en Europe ; suspension du supplément colonial de leur
traitement pendant un an. Autant dire que notre rencontre n'a pas été très cordiale. Nous racontons ces
menaces à l'instruction afin qu'on en prenne note.

L'Arabe s'est mieux comporté. Il n'a dit que la vérité,
sans exagérer et en oubliant le rôle joué par Maturette.
Le capitaine-juge d'instruction a beaucoup insisté pour
savoir qui nous avait procuré le bateau. On s'est fait
mal voir en lui racontant des histoires invraisemblables,
comme la confection de radeaux nous-mêmes, etc.

En raison de l'agression des surveillants, il nous dit
qu'il fera tout son possible pour obtenir cinq ans pour
moi et Clousiot, et trois pour Maturette.

« Et puisque vous êtes le nommé Papillon, faites-moi
confiance je vous couperai les ailes et vous n'êtes pas
près de vous envoler. »

J'ai bien peur qu'il ait raison.

Plus que deux mois à attendre pour passer au tribunal. Je m'en veux beaucoup de ne pas avoir eu dans
mon plan une ou deux pointes de fléchettes empoisonnées. Si je les avais eues, j'aurais pu, peut-être jouer
le tout pour le tout dans le quartier disciplinaire.
Maintenant, chaque jour je fais des progrès. Je marche
de mieux en mieux. François Sierra ne manque jamais,
matin et soir, de venir me masser à l'huile camphrée.
Ces massages-visites me font un bien énorme, aux pieds
et au moral. Il est si bon d'avoir un ami dans la vie !

J'ai remarqué que cette si longue cavale nous a donné
un prestige indiscutable auprès de tous les bagnards. Je
suis certain que nous sommes en sécurité complète au

milieu de ces hommes. Nous ne risquons pas d'être assassinés pour être volés. La grande majorité n'accepterait pas la chose et il est sûr que les coupables seraient tués. Tous, sans exception, nous respectent et même ont pour nous une certaine admiration. Et d'avoir osé assommer les gaffes nous fait cataloguer comme prêts à faire n'importe quoi. C'est très intéressant de se sentir en sécurité.

Je marche chaque jour un peu plus longtemps et, bien souvent, grâce à une petite bouteille que me laisse Sierra, des hommes s'offrent pour me masser non seulement les pieds, mais aussi les muscles des jambes que cette longue immobilité a atrophiés.

UN ARABE AUX FOURMIS

Dans cette salle, se trouvent deux hommes, taciturnes, qui ne parlent à personne. Toujours collés l'un à l'autre ils ne parlent qu'entre eux, à voix si basse que personne ne peut rien entendre. Un jour, j'offre à l'un deux une cigarette américaine d'un paquet que Sierra m'a apporté. Il me remercie puis me dit :

« François Sierra, c'est ton ami ?

— Oui, c'est mon meilleur ami.

— Peut-être qu'un jour, si tout va mal, nous t'enverrons notre héritage par son intermédiaire.

— Quel héritage ?

— Nous avons décidé, mon ami et moi, que si on nous guillotine, on te fera passer notre plan pour qu'il te serve à t'évader de nouveau. Nous le donnerons alors à Sierra pour qu'il te le remette.

— Vous pensez être condamnés à mort ?

— C'est presque sûr, il y a bien peu de chance pour qu'on y échappe.

— Si c'est tellement sûr que vous allez être condamnés à mort, pourquoi êtes-vous dans cette salle commune ?

— Je crois qu'ils ont peur qu'on se suicide si on est seuls dans une cellule.

— Ah ! oui, c'est possible. Et qu'est-ce que vous avez fait ?

— On a fait manger un bique par les fourmis carnivores. Je te le dis parce que, malheureusement, ils ont des preuves indiscutables. On a été pris sur le fait.

— Et où ça s'est passé ?

— Au Kilomètre 42, au camp de la mort après la crique Sparouine. »

Son camarade s'est approché de nous, c'est un Toulousain. Je lui offre une américaine. Il s'assied près de son ami, en face de moi.

« Nous n'avons jamais demandé l'opinion de personne, dit le nouvel arrivé, mais je serais curieux de savoir ce que tu penses de nous.

— Comment veux-tu que je te dise, sans rien savoir, si tu as eu raison ou tort de donner vivant un homme, même un bique, à manger aux fourmis ? Pour te donner mon opinion, il faudrait que je connaisse toute l'affaire de A jusqu'à Z.

— Je vais te la raconter, dit le Toulousain. Le camp du Kilomètre 42, à quarante-deux kilomètres de Saint-Laurent, est un camp forestier. Là-bas, les forçats sont obligés de couper chaque jour un mètre cube de bois dur. Chaque soir tu dois te trouver dans la brousse, auprès du bois que tu as coupé, bien rangé. Les surveillants, accompagnés de porte-clefs arabes viennent vérifier si tu as accompli ta tâche. Quand il est reçu, chaque stère de bois est marqué à la peinture rouge, verte ou jaune. Cela dépend des jours. Ils n'acceptent le travail que si chaque morceau est de bois dur. Pour mieux y arriver, on fait équipe à deux. Bien souvent, nous n'avons pu bien accomplir la tâche. Alors on nous mettait le soir au cachot sans manger et, le matin, toujours sans manger, on nous remettait au travail avec l'obligation de faire ce qui manquait de la veille, plus le stère du jour. On allait crever comme des chiens.

« Plus ça allait, plus on était faibles et moins nous étions capables d'accomplir le travail. Par surcroît, on nous avait donné un garde spécial qui était non pas un surveillant, mais un Arabe. Il arrivait avec nous sur le chantier, s'asseyait commodément, son nerf de bœuf entre les jambes et n'arrêtait pas de nous insulter. Il mangeait en faisant du bruit avec ses mâchoires pour bien nous faire envie. Bref, un tourment continu. On avait deux plans contenant trois mille francs chacun, pour nous évader. Un jour, on décida d'acheter l'Arabe. La situation fut pire. Heureusement qu'il a toujours cru qu'on n'avait qu'un plan. Son système était facile : pour cinquante francs, par exemple, il nous laissait aller voler aux stères qui avaient été déjà reçus la veille, des morceaux de bois qui avaient échappé à la peinture, et nous faisions notre stère du jour. Ainsi, par cinquante et cent francs, il nous soutira près de deux mille francs.

« Comme nous nous étions mis à jour avec notre travail, on retira l'Arabe. Et alors, pensant qu'il ne nous dénoncerait pas puisqu'il nous avait dépouillés de tant d'argent, nous cherchions dans la brousse des stères reçus pour faire la même opération qu'avec l'Arabe. Un jour, celui-ci nous suivit pas à pas, caché, pour bien voir si on volait le bois. Puis il se découvrit :

« — Ah ! Ah ! Toi voler le bois toujours et pas payer ! « Si toi pas donner cinq cents francs à moi, je te « dénonce. »

« Pensant qu'il ne s'agissait que d'une menace, on refuse. Le lendemain, il revient.

« — Tu paies ou ce soir tu es au cachot. »

« On refuse encore. L'après-midi il revient accompagné des gaffes. Ce fut horrible, Papillon ! Après nous avoir mis tous nus, on nous emmène aux stères où on avait pris du bois et, poursuivis par ces sauvages, frappés à coups de nerf de bœuf par l'Arabe, on nous obligea, en courant, à défaire nos stères et à compléter chacun de ceux que nous avions volés. Cette « corrida » dura deux jours, sans manger ni boire. Souvent on tombait.

L'Arabe nous relevait à coups de pied ou de nerf de
bœuf. A la fin on s'est couchés par terre, on n'en pouvait
plus. Et tu sais comment il est arrivé à nous faire lever ?
Il a pris un de ces nids, genre nid de guêpes sauvages,
qui sont habités par des mouches à feu. Il nous a
coupé la branche où le nid pendait et nous l'a écrasé
dessus. Fous de douleur, non seulement on s'est relevés,
mais on a couru comme des fous. Te dire ce qu'on a
souffert, c'est inutile. Tu sais combien est douloureuse
une piqûre de guêpe. Figure-toi, cinquante ou soixante
piqûres. Ces mouches à feu brûlent encore plus atrocement que les guêpes.

« On nous laissa au pain et à l'eau dans un cachot
pendant dix jours, sans nous soigner. Même en passant
de l'urine dessus, ça nous a brûlés trois jours sans arrêt.
J'en ai perdu l'œil gauche où s'étaient acharnées une
dizaine de mouches à feu. Lorsqu'on nous remit au
camp, les autres condamnés décidèrent de nous aider.
Ils décidèrent de donner chacun un morceau de bois
dur coupé à la même mesure. Cela nous donnait à peu
près un stère et nous aidait beaucoup, car nous n'avions
plus qu'un stère à faire à nous deux. On y est arrivés
avec peine, mais on y est arrivés. Peu à peu, on a repris
des forces. On mangeait beaucoup. Et c'est par hasard
que nous est venue l'idée de nous venger du bique avec
les fourmis. En cherchant du bois dur, on trouva un
énorme nid de fourmis carnivores dans un fourré, en
train de dévorer une biche grosse comme une chèvre.

« Le bique faisait toujours ses rondes sur le travail
et un beau jour, d'un coup de manche de hache, on
l'assomme, puis on le traîne près du nid des fourmis.
On le met à poil et on l'attache à l'arbre, couché par
terre en arc, les pieds et les mains reliés par des grosses
cordes qui servaient à attacher le bois.

« Avec la hache, on lui fait quelques blessures à
différents endroits du corps. Nous lui avons rempli la
bouche d'herbe pour qu'il ne puisse pas crier, maintenue

par un bâillon, et nous avons attendu. Les fourmis n'ont attaqué que lorsque, après en avoir fait monter sur un bâton enfoncé dans la fourmilière, nous les avons secouées sur le corps du bique.

« Ça n'a pas été long. Une demi-heure après, les fourmis, par milliers, attaquaient. As-tu vu des fourmis carnivores, Papillon ?

— Non, jamais. J'ai vu de grosses fourmis noires.

— Celles-là sont minuscules et rouges comme du sang. Elles arrachent de microscopiques morceaux de chair et les portent au nid. Si nous, nous avons souffert par les guêpes, figure-toi ce qu'il a dû souffrir, lui, décortiqué vivant par ces milliers de fourmis. Son agonie a duré deux jours complets et une matinée. Après vingt-quatre heures, il n'avait plus d'yeux.

« Je reconnais que nous avons été impitoyables dans notre vengeance, mais il faut voir ce qu'il nous avait fait lui-même. C'est par miracle qu'on n'était pas morts. Bien entendu on cherchait le bique partout et les autres porte-clefs arabes, ainsi que les gaffes, soupçonnaient que nous n'étions pas étrangers à cette disparition.

« Dans un autre fourré, chaque jour nous creusions un peu pour faire un trou où on mettrait ses restes. Ils n'avaient toujours rien découvert de l'Arabe, quand un gaffe vit qu'on préparait un trou. Quand on partait au travail, il nous suivait pour voir où on en était. C'est ce qui nous a perdus.

« Un matin, immédiatement à l'arrivée au travail, on détache l'Arabe encore plein de fourmis mais presque un squelette et au moment où nous étions en train de le traîner vers la fosse (on ne pouvait pas le porter sans se faire mordre à sang par les fourmis), on fut surpris par trois Arabes porte-clefs et deux surveillants. Ils attendaient patiemment, bien cachés, qu'on fasse cela : l'enterrer.

« Et voilà ! Nous, on prétend officiellement qu'on l'a tué d'abord, puis donné aux fourmis. L'accusation appuyée par le rapport du médecin légiste, dit qu'il n'y a aucune blessure mortelle : elle soutient que nous l'avons fait dévorer vivant.

« Notre gaffe défenseur (parce que là-bas les surveillants s'improvisent avocats), nous dit que si notre thèse est acceptée on peut sauver notre tête. Sinon, on y a droit. Franchement, nous avons peu d'espoir. C'est pour cela que mon ami et moi t'avons choisi comme héritier sans te le dire.

— Espérons que je n'hériterai pas de vous, je le souhaite de tout mon cœur. »

On allume une cigarette et je vois qu'ils me regardent avec l'air de dire : « Alors, tu vas parler ?

— Ecoutez, mecs, je vois que vous attendez ce que vous m'avez demandé avant votre récit : ma façon de juger votre cas, en homme. Une dernière question, qui n'aura aucune influence sur ma décision : « Que pense « la majorité de cette salle et pourquoi vous ne parlez « à personne ? »

— La majorité pense qu'on aurait dû le tuer, mais pas le faire manger vivant. Quant à notre silence, nous ne parlons à personne parce qu'on a eu une occasion de s'évader un jour en se révoltant et qu'ils ne l'ont pas fait.

— Mon opinion, mecs, je vais vous la dire. Vous avez bien fait de lui rendre au centuple ce qu'il vous avait fait : le coup du nid de guêpes ou mouches à feu, c'est impardonnable. Si vous êtes guillotinés, au dernier moment pensez très intensément à une seule chose : « On me coupe la tête, ça va durer trente secondes, « entre le temps de m'attacher, de me pousser dans la « lunette et faire tomber le couteau. Lui, son agonie a « duré soixante heures. Je sors gagnant. » En ce qui concerne les hommes de la salle, je ne sais pas si vous avez raison, car vous avez pu croire qu'une révolte, ce jour-là, pouvait permettre une cavale en commun, et les autres ont pu ne pas avoir cette opinion. D'autre part, dans une révolte on peut toujours être à même de tuer sans l'avoir voulu à l'avance. Or, de tous ceux qui sont ici, les seuls, je crois, qui risquent leur tête sont vous autres et les frères Graville. Mecs, chaque situation particulière entraîne des réaction différentes, obligatoirement. »

Satisfaits de notre conversation, les deux pauvres êtres se retirent et recommencent à vivre dans le silence qu'ils viennent de rompre pour moi.

LA CAVALE DES ANTHROPOPHAGES

« Ils l'ont bouffé, la jambe de bois ! » « Un ragoût de jambe de bois, un ! » Ou une voix imitant une voix de femme : « Un morceau de mec bien grillé sans poivre, maître, je vous prie ! »

Il était bien rare, par les nuits profondes, que l'on n'entende pas crier l'une ou l'autre de ces phrases, quand ce n'étaient pas les trois.

Clousiot et moi on se demandait pour qui et pour quoi, ces paroles lancées dans la nuit.

Cet après-midi, j'ai eu la clef du mystère. C'est l'un des protagonistes qui me la raconte, il s'appelle Marius de La Ciotat, spécialiste des coffres-forts. Quand il sut que j'avais connu son père, Titin, il n'eut pas peur de parler avec moi.

Après lui avoir raconté une partie de ma cavale, je lui demande, ce qui est normal : « Et toi ?

— Oh ! moi, me dit-il, je suis dans une sale histoire. J'ai bien peur, pour une simple évasion, de prendre cinq ans. Je suis de la cavale qu'on a surnommée « cavale des anthropophages ». Ce que tu entends des fois crier dans la nuit : « Ils l'ont bouffé, etc. », ou « Un ragoût, etc. », c'est pour les frères Graville.

« On était partis à six du Kilomètre 42. Dans la cavale, il y avait Dédé et Jean Graville, deux frères de trente-et trente-cinq ans, des Lyonnais, un Napolitain de

Marseille et moi de La Ciotat, puis un mec d'Angers avec une jambe de bois et un jeune de vingt-trois ans qui lui servait de femme. On est bien sortis du Maroni mais, en mer, on n'a jamais pu se redresser et en quelques heures on était rejetés à la côte en Guyane hollandaise.

« Rien ne put être sauvé du naufrage, ni vivres, ni quoi que ce soit. Et on s'est retrouvés, habillés heureusement, en brousse. Il faut te dire qu'à cet endroit il n'y a pas de plage et que la mer pénètre dans la forêt vierge. C'est inextricable, infranchissable à cause des arbres abattus, soit cassés à leur base, soit déracinés par la mer, enchevêtrés les uns dans les autres.

« Après avoir marché tout un jour, on trouve la terre sèche. Nous nous divisons en trois groupes, les Graville, moi et Guesepi, et la jambe de bois avec son petit ami. En bref, partis dans des directions différentes, douze jours après nous nous rencontrons presque à l'endroit où nous nous étions séparés, les Graville, Marius et moi. C'était entouré de vase enliseuse et nous n'avions trouvé aucun passage. Pas la peine de te faire un dessin de nos gueules. On avait vécu treize jours sans avoir bouffé autre chose que quelques racines d'arbres ou des jeunes pousses. Morts de faim et de fatigue, complètement à bout, il fut décidé que moi et Marius, avec le reste de nos forces, nous retournerions au bord de mer et attacherions une chemise le plus haut possible sur un arbre pour nous rendre au premier bateau garde-côte hollandais qui ne manquerait certainement pas de passer par là. Les Graville devaient, après s'être reposés quelques heures, chercher la trace des deux autres.

« Ce devait être facile, car on avait convenu au départ que chaque groupe laisserait trace de son passage par des branches cassées.

« Or, voilà que quelques heures après, ils voient arriver le mec à la jambe de bois, tout seul.

« — Où est le petit ?

« — Je l'ai laissé très loin, car il ne pouvait plus « marcher.

« — Tu es dégueulasse de l'avoir laissé.

« — C'est lui qui a voulu que je revienne sur mes « pas. »

« A ce moment-là, Dédé s'aperçoit qu'il porte, au seul pied qu'il a, une chaussure du même.

« — Et par-dessus le marché tu l'as laissé pieds nus « pour te chausser de son soulier ? Je te félicite ! Et tu « parais en forme, tu n'es pas dans notre état. Tu as « mangé, ça se voit.

« — Oui, j'ai trouvé un gros singe blessé.

« — Tant mieux pour toi. » Et là, Dédé se lève, le coutcau à la main, car il croit comprendre en voyant aussi sa musette chargée.

« — Ouvre ta musette. Qu'est-ce qu'il y a dedans ? »

« Il ouvre la musette, et apparaît un morceau de chair.

« — Qu'est-ce que c'est que ça ?

« — Un morceau de singe.

« — Salaud, tu as tué le môme pour le manger !

« — Non, Dédé, je te jure. Il est mort de fatigue et « j'en ai mangé un petit peu. Pardonne. »

« Il n'a pas le temps de finir que déjà il a le couteau dans le ventre. Et c'est alors qu'en le fouillant il trouve un sachet de cuir avec des allumettes et un frottoir.

« La rage qu'avant de se séparer l'homme n'ait pas partagé les allumettes, la faim, bref, voilà qu'ils allument un feu et commencent à bouffer le mec.

« Guesepi arrive en plein festin. Ils l'invitent. Guesepi refuse. Au bord de la mer il avait mangé des crabes et des poissons crus. Et il assiste sans y participer au spectacle des Graville disposant sur la braise d'autres morceaux de chair et même se servant de la jambe de bois pour alimenter le feu. Donc, Guesepi a vu ce jour et le lendemain les Graville manger l'homme, et il a même remarqué les parties qu'ils ont bouffées : le jarret, la cuisse, les deux fesses.

« Moi, continue Marius, j'étais toujours au bord de la mer quand Guesepi est venu me chercher. On a rempli un chapeau de petits poissons et de crabes et on est allés les faire cuire au feu des Graville. Je n'ai pas vu le cadavre, ils l'avaient traîné certainement plus loin. Mais j'ai vu plusieurs morceaux de viande encore à l'écart du feu, sur la cendre.

« Trois jours après, un garde-côte nous ramassait et nous remettait aux pénitenciers de Saint-Laurent-du-Maroni.

« Guesepi n'a pas su tenir sa langue. Tout le monde dans cette salle connaît cette affaire, même les gaffes. Je te le raconte parce que c'est connu de tous : d'où, comme les Graville sont des mecs à mauvais caractère, les bobards que tu entends la nuit.

« Officiellement, on est accusés d'évasion aggravée d'anthropophagie. Le malheur est que, pour me défendre, il faudrait que j'accuse et ça, c'est pas possible. Guesepi compris, tout le monde nie à l'instruction. On dit qu'ils ont disparu en brousse. Voilà ma situation, Papillon.

— Je te plains, mec, car effectivement tu ne peux te défendre qu'en accusant les autres. »

Un mois après, Guesepi était assassiné d'un coup de couteau en plein cœur pendant la nuit. On n'a même pas eu besoin de se demander qui avait fait le coup.

Voilà l'authentique histoire des anthropophages qui ont mangé l'homme en le faisant rôtir avec sa propre jambe de bois et qui, lui-même avait bouffé le petit môme qui l'accompagnait.

Cette nuit, je suis couché à un autre endroit de la barre de justice. J'ai pris la place d'un homme qui est parti et, en demandant à tout le monde de se pousser d'une place, Clousiot est près de moi.

De l'endroit où je suis couché, même avec mon pied

gauche pris à la barre par une manille, je peux, en m'asseyant, voir ce qui se passe dans la cour.

La surveillance est serrée au point que les rondes n'ont pas de rythme. Elles se succèdent sans arrêt et d'autres arrivent en sens contraire à n'importe quel moment.

Mes pieds me portent très bien et il faut qu'il pleuve pour que je souffre. Donc, je suis à même d'entreprendre de nouveau une action, mais comment ? Cette salle n'a pas de fenêtres, elle n'a qu'une immense grille d'un seul tenant qui fait toute la largeur et va jusqu'au toit. Elle est située de façon que le vent du nord-est, lui, pénètre librement. Malgré une semaine d'observation, je n'arrive pas à trouver une faille dans la surveillance des gardiens. Pour la première fois, j'en viens presque à admettre qu'ils parviendront à m'enfermer à la Réclusion de l'Ile Saint-Joseph.

On m'a dit qu'elle est terrible. On l'appelle la « Mangeuse d'Hommes ». Autre renseignement : jamais un seul homme, depuis quatre-vingts ans qu'elle existe, n'a pu s'en évader.

Naturellement, cette demi-acceptation d'avoir perdu la partie me pousse à regarder l'avenir. J'ai vingt-huit ans et le capitaine instructeur demande cinq ans de réclusion. Ce sera difficile de m'en tirer avec moins. J'aurai donc trente-trois ans quand je sortirai de la Réclusion.

J'ai encore beaucoup d'argent dans mon plan. Donc, si je ne m'évade pas, ce qui est probable en raison de ce que je sais, tout au moins il faudra que je me maintienne en bonne santé. Cinq ans d'isolement complet, c'est difficile à supporter sans devenir fou. Aussi je compte, bien alimenté, discipliner dès le premier jour de ma peine mon cerveau selon un programme bien établi et varié. Eviter le plus possible les rêves de châteaux en Espagne, et surtout les rêves concernant ma vengeance. Je me prépare donc, dès maintenant, à franchir en vainqueur la terrible punition qui m'attend. Oui, ils en seront pour leurs frais. Je sortirai de la Réclusion, fort physiquement et toujours en pleine possession de mes facultés physiques et morales.

Cela m'a fait du bien d'établir ce plan de conduite et d'accepter sereinement ce qui m'attend. La brise qui pénètre dans la salle me caresse avant tout le monde et me fait vraiment du bien.

Clousiot sait quand je ne veux pas parler. Aussi n'a-t-il pas troublé mon silence et fume beaucoup, c'est tout. On aperçoit quelques étoiles, je lui dis : « Tu vois les étoiles de ta place ?

— Oui, dit-il en se penchant un peu. Je préfère ne pas les regarder car elles me rappellent trop les étoiles de la cavale.

— Te fais pas de la bile, on les reverra par milliers dans une autre cavale.

— Quand ? Dans cinq ans ?

— Clousiot, l'année que nous venons de vivre, toutes ces aventures qui nous sont arrivées, les gens que nous avons connus ne valent-ils pas cinq ans de réclusion ? Tu préférerais ne pas avoir été dans cette cavale et être aux Iles depuis ton arrivée ? En raison de ce qui nous attend, et qui n'est pas du sucre, tu regrettes d'avoir été dans cette cavale ? Réponds-moi sincèrement, tu regrettes, oui ou non ?

— Papi, tu oublies une chose que moi je n'ai pas eue ; les sept mois que tu as passés avec les Indiens. Si j'avais été avec toi, je penserais pareil, mais moi j'étais en prison.

— Pardon, je l'avais oublié, je divague.

— Non, tu ne divagues pas et je suis malgré tout bien content de notre cavale parce que j'ai eu moi aussi des moments inoubliables. Seulement j'ai une certaine angoisse de ce qui m'attend à la « mangeuse d'hommes ». Cinq ans c'est presque impossible à faire. »

Alors je lui explique ce que j'ai décidé de faire

et je le sens réagir très positivement. Ça me fait plaisir de voir mon ami regonflé près de moi. On est à quinze jours de comparaître devant le tribunal. D'après certains bruits, le commandant qui va venir présider le conseil de guerre est connu pour être un homme sévère, mais paraît-il, très droit. Il n'accepte pas facilement les bobards de l'Administration. C'est donc plutôt une bonne nouvelle.

Clousiot et moi, car Maturette est en cellule depuis notre arrivée, avons refusé un surveillant pour avocat. On a décidé que je parlerai pour les trois et exposerai moi-même notre défense.

LE JUGEMENT

Ce matin, rasés et tondus de frais, habillés de neuf d'un treillis à raies rouges, chaussés de souliers, on attend dans la cour le moment de passer devant le tribunal. Voici quinze jours qu'on a enlevé le plâtre de Clousiot. Il marche normalement, il n'est pas resté boiteux.

Le conseil de guerre a commencé lundi. Nous sommes samedi matin, il y a donc cinq jours de procès divers : le procès des hommes aux fourmis a pris un jour entier. Condamnés à mort tous les deux, je ne les ai plus revus. Les frères Graville écopent quatre ans seulement (manque de preuve de l'acte d'anthropophagie). Leur procès a pris plus d'une demi-journée. Le restant des meurtres, cinq ou quatre ans.

En général, sur les quatorze comparus, les peines infligées ont été plutôt sévères mais acceptables, sans exagération.

Le tribunal commence à sept heures trente. On est dans la salle quand un commandant, en tenu de méhariste, entre accompagné d'un vieux capitaine

d'infanterie et d'un lieutenant qui serviront d'assesseurs.

A droite du tribunal, un surveillant galonné, un
capitaine, représente l'Administration, l'accusation.

« Affaire Charrière, Clousiot, Maturette. »

Nous sommes à quatre mètres du tribunal environ.
J'ai le temps de détailler la tête burinée par le désert
de ce commandant de quarante à quarante-cinq ans,
les cheveux platinés sur les temps. Des sourcils fournis
surmontent des yeux noirs, magnifiques, qui nous regardent droit dans les yeux C'est un vrai militaire. Son
regard n'a rien de méchant. Il nous scrute, nous soupèse
en quelques secondes. Mes yeux se fixent aux siens puis,
volontairement, je les baisse.

Le capitaine de l'Administration attaque exagérément,
c'est ce qui va lui faire perdre la partie. Il appelle
tentative d'assassinat l'élimination momentanée des surveillants. Pour l'Arabe, il affirme que c'est un miracle
qu'il ne soit pas mort sous nos multiples coups. Il
commet une autre faute en disant que nous sommes
les forçats qui, depuis que le bagne existe, ont été
porter le plus loin en pays étranger le déshonneur de
la France : « Jusqu'en Colombie ! deux mille cinq
cents kilomètres, monsieur le président, ont parcourus
ces hommes. Trinidad, Curaçao, la Colombie, toutes
ces nations ont certainement écouté les racontars les
plus mensongers sur l'Administration pénitentiaire
française.

« Je demande deux condamnations sans confusion de
peine, soit un total de huit ans : cinq ans pour tentative de meurtre, d'une part, et trois ans pour évasion,
d'autre part. Cela pour Charrière et Clousiot. Pour
Maturette, je demande seulement trois ans pour évasion,
car il ressort de l'enquête qu'il n'a pas participé à la
tentative d'assassinat. »

Le président : « Le tribunal serait intéressé par le
récit le plus bref possible de cette très longue odyssée. »

Je raconte, en oubliant la partie Maroni, notre voyage

en mer jusqu'à Trinidad. Je dépeins la famille Bowen et ses bontés. Je cite la parole du chef de police de Trinidad : « Nous n'avons pas à juger la justice française, mais là où nous ne sommes pas d'accord, c'est à propos de l'envoi de leurs prisonniers en Guyane et c'est pour cela que nous vous aidons » ; Curaçao, le père Irénée de Bruyne, l'incident du sac de florins, puis la Colombie, pourquoi et comment nous y sommes allés. Très vite, un petit exposé de ma vie chez les Indiens. Le commandant m'écoute sans m'interrompre. Il me demande seulement quelques détails de plus sur ma vie avec les Indiens, passage qui l'intéresse énormément. Puis les prisons colombiennes, particulièrement le cachot sous-marin de Santa Marta.

« Merci, votre récit a éclairé la Cour et en même temps l'a intéressée. Nous allons faire une pause de quinze minutes. Je ne vois pas vos défenseurs, où sont-ils ?

— Nous n'en avons pas. Je vous demanderai d'accepter que je présente la défense de mes camarades et la mienne.

— Vous pouvez le faire, les règlements l'admettent.

— Merci. »

Un quart d'heure après la session recommence.

Le président : « Charrière, le tribunal vous autorise à présenter la défense de vos camarades et la vôtre. Toutefois nous vous avertissons que ce tribunal vous retirera la parole si vous manquez de respect au représentant de l'Administration. Vous pouvez vous défendre en toute liberté, mais avec des expressions convenables. Vous avez la parole.

— Je demande au tribunal d'écarter purement et simplement le délit de tentative d'assassinat. Il est invraisemblable et je vais le prouver : J'avais vingt-sept ans l'année dernière, et Clousiot trente. Nous étions en pleine force, frais arrivés de France. Nous avons un

mètre soixante-quatorze et un mètre soixante-quinze de
hauteur. Nous avons frappé l'Arabe et les surveillants
avec les pieds en fer de notre lit. Aucun des quatre n'a
été sérieusement blessé. Ils ont donc été frappés avec
beaucoup de précaution dans le but, que nous avons
obtenu de les assommer en leur faisant le moins de mal
possible. Le surveillant accusateur a oublié de dire,
ou ignore, que les morceaux de fer étaient entourés
de chiffons pour ne pas risquer de tuer quelqu'un.
Le tribunal, formé de soldats de carrière, sait très
bien ce qu'un homme fort peut faire en frappant
quelqu'un à la tête, rien qu'avec le plat d'une baïonnette. Alors figurez-vous ce qu'on peut faire avec un
pied de lit en fer. Je fais remarquer au tribunal qu'aucune des quatre personnes attaquées n'a été hospitali-
sée.

« Ayant perpétuité, je crois que le délit d'évasion est
moins grave que pour un homme condamné à une peine
minime. Il est bien difficile d'accepter à notre âge de ne
jamais plus revivre. Je demande pour nous trois l'indul-
gence du tribunal. »

Le commandant chuchote avec les deux assesseurs,
puis il frappe avec un marteau sur le bureau.

« Accusés, levez-vous ! »

Tous les trois, raides comme des piquets, nous attendons.

Le président : « Le tribunal, écartant l'accusation de
tentative d'assassinat, n'a pas à dicter une sentence,
même d'absolution, pour ce fait.

« Pour le délit d'évasion vous êtes reconnus coupables
au deuxième degré. Pour ce délit, le tribunal vous
condamne à deux ans de réclusion. »

Ensemble nous disons : « Merci, commandant. » Et
j'ajoute : « Merci au tribunal. »

Dans la salle, les gaffes qui assistaient au procès n'en
revenaient pas.

Quand nous rentrons dans le bâtiment où sont nos
camarades, tout le monde est content de la nouvelle, per-

sonne n'en est jaloux. Au contraire. Même ceux qui ont été salés nous félicitent sincèrement de notre chance.

François Sierra est venu m'embrasser. Il est fou de joie.

Sixième cahier

LES ILES DU SALUT

ARRIVÉE AUX ILES

C'est demain, qu'on doit embarquer pour les Iles du Salut. Malgré toute ma lutte, me voilà, cette fois, à presque quelques heures d'être interné à vie. D'abord j'aurai à faire deux ans de réclusion à l'Ile Saint-Joseph. J'espère que je ferai mentir le surnom que lui ont donné les bagnards : la « mangeuse d'hommes ».

J'ai perdu la partie mais je n'ai pas l'âme d'un vaincu.

Je dois me réjouir de n'avoir que deux ans à faire dans cette prison d'une autre prison. Comme je me le suis promis, je ne me laisserai pas conduire facilement aux divagations que crée l'isolement complet. Pour en échapper, j'ai le remède. Je dois, à l'avance, me voir *libre*, sain et bien portant, comme un forçat normal des Iles. J'aurai trente ans quand je sortirai.

Aux Iles, les évasions sont très rares, je le sais. Mais, même comptés sur les doigts, des hommes se sont évadés. Eh bien, moi je m'évaderai, c'est sûr. Dans deux ans je m'évaderai des Iles, je le répète à Clousiot assis à côté de moi.

« Mon vieux Papillon, c'est bien difficile de t'abattre et j'envie cette foi que tu portes en toi d'être libre un jour. Voilà un an que tu n'arrêtes pas de faire des cavales et pas une fois tu n'as renoncé. A peine tu viens de fracasser une évasion que tu en prépares une autre. Je m'étonne qu'ici tu n'aies rien essayé.

— Ici, mon pote, il n'y a qu'une façon : fomenter une révolte. Mais pour cela je n'ai pas le temps nécessaire pour prendre en main tous ces hommes difficiles. J'ai failli la provoquer, mais j'ai eu peur qu'elle me dévore. Ces quarante hommes qui sont ici, ce sont tous des vieux bagnards. Le chemin de la pourriture les a absorbés, ils réagissent autrement que nous. Exemple : les « anthropophages », les « mecs aux fourmis », celui qui a mis du poison dans la soupe et qui, pour tuer un homme, n'a pas hésité à en empoisonner sept autres qui ne lui avaient jamais rien fait.

— Mais aux Iles, ça va être le même type d'homme.

— Oui, mais je m'évaderai des Iles sans avoir besoin de personne. Je partirai seul ou, au maximum, avec un camarade. Tu souris, Clousiot, pourquoi ?

— Je souris, parce que jamais tu abandonnes la partie. Le feu qui te brûle les entrailles de te trouver à Paris en train de présenter la note à tes trois amis, te soutient avec une telle force que tu n'admets pas que ce que tu désires tant ne puisse pas se réaliser.

— Bonsoir, Clousiot, à demain. Oui, on va les voir ces sacrées Iles du Salut. La première chose à demander : pourquoi, ces îles de perdition, on les appelle du Salut ? »

Et, tournant le dos à Clousiot, je penche un peu plus mon visage vers la brise de la nuit.

Le lendemain, de très bonne heure, on s'embarque pour les Iles. Vingt-six hommes à bord d'un rafiot de quatre cents tonnes, le *Tanon*, barque côtière qui fait la navette Cayenne — les Iles — Saint-Laurent et vice versa. Deux par deux, nous sommes liés par une chaîne aux pieds et par des menottes. Deux groupes de huit hommes à l'avant surveillés chacun par quatre gaffes, mousqueton à la main. Plus un groupe de dix à l'arrière avec six gaffes et les deux chefs d'escorte. Tout le monde est sur le pont de ce rafiot en mal de s'évanouir à n'importe quel moment de gros temps.

Décidé à ne pas penser pendant ce voyage, je veux me distraire. Aussi, seulement pour le contrarier, je dis à voix haute au surveillant le plus près de moi, qui a une gueule d'enterrement :

« Avec les chaînes que vous nous avez mises, on risque pas de se sauver si ce bateau pourri venait à sombrer, ce qui pourrait bien lui arriver avec une grosse mer dans l'état qu'il est. » Mal réveillé, le gaffe réagit comme je l'avais prévu.

« Que vous vous noyiez, on s'en fout. On a l'ordre de vous enchaîner et puis c'est tout. La responsabilité est à ceux qui donnent ces ordres. Nous, on est couverts de toute façon.

— De toute façon vous avez raison, monsieur le surveillant, avec chaînes ou sans chaînes, si ce cercueil s'ouvre en route, on va tous au fond.

— Oh ! vous savez, il y a longtemps, dit l'imbécile, qu'il fait ce trajet, ce bateau, et il ne lui est jamais rien arrivé.

— Certainement, mais c'est parce qu'il y a *trop long-temps* qu'il existe ce bateau que, obligatoirement, maintenant il est prêt à ce qu'il lui arrive quelque chose à n'importe quel moment. » J'avais réussi ce que je voulais : secouer ce silence général qui m'énervait. Immédiatement le sujet fut repris par surveillants et bagnards. « Oui, ce rafiot est dangereux et par surcroît on nous enchaîne. Sans chaînes on a quand même une chance.

— Oh ! c'est pareil. Nous, avec notre uniforme, nos bottes et le mousqueton, on n'est pas légers non plus.

— Le mousqueton, ça ne compte pas, car en cas de naufrage on s'en débarrasse aussitôt », dit un autre.

Voyant, que ça a pris, j'envoie la deuxième : « Où sont les chaloupes de sauvetage ? Je n'en vois qu'une très petite, pour huit hommes tout au plus. Entre le commandant et l'équipage, ils la rempliraient. Les autres, ballon ! »

Alors ça démarre, avec diapason élevé.

« C'est vrai, il n'y a rien et ce bateau est dans un tel état que c'est d'une irresponsabilité inacceptable que des pères de famille doivent risquer un tel danger pour accompagner ces vauriens. »

Comme je suis dans le groupe qui se trouve sur la plage arrière, c'est avec nous que voyagent les deux chefs du convoi. L'un des deux me regarde et dit :

« C'est toi Papillon, qui reviens de Colombie ?

— Oui.

— Ça ne m'étonne pas que tu aies été si loin, tu as l'air de t'y connaître dans la marine. » Prétentieusement je réponds : « Oui, beaucoup. » Ça jette un froid. Par surcroît, le commandant descend de sa passerelle, car maintenant nous venons de sortir de l'estuaire du Maroni et comme c'est l'endroit le plus dangereux, il a dû tenir lui-même le timon. Maintenant il l'a passé à un autre. Donc, ce commandant d'un noir Tombouctou, un petit gros, la figure assez jeune, demande où sont les gars qui sont allés sur un bout de bois en Colombie.

« Celui-là, celui-ci, et l'autre là, à côté, dit le chef du convoi.

— Qui était le capitaine ? demande le nain.

— Moi, monsieur.

— Eh bien, mon gars, comme marin je te félicite. Tu n'es pas un homme ordinaire. Tiens ! » Il met la main dans la poche de sa veste : « Accepte ce paquet de tabac bleu avec les feuilles. Fume-le à ma santé.

— Merci, commandant. Mais moi aussi je dois vous

féliciter pour avoir le courage de naviguer sur ce corbillard, une ou deux fois par semaine je crois. »

Il rit aux éclats, pour le comble des gens que j'avais voulu contrarier.

Il dit : « Ah ! tu as raison ! Il y a longtemps qu'on aurait dû l'envoyer au cimetière, ce rafiot, mais cette compagnie attend qu'il coule pour toucher l'assurance. » Alors, je termine par une estocade : « Heureusement, que vous avez pour l'équipage et vous un canot de sauvetage. — Heureusement, oui », dit le commandant sans réfléchir avant de disparaître dans l'escalier.

Ce sujet de discussion, que j'avais volontairement déclenché a meublé mon voyage plus de quatre heures. Chacun avait son mot à dire et la discussion passa, je ne sais pas comment, jusqu'à l'avant du bateau.

La mer aujourd'hui, vers dix heures du matin, n'est pas grosse, mais le vent ne favorise pas le voyage. Nous allons nord-est, c'est-à-dire contre la lame et le vent, ce qui naturellement fait tanguer et rouler plus que la moyenne. Plusieurs surveillants et bagnards sont malades. Heureusement que celui qui est enchaîné avec moi a le pied marin, car rien n'est aussi désagréable que de voir vomir près de soi. Ce garçon est un vrai titi de Paris. Il est monté au bagne en 1927. Il y a donc sept ans qu'il est aux Iles. Il est relativement jeune, trente-huit ans. « On m'appelle Titi la Belote, car je dois te dire, mon pote, que la belote c'est mon fort. D'ailleurs, aux Iles, je vis de ça. Belote toute la nuit à deux francs du point. Ça va loin avec annonce. Si tu gagnes par un deux cents de valet, le mec te paie quatre cents balles et quelques plumes des autres points.

— Mais alors, il y a beaucoup d'argent aux Iles ?

— Eh oui, mon vieux Papillon ! Les Iles, c'est plein de plans bourrés de pognon. Les uns montent avec eux, les autres, en payant cinquante pour cent, reçoivent de l'argent à travers des surveillants combineurs.

Ça se voit que tu es tout neuf, mon pote. T'as l'air de rien connaître ?

— Non, je ne sais absolument rien sur les Iles. Je sais seulement qu'il est très difficile de s'en évader.

— S'évader ? dit Titi. C'est pas la peine d'en parler. Voilà sept ans que je suis aux Iles, il y a eu deux cavales avec, comme résultat, trois morts et deux arrêtés. Personne a réussi. C'est pour ça qu'il n'y a pas beaucoup de candidats à tenter la chance.

— Pourquoi es-tu allé à la Grande Terre ?

— Je viens de passer à la radio pour voir si je n'ai pas un ulcère.

— Et tu n'as pas essayé de t'évader de l'hôpital ?

— Tu peux le dire ! C'est toi, Papillon, qui as tout grillé. Et par surcroît j'ai eu la chance de tomber dans la même salle d'où tu t'es évadé. Alors, tu vois d'ici la surveillance ! Chaque fois qu'on s'approchait d'une fenêtre pour respirer un peu, on te faisait te retirer. Et quand tu demandais pourquoi, on te répondait : « C'est en cas que tu aurais l'idée de faire comme « Papillon. »

— Dis-moi, Titi, qui est ce grand mec qui est assis à côté du chef du convoi ? C'est un donneur ?

— Tu es fou ? Ce mec est très estimé par tout le monde. C'est un cave, mais il sait se tenir comme un vrai voyou : pas de fréquentations avec les gaffes, pas de place de faveur, son rang de forçat, bien tenu. Capable de donner un bon conseil, bon camarade, et distant avec la flicaille. Même pas le curé et le docteur n'ont pu l'employer. Ce cave qui se conduit en vrai julot comme tu le vois, c'est un descendant de Louis XV. Oui mon pote, c'est un comte, un vrai, il s'appelle le comte Jean de Bérac. Pourtant, quand il est arrivé avant de se gagner l'estime des hommes ç'a été long, car il avait fait un truc dégueulasse pour monter aux durs.

— Qu'est-ce qu'il a fait ?

— Ben, il a balancé son propre gosse de dessus un

pont dans une rivière, et comme le môme était tombé
dans un endroit où il y avait très peu d'eau, il a eu
le courage de descendre, de le prendre, et de le foutre dans un gouffre plus profond.

— Ouoi ! C'est comme s'il avait tué deux fois son
propre gosse ?

— D'après un ami à moi, qui est comptable et qui
a vu son dossier, ce mec a été terrorisé par son milieu
de noble. Et sa mère avait jeté à la rue, comme une
chienne, la maman du gosse qui était une jeune sou-
brette de son château. D'après mon ami, ce garçon
était dominé par une mère orgueilleuse, pédante, qui
l'a tellement humilié d'avoir eu, lui, un comte, des
relations avec une boniche, qu'il ne savait plus où il
en était lorsqu'il eût jeté le gosse à l'eau après avoir
dit à la mère qu'il avait été le porter à l'Assistance
publique.

— A combien on l'a condamné ?

— Dix piges seulement. Tu penses bien, Papillon,
que c'est pas un mec comme nous. La comtesse, chef
de l'honneur de la maison, a dû expliquer aux magistrats que tuer un gosse d'une bonne n'est pas un
délit tellement grave quand il est commis par un
comte qui veut sauver le renom de sa famille.

— Conclusion ?

— Eh bien, ma conclusion à moi, humble titi parisien, c'est la suivante : libre et sans histoire en vue,
ce comte Jean de Bérac était un hobereau éduqué de
telle façon que, rien ne comptant que le sang bleu,
tout le reste c'était insignifiant et ne valait pas la
peine qu'on s'en occupe. C'étaient peut-être pas des
serfs proprement dits, mais tout au moins des êtres
négligeables. Ce monstre d'égoïsme et de prétention
qu'était sa mère l'avait trituré et terrorisé à un tel
point qu'il était comme eux. C'est au bagne que ce
seigneur qui auparavant croyait qu'il avait droit de
cuissage est devenu un vrai noble — dans l'acception
du mot. Ça paraît paradoxal, mais c'est seulement

maintenant qu'il est vraiment le compte Jean de Bérac. »

Les Iles du Salut, cet « inconnu » pour moi ne le sera plus d'ici quelques heures. Je sais qu'il est très difficile de s'en évader. Mais pas impossible. Et, aspirant le vent du large avec délice, je pense : « Quand ce vent debout sera-t-il transformé en vent arrière dans une évasion ? »

Nous arrivons. Voilà les Iles ! Elles forment un triangle. Royale et Saint-Joseph en sont la base. Le Diable, le sommet. Le soleil qui est déjà bas les éclaire de tous ses feux qui n'ont une telle intensité qu'aux tropiques. Aussi, on peut les détailler à loisir. D'abord Royale, avec une corniche plate tout autour d'un mamelon de plus de deux cents mètres de hauteur. Plat, le sommet. Le tout, représentant très bien un chapeau mexicain posé sur la mer et dont on aurait coupé la pointe. Partout des cocotiers très hauts, très verts aussi. Des petites maisons aux toits rouges donnent à cette île une attraction peu commune et celui qui ne sait pas ce qu'il y a dessus désirerait y vivre toute sa vie. Un phare, sur le plateau, doit éclairer la nuit, afin que par mauvais temps les bateaux ne s'écrasent pas sur les rochers. Maintenant qu'on est plus près, je distingue cinq grands et longs bâtiments. Par Titi, je sais que d'abord ce sont deux immenses salles où vivent quatre cents forçats. Puis le quartier de répression, avec ses cellules et ses cachots, entouré d'un haut mur blanc. Le quatrième édifice, c'est l'hôpital des forçats et le cinquième, celui des surveillants. Et, partout, disséminées sur les pentes, des petites maisons aux toits de tuiles roses où vivent les surveillants. Plus loin de nous, mais très près de la pointe de Royale, Saint-Joseph. Moins de cocotiers, moins de feuillages et, en haut du plateau, une immense masure qui se voit de la mer très distinctement. De suite je comprends : c'est la Réclusion, et Titi la Belote me le confirme. Il me fait voir, plus bas, les bâtiments du

camp où vivent les forçats en cours de peine normale. Ces bâtiments sont près de la mer. Les tourelles
de surveillance se détachent avec leurs créneaux, très
nettement. Et puis d'autres petites maisonnettes, toutes
pimpantes, avec leurs murs peints de blanc et leur
toit rouge.

Le bateau attaquant par le sud l'entrée de l'Ile Royale,
nous ne voyons plus maintenant la petite île du
Diable. Dans l'aperçu que j'en ai eu avant, c'est un
énorme rocher, couvert de cocotiers, sans construction importante. Quelques maisons au bord de la mer,
peintes de jaune avec des toits de suie. Je saurai plus
tard que ce sont les maisons où vivent les déportés
politiques.

On est en train d'entrer dans le port de Royale,
bien abrité par une jetée immense faite de grands
blocs. Ouvrage qui a dû coûter beaucoup de vies de
bagnards pour le construire.

Après trois coups de sirène, le *Tanon* jette l'ancre
à environ deux cent cinquante mètres du quai. Ce
quai, bien bâti avec du ciment et des gros galets, est
très long et élevé de plus de trois mètres. Des bâtiments
peints en blanc, en retrait, s'allongent parallèlement
à lui. Je lis, peint en noir sur le fond blanc : « Poste
de Garde » — « Service des Canots » — « Boulangerie »
— « Administration du Port ».

On voit des forçats qui regardent le bateau. Ils
n'ont pas la tenue rayée, ils sont tous en pantalon et
en espèce de blouson blanc. Titi là Belote me dit qu'aux
Iles, ceux qui ont de l'argent se font faire « sur
mesure » par les tailleurs, avec des sacs de farine dont
on a enlevé les lettres, des tenues très souples et
même donnant une certaine élégance. A peu près personne, dit-il, ne porte l'uniforme de forçat.

Un canot approche du *Tanon*. Un surveillant à la
barre, deux surveillants armés de mousquetons à gauche et à droite ; à l'arrière, près de lui, six forçats
debout, torse nu, pantalons blancs, rament avec des

avirons immenses. Ils ont vite fait de franchir la
distance. Derrière eux, en remorque, traîne un gros
canot genre canot de sauvetage, vide. L'accostage s'effectue. D'abord descendent les chefs du convoi qui
prennent place à l'arrière. Puis deux surveillants avec
les mousquetons se portent à l'avant. Les pieds
désentravés, mais toujours emmenottés, on descend
deux par deux dans le canot ; les dix de mon groupe,
puis les huit du groupe de l'avant. Les rameurs arrachent. Ils feront un autre voyage pour le reste. On
débarque sur le quai et, alignés devant le bâtiment
« Administration du Port », on attend. Aucun de nous
n'a de paquet. Sans s'occuper des gaffes, les transportés nous parlent à haute voix, d'une distance pru-
dente de cinq à six mètres. Plusieurs transportés
de mon convoi me saluent amicalement. Cesari et
Essari, deux bandits corses que j'ai connus à Saint-
Martin, me disent qu'ils sont canotiers, service du
port. A ce moment arrive Chapar, de l'affaire de la
Bourse à Marseille, que j'ai connu en liberté en
France. Sans se gêner, devant les gaffes, il me dit :
« T'en fais pas, Papillon ! Compte sur les amis, tu ne
manqueras de rien à la réclusion. Combien tu as attrapé ?
— Deux ans.
— Bon, c'est vite fait et tu viendras ici avec nous et tu
verras, on n'est pas mal ici.
— Merci, Chapar. Et Dega ?
— Il est comptable en haut, ça m'étonne qu'il ne soit
pas là. Il regrettera de ne pas t'avoir vu. »
A ce moment arrive Galgani. Il vient vers moi, le
garde veut l'empêcher de passer, mais il passe quand
même en disant : « Vous n'allez pas m'empêcher d'em-
brasser mon frère, non mais des fois ! » Et il m'embrasse en disant : « Compte sur moi. » Puis il va
pour se retirer.
« Que fais-tu ?
— Je suis facteur, vaguemestre.
— Ça va ?

— Je suis tranquille. »

Les derniers sont débarqués et joints à nous. On nous enlève à tous les menottes. Titi la Belote, de Bérac et des inconnus se retirent du groupe. Un surveillant leur dit : « Allons, en route pour monter au camp. » Eux, ils ont leur sac d'effets du bagne. Chacun met son sac sur l'épaule et ils s'en vont vers un chemin qui doit monter en haut de l'île. Le commandant des Iles arrive accompagné de six surveillants. On fait l'appel. Il le reçoit complet. Notre escorte se retire.

« Où est le comptable ? demande le commandant.

— Il arrive, chef. » Je vois arriver Dega, bien vêtu de blanc avec une veste à boutons, accompagné d'un surveillant ; chacun porte un grand livre sous le bras. Tous les deux font sortir les hommes des rangs, un à un, avec leur nouvelle classification : « Vous, réclusionnaire Un tel, matricule de transporté numéro X, serez matricule réclusionnaire Z.

— Combien ?

— X années. »

Quand mon tour arrive, Dega m'embrasse à plusieurs reprises. Le commandant s'approche.

« C'est lui, Papillon ?

— Oui, mon commandant, dit Dega.

— Portez-vous bien à la Réclusion. Deux ans passent vite. »

LA RÉCLUSION

Un canot est prêt. Sur les dix-neuf réclusionnaires, dix s'en vont au premier canot. Je suis appelé pour partir. Froidement, Dega dit : « Non, celui-là part au dernier voyage. »

Je suis stupéfait, depuis que je suis arrivé, de voir de quelle façon parlent les bagnards. On ne sent pas de discipline et ils ont l'air de se foutre des gaffes. Je parle avec Dega qui s'est mis auprès de moi. Il

sait déjà toute mon histoire et celle de mon évasion.
Des hommes qui étaient avec moi à Saint-Laurent sont
venus aux Iles et lui ont tout raconté. Il ne me plaint
pas, il est plus fin que ça. Une seule phrase, de tout son
cœur : « Tu méritais de réussir, fiston. Ça sera pour
la prochaine ! » Il ne me dit même pas : courage.
Il sait que j'en ai.

« Je suis comptable général et très bien avec le commandant. Tiens-toi bien à la Réclusion. Je t'enverrai
du tabac et de quoi manger. Tu ne manqueras de
rien.

— Papillon, en route ! » C'est mon tour.

« Au revoir à tous. Merci pour vos bonnes paroles. »

Et j'embarque dans le canot. Vingt minutes après,
on accoste à Saint-Joseph. J'ai eu le temps de remarquer qu'il n'y a que trois surveillants armés à bord
pour six forçats canotiers rameurs et dix réclusionnaires.
Coordonner la prise de possession de ce bateau serait
de la rigolade. A Saint-Joseph, comité de réception.
Deux commandants se présentent à nous : le commandant du pénitencier de l'île et le commandant de la
Réclusion. A pied, encadrés, on nous fait monter le
chemin qui va à la réclusion. Aucun forçat sur notre
parcours. En entrant par la grande porte en fer surmontée des mots : RECLUSION DISCIPLINAIRE, on
comprend tout de suite le sérieux de cette maison de
force. Cette porte et les quatre hauts murs qui l'entourent cachent d'abord un petit bâtiment où on lit :
« Administration-Direction » et trois autres bâtiments,
A, B, C. On nous fait pénétrer dans le bâtiment Direction.
Une salle froide. Les dix-neuf alignés sur deux rangs, le
commandant de la Réclusion nous dit :

« Réclusionnaires, cette maison est, vous le savez, une
maison de châtiment pour les délits commis par des
hommes déjà condamnés au bagne. On n'essaie pas,
ici, de vous corriger. Nous savons que c'est inutile.
Mais on essaie de vous mater. Ici, un seul règlement :

fermer sa gueule. Silence absolu. Téléphoner, c'est risqué, si vous êtes pris, une punition très dure. Si vous n'êtes pas gravement malade, ne vous faites pas inscrire à la visite. Car une visite injustifiée entraîne une punition. C'est tout ce que j'ai à vous dire. Ah ! il est strictement défendu de fumer. Allez, surveillants, fouillez-les à fond, et chacun dans une cellule. Charrière, Clousiot et Maturette ne doivent pas être dans le même bâtiment. Voyez vous-même cela, monsieur Santori. »

Dix minutes après, je suis enfermé dans ma cellule, la 234 du bâtiment A. Clousiot est au B et Maturette au C. Du regard on s'est dit au revoir. En entrant ici, immédiatement on a tous compris que si l'on veut sortir vivants, il faut obéir à ce règlement inhumain. Je les vois partir, mes compagnons de cette si longue cavale, camarades fiers et courageux qui m'ont accompagné avec valeur et ne se sont jamais plaints, ni n'ont regretté ce qu'ils ont fait avec moi. Mon cœur se serre, car après quatorze mois de lutte côte à côte pour conquérir notre liberté, nous sommes liés pour toujours, les uns aux autres, d'une amitié sans limites.

J'examine la cellule où l'on m'a fait entrer. Jamais je n'aurais pu supposer, ni imaginer, qu'un pays comme le mien, la France, mère de la liberté dans le monde entier, terre qui a accouché des Droits de l'homme et du citoyen, puisse avoir, même en Guyane française, sur une île perdue dans l'Atlantique, grande comme un mouchoir de poche, une installation aussi barbarement répressive que la Réclusion de Saint-Joseph. Figurez-vous cent cinquante cellules les unes à côté des autres, chacune appuyée à une autre cellule, dos à dos, leurs quatre murs très épais percés seulement d'une petite porte en fer avec son guichet. Au-dessus de chaque guichet, peint sur la porte : « Défense d'ouvrir cette porte sans ordre supérieur. » A gauche, un bat-flanc avec un oreiller en bois, même système qu'à Beaulieu : le bat-flanc se relève et s'accroche au mur ;

une couverture ; un bloc de ciment, au fond dans le coin, comme tabouret ; une balayette ; un quart de soldat, une cuillère en bois, une plaque de fer verticale qui cache une tinette métallique à laquelle elle est reliée par une chaîne. (On peut la tirer de l'extérieur pour la vider et de l'intérieur pour s'en servir.) Trois mètres de haut. Comme plafond, des énormes barreaux de fer, épais comme un rail de tramway, croisés de telle façon que rien d'un peu volumineux ne peut passer. Puis, plus haut, le vrai toit du bâtiment, à peu près à sept mètres du sol. Passant au-dessus des cellules dos à dos, les surplombant, un chemin de ronde d'un mètre de large à peu près, avec une rampe de fer. Deux surveillants vont sans arrêt d'un bout à la moitié du parcours où ils se recontrent et font demi-tour. L'impression est horrible. Jusqu'à la passerelle, un jour assez clair arrive. Mais au fond de la cellule, même en plein jour, on y voit à peine. De suite je commence à marcher, attendant qu'on donne le coup de sifflet, ou je ne sais pas quoi, pour descendre les bat-flanc. Pour ne pas faire le moindre bruit, prisonniers et gardiens sont en chaussons. Je pense immédiatement : « Ici, à la 234, va essayer de vivre sans devenir fou Charrière, dit Papillon, pour une peine de deux ans, soit sept cent trente jours. A lui de démentir le surnom de « mangeuse d'hommes » qu'a cette Réclusion.

Un, deux, trois, quatre, cinq, demi-tour. Un, deux, trois, quatre, cinq, demi-tour. Le gaffe vient de passer devant mon toit. Je ne l'ai pas entendu venir, je l'ai vu. Pan ! La lumière s'allume, mais très haut, suspendue au toit supérieur, à plus de six mètres. La passerelle est éclairée, les cellules sont dans l'ombre. Je marche, le balancier est à nouveau en mouvement. Dormez tranquilles, fromages du jury qui m'avez condamné, dormez tranquilles, car je crois que si vous saviez où vous m'avez envoyé, vous refuseriez répulsivement d'être les complices de l'application d'un tel châtiment. Il va être bien difficile d'échapper aux vagabondages

de l'imagination. Presque impossible. Il vaut mieux, je
le crois, les aiguiller vers des motifs pas trop dépri-
mants plutôt que de les supprimer complètement.

Effectivement, c'est par un coup de sifflet qu'on
annonce qu'on peut descendre les bat-flanc. J'entends
une grosse voix qui dit :

« Pour les nouveaux, sachez qu'à partir de maintenant, si vous le voulez, vous pouvez descendre les
bat-flanc et vous coucher. » Je ne retiens que ces seuls
mots : « Si vous le voulez. » Donc je continue à marcher, le moment est trop crucial pour dormir. Il faut
que je m'habitue à cette cage ouverte par le toit.
— Une, deux, trois, quatre, cinq, j'ai pris tout de suite
le rythme du balancier ; la tête baissée, les deux mains
derrière le dos, la distance des pas exactement ce qu'elle
doit être, comme un pendule qui oscille, je vais et je
viens interminablement, comme un somnambule. Quand
j'arrive au bout de chaque cinq pas, je ne vois même
pas le mur, je le frôle dans mon demi-tour, inlassablement, dans ce marathon qui n'a pas d'arrivée ni de
temps déterminé pour se finir.

Oui, vraiment, Papi, c'est pas de la rigolade cette
« mangeuse d'hommes ». Et cela fait un drôle d'effet
quand l'ombre du gaffe se projette sur le mur. Si
on le regarde en levant la tête, c'est encore plus déprimant : on a l'air d'un léopard dans une fosse, observé
d'en haut par le chasseur qui vient de le capturer.
L'impression est horrible et il faudra des mois pour
que je m'y habitue.

Chaque année, trois cent soixante-cinq jours ; deux
ans : sept cent trente jours, s'il n'y a pas une année
bissextile. Je souris de l'idée. Tu sais, qu'il y ait sept
cent trente jours ou sept cent trente et un, c'est pareil.
Pourquoi c'est pareil ? Non, ce n'est pas la même
chose. Un jour de plus ce sont vingt-quatre heures
de plus. Et vingt-quatre heures, c'est long. C'est bien
plus long sept cent trente jours de vingt-quatre heures.
Combien d'heures ça doit faire cela ? Est-ce que men-

talement je serais capable de le calculer ? Comment
m'y prendre, c'est impossible. Pourquoi pas ? Si c'est
faisable. Voyons un peu. Cent jours, c'est deux mille
quatre cents heures. Multiplié par sept, c'est très
facile, cela donne seize mille huit cents heures d'une
part, plus de trente jours qu'il reste à vingt-quatre qui
font sept cent vingt heures. Total : seize mille huit cents
plus sept cent vingt doivent donner, si je n'ai pas fait
d'erreur, dix-sept mille cinq cent vingt heures. Cher
monsieur Papillon, vous avez dix-sept mille cinq cent
vingt heures à tuer dans cette cage spécialement
fabriquée, avec ses murs lisses, pour bêtes fauves.
Combien de minutes j'ai à passer ici ? Cela n'a aucun
intérêt, voyons, les heures ça va, mais les minutes ?
N'exagérons pas. Pourquoi pas les secondes ? Que
cela ait de l'importance ou pas, ce n'est pas cela qui
m'intéresse. Il faut bien les meubler de quelque chose
ces jours, ces heures, ces minutes, seul, avec soi-
même ! Qui peut bien être à ma droite ! et à ma gauche ? et derrière moi ? Ces trois hommes, si les cellules sont occupées, doivent, eux aussi, se demander qui
vient d'entrer dans la 234 ?

Un bruit mat d'une chose qui vient de tomber derrière
moi, dans ma cellule. Qu'est-ce que cela peut bien être ?
Mon voisin, aurait-il eu l'habileté de me jeter par la
grille quelque chose ? J'essaie de distinguer ce que
c'est. Je vois, mal, un truc long et étroit. Au moment
où je vais la ramasser, la chose que je devine dans
la demi-obscurité plus que je ne la vois, se met à bouger et rapidement va vers le mur. Quand elle a bougé,
j'ai eu un mouvement de recul. Arrivée au mur, elle
commence à grimper un peu puis glisse par terre. La
paroi est si bien lissée que la chose ne peut s'accrocher suffisamment pour progresser. Je la laisse tenter
trois fois la montée le long du mur puis, à la quatrième,
quand elle retombe, je l'écrase d'un coup de pied. C'est
mou sous le chausson. Qu'est-ce que cela peut bien
être ? Je la regarde le plus près possible en me met-

tant à genoux et, enfin, j'arrive à distinguer : c'est
un énorme mille-pattes, de plus de vingt centimètres
de long et d'une largeur de deux gros doigts. Un tel
dégoût m'envahit que je ne le ramasse pas pour le mettre dans la tinette. Je le pousse avec le pied sous le
bat-flanc. On verra demain, au jour. J'aurai le temps d'en
voir des mille-pattes ; ils tombent du grand toit là-
haut. J'apprendrai à les laisser se promener sur mon
corps nu, sans les attraper ni les déranger si je suis
couché. J'aurai aussi l'occasion de savoir combien une
erreur de tactique, lorsqu'il est sur vous, peut coûter
cher en souffrances. Une piqûre de cette bête dégoû-
tante vous donne une fièvre de cheval pendant plus de
douze heures et vous brûle horriblement près de six.

De toute façon, ce sera une distraction, un dérivatif
à mes pensées. Quand il tombera un mille-pattes et que
je serai réveillé, avec la balayette je le tourmenterai le
plus longtemps possible ou je m'amuserai avec lui en
le laissant se cacher et moi, quelques instants après,
je chercherai à le découvrir.

Un, deux, trois, quatre, cinq... Un silence total. Mais
ici personne ne ronfle ? Personne ne tousse ? C'est
vrai qu'il fait une chaleur étouffante. Et c'est la nuit !
Qu'est-ce que ça doit être la journée ! Je suis destiné à
vivre avec des mille-pattes. Quand l'eau montait dans
le cachot sous-marin de Santa Marta, il en venait
des quantités, ils étaient plus petits, mais c'était quand
même de la même famille que ceux-là. A Santa Marta,
il y avait l'inondation quotidienne, c'est vrai, mais on
parlait, on criait, on écoutait chanter ou les cris et les
divagations des fous temporaires ou définitifs. Ce
n'était pas pareil. A choisir, je choisis Santa Marta.
C'est illogique ce que tu dis, Papillon. Là-bas, l'opinion unanime c'est que le maximum qu'un homme pouvait résister c'était six mois. Or ici, il y en a beaucoup qui ont à faire quatre ou cinq ans et même plus.
Qu'on les condamne à les faire, c'est une chose ; mais
qu'ils les fassent, c'est une autre histoire. Combien se

suicident ? Je ne vois pas comment on pourrait se suicider. Si, c'est possible. Ce n'est pas facile, mais on peut se pendre. On fabrique avec son pantalon une corde. En attachant la balayette à un bout et en montant sur le bat-flanc on doit pouvoir passer la corde à travers un barreau. Si tu fais cette opération au ras du mur du chemin de ronde, il est probable que le gaffe ne voit pas la corde. Et juste quand il vient de passer, tu te balances dans le vide. Au retour du gaffe, tu es déjà cuit. Il ne doit d'ailleurs pas se presser pour descendre et ouvrir ton cachot pour te dépendre. Ouvrir le cachot ? Il ne le peut pas. C'est écrit sur la porte : « Defense d'ouvrir cette porte sans ordre supérieur. » Alors, ne crains rien, celui qui veut se suicider aura tout le temps qu'il lui faut avant qu'on le décroche « par ordre supérieur ».

Je décris tout cela qui n'est pas peut-être très mouvementé et intéressant pour les gens qui aiment l'action et la bagarre. Ceux-ci pourront sauter les pages, si je les ennuie. Pourtant, ces premières impressions, ces premières pensées qui m'assaillaient à la prise de contact de ma nouvelle cellule, ces réactions des premières heures de ma mise au tombeau, je crois que je dois les peindre le plus fidèlement possible.

Voilà bien longtemps que je marche. Je discerne un murmure dans la nuit, le changement de garde. Le premier était un grand sec, celui-ci est petit et gros. Il traîne ses chaussons. Leur frottement se perçoit deux cellules avant et deux cellules après. Il n'est pas cent pour cent silencieux comme son camarade. Je continue à marcher. Il doit être tard. Quelle heure peut-il être ? Demain je ne serai pas sans mesure de temps. Grâce aux quatre fois que doit chaque jour s'ouvrir le guichet, je saurai approximativement les heures. Pour la nuit, sachant l'heure de la première garde et sa durée, je pourrai vivre avec une mesure bien établie : première, deuxième, troisième garde, etc.

Un, deux, trois, quatre, cinq... Automatiquement je reprends cette interminable promenade et, la fatigue aidant, je m'envole facilement pour aller fouiller le passé. Par contraste, sûrement, avec l'obscurité de la cellule, je suis en plein soleil, assis sur la plage de ma tribu. Le bateau où pêche Lali se balance à deux cents mètres de moi sur cette mer vert opale, incomparable. Je gratte le sable avec mes pieds. Zoraïma m'apporte un gros poisson grillé sur la braise, bien protégé dans une feuille de bananier pour qu'il se conserve chaud. Je mange avec les doigts, naturellement, et elle, les jambes croisées, me regarde assise en face de moi. Elle est très contente de voir combien les gros morceaux de chair se détachent facilement du poisson et elle lit sur mon visage la satisfaction de déguster un si délicieux manger.

Je ne suis plus en cellule. Je ne connais même pas la Réclusion, ni Saint-Joseph, ni les Iles. Je me roule sur le sable, nettoyant mes mains en les frottant contre ce corail si fin qu'on dirait de la farine. Puis je vais à la mer me rincer la bouche de cette eau si claire et aussi si salée. Je prends de l'eau avec mes mains et m'asperge le visage. En me frottant le cou, je me rends compte que mes cheveux sont longs. Quand Lali va rentrer je me ferai raser le cou. Toute la nuit je la passe avec ma tribu. Je défais le cache-sexe de Zoraïma et sur le sable, là, en plein soleil, caressé par le vent de la mer, je l'ai prise. Elle gémit amoureusement comme elle a coutume de le faire quand elle prend du plaisir. Le vent, peut-être, emmène jusqu'à Lali cette musique amoureuse. De toute façon, Lali n'est pas sans nous voir, ni distinguer que l'on est accouplés l'un à l'autre, elle est trop près pour ne pas voir clairement que nous faisons l'amour. C'est vrai, elle a dû nous voir, car le bateau revient vers la côte. Elle débarque, souriante. Pendant le retour elle a défait ses tresses et passé ses longs doigts dans les cheveux mouillés, qui commencent à sécher par le

vent et le soleil de ce jour merveilleux. Je vais vers
elle. Elle m'entoure la taille de son bras droit et me
pousse pour remonter la plage vers notre paillote.
Tout le long du parcours, elle n'arrête pas de me faire
comprendre : « Et moi, et moi. » En rentrant, elle me
jette sur un hamac plié par terre en couverture et
j'oublie dans elle que le monde existe. Zoraïma est
très intelligente, elle n'a voulu rentrer qu'après avoir
calculé que nos ébats étaient finis. Elle est arrivée
quand, repus d'amour, nous sommes encore couchés tout nus sur le hamac. Elle vient s'asseoir avec
nous, donnant des petites tapes sur les joues de sa
sœur en lui répétant un mot qui doit sûrement vouloir dire quelque chose comme : gourmande. Puis,
chastement, elle m'arrange mon cache-sexe et celui de
Lali, avec des gestes pleins de pudique tendresse. Toute
la nuit, je l'ai passée à la Guajira. Je n'ai absolument
pas dormi. Je ne me suis même pas couché pour, les
yeux clos, voir à travers mes paupières ces scènes que
j'ai vécues. C'est en marchant sans arrêt dans un
genre d'hypnose, sans effort de ma volonté, que j'ai
été transporté à nouveau dans cette journée si délicieusement belle, vécue voici près de six mois.

La lumière s'éteint et l'on peut distinguer que le
jour se lève envahissant la pénombre de la cellule,
chassant cette espèce de brouillard flottant qui enrobe
tout ce qu'il y a en bas, autour de moi. Un coup de
sifflet. J'entends les bat-flanc qui claquent contre le
mur et même le crochet du voisin de droite quand il
le passe dans l'anneau scellé au mur. Mon voisin tousse
et j'entends un peu d'eau qui tombe. Comment on se
lave, ici ?

« Monsieur le surveillant, comment on se lave ici ?
— Réclusionnaire, pour ne pas le savoir, je vous
pardonne. On n'a pas le droit de parler au surveillant de garde sans attraper une lourde punition. Pour
vous laver, vous vous placez au-dessus de la tinette
en versant le pot à eau d'une main. De l'autre, vous

vous lavez. Vous n'avez pas déplié votre couverture ?
— Non.
— Dedans, il y a sûrement une serviette de toile. »

Ça par exemple ! On n'a pas le droit de parler à la sentinelle de garde ? Sous aucun motif ? Et si on souffre trop de n'importe quoi ? Ou si on est en train de crever ? Un cardiaque, une crise d'appendicite, une crise d'asthme trop forte ? Est-il défendu ici de crier au secours, même en danger de mort ? Ça, c'est le comble ! Mais non, c'est normal. Ce serait trop facile de faire un scandale quand, arrivé au bout de la résistance, tes nerfs claquent. Rien que pour entendre des voix, rien que pour qu'on te parle, même pour t'entendre dire : « Crève, mais tais-toi », mais c'est vingt fois par jour qu'une vingtaine des deux cent cinquante types qu'il peut y avoir ici provoqueraient n'importe quelle discussion pour se défaire, comme par une soupape, de ce trop de pression de gaz dans leur cerveau !

Ça ne peut pas être un psychiatre qui a eu l'idée de construire ces cages à lion : un médecin ne se déshonorerait pas à ce point. Ce n'est pas non plus un docteur qui a établi le règlement. Mais ces deux qui ont fait cet ensemble, aussi bien l'architecte que le fonctionnaire, qui ont bien minuté les moindres détails de l'exécution de la peine, sont, aussi bien l'un que l'autre, deux monstres répugnants, deux psychologues vicieux et malins, pleins de haine sadique envers les condamnés.

Des cachots de la centrale de Beaulieu, à Caen, aussi profonds qu'ils soient, deux étages sous terre, il pouvait filtrer, arriver un jour jusqu'au public, l'écho des tortures ou mauvais traitements infligés à l'un ou à l'autre des punis.

La preuve, c'est que quand on m'avait enlevé les menottes et les poucettes, j'avais vraiment vu la peur sur les visages des gardiens, la peur d'avoir des ennuis, sans aucun doute.

Mais ici, dans cette Réclusion du bagne, où seuls les fonctionnaires de l'Administration peuvent entrer, ils sont bien tranquilles, il ne peut rien leur arriver.

Clac, clac, clac, clac — on ouvre tous les guichets. Je m'approche du mien, risque un coup d'œil, et puis je sors un peu la tête, et puis toute la tête dans le couloir, et je vois à droite et à gauche une multitude de têtes. J'ai vite compris qu'à peine on ouvre les guichets, les têtes de chacun se précipitent dehors. Celui de droite me regarde sans exprimer absolument rien dans son regard. Abruti par la masturbation sans doute. Il est blafard et graisseux, son pauvre visage d'idiot sans lumière. Celui de gauche, me dit rapidement : « Combien ?

— Deux ans.

— Moi, quatre. J'en ai fait un. Nom ?

— Papillon.

— Moi, Georges, Jojo l'Auvergnat. Où tu es tombé ?

— Paris, et toi ? »

Il n'a pas le temps de répondre : le café, suivi de la boule de pain, arrive à deux cellules avant. Il rentre la tête, je fais comme lui. Je tends mon quart, on le remplit de café, puis on me donne une boule de pain. Comme je ne vais pas assez vite pour le pain, en claquant le guichet ma boule roule par terre. En moins d'un quart d'heure le silence est revenu. Il doit y avoir deux distributions, une par couloir, ça va trop vite. A midi, une soupe avec un morceau de viande bouillie. Le soir, un plat de lentilles. Ce menu, pendant deux ans, ne change que le soir : lentilles, haricots rouges, pois cassés, pois chiches, haricots blancs et riz au gras. Celui du midi, toujours pareil.

Tous les quinze jours, aussi, on sort tous la tête par le guichet et un bagnard, avec une tondeuse fine de coiffeur, nous coupe la barbe.

Voici trois jours que je suis là. Une chose me préoccupe. A Royale, mes amis m'ont dit qu'ils allaient m'envoyer à manger et à fumer. Je n'ai encore rien reçu et je me demande d'ailleurs comment ils arriveraient à faire un pareil miracle. Aussi je ne suis pas tellement étonné de n'avoir rien reçu. Fumer, cela doit être très dangereux et, de toute façon, c'est un luxe. Manger, oui, cela doit être vital, car la soupe, à midi, c'est de l'eau chaude avec deux ou trois bouts de feuilles de verdure dedans et un petit morceau de viande bouillie de cent grammes environ. Le soir, une louche d'eau où nagent quelques haricots et autres légumes secs. Pour être franc, je soupçonne moins l'Administration de ne pas nous donner une ration convenable que les réclusionnaires qui distribuent ou préparent le manger. Cette idée me vient en raison que le soir c'est un petit Marseillais qui distribue les légumes. Sa louche va jusqu'au fond du baquet et, quand c'est lui, j'ai plus de légumes que d'eau. Les autres, c'est le contraire, ils n'enfoncent pas la louche et prennent en haut après avoir remué un peu. D'où beaucoup de flotte, peu de légumes. Cette sous-alimentation est extrêmement dangereuse. Pour avoir de la volonté morale, il faut une certaine force physique.

On balaie dans le couloir, je trouve qu'on balaie bien longtemps devant ma cellule. La paille crisse en insistant contre ma porte. Je regarde attentivement et je vois un bout de papier blanc qui dépasse. Je comprends vite qu'on m'a glissé quelque chose sous la porte, mais qu'on n'a pu l'enfoncer mieux. On attend que je le retire avant d'aller balayer plus loin. Je tire le papier, je le défais. C'est un mot écrit à l'encre phosphorescente. J'attends que le gaffe passe et vite je lis :

« Papi, tous les jours dans la tinette à partir de demain il y aura cinq cigarettes et un coco. Mâche bien le coco quand tu le manges si tu veux qu'il te profite bien. Avale la pulpe. Fume le matin quand on vide les tinettes. *Jamais après le café du matin*, mais à la soupe de midi tout de suite après que tu as mangé

et le soir aux légumes. Ci-joint un petit bout de mine
de crayon. Chaque fois que tu as besoin de quelque
chose, demande-le par un petit bout de papier ci-
joint. Quand le balayeur frotte son balai contre la
porte, gratte avec tes doigts. S'il gratte, pousse ton
billet. Jamais ne passe le billet avant qu'il ait répondu à ton grattage. Mets le bout de papier dans
ton oreille pour ne pas avoir à sortir le plan,
et ton bout de mine n'importe où au bas du mur
de ta cellule. Courage. On t'embrasse. Ignace —
Louis. »

Ce sont Galgani et Dega qui m'envoient le message.
Une chaleur me monte à la gorge : avoir des amis si
fidèles, si dévoués, me donne chaud. Et c'est encore
avec plus de foi dans l'avenir, sûr de sortir vivant de
cette tombe, que j'attaque d'un pas gai et alerte :
une, deux, trois, quatre, cinq, demi-tour, etc. Et en marchant je pense : quelle noblesse, quel désir de faire
du bien il y a dans ces deux hommes. Ils doivent
sûrement risquer très gros, peut-être leur place de
comptable, et l'autre de facteur. C'est vraiment grandiose ce qu'ils font pour moi, sans parler que cela doit
leur coûter très cher. Combien de gens ils doivent
acheter pour arriver de Royale jusqu'à moi, dans mon
cachot de la « mangeuse d'hommes » !

Lecteur, il vous faut bien comprendre qu'un coco
sec est plein d'huile. Sa noix dure et blanche est tellement chargée d'huile qu'en râpant six cocos et rien
qu'en faisant tremper la pulpe dans de l'eau chaude,
le lendemain on recueille à la surface un litre d'huile.
Cette huile, corps gras dont on souffre le plus d'être
privé avec notre régime, est aussi pleine de vitamines.
Un coco chaque jour, c'est presque la santé assurée.
Tout au moins on ne peut ni se déshydrater, ni mourir
de misère physiologique. Ce jour, il y a plus de deux
mois que j'ai reçu sans accident à manger et à fumer.
Je prends des précautions de Sioux quand je fume,
avalant profondément la fumée et puis la rejetant peu

à peu, en battant l'air de ma main droite ouverte en éventail, pour que la fumée disparaisse.

Hier, il s'est passé une chose curieuse. Je ne sais pas si j'ai bien ou mal agi. Un surveillant de garde sur la passerelle s'est appuyé à la rambarde en regardant dans ma cellule. Il a allumé une cigarette, en a tiré quelques bouffées et puis l'a laissée tomber dans ma cellule. Après ça, il est parti. J'ai attendu qu'il repasse pour écraser ostensiblement la cigarette avec mon pied. Le léger arrêt qu'il a marqué n'a pas été long : dès qu'il s'est rendu compte de mon geste, il est reparti. A-t-il eu pitié de moi, ou honte de l'Administration à laquelle il appartient ? Ou était-ce un piège ? Je ne sais pas et cela me chiffonne. Quand on souffre, on devient hypersensible. Je ne voudrais pas, si ce surveillant a voulu pendant quelques secondes être un homme bon, lui avoir fait de la peine par mon geste de mépris.

Voici plus de deux mois, en effet, que je suis là. Cette Réclusion est la seule, à mon avis, où il n'y ait rien à apprendre. Parce qu'il n'y a aucune combine. Je me suis bien entraîné à me dédoubler. J'ai une tactique infaillible. Pour vagabonder dans les étoiles avec intensité, pour voir sans peine apparaître différentes étapes passées de ma vie d'aventurier ou de mon enfance, ou pour bâtir des châteaux en Espagne avec une réalité surprenante, il faut d'abord que je me fatigue beaucoup. Il faut que je marche sans m'asseoir pendant des heures, sans arrêt, en pensant normalement à n'importe quoi. Puis, lorsque littéralement rendu je m'étends sur mon bat-flanc, je pose la tête sur la moitié de ma couverture et, l'autre moitié, je la replie sur mon visage. Alors, l'air déjà raréfié de la cellule arrive à ma bouche et à mon nez avec difficulté, filtré qu'il est par la couverture. Cela doit provoquer dans mes poumons un genre d'asphyxie, ma tête commence à me brûler. J'étouffe de chaleur et de manque d'air et alors, d'un seul coup, je m'envole. Ah ! ces chevauchées de l'âme, quelles sensa-

tions indescriptibles elles m'ont données. J'ai eu des
nuits d'amour, vraiment plus intenses que lorsque
j'étais libre, plus troublantes, avec plus de sensations
encore que les authentiques, que celles que j'ai vraiment passées. Oui, cette faculté de voyager dans
l'espace me permet de m'asseoir avec ma maman
morte il y a dix-sept ans. Je joue avec sa robe et elle
me caresse les boucles de mes cheveux qu'elle me
laissait très longues, comme si j'étais une petite fille,
à cinq ans. Je caresse ses longs doigts si fins, à la peau
douce comme de la soie. Elle rit avec moi de mon intré-
pide désir de vouloir plonger dans la rivière comme je
l'ai vu faire aux grands garçons, un jour de promenade.
Les moindres détails de sa coiffure, la lumineuse
tendresse de ses yeux clairs et pétillants, ses douces
et ineffables paroles : « Mon petit Riri, sois sage, bien
sage, pour que ta maman puisse t'aimer beaucoup.
Plus tard, toi aussi tu plongeras de très, très haut
dans la rivière, quand tu seras un peu plus grand.
Pour le moment tu es encore trop petit, mon trésor.
Va, il viendra bien vite, trop vite même, le jour où tu
seras grandet. »

Et, la main dans la main, longeant la rivière, nous
rentrons chez nous. C'est que je suis véritablement
dans la maison de mon enfance. J'y suis tellement que
j'appuie mes deux mains sur les yeux de maman pour
qu'elle ne puisse pas lire la musique et continue
pourtant de me jouer du piano. J'y suis, c'est vrai,
ce n'est pas de l'imagination. Je suis là avec elle,
monté sur une chaise, derrière le tabouret tournant où
elle est assise, et j'appuie bien fort mes petites mains
pour clore ses grands yeux. Ses doigts agiles continuent d'effleurer les notes du piano pour que j'écoute
La veuve joyeuse jusqu'au bout.

Ni toi, procureur inhumain, ni vous, policiers à
l'honnêteté douteuse, ni Polein, misérable qui a marchandé sa liberté au prix d'un faux témoignage, ni les
douze fromages assez crétins pour avoir suivi la thèse

de l'accusation et sa façon d'interpréter les choses, ni les gaffes de la Réclusion, dignes associés de la « mangeuse d'hommes », personne, absolument personne, pas même les murs épais ni la distance de cette île perdue sur l'Atlantique, rien, absolument rien de moral ou de matériel n'empêchera mes voyages délicieusement teintés du rose de la félicité quand je m'envole dans les étoiles.

J'ai eu tort, lorsque faisant les comptes du temps que j'ai à rester seul avec moi-même, je n'ai parlé que « heures-temps ». C'est une erreur. Il y a des moments où il faut mesurer par « minutes-temps ». Par exemple, c'est après la distribution du café et du pain qu'arrive la vidange des tinettes — approximativement une heure après. C'est au retour de la tinette vide que je trouverai la noix de coco, les cinq cigarettes et quelquefois un billet phosphorescent. Pas toujours, mais souvent, je compte alors les minutes. C'est assez facile, car je règle un pas à une seconde et, mettant mon corps en pendule, chaque cinq pas, au moment du demi-tour, je dis mentalement : un. A douze, cela fait une minute. Ne croyez pas surtout, que je suis anxieux de savoir si j'aurai à manger ce coco qui est ma vie en somme si j'aurai les cigarettes, plaisir ineffable de pouvoir fumer dans ce tombeau à dix reprises en vingt-quatre heures, car je fume une cigarette en deux fois. Non, quelquefois une espèce d'angoisse me prend au moment du café et j'ai peur, sans raison particulière, qu'il soit arrivé quelque chose aux gens qui, au risque de leur tranquillité, m'aident si généreusement. Aussi j'attends et ne suis soulagé que lorsque je vois le coco. Il est là, donc tout va bien, *pour eux.*

Lentement, très lentement, les heures, les jours, les semaines, les mois, passent. Voici presque un an, que je suis ici. Il y a exactement onze mois et vingt jours que je n'ai pas conversé avec quelqu'un plus de quarante secondes à paroles hachées et plus murmurées qu'articulées. J'ai toutefois eu un échange de paroles à haute voix. J'avais pris froid et toussais beaucoup. Pensant que cela justifierait de sortir pour aller à la visite, je me suis fait porter « pâle ».

Voici le docteur. A mon grand étonnement, le guichet s'ouvre. A travers cette ouverture une tête apparaît. « Qu'avez-vous ? De quoi souffrez-vous ? Des bronches ? Tournez-vous. Toussez. »

Non, mais des fois ! c'est une rigolade ? Et pourtant *c'est strictement la vérité*. Il s'est trouvé un médecin de la coloniale pour m'examiner à travers un guichet, me faire tourner à un mètre de la porte, lui, penchant l'oreille à l'ouverture pour m'ausculter. Puis il me dit : « Sortez le bras. » J'allais le sortir machinalement quand, par une sorte de respect envers moi-même, je dis à cet étrange médecin : « Merci, docteur, ne vous dérangez pas autant. C'est pas la peine. » Et j'ai eu au moins la force de caractère de bien lui faire comprendre que je ne prenais pas son examen au sérieux.

« Comme tu veux », eut-il le cynisme de répondre. Et il partit. Heureusement, car j'allais éclater d'indignation.

Une, deux, trois, quatre, cinq, demi-tour. Une, deux, trois, quatre, cinq, demi-tour. Je marche, je marche, inlassablement, sans m'arrêter, je marche aujourd'hui avec rage, mes jambes sont tendues, elles ne sont pas comme d'habitude, relaxées. On dirait qu'après ce qu'il vient de se passer, j'ai besoin de fouler quelque chose. Que puis-je fouler avec mes pieds ? Sous eux, c'est du ciment. Non, je foule bien des choses, en marchant ainsi. Je foule la veulerie de ce toubib qui, pour les bonnes grâces de l'Administration, se prête à des choses si dégueulasses. Je foule l'indifférence d'une classe d'hommes envers la souffrance et la douleur d'une autre classe d'hommes. Je foule l'ignorance du peuple français, son manque d'intérêt ou de curiosité pour savoir où vont et comment sont traitées les cargaisons humaines qui tous les deux ans partent de Saint-Martin-de-Ré. Je foule les journalistes des chro-

niques rouges qui, après avoir écrit des scandaleux
articles sur un homme, pour un crime déterminé, ne se
rappellent même pas qu'il a existé quelques mois après.
Je foule les prêtres catholiques qui ont reçu des confes-
sions, qui savent, eux, ce qui se passe au bagne français et qui se taisent. Je foule le système d'un procès
qui se transforme en joute oratoire entre celui qui
accuse et celui qui défend. Je foule l'organisation de la
Ligue des Droits de l'Homme et du Citoyen qui n'élève
pas la voix pour dire : *Arrêtez votre guillotine sèche*,
supprimez le sadisme collectif qui existe dans les
employés de l'Administration. Je foule qu'aucun orga-
nisme ou association n'interroge jamais les responsables
de ce système pour leur demander comment et pourquoi dans le chemin de la pourriture disparaît, chaque deux ans, quatre-vingts pour cent de sa population.
Je foule les bulletins de décès de la médecine officielle :
suicide, misère physiologique, mort par sous-alimentation continue, scorbut, tuberculose, folie furieuse,
gâtisme. Que sais-je moi ce que je foule encore ? Mais
en tout cas, après ce qui vient de se passer, je ne suis
pas en train de marcher normalement, je suis en
train d'écraser à chaque pas quelque chose.

Une, deux, trois, quatre, cinq... et les heures coulant
lentement apaisent par fatigue ma révolte muette.

Encore dix jours et j'aurai accompli juste la moitié
de ma peine de réclusion. C'est vraiment un bel anniversaire à fêter, car à part cette forte grippe, je suis en
bonne santé. Je ne suis pas fou, ni près de le devenir.
Je suis certain, même cent pour cent certain, de sortir
vivant et équilibré au bout de l'autre année qui va
commencer.

Je suis réveillé par des voix voilées. J'entends :

« Il est complètement sec, monsieur Durand. Comment, vous ne vous en êtes pas aperçu avant ?

— Je ne sais pas, chef. Comme il s'est pendu dans
l'angle du côté de la passerelle, j'ai passé bien des fois
sans le voir.

— Ça n'a pas d'importance, mais avouez que c'est illogique que vous ne l'ayez pas vu. »

Mon voisin de gauche s'est suicidé. C'est ce que je comprends. Ils l'emportent. La porte se ferme. Le règlement a été strictement accompli puisque la porte a été ouverte et fermée en présence d'une « autorité supérieure », le chef de la Réclusion dont j'ai reconnu la voix. C'est le cinquième qui disparaît autour de moi en dix semaines.

Le jour de l'anniversaire est arrivé. Dans la tinette j'ai trouvé une boîte de lait condensé Nestlé. C'est une folie de mes amis. Un prix fou pour se la procurer et des risques graves pour la passer. J'ai eu donc une journée de triomphe sur l'adversité. Aussi je me suis promis de ne pas m'envoler ailleurs. Je suis à la Réclusion. Un an a passé depuis mon arrivée et je me sens capable de partir en cavale demain si j'en avais l'occasion. C'est une mise au point positive et j'en suis fier.

Par le balayeur de l'après-midi, chose inusitée, j'ai eu un mot de mes amis : « Courage. Il te reste plus qu'un an à faire. Nous savons que tu es en bonne santé. Nous on est normalement bien. On t'embrasse. Louis — Ignace. Si tu peux, envoie immédiatement quelques mots par le même qui te les a remis. »

Sur le petit papier blanc joint à la lettre, j'écris : « Merci de tout. Je suis fort et j'espère être la même chose grâce à vous dans un an. Pouvez-vous donner nouvelles Clousiot, Maturette ? » Effectivement le balayeur revient, gratte à ma porte. Vite je passe le papier, qui disparaît aussitôt. Toute cette journée et une partie de la nuit, j'étais bien sur terre et dans l'état où je m'étais promis de l'être à plusieurs reprises. Un an, et je vais être mis sur l'une des îles. Royale ou Saint-Joseph ? Je vais me soûler de parler, de fumer, et de combiner aussitôt la prochaine évasion.

J'attaque le lendemain le premier jour de ces trois cent soixante-cinq qui me restent à faire, avec confiance

dans mon destin. J'avais raison pour les huit mois qui
suivirent. Mais le neuvième, les choses se sont gâtées.
Ce matin, au moment de la vidange de la tinette, le
porteur de coco a été pris la main dans le sac au moment
où il repoussait la tinette, alors qu'il avait déjà déposé
dedans le coco et les cinq cigarettes.

L'incident était si grave qu'ils ont, pendant quelques
minutes, oublié le règlement du silence. Les coups que
recevait ce malheureux s'entendaient très clairement.
Puis le râle d'un homme touché à mort. Mon guichet
s'ouvre et une tête de gardien congestionné me crie :
« Toi, tu ne perds rien pour attendre ! »

— A ta disposition, connard ! » Je lui réponds, tendu
à craquer d'avoir entendu le traitement qu'ils avaient
servi au pauvre mec.

Cela s'était passé à sept heures. Ce n'est seulement
qu'à onze heures qu'une délégation commandée par le
deuxième commandant de la Réclusion vint me chercher.
On ouvrit cette porte qui depuis vingt mois était fermée
sur moi et qui jamais n'avait été ouverte. J'étais au fond
de la cellule, mon quart dans la main, en attitude de
défense, bien décidé à donner le plus de coups possible
pour deux raisons : d'abord pour que quelques gardiens
ne me frappent pas impunément, ensuite pour être
assommé plus vite. Rien de tout cela : « Réclusionnaire,
sortez.

— Si c'est pour me frapper, attendez-vous à ce que
je me défende, donc je n'ai pas à sortir pour être attaqué
par tous les côtés. Je suis mieux ici pour faire marron
le premier qui me touche.

— Charrière, on ne va pas vous frapper.

— Qui me le garantit ?

— Moi, le deuxième commandant de la Réclusion.

— Vous avez une parole ?

— Ne m'insultez pas, c'est inutile. Sur l'honneur, je
vous promets que vous ne serez pas frappé. Allons,
sortez. »

Je garde mon quart à la main.

« Vous pouvez le garder, vous n'aurez pas à vous en servir.

— Bon, ça va. » Je sors et, entouré de six surveillants et du deuxième commandant, nous faisons toute la longueur du couloir. Arrivé dans la cour, la tête me tourne et mes yeux blessés par la lumière ne peuvent rester ouverts. J'aperçois enfin la maisonnette où on a été reçus. Il y a une douzaine de surveillants. Sans me pousser, on me fait entrer dans la salle « Administration ». Par terre, plein de sang, un homme gémit. En voyant onze heures à une horloge pendue au mur, je pense : « Il y a quatre heures qu'ils le torturent, ce pauvre mec. » Le commandant est assis derrière son écritoire, le deuxième commandant s'assied à côté de lui.

« Charrière, depuis combien de temps vous recevez à manger et des cigarettes ?

— Il a dû vous le dire, lui.

— Je vous le demande à vous.

— Moi je fais de l'amnésie, je ne sais pas ce qui se passe la veille.

— Vous vous foutez de moi ?

— Non, ça m'étonne que cela ne soit pas écrit sur mon dossier. Je suis amnésique d'un coup reçu à la tête. »

Le commandant est tellement surpris d'une telle réponse qu'il dit :

« Demandez à Royale s'il y a mention à ce sujet à son égard. »

Pendant qu'on téléphone il continue :

« Vous vous rappelez bien que vous vous appelez Charrière ?

— Cela oui. » Et rapide, pour le déconcerter encore plus, je dis comme un automate : « Je m'appelle Charrière, je suis né en 1906 dans le département de l'Ardèche et on m'a condamné à perpétuité à Paris, Seine. » Il ouvre des yeux ronds comme des billes, je sens que je l'ai ébranlé.

« Vous avez eu votre café et votre pain ce matin ?

— Oui.

— Quel était le légume qu'on vous a servi hier au soir ?

— Je ne sais pas.

— Alors, à vous croire vous n'avez aucune mémoire ?

— De ce qui se passe, absolument pas. Des visages, oui. Par exemple, je sais que c'est vous qui m'avez reçu un jour. Quand ? Je ne sais pas.

— Alors, vous ne savez pas combien il vous reste à faire ?

— Sur perpétuité ? Jusqu'à ce que je meure, je crois.

— Mais non, sur votre peine de réclusion.

— Moi, j'ai une peine de réclusion ? Pourquoi ?

— Ah ! celle-là, c'est le comble ! Nom de Dieu ! Tu ne vas pas me faire mettre hors de moi. Tu ne vas pas me dire que tu ne te rappelles pas que tu paies deux ans pour évasion, non mais des fois ! »

Alors là, je le tue complètement :

« Pour évasion, moi ? Commandant, je suis un homme sérieux et capable de prendre mes responsabilités. Venez avec moi visiter ma cellule et vous verrez si je me suis évadé. » A ce moment-là un gaffe lui dit :

« On vous parle de Royale, commandant. » Il va prendre le téléphone : « Il n'y a rien ? C'est bizarre, il prétend qu'il est frappé d'amnésie... La cause ? Un coup sur la tête... Compris, c'est un simulateur. Va savoir... Bien, excusez-moi, mon commandant, je vais vérifier. Au revoir. Oui, je vous tiendrai au courant.

« Espèce de comédien, fais voir ta tête. Ah ! oui, il y a une blessure assez longue. Comment se fait-il que tu te rappelles que tu n'as plus de mémoire depuis ce coup, hein ? Dis-moi un peu ?

— Je n'explique pas, je constate que je me rappelle le coup, que je m'appelle Charrière et autre chose encore.

— Que voulez-vous dire ou faire, après tout ?

— C'est ce qui se discute ici. Vous me demandez depuis quand on m'envoie à manger et à fumer ? Voilà ma réponse définitive : je ne sais pas si c'est la première fois ou la millième. En raison de mon amnésie, je ne peux pas vous répondre. C'est tout, faites ce que vous voulez.

— Ce que je veux, c'est bien simple. Tu as mangé de trop pendant longtemps, eh bien, tu vas maigrir un peu. Suppression du repas du soir jusqu'à fin de sa peine. »

Ce jour même, j'ai un billet au deuxième balayage. Malheureusement je ne peux pas le lire, il n'est pas phosphorescent. Dans la nuit, j'allume une cigarette qu'il me reste de la veille et qui a échappé à la fouille tant elle était bien cachée dans mon bat-flanc. En tirant dessus, j'arrive avec son feu à déchiffrer : « Le vidangeur ne s'est pas mis à table. Il a dit que c'était la deuxième fois seulement qu'il t'envoyait à manger, de son propre gré. Qu'il a fait ça parce qu'il t'avait connu en France. Personne ne sera inquiété à Royale. Courage. »

Donc, me voilà privé du coco, des cigarettes et des nouvelles de mes amis de Royale. Par-dessus le marché, on m'a supprimé le repas du soir. Je m'étais habitué à ne pas avoir à souffrir de la faim et par surcroît, les dix séances de cigarette me meublaient la journée et une partie de la nuit. Je ne pense pas seulement à moi, je pense au pauvre diable qu'ils ont tué de coups à cause de moi. Espérons qu'il ne sera pas trop cruellement puni.

Un, deux, trois, quatre, cinq, demi-tour... Un, deux, trois, quatre, cinq, demi-tour. Tu ne vas pas supporter aussi facilement que cela ce régime ballon, et peut-être, en raison de ce que tu vas si peu manger, faudrait-il changer de tactique ? Par exemple, rester couché le plus longtemps possible pour ne pas dépenser de l'énergie. Moins je bouge, moins je brûle de calories. Rester assis dans la journée pendant de longues heures. C'est une toute autre forme de vie que je dois apprendre. Quatre mois, c'est cent vingt jours à passer. Au régime où l'on vient de me mettre, combien de temps faut-il avant que je commence à être anémié ? Au moins deux mois. Donc, il y a devant moi deux mois cruciaux. Quand je serai trop débile, les maladies auront un terrain merveilleux pour m'attaquer. Je décide de rester étendu de six heures du soir à six heures du matin. Je marcherai du café à après le ramassage des tinettes, plus ou moins deux heures. A midi, après la soupe, deux heures approximativement. En tout, quatre heures de marche. Le reste, assis ou couché.

Ce sera difficile de m'envoler sans être fatigué. Je vais toutefois tenter de le faire.

Aujourd'hui, après avoir passé un long moment à penser à mes amis et au malheureux qui a été si durement maltraité, je commence à m'entraîner à cette nouvelle discipline. J'y réussis assez bien, quoique les heures me paraissent plus longues et que mes jambes, qui ne fonctionnent plus pendant des heures entières, me semblent pleines de fourmis.

Voici dix jours que dure ce régime. J'ai maintenant faim en permanence. Je sens déjà une espèce de lassitude constante qui s'est endémiquement emparée de moi. Ce coco me manque terriblement, et un peu les cigarettes. Je me couche très tôt et, assez vite, je m'évade virtuellement de ma cellule. Hier, j'étais à Paris, au Rat-Mort, en train de boire du champagne avec des amis : Antonio de Londres — originaire des Baléares, mais parlant français comme un Parisien et anglais comme un vrai rosbif d'Angleterre. Le lendemain, au Marronnier, boulevard de Clichy, il tuait de cinq coups de revolver, un de ses amis. Ça va vite, dans le milieu, les changements d'amitié en haine mortelle. Oui, hier j'étais à Paris, dansant au son de l'accordéon au bal du Petit-Jardin, avenue de Saint-Ouen, la clientèle composée entièrement de Corses et de Marseillais. Tous les amis défilent dans ce voyage imaginaire avec une telle vérité que je ne doute ni de leur présence, ni de ma présence dans tous ces lieux où j'ai passé de si belles nuits.

Donc, sans trop marcher, j'arrive avec ce régime alimentaire très réduit au même résultat qu'en recherchant la fatigue. Les images du passé m'arrachent de ma

cellule avec une telle puissance que je vis vraiment plus
d'heures libre que d'heures de réclusion.

Plus qu'un mois à faire. Voilà trois mois que je
n'absorbe qu'une boule de pain et une soupe chaude
sans féculents à midi avec son bout de viande bouillie.
La faim à l'état permanent fait qu'il m'arrive d'examiner le bout de viande à peine il m'est servi, pour voir
si ce n'est pas comme cela arrive bien souvent, seulement de la peau.

J'ai maigri beaucoup et je me rends compte combien
ce coco que j'ai eu la chance de recevoir pendant vingt
mois a été essentiel au maintien de ma bonne santé et
de mon équilibre dans cette terrible exclusion de la vie.

Je suis très nerveux, ce matin, après avoir bu mon
café. Je me suis laissé aller à manger la moitié de mon
pain, ce que je ne fais jamais. D'habitude, je le coupe
en quatre morceaux plus ou moins égaux et les mange
à six heures, à midi, à six heures et un bout dans la
nuit. « Pourquoi as-tu fait cela ? » Je me gronde tout
seul. « C'est vers la fin que tu as des défaillances si
graves ? » — « J'ai faim et je me sens sans force. » —
« Ne sois pas si prétentieux. Comment peux-tu être fort ?
En bouffant ce que tu bouffes ? L'essentiel, et sur ce
point tu es vainqueur, c'est que tu es faible, c'est vrai,
mais que tu n'es pas malade. La « mangeuse d'hommes »,
logiquement, avec un peu de chance, doit perdre la
partie avec toi. » Je suis assis, après mes deux heures
de marche, sur le bloc de ciment qui me sert de tabouret. Encore trente jours, soit sept cent vingt heures, et
puis la porte s'ouvrira et l'on me dira : « Réclusionnaire
Charrière, sortez. Vous avez terminé vos deux ans de
réclusion. » Et qu'est-ce que je vais dire ? Ceci : « Oui,
j'ai terminé enfin ces deux ans de calvaire. » Mais non,
voyons ! Si c'est le commandant à qui tu as fait le
coup de l'amnésie, tu dois continuer — froidement. Tu
lui dis : « Quoi, je suis gracié, je pars en France ? Ma
perpétuité est finie ? » Rien que pour voir sa gueule et
le persuader que le jeûne auquel il t'a condamné est

une injustice. — « Ma parole, qu'est-ce qu'il t'arrive ? »
Injustice, ou non, il s'en fout le commandant de s'être
trompé. Quelle importance cela peut avoir pour une
mentalité pareille ? Tu n'aurais pas la prétention qu'il
ait du remords pour t'avoir infligé une peine injustement ? Je te défends de supposer, demain comme
plus tard, qu'un garde-chiourme est un être normal.
Aucun homme digne de ce nom ne peut appartenir à
cette corporation. On s'habitue à tout dans la vie, même
à être un salopard toute sa carrière. Peut-être et seulement lorsqu'il sera près de la tombe, la peur de Dieu,
s'il a une religion, le rendra craintif et repentant. Non,
pas par un vrai remords des cochonneries qu'il aura
commises, mais par crainte qu'au jugement de son Dieu
il soit, lui-même, le condamné.

Ainsi, en sortant sur l'île, à n'importe laquelle que
tu sois affecté, n'accepte, d'ores et déjà, aucun compromis avec cette race. Chacun se trouve d'un côté
d'une barrière nettement tracée. D'un côté la veulerie, la pédante autorité sans âme, le sadisme intuitif,
automatique dans ses réactions ; et de l'autre, moi
avec les hommes de ma catégorie, qui ont certainement commis des délits graves mais en qui la souffrance a su créer des qualités incomparables : pitié,
bonté, sacrifice, noblesse, courage.

En toute sincérité, je préfère être un forçat qu'un
garde-chiourme.

Plus que vingt jours. Je me sens vraiment bien
faible. J'ai remarqué que ma boule de pain est toujours dans la catégorie petite. Qui peut bien s'abaisser
jusqu'à choisir ma boule de pain ? Dans ma soupe,
depuis plusieurs jours, il n'y a que de l'eau chaude et
le bout de viande est toujours un os avec très peu de
viande ou un peu de peau. J'ai peur de tomber malade.
C'est une obsession. Je suis si faible que je n'ai
aucun effort à faire pour, tout éveillé, rêver à n'importe quoi. Cette profonde lassitude accompagnée
d'une dépression vraiment grave m'inquiète. Je cherche à

réagir et, difficilement, j'arrive à passer les vingt-qua-
tre heures de chaque jour. On gratte à ma porte.
J'attrape vite un billet. Il est phosphorescent. Il est de
Dega et Galgani. Je lis : « Envoie un mot. Très sou-
cieux de ton état de santé. Encore 19 jours, courage
— Louis, Ignace. »

Il y a un bout de papier blanc et un bout de mine
de crayon noir. J'écris : « Je tiens le coup, suis très
faible — Merci — Papi. »

Et le balai frottant ma porte à nouveau, je renvoie
le billet. Ce mot sans cigarettes, sans coco, est pour
moi plus que tout cela. Cette manifestation d'amitié
si merveilleuse, si constante, me donne le coup de
fouet dont j'avais besoin. Dehors, on sait où j'en
suis et si je tombais malade, le docteur aurait certainement la visite de mes amis pour le pousser à me
soigner correctement. Ils ont raison : plus que dix-
neuf jours, je touche à la fin de cette course épuisante
contre la mort et la folie. Je ne tomberai pas malade.
A moi de faire le moins de mouvements possible pour
ne dépenser que les calories indispensables. Je vais
supprimer les deux heures de marche du matin et les
deux de l'après-midi. C'est le seul moyen de tenir bien
le coup. Aussi, toute la nuit, pendant douze heures, je suis couché et les autres douze heures, assis
sans bouger sur mon banc de pierre. De temps en
temps je me lève et fais quelques flexions et mouvements des bras, puis je me rassieds. Plus que dix
jours.

Je suis en train de me promener à Trinidad, les violons à une corde des Javanais me bercent de leurs plain-
tives mélodies quand un cri horrible, inhumain, me
ramène à la réalité. Ce cri vient d'une cellule derrière
la mienne ou presque, très près. J'entends :

« Salopard, descends ici dans ma fosse. Tu n'es
pas fatigué de me surveiller d'en haut ? Tu ne vois
pas que tu perds la moitié du spectacle à cause du
peu de lumière dans ce trou ?

— Taisez-vous, ou on va vous punir sévèrement ! dit le gaffe.

— Ah ! ah ! Laisse-moi rire, espèce de con ! Comment peux-tu trouver quelque chose de plus sévère que ce silence ? Punis-moi, autant que tu le veux, bats-moi si cela te fait plaisir, horrible bourreau, mais jamais tu ne trouveras rien de comparable au silence dans lequel tu m'obliges à rester. Non, non, non ! Je ne veux plus, je ne peux plus rester sans parler ! Voilà trois ans que j'aurais dû te dire : merde ! sale con ! Et j'ai été assez con pour attendre trente-six mois pour te crier mon dégoût de peur d'une punition ! Mon dégoût pour toi et tous les tiens, espèces de gardes-chiourme pourris ! »

Quelques instants après, la porte s'ouvre et j'entends :

« Non, pas comme ça ! Mettez-la-lui à l'envers, c'est beaucoup plus efficace ! » Et le pauvre mec hurle :

« Mets-la comme tu veux ta camisole de force, pourri ! A l'envers si tu veux, serre-la à m'étouffer, avec tes genoux tire fort sur les lacets. Ça ne m'empêchera pas de te dire que ta mère c'était une truie et que c'est pour ça que tu ne peux être qu'un amas d'immondices ! »

On a dû lui mettre un bâillon car je n'entends plus rien. La porte s'est refermée. Cette scène a dû émouvoir le jeune garde car, au bout de quelques minutes, il s'arrête devant ma cellule et dit : « Il doit être devenu fou.

— Vous croyez ? Pourtant tout ce qu'il dit est très équilibré. »

Il est sidéré le gaffe, et il me jette en s'en allant : « Eh bien, vous alors, vous me la copierez ! »

Cet incident m'a coupé de l'île aux braves gens, des violons, des nichons des Hindoues, du port de Port of Spain, pour me remettre dans la triste réalité de la Réclusion.

Encore dix jours, donc deux cent quarante heures à subir.

La tactique de ne pas bouger porte ses fruits, à moins que ce soit que les journées coulent doucement ou à cause du billet de mes amis. Je crois plutôt que je me sens plus fort à cause d'une comparaison qui s'impose à moi : je suis à deux cent quarante heures de la libération de la Réclusion, je suis faible mais mon cerveau est intact, mon énergie ne demande qu'un peu plus de force physique pour fonctionner à nouveau parfaitement. Tandis que là, derrière moi, à deux mètres séparés par le mur, un pauvre mec entre dans la première phase de la folie, peut-être par la plus mauvaise porte, celle de la violence. Il ne va pas vivre longtemps, car sa révolte donne l'occasion de pouvoir le gorger à satiété de traitements rigoureusement étudiés pour le tuer le plus scientifiquement possible. Je me reproche de me sentir plus fort parce que l'autre est vaincu. Je me demande si je suis moi aussi un de ces égoïstes qui, en hiver, bien chaussés, bien gantés, au chaud dans une pelisse, voient défiler devant eux les masses qui vont travailler, gelées de froid, mal vêtues, ou tout au moins les mains bleuies par le gel du matin, et qui, en comparant ce troupeau qui court attraper le premier métro ou autobus, se sentent bien plus au chaud qu'avant et jouissent de leur pelisse avec plus d'intensité que jamais. Tout est bien souvent fait de comparaisons dans la vie. C'est vrai, j'ai dix ans, mais Papillon il a la perpète. C'est vrai, j'ai la perpète, mais j'ai vingt-huit ans, tandis que lui, il a quinze ans mais il est âgé de cinquante.

Allons, j'y arrive à la fin et j'espère être bien sous tous les rapports avant six mois, santé, moral, énergie, en bonne position pour une cavale spectaculaire. On a parlé de la première, la deuxième sera gravée sur les pierres d'un des murs du bagne. Je n'ai pas à douter. Je partirai, c'est sûr, avant six mois.

C'est la dernière nuit que je passe à la Réclusion.

Il y a dix-sept mille cinq cent huit heures que je suis entré dans la cellule 234. On a ouvert une fois ma porte, pour me conduire devant le commandant afin qu'il me punisse. En dehors de mon voisin avec qui, quelques secondes par jour, j'échange quelques monosyllabes, on m'a parlé quatre fois. Une fois pour me dire qu'au sifflet il fallait baisser son hamac, — le premier jour. Une fois le docteur : « Tournez-vous, toussez. » Une conversation plus longue et mouvementée avec le commandant. Et l'autre jour, quatre paroles avec le surveillant ému par le pauvre fou. Ce n'est pas exagéré comme diversion ! Je m'endors tranquillement sans penser à autre chose que : demain on va ouvrir définitivement cette porte. Demain, je verrai le soleil et si on m'envoie à Royale, je respirerai l'air de la mer. Demain, je vais être libre. J'éclate de rire. Comment libre ? Demain tu commences officiellement à purger ta peine de travaux forcés à perpétuité. C'est ça que tu appelles libre ? Je sais, je sais, mais comme vie ce n'est pas comparable avec celle que je viens de supporter. Comment vais-je trouver Clousiot et Maturette ?

A six heures, ils me donnent le café et le pain. J'ai envie de dire : « Mais je sors, moi, aujourd'hui. Vous vous trompez. » Vite je pense que je suis « amnésique » et, qui sait, si je reconnaissais ainsi m'être foutu de sa gueule, au commandant, s'il ne serait pas capable de m'infliger trente jours de cachot à purger sur-le-champ. Car de toute façon je dois, c'est la loi, sortir de la Réclusion cellulaire de Saint-Joseph, aujourd'hui, 26 juin 1936. Dans quatre mois j'aurai trente ans.

Huit heures. J'ai mangé toute ma boule de pain. Je trouverai à manger sur le camp. On ouvre la porte. Le second commandant et deux surveillants sont là.

« Charrière, vous avez fini votre peine, nous sommes le 26 juin 1936, Suivez-nous. »

Je sors. Arrivé dans la cour, le soleil brille déjà

assez pour m'éblouir. J'ai une espèce d'affaiblissement. Mes jambes sont molles et des taches noires dansent devant mes yeux. Je n'ai pourtant parcouru qu'une cinquantaine de mètres dont trente au soleil.

En arrivant devant le pavillon « Administration », je vois Maturette et Clousiot. Maturette, c'est un vrai squelette, les joues creuses et les yeux enfoncés. Clousiot est couché sur un brancard. Il est livide et a déjà l'odeur du mort. Je pense : « Ils sont pas beaux, mes potes. Est-ce que je suis dans cet état ? » Je languis de me voir dans une glace. Je leur dis :

« Alors, ça va ? »

Ils ne répondent pas. Je répète :

« Ça va ?

— Oui », dit doucement Maturette.

J'ai envie de lui dire que, la peine de réclusion étant terminée, nous avons le droit de parler. J'embrasse Clousiot sur la joue. Il me regarde avec des yeux brillants et sourit :

« Adieu, Papillon, me dit-il.

— Non, pas ça !

— J'y suis, c'est fini. »

Quelques jours plus tard, il mourra à l'hôpital de Royale. Il avait trente-deux ans et était monté pour vingt ans pour le vol d'une bicyclette qu'il n'avait pas commis. Mais le commandant arrive :

« Faites-les entrer. Maturette et vous, Clousiot, vous vous êtes bien conduits. Aussi je mets sur votre fiche : « Bonne conduite. » Vous, Charrière, comme vous avez commis une faute grave, je vous mets ce que vous avez mérité : « Mauvaise conduite. »

— Pardon, commandant, quelle faute j'ai commise ?

— Vraiment, vous ne vous rappelez pas la découverte des cigarettes et du coco ?

— Non, sincèrement.

— Voyons, quel régime vous avez eu depuis quatre mois ?

— A quel point de vue ? Au point de vue du manger ?
Toujours pareil depuis mon arrivée.

— Ah ! celle-là, c'est le comble ! Qu'avez-vous mangé
hier soir ?

— Comme d'habitude, ce qu'on m'a donné. Que sais-
je, moi ? Je ne m'en souviens pas. Peut-être des haricots ou du riz au gras, ou un autre légume.

— Alors, vous mangez le soir ?

— Pardi ! Vous croyez que je jette ma gamelle ?

— Non, c'est pas ça, je renonce. Bon, je retire
« mauvaise conduite ». Refaites une fiche de sortie,
monsieur X... Je te mets « Bonne conduite », ça va ?

— C'est juste. Je n'ai rien fait pour la démériter. »
Et c'est sur cette dernière phrase qu'on sort du bureau.

La grande porte de la Réclusion s'ouvre pour nous
laisser passer. Escortés par un seul surveillant, nous
descendons lentement le chemin qui va au camp. On
domine la mer brillante de reflets argentés et d'écume.
Royale en face, pleine de verdure et de toits rouges.
Le Diable, austère et sauvage. Je demande au surveillant la permission de m'asseoir quelques minutes.
Il dit oui. On s'assied, l'un à droite et l'autre à gauche de Clousiot et l'on se prend les mains, sans même
s'en apercevoir. Ce contact nous crée une émotion
étrange et sans rien dire on s'embrasse. Le surveillant dit : « Allez, les gars. Il faut descendre. »

Et doucement, très doucement, nous descendons jusqu'au camp où nous entrons tous les deux de front,
toujours en nous tenant par la main, suivis des deux
brancardiers qui portent notre ami agonisant.

LA VIE A ROYALE

A peine dans la cour du camp, nous sommes entourés d'une bienveillante attention par tous les bagnards.
Je retrouve Pierrot le Fou, Jean Sartrou, Colondini,

Chissilia. On doit aller à l'infirmerie tous les trois, nous dit le surveillant. Et c'est escortés d'une vingtaine d'hommes que nous traversons la cour pour entrer dans l'infirmerie. En quelques minutes, Maturette et moi avons devant nous une douzaine de paquets de cigarettes et de tabac, du café au lait très chaud, du chocolat fait avec du cacao pur. Tout le monde veut nous donner quelque chose. Clousiot reçoit de l'infirmier une piqûre d'huile camphrée et une adrénaline pour le cœur. Un Noir très maigre dit : « Infirmier, donne-lui mes vitamines, il en a plus besoin que moi. » C'est vraiment émouvant cette démonstration de bonté solidaire envers nous.

Pierre le Bordelais me dit :

« Veux-tu du pognon ? Avant que tu partes à Royale, j'ai le temps de faire une quête.

— Non, merci beaucoup, j'en ai. Mais tu sais que je pars à Royale ?

— Oui, le comptable nous l'a dit. Tous les trois. Je crois même que vous allez les trois à l'hôpital. »

L'infirmier, c'est un bandit montagnard corse. Il s'appelle Essari. Par la suite, je l'ai très bien connu, je raconterai son histoire complète, elle est vraiment intéressante. Les deux heures à l'infirmerie ont passé bien vite. Nous avons bien mangé et bien bu. Repus et contents nous partons pour Royale. Clousiot a gardé presque tout le temps les yeux clos, sauf quand je m'approchais de lui et lui posais la main sur le front. Alors il ouvrait ses yeux déjà voilés et me disait :

« Ami Papi, nous sommes de vrais amis.

— Plus que cela, nous sommes des frères », je répondais.

Toujours avec un seul surveillant, nous descendons. Au milieu, la civière avec Clousiot, Maturette et moi de chaque côté. A la porte du camp, tous les bagnards nous disent au revoir et bonne chance. Nous les remercions, malgré leurs protestations. Pierrot le Fou m'a passé au cou une musette pleine de tabac, de cigarettes,

de chocolat, et de boîtes de lait Nestlé. Maturette
en a eu une aussi. Il ne sait pas qui la lui a donnée.
Seul l'infirmier Fernandez et un surveillant nous accompagnent au quai. Il nous remet à chacun une fiche
pour l'hôpital de Royale. Je comprends que ce sont
les bagnards-infirmiers Essari et Fernandez qui, sans
consulter le toubib, nous hospitalisent. Voilà le canot.
Six canotiers, deux surveillants à l'arrière armés de
mousquetons et un autre au gouvernail. Un des canotiers est Chapar, de l'affaire de la Bourse à Marseille.
Bien, en route. Les avirons rentrent dans la mer et,
tout en ramant, Chapar me dit :

« Ça va, Papi ? Tu as toujours reçu le coco ?

— Non, pas depuis quatre mois.

— Je sais, il y a eu un accident. Le mec s'est bien
comporté. Il ne connaissait que moi, mais il ne m'a
pas balancé.

— Qu'est-ce qu'il est devenu ?

— Il est mort.

— Pas possible, de quoi ?

— Il paraît, d'après un infirmier, qu'on lui a fait
éclater le foie d'un coup de pied. »

On débarque sur le quai de Royale, la plus importante des trois îles. A l'horloge de la boulangerie il
est trois heures. Ce soleil de l'après-midi est vraiment
fort, il m'éblouit et me chauffe de trop. Un surveillant demande deux brancardiers. Deux bagnards, costauds, impeccablement vêtus de blanc, avec chacun
un poignet de force en cuir noir, enlèvent comme une
plume Clousiot et nous marchons derrière lui, Maturette et moi. Un surveillant, quelques papiers à la main,
marche derrière nous.

Le chemin de plus de quatre mètres de large est
fait de galets. C'est dur à monter. Heureusement, les
deux brancardiers s'arrêtent de temps en temps et
attendent que nous les rejoignions. Alors je m'assieds
sur le bras du brancard, du côté de la tête de Clousiot,

et je lui passe doucement la main sur le front et sur
la tête. A chaque fois, il me sourit, ouvre les yeux
et me dit :

« Mon vieux Papi ! »

Maturette lui prend la main.

« C'est toi, petit ? » murmure Clousiot.

Il a l'air ineffablement heureux de nous sentir près de
lui. Lors d'une halte, près de l'arrivée, nous rencontrons une corvée qui va au travail. Ce sont presque
tous des bagnards de mon convoi. Tous, en passant,
nous disent un mot gentil. En arrivant sur le plateau,
devant un bâtiment carré et blanc, nous voyons, assises à l'ombre les plus hautes autorités des Iles. Nous
approchons du commandant Barrot, surnommé « Coco
sec », et d'autres chefs du pénitencier. Sans se lever
et sans cérémonie, le commandant nous dit :

« Alors, ça n'a pas été trop dur la Réclusion ? Et
celui-là sur le brancard, qui est-ce ?

— C'est Clousiot. »

Il le regarde, puis dit : « Emmenez-les à l'hôpital.
Quand ils en sortiront, veuillez me mettre une note pour
qu'ils me soient présentés avant d'être mis au camp. »

A l'hôpital, dans une grande salle très bien éclairée,
on nous installe dans des lits très propres, avec draps
et oreillers. Le premier infirmier que je vois est
Chatal, l'infirmier de la salle de haute surveillance de
Saint-Laurent-du-Maroni. Tout de suite il s'occupe
de Clousiot et donne l'ordre à un surveillant d'appeler le docteur. Celui-ci arrive vers les cinq heures.
Après un examen long et minutieux, je le vois hocher
la tête, l'air mécontent. Il écrit son ordonnance puis
se dirige vers moi.

« Nous ne sommes pas bons amis, Papillon et moi,
dit-il à Chatal.

— Ça m'étonne, car c'est un brave garçon, docteur.

— Peut-être, mais il est rétif.

— A cause de quoi ?

— Pour une visite que je lui ai faite à la Réclusion.

— Docteur, lui dis-je, vous appelez cela une visite, m'ausculter à travers un guichet ?

— Il est prescrit par l'Administration de ne pas ouvrir la porte d'un condamné.

— Très bien, docteur, mais j'espère pour vous que vous n'êtes que prêté à l'Administration et que vous ne faites pas partie d'elle.

— Nous parlerons de cela à une autre occasion. Je vais essayer de vous remonter, votre ami et vous. Quant à l'autre, j'ai peur qu'il soit trop tard. »

Chatal me raconte que, suspecté de préparer une évasion, il a été interné aux Iles. Il m'apprend aussi que Jésus, celui qui m'avait trompé dans ma cavale, a été assassiné par un lépreux. Il ne sait pas le nom du lépreux et je me demande si ce n'est pas un de ceux qui nous ont si généreusement aidés.

La vie des bagnards aux Iles du Salut est complètement différente de ce que l'on peut imaginer. La plupart des hommes sont excessivement dangereux, pour plusieurs raisons. D'abord tout le monde mange bien, car on y fait trafic de tout : alcool, cigarettes, café, chocolat, sucre, viande, légumes frais, poissons, langoustines, cocos, etc. Donc ils sont tous en parfaite santé, dans un climat très sain. Seuls les condamnés à temps ont un espoir d'être libérés, mais les condamnés à perpétuité — perdu pour perdu ! — sont tous dangereux. Tout le monde est compromis dans le trafic journalier, bagnards et surveillants. C'est un mélange peu facile à comprendre. Des femmes de surveillants recherchent de jeunes forçats pour faire leur ménage — et bien souvent les prennent comme amants. On les appelle des « garçons de famille ». Certains sont jardiniers, d'autres cuisiniers. C'est cette catégorie de transportés qui sert de lien entre le camp et les maisons des gardiens. Les « garçons de famille » ne sont pas mal vus des autres forçats, car c'est grâce à eux qu'on peut trafiquer de tout. Mais ils ne sont pas considérés comme des purs. Aucun homme du vrai

milieu n'accepte de s'abaisser à faire ces besognes.
Ni d'être porte-clefs, ni de travailler au mess des surveillants. Par contre, ils paient très cher les emplois
où ils n'ont rien à faire avec les gaffes : vidangeurs,
ramasseurs de feuilles mortes, conducteurs de buffles, infirmiers, jardiniers du pénitencier, bouchers,
boulangers, canotiers, facteurs, gardiens du phare.
Tous ces emplois sont pris par les vrais durs. Un vrai
dur ne travaille jamais aux corvées d'entretien des
murs de soutien, des routes, des escaliers, à planter
des cocotiers ; c'est-à-dire aux corvées en plein soleil
ou sous la surveillance des gaffes. On travaille de sept
heures à midi et de deux heures à six heures. Cela
donne un aperçu de l'ambiance de ce mélange de gens
si différents qui vivent en commun, prisonniers et gardiens, véritable petit village où tout se commente, où
tout se juge, où tout le monde se voit vivre et s'observe.

Dega et Galgani sont venus passer le dimanche avec
moi à l'hôpital. Nous avons mangé l'ailloli avec poisson, soupe au poisson, pommes de terre, fromage, café,
vin blanc. Ce repas, nous l'avons fait dans la chambre
de Chatal, lui, Dega, Galgani, Maturette, Grandet et
moi. Ils m'ont demandé de leur raconter toute ma
cavale dans ses moindres détails. Dega a décidé de ne
plus rien tenter pour s'évader. Il attend de France une
grâce de cinq ans. Avec les trois ans qu'il a faits
en France et les trois ans ici, il ne lui resterai plus
que quatre ans. Il est résigné à les faire. Galgani,
lui, prétend qu'un sénateur corse s'occupe de lui.

Puis vient mon tour. Je leur demande les endroits
les plus propices, ici, pour une évasion. C'est un tollé
général. Pour Dega, c'est une question qui ne lui est
même pas venue à l'idée, pas plus que pour Galgani.
De son côté, Chatal suppose qu'un jardin doit avoir
ses avantages pour préparer un radeau. Quant à Grandet, il m'apprend qu'il est forgeron aux « Travaux ».
C'est un atelier où, me dit-il, il y a de tout : peintres,

menuisiers, forgerons, maçons, plombiers — près de cent vingt hommes. Il sert à l'entretien des bâtiments de l'administration. Dega, qui est comptable général, me fera avoir la place que je veux. A moi de la choisir. Grandct m'offre la moitié de sa place de teneur de jeux, de façon qu'avec ce que je gagnerai sur les joueurs, je puisse vivre bien sans dépenser l'argent de mon plan. Par la suite, je verrai que c'est très intéressant mais extrêmement dangereux.

Le dimanche a passé avec une rapidité surprenante. « Déjà cinq heures, dit Dega qui porte une belle montre, il faut rentrer au camp. » En partant, Dega me donne cinq cents francs pour jouer au poker, car il y a quelquefois de belles parties dans notre salle. Grandet me donne un magnifique couteau à cran d'arrêt dont il a lui-même trempé l'acier. C'est une arme redoutable.

« Sois toujours armé, nuit et jour.

— Et les fouilles ?

— La plupart des surveillants qui la font sont des porte-clefs arabes. Quand un homme est considéré comme dangereux, jamais ils ne trouvent d'arme, même s'ils la touchent.

— On se reverra au camp », me dit Grandet.

Avant de partir, Galgani me dit qu'il m'a déjà réservé une place dans son coin et qu'on fera gourbi ensemble (les membres d'un gourbi mangent ensemble et l'argent de l'un est à tout le monde). Dega, lui, ne dort pas au camp mais dans une chambre du bâtiment de l'Administration.

Voilà trois jours que nous sommes là, mais comme je passe mes nuits auprès de Clousiot, je ne me suis pas bien rendu compte de la vie de cette salle d'hôpital où nous sommes près de soixante. Puis, Clousiot étant très mal, on l'isole dans une pièce où se trouve déjà un grand malade. Chatal l'a bourré de morphine. Il a peur qu'il ne passe pas la nuit.

Dans la salle, trente lits de chaque côté d'une allée

de trois mètres, presque tous occupés. Deux lampes à pétrole éclairent l'ensemble. Maturette me dit : « Là-bas, on joue au poker. » Je vais vers les joueurs. Ils sont quatre.

« Je peux faire le cinquième ?

— Oui, assieds-toi. C'est cent francs minimum la carre. Pour jouer, il faut trois carres, donc trois cents francs. Voilà trois cents francs de jetons. »

J'en donne deux cents à garder à Maturette. Un Parisien, nommé Dupont, me dit :

« On joue le règlement anglais, sans joker. Tu connais ?

— Oui.

— Alors, donne les cartes, à toi l'honneur. »

La vitesse à laquelle jouent ces hommes est incroyable. La relance doit être très rapide, sans quoi le teneur de jeux dit : « Relance tardive », et il faut tenir sec. C'est là que je découvre une nouvelle classe de bagnards : les joueurs. Ils vivent du jeu, pour le jeu, dans le jeu. Rien ne les intéresse que jouer. Ils oublient tout : ce qu'ils ont été, leur peine, ce qu'ils pourraient faire pour modifier leur vie. Que le partenaire soit un brave mec ou non, une seule chose les intéresse : jouer.

Nous avons joué toute la nuit. On s'est arrêtés au café. J'ai gagné mille trois cents francs. Je me dirige vers mon lit quand Paulo me rejoint et me demande de lui prêter deux cents balles pour continuer à la belote à deux. Il lui faut deux cents balles et il n'en a que cent. « Tiens, en voilà trois cents. On va de moitié, lui dis-je.

— Merci Papillon, tu es bien le mec dont j'ai entendu parler. On sera des amis. » Il me tend la main, je la lui serre, et il s'en va tout joyeux.

Clousiot est mort ce matin. Dans un moment de lucidité, la veille, il avait dit à Chatal de ne plus lui donner de morphine :

« Je veux mourir entier, assis sur mon lit, avec mes amis à côté de moi. »

Il est strictement défendu de pénétrer dans les chambres d'isolement, mais Chatal a pris la chose sur lui et notre ami a pu mourir dans nos bras. Je lui ai fermé les yeux. Maturette était décomposé par la douleur.

« Il est parti le compagnon de notre si belle aventure. On l'a jeté aux requins. »

Quand j'ai entendu ces mots : « On l'a jeté aux requins », ça m'a glacé. En effet, il n'y a pas de cimetière pour les bagnards, aux Iles. Quand un forçat meurt, on va le jeter à la mer à six heures, au coucher du soleil, entre Saint-Joseph et Royale, dans un endroit infesté de requins.

La mort de mon ami me rend l'hôpital insupportable. Je fais dire à Dega que je vais sortir après-demain. Il m'envoie un mot : « Demande à Chatal, qu'il te fasse donner quinze jours de repos au camp, comme ça tu auras le temps de choisir l'emploi qui te plaira. » Maturette restera quelque temps de plus. Chatal va peut-être le prendre comme aide-infirmier.

Dès que je sors de l'hôpital, on me conduit au bâtiment de l'Administration, devant le commandant Barrot, dit « Coco sec ».

Papillon, me dit-il, avant de vous mettre sur le camp, j'ai tenu à causer un peu avec vous. Vous avez ici un ami précieux, mon comptable général, Louis Dega. Il prétend que vous ne méritez pas les notes qui nous viennent de France et que, vous considérant comme un condamné innocent, il est normal que vous soyez en révolte permanente. Je vous dirai que je ne suis pas très d'accord là-dessus avec lui. Ce que j'aimerais savoir, c'est dans quel état d'esprit vous êtes actuellement.

— D'abord, mon commandant, pour pouvoir vous répondre, pouvez-vous me dire quelles sont les annotations de mon dossier ?

— Voyez vous-même. » Et il me tend une cartoline jaune où je lis à peu près ceci :

« Henri Charrière, dit Papillon, né le 16 novembre

1906, à..., Ardèche, condamné pour homicide volontaire aux travaux forcés à perpétuité par les assises de la Seine. Dangereux à tous points de vue, à surveiller étroitement. Ne pourra bénéficier des emplois de faveur.

«*Centrale de Caen* : condamné incorrigible. Susceptible de fomenter et de diriger une révolte. A tenir en constante observation.

« *Saint-Martin-de-Ré* : Sujet discipliné mais certainement très influent auprès de ses camarades. Tentera de s'évader de n'importe où.

« *Saint-Laurent-du-Maroni* : A commis une sauvage agression contre trois surveillants et un porte-clefs pour s'évader de l'hôpital. Revient de Colombie. Bonne tenue dans sa prévention. Condamné à une peine légère de deux ans de réclusion.

« *Réclusion de Saint-Joseph* : Bonne conduite jusqu'à sa libération. »

« Avec ça, mon vieux Papillon, dit le directeur quand je lui rends la fiche, on n'est pas très rassuré de vous avoir comme pensionnaire. Voulez-vous faire un pacte avec moi ?

— Pourquoi pas ? Ça dépend du pacte.

— Vous êtes un homme qui, sans aucun doute, fera tout pour s'évader des Iles malgré les grandes difficultés que cela présente. Peut-être même réussirez-vous. Or, moi, il me reste encore cinq mois à assurer la direction des Iles. Savez-vous ce qu'une évasion coûte au commandant des Iles ? Un an de solde normale. C'est-à-dire la perte complète du traitement colonial ; congé retardé de six mois et réduit de trois. Et, selon les conclusions de l'enquête, s'il y a eu négligence de la part du commandant, perte possible d'un galon. Vous voyez que c'est sérieux. Or, si je fais mon travail honnêtement, ce n'est pas parce que vous êtes susceptible de vous évader que j'ai le droit de vous mettre en cellule ou au cachot. A moins d'inventer des fautes imaginaires. Et cela, je ne veux pas le faire.

Alors, j'aimerais que vous me donniez votre parole de ne pas tenter d'évasion jusqu'à mon départ des Iles. Cinq mois.

— Commandant, je vous donne ma parole d'honneur que je ne partirai pas tant que vous serez ici, si ça ne dépasse pas six mois.

— Je pars dans un peu moins de cinq mois, c'est absolument sûr.

— Très bien, demandez à Dega, il vous dira que j'ai une parole.

— Je vous crois.

— Mais en contrepartie, je demande autre chose.

— Quoi ?

— Que pendant les cinq mois que je dois passer ici, je puisse déjà avoir les emplois dont j'aurais pu bénéficier plus tard et peut-être, même, changer d'île.

— Eh bien, entendu. Mais que cela reste strictement entre nous.

— Oui, mon commandant. »

Il fait venir Dega qui le convainc que ma place n'est pas avec les bonnes conduites mais avec les hommes du milieu, dans le bâtiment des dangereux où se trouvent tous mes amis. On me remet mon sac complet d'effets de bagnard et le commandant y fait ajouter quelques pantalons et casaques blanches saisis aux tailleurs.

Et c'est avec deux pantalons impeccablement blancs, tout neufs, et trois vareuses, un chapeau de paille de riz, que je m'achemine, accompagné d'un gaffe, vers le camp central. Pour aller du petit bâtiment de l'Administration au camp, il faut traverser tout le plateau. Nous passons devant l'hôpital des surveillants en longeant un mur de quatre mètres qui entoure tout le pénitencier. Après avoir fait presque le tour de cet immense rectangle, on arrive à la porte principale. « Pénitencier des Iles — Section Royale. » L'immense porte est en bois, grande ouverte. Elle doit mesurer près de six mètres de haut. Deux postes de garde de quatre surveillants chacun. Assis sur une chaise, un galonné. Pas de mousqueton : tout le monde porte le revolver. Je vois aussi cinq ou six porte-clefs arabes.

Quand j'arrive sous le porche, tous les gardiens sortent. Le chef, un Corse, dit : « Voilà un nouveau, et de classe. » Les porte-clefs s'apprêtent à me fouiller, mais il les arrête : « L'emmerdez pas à sortir tout son barda. Allez, rentre, Papillon. Au bâtiment spécial tu as certainement beaucoup d'amis qui t'attendent. Je m'appelle Sofrani. Bonne chance aux Iles.

— Merci, chef. » Et j'entre dans une immense cour où se dressent trois grandes bâtisses. Je suis le surveillant qui me mène à l'une d'elles. Au-dessus de la porte, une inscription : « Bâtiment A — Groupe spécial ». Devant la porte ouverte en grand, le surveillant crie : « Gardien de case ! » Apparaît alors un vieux forçat. « Voici un nouveau », dit le chef, et il s'en va.

Je pénètre dans une très grande salle rectangulaire où vivent cent vingt hommes. Comme dans la première baraque, à Saint-Laurent, une barre de fer parcourt chacun de ses plus longs côtés, interrompue seulement par l'emplacement de la porte, une grille qu'on ne ferme que la nuit. Entre le mur et cette barre sont tendues, très raides, des toiles qui servent de lit et qu'on appelle hamacs bien qu'elles n'en soient pas. Ces « hamacs » sont très confortables et hygiéniques. Au-dessus de chacun sont fixées deux planches où l'on peut mettre ses affaires : une pour le linge, l'autre pour les vivres, la gamelle, etc. Entre les rangées de hamacs, une allée de trois mètres de large, le « coursier ». Les hommes vivent là aussi en petites communautés, les gourbis. Il y en a de deux hommes seulement, mais aussi de dix.

A peine on est entrés que de tous les côtés arrivent les bagnards habillés en blanc : « Papi, viens par là. » « Non, viens avec nous. » Grandet prend mon sac et dit : « Il va faire gourbi avec moi. » Je le suis. On installe ma toile, bien tirée, qui me servira de lit.

« Tiens, voilà un oreiller de plumes de poules, mec »,
dit Grandet. Je retrouve un tas d'amis. Beaucoup de
Corses et de Marseillais, quelques Parisiens, tous des
amis de France ou des types connus à la Santé, à la
Conciergerie, ou dans le convoi. Mais, étonné de les
voir là, je leur demande : « Vous n'êtes pas au travail à cette heure-ci ? » Alors, tout le monde rigole.
« Ah ! tu nous la copieras celle-là ! Dans ce bâtiment,
celui qui travaille ne le fait jamais plus d'une heure par
jour. Après on rentre au gourbi. » Cette réception est
vraiment chaleureuse. Espérons que ça durera. Mais
très vite je m'aperçois d'une chose que je n'avais pas
prévue : malgré les quelques jours passés à l'hôpital,
je dois réapprendre à vivre en communauté.

J'assiste à une chose que je n'aurais pas imaginée.
Un type entre, habillé en blanc, portant un plateau
couvert d'un linge blanc impeccable et crie : « Bifteck,
bifteck, qui veut des biftecks ? » Il arrive petit à
petit à notre hauteur, s'arrête, soulève son linge blanc,
et apparaissent, bien rangés en pile, comme dans une
boucherie de France, tout un plateau de biftecks. On
voit que Grandet est un client quotidien, car il ne lui
demande pas s'il en veut des biftecks, mais combien
il lui en met.

« Cinq.

— Du faux-filet ou de l'épaule ?

— Du faux-filet. Combien je te dois ? Donne-moi
les comptes, parce que maintenant qu'on est un de
plus, ça ne va pas être pareil. »

Le vendeur de biftecks sort un carnet et se met à
calculer :

« Ça fait cent trente-cinq francs, tout compris.

— Paie-toi et repartons à zéro. »

Quand l'homme s'en va, Grandet me dit : « Ici, si
tu n'as pas de pognon, tu crèves. Mais il y a un système
pour en avoir tout le temps : la débrouille. »

Aux durs, « la débrouille » est la manière qu'a chacun de se débrouiller pour se procurer de l'argent. Le

cuisinier du camp vend en biftecks la propre viande
destinée aux prisonniers. Quand il la reçoit, à la cuisine, il en coupe à peu près la moitié. Suivant les
morceaux, il prépare des biftecks, de la viande pour
ragoût ou pour bouillir. Une partie est vendue aux
surveillants en passant par leurs femmes, une partie
aux forçats qui ont les moyens d'en acheter. Bien
entendu, le cuisinier donne une part de ce qu'il gagne
ainsi au surveillant chargé de la cuisine. Le premier
bâtiment où il se présente avec sa marchandise est
toujours celui du Groupe spécial, bâtiment A, le
nôtre.

Donc, la débrouille, c'est le cuisinier qui vend la
viande et la graisse ; le boulanger qui vend du pain
fantaisie et du pain blanc en baguettes destiné aux
surveillants ; le boucher de la boucherie qui, lui, vend
de la viande ; l'infirmier, qui vend des injections ; le
comptable, qui reçoit de l'argent pour vous faire nommer à telle ou telle place, ou simplement pour vous
enlever d'une corvée ; le jardinier, qui vend des légumes
frais et des fruits ; le forçat employé au laboratoire
qui vend des résultats d'analyse et va jusqu'à fabriquer des faux tuberculeux, des faux lépreux, des
entérites, etc. ; les spécialistes de vol dans la cour
des maisons des surveillants, qui vendent des œufs, des
poules, du savon de Marseille ; les « garçons de famille »
trafiquant avec la femme de la maison où ils travaillent,
qui apportent ce qu'on leur demande : beurre, lait
condensé, lait en poudre, boîtes de thon, de sardines,
fromages et, bien entendu, vins et alcools (ainsi, dans
mon gourbi, il y a toujours une bouteille de Ricard et
des cigarettes anglaises ou américaines) ; également
ceux qui ont le droit de pêcher et qui vendent leur
poisson et leurs langoustines.

Mais la meilleure « débrouille », la plus dangereuse aussi, c'est d'être teneur de jeux. La règle est
qu'il ne peut jamais y avoir plus de trois ou quatre
teneurs de jeux par bâtiment de cent vingt hommes.

Celui qui décide de prendre les jeux se présente une nuit, au moment de la partie, et dit : « Je veux une place de teneur de jeux. » On lui répond : « Non.

— Tous vous dites non ?

Tous.

— Alors je choisi Un tel, pour prendre sa place. »

Celui qu'il a désigné a compris. Il se lève, va au milieu de la salle et tous les deux se battent en duel au couteau. Celui qui gagne prend les jeux. Les teneurs de jeux prélèvent cinq pour cent sur chaque coup joué gagnant.

Les jeux sont l'occasion d'autres petites débrouilles. Il y a celui qui prépare les couvertures bien tirées par terre, celui qui loue de tout petits bancs pour les joueurs qui ne peuvent pas s'asseoir les jambes croisées sous leurs fesses, le vendeur de cigarettes. Celui-ci dispose sur la couverture plusieurs boîtes de cigares vides, remplies de cigarettes françaises, anglaises, américaines et même roulées à la main. Chacune a un prix et le joueur se sert lui-même et met scrupuleusement dans la boîte le prix marqué. Il y a aussi celui qui prépare les lampes à pétrole et qui veille à ce qu'elles ne fument pas trop. Ce sont des lampes faites avec des boîtes de lait dont le couvercle supérieur est troué pour laisser passer une mèche qui trempe dans du pétrole et qu'il faut souvent moucher. Pour les non-fumeurs, il y a des bonbons et des gâteaux fabriqués par débrouille spéciale. Chaque bâtiment possède un ou deux cafetiers. A sa place, couvert par deux sacs de jute et confectionné à la manière arabe, du café est maintenu chaud toute la nuit. De temps en temps le cafetier passe dans la salle et offre du café ou du cacao tenu au chaud dans une sorte de marmite norvégienne fabrication maison.

Enfin, il y a la camelote. C'est une sorte de débrouille artisanale. Certains travaillent l'écaille des tortues prises par les pêcheurs. Une tortue-écaille a treize plaques qui peuvent peser jusqu'à deux kilos. L'artiste en fait des bracelets, des boucles d'oreilles, des colliers, des fume-cigarette, des peignes et des dessus de brosses. J'ai même vu un coffret d'écaille blonde, véritable merveille. D'autres sculptent des noix de coco, des cornes de bœuf, de buffle, des bois d'ébène et des bois des îles, en forme de serpents. D'autres font des travaux d'ébénisterie de haute précision, sans un clou, tout à mortaises. Les plus habiles travaillent le bronze. Sans oublier les artistes peintres.

Il arrive qu'on associe plusieurs talents pour réaliser un seul objet. Par exemple, un pêcheur prend un requin. Il prépare sa mâchoire ouverte, toutes ses dents bien polies et bien droites. Un ébéniste confectionne un modèle réduit d'ancre en bois lisse et au grain serré, assez large au milieu pour qu'on puisse y peindre. On fixe la mâchoire ouverte à cette ancre sur laquelle un peintre peint les Iles du Salut entourées par la mer. Le sujet le plus souvent utilisé est le suivant : on voit la pointe de l'Ile Royale, le chenal et l'Ile Saint-Joseph. Sur la mer bleue, le soleil couchant jette tous ses feux. Sur l'eau, un bateau avec six forçats debout, torse nu, les avirons relevés à la verticale et trois gardiens, mitraillettes à la main, à l'arrière. A l'avant, deux hommes lèvent un cercueil d'où glisse, enveloppé dans un sac de farine, le corps d'un forçat mort. On aperçoit des requins à la surface de l'eau, attendant le corps la gueule ouverte. En bas, à droite du tableau, est écrit : « Enterrement à Royale — et la date. »

Toutes ces différentes « camelotes » sont vendues dans les maisons des surveillants. Les plus belles pièces sont souvent achetées à l'avance ou faites sur commande. Le reste se vend à bord des bateaux qui passent aux Iles. C'est le domaine des canotiers. Il y a aussi les farceurs, ceux qui prennent un vieux quart tout bosselé et gravent dessus : « Ce quart a appartenu à Dreyfus — Ile du Diable — date. » Même chose avec les cuillères ou les gamelles. Pour les marins

bretons, un truc marche infailliblement : n'importe
quel objet avec le nom de « Sezenec ».

Ce trafic permanent fait entrer beaucoup d'argent
sur les îles, et les surveillants ont intérêt à laisser
faire. Tout à leurs combines, les hommes sont plus
faciles à manier et se font à leur nouvelle vie.

La pédérastie prend un caractère officiel. Jusqu'au
commandant, tout le monde sait qu'Un tel est la femme
d'Un tel et quand on en envoie un dans une autre île,
on fait en sorte que l'autre le rejoigne vite si on n'a
pas pensé à les muter ensemble.

Sur tous ces hommes, il n'y en a pas trois sur cent
qui cherchent à s'évader des îles. Même ceux qui ont
perpétuité. La seule façon de faire est d'essayer par
tous les moyens d'être désinterné et envoyé à la Grande
Terre, à Saint-Laurent, Kourou ou Cayenne. Ce qui
ne vaut que pour les internés à temps. Pour les internés à vie, c'est impossible en dehors du meurtre. En
effet, lorsqu'on a tué quelqu'un, on est envoyé à Saint-
Laurent pour passer devant le tribunal. Mais comme
pour y aller il faut passer des aveux, on risque cinq
ans de réclusion pour meurtre, sans savoir si on
pourra profiter de son court séjour au quartier disciplinaire de Saint-Laurent — trois mois au plus — pour
pouvoir s'évader.

On peut aussi essayer le désinternement pour raisons médicales. Si l'on est reconnu tuberculeux,
on est envoyé au camp pour tuberculeux, dit « Nouveau Camp » à quatre-vingts kilomètres de Saint-
Laurent.

Il y a aussi la lèpre ou l'entérite dysentérique chronique. Il est relativement facile d'arriver à ce résultat, mais il comporte un terrible danger : la cohabitation dans un pavillon spécial, isolé, pendant près de
deux ans, avec les malades du type choisi. De là à se
vouloir faux lépreux et attraper la lèpre, à avoir des
poumons du tonnerre et sortir tuberculeux, il n'y a
qu'un pas qu'on franchit souvent. Quant à la dysen-

terie, il est encore plus difficile d'échapper à la conta-
gion.

Me voilà donc, installé dans le bâtiment A, avec mes
cent vingt camarades. Il faut apprendre à vivre dans
cette communauté où on a vite fait de vous cataloguer.
Il faut d'abord que tout le monde sache qu'on ne
peut pas vous attaquer sans danger. Une fois craint,
il faut être respecté pour sa façon de se comporter
avec les gaffes, ne pas accepter certains postes, refuser
certaines corvées, ne jamais reconnaître d'autorité aux
porte-clefs, ne jamais obéir, même au prix d'un incident avec un surveillant. Si on a joué toute la nuit,
on ne sort même pas à l'appel. Le gardien de case
(on appelle ce bâtiment « la case ») crie : « Malade
couché. » Dans les deux autres « cases », les surveillants
vont quelquefois chercher le « malade » annoncé et
l'obligent à assister à l'appel. Jamais au bâtiment
des fortes têtes. En conclusion, ce qu'ils recherchent
avant tout, du plus grand au plus petit, c'est la tranquillité du bagne.

Mon ami Grandet, avec qui je fais gourbi, est un
Marseillais de trente-cinq ans. Très grand et maigre
comme un clou, mais très fort. Nous sommes des
amis de France. On se fréquentait à Toulon, comme à
Marseille et à Paris.

C'est un célèbre perceur de coffres-forts. Il est bon,
mais peut être très dangereux. Aujourd'hui, je suis
presque seul dans cette salle immense. Le chef de
case balaie et passe la serpillière sur le sol de ciment.
Je vois un homme en train d'arranger une montre,
avec un truc en bois à l'œil gauche. Au-dessus de son
hamac, une planche avec une trentaine de montres
accrochées. Ce garçon qui a les traits d'un homme de
trente ans a les cheveux tout blancs. Je m'approche de
lui et le regarde travailler, puis j'essaie de lier conversation. Il ne lève même pas la tête et reste muet. Je
me retire un peu vexé et sors dans la cour m'asseoir
au lavoir. Je trouve Titi la Belote en train de s'entraî-

ner avec un jeu de cartes toutes neuves. Ses doigts agiles battent et rebattent les trente-deux cartes avec une rapidité inouïe. Sans arrêter le jeu de ses mains de prestidigitateur, il me dit : « Alors, mon pote, ça va ? Tu es bien à Royale ?

— Oui, mais je m'emmerde aujourd'hui. Je vais me mettre à travailler un peu, comme ça je sortirai du camp. J'ai voulu discuter un moment avec un mec qui fait l'horloger, mais il ne m'a même pas répondu.

— Tu parles, Papi, ce mec il se fout de tout le monde. Il n'y a que ses montres. Le reste, barka ! Il est vrai qu'après ce qui lui est arrivé il a le droit d'être cinglé. On le serait devenu à moins. Figure-toi que ce jeune — on peut l'appeler jeune, car il n'a pas trente ans — était condamné à mort, l'an dernier, pour avoir soi-disant violé la femme d'un gaffe. Du vrai bidon. Il y avait longtemps qu'il baisait sa patronne, la légitime d'un surveillant-chef breton. Comme il travaillait chez eux comme « garçon de famille », chaque fois, que le Breton était de service de jour, l'horloger se tapait la môme. Seulement ils commirent une faute : la gonzesse ne lui laissait plus laver et repasser le linge. Elle le faisait elle-même, et son cocu de mari qui la savait fainéante trouva ça curieux et commença à avoir des doutes. Mais il n'avait pas de preuve de son infortune. Alors il combina un coup pour les surprendre en flagrant délit et les tuer tous les deux. Il comptait sans la réaction de la rombière. Un jour, il quitta sa garde deux heures après l'avoir prise et demanda à un surveillant de l'accompagner jusque chez lui, sous prétexte de lui faire cadeau d'un jambon qu'il avait reçu de son bled. Sans bruit, il franchit le portail, mais à peine ouvre-t-il la porte de la maisonnette, qu'un perroquet se met à gueuler : « Voilà le patron ! » comme il en avait l'habitude quand le gaffe rentrait chez lui. Aussitôt la femme se met à crier : « Au viol ! Au « secours ! » Les deux gaffes entrent dans la chambre au moment où la femme s'échappe des bras du bagnard

qui, surpris, saute par la fenêtre tandis que le cocu
lui tire dessus. Il prend une balle dans l'épaule, tandis que de son côté la gonzesse se griffe les nichons
et la joue et déchire son peignoir. L'horloger tombe,
et au moment où le Breton va l'achever, l'autre gaffe
le désarme. Je dois te dire que cet autre gaffe était
corse et qu'il avait tout de suite compris que son chef
lui avait raconté une histoire bidon et qu'il n'y avait
pas plus de viol que de beurre au cul. Mais le Corse
ne pouvait pas en parler au Breton et il fait comme
s'il croyait au viol. L'horloger est condamné à mort.
Jusque-là, mon pote, rien d'extraordinaire. C'est après
que l'affaire devient intéressante.

« A Royale, au quartier des punis, se trouve une
guillotine, chaque pièce bien rangée dans un local
spécial. Dans la cour, les cinq dalles sur lesquelles on
la dresse, bien scellées et nivelées. Chaque semaine, le
bourreau et ses aides, deux forçats, montent la guillotine avec le couteau et tout le tremblement et coupent
un ou deux troncs de bananier. Comme ça, ils sont
sûrs qu'elle est toujours en bon état de marche.

« Le Savoyard d'horloger était donc dans une cellule de condamné à mort avec quatre autres condamnés, trois Arabes et un Sicilien. Tous les cinq attendaient la réponse à leur recours en grâce fait par les
surveillants qui les avaient défendus.

« Un matin, on monte la guillotine et on ouvre brusquement la porte du Savoyard. Les bourreaux se jettent sur lui, on lui entrave les pieds d'une corde, on
lui attache les poignets avec la même corde qui va
rejoindre l'entrave des pieds. Avec des ciseaux on lui
échancre son col puis, à petits pas, il franchit dans la
demi-obscurité du petit jour une vingtaine de mètres.
Tu dois savoir, Papillon, que lorsque tu arrives devant
la guillotine, tu te trouves face à face avec une planche
perpendiculaire sur laquelle avec des cour-
roies fixées dessus. Donc, on l'attache, on va pour bas-
culer la planche d'où dépasse sa tête quand arrive

l'actuel commandant « Coco sec », qui doit obligatoirement assister à l'exécution. Il porte à la main une grosse lampe-tempête et au moment où il éclaire la scène, il s'aperçoit que ces cons de gaffes se sont trompés : ils vont couper la tête de l'horloger qui, ce jour-là, n'avait rien à faire dans cette cérémonie.

« — Arrêtez ! Arrêtez ! » crie Barrot.

« Il est tellement émotionné, qu'il ne peut, paraît-il, plus parler. Il laisse tomber sa lampe-tempête, bouscule tout le monde, gaffes et bourreaux, et détache lui-même le Savoyard. Enfin il parvient à ordonner :

« — Ramenez-le dans son cachot, infirmier. Occupez-« vous de lui, restez avec lui, donnez-lui du rhum.

« Et vous, espèces de crétins, allez vite vous saisir de « Rencasseu, c'est lui qu'on exécute aujourd'hui et pas « un autre ! »

« Le lendemain, le Savoyard avait les cheveux tout blancs, tels que tu les as vus aujourd'hui. Son avocat, un gaffe de Calvi, écrivit une nouvelle demande de grâce au ministre de la Justice en lui racontant l'incident. L'horloger fut gracié et condamné à perpète. Depuis, il passe son temps à arranger les montres des gaffes. C'est sa passion. Il les contrôle longtemps, d'où ces montres pendues à son tableau d'observation. Maintenant, tu comprends certainement qu'il a le droit d'être un peu touché, le mec, oui ou non ?

— Sûrement, Titi, après un choc pareil, il a bien le droit de n'être pas trop sociable. Je le plains sincèrement. »

Chaque jour j'en apprends un peu plus sur cette nouvelle vie. La case A est vraiment une concentration d'hommes redoutables, autant pour leur passé que pour leur manière de réagir dans la vie quotidienne. Je ne travaille toujours pas : j'attends une place de vidangeur qui, après trois quarts d'heure de travail, me laissera libre sur l'île avec le droit d'aller pêcher.

Ce matin, à l'appel pour la corvée de plantation de cocotiers, on désigne Jean Castelli. Il sort des rangs et demande : « Qu'est-ce que c'est ? On m'envoie au travail, moi ?

— Oui, vous, dit le gaffe de la corvée. Tenez, prenez cette pioche. »

Froidement, Carali le regarde :

« Dis donc, Auvergnat, tu ne vois pas qu'il faut venir de ton bled pour savoir se servir de cet étrange instrument ? Je suis corse marseillais. En Corse, on jette très loin de soi les outils de travail, et à Marseille, on ne sait même pas qu'ils existent. Garde-toi la pioche et laisse-moi tranquille. »

Le jeune gaffe, pas encore bien au courant, d'après ce que je sus plus tard, lève la pioche sur Castelli, le manche en l'air. D'une seule voix, les cent vingt hommes gueulent : « Charognard, n'y touche pas ou tu es mort. »

« Rompez les rangs ! » crie Grandet et, sans s'occuper des positions d'attaque qu'ont prises tous les gaffes, on entre tous dans la case.

La « case B » défile pour aller au travail. La « case C » aussi. Une douzaine de gaffes se ramènent et, chose rare, ferment la porte grillée. Une heure après, quarante gaffes sont de chaque côté de la porte, mitraillette en main. Commandant adjoint, gardien-chef, surveillant-chef, surveillants, ils sont tous là, sauf le commandant qui est parti à six heures, avant l'incident, en inspection au Diable.

Le commandant adjoint dit :

« Dacelli, veuillez appeler les hommes, un à un.

— Grandet ?

— Présent.

— Sortez. »

Il sort dehors, au milieu des quarante gaffes. Dacelli lui dit : « Allez à votre travail.

— Je peux pas.

— Vous refusez ?

— Non, je ne refuse pas, je suis malade.

— Depuis quand ? Vous ne vous êtes pas fait porter malade au premier appel.

— Ce matin je n'étais pas malade, maintenant je le suis. »

Les soixante premiers appelés répondent exactement la même chose, l'un après l'autre. Un seul va jusqu'au refus d'obéissance. Il avait sans doute l'intention de se faire ramener à Saint-Laurent pour passer le conseil de guerre. Quand on lui dit : « Vous refusez ? » il répond :

« Oui, je refuse, par trois fois.

— Par trois fois ? Pourquoi ?

— Parce que vous me faites chier. Je refuse catégoriquement de travailler pour des mecs aussi cons que vous. »

La tension était extrême. Les gaffes, surtout les jeunes, ne supportaient pas d'être humiliés pareillement par des bagnards. Ils n'attendaient qu'une chose : un geste de menace qui leur permettrait d'entrer en action avec leur mousqueton à la main, d'ailleurs pointé vers la terre.

« Tous ceux qui ont été appelés, à poil ! Et en route pour les cellules. » A mesure que les effets tombaient, on percevait parfois un bruit de couteau résonnant sur le macadam de la cour. A ce moment arrive le docteur.

« Bon, halte ! Voilà le médecin. Voudriez-vous, docteur, passer la visite à ces hommes ? Ceux qui ne seront pas reconnus malades, iront aux cachots. Les autres resteront dans leur case.

— Il y a soixante malades ?

— Oui, docteur, sauf celui-là qui a refusé de travailler.

— Au premier, dit le docteur. Grandet, qu'avez-vous ?

— Une indigestion de garde-chiourme, docteur. Nous sommes tous des hommes condamnés à de longues peines et la plupart à perpétuité, docteur. Aux Iles, pas d'espoir de s'évader. Aussi on ne peut supporter cette vie que s'il y a une certaine élasticité et compréhension dans le règlement. Or, ce matin, un surveillant s'est permis devant nous tous de vouloir assommer d'un coup de manche de pioche un camarade estimé de tout le monde. Ce n'était pas un geste de défense, car cet homme n'avait menacé personne. Il n'a fait que dire qu'il ne voulait pas se servir d'une pioche. Voilà la véritable cause de notre épidémie collective. A vous de juger. »

Le docteur baisse la tête, réfléchit une bonne minute, puis dit :

« Infirmier, écrivez : « En raison d'une intoxication « alimentaire collective, l'infirmier surveillant Un tel pren- « dra les mesures nécessaires pour purger avec vingt « grammes de sulfate de soude tous les transportés qui « se sont déclarés malades ce jour. Quant au trans- « porté X, veuillez le mettre en observation à l'hôpital « pour que nous nous rendions compte si son refus de « travail a été exprimé en pleine possession de ses facul- « tés. »

Il tourne le dos et s'en va.

« Tout le monde dedans ! crie le deuxième commandant. Ramassez vos affaires et n'oubliez pas vos couteaux. » Ce jour-là, tout le monde resta dans la case. Personne ne put sortir, même pas le porteur de pain. Vers midi, au lieu de soupe, le surveillant-infirmier, accompagné de deux bagnards-infirmiers, se présenta avec un seau de bois, rempli de purge au sulfate de soude. Trois seulement furent obligés d'avaler la purge. Le quatrième tomba sur le seau en simulant une crise d'épilepsie parfaitement imitée, projetant la purge, le seau et la louche de tous les côtés. Ainsi se termina l'incident, par le travail donné au chef de case pour éponger tout ce liquide répandu par terre.

J'ai passé l'après-midi à causer avec Jean Castelli. Il est venu manger avec nous. Il fait gourbi avec un Toulonnais, Louis Gravon, condamné pour vols de fourrures. Quand je lui ai parlé de cavale, ses yeux ont brillé. Il me dit :

« L'année dernière j'ai failli m'évader, mais ça a foiré.

Je me doutais que tu n'étais pas un homme à rester tranquille ici. Seulement, parler cavale aux Iles, c'est parler hébreu. D'autre part, je m'aperçois que tu n'as pas encore compris les bagnards des Iles. Tels que tu les vois, quatre-vingt-dix pour cent se trouvent relativement heureux ici. Personne ne te dénoncera jamais, quoi que tu fasses. On tue quelqu'un, il n'y a jamais un témoin ; on vole, même chose. Quoi qu'ai fait un type, tous font corps pour le défendre. Les bagnards des Iles n'ont peur que d'une seule chose, qu'une cavale réussisse. Car alors, toute leur relative tranquillité est bouleversée : fouilles continuelles, plus de jeux de cartes, plus de musique — les instruments sont détruits pendant les fouilles —, plus de jeux d'échecs et de dames, plus de livres, plus rien, quoi ! Plus de camelote non plus. Tout, absolument tout est supprimé. On fouille sans arrêt. Sucre, huile, bifteck, beurre, tout cela disparaît. Chaque fois, la cavale qui a réussi à quitter les Iles est arrêtée à la Grande Terre, aux environs de Kourou. Mais pour les Iles, la cavale a été réussie : les mecs ont pu sortir de l'Ile. D'où sanctions contre les gaffes, qui se vengent après sur tout le monde. »

J'écoute de toutes mes oreilles. Je n'en reviens pas. Jamais je n'avais vu la question sous cet aspect.

« Conclusion, dit Castelli, le jour où tu te mettras dans la tête de préparer une cavale, vas-y à pas comptés. Avant de traiter avec un mec, si ce n'est pas un ami intime à toi, réfléchis-y dix fois. »

Jean Carali, cambrioleur professionnel, est d'une volonté et d'une intelligence peu communes. Il déteste la violence. On le surnomme « l'Antique ». Par exemple, il ne se lave qu'avec du savon de Marseille, et si je me suis lavé avec du Palmolive, il me dit : « Mais ça sent le pédé, ma parole ! Tu t'es lavé avec du savon de gonzesse ! » Il a malheureusement cinquante-deux ans, mais son énergie de fer fait plaisir à voir. Il me dit : « Toi, Papillon, on dirait que tu es mon fils. La vie des Iles ne t'intéresse pas. Tu manges bien parce que c'est nécessaire pour être en forme, mais jamais tu ne t'installeras pour vivre ta vie aux Iles. Je t'en félicite. Sur tous les bagnards, nous ne sommes pas une demi-douzaine à penser ainsi. Surtout à s'évader. Il y a, c'est vrai, des quantités d'hommes qui paient des fortunes pour se faire désinterner et aller ainsi à la Grande Terre pour s'évader. Mais ici, personne n'y croit à la cavale. »

Le vieux Castelli me donne des conseils : apprendre l'anglais et chaque fois que je le peux, parler espagnol avec un Espagnol. Il m'a prêté un livre pour apprendre l'espagnol en vingt-quatre leçons. Un dictionnaire français-anglais. Il est très ami d'un Marseillais, Gardès, qui en connaît un rayon sur les cavales. Il s'est évadé deux fois. La première du bagne portugais ; la seconde, de la Grande Terre. Il a son point de vue sur l'évasion des Iles, Jean Castelli aussi. Gravon, le Toulonnais, a aussi sa façon de voir les choses. Aucune de ces opinions ne concorde. Dès ce jour, je prends la décision de me rendre compte par moi-même et de ne plus parler cavale.

C'est dur, mais c'est comme ça. Le seul point sur lequel ils sont d'accord c'est que le jeu n'est intéressant que pour gagner de l'argent, et qu'il est très dangereux. A n'importe quel moment on peut être obligé de se battre au couteau avec le premier fier-à-bras venu. Tous les trois sont des hommes d'action et ils sont vraiment formidables pour leur âge : Louis Gravon a quarante-cinq ans et Gardès près de cinquante.

Hier soir, j'ai eu l'occasion de faire connaître ma façon de voir et d'agir à presque toute notre salle. Un petit Toulousain est défié au couteau par un Nîmois. Le petit Toulousain est surnommé Sardine et le costaud nîmois, Mouton. Mouton, torse nu, est au milieu du coursier, le couteau à la main : « Ou tu me paies vingt-cinq francs par partie de poker, ou tu ne joues pas. » Sardine répond : « On n'a jamais rien payé à personne pour jouer au poker. Pourquoi tu t'en prends à moi et ne t'attaques pas aux teneurs de jeux à la Marseillaise ?

— T'as pas à savoir pourquoi. Ou tu paies, ou tu ne joues pas, ou tu te bats.

— Non, je ne me battrai pas.

— Tu te dégonfles ?

— Oui. Parce que je risque de prendre un coup de couteau ou me faire tuer par un fier-à-bras comme toi qui n'es jamais parti en cavale. Moi, je suis un homme de cavale, je ne suis pas ici pour tuer ou pour me faire tuer. »

Tous, nous sommes dans l'attente de ce qui va se passer. Grandet me dit : « C'est vrai qu'il est brave, le petit, et c'est un homme de cavale. C'est malheureux qu'on ne puisse rien dire. » J'ouvre mon couteau et le mets sous ma cuisse. Je suis assis sur le hamac de Grandet.

« Alors, dégonflé, tu vas payer ou t'arrêter de jouer ? Réponds. » Et il fait un pas vers la Sardine. Alors, je crie :

« Ferme ta gueule, Mouton, et laisse ce mec tranquille !

— Tu es fou, Papillon ? » me dit Grandet.

Sans bouger de ma place, toujours assis avec mon couteau ouvert sous ma jambe gauche, la main sur le manche, je dis :

« Non, je ne suis pas fou et écoutez tous ce que je vais vous dire. Mouton, avant de me battre avec toi, ce que je ferai si tu l'exiges, même après que j'aurai parlé, laisse-moi te dire à toi et à tous que depuis mon arrivée à cette case où nous sommes plus de cent, tous du milieu, je me suis aperçu avec honte que la chose la plus belle, la plus méritante, la seule vraie : la cavale, n'est pas respectée. Or, tout homme qui a prouvé qu'il est homme d'évasion, qu'il en a assez dans le ventre pour risquer sa vie dans une cavale, doit être respecté par tous en dehors de toute autre chose. Qui dit le contraire ? (Silence) Dans toutes vos lois, il en manque une, primordiale : obligation à tout le monde de non seulement respecter, mais aussi d'aider, de soutenir, les hommes de cavale. Personne n'est obligé de partir et j'admets que presque tous vous décidiez de faire votre vie ici. Mais si vous n'avez pas le courage d'essayer de revivre, ayez au moins le respect que méritent les hommes de cavale. Et celui qui oubliera cette loi d'homme, qu'il s'attende à de graves conséquences. Maintenant, Mouton, si tu veux toujours te battre, en route ! »

Et je saute au milieu de la salle, le couteau à la main. Mouton jette son couteau et me dit :

« Tu as raison, Papillon, aussi je ne veux pas me battre au couteau avec toi, mais aux poings, pour te faire voir que je ne suis pas un dégonflé. »

Je laisse mon couteau à Grandet. On s'est battus comme des chiens pendant près d'une vingtaine de minutes. A la fin, sur un coup de tête heureux, je l'ai gagné de justesse. Ensemble, dans les cabinets, nous nous lavons le sang qui coule de nos visages. Mouton me dit : « C'est vrai, qu'on s'abrutit sur ces Iles. Voilà quinze ans que je suis là et je n'ai même pas dépensé mille francs pour essayer de me faire désinterner. C'est une honte. »

Quand je retourne au gourbi, Grandet et Galgani m'engueulent. « Tu n'es pas malade de provoquer et d'insulter tout le monde comme tu l'as fait ? Je ne sais pas par quel miracle personne n'a sauté dans le coursier pour se battre au couteau avec toi.

— Non, mes amis, il n'y a rien d'étonnant. Tout homme de notre milieu, quand quelqu'un a vraiment raison, réagit en lui donnant raison.

— Bon, dit Galgani. Mais tu sais, ne t'amuse pas trop à jouer avec ce volcan. » Toute la soirée, des hommes sont venus parler avec moi. Ils s'approchent comme par hasard, parlent de n'importe quoi, puis avant de partir : « Je suis d'accord avec ce que tu as dit, Papi. » Cet incident m'a bien situé auprès des hommes.

A partir de ce moment, je suis certainement consi-

déré par mes camarades comme un homme de leur
milieu mais qui ne se plie pas aux choses admises sans
les analyser et les discuter. Je m'aperçois que quand
c'est moi qui tiens le jeu, il y a moins de disputes et
que si je donne un ordre, on obéit très vite.

Le teneur de jeux, comme je l'ai dit, prélève cinq
pour cent sur chaque mise gagnante. Il est assis sur un
banc, le dos au mur pour se protéger d'un assassin
toujours possible. Une couverture sur les genoux cache
un couteau grand ouvert. Autour de lui en cercle,
trente, quarante et quelquefois cinquante joueurs de
toutes les régions de France, beaucoup d'étrangers,
Arabes compris. Le jeu est très facile : Il y a le banquier et le coupeur. Chaque fois que le banquier perd,
il passe les cartes au voisin. On joue avec cinquante-
deux cartes. Le coupeur partage le paquet et garde une
carte cachée. Le banquier sort une carte et la retourne
sur la couverture. Alors les jeux se font. On joue soit
pour la coupe, soit pour la banque. Quand les paris sont
déposés en petits tas, on commence à tirer les cartes
une par une. La carte qui est de même valeur que l'une
des deux au tapis perd. Par exemple, le coupeur a caché
une femme et le banquier retourné un cinq. Si il sort
une femme avant un cinq, la coupe perd. Si c'est le
contraire, qu'il sort un cinq, c'est la banque qui perd. Le
teneur de jeux doit connaître le montant de chaque pari
et se rappeler qui est coupeur ou banquier pour savoir
à qui revient l'argent. C'est pas facile. Il faut défendre
les faibles contre les forts, toujours en train d'essayer
d'abuser de leur prestige. Quand le teneur de jeux prend
une décision à propos d'un cas douteux, cette décision
doit être acceptée sans murmure.

Cette nuit on a assassiné un Italien nommé Carlino.
Il vivait avec un jeune qui lui servait de femme. Tous
les deux travaillaient dans un jardin. Il devait savoir
que sa vie était en danger, car quand il dormait, le
jeune veillait, et vice versa. Sous leur toile-hamac, ils
avaient mis des boîtes vides pour que personne ne

puisse se glisser jusqu'à eux sans faire de bruit. Et pourtant il a été assassiné par en dessous. Son cri fut immédiatement suivi d'un épouvantable vacarme de boîtes vides bousculées par l'assassin.

Grandet dirigeait une partie de « Marseillaise » avec, autour de lui, plus de trente joueurs. Moi, je causais debout à proximité du jeu. Le cri et le bruit des boîtes vides arrêtèrent la partie. Chacun se lève et demande ce qui vient de se passer. Le jeune ami de Carlino n'a rien vu et Carlino ne respire plus. Le chef de case demande s'il doit appeler les surveillants. Non. Demain, à l'appel il sera temps de les avertir ; puisqu'il est mort il n'y a rien à faire pour lui. Grandet prend la parole :

« Personne n'a rien entendu. Toi non plus, petit, dit-il au camarade de Carlino. Demain matin au réveil, tu t'aperçois qu'il est mort. »

Et barka ! allez, le jeu recommence. Et les joueurs, comme si rien ne s'était passé, repartent à crier : « Coupeur ! non, banquier ! » etc.

J'attends avec impatience de voir ce qui se passe quand les gardiens découvrent un meurtre. A cinq heures et demie, premier coup de cloche. A six heures, deuxième coup et café. A six heures et demie, troisième coup et on sort à l'appel, comme chaque jour. Mais aujourd'hui, c'est différent. Au deuxième coup, le chef de case dit au gaffe qui accompagne le porteur de café :

« Chef, on a tué un homme.

— Qui est-ce ?

— Carlino.

— Ça va. »

Dix minutes plus tard, arrivent six gaffes :

« Où est le mort ?

— Là. » Ils voient le poignard enfoncé dans le dos de Carlino à travers la toile. On le retire.

« Brancardiers, emportez-le. » Deux hommes l'emportent sur un brancard. Le jour se lève. La troisième cloche sonne. Toujours le couteau plein de sang à la main, le surveillant-chef ordonne :

« Tout le monde dehors en formation pour l'appel. Aujourd'hui on n'accepte pas de malade couché. » Tout le monde sort. A l'appel du matin, les commandants et les gardiens-chefs sont toujours présents. On fait l'appel. Arrivé à Carlino, le chef de case répond : « Mort cette nuit, a été emporté à la morgue.

— Bien », dit le gaffe qui fait l'appel. Quand tout le monde a répondu présent, le chef de camp lève le couteau en l'air et demande :

« Quelqu'un connaît-il ce couteau ? » Personne ne répond. « Quelqu'un a-t-il vu l'assassin ? » Silence absolu. « Alors personne ne sait rien, comme d'habitude. Passez les mains tendues, devant moi, l'un après l'autre, et après, que chacun aille à son travail. Toujours pareil, mon commandant, rien ne permet de savoir qui a fait le coup.

— Affaire classée, dit le commandant. Gardez le couteau, attachez-y une fiche indiquant qu'il a servi à tuer Carlino. »

C'est tout. Je rentre dans la case et me couche pour dormir car je n'ai pas fermé l'œil de toute la nuit. Près de m'endormir, je me dis que ce n'est pas grand-chose un bagnard. Même s'il est assassiné lâchement, on se refuse à se déranger pour chercher à savoir. Pour l'Administration, ce n'est rien du tout, un forçat. Moins qu'un chien.

J'ai décidé de commencer mon travail de vidangeur lundi. A quatre heures et demie, je sortirai avec un autre pour vider les tinettes du bâtiment A, les nôtres. Le règlement exige que, pour les vider, on les descende jusqu'à la mer. Mais en payant le conducteur de buffles, il nous attend à un endroit du plateau où un étroit canal cimenté descend jusqu'à la mer. Alors, rapidement, en moins de vingt minutes, on vide toutes les bailles dans ce canal et, pour pousser le tout, on envoie trois mille litres d'eau de mer, apportés dans un énorme tonneau. Le voyage d'eau est payé vingt francs par jour au bufflier, un Noir martiniquais sympathique. On aide à la descente du tout avec un balai très dur. Comme c'est mon premier jour de travail, porter les bailles avec deux barres de bois m'a fatigué les poignets. Mais je m'habituerai vite.

Mon nouveau camarade est très serviable et pourtant Galgani m'a dit que c'est un homme extrêmement dangereux. Il aurait commis, paraît-il, sept meurtres aux Iles. Sa débrouille à lui, c'est de vendre de la merde. En effet, chaque jardinier doit faire son fumier. Pour cela, il creuse une fosse, met dedans des feuilles sèches et de l'herbe, et mon Martiniquais porte clandestinement une ou deux bailles de vidange au jardin indiqué. Bien entendu, ça ne peut se faire seul et je suis donc obligé de l'aider. Mais je sais que c'est une faute très grave, car cela peut, par la contamination des légumes, répandre la dysenterie aussi bien chez les surveillants que chez les transportés. Je décide qu'un jour, quand je le connaîtrai mieux, je l'empêcherai de le faire. Bien entendu, je lui paierai ce qu'il perdra en arrêtant son commerce. Par ailleurs, il grave des cornes de bœuf. Pour ce qui est de la pêche, il me dit ne rien pouvoir m'apprendre, mais qu'au quai, Chapar ou un autre peuvent m'aider.

Me voilà donc vidangeur. Le travail terminé, je prends une bonne douche, me mets en short et vais chaque jour pêcher en liberté où bon me semble. Je n'ai qu'une obligation : être à midi au camp. Grâce à Chapar, je ne manque ni de cannes ni d'hameçons. Quand je remonte avec des rougets enfilés par les ouïes sur un fil de fer, il est rare que je ne sois pas appelé des maisonnettes par des femmes de surveillants. Elles savent toutes mon nom. « Papillon, vendez-moi deux kilos de rougets.

— Vous êtes malades ?
— Non.

— Vous avez un gosse malade ?

— Non.

— Alors je ne vous vends pas mon poisson. »

J'en attrape d'assez grandes quantités que je donne aux amis du camp. Je les troque contre des flûtes de pain, des légumes ou des fruits. Dans mon gourbi, on mange au moins une fois par jour du poisson. Un jour que je remontais avec une douzaine de grosses langoustines et sept ou huit kilos de rougets, je passe devant la maison du commandant Barrot. Une femme assez grosse me dit : « Vous avez fait une belle pêche, Papillon. Pourtant la mer est mauvaise et personne n'attrape de poisson. Voilà quinze jours au moins que je n'en ai pas mangé. C'est dommage que vous ne les vendiez pas. Je sais par mon mari que vous vous refusez à les vendre aux femmes de surveillants.

— C'est vrai, madame. Mais vous, c'est peut-être différent.

— Pourquoi ?

— Parce que vous êtes grosse, et la viande vous fait peut-être du mal.

— C'est vrai, on m'a dit que je ne devrai manger que des légumes et du poisson au court-bouillon. Mais ce n'est pas possible ici.

— Tenez, madame, prenez ces langoustines et ces rougets. » Et je lui donne à peu près deux kilos de poisson.

Depuis ce jour, chaque fois que je fais une bonne pêche, je lui en donne de quoi suivre un bon régime. Elle qui sait que tout se vend aux Iles ne m'a jamais dit autre chose que « merci ». Elle a eu raison, car elle a senti que si elle m'offrait de l'argent, je le prendrais mal. Mais souvent elle m'invite à entrer chez elle. Elle me sert elle-même un pastis ou un verre de vin blanc. Si elle reçoit de la Corse des figatelli, elle m'en donne. Jamais Mme Barrot ne m'a interrogé sur mon passé. Une seule phrase lui a échappé, un jour, à propos du bagne : « C'est vrai qu'on ne peut pas s'évader des Iles, mais il vaut mieux être ici, dans un climat sain, que de pourrir comme une bête à la Grande Terre. »

C'est elle qui m'a expliqué l'origine du nom des Iles : Lors d'une épidémie de fièvre jaune à Cayenne, les pères Blancs et les sœurs d'un couvent s'y étaient réfugiés et avaient été tous sauvés. D'où le nom Iles du Salut.

Grâce à la pêche, je vais partout. Voici trois mois que je suis vidangeur et je connais l'île mieux que personne. Je vais observer dans les jardins sous prétexte d'offrir mon poisson contre des légumes et des fruits. Le jardinier d'un jardin situé au bord du cimetière des surveillants est Matthieu Carbonieri qui fait gourbi avec moi. Il y travaille seul et je me suis dit que, plus tard, on pourrait enterrer ou préparer un radeau dans son jardin. Encore deux mois et le commandant s'en va. Je serai libre d'agir.

Je me suis organisé : vidangeur en titre, je sors comme pour aller faire la vidange, mais c'est le Martiniquais qui la fait à ma place, contre de l'argent bien entendu. J'ai fait des approches d'amitié avec deux beaux-frères condamnés à perpétuité, Narric et Quenier. On les appelle les beaux-frères à la Poussette. On raconte qu'ils ont été accusés d'avoir transformé en bloc de ciment un encaisseur qu'ils avaient assassiné. Des témoins les auraient vus transporter dans une poussette un bloc de ciment qu'ils auraient jeté dans la Marne ou la Seine. L'enquête détermina que l'encaisseur s'était rendu chez eux pour toucher une traite et que, depuis, on ne l'avait plus revu. Ils nièrent toute leur vie. Même au bagne, ils disaient être innocents. Pourtant, si on ne trouva jamais le corps, on trouva la tête enveloppée d'un mouchoir. Or il y avait chez eux des mouchoirs de même trame et de même fil, « selon les experts ». Mais les avocats et eux-mêmes prouvèrent que des milliers de mètres de cette toile avaient été transformés en mouchoirs. Tout le monde en possédait. Finalement, les deux beaux-frères prirent perpète et la femme d'un des deux, sœur de l'autre, vingt ans de réclusion.

J'ai réussi à me lier avec eux. Comme ils sont maçons, ils ont leurs entrées et leurs sorties à l'atelier des travaux. Ils pourraient peut-être, morceau par morceau, me sortir de quoi faire un radeau. Reste à les convaincre.

Hier, j'ai rencontré le docteur. Je portais un poisson d'au moins vingt kilos, très fin, appelé mérou. Ensemble on remonte vers le plateau. A mi-côte, on s'assoit sur un petit mur. Il me dit qu'avec la tête de ce poisson on peut faire une soupe délicieuse. Je la lui offre, avec un gros morceau de chair. Il est étonné de mon geste et me dit :

« Vous n'êtes pas rancunier, Papillon.

— C'est-à-dire, docteur, que ce geste je ne le fais pas pour moi. Je vous le dois parce que vous avez fait l'impossible pour mon ami Clousiot. » On parle un peu, puis il me dit :

« Tu voudrais bien t'évader, hein ? Tu n'es pas un forçat, toi. Tu donnes l'impression d'être autre chose.

— Vous avez raison, docteur, je n'appartiens pas au bagne, je suis seulement de visite ici. »

Il se met à rire. Alors j'attaque : « Docteur, vous ne croyez pas qu'un homme puisse se régénérer ?

— Si.

— Vous accepteriez de supposer que je puis servir dans la société sans être un danger pour elle et me transformer en honnête citoyen ?

— Je crois sincèrement que oui.

— Alors, pourquoi vous ne m'aideriez pas à y arriver ?

— Comment ?

— En me désinternant comme tuberculeux. »

Alors il me confirme une chose dont j'avais entendu parler.

« Ce n'est pas possible et je te conseille de ne jamais faire ça. C'est trop dangereux. L'Administration ne désinterne un homme pour maladie qu'après un passage d'au moins un an dans le pavillon affecté à sa maladie,

— Pourquoi ?

— C'est un peu honteux à dire, mais je crois que c'est pour que l'homme en question, si c'est un simulateur, sache qu'il a toutes les chances d'être contaminé par la cohabitation avec les autres malades et qu'il le soit. Je ne peux donc rien faire pour toi. »

De ce jour, nous avons été assez copains, le toubib et moi. Jusqu'au jour où il faillit faire tuer mon ami Carbonieri. En effet, Matthieu Carbonieri, d'un commun accord avec moi, avait accepté d'être cuisinier cambusier à la gamelle des surveillants-chefs. C'était pour étudier s'il était possible, entre le vin, l'huile et le vinaigre, de voler trois tonneaux et de trouver le moyen de les lier ensemble et de prendre la mer. Bien entendu, quand Barrot serait parti. Les difficultés étaient grandes, car il fallait, dans la même nuit, voler les tonneaux, les amener jusqu'à la mer sans être vus ni entendus et les lier ensemble avec des câbles. Il n'y avait de chances que par une nuit de tempête, avec vent et pluie. Mais avec du vent et de la pluie, le plus difficile serait de mettre ce radeau à la mer qui, nécessairement, serait très mauvaise.

Carbonieri est donc cuisinier. Le chef de gamelle lui donne trois lapins à préparer pour le lendemain, un dimanche. Carbonieri envoie, dépouillés heureusement, un lapin à son frère, au quai, et deux à nous. Puis il tue trois gros chats et en fait un civet du tonnerre.

Malheureusement pour lui, le lendemain, le docteur est invité à ce repas et, dégustant le lapin, dit : « Monsieur Filidori, je vous félicite de votre menu, ce chat est délicieux.

— Ne vous moquez pas de moi docteur, ce sont trois beaux lapins que nous mangeons.

— Non, dit le docteur, têtu comme une mule. C'est du chat. Voyez-vous les côtes que je suis en train de manger ? Elles sont plates et les lapins les ont rondes. Donc, pas d'erreur possible : nous mangeons du chat.

— Nom de Dieu, Cristacho ! dit le Corse. J'ai un

chat dans le ventre ! » Et il sort en courant vers la cuisine, met son revolver sous le nez de Matthieu et lui dit :

« Tu as beau être napoléoniste comme moi, je vais te tuer pour m'avoir fait manger du chat. »

Il avait les yeux d'un fou et Carbonieri sans comprendre comment ça s'était su, lui dit :

« Si vous appelez chats ce que vous m'avez donné, c'est pas de ma faute.

— Je t'ai donné des lapins.

— Eh bien, c'est ce que j'ai préparé. Regardez, les peaux et les têtes sont encore là. »

Déconcerté, le gaffe voit les peaux et les têtes des lapins.

« Alors le docteur ne sait pas ce qu'il dit ?

— C'est le docteur qui dit ça ? demande Carbonieri en respirant. Il se fout de vous. Dites-lui que ce sont pas des plaisanteries à faire. » Apaisé, convaincu, Filidori rentre dans la salle à manger et dit au docteur : « Parlez, parlez tant que vous voulez, toubib. C'est le vin qui vous est monté à la tête. Plates ou rondes, vos côtes, moi je sais que c'est du lapin que j'ai mangé. Je viens de voir leurs trois costumes et leurs trois têtes. » Matthieu l'avait échappé belle. Mais il préféra donner sa démission de cuisinier quelques jours plus tard.

Le jour approche où je vais pouvoir agir. Plus que quelques semaines et Barrot s'en va. Hier, je suis allé voir sa grosse femme qui, soit dit en passant, a beaucoup maigri grâce au régime du poisson au court-bouillon et légumes frais. Cette brave femme m'a fait entrer chez elle pour m'offrir une bouteille de quinquina. Dans la salle se trouvent des malles de cabine en train d'être remplies. Ils préparent leur départ. La commandante, comme tout le monde l'appelle, me dit :

« Papillon, je ne sais comment vous remercier de vos attentions pour moi tous ces derniers mois. Je sais que certains jours de mauvaise pêche vous m'avez donné

tout ce que vous aviez attrapé. Je vous en remercie
beaucoup. Grâce à vous je me sens beaucoup mieux,
j'ai maigri de quatorze kilos. Que pourrais-je faire pour
vous témoigner ma reconnaissance ?

— Une chose très difficile pour vous, madame. Me
procurer une bonne boussole. Précise, mais petite.

— Ce n'est pas grand-chose et beaucoup en même
temps, ce que vous me demandez, Papillon. Et en trois
semaines, cela va m'être très difficile. »

Huit jours avant son départ, cette noble femme,
contrariée de ne pas avoir réussi à se procurer une
bonne boussole, eut le geste de prendre le bateau
côtier et d'aller à Cayenne. Quatre jours après, elle
revenait avec une magnifique boussole antimagnétique.

Le commandant et la commandante Barrot sont partis ce matin. Hier, il a passé le commandement à un
surveillant de même grade que lui, originaire de Tuni-
sie, nommé Prouillet. Une bonne nouvelle : le nouveau
commandant a confirmé à Dega sa place de comptable
général. C'est très important pour tout le monde, surtout pour moi. Dans son discours aux bagnards réunis
en carré dans la grande cour, le nouveau commandant
a donné l'impression d'être un homme très énergique,
mais intelligent. Entre autres choses, il nous dit :

« A partir d'aujourd'hui, je prends le commandement des Iles du Salut. Ayant constaté que les métho-
des de mon prédécesseur ont eu des résultats positifs,
je ne vois pas de raison de changer ce qui existe. Si
par votre conduite vous ne m'y obligez pas, je ne vois
pas la nécessité de modifier votre façon de vivre. »

C'est avec une joie bien explicable que j'ai vu partir
la commandante et son mari, bien que ces cinq mois
d'attente forcée aient passé avec une rapidité inouïe.
Cette fausse liberté dont jouissent presque tous les
forçats des Iles, les jeux, la pêche, les conversations,
les nouvelles connaissances, les disputes, les batailles
sont des dérivatifs puissants et l'on n'a pas le temps
de s'ennuyer.

Pourtant, je ne me suis pas laissé vraiment prendre par cette ambiance. Chaque fois que je me fais un nouvel ami, c'est en me posant cette question : « Serait-il un candidat à l'évasion ? Est-il bien, au point d'aider un autre à préparer une cavale s'il ne veut pas partir ? »

Je ne vis que pour ça : m'évader, m'évader, seul ou accompagné, mais partir en cavale. C'est une idée fixe, dont je ne parle à personne, comme me l'a conseillé Jean Castelli, mais qui me tient attrapé. Et sans faiblesse j'accomplirai mon idéal : partir en cavale.

LES ILES DU SALUT

UN RADEAU DANS UNE TOMBE

EN cinq mois, j'ai appris à connaître les moindres recoins des Iles. Pour le moment, ma conclusion est que le jardin près du cimetière où travaillait mon ami Carbonieri — il n'y est plus — est l'endroit le plus sûr pour préparer un radeau. Aussi, je demande à Carbonieri de reprendre son jardin sans aide. Il accepte. Grâce à Dega on le lui redonne.

Ce matin, en passant devant la maison du nouveau commandant, une grosse brochette de rougets accrochés à un fil de fer, j'entends le jeune bagnard garçon de famille dire à une jeune femme : « C'est celui-ci, commandante, qui portait tous les jours du poisson à Mme Barrot. » Et j'entends la jeune belle brune, genre Algérienne, peau bronzée, lui dire : « Alors, c'est lui Papillon ? » Et s'adressant à moi, elle me dit :

« J'ai mangé, offertes par Mme Barrot, de délicieuses langoustines pêchées par vous. Entrez dans la maison.

Vous boirez bien un verre de vin en mangeant un bout de fromage de chèvre que je viens de recevoir de France.

— Non merci, madame.

— Pourquoi ? Vous entriez bien avec Mme Barrot, pourquoi pas avec moi ?

— C'est que son mari m'autorisait à entrer chez lui.

— Papillon, mon mari commande au camp, moi je commande à la maison. Entrez sans crainte. » Je sens que cette jolie brune si volontaire peut être utile ou dangereuse. J'entre.

Sur la table de la salle à manger, elle me sert une assiette de jambon fumé et du fromage. Sans façon, elle s'assied en face de moi, m'offre du vin, puis du café et un rhum délicieux de la Jamaïque.

« Papillon, me dit-elle, Mme Barrot a eu le temps, malgré tous les remue-ménage de son départ et ceux de notre arrivée, de me parler de vous. Je sais qu'elle était l'unique femme des Iles à avoir du poisson de vous. J'espère que vous me ferez la même faveur.

— C'est qu'elle était malade, mais vous, vous portez bien d'après ce que je vois.

— Je ne sais pas mentir, Papillon. Oui, je me porte bien, mais je suis d'un port de mer et j'adore le poisson. Je suis oranaise. Il n'y a qu'une chose qui me gêne, c'est que je sais aussi que vous ne vendez pas votre poisson. Ça, c'est ennuyeux. » Bref, il fut décidé que je lui porterais du poisson.

J'étais en train de fumer une cigarette après lui avoir donné trois bons kilos de rougets et six langoustines, quand arrive le commandant.

Il me voit et dit : « Je t'ai dit, Juliette, qu'à part le garçon de famille, aucun transporté ne doit pénétrer dans la maison. »

Je me lève, mais elle dit : « Restez assis. Ce transporté est l'homme que m'a recommandé Mme Barrot avant de partir. Donc, tu n'as rien à dire. Personne ne rentrera ici que lui. D'autre part, il m'apportera du poisson quand j'en aurai besoin.

— Ça va, dit le commandant. Comment vous appelez-vous ? » Je vais me lever pour répondre quand Juliette me met la main sur l'épaule et m'oblige à me rasseoir : « Ici, dit-elle, c'est ma maison. Le commandant n'est plus le commandant, il est mon mari, M. **Prouillet**.

— Merci, madame. Je m'appelle Papillon.

— Ah ! J'ai entendu parler de vous et de votre évasion il y a plus de trois ans de l'hôpital de Saint-Laurent-du-Maroni. D'ailleurs, un des surveillants assommés par vous lors de cette évasion n'est autre que mon neveu et celui de votre protectrice. » Là, Juliette se met à rire d'un rire frais et jeune et dit : « Alors, c'est vous l'assommeur de Gaston ? Ça ne changera rien à nos relations. »

Le commandant toujours debout me dit : « C'est incroyable la quantité de meurtres et d'assassinats qui se commettent chaque année aux Iles. Bien plus nombreux qu'à la Grande Terre. A quoi attribuez-vous cela, Papillon ?

— Ici, mon commandant, comme les hommes ne peuvent pas s'évader, ils sont hargneux. Ils vivent les uns sur les autres de longues années et il est normal que se forment des haines et des amitiés indestructibles. D'autre part, moins de cinq pour cent des meurtriers sont découverts, ce qui fait que l'assassin ou le meurtrier est à peu près sûr de l'impunité.

— Votre explication est logique. Depuis combien de temps pêchez-vous et quel travail faites-vous pour en avoir le droit ?

— Je suis vidangeur. A six heures du matin, j'ai fini mon travail, ce qui me permet de pêcher.

— Tout le restant de la journée ? demande Juliette.

— Non, je dois rentrer à midi au camp et peux en ressortir à trois heures jusqu'à dix-huit heures. C'est

très embêtant, car selon les heures de la marée, quelquefois je perds la pêche.

— Tu lui donneras un permis spécial, n'est-ce pas,
mon chou ? dit Juliette en se retournant vers son mari.
De six heures le matin à six heures du soir, comme
cela il pourra pêcher à sa guise.

— C'est entendu », dit-il.

Je quitte la maison, me félicitant d'avoir agi ainsi,
car ces trois heures, de midi à trois, sont précieuses.
C'est l'heure de la sieste et presque tous les surveillants
dorment à ces heures-là, d'où une surveillance relâchée.

Juliette nous a pratiquement accaparés, moi et ma
pêche. Elle va jusqu'à envoyer le jeune garçon de
famille voir où je suis en train de pêcher pour venir
chercher mon poisson. Souvent il arrive en me disant :
« La commandante m'envoie chercher tout ce que tu
as pêché car elle a des invités à sa table et elle veut
faire la bouillabaisse », ou ceci ou cela. Bref, elle dispose de ma pêche et me demande même de chercher
à pêcher tel ou tel poisson ou de plonger pour attraper
des langoustines. Cela me dérange assez sérieusement
pour le menu du gourbi mais, d'un autre côté, je suis
protégé comme personne. Elle a aussi des attentions :
« Papillon, la marée est à une heure ? — Oui, madame.
— Venez manger à la maison, comme cela vous n'aurez
pas à rentrer au camp. » Et je mange chez elle, jamais
dans la cuisine, toujours dans sa salle à manger. Assise
en face de moi, elle me sert et me verse à boire. Elle
n'est pas aussi discrète que Mme Barrot. Souvent elle
m'interroge un peu sournoisement sur mon passé.
J'évite toujours le sujet qui l'intéresse le plus, ma vie
à Montmartre, pour lui raconter ma jeunesse et mon
enfance. Pendant ce temps, le commandant dort dans
sa chambre.

Un matin, après avoir fait une bonne pêche, de très
bonne heure, et avoir attrapé près de soixante langoustines, je passe chez elle à dix heures. Je la trouve
assise en peignoir blanc, une jeune femme derrière elle

en train de lui faire des bouclettes. Je dis bonjour,
puis lui offre une douzaine de langoustines.

« Non, dit-elle, donne-les-moi toutes. Combien y en
a-t-il ?

— Soixante.

— C'est parfait, laisse-les là je t'en prie. Combien
te faut-il de poissons pour tes amis et toi ?

— Huit.

— Alors prends tes huit et donne le reste au garçon
qui va les mettre au frais. »

Je ne sais que dire. Jamais elle ne m'a tutoyé, surtout
pas devant une autre femme qui ne va certainement
pas manquer de le répéter. Je vais m'en aller, gêné à
l'extrême, quand elle dit : « Reste tranquille, assieds-toi
et bois un pastis. Tu dois avoir chaud. »

Cette femme autoritaire me déconcerte tant que je
m'assieds. Je déguste lentement un pastis en fumant
une cigarette, regardant la jeune femme qui peigne la
commandante et qui de temps en temps me jette un
coup d'œil. La commandante qui a un miroir dans la
main s'en aperçoit et lui dit : « Il est beau mon
béguin, hein, Simone ? Vous êtes toutes jalouses de
moi, c'est pas vrai ? » Et elles se mettent à rire. Je
ne sais plus où me fourrer. Et bêtement je dis : « Heureusement que votre béguin, comme vous dites, n'est
pas bien dangereux et que dans sa position il ne peut,
lui, avoir le béguin de personne.

— Tu ne vas pas me dire que tu n'as pas le béguin
de moi, dit l'Algérienne. Personne n'a pu apprivoiser un
lion comme toi, et moi je fais ce que je veux de toi.
Il y a bien une raison à cela, n'est-ce pas, Simone ?

— Je ne connais pas la raison, dit Simone, mais ce
qui est certain c'est que vous êtes un sauvage pour
tout le monde, sauf pour la commandante, Papillon. Au
point que la semaine dernière vous portiez plus de
quinze kilos de poisson, m'a raconté la femme du
surveillant-chef, et que vous n'avez pas voulu lui
vendre deux malheureux poissons dont elle avait une

envie folle car il n'y avait pas de viande à la boucherie.

— Ah ! Celle-là c'est la dernière que tu m'apprends,
Simone !

— Tu ne sais pas ce qu'il a dit à Mme Kargueret
l'autre jour ? continue Simone. Elle le voit passer avec
des langoustines et une grosse murène : « Vendez-moi
cette murène ou la moitié, Papillon. Vous savez que
« nous autres Bretons savons très bien la préparer. »
— « Il n'y a pas que les Bretons qui l'apprécient à sa
« juste valeur, madame. Beaucoup de gens, les Ardé-
« chois compris, ont appris depuis les Romains que
« c'est un mets choisi. » Et il a passé son chemin sans
rien lui vendre. »

Elles se tordent de rire.

Je rentre au camp furieux et le soir je raconte au
gourbi toute l'histoire.

« C'est très sérieux, dit Carbonieri. Cette gonzesse
te met en danger. Va là-bas le moins possible et seulement quand tu sais le commandant chez lui. » Tout
le monde est de cet avis. Je suis décidé à le faire.

J'ai découvert un menuisier de Valence. C'est presque
un pays à moi. Il a tué un garde des Eaux et Forêts.
C'est un joueur acharné, toujours endetté : le jour
il s'acharne à fabriquer de la camelote et la nuit il
perd ce qu'il a gagné. Souvent il doit fournir tel ou
tel objet pour dédommager le prêteur. On abuse alors
de lui et un coffre en bois de rose de trois cents francs
on le lui paie cent cinquante ou deux cents francs.
J'ai décidé de l'attaquer.

Un jour, au lavoir, je lui dis : « Je veux te parler
cette nuit, je t'attends aux cabinets. Je te ferai signe. »
La nuit on se retrouve seuls pour causer tranquillement. Je lui dis :

« Bourset, on est pays tu sais ?

— Non ! Comment ?

— Tu n'es pas de Valence ?

— Si.

— Moi je suis de l'Ardèche, donc on est pays.

— Et puis, qu'est-ce que ça peut faire ?

— Ça fait que je ne veux pas qu'on t'exploite quand tu dois de l'argent et qu'on veut te payer à moitié de sa valeur un objet que tu as fait. Apporte-le-moi, je te le paierai à sa juste valeur. C'est tout.

— Merci », dit Bourset.

Je n'arrête pas d'intervenir pour l'aider. Il ne cesse d'être en discussion avec ceux à qui il doit. Tout va bien jusqu'au jour où il a une dette avec Vicioli, bandit corse du maquis, un de mes bons camarades. Je l'apprends par Bourset qui vient me dire que Vicioli le menace s'il ne paie pas les sept cents francs qu'il lui doit, qu'il a en ce moment un petit secrétaire presque terminé mais qu'il ne peut pas dire quand il sera prêt parce qu'il y travaille en cachette. En effet, on n'est pas autorisés à faire des meubles trop importants à cause de la quantité de bois qu'ils nécessitent. Je lui réponds que je verrai ce que je peux faire pour lui. Et en accord avec Vicioli je monte une petite comédie.

Il doit faire pression sur Bourset et même le menacer gravement. J'arriverai en sauveur. Ce qui se passe. Depuis cette affaire soi-disant arrangée par moi, le Bourset ne voit plus que par moi et me voue une confiance absolue. Pour la première fois de sa vie de bagnard il peut respirer tranquille. Maintenant je suis décidé à me risquer.

Un soir, je lui dis : « J'ai deux mille francs pour toi si tu fais ce que je te demande : un radeau pour deux hommes, fait en pièces détachées.

— Ecoute, Papillon, pour personne je ne ferais ça, mais pour toi je suis prêt à risquer deux ans de réclusion si je suis pris. Il n'y a qu'une chose : je ne peux pas sortir des bois un peu grands de l'atelier.

— J'ai quelqu'un.

— Qui ?

— Les mecs à la Poussette, **Naric** et **Quenier**. Comment penses-tu t'y prendre ?

— Il faut d'abord faire un plan à l'échelle, puis faire les pièces une à une, avec mortaises pour que tout s'emboîte parfaitement. Le difficile c'est de trouver du bois qui flotte bien, car aux îles c'est tout du bois dur qui ne flotte pas.

— Quand vas-tu me répondre ?

— Dans trois jours.

— Veux-tu partir avec moi ?

— Non.

— Pourquoi ?

— J'ai peur des requins et de me noyer.

— Tu me promets de m'aider à fond ?

— Je te le jure sur mes enfants. La seule chose, c'est que ça va être long.

— Ecoute bien : dès maintenant je vais te préparer une défense en cas d'accident. Je recopierai le plan du radeau moi-même sur un papier de cahier. Au-dessous j'écrirai : « Bourset, si tu ne veux pas être assas-« siné, fais le radeau dessiné ci-dessus. » Plus tard, je te donnerai par écrit les ordres pour l'exécution de chaque pièce. Chaque pièce terminée, tu la déposeras à l'endroit que je t'indiquerai. Elle sera enlevée. Ne cherche pas à savoir par qui ni quand (cette idée paraît le soulager). Ainsi je t'évite d'être torturé si tu es pris et tu ne risques qu'un minimum de six mois environ.

— Et si c'est toi qui es pris ?

— Alors, ce sera le contraire. Je reconnaîtrai être l'auteur des billets. Tu dois, bien entendu, garder les ordres écrits. C'est promis ?

— Oui.

— Tu n'as pas peur ?

— Non, je n'ai plus la frousse et ça me fait plaisir de t'aider. »

Je n'ai encore rien dit à personne. J'attends d'abord la réponse de Bourset. Ce n'est qu'une longue et interminable semaine plus tard que je peux parler avec lui seul à seul, à la bibliothèque. Il n'y a personne d'autre. C'est un dimanche matin. Sous le lavoir, dans la cour, le jeu bat son plein. Près de quatre-vingts joueurs et autant de curieux.

Tout de suite, il me met du soleil dans le cœur :

« Le plus difficile était d'être sûr d'avoir du bois léger et sec en quantité suffisante. J'ai remédié à ça en imaginant une espèce de carcan de bois qui sera bourré de noix de coco sèches avec leur enveloppe de fibre bien entendu. Rien n'est plus léger que cette fibre et l'eau ne peut pas y pénétrer. Quand le radeau sera prêt, ce sera à toi d'avoir assez de cocos pour les mettre dedans. Donc, demain je fais la première pièce. Ça va me prendre trois jours à peu près. A partir de jeudi elle pourra être enlevée par un des beaux-frères, à la première embellie. Je ne commencerai jamais une autre pièce avant que la précédente soit sortie de l'atelier. Voici le plan que j'ai fait, recopie-le et fais-moi la lettre promise. As-tu parlé aux mecs de la Poussette ?

— Non, pas encore, j'attendais ta réponse.

— Eh bien, tu l'as, c'est oui.

— Merci, Bourset, je ne sais comment te remercier. Tiens, voilà cinq cents francs. » Alors, en me regardant bien en face, il me dit :

« Non, garde ton argent. Si tu arrives à la Grande Terre tu en auras besoin pour refaire une autre cavale. A partir d'aujourd'hui je ne jouerai plus jusqu'à ce que tu sois parti. Avec quelques travaux, je gagnerai toujours de quoi me payer mes cigarettes et mon bifteck.

— Pourquoi tu refuses ?

— Parce que je ne ferais pas ça même pour dix mille francs. Je risque trop gros, même avec les précautions qu'on a prises. Seulement, gratis, on peut le faire. Tu m'as aidé, tu es le seul à m'avoir tendu la main. Je suis heureux, même si j'ai peur, de t'aider à redevenir libre. »

Tout en recopiant le plan sur une feuille de cahier, j'ai honte devant tant de noblesse naïve. Il ne lui est même pas venu à l'idée que mes gestes envers lui étaient calculés et intéressés. Je suis obligé de me dire, pour me remonter un peu à mes propres yeux, que je dois m'évader à tout prix, même, s'il le faut, au prix de situations difficiles et pas toujours belles. Dans la nuit, j'ai parlé à Naric, dit Bonne Bouille, qui, après, devra mettre au courant son beau-frère. Il me dit sans hésiter :

« Compte sur moi pour te sortir les pièces de l'atelier. Seulement ne sois pas pressé car on ne pourra les enlever qu'en sortant avec un matériel important pour faire un travail de maçonnerie dans l'Ile. En tout cas, je te promets qu'on ne laissera pas perdre une occasion. »

Bien. Il me reste à parler à Matthieu Carbonieri, car c'est avec lui que je veux partir en cavale. Il est d'accord cent pour cent.

« Matthieu, j'ai trouvé celui qui me fabrique le radeau, j'ai trouvé celui qui me sort les pièces de l'atelier. A toi de découvrir dans ton jardin un endroit pour enterrer le radeau.

— Non, c'est dangereux dans une planche de légumes, car la nuit il y a des gaffes qui vont voler des légumes et s'ils marchent dessus et se rendent compte que c'est creux dessous, on est marrons. Je vais faire une cache dans un mur de soutien en enlevant une grosse pierre et en faisant une espèce de petite grotte. Comme ça, quand il m'arrive une pièce, je n'ai qu'à soulever la pierre et la remettre à sa place après avoir caché le bois.

— Doit-on apporter directement les pièces à ton jardin ?

— Non, ce serait trop dangereux. Les mecs à la Poussette n'ont rien à faire de justifié dans mon jardin, le mieux c'est de combiner qu'ils la déposent chaque fois à un endroit différent, pas trop loin de mon jardin.

— Entendu. »

Tout paraît au point. Reste les cocos. Je verrai comment, sans attirer l'attention, je peux en préparer une quantité suffisante.

Alors là, je me ressens vivre. Il ne me reste plus qu'à en parler à Galgani et à Grandet. Je n'ai pas le droit de me taire, car ils peuvent être accusés de complicité. Normalement, je devrais me séparer d'eux officiellement pour vivre seul. Quand je leur dis que je vais préparer une cavale et que je dois me séparer d'eux, ils m'engueulent et refusent catégoriquement : « Pars le plus vite possible. Nous, on s'arrangera toujours. En attendant, reste avec nous, on en a vu d'autres. »

Voilà plus d'un mois que la cavale est en route. J'ai déjà reçu sept pièces dont deux grandes. Je suis allé voir le mur de soutien où Matthieu a creusé la cachette. On ne voit pas que la pierre a été bougée, car il prend la précaution de coller de la mousse autour. La cache est parfaite, mais la cavité me semble trop petite pour contenir le tout. Enfin, pour le moment, il y a de la place.

Le fait d'être en préparation de cavale me donne un moral formidable. Je mange comme jamais et la pêche me maintient dans un état physique parfait. En plus, tous les matins je fais plus de deux heures de culture physique dans les rochers. Je fais surtout travailler les jambes, car la pêche me fait déjà travailler les bras. J'ai trouvé un truc pour les jambes : je m'avance plus loin que je n'allais pour pêcher et les vagues viennent taper contre mes cuisses. Pour les recevoir et garder l'équilibre, je tends mes muscles. Le résultat est excellent.

Juliette, la commandante, est toujours très aimable avec moi mais elle a remarqué que je n'entre chez elle que lorsque son mari s'y trouve. Elle me l'a dit franchement et, pour me mettre à l'aise, elle m'a expliqué que le jour de la coiffure, elle plaisantait. Pourtant, la jeune femme qui lui sert de coiffeuse me guette bien souvent quand je remonte de la pêche, toujours avec quelques mots gentils sur ma santé et mon moral. Donc, tout va pour le mieux. Bourset ne perd pas une occasion de faire une pièce. Voilà deux mois et demi qu'on a commencé.

La cache est pleine, comme je l'avais prévu. Il ne manque que deux pièces, les plus longues ; une de deux mètres, l'autre d'un mètre cinquante. Ces pièces ne pourront pas entrer dans la cavité.

En regardant vers le cimetière, j'aperçois une tombe fraîche, c'est la tombe de la femme d'un surveillant, morte la semaine dernière. Un méchant bouquet de fleurs fanées est posé sur elle. Le gardien du cimetière est un vieux forçat à moitié aveugle qu'on surnomme Papa. Il passe toute la journée assis à l'ombre d'un cocotier à l'angle opposé du cimetière et, d'où il est, il ne peut pas voir la tombe ni si quelqu'un s'en approche. J'envisage alors de me servir de cette tombe pour monter le radeau et placer dans l'espèce de coffrage qu'a fait le menuisier le plus de cocos possible. A peu près trente à trente-quatre, beaucoup moins qu'il avait été prévu. J'en ai dispersé plus de cinquante en différents endroits. Rien que dans la cour de Juliette s'en trouvent une douzaine. Le garçon de famille croit que je les ai entreposés là en attendant le jour d'en faire de l'huile.

Quand j'apprends que le mari de la morte est parti pour la Grande Terre, je prends la décision de vider une partie de la terre de la tombe, jusqu'au cercueil.

Matthieu Carbonieri, assis sur son mur, fait le guet. Sur sa tête, il a mis un mouchoir blanc noué aux quatre coins. Près de lui, un mouchoir rouge, lui aussi avec quatre nœuds. Tant qu'il n'y a pas de danger, il garde le blanc. Si quelqu'un apparaît, quel qu'il soit, il met le rouge.

Ce travail très risqué ne me prend qu'un après-midi et une nuit. Je n'ai pas à sortir la terre jusqu'au cercueil, car j'ai été obligé d'élargir le trou pour qu'il ait la largeur du radeau, un mètre vingt plus un peu de jeu. Les heures m'ont paru interminables et le bonnet rouge est apparu à plusieurs reprises. Enfin, ce matin j'ai terminé. Le trou est recouvert de feuilles de cocotiers tressées, faisant une sorte de plancher assez résistant. Par-dessus, de la terre, une petite bordure. Ça ne se voit presque pas. Je suis à bout de nerfs.

Voilà trois mois que dure cette préparation de cavale. Attachés et numérotés, on a sorti tous les bois de la cachette. Ils reposent sur le cercueil de la bonne femme, bien cachés par la terre qui recouvre les nattes. Dans la cavité du mur, on a mis trois sacs de farine et une corde de deux mètres pour la voile, une bouteille pleine d'allumettes et de frottoirs, une douzaine de boîtes de lait et c'est tout.

Bourset est de plus en plus excité. On dirait que c'est lui qui doit partir à ma place. Naric regrette de ne pas avoir dit oui au début. On aurait calculé un radeau pour trois au lieu de deux.

C'est la saison des pluies, il pleut tous les jours, ce qui m'aide pour mes visites au caveau où j'ai presque fini de monter le radeau. Il manque les deux bordures du châssis. J'ai rapproché les cocos peu à peu du jardin de mon ami. On peut les prendre facilement et sans danger dans l'étable ouverte des buffles. Jamais mes amis ne me demandent où j'en suis. Simplement, de temps en temps ils me disent : « Ça va ? — Oui, tout va bien. — C'est un peu long, tu ne crois pas ? — On ne peut pas faire plus vite sans risquer gros. » C'est tout. Comme j'emportais les cocos entreposés chez Juliette, elle le vit et me fit une peur terrible.

« Dis donc Papillon, tu la fais cette huile de coco ? Pourquoi pas ici dans la cour ? Tu as une masse pour les ouvrir et je t'aurais prêté une grande marmite pour y mettre la pulpe.

— Je préfère la faire au camp.

— Bizarre, au camp cela ne doit pas être commode. » Puis après un moment de réflexion elle dit :

« Tu veux que je te le dise ? Je ne crois pas que, toi, tu vas faire de l'huile de coco. » Je suis glacé. Elle continue : « D'abord pourquoi en ferais-tu quand tu as par moi toute l'huile d'olive que tu désires ? Ces cocos, c'est

pour autre chose, n'est-ce pas ? » Je sue de grosses gouttes de sueur, j'attends depuis le début qu'elle lâche
le mot d'évasion. J'ai la respiration coupée. Je lui
dis :

« Madame, c'est un secret, mais je vous vois tellement
intriguée et curieuse que vous allez me couper la surprise que je voulais vous faire. Mais je ne ferai que vous
dire que ces gros cocos ont été choisis pour, avec leur
bois une fois vidés, faire quelque chose de très joli que
j'ai l'intention de vous offrir. Voilà la vérité. » J'ai gagné,
car elle répond :

« Papillon, ne te dérange pas pour moi, et surtout je te
défends de dépenser de l'argent pour me faire quelque
chose d'exceptionnel. Je t'en remercie sincèrement, mais
ne le fais pas, je te le demande.

— Bon, je verrai. » Ouf ! Du coup je lui demande de
m'offrir un pastis, ce que je ne fais jamais. Elle ne note
pas mon désarroi, heureusement. Le Bon Dieu est avec
moi.

Tous les jours il pleut, surtout l'après-midi et la nuit.
J'ai peur que l'eau s'infiltrant par le peu de terre, découvre les nattes de coco. Matthieu, en permanence, remet
la terre qui s'en va. En dessous, ça doit être inondé.
Aidé de Matthieu on tire les nattes : l'eau recouvre presque le cercueil. Le moment est critique. Pas loin, se
trouve le caveau de deux enfants morts depuis très
longtemps. Un jour, on descelle la dalle, je rentre dedans
et, avec une barre à mine courte, j'attaque le ciment, le
plus bas possible côté tombe du radeau. Le ciment cassé,
à peine j'enfonce la barre à mine dans la terre qu'il
vient un gros jet d'eau. L'eau s'écoule de l'autre tombe
et entre dans le caveau. Je ressors quand j'en ai aux
genoux. On remet la dalle et on la mastique avec du
mastic blanc que Naric m'avait procuré. Cette opération
a fait diminuer l'eau de moitié dans notre tombe-cachette. Le soir, Carbonieri me dit :

« On n'en finira jamais d'avoir des ennuis pour
cette cavale.

— On y est presque, Matthieu.

— Presque, espérons-le. » On est vraiment sur des charbons ardents.

Le matin, je suis descendu au quai. J'ai demandé à Chapar de m'acheter deux kilos de poisson, je viendrai les chercher à midi. D'accord. Je remonte au jardin de Carbonieri. Quand je m'approche, je vois trois casques blancs. Pourquoi les gaffes sont trois dans le jardin ? Sont-ils en train de faire une fouille ? C'est inusité. Jamais je n'ai vu trois surveillants ensemble chez Carbonieri. J'attends plus d'une heure et je n'y tiens plus. Je décide d'avancer pour voir ce qui se passe. Carrément, j'avance par le chemin qui conduit au jardin. Les gaffes me regardent venir. Je suis intrigué, à près de vingt mètres d'eux, quand Matthieu pose son mouchoir blanc sur la tête. Je respire enfin et j'ai le temps de me remettre avant d'arriver à leur groupe.

« Bonjour, messieurs les surveillants. Bonjour, Matthieu. Je viens chercher la papaye que tu m'as promise.

— Je regrette, Papillon, mais on me l'a volée ce matin quand je suis allé chercher les gaules pour mes haricots grimpants. Mais dans quatre ou cinq jours il y en aura de mûres, elles sont déjà un peu jaunes. Alors, surveillants, vous ne voulez pas quelques salades, tomates et radis pour vos femmes ?

— Ton jardin est bien tenu, Carbonieri, et je t'en félicite », dit l'un d'eux.

Ils acceptent tomates, salades et radis et s'en vont. Je pars ostensiblement un peu avant eux avec deux salades.

Je passe par le cimetière. La tombe est à moitié découverte par la pluie qui a entraîné la terre. A dix pas je distingue les nattes. Le Bon Dieu aura vraiment été avec nous si on n'est pas découverts. Le vent souffle chaque nuit comme le diable, balayant le plateau de l'île avec des rugissements de rage, souvent accom-

pagné de pluie. Espérons que ça durera. C'est un temps
rêvé pour partir, mais pas pour la tombe.

Le plus grand morceau de bois, celui de deux
mètres, est bien arrivé à domicile. Il est allé rejoindre
les autres pièces du radeau. Je l'ai même monté :
Il est entré au poil, sans effort, dans les mortaises.
Bourset est arrivé au camp en courant pour savoir
si j'avais reçu cette pièce d'une importance primordiale mais drôlement encombrante. Il est tout heureux de savoir que tout s'est bien passé. On dirait
qu'il doutait qu'elle arrive. Je l'interroge :

« As-tu des doutes ? Tu crois que quelqu'un est au
courant ? Tu as fait des confidences ? Réponds.

— Non, non et non.

— Pourtant il me semble que quelque chose t'inquiète. Parle.

— Une impression désagréable produite par le regard
trop curieusement intéressé d'un nommé Bébert Celier.
J'ai l'impression qu'il a vu Naric prendre la pièce de
bois sous l'établi et la mettre dans un tonneau à chaux,
puis l'emporter. Ses yeux ont suivi Naric jusqu'à la
porte de l'atelier. Les deux beaux-frères allaient peindre à la chaux un bâtiment. Voilà pourquoi j'étais
angoissé. » Je demande à Grandet :

« Ce Bébert Celier est dans notre case, c'est donc
pas un donneur. » Il me dit :

« Cet homme est un affranchi des Travaux publics.
Tu vois d'ici : bataillon d'Afrique, camisard, un de ces
soldats fortes têtes qui a fait toutes les prisons militaires du Maroc et de l'Algérie, batailleur, dangereux au
couteau, pédéraste passionné de jeunes et joueur.
Jamais il n'a été civil. Conclusion : un bon à rien,
extrêmement dangereux. Le bagne, c'est sa vie. Si tu
as de gros doutes, prends les devants, assassine-le
cette nuit, comme cela il n'aura pas le temps de te
dénoncer s'il en a l'intention.

— Rien ne prouve qu'il soit un donneur.

— C'est vrai, dit Galgani, mais rien ne prouve non

plus que c'est un brave garçon. Tu sais que ce genre
de bagnard n'aime pas les cavales. Ça perturbe trop
leur petite vie tranquille et organisée. Pour absolument toute autre chose, ils ne sont pas donneurs, mais
pour une cavale, qui sait ? »

Je consulte Matthieu Carbonieri. Il est d'opinion de
le tuer cette nuit. Il veut le faire lui-même. J'ai le tort
de l'en empêcher. Il me répugne d'assassiner ou
de laisser tuer quelqu'un sur de simples apparences.
Et si Bourset imagine ce qu'il raconte ? La peur
peut lui faire voir des choses à l'envers. J'interroge
Naric :

« Bonne Bouille, as-tu remarqué quelque chose du
côté de Bébert Celier ?

— Moi, non. J'ai sorti le tonneau sur l'épaule pour
que le porte-clefs à la porte, ne puisse pas voir dedans.
Je devais, en tactique convenue, me planter juste
devant le porte-clefs, sans descendre le tonneau, attendant que mon beau-frère arrive. C'était pour que
l'Arabe voie bien que je n'étais pas pressé de sortir
et ainsi lui donner confiance pour qu'il ne fouille pas
le tonneau. Mais après, mon beau-frère m'a dit avoir
cru voir que Bébert Celier nous observait attentivement.

— Ton opinion ?

— Qu'en raison de l'importance de cette pièce qui, à
première vue, dénote que c'est pour un radeau, mon
beau-frère était énervé et aussi avait peur. Il a cru
voir plutôt qu'il a vu.

— C'est mon avis aussi. N'en parlons plus. Pour la
dernière pièce, localisez avant d'agir où se trouve
Bébert Celier. Prenez envers lui les mêmes précautions
que pour un gaffe. »

Toute la nuit, je l'ai passée à jouer un jeu d'enfer à
la Marseillaise. J'ai gagné sept mille francs. Plus je
jouais décousu, plus je gagnais. A quatre heures et
demie, je sors faire soi-disant ma corvée. Je laisse le
Martiniquais faire mon travail. La pluie s'est arrêtée

et je vais dans la nuit encore très obscure jusqu'au cimetière. J'arrange la terre avec mes pieds car je n'ai pas pu trouver la pelle, mais avec mes souliers, ça va à peu près. À sept heures quand je descends pêcher, il fait déjà un soleil merveilleux. Je me dirige vers la pointe sud de Royale où j'ai l'intention de mettre le radeau à l'eau. La mer est haute et dure. Je ne sais pas, mais j'ai l'impression que ça ne va pas être facile de se détacher de l'île sans être, par une vague, lancé sur les rochers. Je me mets à pêcher et tout de suite je prends une quantité de rougets de roche. En un rien de temps, j'en prends plus de cinq kilos. J'arrête après les avoir nettoyés à l'eau de mer. Je suis très soucieux, fatigué de la nuit passée dans cette folle partie. Assis à l'ombre, je récupère en me disant que cette tension dans laquelle je vis depuis plus de trois mois touche à sa fin et, pensant au cas de Celier, je reconclus que je n'ai pas le droit de l'assassiner.

Je vais voir Matthieu. Du mur de son jardin on voit bien la tombe. Dans l'allée il y a de la terre. A midi, Carbonieri ira la balayer. Je passe chez Juliette, lui donne la moitié de mon poisson. Elle me dit :

« Papillon, j'ai rêvé de mauvaises choses sur toi, je t'ai vu plein de sang et puis enchaîné. Ne fais pas de bêtises, je souffrirais trop s'il t'arrivait quelque chose. Je suis tellement remuée par ce rêve que je ne me suis pas lavée ni peignée. Avec la longue-vue, je cherchais où tu pêchais je ne t'ai pas vu. Où as-tu pêché ce poisson ?

— De l'autre côté de l'Ile. C'est pour cela que vous ne m'avez pas vu.

— Pourquoi vas-tu pêcher si loin, là où je ne peux te voir avec la longue-vue ? Et si une lame t'emporte ? Personne ne te verra pour t'aider à sortir vivant des requins.

— Oh ! N'exagérez pas !

— Tu crois ça ? Je te défends de pêcher derrière

l'île et si tu ne m'obéis pas je te ferai retirer ton permis de pêche.

— Allons, soyez raisonnable, madame. Pour vous donner satisfaction, je dirai au garçon que vous employez où je vais pêcher.

— Bon. Mais tu as l'air fatigué ?

— Oui, madame, je vais monter me coucher au camp.

— Bien, mais je t'attends à quatre heures pour boire le café. Tu viendras ?

— Oui, madame. A tout à l'heure. »

Il ne manquait plus que cela pour me donner le calme, le rêve de Juliette ! Comme si je n'avais pas assez de problèmes réels, il fallait encore y ajouter les rêves.

Bourset dit qu'il se sent vraiment observé. Voilà quinze jours que nous attendons la dernière pièce d'un mètre cinquante. Naric et Quenier disent ne rien voir d'anormal, pourtant Bourset persiste à ne pas faire la planche. Si elle n'avait pas cinq mortaises qui doivent coller au millimètre, Matthieu l'aurait faite au jardin. En effet, c'est en elle que rentrent les cinq autres nervures du radeau. Naric et Quenier ayant à réparer la chapelle sortent et entrent facilement beaucoup de matériel de l'atelier. Mieux que cela, ils se servent parfois d'un charreton tiré par un petit buffle. Il faut profiter de cette circonstance.

Bourset, poussé par nous, à contrecœur fait la pièce. Un jour, il prétend qu'il est sûr que lorsqu'il part on touche à la pièce et qu'on la remet en place. Il reste une mortaise à tailler à l'extrémité. On décide qu'il la fera, puis qu'il planquera le bois sous la planche de son établi. Il doit mettre un cheveu dessus pour voir si on la touche. Il fait la mortaise et, à six heures, il part le dernier de l'atelier après avoir constaté qu'il n'y a plus personne que le gaffe. La pièce est en place avec le cheveu. A midi, je suis au camp, attendant l'arrivée des travailleurs de l'atelier, quatre-vingts

hommes. Naric et Quenier sont là, mais pas de Bourset. Un Allemand vient à moi et me remet un billet
bien fermé et collé. Je vois qu'on ne l'a pas ouvert. Je
lis : « Le cheveu n'y est plus, donc on a touché la
pièce. J'ai demandé au gaffe de rester travailler pendant la sieste pour terminer un petit coffret en bois
de rose auquel je travaille. Il m'a donné l'autorisation.
Je vais enlever la pièce et la mettre à la place des
outils de Naric. Avertis-les. Il faudrait qu'à trois heures
ils sortent immédiatement avec la planche. Peut-être
on peut gagner de vitesse le mec qui surveille la
pièce. »

Naric et Quenier sont d'accord. Ils vont se mettre
au premier rang de tous les ouvriers de l'atelier.
Avant que tout le monde soit entré, deux hommes vont
se battre un peu devant la porte. On demande ce
service à deux pays de Carbonieri, deux Corses de
Montmartre : Massani et Santini. Ils ne demandent
pas le pourquoi, c'est très bien ainsi. Naric et Quenier
doivent en profiter pour ressortir en vitesse avec un
matériel quelconque comme s'ils étaient pressés d'aller
à leur travail et que l'incident ne les intéressait pas.
Tous nous sommes d'accord qu'il nous reste encore
une chance. Si cela réussit, à moi de ne pas bouger
un ou deux mois, car il est sûr que quelqu'un ou plusieurs savent qu'il se prépare un radeau. A eux de
trouver qui, et la cachette.

Enfin, voilà deux heures trente, les hommes se
préparent. Entre l'appel et défilé aux travaux, il faut
trente minutes. Ils partent. Bébert Celier est à peu
près au milieu de la colonne des vingt rangs par
quatre.

Naric et Quenier sont au premier rang, Massani et
Santini sont au douzième, Bébert Celier au dixième.
Je pense que c'est bien ainsi, car au moment où Naric
attrapera des bois, des barres et la pièce, les autres
n'auront pas fini d'entrer. Bébert sera presque à la
porte de l'atelier ou un peu avant plutôt. Quand la

bagarre va éclater, comme ils vont gueuler comme des putois, automatiquement tout le monde, Bébert compris, va se retourner pour voir. Quatre heures, tout s'est bien passé, la pièce est sous un tas de matériel dans l'église. Ils n'ont pas pu la sortir de la chapelle, mais elle est au poil là-bas.

Je vais voir Juliette, elle n'est pas chez elle. Quand je remonte, je passe par la place où se trouve l'Administration. A l'ombre, debout, je vois Massani et Jean Santini qui attendent pour entrer au cachot. On le savait d'avance. Je passe à côté d'eux et je leur dis : « Combien ?

— Huit jours », répond Santini.

Un gaffe corse dit : « C'est pas malheureux de voir deux pays se battre ! »

Je rentre au camp. Six heures, Bourset revient radieux : « On aurait dit, me dit-il, que j'avais un cancer et puis le docteur m'apprend qu'il s'est trompé, que je n'ai rien. » Carbonieri et mes amis triomphent et me félicitent de la façon dont j'ai organisé l'opération. Naric et Quenier aussi sont satisfaits. Tout va bien. Je dors toute la nuit, bien que les joueurs soient venus, dans la soirée, m'inviter à la partie. Je feins un gros mal de tête. Ce que j'ai, en fait, c'est que je suis mort de sommeil mais content et heureux d'être au bord de la réussite. Le plus difficile étant terminé.

Ce matin, la pièce a été mise provisoirement par Matthieu dans le trou du mur. En effet, le gardien du cimetière nettoie les allées du côté de la tombe-cachette. Ce ne serait pas prudent de s'approcher maintenant. Tous les matins, à l'aube, en vitesse, je vais, avec une pelle en bois, arranger la terre de la tombe. Avec un balai je nettoie l'allée puis, toujours rapidement, je retourne à la vidange, laissant dans un coin des tinettes balai et pelle.

Voici exactement quatre mois que la cavale est en cours de préparation et neuf jours que nous avons enfin reçu le dernier morceau du radeau. La pluie a

cessé de tomber chaque jour et parfois toute la nuit.
Toutes mes facultés sont en alerte, pour les deux
heures H : d'abord sortir du jardin de Matthieu la
fameuse pièce et la mettre en place au radeau, chaque
nervure bien encastrée dedans. On ne peut faire cette
opération que le jour. Ensuite, la fuite. Elle ne pourra
pas être immédiate parce qu'il faudra, une fois le
radeau sorti, encastrer dedans les cocos et les vivres.

Hier, j'ai tout raconté à Jean Castelli, et où j'en
suis. Il est heureux pour moi de voir que je touche au
but. « La lune, me dit-il est à son premier quart.

— Je le sais, donc à minuit elle ne gêne pas. La
marée perdante est à dix heures, la bonne heure pour
la mise à l'eau serait une à deux heures du matin. »

Carbonieri et moi avons décidé de précipiter les
événements. Demain matin à neuf heures, mise en place
de la pièce. Et la nuit, l'évasion.

Le lendemain matin, nos actions bien coordonnées,
je passe par le jardin au cimetière et je saute le
mur avec une pelle. Pendant que j'enlève la terre du
dessus des nattes, Matthieu enlève sa pierre et vient
me rejoindre avec la pièce. Ensemble nous soulevons
les nattes et les déposons sur le côté. Le radeau apparaît bien à sa place, en parfait état. Souillé de terre
collée, mais bien. On le sort, car pour placer la pièce
il faut de l'espace sur le côté. On encastre les cinq nervures, chacune bien fixée à sa place. Pour les rentrer
nous sommes obligés de frapper avec une pierre. Au
moment où nous avons enfin terminé et sommes en
train de le remettre à sa place, un surveillant apparaît,
mousqueton à la main.

« Pas un geste où vous êtes morts ! »

On laisse tomber le radeau et on met les mains en
l'air. Ce gaffe, je le reconnais, c'est le surveillant-chef
de l'atelier.

« Ne faites pas la connerie de faire résistance, vous
êtes pris. Admettez-le et sauvez au moins votre peau qui
ne tient qu'à un fil avec l'envie que j'ai de vous mitrail-

ler. Allez, en route, toujours les mains en l'air ! Marchez vers le commandement ! »

En passant par la porte du cimetière, nous rencontrons un Arabe porte-clefs. Le gaffe lui dit :

« Mohamed, merci du service que tu m'as rendu. Passe chez moi demain matin, je te donnerai ce que je t'ai promis.

— Merci, dit le bique. J'irai sans faute, mais, chef, Bébert Celier aussi doit me payer, n'est-ce pas ?

— Arrange-toi avec lui », dit le gaffe.

Alors je dis : « C'est Bébert Celier qui nous a balancés, chef ?

— C'est pas moi qui vous l'ai dit.

— C'est pareil, c'est bon à savoir. »

Nous deux toujours tenus en respect par le mousqueton, le gaffe dit :

« Mohamed, fouille-les. »

L'Arabe sort mon couteau passé à ma ceinture et celui de Matthieu. Je lui dis :

« Mohamed, tu es malin. Comment tu nous a découverts ?

— Je grimpais en haut d'un cocotier tous les jours pour voir où vous aviez planqué le radeau.

— Qui t'avait dit de faire ça ?

— C'est Bébert Celier d'abord, puis le surveillant Bruet.

— En route, dit le gaffe, c'est trop parlé. Vous pouvez baisser les mains maintenant et marcher plus vite. »

Les quatre cents mètres que nous avions à faire pour arriver au commandement me parurent le chemin le plus long de ma vie. J'étais anéanti. Tant de lutte pour se faire faire marrons comme des cons. Mon Dieu, que vous êtes cruel envers moi ! Ce fut un beau scandale, notre arrivée au commandement. Car au fur et à mesure que nous avancions, nous avions rencontré des surveillants qui s'étaient joints à celui qui nous menaçait toujours de son mousqueton. En arrivant, ils étaient sept ou huit gaffes derrière nous.

Le commandant, averti par l'Arabe qui avait couru devant nous, est sur le pas de la porte du bâtiment de l'Administration ainsi que Dega et cinq surveillants-chefs.

« Que se passe-t-il, monsieur Bruet ? dit le commandant.

— Il se passe que j'ai pris en flagrant délit ces deux hommes en train de cacher un radeau qui, je crois, est terminé.

— Qu'avez-vous à dire, Papillon ?

— Rien, je parlerai à l'instruction.

— Mettez-les au cachot. »

Je suis mis dans un cachot qui donne par sa fenêtre bouchée du côté de l'entrée du commandement. Le cachot est noir, mais j'entends les gens qui parlent dans la rue du commandement.

Les événements vont rapide. A trois heures on nous sort et on nous passe les menottes.

Dans la salle, une espèce de tribunal : commandant, commandant en second, surveillant-chef. Un gaffe sert de greffier. Assis à l'écart à une petite table, Dega, un crayon à la main, doit certainement prendre au vol les déclarations.

« Charrière et Carbonieri, écoutez le rapport que M. Bruet a fait contre vous : « Moi, Bruet Auguste, surveil- « lant-chef, directeur de l'atelier des Iles du Salut, accuse « de vol, détournement de matériel appartenant à l'Etat « les deux bagnards, Charrière et Carbonieri. J'accuse « de complicité le menuisier Bourset. Je crois pouvoir « aussi rendre responsables de complicité Naric et Que- « nier. J'ajoute que j'ai pris en flagrant délit Charrière « et Carbonieri en train de violer la tombe de Mme Pri- « vat qui leur servait de cachette pour dissimuler leur « radeau. »

— Qu'avez-vous à dire ? dit le commandant.

— D'abord que Carbonieri n'a rien à voir là-dedans. Le radeau est calculé pour porter un seul homme, moi. Je l'ai obligé seulement à m'aider à enlever les nattes de dessus la tombe, opération que je ne pouvais pas faire seul. Donc, Carbonieri n'est pas coupable de détournement et vol de matériel appartenant à l'Etat, ni de complicité d'évasion puisque l'évasion ne s'est pas consommée. Bourset est un pauvre diable qui a agi sous menace de mort. Quant à Naric et Quenier, ce sont des hommes que je ne connais presque pas. J'affirme qu'ils n'ont rien à voir là-dedans.

— Ce n'est pas ce que dit mon informateur, dit le gaffe.

— Ce Bébert Celier qui vous a informé peut très bien se servir de cette affaire pour se venger de quelqu'un en le compromettant à faux. Qui peut avoir confiance dans un mouchard ?

— Bref, dit le commandant, vous êtes accusé officiellement de vol et détournement de matériel appartenant à l'Etat, de profanation de tombe et de tentative d'évasion. Veuillez signer l'acte.

— Je ne signerai que si on a ajouté ma déclaration au sujet de Carbonieri, Bourset et des beaux-frères Naric et Quenier.

— J'accepte. Faites le document. »

Je signe. Je ne peux exprimer clairement tout ce qui se passe en moi depuis cet échec au dernier moment. Je suis comme fou dans ce cachot, je mange à peine, je ne marche pas, mais je fume, je fume sans arrêt, une cigarette sur l'autre. Heureusement que je suis bien ravitaillé en tabac par Dega. Tous les jours on fait une heure de promenade le matin, au soleil, dans la cour des cellules disciplinaires.

Ce matin, le commandant est venu parler avec moi. Chose curieuse, lui qui aurait subi le plus gros préjudice si l'évasion avait réussi, il est le moins en colère contre moi.

Il me dit en souriant que sa femme a dit qu'il était normal qu'un homme, s'il n'est pas pourri, tente de s'évader. Très habilement, il cherche à ce que je lui confirme la complicité de Carbonieri. J'ai l'impression de l'avoir convaincu et expliqué qu'il était pratiquement impossible à Carbonieri de refuser de m'aider quelques instants à tirer les nattes.

Bourset a montré la note de menace et le plan faits par moi. En ce qui le concerne, le commandant est complètement convaincu que cela s'est passé comme ça. Je lui demande à combien, à son avis, peut monter cette accusation de vol de matériel. Il me dit : « Pas plus de dix-huit mois. »

Bref, je remonte peu à peu la pente du gouffre où je me suis fourré. J'ai reçu un mot de Chatal, l'infirmier. Il m'avertit que Bébert Celier est dans une salle à part, à l'hôpital, en instance de désinternement avec un diagnostic rare : abcès au foie. Ce doit être une combine entre l'Administration et le docteur pour le mettre à l'abri des représailles.

On ne fouille jamais ni mon cachot ni moi. J'en profite pour me faire rentrer un couteau. Je dis à Naric et Quenier qu'ils demandent une confrontation entre le surveillant de l'atelier, Bébert Celier, le menuisier et moi, sollicitant du commandant qu'après cette confrontation il prenne la décision qu'il croira juste à leur égard : ou mise en prévention, ou punition disciplinaire ou mise en liberté sur le camp.

A la promenade d'aujourd'hui, Naric m'a dit que le commandant a accepté. La confrontation aura lieu demain à dix heures. A cette audience assistera un surveillant-chef qui agira comme instructeur. Toute la nuit j'essaie de me raisonner, car j'ai l'intention de tuer Bébert Celier. Je n'y parviens pas. Non, ce serait trop injuste que cet homme soit désinterné pour ce service et qu'après, de la Grande Terre, il parte en cavale, comme en récompense d'en avoir empêché une. Oui, mais tu peux être condamné à mort, car on peut te mettre préméditation. Je m'en fous. Telle est ma conclusion tellement je suis désespéré. Quatre mois d'espérance, de joie, de peur d'être pris, d'ingéniosité pour, sur le point d'aboutir, la terminer aussi lamentablement par la langue d'un mouchard. Arrive ce qui arrivera, demain je vais essayer de tuer Celier !

Le seul moyen de n'être pas condamné à mort, c'est qu'il sorte son couteau. Pour cela, il faut qu'ostensiblement je lui fasse voir que j'ai le couteau ouvert. Sûr, il va sortir le sien. Il faudrait pouvoir faire cela un peu avant, ou tout de suite après la confrontation. Je ne peux pas le tuer pendant la confrontation, car je risque qu'un gaffe me tire un coup de revolver. Je compte sur la négligence chronique des gaffes.

Toute la nuit je lutte contre cette idée. Je ne peux pas la vaincre. Vraiment il y a dans la vie des choses impardonnables. Je sais que l'on n'a pas le droit de se faire justice soi-même, mais ça c'est pour des gens d'une autre classe sociale. Comment admettre que l'on puisse ne pas penser à punir inexorablement un si abject individu ? Je ne lui ai fait aucun mal à cet affranchi de caserne, il ne me connaît même pas. Il m'a donc condamné à X années de réclusion sans avoir rien à me reprocher. Il a cherché, lui, à m'enterrer pour pouvoir revivre. Non, non et non ! Il est impossible que je le laisse profiter de son acte dégueulasse. Impossible. Je me sens perdu. Perdu pour perdu, qu'il le soit aussi, plus que moi encore. Et si on te condamne à mort ? Ce serait bête de mourir pour un si bas personnage. J'arrive à me promettre à moi-même une seule chose : s'il ne sort pas son couteau, je ne le tue pas.

Je n'ai pas dormi de toute la nuit, j'ai fumé un paquet de tabac gris entier. Il me reste deux cigarettes quand arrive le café à six heures du matin. Je suis tellement tendu que devant le gaffe, bien que ce soit défendu, je dis au distributeur de café :

« Peux-tu me donner quelques cigarettes ou un peu de tabac, avec la permission du chef ? Je suis à bout, monsieur Antartaglia.

— Oui, donne-lui si tu en as. Moi, je ne fume pas. Je te plains sincèrement, Papillon. Moi, comme Corse, j'aime les hommes, je déteste les saloperies. »

Dix heures moins le quart, je suis dans la cour en
train d'attendre l'entrée dans la salle. Naric, Quenier,
Boursct, Carbonieri sont là. Le gaffe qui nous surveille,
c'est Antartaglia, le surveillant du café. En corse il
parle avec Carbonieri. Je comprends qu'il lui dit que
c'est malheureux ce qui lui arrive et qu'il risque trois
ans de réclusion. A ce moment la porte s'ouvre et entrent
dans la cour l'Arabe du cocotier, l'Arabe gardien de la
porte de l'atelier et Bébert Celier. Quand il m'aperçoit,
il a un geste de recul mais le gardien qui les accompagne lui dit :

« Avancez et mettez-vous à l'écart, ici à droite. Antartaglia, ne les laisse pas communiquer entre eux. » Nous
voilà même pas à deux mètres l'un de l'autre. Antartaglia dit :

« Défense de parler entre les deux groupes. »

Carbonieri parle toujours en corse avec son pays qui
surveille les deux groupes. Le gaffe arrange son lacet
de soulier, je fais signe à Matthieu de se mettre un peu
plus en avant. Il comprend tout de suite, regarde vers
Bébert Celier et crache dans sa direction. Quand le surveillant est debout, Carbonieri lui parle sans arrêt et
accapare son attention au point que je me déplace d'un
pas sans qu'il le note. Je laisse couler mon couteau dans
ma main. Seul Celier peut le voir et, avec une rapidité
inattendue, ayant son couteau ouvert dans son pantalon,
il me porte un coup qui m'entame bien le muscle du
bras droit. Moi je suis gaucher et, d'un coup, je rentre
mon couteau jusqu'au manche dans sa poitrine. Un cri
de bête : « A-a-ah ! » Il tombe comme une masse. Antartaglia, le revolver à la main me dit :

« Retire-toi, petit, retire-toi. Ne le frappe pas par
terre car je serais obligé de te tirer dessus et je ne le
veux pas. »

Carbonieri s'approche de Celier et bouge du pied sa
tête. Il dit deux mots en corse. Je comprends qu'il dit :
Il est mort. Le gardien répète :

« Donne-moi ton couteau, petit. »

Je le lui donne, il remet son revolver dans sa gaine, va à la porte de fer et frappe. Un gaffe ouvre et il lui dit :

« Envoie les brancardiers pour ramasser un mort.

— Qui est mort ? dit le gaffe.

— Bébert Celier.

— Ah ! J'ai cru que c'était Papillon. »

On nous remet dans notre cachot. Suspendue, la confrontation. Carbonieri me dit avant d'entrer dans le couloir :

« Mon pauvre Papi, tu y es cette fois.

— Oui, mais moi je suis vivant et lui il est crevé. »

Le gaffe revient seul, ouvre la porte très doucement et me dit, encore tout remué :

« Frappe à la porte, dis que tu es blessé. C'est lui qui a attaqué le premier, je l'ai vu. » Et il referme doucement.

Ces gaffes corses sont formidables : ou tout mauvais ou tout bons. Je frappe à la porte et crie : « Je suis blessé, je veux qu'on m'emmène à l'hôpital me faire panser. »

Le gaffe revient avec le surveillant-chef du quartier disciplinaire.

« Qu'est-ce que tu as ? Pourquoi tant de bruit ?

— Je suis blessé, chef.

— Ah ! Tu es blessé ? Je croyais qu'il ne t'avait pas touché quand il t'a attaqué.

— J'ai le muscle du bras droit coupé.

— Ouvrez », dit l'autre gaffe.

La porte s'ouvre, je sors. Effectivement, il est bien coupé, le muscle.

« Mettez-lui les menottes et conduisez-le à l'hôpital. Sous aucun motif ne le laissez là-bas. Ramenez-le ici après qu'on l'aura soigné. »

Quand on sort, il y a plus de dix gaffes avec le commandant. Le surveillant de l'atelier me dit :

« Assassin ! »

Avant que je réponde, le commandant lui dit :

« Taisez-vous, surveillant Bruet. Papillon a été attaqué.

— C'est pas vraisemblable, dit Bruet.

— Je l'ai vu et je suis témoin, dit Antartaglia. Et apprenez, monsieur Bruet, qu'un Corse ne ment pas. »

A l'hôpital, Chatal appelle le docteur. Il me recoud sans m'endormir ni me faire une piqûre locale, puis me pose huit agrafes, sans m'adresser la parole. Moi, je me laisse faire sans me plaindre. A la fin il dit :

« Je n'ai pa pu te faire d'anesthésie locale, je n'ai plus d'injection pour cela. » Puis, il ajoute : « Ce n'est pas bien ce que tu as fait.

— Oh ! vous savez ! Il n'allait de toute façon pas vivre longtemps avec son abcès au foie. »

Ma réponse inattendue le laisse médusé.

L'instruction continue. La responsabilité de Bourset est totalement écartée. On admet qu'il était terrorisé, ce que je contribue à faire croire. Pour Naric et Quenier aussi, par manque de preuve. Reste moi et Carbonieri. Pour Carbonieri on écarte le vol et détournement de matériel de l'Etat. Il lui reste la complicité pour tentative d'évasion. Il ne peut pas prendre plus de six mois. Pour moi, les choses se compliquent. En effet, malgré tous les témoignages en ma faveur, le chargé de l'instruction ne veut pas admettre la légitime défense. Dega qui a vu tout le dossier me dit que malgré l'acharnement de l'instructeur, il est impossible qu'on me condamne à mort du fait que j'ai reçu une blessure. Une chose sur laquelle s'appuie l'accusation pour m'enfoncer, c'est que les deux Arabes déclarent que j'ai sorti le couteau le premier.

L'instruction est finie. J'attends de descendre à Saint-Laurent passer le conseil de guerre. Je ne fais que fumer, je ne marche presque pas. On m'a accordé une deuxième promenade d'une heure l'après-midi. Jamais le commandant ou les surveillants, sauf celui de l'atelier et de l'instruction ne m'ont manifesté de l'hostilité. Tous me parlent sans animosité et me laissent rentrer le tabac que je veux.

Je dois partir vendredi, on est mardi. Le mercredi matin, à dix heures, je suis dans la cour depuis près de deux heures quand le commandant m'appelle et me dit : « Viens avec moi. » Je sors sans escorte avec lui. Je demande où l'on va, il descend le chemin qui va chez lui. En route il me dit :

« Ma femme veut te voir avant ton départ. Je n'ai pas voulu l'impressionner en te faisant accompagner par un surveillant armé. J'espère que tu te conduiras bien.

— Oui, mon commandant. »

Nous arrivons chez lui : « Juliette je t'amène ton protégé comme je te l'ai promis. Tu sais qu'il faut que je le remmène avant midi. Tu as près d'une heure à causer avec lui. » Et il se retire discrètement.

Juliette s'approche de moi et me pose sa main sur l'épaule en me regardant droit dans les yeux. Ses yeux noirs brillent d'autant plus qu'ils sont noyés de larmes, qu'heureusement elle retient.

« Tu es fou, mon ami. Si tu m'avais dit que tu voulais partir, je crois que j'aurais été capable de te faciliter les choses. J'ai demandé à mon mari de t'aider le plus possible et il m'a dit que cela ne dépend pas de lui, malheureusement. Je t'ai fait venir d'abord pour voir comment tu étais. Je te félicite de ton courage, je te trouve mieux que je ne le pensais. Et puis aussi pour te dire que je veux te payer le poisson que tu m'as si généreusement donné pendant tant de mois. Tiens, voilà mille francs, c'est tout ce que je peux te donner. Je regrette de ne pas pouvoir faire mieux.

— Ecoutez, madame, je n'ai pas besoin d'argent. Je vous en prie, comprenez que je ne dois pas accepter, ce serait à mon avis souiller notre amitié. » Et je repousse les deux billets de cinq cents francs si généreusement offerts. « N'insistez pas, je vous en prie.

— Comme tu veux, dit-elle. Un peu de pastis léger ? »

Et pendant plus d'une heure, cette admirable femme ne fait que me dire des paroles charmantes. Elle suppose que certainement je vais être acquitté pour le meurtre de ce salaud et prendre peut-être dix-huit mois à deux ans pour le reste.

Au moment de partir, elle me serre longuement la main dans les siennes et me dit : « Au revoir, bonne chance. » Et elle éclate en sanglots.

Le commandant me ramène au quartier cellulaire. En route je lui dis :

« Commandant, vous possédez la plus noble femme du monde.

— Je le sais, Papillon, elle n'est pas faite pour vivre ici, c'est trop cruel pour elle. Et pourtant, que faire ? Enfin, dans quatre ans la retraite.

— Je profite du fait que nous soyons seuls, commandant, pour vous remercier de m'avoir fait traiter le mieux possible malgré les gros ennuis que j'aurais pu vous créer si j'avais réussi.

— Oui, tu aurais pu me donner de grosses douleurs de tête. Malgré ça tu veux que je te dise une chose ? Tu méritais de réussir. » Et sur la porte du quartier disciplinaire il ajoute :

« Adieu, Papillon. Que Dieu t'aide, tu en auras besoin.

— Adieu, commandant. »

Oui ! j'aurai besoin que Dieu m'aide car le conseil de guerre présidé par un commandant de gendarmerie à quatre galons fut inexorable. Trois ans pour vol et détournement de matériel appartenant à l'Etat, profanation de tombe et tentative d'évasion, plus cinq ans sans confusion de peine pour le meurtre de Celier. Total, huit ans de réclusion. Si je n'avais pas été blessé, sûr il me condamnait à mort.

Ce tribunal si sévère pour moi fut plus compréhensif envers un polak du nom de Dandosky qui avait tué deux hommes. Il ne lui infligea que cinq ans et pourtant il y avait indiscutablement préméditation.

Dandosky était un boulanger qui ne faisait que le levain. Il travaillait seulement de trois à quatre heures du matin. La boulangerie étant sur le quai, en face de la mer, toutes ses heures libres il les passait à la pêche.

Tranquille, parlant mal le français, il ne fréquentait personne. Ce travaux forcés à perpétuité donnait toute sa tendresse à un magnifique chat noir aux yeux verts qui virtuellement vivait avec lui. Ils dormaient ensemble, il le suivait comme un chien au travail pour lui tenir compagnie. Bref, entre la bête et lui c'était le grand amour. Le chat l'accompagnait à la pêche, mais s'il faisait trop chaud et qu'il n'y avait pas un coin d'ombre, il retournait seul à la boulangerie et se couchait dans le hamac de son ami. A midi, quand la cloche sonnait, il allait à la rencontre du polak et sautait après le petit poisson qu'il lui faisait danser devant le nez jusqu'à ce qu'il l'attrape.

Les boulangers vivent tous ensemble dans une salle attenante à la boulangerie. Un jour, deux bagnards du nom de Corrazi et Angelo invitent Dandosky à manger du lapin que Corrazi a préparé en civet, ce qu'il faisait une fois au moins par semaine. Dandosky s'assied et mange avec eux, offrant une bouteille de vin pour boire en mangeant. Le chat, le soir, ne rentra pas. Le polak le cherche partout inutilement. Une semaine passe, pas de chat. Triste d'avoir perdu son compagnon, Dandosky n'a plus de goût à rien. Il était vraiment triste que le seul être qu'il aimait et qui le lui rendait si bien ait mystérieusement disparu. Apprenant son immense douleur, la femme d'un surveillant lui offre un petit chat. Dandosky le chasse et, indigné, demande à la femme comment elle peut supposer qu'il pourra en aimer un autre que le sien : ce serait, dit-il, une offense grave à la mémoire de son cher disparu.

Un jour, Corrazi frappe un apprenti boulanger également distributeur de pain. Il ne couchait pas avec les boulangers mais appartenait au camp. Rancunier, l'apprenti cherche Dandosky, le rencontre et lui dit :

« Tu sais, le lapin qu'ils t'ont invité à manger, Corrazi et Angelo, c'était ton chat.

— La preuve ! dit le polak, attrapant l'homme à la gorge.

— Sous le manguier qui se trouve derrière les canotiers, un peu en retrait, j'ai vu Corrazi quand il a enterré la peau de ton chat. »

Comme un fou, le polak va voir, et, effectivement trouve la peau. Il la ramasse à moitié pourrie, la tête en décomposition. Il va la laver à l'eau de mer, l'expose au soleil pour qu'elle sèche, puis l'enveloppe dans un linge bien propre et l'enterre dans un endroit sec, bien profond, pour que les fourmis ne la mangent pas. C'est ce qu'il me raconte.

La nuit à la lueur d'une lampe à pétrole, assis sur un banc très épais de la salle des boulangers, Corrazi et Angelo, côte à côte, jouent à la belote à quatre. Dandosky est un homme d'une quarantaine d'années, moyen, râblé, aux grosses épaules, très fort. Il a préparé un gros bâton de bois de fer, aussi lourd que ce métal d'ailleurs et, arrivant par-derrière, sans un mot, assène un formidable coup de bâton sur la tête de chacun d'eux. Les crânes s'ouvrent comme deux grenades et laissent couler la cervelle par terre. Fou furieux de rage, il ne se contente pas de les avoir tués, il prend les cervelles et les aplatit contre le mur de la salle. Tout est éclaboussé de sang et de cervelle.

Si moi je n'ai pas été compris par le commandant de gendarmerie, président du conseil de guerre, Dandosky, pour deux assassinats avec préméditation, l'a heureusement été au point de n'être condamné qu'à cinq ans seulement.

DEUXIÈME RÉCLUSION

C'est attaché avec le polak que je monte aux Iles. On n'a pas traîné dans les cachots de Saint-Laurent ! Nous sommes arrivés un lundi, avons passé le conseil de guerre le jeudi, et le vendredi matin on était rembarqués pour les Iles.

Nous remontons aux Iles, seize hommes dont douze

réclusionnaires. Le voyage se fait avec une très grosse mer, bien souvent le pont est balayé par une lame plus grosse que les autres. J'en arrive, dans mon désespoir, à souhaiter que ce rafiot coule. Je ne parle à personne, concentré en moi par ce vent mouillé qui me cingle la figure. Je ne me protège pas, au contraire. J'ai laissé volontairement s'envoler mon chapeau, je n'en aurai pas besoin pendant les huit ans de réclusion. Face au vent, je respire à m'étouffer cet air qui me fouette. Après avoir souhaité le naufrage, je me reprends :

« Bébert Celier a été mangé par les requins ; toi tu as trente ans et huit ans à faire. » Mais peut-on accomplir huit ans dans les murs de la mangeuse d'hommes ?

D'après mon expérience, je crois que c'est impossible. Quatre ou cinq ans doivent être l'extrême limite de la résistance possible. Si je n'avais pas tué Celier, je n'aurais eu que trois ans à faire, peut-être même que deux, car le meurtre a tout aggravé, évasion comprise. Je n'aurais pas dû tuer ce charognard. Mon devoir d'homme envers moi-même, ce n'est pas de me faire justice, c'est d'abord, par-dessus tout, vivre, vivre pour m'évader. Comment ai-je pu faire une erreur pareille ? Sans compter que de peu c'est lui qui me tuait, cette ordure. Vivre, vivre, vivre, cela aurait dû être et doit être ma seule religion.

Parmi les surveillants qui accompagnent le convoi, il y a un gardien que j'ai connu à la Réclusion. Je ne sais comment il s'appelle, mais j'ai une envie folle de lui poser une question.

« Chef, je voudrais vous demander quelque chose. » Etonné, il s'approche et me dit :

« Quoi ?

— Avez-vous connu des hommes qui ont pu faire huit ans de réclusion ? »

Il réfléchit et me dit : « Non, mais j'en ai connu plusieurs qui ont fait cinq ans et même l'un je me rappelle très bien, est sorti assez bien portant et équilibré au bout de six ans. J'étais à la Réclusion quand on l'a libéré.

— Merci.

— Pas de quoi, dit le gaffe. Tu as huit ans, je crois, à faire ?

— Oui, chef.

— Tu ne pourras t'en sortir que si tu n'es jamais puni. » Et il se retire.

Cette phrase est très importante. Oui, je ne peux sortir vivant que si je ne suis jamais puni. En effet, les punitions étant à la base de suppression d'une partie ou de toute la nourriture pendant un certain temps, par la suite, même revenu au régime normal, tu ne peux jamais te relever. Quelques punitions un peu fortes t'empêchent de résister jusqu'au bout, tu crèves avant. Conclusion : je ne dois pas accepter des cocos ou des cigarettes. même pas écrire ou recevoir des billets.

Pendant le reste du voyage je remâche sans cesse cette décision. Rien, absolument rien avec l'extérieur ni l'intérieur. Il me vient une idée : la seule façon de me faire aider sans risque pour le manger, c'est que de l'extérieur quelqu'un paie les distributeurs de soupe pour qu'ils choisissent un des plus gros et meilleurs morceaux de viande à midi. C'est facile parce que l'un met le bouillon, l'autre qui suit derrière avec un plateau pose dans la gamelle un bout de viande. Il faut qu'il racle au fond de la baille et me donne ma louche avec le plus de légumes possible. D'avoir trouvé cette idée me réconforte. Effectivement, je peux très bien manger à ma faim et presque suffisamment si cette combine est bien réglée. A moi de rêver et de m'envoler le plus possible, choisissant des sujets heureux pour ne pas devenir fou.

On arrive aux Iles. Il est trois heures de l'après-midi. A peine débarqué, je vois la robe jaune clair de Juliette, à côté de son mari. Le commandant s'approche de moi rapidement, avant même qu'on ait eu le temps de s'aligner et me dit :

« Combien ?

— Huit ans. »

Il retourne à sa femme et lui parle. Emotionnée, sûrement, elle s'assied sur une pierre. Virtuellement prostrée. Son mari la prend par le bras, elle se lève et après m'avoir jeté un lourd regard de ses yeux immenses, ils s'en vont tous les deux sans se retourner.

« Papillon, dit Dega, combien ?

— Huit ans de réclusion. » Il ne dit rien et n'ose pas me regarder. Galgani s'approche et avant qu'il ne parle, je lui dis :

« Ne m'envoie rien, ne m'écris pas non plus. Avec une peine si longue je ne peux pas risquer de punition.

— Je comprends. »

A voix basse, j'ajoute rapidement : « Arrange-toi pour qu'on me serve le mieux possible à manger à midi et le soir. Si tu arrives à arranger cela peut-être qu'on se reverra un jour. Adieu. »

Volontairement je me dirige vers le premier canot qui doit nous emmener à Saint-Joseph. Tout le monde me regarde comme on regarde un cercueil qu'on descend dans une fosse. Personne ne parle. Pendant le court voyage, je répète à Chapar ce que j'ai dit à Galgani. Il me répond :

« Cela doit être faisable. Courage Papi. » Puis il me dit : « Et Matthieu Carbonieri ?

— Excuse-moi de l'avoir oublié. Le président du conseil de guerre a demandé qu'on fasse un supplément d'informations sur son cas avant de prendre une décision, c'est bon ou mauvais ?

— C'est bon, je crois. »

Je suis au premier rang de la petite colonne de douze hommes qui grimpe la côte pour se rendre à la Réclusion. Je monte vite, j'ai hâte, c'est curieux, de me trouver seul dans ma cellule. Je presse si fort le pas que le gaffe me dit :

« Plus doucement, Papillon. On dirait que vous êtes

pressé de retourner dans la maison que vous avez quittée il y a si peu de temps. » On arrive.

« A poil ! Je vous présente le commandant de la Réclusion.

— Je regrette que vous soyez revenu, Papillon », dit-il. Puis, « Réclusionnaires ici, etc. » Son discours habituel : « Bâtiment A, Cellule 127. C'est la meilleure, Papillon, car tu es en face de la porte du couloir et ainsi tu as plus de lumière et l'air ne te manque jamais. J'espère que tu vas bien te conduire. C'est long huit ans, mais qui sait, peut-être qu'avec une excellente conduite, tu pourras avoir une petite grâce d'un ou deux ans. Je te le souhaite car tu es un homme courageux. »

Me voilà à la 127. Effectivement, elle est juste en face d'une grande porte grillagée qui donne dans le couloir. Bien qu'il soit près de six heures, on y voit encore assez clairement. La cellule n'a pas non plus ce goût et cette odeur de pourri qu'avait ma première cellule. Cela me donne un peu de courage : « Mon vieux Papillon, voici quatre murs qui doivent te regarder vivre pendant huit ans. Refuse de compter les mois et les heures, c'est inutile. Si tu veux prendre une mesure acceptable, c'est par six mois que tu dois compter. Seize fois six mois et tu es à nouveau libre. De toute façon tu as un avantage. Si tu crèves ici tu auras au moins, si c'est le jour, la satisfaction de mourir dans la lumière. C'est très important. Cela ne doit pas être très gai de crever dans le noir. Si tu es malade, au moins ici le docteur verra ta gueule. Tu n'as pas à te reprocher d'avoir voulu revivre en t'évadant et, ma foi, non plus d'avoir tué Celier. Figure-toi ce que tu souffrirais en pensant que pendant que tu es ici, lui est parti en cavale. Le temps dira. Peut-être qu'il peut y avoir une amnistie, une guerre, un tremblement de terre, un typhon qui détruiraient cette forteresse. Pourquoi pas ? Un homme honnête qui, rentrant en France, arrive à émouvoir les Français et ceux-ci obliger l'Administration pénitenciaire à supprimer cette forme de guillotiner les gens sans guillotine. Peut-être un docteur écœuré qui raconte tout cela à un journaliste, à un curé, que sais-je moi ? De toute façon, Celier, il y a longtemps qu'il a été digéré par les requins. Moi, je suis là et si je suis digne de moi, je dois sortir vivant de ce sépulcre.

Un, deux, trois, quatre, cinq, demi-tour ; un, deux, trois, quatre, cinq, autre demi-tour, je commence à marcher, retrouvant d'un seul coup la position de la tête, des bras, et la longueur précise que doit avoir le pas pour que le balancier fonctionne parfaitement bien. Je décide de ne marcher que deux heures le matin et deux l'après-midi jusqu'à ce que je sache si je peux compter sur une alimentation privilégiée en quantité. Ne commençons pas, dans cette nervosité des premiers jours, à gaspiller inutilement de l'énergie.

Oui, c'est lamentable d'avoir échoué à la fin. C'est vrai que ce n'était que la première partie de la cavale, il fallait encore faire une traversée heureuse de plus de cent cinquante kilomètres sur ce frêle radeau. Et suivant où l'on arrivait à la Grande Terre, faire à nouveau une cavale. Si la mise à l'eau avait bien marché, la voile des trois sacs de farine aurait poussé le radeau à plus de dix kilomètres à l'heure. En moins de quinze peut-être douze heures, nous aurions touché terre. Bien entendu s'il pleuvait dans la journée, car seulement avec la pluie on pouvait se risquer à mettre la voile. Je crois me rappeler que le jour après que je fus mis au cachot, il a plu. Je n'en suis pas sûr. Je cherche à trouver des fautes ou erreurs commises. Je n'en trouve que deux. Le menuisier a voulu faire un radeau trop bien fait, trop sûr, et alors, pour encastrer les cocos, il a fallu faire un coffrage, ce qui revient presque à deux radeaux l'un dans l'autre. D'où trop de pièces à confectionner et trop de temps pour les faire avec précaution.

Deuxièmement, la plus grave : au premier doute sérieux sur Celier, la même nuit, j'aurais dû le tuer. Si j'avais fait cela, savoir où je serais maintenant ! Même fracassant à la Grande Terre ou arrêté au moment de la mise à l'eau, je n'aurais attrapé que trois ans et non pas huit et j'aurais eu la satisfaction de l'action. Où je serais maintenant, si tout s'était bien passé, aux Iles ou à la Grande Terre ? Va savoir. Peut-être en train de causer avec Bowen à Trinidad, ou à Curaçao protégé par l'évêque Irénée de Bruyne. Et de là, on ne serait reparti qu'en étant sûr que telle ou telle nation nous accepterait. Dans le cas contraire, il m'était facile de retourner seul, directement sur un petit bateau à la Guajira, dans ma tribu.

Je me suis endormi très tard, j'ai pu dormir d'un sommeil normal. Cette première nuit n'a pas été tellement déprimante. Vivre, vivre, vivre. Je dois répéter chaque fois que je serais prêt à m'abandonner au désespoir, par trois fois, ce mot d'espérance : « Tant qu'il y a vie, il y a espoir. »

Une semaine a passé. Depuis hier je me suis aperçu du changement des portions de ma nourriture. Un superbe morceau de bouilli à midi, et le soir une gamelle de lentilles pures presque sans eau. Comme un enfant je dis : « Les lentilles ça contient du fer, c'est très bon pour la santé. »

Si ça dure, je vais pouvoir marcher dix à douze heures par jour, et le soir, alors, bien fatigué, je serai en état de voyager dans les étoiles. Non, je ne vagabonde pas, je suis sur terre, bien sur terre, je pense à tous les cas de bagnards que j'ai connus sur les Iles. Chacun a son histoire, avant et pendant. Je pense aux légendes aussi que l'on raconte aux Iles. L'une d'elles que je me promets de vérifier si un jour je suis à nouveau sur l'Ile, est celle de la cloche.

Comme je l'ai dit, les bagnards ne sont pas enterrés mais jetés à la mer entre Saint-Joseph et Royale, à un endroit pourri de requins. Le mort est enveloppé dans des sacs de farine, aux pieds une corde avec une grosse pierre. Une caisse rectangulaire, toujours la même, est à l'horizontale installée en avant du bateau. Arrivés à l'endroit indiqué, les six rameurs forçats lèvent leurs avirons horizontalement à la hauteur du bordage. Un homme incline la caisse et un autre ouvre une espèce de trappe. Alors le corps glisse dans l'eau. Il est certain, et cela ne fait aucun doute, que les requins immédiatement coupent la corde. Jamais un mort n'a le temps de s'enfoncer beaucoup. Il remonte à la surface et les requins commencent à se disputer cette pièce de choix pour eux. Voir manger un homme, d'après ceux qui l'ont vu, c'est très impressionnant car en plus, quand les requins sont très nombreux, ils arrivent à soulever le linceul avec son contenu hors de l'eau et, arrachant les sacs de farine, emportent de gros morceaux du cadavre.

Cela se passe exactement comme je l'ai décrit, mais il y a une chose que je n'ai pu vérifier. Les condamnés, sans exception, disent que ce qui attire les requins à cet endroit, c'est le son de la cloche que l'on sonne à la chapelle quand il y a un mort. Il paraît que si vous êtes au bout de la jetée de Royale à six heures du soir, il y a des jours où il n'y a pas un requin. Quand sonne la cloche à la petite église, en moins de rien l'endroit se farcit de requins attendant le mort, car il n'y a rien qui justifie qu'ils accourent à cet endroit à cette heure précise. Souhaitons que je ne servirai pas de plat du jour aux requins de Royale dans des conditions pareilles. Qu'ils me dévorent vivant dans une cavale, tant pis, au moins ce sera en cherchant ma liberté. Mais après une mort de maladie dans une cellule, cela non, il ne faut pas que ça arrive.

Mangeant à ma faim grâce à l'organisation établie par mes amis, je me trouve en parfaite santé. Je marche de sept heures du matin à six heures du soir sans arrêt. Aussi, la gamelle du soir pleine de légumes secs, haricots, lentilles, pois cassés ou riz au gras, ne fait pas long feu. Je la mange toujours toute sans me forcer. La marche me fait du bien, cette fatigue qu'elle me procure est saine et je suis arrivé à me dédoubler tout en marchant. Hier par exemple, j'ai passé toute la journée dans les prés d'un petit pays de l'Ardèche qui s'appelle Favras. J'allais souvent, quand ma maman est morte, passer quelques semaines chez ma tante, la sœur de ma mère, institutrice dans ce patelin. Eh bien, hier j'étais virtuellement dans les bois de châtaigniers, ramassant des champignons, et puis j'entendais mon petit ami, le gardien de brebis, crier au chien berger les ordres que celui-ci exécutait à la perfection pour ramener une brebis égarée ou punir une chèvre trop coureuse. Mieux que cela, jusqu'à la fraîcheur de la source ferrugineuse me venait à la bouche, je dégustais le chatouillement des minuscules bulles qui me montaient au nez. Cette perception si authentiquement vraie de moments passés voilà plus de quinze ans, cette faculté de les revivre vraiment avec tant d'intensité, ne peut être réalisée qu'en cellule, loin de tout bruit, dans le silence le plus complet.

Je vois même la couleur jaune de la robe de tata Outine. J'entends le murmure du vent dans les châtaigniers, le bruit sec que fait une bourse de châtaigne quand elle tombe sur la terre sèche, et mou quand elle est reçue sur un manteau de feuilles. Un énorme sanglier est sorti des hauts genêts et m'a fait une si grande peur que je suis parti en courant, perdant, dans mon affolement, une grande partie des champignons recueillis. Oui, j'ai passé (tout en marchant) toute la journée à Favras avec tata et mon petit ami le berger de l'Assistance publique, Julien. Ces souvenirs revécus, si tendres, si clairs, si nets, personne ne peut m'empêcher de m'y rouler dedans, de puiser en eux la paix qui est nécessaire à mon âme meurtrie.

Pour la société, je suis dans un des multiples cachots de la mangeuse d'hommes. En réalité, je leur ai volé une journée entière, je l'ai passée à Favras dans les prés, les châtaigniers, j'ai même bu de l'eau minérale à la source dénommée du Pêcher.

Voilà les premiers six mois passés. Je m'étais promis de compter par six mois ; j'ai donc tenu ma promesse.

Ce matin seulement j'ai diminué à quinze les seize...
Plus que quinze fois six mois.

Faisons le point. Pas d'incident personnel dans ces six
mois. Toujours la même nourriture, mais toujours
aussi une ration très convenable et avec laquelle ma
santé n'a pas à souffrir. Autour de moi beaucoup de
suicides et de fous furieux, heureusement emportés
assez vite. C'est déprimant d'entendre crier, se plaindre
ou gémir des heures et des journées entières. J'ai
trouvé un truc assez bon, mais mauvais pour les oreilles. Je coupe un morceau de savon et je me l'enfonce
dans les deux oreilles pour ne plus entendre ces cris
horripilants. Malheureusement le savon me fait mal
aux oreilles et elles coulent après un ou deux jours.

Pour la première fois que je suis au bagne, je me
suis abaissé à demander quelque chose à un gaffe. En
effet, un surveillant qui donne la soupe est de Montéli-
mar, pays près de chez moi. Je l'ai connu à Royale et
je lui ai demandé de m'apporter une boule de cire
pour m'aider à supporter les clameurs des fous avant
qu'ils ne soient enlevés. Il m'a apporté le lendemain
une boule de cire grosse comme une noix. C'est incroyable le soulagement que procure le fait de ne plus entendre ces malheureux.

Je suis très entraîné pour les gros mille-pattes. En
six mois je n'ai été mordu qu'une fois. Je résiste très
bien quand je me réveille et que l'un d'eux se promène
sur mon corps nu. On s'habitue à tout, c'est une question de contrôle sur soi, car ces chatouillements provo-
qués par ces pattes et ces antennes sont très désa-
gréables. Mais si on l'attrape mal, on est piqué. Il vaut
mieux attendre qu'il descende tout seul et après, oui,
le chercher et l'écraser. Sur mon banc de ciment, il
y a toujours deux ou trois petits morceaux de pain du
jour. Obligatoirement l'odeur du pain l'attire et il est
obligé de venir là. Alors, je le tue.

Je dois chasser une idée fixe qui me persécute. Pourquoi je n'ai pas tué Bébert Celier le jour même où on

a eu des doutes sur son rôle néfaste ? Alors, sans cesse, je
discute avec moi-même : quand a-t-on le droit de tuer ?
Puis, je conclus : la fin justifie les moyens. Ma fin, c'était
réussir ma cavale, j'avais eu la chance de terminer un
radeau bien fait, de le cacher dans un endroit sûr.
Partir, c'était une question de jours. Puisque j'ai su le
danger que représentait Celier à l'avant-dernière pièce
qui, par miracle, était arrivée à bon port, j'aurais dû
sans hésiter l'exécuter. Et si je m'étais trompé, si les
apparences avaient été fausses ? J'aurais tué un innocent.
Quelle horreur ! Mais c'est illogique que tu te poses un
problème de conscience, toi un bagnard à perpète — pire,
un condamné à huit ans de réclusion dans une peine à
perpétuité.

Qu'est-ce que tu crois, déchet perdu, traité comme
une immondice de la société ? Je voudrais savoir si les
douze fromages de jurés qui t'ont condamné se sont
une seule fois interrogés pour savoir si vraiment, en
conscience, ils avaient bien fait de te condamner si
lourdement. Et si le procureur, pour qui je n'ai pas
encore décidé avec quoi je vais lui arracher la langue,
s'est lui aussi demandé s'il n'a pas été un peu fort dans
son réquisitoire. Même pas mes avocats ne se rappellent
de moi, certainement. Ils doivent parler en termes géné-
raux sur « cette affaire malheureuse de Papillon » aux
assises de 1932 : « Vous savez, ce jour-là collègues, je
n'étais pas très en forme et par surcroît l'avocat général Pradel était dans ses meilleurs jours. Il a enlevé
en faveur de l'accusation cette affaire d'une façon magistrale. C'est vraiment un adversaire de grande classe. »

J'entends tout cela comme si j'étais à côté de maître
Raymond Hubert dans une conversation entre avocats,
ou à une réunion mondaine, ou plutôt dans un des
couloirs du Palais de Justice.

Un seul, sûrement, peut avoir une position de magistrat probe et honnête, le président Bevin. Il peut très
bien, cet homme impartial, discuter entre collègues ou
en réunion mondaine sur le danger de faire juger un

homme par des jurés. Il doit certainement dire avec
des mots choisis, bien entendu, que les douze fromages
du jury ne sont pas préparés pour une telle responsabilité, qu'ils sont trop impressionnés par le charme de
l'accusation ou de la défense, selon qui domine dans
cette joute oratoire ; qu'ils acquittent trop vite, ou
condamnent sans trop savoir comment, suivant une
atmosphère positive ou négative qu'arrive à créer la
plus forte des deux parties.

Le président et ma famille aussi, oui, mais ma famille
peut-être m'en veut-elle un peu des ennuis qu'indubita-
blement je lui ai procurés. Un seul, mon papa, mon
pauvre père, lui, n'a pas dû se plaindre de la croix que
son fils lui a jetée sur l'épaule, j'en suis sûr. Cette
lourde croix, il la traîne sans accuser son gosse, sans
rien lui reprocher et cela, bien que comme instituteur
il soit respectueux des lois et même enseigne à les
comprendre et à les accepter. Je suis sûr qu'au fond
de lui, son cœur crie : « Salopards, vous avez tué mon
enfant, pire vous l'avez condamné à mourir à petit feu,
à vingt-cinq ans ! » S'il savait où il est, son môme, ce
qu'on fait de lui, il serait capable de devenir anarchiste.

Cette nuit, la mangeuse d'hommes a mérité son nom
plus que jamais. J'ai compris qu'il y a deux pendus et
un qui s'est étouffé en se rentrant des chiffons dans la
bouche et dans les trous de nez. La cellule 127 est près
de l'endroit où les gaffes changent de garde et j'entends
quelquefois quelques bribes de leurs conversations. Ce
matin par exemple, ils n'ont pas parlé assez bas pour
que je n'entende pas ce qu'ils disaient sur les incidents
de la nuit.

Encore six mois de passés. Je fais le point et je viens
de graver sur le bois un beau « 14 ». J'ai un clou qui me
sert seulement tous les six mois. Oui, je fais le point,
la santé est toujours bonne et j'ai un moral très bon.

Grâce à mes voyages dans les étoiles, il est très rare
que j'aie de longues crises de désespoir. Assez vite je
les surmonte et fabrique de toutes pièces un voyage

réel ou imaginaire qui chasse les mauvaises idées. La mort de Celier m'aide beaucoup à être vainqueur de ces moments de crises aiguës. Je dis : Moi je vis, vis, je suis vivant et je dois vivre, vivre, vivre pour revivre libre un jour. Lui qui m'a empêché de m'évader, il est mort, il ne sera jamais libre comme je le serai un jour, c'est sûr, c'est certain. De toute façon, si je sors à trente-huit ans, on n'est pas vieux et la prochaine cavale ce sera la bonne, j'en suis sûr.

Un, deux, trois, quatre, cinq, demi-tour ; un, deux, trois, quatre, cinq, autre demi-tour. Depuis quelques jours mes jambes sont noires et il me sort du sang des gencives. Me ferai-je porter malade ? Je presse de mon pouce le bas de ma jambe et la marque reste empreinte. On dirait que je suis plein d'eau. Depuis une semaine, je ne peux plus marcher dix ou douze heures par jour, je suis très fatigué avec seulement six heures de marche en deux fois. Quand je me lave les dents, je ne peux plus les frotter avec la serviette rugueuse imbibée de savon sans souffrir et saigner beaucoup. J'ai même une dent qui est tombée toute seule hier, une incisive de la mâchoire supérieure.

C'est par une véritable révolution que se terminent ces nouveaux six mois. Effectivement, hier on nous a fait tous sortir la tête et il est passé un docteur qui soulevait les lèvres de chacun. Et ce matin, après dix-huit mois que je suis dans la cellule, la porte s'est ouverte et on m'a dit :

« Sortez, mettez-vous contre le mur et attendez. »

J'étais le premier à côté de la porte, il est sorti à peu près soixante-dix hommes. «Demi-tour, gauche.» Je me retrouve le dernier d'une file qui s'en va vers l'autre extrémité du bâtiment et sort dans la cour.

C'est neuf heures. Un jeune toubib en chemise kaki à manches courtes est assis en plein air, derrière une petite table en bois. Près de lui, deux infirmiers, forçats, et un surveillant infirmier. Tous, le toubib compris, sont pour moi des inconnus. Dix gaffes, mousqueton au poing, couvrent la cérémonie. Commandant et surveillants-chefs, debout, regardent sans dire un mot.

« Tout le monde à poil, crie le surveillant-chef. Vos affaires sous le bras. Au premier. Ton nom ?

— X...

— Ouvre la bouche, les jambes. Enlevez-lui ces trois dents. Alcool iodé d'abord, bleu de méthylène ensuite, sirop de Cochléaria deux fois par jour avant les repas. »

Je passe le dernier.

« Ton nom ?

— Charrière.

— Tiens, tu es le seul à avoir un corps présentable. Tu viens d'arriver ?

— Non.

— Combien tu as ici ?

— Dix-huit mois aujourd'hui.

— Pourquoi n'es-tu pas maigre comme les autres ?

— Je ne sais pas.

— Bien, moi je vais te le dire. Parce que tu bouffes mieux qu'eux, à moins que tu te masturbes moins. Ta bouche, tes jambes. Deux citrons par jour : un le matin, un le soir. Suce les citrons et passe le jus sur tes genci-ves, tu as le scorbut. »

On me nettoie les gencives à l'alcool iodé, puis on me les badigeonne de bleu de méthylène, on me donne un citron. Demi-tour, je suis le dernier de la file et retourne dans ma cellule.

Ce qui vient d'arriver est une vraie révolution, sortir les malades jusque dans la cour, leur faire voir le soleil, les présenter au docteur, près de lui. Jamais on n'a vu ça à la Réclusion. Qu'est-ce qui se passe ? Est-ce que par hasard, enfin, un docteur a refusé d'être le complice muet de ce fameux règlement ? Ce toubib, qui plus tard sera mon ami, s'appelle Germain Guibert. Il est mort en Indochine. Sa femme me l'écrivit à Macaraibo, au Venezuela, bien des années après ce jour.

Tous les dix jours, visite au soleil. Toujours la même

recette : alcool iodé, bleu de méthylène, deux citrons.
Mon état ne s'aggrave pas mais non plus ne s'améliore
pas. Dcux fois j'ai demandé du sirop de Cochléaria et
deux fois le docteur ne me l'a pas donné, ce qui commence à m'énerver parce que je ne peux toujours pas
marcher plus de six heures par jour et que le bas de
mes jambes est encore enflé et noir.

Un jour, attendant mon tour pour passer, je m'aperçois que le petit arbre rachitique sous lequel je m'abrite
un peu du soleil est un citronnier sans citrons. J'arrache
une feuille et je la mâche, puis machinalement, je coupe
une toute petite pointe de branche avec quelques feuilles, sans idée préconçue. Quand le toubib m'appelle,
je me mets la branche dans le derrière et je lui dis :
« Docteur, je ne sais pas si c'est la faute à vos citrons,
mais, regardez ce qui me pousse derrière. » Et je me
retourne avec ma petite branche et ses feuilles au derrière.

Les gaffes d'abord éclatent de rire puis le surveillant-
chef dit :

« Vous serez puni, Papillon, pour manque de respect
au docteur.

— Pas du tout, dit le docteur. Vous ne devez pas punir
cet homme car je ne me plains pas. Est-ce que tu ne
veux plus de citrons ? C'est ça que tu as voulu dire ?

— Oui, docteur, j'en ai marre des citrons, je ne guéris
pas. Je veux essayer le sirop de Cochléaria.

— Je ne t'en ai pas donné parce que j'en ai très peu
et je le réserve pour les grands malades. Je vais t'en
donner toutefois une cuillère par jour et toujours les
citrons.

— Docteur, j'ai vu des Indiens manger des algues de
la mer, or, j'ai vu les mêmes à Royale. Il doit y en
avoir aussi à Saint-Joseph.

— Tu me donnes une riche idée. Je vous ferai distri-
buer tous les jours une certaine algue qu'effectivement
j'ai vu moi-même sur le bord de la mer. Les Indiens
la mangent-ils cuite ou crue ?

— Crue.

— Ça va, merci, et surtout, mon commandant, que cet homme ne soit pas puni, je compte sur vous.

— Oui, capitaine. »

Un miracle s'est accompli. Sortir deux heures tous les huit jours au soleil attendant ou son tour pour la visite, ou que les autres puissent passer, voir des visages, murmurer quelques paroles ; qui aurait rêvé qu'une chose aussi merveilleuse pouvait arriver ? C'est un changement fantastique pour tous : les morts se lèvent et marchent au soleil ; ces enterrés vivants, enfin, peuvent dire quelques mots. C'est une bouteille d'oxygène qui insuffle à chacun de nous de la vie.

Clac, clac, des infinités de clacs ouvrent toutes les portes des cellules un jeudi matin à neuf heures. Chacun doit se mettre debout sur le seuil de la porte de sa cellule. « Réclusionnaires, crie une voix, inspection du gouverneur. »

Accompagné de cinq officiers de la coloniale, certainement tous médecins, un homme grand, élégant, les cheveux gris argenté, passe lentement le long du couloir devant chaque cellule. J'entends qu'on lui signale les grosses peines et le motif qui les a entraînées. Avant d'arriver à ma hauteur, on fait lever un homme qui n'a pas eu la force d'attendre si longtemps debout. C'est un des anthropophages, Graville. L'un des militaires dit :

« Mais c'est un cadavre ambulant, celui-là ! »

Le gouverneur répond :

« Ils sont tous dans un état déplorable. »

La commission arrive à moi. Le commandant dit :

« Celui-ci a la plus lourde peine de la Réclusion.

— Comment vous appelez-vous ? dit le gouverneur.

— Charrière.

— Votre peine ?

— Huit ans pour vol de matériel de l'Etat, etc., meurtre, trois et cinq ans, sans confusion de peine.

— Combien as-tu fait ?

— Dix-huit mois.

— Sa conduite ?

— Bonne, dit le commandant.

— Ta santé ?

— Passable, dit le toubib.

— Qu'avez-vous à dire ?

— Que ce régime est inhumain et peu digne d'un peuple comme la France.

— Les causes ?

— Silence absolu, pas de promenade et jusqu'à ces quelques jours, pas de soins.

— Tenez-vous bien et peut-être aurez-vous une grâce si je suis encore gouverneur.

— Merci. »

De ce jour, par ordre du gouverneur et du médecin-chef venus de la Martinique et de Cayenne, tous les jours une heure de promenade avec bain de mer, dans une espèce de fausse piscine où les baigneurs sont protégés des requins par de gros blocs de pierre.

A neuf heures, chaque matin, par groupes de cent, on descend de la Réclusion, complètement nus, à la baignade. Les femmes et les gosses des surveillants doivent rester chez eux pour qu'on puisse descendre à poil.

Voilà un mois que cela dure. Les visages des hommes ont complètement changé. Cette heure de soleil, cette baignade dans l'eau salée, pouvoir parler une heure chaque jour, a transformé radicalement ce troupeau de réclusionnaires, malades moralement et physiquement.

Un jour, en remontant de la baignade à la Réclusion, je me trouve dans les derniers quand on entend des cris de femme désespérés et deux coups de revolver. Je perçois :

« Au secours ! Ma petite se noie ! »

Les cris viennent du quai qui n'est qu'une pente cimentée pénétrant dans la mer et où accostent les canots. D'autres cris :

« Les requins. »

Et encore deux coups de revolver. Comme tout le monde s'est retourné vers ces appels au secours et coups de revolver, sans réfléchir je bouscule un gardien et pars tout nu en courant vers le quai. En arrivant je vois deux femmes criant comme des perdues, trois surveillants et des Arabes.

« Jetez-vous à l'eau ! crie la femme. Elle n'est pas loin ! Je ne sais pas nager moi, sans cela j'irai. Bandes de lâches !

— Les requins ! » dit un gaffe. Et il tire à nouveau dessus.

Une petite fille avec sa robe bleu-blanc flotte sur la mer, emportée doucement par un faible courant. Elle va droit sur le confluent des courants qui sert de cimetière aux bagnards mais elle en est très loin encore. Les gaffes n'arrêtent pas de tirer et certainement ils ont touché plusieurs requins car il y a des remous près de la petite.

« Ne tirez plus ! » je crie.

Et sans réfléchir, je me jette à l'eau. Aidé du courant, je me dirige très vite vers la petite, flottant toujours à cause de sa robe, en battant des pieds le plus fort possible pour éloigner les requins.

Je ne suis plus qu'à trente ou quarante mètres d'elle quand arrive un canot sorti de Royale qui a vu la scène de loin. Il arrive sur la petite avant moi, l'accroche et la met à l'abri. Je pleure de rage, sans même penser aux requins quand, à mon tour, je suis hissé à bord. J'ai risqué ma vie pour rien.

Du moins je le croyais, car un mois plus tard, par une sorte de récompense, le docteur Germain Guibert obtient une suspension de ma peine de réclusion pour raison médicale.

RETOUR A ROYALE

LES BUFFLES

C'EST donc par un véritable miracle que je retourne comme en cours de peine normale à Royale. Je l'ai quittée avec une condamnation de huit ans et à cause de cette tentative de sauvetage, je suis de retour dix-neuf mois après.

J'ai retrouvé mes amis : Dega toujours comptable, Galgani facteur, Carbonieri qui a été acquitté dans mon affaire d'évasion, Grandet, Bourset, le menuisier et les hommes à la Poussette : Naric et Quenier, Chatal à l'infirmerie et mon complice de la première cavale, Maturette, qui est toujours à Royale, aide-infirmier.

Les bandits du maquis corse sont tous ici : Essari, Vicioli, Césari, Razori, Fosco, Maucuer et Chapar qui a fait guillotiner la Griffe pour l'affaire de la Bourse à Marseille. Toutes les vedettes de la chronique rouge des années 27 à 35 sont ici.

Marsino, l'assassin de Dufrêne, est mort la semaine

dernière de misère physiologique. Ce jour-là, les requins ont eu un plat de choix. Il leur a été servi un des experts en pierres précieuses les plus cotés de Paris.

Barrat, surnommé la Comédienne, le champion de tennis millionnaire de Limoges, qui a assassiné un chauffeur et son petit ami intime, trop intime. Barrat est chef du laboratoire et pharmacien à l'hôpital de Royale. On est tuberculeux aux Iles par droit de cuissage, prétend un docteur facétieux.

Bref, mon arrivée à Royale est un coup de canon. Quand j'entre à nouveau dans le bâtiment des fortes têtes, c'est un samedi matin. Il y a presque tout le monde et tous, sans exception, me font fête et me témoignent leur amitié. Même le mec aux montres qui ne parle jamais depuis le fameux matin où on allait le guillotiner par erreur, se dérange et vient me dire bonjour.

« Alors, les amis, ça va pour tout le monde ?

— Oui, Papi, sois le bienvenu.

— Tu as toujours ta place, dit Grandet. Elle est restée vide depuis le jour où tu es parti.

— Merci à tous. Quoi de nouveau ?

— Une bonne nouvelle.

— Laquelle ?

— Cette nuit, dans la salle, en face des bonnes conduites, on a trouvé assassiné le bique qui t'avait dénoncé en te pistant du haut du cocotier. C'est certainement un ami à toi qui n'a pas voulu que tu le rencontres vivant et qui t'a économisé ce travail.

— Sûrement, je voudrais bien savoir qui c'est pour le remercier.

— Peut-être un jour, il te le dira. On l'a trouvé ce matin à l'appel avec un couteau planté dans le cœur. Personne n'a rien vu ni rien entendu.

— C'est mieux comme ça. Et le jeu ?

— Ça va, il y a toujours ta place.

— Bon. Alors on recommence à vivre en travaux

forcés à perpétuité. Savoir comment et quand ça va finir cette histoire.

— Papi, on a été réellement tous bien choqués quand on a su que tu avais huit piges à te taper. Je ne crois pas qu'il y ait sur les Iles un seul homme, maintenant que tu es là, capable de refuser de t'aider pour n'importe quoi, au prix le plus risqué.

— Le commandant vous appelle », dit un bique.

Je sors avec lui. Au poste de garde, plusieurs gaffes me disent quelques mots gentils. Je suis le bique et trouve le commandant Prouillet.

« Ça va, Papillon ?

— Oui, commandant.

— Je suis heureux que tu sois gracié et te félicite pour ton acte de courage envers la petite fille de mon collègue.

— Merci.

— Je vais te mettre bouvier en attendant que tu retournes, vidangeur avec le droit de pêcher.

— Si cela ne vous compromet pas trop, oui.

— Ça me regarde. Le surveillant de l'atelier n'est plus ici et moi, dans trois semaines, je m'en vais en France. Bon, alors tu reprends ta place demain.

— Je ne sais comment vous remercier, commandant.

— En attendant un mois avant d'essayer une autre cavale ? dit en riant Prouillet.

Dans la salle, je vois toujours les mêmes hommes, leur même train de vie qu'avant de partir. Les joueurs, classe à part, ne pensent et ne vivent que pour le jeu. Les hommes qui ont des jeunes vivent, mangent, couchent avec eux. Véritables ménages où la passion et l'amour entre hommes prennent toutes leurs pensées, nuit et jour. Scènes de jalousie, passions sans retenue où la « femme » et « l'homme » s'épient mutuellement et qui provoquent des meurtres inévitables si l'un d'eux se fatigue de l'autre et vole à de nouvelles amours.

Pour la belle Charlie (Barrat), un Noir nommé Simplon a tué la semaine dernière un type qui s'appelait Siderot. C'est le troisième que Simplon tue à cause de Charlie.

Il n'y a que quelques heures que je suis sur le camp que j'ai déjà deux mecs qui viennent me voir.

« Dis-moi, Papillon je voudrais savoir si Maturette est ton môme ?

— Pourquoi ?

— Pour des raisons à moi.

— Ecoute bien. Maturette a fait une cavale avec moi de deux mille cinq cents kilomètres où il s'est comporté comme un homme, c'est tout ce que j'ai à te dire.

— Je veux savoir s'il est avec toi ?

— Non, je ne connais pas Maturette du côté sexe. Je l'apprécie comme un ami, le reste ne me regarde pas, sauf si on lui fait du mal.

— Mais si un jour il était ma femme ?

— A ce moment, s'il est consentant je ne me mêlerai de rien. Mais si pour arriver à ce qu'il soit ton môme tu le menaces, tu auras alors affaire à moi. »

Avec les pédérastes passifs ou actifs c'est pareil, car autant les uns que les autres s'installent dans leur passion sans penser à autre chose.

J'ai trouvé l'Italien du plan en or du convoi. Il est venu me dire bonjour. Je lui dis :

« Tu es encore ici ?

— J'ai tout fait. Ma mère m'a envoyé douze mille francs, le gaffe m'en a pris six mille de commission, j'ai dépensé quatre mille pour me faire désinterner, j'ai réussi à aller passer la radio à Cayenne et je n'ai rien pu faire. Après, je me suis fait accuser d'avoir blessé un ami, tu le connais. Razori, le bandit corse.

— Oui, et alors ?

— D'accord avec lui, il s'est fait une blessure au ventre et je suis descendu au conseil de guerre avec lui, lui comme accusateur et moi comme coupable. On n'a pas touché terre là-bas. En quinze jours on avait fini. Condamné à six mois, je les ai faits à la Réclusion l'an dernier. Tu n'as même pas su que j'étais là. Papi, je n'en peux plus, j'ai envie de me suicider.

— Il vaut mieux que tu crèves en mer dans une cavale, au moins tu meurs libre.

— Je suis prêt à tout, tu as raison. Si tu prépares quelque chose, fais-moi signe.

— C'est entendu. »

Et la vie à Royale recommence. Me voilà bouvier. J'ai un buffle qu'on appelle Brutus. Il pèse deux mille kilos, c'est un assassin d'autres buffles. Il a tué déjà deux autres mâles. « C'est, me dit le surveillant Angosti qui s'occupe de ce service, sa dernière chance. S'il en tue un autre il sera abattu. »

Ce matin, j'ai fait la connaissance de Brutus. Le Noir martiniquais qui le conduit doit rester une semaine avec moi pour m'apprendre. J'ai tout de suite été ami de Brutus en lui pissant sur le nez : sa grande langue adore recueillir le salé. Puis, je lui ai donné quelques mangots verts que j'avais ramassés dans le jardin de l'hôpital. Je descends avec Brutus attaché comme un bœuf au gros timon d'une charrette digne des temps des rois fainéants tant elle est rustiquement faite et sur laquelle se trouve un tonneau de trois mille litres d'eau. Mon travail et celui de mon pote Brutus est d'aller à la mer faire remplir le tonneau d'eau et de remonter cette terrible côte jusqu'au plateau. Là, j'ouvre la clef du baril et l'eau coule dans les caniveaux, emportant tout ce qui est resté de la vidange du matin. Je commence à six heures et vers neuf heures j'ai fini.

Au bout de quatre jours, le Martiniquais déclare que je peux me débrouiller tout seul. Il n'y a qu'un ennui : le matin, à cinq heures, je dois nager dans la mare à la recherche de Brutus qui se cache car il n'aime pas travailler. Comme il a les narines très sensibles, un anneau de fer les traverse et un bout de chaîne de cinquante centimètres en pend en permanence. Quand je le découvre, il se retire, plonge, et va ressortir plus loin. Quelquefois je mets plus d'une heure avant de l'attraper dans cette eau stagnante dégueulasse de la mare, pleine de bêtes et de nénuphars. J'en prends des

colères tout seul : « Salaud ! tête de con ! Têtu comme
un Breton ! Tu vas sortir, oui ou merde ? » Il n'est
sensible qu'à la chaîne quand je l'attrape. Les insultes,
il s'en fout. Mais quand, enfin, il est sorti de la mare,
alors il devient mon pote.

J'ai deux bidons de graisses vides, pleins d'eau douce.
Je commence par prendre une douche, bien nettoyé de
cette eau visqueuse de la mare. Quand je suis bien
savonné et bien rincé, il me reste généralement plus
d'une moitié d'un estagnon d'eau douce, alors je lave
Brutus avec de la bourre de bourse de coco. Je lui frotte
bien les parties sensibles et l'arrose en le nettoyant.
Brutus se frotte alors la tête contre mes mains et tout
seul il se met devant le brancard de la charrette. Jamais
je ne le pique avec le dard comme le faisait le Martiniquais. Il m'en sait gré, car avec moi il marche plus vite
qu'avec lui.

Il y a une belle petite bufflesse qui est amoureuse de
Brutus, elle nous accompagne en marchant à côté de
nous. Je ne la chasse pas comme l'autre bufflier, au
contraire. Je la laisse embrasser Brutus et nous accompagner partout où l'on va. Par exemple, je ne les
dérange pas quand ils s'embrassent et Brutus m'en est
reconnaissant car il monte ses trois mille litres à une
vitesse incroyable. Il a l'air de vouloir rattraper le
temps qu'il m'a fait perdre dans ses séances de langues
avec Marguerite, car elle s'appelle Marguerite la bufflesse.

Hier, à l'appel de six heures, il y a un petit scandale
à cause de Marguerite. Le Noir martiniquais, paraît-il,
montait sur un petit mur et là, il baisait la bufflesse
tous les jours. Surpris par un gaffe, il avait écopé trente
jours de cachot. « Coït sur un animal » motif officiel.
Or, hier, à l'appel, Marguerite s'est amenée sur le camp,
elle a passé devant plus de soixante hommes et, arrivée
à la hauteur du nègre, elle s'est retournée en lui présentant ses fesses. Ce fut un éclat de rire général et le
noircicaud était gris de confusion.

Je dois faire trois voyages d'eau par jour. Le plus long, c'est le remplissage du tonneau par les deux chargeurs en bas, mais ça va assez vite. A neuf heures, j'ai fini et je vais à la pêche.

Je me suis allié avec Marguerite pour sortir Brutus de la mare. En la grattant dans l'oreille elle émet un son à peu près comme une jument en chaleur. Alors Brutus sort tout seul. Bien que je n'aie plus besoin de me laver, je continue à le baigner mieux qu'avant. Tout propre et sans l'odeur nauséabonde de l'eau dégueulasse où il passe la nuit, il plaît encore plus à Marguerite et en est pétillant.

En remontant de la mer, à moitié de la côte, se trouve un endroit un peu plat où j'ai une grosse pierre. Brutus a l'habitude de souffler cinq minutes, je cale la charrette et ainsi il se repose mieux. Mais ce matin, un autre buffle, Danton, aussi gros que lui, nous attendait caché derrière des petits cocotiers qui n'ont que des feuilles, car c'est une pépinière. Danton débouche et attaque Brutus. Lui, fait un écart et le coup est esquivé, l'autre touche la charrette. Une de ses cornes est rentrée dans le tonneau. Danton fait des efforts démesurés pour se dégager, moi je libère Brutus de ses harnais. Alors Brutus prend du champ, côté hauteur, au moins trente mètres, et se précipite au galop sur Danton. La peur ou le désespoir font que celui-ci, avant que mon buffle soit sur lui, se dégage du tonneau en laissant un morceau de corne, mais Brutus ne peut freiner à temps et rentre dans la charrette qui se renverse.

Alors là j'assiste à la chose la plus curieuse. Brutus et Danton se touchent les cornes sans se pousser, ils ne font que se frotter leurs immenses cornes les unes contre les autres. Ils ont l'air de se parler et pourtant ils ne crient pas, ils soufflent seulement. Puis, la bufflesse monte la côte lentement, suivie par les deux mâles qui, de temps en temps, s'arrêtent et recommencent à se frotter et entrelacer les cornes. Quand c'est trop long, Marguerite gémit langoureusement et repart vers le plateau. Les deux mastodontes, toujours sur la même ligne, suivent. Après trois arrêts avec la même cérémonie, nous arrivons au plateau. Cette partie où nous débouchons est devant le phare et forme une place nue de trois cents mètres de long environ. Au bout, le camp des bagnards ; à droite et à gauche, les bâtiments des deux hôpitaux : transportés et militaires.

Danton et Brutus suivent toujours à vingt pas. Marguerite, elle, va tranquillement au centre de la place et s'arrête. Les deux ennemis viennent à sa hauteur. Elle, de temps en temps, lance son cri de lamento, long et positivement sexuel. Ils se touchent à nouveau les cornes, mais cette fois j'ai l'impression qu'ils se parlent vraiment car à leur souffle se mêlent des sons qui doivent signifier quelque chose.

Après cette conversation, l'un part à droite, lentement, et l'autre à gauche. Ils vont se poster aux extrémités de la place. Il y a donc entre eux trois cents mètres. Marguerite, toujours au centre, attend. J'ai compris : c'est un duel en bonne et due forme, accepté des deux côtés, avec la jeune bufflesse comme trophée. La môme buffalo est d'ailleurs d'accord, elle aussi est fière que deux Jules aillent se battre pour elle.

C'est sur un cri de Marguerite qu'ils s'élancent l'un vers l'autre. Dans la trajectoire que chacun peut parcourir, cent cinquante mètres environ, inutile de vous dire que leurs deux mille kilos se multiplient par la vitesse qu'ils arrivent à prendre. Le choc de ces deux têtes est si formidable que les deux restent knock-out plus de cinq minutes. Chacun a fléchi des jambes. Le plus vite récupéré, c'est Brutus qui s'en va cette fois au galop reprendre sa place. La bataille a duré deux heures. Des gaffes voulaient tuer Brutus, je m'y suis opposé et, à un moment donné, dans un choc, Danton s'est cassé la corne qu'il s'était abîmée contre le tonneau. Il s'enfuit, poursuivi par Brutus. La bataille poursuite a duré jusqu'au lendemain. Partout où ils ont passé, jardins, cimetière, buanderie, ils ont tout détruit.

C'est seulement après s'être battus toute la nuit que le matin suivant, vers les sept heures, Brutus a pu acculer Danton contre le mur de la boucherie qui est au bord de la mer et là, il lui a entré une corne entière dans le ventre. Pour bien le terminer, Brutus s'est roulé deux fois sur lui-même pour que la corne, dedans, tourne dans le ventre de Danton qui, au milieu d'un ruisseau de sang et de tripes, s'abat, vaincu à mort.

Cette bataille de colosses a tellement affaibli Brutus qu'il a fallu que je dégage sa corne pour qu'il puisse se relever. Titubant, il s'éloigne par le chemin qui borde la mer et là, Marguerite s'est mise à marcher à côté de lui en soulevant son gros cou de sa tête sans cornes.

Je n'ai pas assisté à leur nuit de noces, car le gaffe responsable des buffles m'accusa d'avoir détaché Brutus et je perdis ma place de bufflier.

J'ai demandé à parler avec le commandant au sujet de Brutus.

« Papillon, alors que s'est-il passé ? Brutus doit être abattu, il est trop dangereux. Voilà trois beaux exemplaires qu'il tue.

— Je suis justement venu pour vous demander de sauver Brutus. Ce gaffe des cultures chargé des buffles n'y comprend rien. Permettez-moi de vous raconter pourquoi Brutus a agi en légitime défense. » Le commandant sourit :

« J'écoute.

— ... Donc, vous avez compris, mon commandant, que mon buffle est l'attaqué, concluai-je après avoir conté tous les détails. Bien mieux, si je ne détache pas Brutus, Danton le tue attaché et donc incapable de se défendre, puisqu'il était lié à son joug et à la charrette.

— C'est vrai », dit le commandant.

Le gaffe des cultures arrive alors.

« Bonjour, commandant. Je vous cherche, Papillon, car ce matin vous êtes sorti sur l'île comme si vous alliez au travail, pourtant vous n'aviez rien à faire.

— Je suis sorti, monsieur Angosti, pour voir si je pouvais arrêter cette bataille, malheureusement ils étaient enragés.

— Oui, c'est possible, mais maintenant vous n'aurez plus à conduire le buffle je vous l'ai déjà dit. D'ailleurs, dimanche matin on va l'abattre, ça fera de la viande pour le pénitencier.

— Vous ne ferez pas cela.

— C'est pas vous qui m'en empêcherez.

— Non, mais le commandant. Et si c'est pas assez, le docteur Germain Guibert à qui je vais demander d'intervenir pour sauver Brutus.

— De quoi vous mêlez-vous ?

— De ce qui me regarde. Le buffle, c'est moi qui le conduis et c'est mon copain.

— Votre copain ? Un buffle ? Vous vous foutez de moi ?

— Ecoutez, monsieur Angosti, vous voulez me laisser parler un moment ?

— Laissez-le prendre la défense de son buffle, dit le commandant.

— Bien, parlez.

— Vous croyez, monsieur Angosti, que les bêtes parlent entre elles ?

— Pourquoi pas, si elles se communiquent.

— Alors Brutus et Danton d'un commun accord se sont battus en duel. »

Et à nouveau j'explique tout, du début à la fin.

« Cristacho ! dit le Corse, vous êtes un drôle de type, Papillon. Arrangez-vous avec Brutus, mais au prochain qu'il tue, personne ne le sauve, même pas le commandant. Je vous remets bouvier. Arrangez-vous pour que Brutus travaille. »

Deux jours après, la charrette arrangée par les ouvriers de l'atelier, Brutus accompagné de sa légitime, Marguerite, reprenait les transports d'eau de mer journaliers. Et moi, quand on arrivait à la place où il se reposait, la charrette bien calée avec la pierre, je disais : « Où est-il Danton, Brutus ? » Et ce gros mastodonte d'un seul coup arrachait la charrette et d'un pas joyeux, en vainqueur, il terminait le trajet d'un seul jet.

RÉVOLTE À SAINT-JOSEPH

Les Iles sont extrêmement dangereuses à cause de cette fausse liberté dont on jouit. Je souffre de voir tout le monde installé commodément pour vivre sans histoire. Les uns attendent leur fin de peine et d'autres rien, ils se roulent dans leurs vices.

Cette nuit, je suis allongé sur mon hamac, au fond de la salle il y a un jeu d'enfer au point que mes deux amis, Carbonieri et Grandet ont été obligés de se mettre à deux pour diriger le jeu. Un seul n'aurait pas suffi. Moi je cherche à faire apparaître mes souvenirs du passé. Ils s'y refusent : on dirait que les assises n'ont jamais existé. J'ai beau me forcer à éclaircir les images brumeuses de cette fatale journée, je n'arrive à voir aucun personnage nettement. Seul le procureur se présente dans toute sa cruelle vérité. Nom de Dieu ! je croyais bien t'avoir gagné définitivement quand je me suis vu à Trinidad chez Bowen. Quel maléfice m'as-tu jeté, espèce de salaud, pour que six cavales n'aient pu me donner la liberté ? A la première, des durs, quand tu as reçu la nouvelle, as-tu pu dormir tranquille ? Je voudrais bien savoir si tu as peur, ou seulement de la rage de savoir que ta proie avait échappé au chemin de la pourriture où tu l'avais jetée quarante-trois jours avant ? J'avais crevé la cage. Quelle fatalité m'a poursuivi pour revenir au bagne onze mois après ? Peut-être que Dieu m'a puni d'avoir méprisé la vie primitive mais si belle que j'aurais pu continuer à vivre aussi longtemps que je l'aurais voulu ?

Lali et Zoraïma, mes deux amours, cette tribu sans gendarmes, sans autre loi que la plus grande compréhension entre les êtres qui la constituent, oui, je suis ici par ma faute, mais je ne dois penser qu'à une seule chose,

m'évader, m'évader ou mourir. Si, quand tu as su que
j'étais repris et retourné au bagne, tu as eu à nouveau
ton sourire vainqueur des assises en pensant : « Tout est
bien ainsi, il y est de nouveau dans le chemin de la
pourriture où je l'avais mis », tu te trompes. Jamais mon
âme, mon esprit, n'appartiendront à ce chemin dégra-
dant. Tu tiens mon corps seulement ; tes gardes, ton
système pénitencier constatent tous les jours, deux fois
par jour que je suis présent et avec ça, cela vous suffit.
Six heures du matin : « Papillon ? — Présent. » Six heures du soir : « Papillon ? — Présent. » Tout va bien. Voilà
près de six ans que nous le tenons, il doit commencer
à pourrir et avec un peu de chance un de ces
jours la cloche appellera les requins pour le recevoir
avec tous les honneurs, au banquet journalier que leur
offre   gratuitement   ton   système   d'élimination   par
l'usure.

Tu te trompes, tes calculs ne sont pas justes. Ma présence physique n'a rien à voir avec ma présence morale.
Tu veux que je te dise une chose ? Je n'appartiens pas
au bagne, je ne suis assimilé en rien aux habitudes de
mes codétenus, même pas à celles de mes amis les plus
intimes. Je suis candidat permanent à la cavale. Je suis
en train de converser avec mon accusateur des assises,
quand deux hommes s'approchent de mon hamac.

« Tu dors, Papillon ?

— Non.

— On voudrait te parler.

— Parle. Ici il n'y a personne, en causant doucement,
qui peut vous entendre.

— Voilà, on est en train de préparer une révolte.

— Votre plan ?

— On tue tous les Arabes, tous les gaffes, toutes les
femmes des gaffes et tous leurs gosses qui sont de la
graine de pourris. Pour cela, moi Arnaud et mon ami
Hautin, aidés de quatre hommes qui sont d'accord, nous
attaquons le dépôt d'armes du commandement. J'y travaille pour maintenir les armes en bon état. Il y a vingt-

trois mitraillettes et plus de quatre-vingts fusils, mousquetons et Lebel. L'action se fera de...

— Arrête, ne va pas plus loin. Je refuse de marcher. Je te remercie de ta confiance, mais je ne suis pas d'accord.

— On pensait que tu accepterais d'être le chef de la révolte. Laisse-moi te donner les détails étudiés par nous et tu verras que ça ne peut pas échouer. Il y a cinq mois qu'on prépare l'affaire. Nous avons plus de cinquante hommes d'accord.

— Ne me donne aucun nom, je refuse et d'être le chef et même d'agir dans ce coup.

— Pourquoi ? Tu nous dois une explication après la confiance qu'on a eue de tout te dire.

— Je ne t'ai pas demandé de me raconter tes projets. Ensuite, je ne fais dans la vie que ce que je veux et non ce que l'on veut. En plus, je ne suis pas un assassin à la chaîne. Je peux tuer quelqu'un qui m'a fait quelque chose de grave, mais pas des femmes et des gosses qui ne m'ont rien fait. Le plus grave, vous ne le voyez même pas et je vais vous le dire : même en réussissant la révolte, vous échouez.

— Pourquoi ?

— Parce que la chose principale, vous évader, n'est pas possible. Admettons que cent hommes suivent la révolte, comment vont-ils partir ? Il y a deux canots seulement aux Iles. Au grand maximum, ils ne peuvent pas porter tous deux plus de quarante durs. Que ferez-vous des soixante autres ?

— Nous, on sera dans les quarante qui partiront dans les canots.

— C'est ce que tu supposes, mais les autres sont pas plus cons que vous, ils seront armés comme vous et si chacun d'eux a un peu de cervelle, quand tous ceux que tu as dit vont être éliminés, vous vous tirerez dessus entre vous pour gagner le droit d'être sur un des bateaux. Le plus important de tout ça, c'est que ces deux canots, aucun pays ne voudra les recevoir, car les télégrammes vont arriver avant vous dans tous les pays possibles où vous êtes susceptibles d'aller, surtout avec une légion de morts aussi grande derrière vous. Partout vous serez arrêtés et remis à la France. Vous savez que je reviens de Colombie, je sais ce que je dis. Je vous donne ma parole qu'après un coup pareil on vous rend de partout.

— Bon. Alors tu refuses ?

— Oui.

— C'est ton dernier mot ?

— C'est ma décision irrévocable.

— Il ne reste qu'à nous retirer.

— Un moment. Je vous demande de ne pas parler de ce projet à aucun de mes amis.

— Pourquoi ?

— Parce qu'à l'avance je sais qu'ils vont refuser, donc c'est pas la peine.

— Très bien.

— Vous croyez que vous ne pouvez pas abandonner ce projet ?

— Franchement, Papillon, non.

— Je ne comprends pas votre idéal puisque, très sérieusement, je vous explique que même la révolte réussissant, vous ne pouvez pas être libres.

— Nous voulons surtout nous venger. Et maintenant que tu nous as expliqué qu'il était impossible d'arriver dans un pays qui nous reçoive, eh bien, on prendra la brousse et nous formerons une bande dans la forêt vierge.

— Vous avez ma parole que je n'en parlerai même pas à mon meilleur ami.

— Ça, on en est sûr.

— Bien. Une dernière chose : avertissez-moi huit jours à l'avance, pour que j'aille à Saint-Joseph et ne sois pas à Royale quand ça va se passer.

— Tu seras averti à temps pour que tu puisses changer d'île.

— Ne puis-je rien faire pour vous faire changer d'idée ?

Voulez-vous combiner autre chose avec moi ? Par exemple, voler quatre mousquetons et une nuit attaquer le poste qui garde les canots, sans tuer personne, prendre un bateau et partir ensemble.

— Non, on a trop souffert. Le principal pour nous c'est la vengeance, même au prix de notre vie.

— Et les gosses ? Et les femmes ?

— Tout ça, c'est la même graine, le même sang, il faut qu'ils crèvent tous.

— N'en parlons plus.

— Tu ne nous dis pas bonne chance ?

— Non, je vous dis : renoncez, il y a mieux à faire que cette cochonnerie.

— Tu n'admets pas qu'on ait le droit de se venger ?

— Si, mais pas sur des innocents.

— Bonsoir.

— Bonsoir. On n'a rien dit, d'accord, Papi ?

— D'accord, mecs ! »

Et Hautin et Arnaud se retirent. Ça par exemple, drôle d'histoire ! C'est deux dingues ces mecs, et par-dessus le marché il y aurait cinquante ou soixante compromis et à l'heure H plus de cent ! Quelle histoire de fous ! Aucun de mes amis ne m'en a soufflé mot, donc ces deux durs n'ont dû parler qu'à des caves. C'est pas possible que des hommes du milieu soient dans ce coup. Ce qui est plus grave, car les assassins caves sont les vrais assassins, les autres du milieu ce sont des meurtriers, ce n'est pas pareil.

J'ai pris cette semaine des renseignements très discrètement sur Arnaud et Hautin. Arnaud a été condamné, injustement paraît-il, à perpète pour un truc qui ne méritait même pas dix ans. Les jurés l'ont condamné aussi sévèrement parce que l'année d'avant son frère avait été guillotiné pour meurtre d'un poulet. Lui, en raison du fait que le procureur avait parlé plus de son frère que de lui-même pour créer une atmosphère hostile, a été condamné à cette terrible peine. Il aurait été aussi horriblement torturé lors de son arrestation, toujours en raison de ce qu'avait fait son frère.

Hautin n'a jamais connu la liberté, il est en prison depuis l'âge de neuf ans. Avant de sortir d'une maison de correction, à dix-neuf ans, il a tué un mec, la veille de sa libération pour rejoindre la marine où il s'était engagé pour sortir de correction. Il doit être un peu fou, car ses projets étaient, paraît-il, de gagner le Venezuela, de travailler dans une mine d'or et de se faire sauter la jambe pour toucher une grosse indemnité. Cette jambe est raide en raison d'une injection de je ne sais trop quel produit qu'il s'est faite volontairement à Saint-Martin-de-Ré.

Coup de théâtre. Ce matin à l'appel, on a appelé Arnaud, Hautin et le frère de Matthieu Carbonieri, mon ami. Son frère Jean est boulanger, donc au quai près des bateaux.

Ils ont été envoyés à Saint-Joseph sans explication et sans raison apparente. J'essaie de savoir. Rien ne suinte, pourtant Arnaud était depuis quatre ans à l'entretien des armes et Jean Carbonieri depuis cinq ans boulanger. Ce ne peut être un simple hasard. Il a dû y avoir une fuite, mais quel genre de fuite et jusqu'où ?

Je décide de parler avec mes trois amis intimes : Matthieu Carbonieri, Grandet et Galgani. Aucun des trois ne sait rien. Donc, ce Hautin et Arnaud n'avaient attaqué que des durs qui n'étaient pas du milieu.

« Pourquoi m'ont-ils parlé à moi, alors ?

— Parce qu'il est connu de tout le monde que tu veux t'évader à n'importe quel prix.

— Pas à ce prix-là, pourtant.

— Ils n'ont pas su faire la différence.

— Et ton frère Jean ?

— Va savoir comment il a fait la connerie de se mettre dans ce coup-là.

— Peut-être que celui qui a balancé l'a mis dans le coup et qu'il n'a rien à voir là-dedans. »

Les événements se précipitent. Cette nuit on a assassiné Girasolo au moment où il entrait dans les cabinets. On a trouvé du sang sur la chemise du bouvier martiniquais. Quinze jours après une trop rapide instruction et la déclaration d'un autre Noir mis à l'isolement, l'ancien bouvier est condamné à mort par un tribunal d'exception.

Un vieux dur, nommé Garvel ou le Savoyard, vient me parler au lavoir dans la cour.

« Papi, je suis emmerdé car c'est moi qui ai tué Girasolo. Je voudrais sauver le noiraud, mais j'ai le trac qu'on me guillotine. A ce prix-là, je ne parle pas. Mais si je trouvais une combine pour n'avoir que trois ou cinq ans, je me dénonce.

— Quelle est ta peine de travaux forcés ?

— Vingt ans.

— Combien as-tu fait ?

— Douze ans.

— Trouve le moyen qu'on te foute perpétuité, comme ça tu ne vas pas à la Réclusion.

— Comment faire ?

— Laisse-moi réfléchir, je te dirai cette nuit. »

Le soir arrive. Je dis à Garvel : « Tu ne peux pas te faire dénoncer et reconnaître les faits.

— Pourquoi ?

— Tu risques d'être condamné à mort. Une seule façon pour éviter la Réclusion, choper perpète. Dénonce-toi toi-même. Motif : que tu ne peux pas, en conscience, laisser guillotiner un innocent. Choisis un gaffe corse comme défenseur. Je te dirai son nom après l'avoir consulté. Il faut faire vite. Faudrait pas qu'ils le découpent trop rapidement. Attends deux ou trois jours. »

J'ai parlé avec le surveillant Collona, il me donne une idée fantastique : Moi, je l'emmène au commandant et je dis que Garvel m'a demandé de le défendre et de l'accompagner pour faire ses aveux, que je lui ai garanti que sur cet acte de noblesse il était impossible qu'on le condamne à mort, que toutefois son cas était très grave et qu'il devait s'attendre à être condamné à perpétuité.

Tout s'est bien passé. Garvel a sauvé le noiraud qui a été remis en liberté aussi sec. Le faux témoin accusateur s'est vu infliger un an de prison. Robert Garvel, perpétuité.

Voilà deux mois que ça s'est passé. Garvel me donne le restant de l'explication seulement maintenant que tout est fini. Girasolo était l'homme, qui, après avoir su les détails du complot de la révolte à laquelle il avait accepté de prendre part, a dénoncé Arnaud, Hautin et Jean Carbonieri. Il ne connaissait, heureusement, aucun nom de plus.

Devant l'énormité de la dénonciation, les gaffes n'y ont pas cru. Toutefois, par précaution, ils ont envoyé à Saint-Joseph les trois bagnards balancés, sans rien leur dire, ni les interroger, ni rien.

« Quel motif tu as donné toi, Garvel, pour l'avoir assassiné ?

— Qu'il m'avait volé mon plan. Que je couchais en face de lui, ce qui était exact, et que la nuit j'enlevais mon plan et le dissimulais sous ma couverture qui me sert d'oreiller. Une nuit, je suis allé aux cabinets, quand je suis revenu mon plan avait disparu. Or, aux alentours de moi, un seul homme ne dormait pas, c'était Girasolo. Les gaffes ont cru mon explication, ils ne m'ont même pas parlé qu'il avait dénoncé une plausible révolte.

— Papillon ! Papillon ! crie-t-on dans la cour, à l'appel !

— Présent.

— Ramassez vos affaires. En route pour Saint-Joseph.

— Ah ! merde alors ! »

La guerre vient d'éclater en France. Elle a apporté une discipline nouvelle : les chefs de service responsables d'une évasion seront destitués. Pour les transportés qui seront arrêtés au cours d'une évasion, condamnés à mort. Il sera considéré que l'évasion est motivée par le désir de rejoindre les forces françaises libres qui trahissent la Patrie. On tolère tout, sauf l'évasion.

Le commandant Prouillet est parti voilà plus de deux

mois. Ce nouveau, je ne le connais pas. Rien à faire. Je dis au revoir à mes amis. A huit heures, je prends le bateau pour Saint-Joseph.

Le papa de Lisette n'est plus sur le camp de Saint-Joseph. Il est parti à Cayenne avec sa famille la semaine dernière. Le commandant de Saint-Joseph s'appelle Dutain, il est du Havre. Je suis reçu par lui. J'arrive seul, d'ailleurs, et suis remis au quai au gaffe de service par le surveillant-chef de la chaloupe avec quelques papiers qui m'accompagnent.

« C'est vous Papillon ?

— Oui, commandant.

— Vous êtes un curieux personnage, me dit-il en feuilletant mes papiers.

— Pourquoi suis-je tant curieux ?

— Parce qu'un côté vous êtes noté comme dangereux à tous points de vue, surtout une note à l'encre rouge : « En constant état de préparation d'évasion », et après, un additif : « A tenté de sauver l'enfant du « commandant de Saint-Joseph au milieu des requins. » Moi, j'ai deux petites filles, Papillon, voulez-vous les voir ? »

Il appelle les gosses de trois et cinq ans qui, toutes blondes, entrent dans son bureau accompagnées d'un jeune Arabe tout de blanc vêtu et d'une femme brune, très jolie.

« Chérie, tu vois cet homme, c'est lui qui a essayé de sauver ta filleule, Lisette.

— Oh ! laissez-moi vous serrer la main », dit la jeune femme.

Serrer la main à un bagnard est le plus grand honneur qu'on peut lui faire. Jamais on ne donne la main à un forçat. Je suis touché de sa spontanéité et de son geste.

« Oui, je suis la marraine de Lisette. Nous sommes très liés avec les Grandoit. Que vas-tu faire pour lui, chéri ?

— Il va d'abord sur le camp, puis tu me diras l'emploi que tu veux que je te donne.

— Merci, commandant, merci, madame. Pouvez-vous me dire le motif de mon envoi à Saint-Joseph ? C'est presque une punition.

— Il n'y a pas de motif, à mon avis. C'est que le nouveau commandant craint que tu t'évades.

— Il n'a pas tort.

— On a augmenté les sanctions contre les responsables d'une évasion. Avant la guerre, il était possible de perdre un galon ; maintenant c'est automatique, sans compter le reste. C'est pour cela qu'il t'a envoyé ici, il préfère que tu t'en ailles de Saint-Joseph où il n'a pas de responsabilité, que de Royale où il en a.

— Combien devez-vous rester ici, commandant ?

— Dix-huit mois.

— Je ne peux pas attendre si longtemps, mais je trouverai le moyen de retourner à Royale pour ne pas vous porter préjudice.

— Merci, dit la femme. Je suis heureuse de vous savoir si noble. Si vous avez besoin de n'importe quoi, venez ici en toute confiance. Toi, papa, tu donnes l'ordre au poste de garde du camp qu'on fasse venir Papillon me voir quand il le demandera.

— Oui, chérie. Mohamed, accompagne Papillon sur le camp et toi, choisis la case où tu veux être affecté.

— Oh ! moi, c'est facile : le bâtiment des dangereux.

— Ce n'est pas difficile », dit en riant le commandant. Et il fait un papier qu'il donne à Mohamed.

Je quitte la maison qui sert d'habitation et de bureau au commandant, au bord du quai, l'ancienne maison de Lisette et, accompagné du jeune Arabe, j'arrive au camp.

Le chef du poste de garde est un vieux Corse très violent et assassin connu. On l'appelle Filissari.

« Alors, Papillon, c'est toi qui arrives ? Tu sais que moi je suis tout bon ou tout mauvais. Ne cherche pas à t'évader avec moi, car si tu échoues je te tue comme un lapin. Dans deux ans j'ai ma retraite, alors c'est pas le moment que j'aie un coup dur.

— Vous savez que moi je suis l'ami de tous les Corses.

Je ne vais pas vous dire que je ne vais pas m'évader,
mais si je m'évade je m'arrangerai pour que cela soit
aux heures où vous serez pas de service.

— C'est bien comme ça, Papillon. Alors nous ne serons
pas ennemis. Les jeunes, tu comprends, ils peuvent mieux
supporter des ennuis pour une évasion, tandis que moi,
tu parles ! A mon âge et la veille de la retraite. Bien,
c'est compris ? Va dans le bâtiment qui t'a été désigné. »

Me voilà sur le camp, dans une salle exactement
comme celle de Royale, de cent à cent vingt détenus.
Là, il y a Pierrot le Fou, Hautin, Arnaud et Jean Carbonieri. Logiquement, je devrais me mettre en gourbi
avec Jean puisque c'est le frère de Matthieu, mais Jean
n'a pas la classe de son frère et puis, à cause de son
amitié avec Hautin et Arnaud, ça ne me convient pas.
Donc je l'écarte et m'installe à côté de Carrier, le
Bordelais dit Pierrot le Fou.

L'île Saint-Joseph est plus sauvage que Royale, un
peu plus petite mais elle paraît plus grande car elle
est plus longue. Le camp est à mi-hauteur de l'île, car
elle est formée de deux plateaux superposés. Au premier, le camp ; au plateau tout à fait en haut, la
redoutable Réclusion. Entre parenthèses, les réclusionnaires continuent toujours d'aller à la baignade chaque
jour une heure. Espérons que ça va durer.

Tous les jours à midi, l'Arabe qui travaille chez le
commandant m'apporte trois gamelles superposées enfi-
lées à un fer plat qui se termine par une poignée de bois.
Il laisse les trois gamelles et emporte celles de la veille.
La marraine de Lisette m'envoie chaque jour exactement
la même chose que ce qu'elle a préparé pour sa famille.

Dimanche, je suis allé la voir pour la remercier. J'ai
passé l'après-midi à parler avec elle et à jouer avec ses
gosses. En caressant ces têtes blondes je me dis que
quelquefois il est difficile de savoir où est son devoir. Le
danger qui pèse sur la tête de cette famille, dans le cas
où les deux jobards auraient toujours les mêmes idées,

est terrible. Après la dénonciation de Girasolo à laquelle les gaffes n'ont pas cru au point qu'ils ne les ont pas séparés mais seulement envoyés à Saint-Joseph, si je dis un mot pour qu'on les sépare, je confirme la véracité et la gravité du premier mouchardage. Et alors quelle serait la réaction des gardiens ? Il vaut mieux me taire.

Arnaud et Hautin ne m'adressent presque pas la parole dans la case. C'est mieux d'ailleurs, on se traite poliment mais sans familiarité. Jean Carbonieri ne me parle pas, il est fâché que je ne me sois pas mis en gourbi avec lui. Nous, on est quatre : Pierrot le Fou, Marquetti, deuxième prix de Rome de violon qui souvent joue des heures entières, ce qui me porte à la mélancolie, et Marsori, un Corse de Sète.

Je n'ai rien dit à personne et j'ai la sensation que personne n'est au courant ici de la préparation avortée de la révolte à Royale. Ont-ils toujours les mêmes idées ? Ils travaillent tous les trois à une corvée pénible. Il faut tirer, ou plutôt haler, de grosses pierres à la bricole. Ces pierres servent à faire une piscine en mer. Une grosse pierre est bien entourée de chaînes, on y accroche une très longue chaîne de quinze à vingt mètres et à droite et à gauche, chaque forçat, sa bricole passée autour du buste et des épaules, prend avec un crochet un maillon de la chaîne. Alors d'un seul coup, exactement comme des bêtes, ils tirent la pierre jusqu'à sa destination. En plein soleil c'est un travail très pénible et surtout déprimant.

Des coups de fusil, des coups de mousqueton, des coups de revolver proviennent du côté du quai. J'ai compris, les fous ont agi. Que se passe-t-il ? Qui est vainqueur ? Assis dans la salle je ne bouge pas. Tous les durs disent : « C'est la révolte ! »

— La révolte ? Quelle révolte ? » Ostensiblement, je tiens à faire entendre que je ne sais rien.

Jean Carbonieri qui n'est pas allé au travail ce jour-là, s'approche de moi, blanc comme un mort malgré son visage brûlé par le soleil. A voix très basse, j'entends :

« C'est la révolte, Papi. » Froidement, je lui dis : « Quelle révolte ? Je ne suis pas au courant. »

Les coups de mousqueton continuent. Pierrot le Fou rentre en courant dans la salle.

« C'est la révolte, mais je crois qu'ils ont échoué. Quelle bande de cinglés ! Papillon, ouvre ton couteau. Au moins qu'on en tue le plus possible avant de crever !

— Oui, répète Carbonieri, qu'on en tue le plus possible ! »

Chissilia sort un rasoir. Tout le monde prend un couteau ouvert dans la main. Je leur dis :

« Soyez pas cons. Combien sommes-nous ?

— Neuf.

— Que sept jettent leur arme. Le premier qui menace un gaffe, je le tue. J'ai pas envie de me faire fusiller dans cette salle comme un lapin. Tu es dans le coup, toi ?

— Non.

— Et toi ?

— Non plus.

— Et toi ?

— Je n'en savais rien.

— Bon. Ici nous sommes tous des hommes du milieu, personne ne savait rien de cette révolte de caves. C'est compris ?

— Oui.

— Celui qui se met à table doit comprendre qu'aussi sec il aura reconnu avoir su quelque chose, il sera abattu. Alors rien à gagner pour celui qui sera assez con pour parler. Jetez vos armes dans la tinette, ils ne vont pas tarder à arriver.

— Et si ce sont les durs qui ont gagné ?

— Si ce sont les durs, qu'ils s'arrangent pour terminer leur victoire par une cavale. Moi, à ce prix j'en veux pas, et vous ?

— Nous non plus », disent tous ensemble les huit autres y compris Jean Carbonieri.

Moi, je n'ai pas soufflé mot de ce que je sais, c'est-à-dire que comme les coups de feu se sont arrêtés, les durs ont perdu. En effet, le massacre prévu ne pourrait pas être déjà arrêté.

Les gaffes arrivent comme des fous en poussant à coups de crosse, de bâton, de pied, les travailleurs de la corvée de pierres. Ils les font entrer dans le bâtiment à côté où ils s'engouffrent tous. Les guitares, les mandolines, les jeux d'échecs et de dames, les lampes, les petits bancs, les bouteilles d'huile, le sucre, le café, les effets blancs, tout est rageusement piétiné, détruit et jeté au dehors. Ils se vengent sur tout ce qui n'est pas réglementaire.

On entend deux coups de feu, sûrement un revolver.

Il y a huit bâtiments sur le camp, ils opèrent pareil partout et, de temps en temps, à grands coups de crosse. Un homme sort à poil en courant vers les cellules disciplinaires, roué littéralement de coups par les gaffes chargés de l'emmener au cachot.

Ils sont allés en face, à droite à côté de nous. Ils se trouvent en ce moment dans la septième case. Il ne reste plus que la nôtre. Nous sommes tous les neuf, chacun à notre place. Aucun de ceux qui étaient dehors à travailler n'est revenu. Chacun est figé à sa place. Personne ne parle. Moi, j'ai la bouche sèche, je suis en train de penser : « Pourvu qu'un connard ne profite pas de cette histoire pour m'abattre impunément ! »

« Les voilà », dit Carbonieri mort de peur.

Ils s'engouffrent, plus de vingt, tous mousquetons ou revolvers prêts à tirer.

« Comment, crie Filissari, vous n'êtes pas encore à poil ? Qu'est-ce que vous attendez, bande de charognes ? On va tous vous fusiller. Mettez-vous à poil, on n'a pas envie de vous déshabiller après que vous serez cadavres.

— Monsieur Filissari...

— Ferme ta gueule, Papillon ! Ici il n'y a pas de pardon à demander. Ce que vous avez combiné, c'est trop grave ! Et dans cette salle de dangereux vous étiez tous dans le coup, sûrement ! »

Il a les yeux hors de la tête, ils sont injectés de sang, avec une lueur meurtrière sans équivoque possible.

« On y a droit », dit Pierrot.

Je décide de jouer le tout pour le tout :

« Ça m'étonne pour un napoléoniste comme vous, que vous alliez littéralement assassiner des innocents. Vous voulez tirer ? Eh bien, pas de discours, on n'en veut pas. Tirez, mais tirez vite, nom de Dieu ! Je te croyais un homme, vieux Filissari, un vrai napoléoniste, je me suis trompé. Tant pis. Tiens, je ne veux même pas te voir lorsque tu vas tirer, je te tourne le dos. Tournez-leur tous le dos, à ces gaffes, pour qu'ils ne disent pas qu'on allait les attaquer. »

Et tout le monde, comme un seul homme, leur présente le dos. Les gaffes sont sidérés de mon attitude, d'autant plus que (on l'a su après) Filissari a abattu deux malheureux dans les autres cases.

« Qu'est-ce que tu as encore à dire, Papillon ? »

Toujours le dos tourné, je réponds : « Cette histoire de révolte, je n'y crois pas. Pourquoi une révolte ? Pour tuer des gaffes ? Et puis partir en cavale ? Où aller ? Moi, je suis un homme de cavale, je reviens de très loin, de Colombie. Je demande quel est le pays qui donnerait asile à des assassins évadés ? Comment il s'appelle ce pays ? Soyez pas cons, aucun homme digne de ce nom ne peut être dans ce coup.

— Toi peut-être, mais Carbonieri ? Il y est, j'en suis sûr, car ce matin Arnaud et Hautin ont été surpris qu'il se soit fait porter malade pour ne pas aller au travail.

— Pure impression, je vous assure. » Et je lui fais face. « Vous allez comprendre de suite. Carbonieri est mon ami, il connaît tous les détails de ma cavale, il ne peut donc pas se bercer d'illusions, il sait à quoi s'en tenir du résultat final d'une évasion après une révolte. »

A ce moment arrive le commandant. Il reste dehors. Filissari sort et le commandant dit :

« Carbonieri !

— Présent.

— Conduisez-le au cachot sans sévices. Surveillant Un tel, accompagnez-le. Sortez tous, qu'il reste ici les surveillants-chefs seulement. Allez, faites entrer tous les transportés dispersés sur l'île. Ne tuez personne, ramenez-les tous sans exception au camp. »

Dans la salle entrent le commandant, le second commandant et Filissari qui revient avec quatre gaffes.

« Papillon, il vient de se passer une chose très grave, dit le commandant. Comme commandant du pénitencier, j'ai une très importante responsabilité à assumer. Avant de prendre certaines dispositions, je veux rapidement avoir quelques renseignements. Je sais qu'à un moment aussi crucial tu aurais refusé de parler avec moi en privé, c'est pour cela que je suis venu ici. On a assassiné le surveillant Duclos. On a voulu prendre les armes déposées chez moi, donc c'était une révolte. Je n'ai que quelques minutes, j'ai confiance en toi, ton opinion ?

— S'il y avait eu une révolte, comment ne serions-nous pas au courant ? Pourquoi on ne nous aurait rien dit ? Combien de gens seraient compromis ? Ces trois questions que je vous pose, commandant, je vais y répondre, mais avant, il faut que vous me disiez combien d'hommes, après avoir tué le gaffe, et s'être approprié son arme, je suppose, ont bougé.

— Trois.

— Qui sont-ils ?

— Arnaud, Hautin et Marceau.

— J'ai compris. Que vous le vouliez ou non, il n'y a pas eu de révolte.

— Tu mens, Papillon, dit Filissari. Cette révolte devait être faite à Royale, Girasolo l'avait dénoncée, nous on l'a pas cru. Aujourd'hui on voit que tout ce qu'il avait dit est vrai. Donc, tu nous doubles, Papillon !

— Mais alors, si c'est vous qui avez raison, moi je suis un donneur et Pierrot le Fou aussi et Carbonieri et Galgani et tous les bandits corses de Royale et les hommes du milieu. Malgré ce qui s'est passé, je n'y crois pas.

S'il y avait eu une révolte, les chefs ça serait nous et pas d'autres.

— Qu'est-ce que vous me racontez ? Personne n'est compromis là-dedans ? Impossible.

— Où est l'action des autres ? Quelqu'un d'autre que ces trois fous a bougé ? Y a-t-il eu un geste seulement d'ébauché pour prendre ici le poste de garde où se trouvent quatre surveillants armés plus le chef, M. Filissari, avec des mousquetons ? Combien y a-t-il de bateaux à Saint-Joseph ? Une seule chaloupe. Et alors une chaloupe pour six cents hommes ? On n'est pas cons, non ? Et puis tuer pour s'évader ! En admettant que vingt s'en aillent, c'est aller se faire arrêter et rendre n'importe où. Commandant, je ne sais pas encore combien vos hommes ou vous-même avez tué d'hommes, mais j'ai presque la certitude que c'étaient des innocents. Et maintenant qu'est-ce que ça veut dire de tout casser le peu de chose que nous avons. Votre colère paraît justifiée, mais n'oubliez pas que le jour où vous ne laisserez plus un minimum de vie agréable aux durs, ce jour-là, oui, il peut y avoir alors une révolte, la révolte des désespérés, la révolte d'un suicide collectif, crever pour crever on crèverait tous ensemble : gaffes et bagnards. Monsieur Dutain, je vous ai parlé à cœur ouvert, je crois que vous le méritez, simplement pour être venu à nous vous renseigner avant de prendre vos décisions. Laissez-nous tranquilles.

— Et ceux qui sont compromis ? dit à nouveau Filissari.

— Ça, c'est à vous de les découvrir. Nous, on ne sait rien, on ne peut pas vous être utiles à ce sujet. Je le répète, cette histoire c'est une folie de caves, on n'a rien à voir à ça.

— Monsieur Filissari, quand les hommes vont entrer dans la case des dangereux, faites fermer la porte jusqu'à nouvel ordre. Deux surveillants à la porte, aucuns sévices aux hommes et ne pas détruire ce qui leur appartient. En route. » Et il part avec les autres gaffes.

Ouf ! on revient de loin. En fermant la porte, Filissari me lance :

« Tu as eu de la chance que je sois napoléoniste ! »

En moins d'une heure, presque tous les hommes qui appartiennent à notre bâtiment sont rentrés. Il manque dix-huit hommes : les gaffes s'aperçoivent que dans leur précipitation, ils les ont enfermés dans d'autres bâtiments. Quand ils sont mis avec nous, on sait alors tout ce qui s'est passé, car ces hommes étaient à la corvée. Un voleur stéphanois me raconte à mi-voix :

« Figure-toi, Papi, qu'on avait tiré une pierre de près d'une tonne sur quatre cents mètres à peu près. Le chemin où l'on hale les pierres n'a pas de partie trop accentuée et on arrive à un puits à peu près à cinquante mètres de la maison du commandant. Ce puits a toujours servi de halte. Il est à l'ombre des cocotiers et à moitié chemin du trajet à faire. Donc, on s'arrête comme d'habitude, on tire un grand seau d'eau fraîche du puits et on boit, d'autres mouillent leur mouchoir pour le mettre sur la tête. La pause étant d'une dizaine de minutes, le gaffe s'assied lui aussi sur le bord du puits. Il enlève son casque et il est en train de s'essuyer le front et le crâne avec un grand mouchoir, quand Arnaud s'approche par-derrière avec une houe à la main sans la lever, ce qui fait que personne ne pouvait avertir le gaffe par un cri. Lever la houe et frapper avec le tranchant juste au milieu du crâne du gaffe n'a pas pris une seconde. La tête tranchée en deux, le gaffe s'est allongé sans un cri. Aussi sec qu'il tombait, Hautin qui était posté devant naturellement, lui chope le mousqueton et Marceau lui enlève le ceinturon avec son calibre. Le pétard à la main, Marceau se tourne vers toute la corvée et dit : « C'est une révolte. Ceux qui sont avec « nous, qu'ils nous suivent. » Pas un des porte-clefs n'a bougé ni crié, et pas un homme de la corvée n'a manifesté l'intention de les suivre. Arnaud nous a tous regardés, continue le Stéphanois, et nous a dit : « Bande de « lâches, on va vous faire voir ce que c'est que des

« hommes ! » Arnaud prend des mains de Hautin le mousqueton et ils courent tous les deux vers la maison du commandant. Marceau reste sur place après s'être un peu retiré à l'écart. Il a le gros pétard à la main et commande : « Bougez pas, ne parlez pas, ne criez pas. Vous, « les bicots, couchez-vous face à terre. » De là où j'étais, j'ai vu tout ce qui s'est passé.

« Comme Arnaud montait l'escalier pour entrer dans la maison du commandant, l'Arabe qui travaille là-bas juste ouvre la porte avec les deux petites filles, une à la main, l'autre dans ses bras. Surpris tous les deux, l'Arabe avec la gosse dans les bras lance un coup de pied à Arnaud. Celui-ci veut tuer l'Arabe mais le bicot présente alors à bout de bras la gosse. Personne ne crie. Ni le bique ni les autres. Quatre ou cinq fois le mousqueton est pointé en différents angles sur l'Arabe. Chaque fois, la gosse est mise devant le canon. Hautin prend par le côté, sans monter l'escalier, le bas du pantalon de l'Arabe. Celui-ci va tomber et alors, d'un seul coup, il jette contre le mousqueton que tient Arnaud, la gosse. Pris en faux équilibre sur l'escalier, Arnaud, la gosse et l'Arabe poussé de la jambe par Hautin, tombent pêle-mêle. A ce moment partent les premiers cris, d'abord des gosses, puis de l'Arabe, suivis des insultes d'Arnaud et Hautin. L'Arabe attrape par terre, plus vite qu'eux, l'arme qui était tombée, mais il ne la tient que par la main gauche et par le canon. Hautin a repris sa jambe dans les mains. Arnaud lui chope le bras droit et lui fait un roulé. L'Arabe balance à plus de dix mètres le mousqueton.

« Au moment où tous les trois courent pour s'en saisir, part le premier coup de fusil tiré par un gaffe d'une corvée de feuilles sèches. Le commandant apparaît à sa fenêtre et se met à tirer coup sur coup, mais de peur de toucher le bique il tire à l'endroit où se trouve le mousqueton. Hautin et Arnaud s'enfuient vers le camp par la route du bord de mer, poursuivis par les coups de fusil. Hautin avec sa jambe raide court moins vite et est abattu avant d'arriver à la mer. Arnaud, lui, entre dans l'eau, tu sais, entre la baignade en construction et la piscine des gaffes. Là, c'est toujours infesté de requins. Arnaud est entouré de coups de fusil car un autre gaffe est venu à la rescousse du commandant et du gaffe des feuilles sèches. Il est caché derrière une grosse pierre.

« — Rends-toi, crient les gaffes, et tu auras la vie « sauve !

« — Jamais, répond Arnaud, je préfère que les requins « me bouffent, comme ça je verrai plus vos sales gueules. »

« Et il est entré dans la mer, droit sur les requins. Il a dû morfler une balle, car à un moment il s'est arrêté. Malgré ça, les gaffes tiraient toujours. Il est reparti en marchant sans nager, il n'avait même pas le torse immergé quand les requins l'ont attaqué. On l'a vu très nettement donner un coup de poing à un requin qui, à moitié sorti de l'eau, se jetait sur lui. Puis il a été littéralement écartelé car les requins tiraient de tous côtés sans couper les bras et les jambes. En moins de cinq minutes il avait disparu.

« Les gaffes ont tiré au moins cent coups de fusil sur la masse que faisaient Arnaud et les requins. Un seul requin a été tué puisqu'il est venu sur la plage, le ventre en l'air. Comme il était arrivé des gaffes de tous côtés, Marceau a cru sauver sa vie en jetant le revolver dans le puits, mais les Arabes se sont levés et, à coups de bâton, de pied et de poing, ils l'ont poussé vers les gaffes en disant qu'il était dans le coup. Bien qu'il soit plein de sang et les mains en l'air, les gaffes l'ont tué à coups de revolver et de mousqueton et, pour le finir, l'un d'eux lui a broyé la tête d'un coup de crosse de mousqueton dont il s'est servi comme d'une masse en le brandissant par le canon.

« A Hautin, chaque gaffe lui a déchargé son calibre dessus. Ils étaient trente à six coups chacun, ils lui ont mis, mort ou vivant, près de cent cinquante coups de pétard. Les mecs qui ont été tués par Filissari ce sont des hommes que les biques ont désignés comme ayant d'abord bougé pour suivre Arnaud et puis qui s'étaient dégonflés. Pur mensonge, car s'il y avait des complices, personne n'a bougé. »

Voilà deux jours qu'on est tous enfermés dans les salles correspondant à chaque catégorie. Personne ne sort au travail. A la porte se relèvent toutes les deux heures les sentinelles. Entre les bâtiments, d'autres sentinelles. Défense de parler d'un bâtiment à l'autre. Défense de se mettre aux fenêtres. C'est du couloir que forment les deux rangées de hamacs qu'on peut voir, en étant en retrait, par la porte grillagée, la cour. Il est venu des gaffes de Royale en renfort. Pas un transporté n'est dehors. Ni Arabe porte-clefs. Tout le monde est enfermé. De temps en temps, sans cri, sans coup, on voit passer un homme à poil, qui, suivi d'un gaffe, se dirige vers les cellules disciplinaires. Des fenêtres latérales, les gaffes souvent regardent à l'intérieur de la salle. A la porte, une à droite, une à gauche, les deux sentinelles. Leur temps de garde est court, deux heures, mais ils ne s'asseyent jamais et ne mettent pas non plus leur arme en bandoulière : le mousqueton est couché sur le bras gauche, prêt à tirer.

On a décidé de jouer au poker par petits groupes de cinq. Pas de Marseillaise ni de grands jeux en commun, ça fait trop de bruit. Marquetti, qui jouait au violon une sonate de Beethoven, a été obligé de s'arrêter.

« Arrête cette musique, nous les gaffes on est en deuil. »

Une tension peu commune règne non seulement dans la case mais dans tout le camp. Pas de café, pas de soupe. Une boule de pain le matin, corned-beef à midi, corned-beef le soir, une boîte pour quatre hommes. Comme on ne nous a rien détruit, on a du café et des vivres : beurre, huile, farine, etc. Les autres cases n'ont plus rien. Quand des cabinets est sortie la fumée du feu pour faire le café, un gaffe a dit d'éteindre le feu. C'est un vieux Marseillais, vieux dur, qu'on appelle Niston qui faisait le café pour le vendre. Il a eu l'estomac de répondre au gaffe :

« Si tu veux qu'on éteigne le feu, entre l'éteindre toi-même. »

Alors le gaffe a tiré plusieurs coups par la fenêtre. Café et feu ont été vite dispersés.

Niston a reçu une balle à la jambe. Tout le monde est tellement survolté qu'on a cru qu'ils commençaient à nous fusiller et tous on s'est jetés à plat ventre.

Le chef du poste de garde, à cette heure-là, c'est encore Filissari. Il accourt comme un fou, accompagné de ses quatre gaffes. Le gaffe qui a tiré s'explique, c'est un Auvergnat. Filissari l'insulte en corse, et l'autre qui ne comprenait rien, ne savait que dire :

« Che vous comprends pas. »

On s'est remis sur nos hamacs. Niston saigne de la jambe.

« Ne dites pas que je suis blessé, ils sont capables de me finir dehors. »

Filissari s'approche de la grille. Marquetti lui parle en corse.

« Faites votre café, ça ne se renouvellera plus ce qui vient de se passer. » Et il s'en va.

Niston a eu la chance que la balle ne soit pas restée à l'intérieur : entrée au bas du muscle, elle est ressortie à moitié jambe. On lui met un garrot, le sang s'est arrêté de couler et on lui fait un pansement au vinaigre.

« Papillon, sortez. » Il est huit heures du soir, donc il fait nuit.

Le gaffe qui m'appelle, je ne le connais pas, ça doit être un Breton.

« Pourquoi sortirais-je à cette heure-là ? J'ai rien à faire dehors.

— Le commandant veut vous voir.

— Dites-lui de venir ici. Moi, je ne sors pas.

— Vous refusez ?

— Oui, je refuse. »

Mes amis m'entourent. Ils font un cercle autour de

moi. Le gaffe parle de la porte fermée. Marquetti va à la porte et dit :

« Nous ne laisserons pas sortir Papillon sans la présence du commandant.

— Mais c'est lui qui l'envoie chercher.

— Dites-lui de venir lui-même. »

Une heure après, deux jeunes gaffes se présentent à la porte. Ils sont accompagnés de l'Arabe qui travaille chez le commandant. Celui qui l'a sauvé et a empêché la révolte.

« Papillon, c'est moi, Mohamed. Je viens te chercher, le commandant veut te voir, il ne peut pas venir ici. »

Marquetti me dit :

« Papi, le mec est armé d'un mousqueton. »

Alors je sors du cercle de mes amis et je m'approche de la porte. Effectivement, Mohamed a un mousqueton sous le bras. On aura tout vu aux durs. Un bagnard officiellement armé d'un mousqueton !

« Viens, me dit le crouilla, je suis là pour te protéger et te défendre si c'est nécessaire. »

Mais je ne le crois pas.

« Allons, viens avec nous ! »

Je sors, Mohamed se met à côté de moi et les deux gaffes derrière. Je vais au commandement. Passant au poste de garde à la sortie du camp, Filissari me dit :

« Papillon, j'espère que tu n'as pas à réclamer contre moi.

— Ni moi personnellement, ni personne de la case des dangereux. Ailleurs, je ne sais pas. »

On descend au commandement. La maison, le quai sont éclairés par des lampes à carbure qui essaient de répandre de la lumière sans y parvenir tout autour. En route, Mohamed m'a donné un paquet de Gauloises. En entrant dans la salle fortement éclairée par deux lampes à carbure, je trouve assis le commandant de Royale, le second commandant, le commandant de Saint-Joseph, celui de la Réclusion et le second commandant de Saint-Joseph.

Dehors, j'ai aperçu, surveillés par des gaffes, quatre Arabes. J'en ai reconnu deux qui appartenaient à la corvée en question.

« Voilà Papillon, dit l'Arabe.

— Bonsoir, Papillon, dit le commandant de Saint-Joseph.

— Bonsoir.

— Assieds-toi là, tiens, sur cette chaise. »

Je fais face à tout le monde. La porte de la salle est ouverte sur la cuisine où la marraine de Lisette me fait un signe amical.

« Papillon, dit le commandant de Royale, vous êtes considéré par le commandant Dutain comme un homme digne de confiance, racheté par la tentative de sauvetage de la filleule de sa femme. Moi, je ne vous connais que par vos notes officielles qui vous présentent comme entièrement dangereux à tous points de vue. Je veux oublier ces notes et croire en mon collègue Dutain. Voyons, il va certainement venir une commission pour enquêter et tous les transportés de toutes catégories vont avoir à déclarer ce qu'ils savent. Il est certain que vous et quelques autres avez une grande influence sur tous les condamnés et qu'ils suivront à la lettre vos instructions. Nous avons voulu savoir votre opinion sur la révolte et aussi si, plus ou moins, vous prévoyez ce qu'en ce moment votre case d'abord, puis les autres, pourraient déclarer.

— Moi, je n'ai rien à dire ni à influencer ce que diront les autres. Si la commission vient pour faire vraiment une enquête avec l'atmosphère actuelle, vous êtes tous destitués.

— Que dis-tu là, Papillon ? J'ai empêché la révolte moi et mes collègues de Saint-Joseph.

— Peut-être que vous, vous pouvez vous sauver, mais pas les chefs de Royale.

— Expliquez-vous ! » Et les deux commandants de Royale se lèvent puis s'asseyent de nouveau.

« Si vous continuez à parler *officiellement* de révolte,

vous êtes tous perdus. Si vous voulez accepter mes conditions, je vous sauve tous, sauf Filissari.

— Quelles conditions ?

— Premièrement, que la vie reprenne son cours habituel, immédiatement, à partir de demain matin. C'est seulement en pouvant parler entre nous qu'on peut influer sur tout le monde, sur ce que l'on doit déclarer à la commission. C'est correct ?

— Oui, dit Dutain. Mais pourquoi on a à être sauvés ?

— Vous, de Royale, vous êtes non seulement les chefs de Royale mais les chefs des trois Iles.

— Oui.

— Or, vous avez reçu une dénonciation de Girasolo vous mouchardant qu'une révolte se préparait. Les chefs : Hautin et Arnaud.

— Carbonieri aussi, ajoute le gaffe.

— Non, ça c'est pas vrai. Carbonieri était ennemi personnel de Girasolo depuis Marseille, il l'a ajouté gratuit dans ce coup. *Or, la révolte, vous n'y avez pas cru.* Pourquoi ? Parce qu'il vous a dit que cette révolte avait comme objectif de tuer femmes, gosses, Arabes et gaffes, chose qui paraissait invraisemblable. D'autre part, deux chaloupes pour huit cents hommes à Royale, et une chaloupe pour six cents à Saint-Joseph. Aucun homme sérieux ne pouvait accepter de rentrer dans un coup pareil.

— Comment sais-tu tout cela ?

— Ça me regarde, mais si vous continuez à parler de révolte, même que vous me fassiez disparaître et encore plus si vous le faites, tout ça sera dit et prouvé. Donc la responsabilité, c'est Royale qui a envoyé ces hommes à Saint-Joseph mais *sans les séparer*. La décision logique, qui fait que si l'enquête le découvre vous ne pouvez échapper à de graves sanctions, c'était d'envoyer l'un au Diable, l'autre à Saint-Joseph, bien que je reconnaisse que c'était difficile d'admettre cette histoire de fous. Si vous parlez de révolte, j'insiste encore, vous vous enfoncez vous-mêmes. Donc si vous acceptez mes conditions : premièrement, comme je vous l'ai dit que dès demain la vie recommence normalement ; deuxièmement, que tous les hommes mis en cellule pour être suspects d'avoir comploté doivent sortir sur-le-champ — et qu'ils ne soient pas soumis à un interrogatoire sur complicité de la révolte *puisqu'elle n'existe pas ;* troisièmement, que dès cet instant Filissari doit être envoyé à Royale, d'abord pour sa sécurité personnelle, parce que s'il n'y a pas eu de révolte, comment justifier l'assassinat des trois hommes ? ensuite, parce que le surveillant est un abject assassin et quand il a agi au moment de l'incident, il avait une peur bleue et voulait tuer tout le monde y compris nous dans la case. Si vous acceptez ces conditions, j'arrangerai que tout le monde déclare que Arnaud, Hautin et Marceau ont agi pour faire le plus de mal possible avant de mourir. Ce qu'ils ont fait, c'était imprévisible. Ils n'avaient ni complices ni confidents. D'après tous, ce sont des mecs qui avaient décidé de se suicider de cette façon, tuer le plus possible avant d'être eux-mêmes tués, ce qu'ils devaient chercher. Je vais, si vous le voulez, me retirer dans la cuisine et vous pourrez ainsi délibérer pour me donner votre réponse. »

J'entre dans la cuisine en fermant la porte. Mme Dutain me serre la main et me donne du café et un cognac. L'Arabe Mohamed dit :

« T'as rien dit pour moi ?

— Cela regarde le commandant. Du moment qu'il t'a armé, c'est qu'il a l'intention de te faire gracier. »

La marraine de Lisette me dit doucement : « Eh bien, ils en ont eu pour leur compte, ceux de Royale.

— Pardi, c'était trop facile pour eux d'admettre une révolte à Saint-Joseph où tout le monde devait le savoir sauf votre mari.

— Papillon, j'ai tout entendu et tout de suite j'ai compris que vous vouliez nous faire du bien.

— C'est vrai, madame Dutain. »

On ouvre la porte.

« Papillon, passe, dit un gaffe.

— Asseyez-vous, Papillon, dit le commandant de Royale. Après discussion nous avons conclu à l'unanimité que vous aviez certainement raison. *Il n'y a pas eu de révolte.* Ces trois transportés avaient décidé de se suicider en tuant auparavant le plus de gens possible. Donc, demain la vie recommence comme auparavant. M. Filissari est muté cette nuit même pour Royale. Son cas nous regarde et à son sujet je ne vous demande aucune collaboration. Nous comptons que vous tiendrez votre parole.

— Comptez sur moi. Au revoir.

— Mohamed et messieurs les deux surveillants, ramenez Papillon à la salle. Faites entrer Filissari, il part avec nous à Royale. »

En route je dis à Mohamed que je souhaite qu'il sorte en liberté. Il me remercie.

« Alors, qu'est-ce qu'ils te voulaient les gaffes ? »

Dans un silence absolu, je raconte à haute voix exactement mot à mot ce qui s'est passé.

« S'il y a quelqu'un qui n'est pas d'accord ou qui croit pouvoir critiquer cet arrangement que j'ai pris avec les gaffes au nom de tous, qu'il le dise. » D'une seule voix tous sont d'accord.

« Tu crois qu'ils y ont cru que personne d'autre n'est compromis ?

— Non, mais s'ils ne veulent pas sauter, il faut qu'ils y croient. Et nous, si on ne veut pas d'ennuis, il faut aussi qu'on le croie. »

Ce matin à sept heures, on a vidé toutes les cellules du quartier disciplinaire. Ils étaient plus de cent vingt. Personne n'est sorti au travail, mais toutes les salles se sont ouvertes et la cour est pleine de bagnards qui, en toute liberté, parlent, fument et prennent le soleil ou l'ombre, à leur guise. Niston est parti pour l'hôpital. Carbonieri me dit qu'ils avaient mis un carton : « Suspect d'être compromis dans la révolte » sur au moins quatre-vingts à cent portes des cellules.

Maintenant qu'on est tous réunis, on apprend la vérité. Filissari n'a tué qu'un homme, les deux autres ont été tués par deux jeunes gaffes menacés par des hommes qui, acculés et croyant qu'on allait les tuer, fonçaient avec leurs couteaux pour essayer d'en tuer un au moins avant de mourir. Voilà comment une vraie révolte qui, heureusement, a échoué au départ, s'est transformée en un original suicide de trois bagnards, thèse officiellement acceptée par tout le monde : administration et condamnés. Il en est resté une légende ou une histoire vraie, je ne sais pas trop, comprise entre ces deux mots.

Il paraît que l'enterrement des trois tués sur le camp, plus Hautin et Marceau, a été fait de la façon suivante : comme il n'y a qu'une caisse-cercueil à coulisse pour jeter les cadavres à la mer, les gaffes les ont mis tous au fond du canot et les cinq à la fois ont été balancés aux requins. Ce fut calculé en pensant que les derniers auraient ainsi le temps de s'enfoncer avec leurs pierres aux pieds, pendant que leurs amis étaient dévorés par les requins. On m'a raconté qu'aucun des cadavres n'a pu disparaître dans la mer et que tous les cinq ont, à la tombée de la nuit, dansé un ballet de linceul blanc, véritables marionnettes animées par le museau ou les queues des requins dans ce festin digne de Nabuchodonosor. Les gaffes et les canotiers se seraient enfuis devant tant d'horreur.

Une commission est venue et est restée près de cinq jours à Saint-Joseph et deux jours à Royale. Je n'ai pas été interrogé spécialement, j'ai passé comme les autres. Par le commandant Dutain, j'ai su que tout s'était passé pour le mieux. Filissari a été envoyé en congé jusqu'à sa retraite, donc il ne reviendra plus. Mohamed a été gracié de toute sa peine. Le commandant Dutain a eu un galon de plus.

Comme il y a toujours des mécontents, un Bordelais, hier, me demande :

« Et qu'avons-nous gagné nous autres à arranger le coup des gaffes ? »

Je regarde ce mec : « Pas grand-chose : cinquante ou

soixante durs ne feront pas cinq ans de réclusion pour complicité, tu trouves que c'est rien ? »

Cette tempête est heureusement calmée. Une espèce de tacite complicité entre surveillants et forçats a complètement décontrôlé la fameuse commission d'enquête qui, peut-être, ne demandait que cela : que tout s'arrange pour le mieux.

Moi, personnellement, je n'ai rien gagné ni rien perdu, si ce n'est que mes camarades me sont reconnaissants de n'avoir pas eu à subir une discipline plus dure. Au contraire, on a même supprimé le halage des pierres. Cette horrible corvée a été abolie. Ce sont des buffles qui les tirent, les bagnards les posent à leur place. Carbonieri est retourné à la boulangerie. Moi, je cherche à retourner à Royale. En effet, ici il n'y a pas d'atelier, il est donc impossible de faire un radeau.

L'arrivée de Pétain au gouvernement a aggravé les relations entre transportés et surveillants. Tout le personnel de l'Administration déclare bien haut qu'il est « pétainiste », au point qu'un gaffe normand me disait :

« Vous voulez que je vous dise une chose, Papillon ? Je n'ai jamais été républicain. »

Aux Iles, personne n'a de radio et on ne sait pas les nouvelles. Par-dessus le marché, on dit que nous ravitaillons, à la Martinique et à la Guadeloupe, les sous-marins allemands. C'est à n'y rien comprendre. Il y a constamment des controverses.

« Merde, tu veux que je te le dise, Papi ? C'est maintenant qu'on doit faire la révolte, pour donner les Iles aux Français de De Gaulle.

— Tu crois que le grand Charlot a besoin du bagne ? Pour quoi faire ?

— Eh ! Pour ramasser deux à trois mille hommes !

— Des lépreux, des jobards, des tuberculeux, des malades de dysenterie ? Non mais des fois, tu rigoles ! C'est pas un con, ce mec, pour s'embarrasser des durs.

— Et les deux mille qui restent sains ?

— Ça, c'est autre chose. Mais pour être des hommes,

ça ne veut pas dire qu'ils sont bons pour la riflette ?
Tu crois que la guerre c'est une attaque à main armée ?
Un braquage, ça dure dix minutes ; la guerre, elle, dure
des années. Pour être un bon soldat, il faut avoir la
foi du patriote. Que ça vous plaise ou non, je ne vois
pas, ici, un mec capable de donner sa vie pour la France.

— Et pourquoi on la donnerait après tout ce qu'elle
nous a fait ?

— Alors, vous voyez que j'ai raison. Heureusement
que ce grand pendu de Charlot a d'autres hommes que
vous pour faire la guerre. Ah, pourtant ! dire que ces
salauds d'Allemands sont chez nous ! Et dire qu'il y a
des Français avec les boches ! Les gaffes ici, tous sans
exception, déclarent qu'ils sont avec Pétain. »

Le comte de Bérac dit : « Ce serait une façon de se
racheter. » Et alors, il se passe le phénomène suivant :
jamais auparavant un mec ne parlait de se racheter. Et
voilà que tout le monde, hommes du milieu et caves,
tous ces pauvres durs, voient briller une lueur d'espérance.

« Pour pouvoir être incorporés aux ordres de De
Gaulle, Papillon, on la fait cette révolte ?

— Je regrette beaucoup, je n'ai pas à me racheter aux
yeux de quiconque. La justice française et son chapitre
« réhabilitation », je m'assieds dessus. Je me baptiserai
« réhabilité » moi-même, mon devoir est de partir en
cavale et, une fois libre, d'être un homme normal vivant
en société sans être un danger pour elle. Je ne crois pas
qu'un mec puisse prouver autre chose d'une autre façon.
Je suis partant pour n'importe quelle action afin de faire
une cavale. Donner les Iles au grand Charlot ne m'intéresse pas et je suis sûr que lui non plus. D'autre part, si
vous faites un truc pareil, tu sais ce que diront les mecs
haut placés ? Que vous avez pris les Iles pour être libres,
non pas pour faire un geste pour la France libre. Et puis,
vous savez, vous, qui a raison ? De Gaulle ou Pétain ?
Moi, je n'en sais absolument rien. Je souffre comme un
pauvre con que mon pays soit envahi, je pense aux

miens, à mes parents, à mes sœurs, à mes nièces.

— Faut-il qu'on soit fromages, tout de même, de nous faire tant de soucis pour une société qui n'a eu aucune pitié de nous.

— Pourtant, c'est normal, car les poulets et l'appareil judiciaire français, et ces gendarmes, et ces gaffes, ce n'est pas la France, c'est toute une classe à part, faite de gens à la mentalité complètement distordue. Combien de ces gens-là aujourd'hui sont prêts à devenir serviteurs des Allemands ? Tu paries que la police française arrête des compatriotes et les remet aux autorités allemandes ? Bon. Moi je le dis et je le répète, je ne marche pas dans une révolte, quel qu'en soit le motif. Sauf pour une cavale, mais quelle cavale ? »

Des discussions très graves ont lieu entre clans. Les uns sont pour de Gaulle, les autres pour Pétain. Au fond on ne sait rien car il n'y a, comme je l'ai dit, aucun poste de radio, ni chez les surveillants ni chez les transportés. Les nouvelles arrivent par les bateaux qui passent et nous apportent un peu de farine, de légumes secs et du riz. Pour nous, la guerre vue de si loin est difficile à comprendre.

Il serait venu à Saint-Laurent-du-Maroni, paraît-il, un recruteur pour les forces libres. Aux durs, on ne sait rien, seulement que les Allemands sont dans toute la France.

Un incident amusant : il est venu un curé à Royale, et il a prêché après la messe. Il a dit :

« Si les Iles sont attaquées, on vous donnera des armes pour aider les surveillants à défendre la terre de France. » C'est authentique. Il était beau ce curé, et vraiment il fallait qu'il ait de nous une pauvre opinion ! Aller demander aux prisonniers de défendre leur cellule ! Ça par exemple, on aura tout vu aux durs ! »

La guerre, pour nous, se traduit par ceci : double effectif de gaffes, du simple gardien au commandant et surveillant-chef : beaucoup d'inspecteurs dont quelques-uns avec un accent allemand ou alsacien très prononcé ; très peu de pain : on touche quatre cents grammes ; très peu de viande.

Bref, la seule chose qui ait augmenté, c'est le tarif pour une évasion loupée : condamné à mort et exécuté. Car à l'accusation d'évasion on ajoute : « A tenté de passer sous les ordres des ennemis de la France. »

Je suis à Royale depuis près de quatre mois. Je me suis fait un grand ami, le docteur Germain Guibert. Sa femme, une dame exceptionnelle, m'a demandé de lui faire un potager pour l'aider à vivre sous ce régime ballon. Je lui ai fait un jardin avec salade, radis, haricots verts, tomates et aubergines. Elle est ravie et me traite comme un bon ami.

Ce docteur n'a jamais serré la main d'un surveillant, quel que soit son grade, mais bien souvent à moi ou à certains bagnards qu'il avait appris à connaître et à estimer.

Une fois redevenu libre, j'ai repris contact avec le docteur Germain Guibert par le docteur Rosenberg. Il m'a envoyé une photo de lui et sa femme sur la Canebière, à Marseille. Il rentrait du Maroc et me félicitait de me savoir libre et heureux. Il est mort en Indochine en essayant de sauver un blessé attardé. C'était un être exceptionnel et sa femme était digne de lui. Lorsque je suis allé en France, en 1967, j'ai eu envie d'aller la voir. J'y ai renoncé parce qu'elle avait cessé de m'écrire après que je lui eus demandé une attestation en ma faveur, ce qu'elle avait fait. Mais depuis, elle ne m'a jamais donné de ses nouvelles. Je ne connais pas la cause de ce silence, mais je garde dans mon âme, pour eux deux, la plus haute reconnaissance pour la façon dont ils m'ont traité dans leur foyer à Royale.

Après quelques mois, j'ai pu revenir à Royale.

Neuvième cahier

SAINT-JOSEPH

MORT DE CARBONIERI

HIER, mon ami Matthieu Carbonieri a reçu un coup de couteau en plein cœur. Ce meurtre va déchaîner une série d'autres meurtres. Il était au lavoir, tout nu, en train de se laver, et c'est le visage plein de savon qu'il reçut ce coup de couteau. Quand on prend sa douche, on a l'habitude d'ouvrir son couteau et de le mettre sous ses effets, afin d'avoir juste le temps de le prendre si quelqu'un qu'on suppose être un ennemi s'approche subitement. Ne pas l'avoir fait lui a coûté la vie. Celui qui a tué mon pote, c'est un Arménien, barbeau toute sa vie.

Avec l'autorisation du commandant, aidé d'un autre, j'ai descendu moi-même mon ami jusqu'au quai. Il est lourd et en descendant la côte j'ai dû me reposer trois fois. Je lui ai fait mettre aux pieds une grosse pierre et, au lieu d'une corde, un fil de fer. Comme cela les requins ne pourront pas le couper et il s'enfoncera dans la mer sans être dévoré par eux.

La cloche sonne et nous arrivons au quai. Il est six heures du soir. Le soleil se couche à l'horizon. On monte dans le canot. Dans la fameuse caisse, qui sert pour tout le monde, posée le couvercle rabattu, Matthieu dort pour toujours. C'est fini pour lui.

« En avant ! Tire dessus », dit le gaffe à la barre. En moins de dix minutes nous arrivons au courant formé par le chenal entre Royale et Saint-Joseph. Et alors, d'un seul coup, ma gorge se serre. Des dizaines d'ailerons de requins sortent de l'eau, tournant vélocement dans un espace restreint de moins de quatre cents mètres. Les voilà les croque-bagnards, ils sont au rendez-vous à l'heure, au point exact.

Que le Bon Dieu fasse qu'ils n'aient pas le temps d'attraper mon ami. Les avirons sont levés, en signe d'adieu. On soulève la caisse. Enroulé dans des sacs de farine, le corps de Matthieu glisse, entraîné par le poids de la grosse pierre, et rapidement touche la mer.

Horreur ! A peine il est entré dans l'eau et que je le crois disparu, il remonte soulevé en l'air par, je ne sais pas, sept, dix ou vingt requins — qui peut le savoir ? Avant que le canot se retire, les sacs de farine qui l'enveloppent sont arrachés et alors il se passe une chose inexplicable. Matthieu apparaît près de deux ou trois secondes, debout sur l'eau. Il a déjà été amputé de l'avant-bras droit. La moitié du corps hors de l'eau, il avance droit sur le canot puis, au milieu d'un remous plus fort, il disparaît à jamais. Les requins sont passés sous notre canot, en heurtant le fond et un homme a failli perdre l'équilibre et tomber à l'eau.

Tout le monde, les gaffes compris, est pétrifié. Pour la première fois j'ai eu envie de mourir. Il s'en est fallu de peu que je me jette aux requins pour disparaître à jamais de cet enfer.

Lentement, je remonte du quai au camp. Personne ne

m'accompagne. J'ai mis le brancard sur l'épaule et arrive au plat où mon buffle Brutus a attaqué Danton. Je m'arrête et m'assieds. La nuit est tombée, il est seulement sept heures du soir. A l'ouest, le ciel est un peu éclairé par quelques langues du soleil qui a disparu à l'horizon. Le reste est noir, troué par instants par le pinceau du phare de l'île, j'ai le cœur gros.

Merde ! Tu as voulu bien voir un enterrement, et par-dessus le marché l'enterrement de ton pote ? Eh bien, tu l'as vu et bien vu ! La cloche et tout le reste ! Tu es satisfait ? Ta maladive curiosité a été comblée.

Reste à dessouder le mec qui a tué ton ami. Quand ? Cette nuit ? Pourquoi cette nuit ? C'est trop tôt, le mec va être plus que sur ses gardes. Ils sont dix dans son gourbi. Faudrait pas être moi-même marron et pris de vitesse dans ce coup. Voyons, sur combien d'hommes je peux compter ? Quatre plus moi : cinq. C'est bien. Liquider ce mec. Oui, et si possible je pars au Diable. Là, pas de radeau, pas de préparation, rien ; deux sacs de cocos et je me fous à la mer. La distance jusqu'à la côte est relativement courte, quarante kilomètres en ligne droite. Avec les vagues, les vents et les marées, cela doit se transformer en cent vingt kilomètres. Ce ne sera qu'une question de résistance. Je suis fort, et deux jours en mer, à cheval sur mon sac, je dois pouvoir le faire.

Je prends le brancard et je monte au camp. Quand j'arrive à la porte, on me fouille, chose extraordinaire. Jamais ça n'arrive. Le gaffe en personne me saisit mon couteau.

« Vous voulez me faire tuer ? Pourquoi on me désarme ? Savez-vous que vous m'envoyez à la mort, en le faisant ? Si on me tue ce sera votre faute. » Personne ne répond, ni les gaffes ni les porte-clefs arabes. On ouvre la porte et je rentre dans la salle : « Mais on n'y voit rien ici, pourquoi il y a une lampe au lieu de trois ?

— Papi, viens par ici. » Grandet me tire par la

manche. La salle n'est pas trop bruyante. On sent que quelque chose de grave va se passer, ou s'est passé.

« Je n'ai plus ma sacaille (couteau). Ils me l'ont pris à la fouille.

— Tu n'en auras pas besoin cette nuit.

— Pourquoi ?

— L'Arménien et son ami sont dans les cabinets.

— Qu'est-ce qu'ils font là-bas ?

— Ils sont morts.

— Qui les a refroidis ?

— Moi.

— Ça a été vite fait. Et les autres ?

— Il en reste quatre de leur gourbi. Paulo m'a donné sa parole d'homme qu'ils n'allaient pas bouger et qu'ils t'attendraient pour savoir si tu étais d'accord que l'affaire s'arrête là.

— Donne-moi un couteau.

— Tiens, voilà le mien. Je reste dans ce coin, va parler avec eux. »

J'avance vers leur gourbi. Maintenant mes yeux se sont accoutumés à ce peu de lumière. Enfin j'arrive à distinguer le groupe. Effectivement, les quatre sont debout devant leur hamac, collés l'un à l'autre.

« Paulo, tu veux me parler ?

— Oui.

— Seul, ou devant tes amis ? Qu'est-ce que tu me veux ? »

Je laisse prudemment un mètre cinquante entre eux et moi. Mon couteau est ouvert dans ma manche gauche et le manche est bien en place au creux de ma main.

« Je voulais te dire que ton ami a été, je crois, suffisamment vengé. Toi tu as perdu ton meilleur ami, nous on en a perdu deux. A mon avis, ça devrait s'arrêter là. Qu'en dis-tu ?

— Paulo, j'enregistre ton offre. Ce que l'on pourrait faire, si vous êtes d'accord, c'est que les deux gourbis s'engagent à ne rien faire pendant huit jours. D'ici-là, on verra ce qu'on doit faire. D'accord ?

— D'accord. »

Et je me retire.

« Alors, qu'est-ce qu'ils ont dit ?

— Qu'ils croyaient que Matthieu, avec la mort de l'Arménien et de Sans-Souci, avait été suffisamment vengé.

— Non », dit Galgani. Grandet ne dit rien. Jean Castelli et Louis Gravon sont d'accord pour faire un pacte de paix. « Et toi, Papi ?

— D'abord, qui a tué Matthieu ? C'est l'Arménien. Bon. J'ai proposé un accord. J'ai donné ma parole et eux la leur, que pendant huit jours personne de nous bougera.

— Tu ne veux pas venger Matthieu ? dit Galgani.

— Mec, Matthieu est maintenant déjà vengé, deux sont morts pour lui. Pourquoi tuer les autres ?

— Etaient-ils seulement au courant ? C'est ça qu'il faut savoir.

— Bonsoir à tous, excusez-moi. Je vais dormir si je peux. »

Tout au moins, j'ai besoin d'être seul et je m'allonge sur mon hamac. Je sens une main qui se glisse sur moi et me retire doucement le couteau. Une voix chuchote doucement dans la nuit : « Dors si tu peux, Papi, dors tranquille. Nous, de toute façon, chacun son tour, on va monter la garde. »

La mort de mon ami, si brutale, dégueulasse, est sans motif sérieux. L'Arménien l'a tué parce que, dans la nuit, au jeu, il lui avait imposé de payer un coup de cent soixante-dix francs. Cette espèce de con s'est senti diminué parce qu'on l'a obligé à s'exécuter devant trente ou quarante joueurs. Pris en sandwich entre Matthieu et Grandet, il n'avait pu qu'obéir.

Lâchement, il tue un homme qui était le type même de l'aventurier propre et net dans son milieu. Ce coup m'a fortement touché et je n'ai qu'une satisfaction, que les assassins n'aient survécu à leur crime que de quelques heures. C'est bien mince.

Grandet, comme un tigre, avec une vitesse digne d'un champion de fleuret, leur a traversé le cou, à chacun d'eux, avant qu'ils aient eu le temps de se mettre en garde. J'imagine : l'endroit où ils sont tombés doit être inondé de sang. Je pense bêtement : « J'ai envie de demander qui les a tirés dans les cabinets. » Mais je ne veux pas parler. Les paupières closes, je vois se coucher le soleil tragiquement rouge et violet, éclairant de ses derniers feux cette scène dantesque : les requins se disputant mon ami... Et ce tronc debout, déjà amputé de l'avant-bras, avançant sur le canot !... Donc c'était vrai que la cloche appelle les requins et que ces salauds savent qu'on va leur servir à bouffer quand la cloche sonne... Je vois encore ces dizaines d'ailerons, reflets lugubres argentés, filer comme des sous-marins, tournant en rond... Vraiment ils étaient plus de cent... Pour lui, pour mon ami, c'est fini : le chemin de la pourriture a fait jusqu'au bout son travail.

Crever d'un coup de couteau pour une bagatelle, à quarante ans ! Pauvre ami. Moi, je n'en peux plus. Non. Non. Non. Je veux bien que les requins me digèrent, mais vivant, en risquant ma liberté, sans sacs de farine, sans pierre, sans corde. Sans spectateurs, ni forçats ni gardiens. Sans cloche. Si je dois être bouffé, eh bien... ils me becquetteront vivant, luttant contre les éléments pour arriver à gagner la Grande Terre.

« C'est fini, bien fini. Plus de cavale trop bien montée. Le Diable, deux sacs de cocos et lâcher tout, tout va, à la grâce de Dieu. »

Après tout, ce ne sera qu'une question de résistance physique. Quarante-huit ou soixante heures ? Est-ce qu'un si long temps d'immersion dans l'eau de mer, joint à l'effort des muscles des cuisses contractés sur les sacs de cocos, ne va pas, à un moment donné, me paralyser les jambes ? Si j'ai la chance de pouvoir aller au Diable, je ferai des essais. D'abord sortir de Royale et aller au Diable. Après je verrai.

« Tu dors, Papi ?

— Non.

— Tu veux un peu de café ?

— Si tu veux. » Et je m'assieds sur mon hamac, accep-
tant le quart de café chaud que me tend Grandet avec
une Gauloise allumée.

« Quelle heure il est ?

— Une heure du matin. J'ai pris la garde à minuit,
mais comme je te voyais toujours bouger, j'ai pensé
que tu ne dormais pas.

— T'as raison. La mort de Matthieu m'a bouleversé,
mais son enterrement aux requins m'a affecté encore
plus. Ça a été horrible, tu sais ?

— Ne me dis rien, Papi, je suppose ce que ça a pu
être. Tu n'aurais jamais dû y aller.

— Je croyais que l'histoire de la cloche était du bidon.
Et puis avec un fil de fer tenant la grosse pierre,
jamais j'aurais cru que les requins aient le temps de le
choper au vol. Pauvre Matthieu, toute ma vie je verrai
cette horrible scène. Et toi, comment as-tu fait, pour si
vite éliminer l'Arménien et Sans-Souci ?

— Moi, j'étais au bout de l'île en train de poser une
porte de fer à la boucherie quand j'ai appris qu'ils
avaient tué notre ami. C'était midi. Au lieu de monter
au camp, je suis allé aux travaux, soi-disant pour arranger la serrure. J'ai pu encastrer, sur un tube d'un mètre,
un poignard affilé de deux côtés. Le manche du poignard était évidé et le tube aussi. Je suis rentré au
camp à cinq heures avec le tube à la main. Le gaffe
m'a demandé ce que c'était, je lui ai répondu que la
barre en bois de mon hamac était cassée et que
j'allais, pour cette nuit, me servir de ce tube. Il faisait
jour encore quand je suis rentré dans la salle, mais
j'avais laissé le tube au lavoir. Avant l'appel, je l'ai
récupéré. La nuit commençait à tomber. Entouré de nos
amis, vite j'ai encastré le poignard sur le tube. L'Arménien et Sans-Souci étaient debout à leur place, devant
leur hamac, Paulo un peu en arrière. Tu sais, Jean
Castelli et Louis Gravon sont bien braves, mais ils sont

vieux et il leur manque l'agilité pour se battre dans une
pareille bagarre rangée.

« Je voulais agir avant que tu arrives, pour éviter
que tu sois mêlé à cela. Avec tes antécédents, si on
était marrons, tu risquais le maximum. Jean a été au
fond de la salle et a éteint une des lampes ; Gravon,
à l'autre bout a fait pareil. La salle était presque sans
lumière, avec une seule lampe à pétrole au milieu.
J'avais une grosse lanterne de poche, que m'avait
donnée Dega. Jean est parti en avant, moi derrière. Arrivé
à leur hauteur, il leva le bras et leur braqua la lampe
dessus. L'Arménien, ébloui, a levé son bras gauche à
ses yeux, j'ai eu le temps de lui traverser le cou avec
ma lance. Sans-Souci, ébloui à son tour, a tiré son couteau devant lui sans savoir bien où, dans le vide. Je
lui ai porté si fort le coup de ma lance, que je l'ai
transpercé de part en part. Paulo s'est jeté à plat ventre
par terre et a roulé sous les hamacs. Jean ayant éteint
la lampe, j'ai renoncé à poursuivre Paulo sous les
hamacs, c'est ce qui l'a sauvé.

— Et qui les a tirés aux cabinets ?

— Je ne sais pas. Je crois que ce sont ceux mêmes
de leur gourbi pour leur sortir les plans de leur ventre.

— Mais il doit y avoir une sacrée mare de sang ?

— Tu parles. Egorgés littéralement, ils ont dû se vider
de tout leur résiné. Le coup de la lampe électrique m'est
venu quand je préparais la lance. Un gaffe, à l'atelier,
changeait les piles de la sienne. Ça m'a donné l'idée et
j'ai aussitôt contacté Dega pour qu'il m'en procure une.
Ils peuvent faire une fouille en règle. La lampe électrique
a été sortie et remise à Dega par un porte-clefs arabe,
le poignard aussi. Donc pas de pétard de ce côté. Je n'ai
rien à me reprocher. Ils ont tué notre ami les yeux pleins
de savon, moi je les ai suicidés avec les yeux pleins de
lumière. On est quittes. Qu'en dis-tu, Papi ?

— Tu as bien fait et je ne sais comment te remercier d'avoir agi si vite pour venger notre ami et, par

surcroît, d'avoir eu cette idée de me tenir à l'écart de cette histoire.

— Ne parlons pas de ça. J'ai fait mon devoir : tu as tant souffert et tu veux si fortement être libre, que je devais le faire.

— Merci, Grandet. Oui, je veux partir plus que jamais. Aussi aide-moi pour que cette affaire s'arrête là. En toute franchise, je serais bien surpris que l'Arménien ait mis au courant son gourbi avant d'agir. Paulo n'aurait pas accepté un assassinat aussi lâche. Il connaissait les conséquences.

— Moi, je crois pareil. Seulement Galgani dit qu'ils sont tous coupables.

— On va voir ce qui va se passer à six heures. Je ne vais pas sortir faire la vidange. Je ferai le malade pour assister aux événements. »

Cinq heures du matin. Le gardien de case s'approche de nous : « Mecs, vous croyez que je dois appeler le poste de garde ? Je viens de découvrir deux macchabées aux cabinets. » Celui-là, vieux bagnard de soixante-dix ans, veut nous faire croire, même à nous, que depuis six heures et demie du soir, heure où les mecs ont été refroidis, il ne savait rien. La salle doit être pleine de sang, car obligatoirement les hommes, en marchant, ont trempé leurs pieds dans la flaque qui est juste au milieu du passage.

Grandet répond avec le même vice que le vieux :

« Comment, il y a deux clamsés dans les cabinets ? Depuis quelle heure ?

— Va savoir ! dit le vieux. Moi, je dors depuis six heures. C'est seulement maintenant, qu'en allant pisser, j'ai glissé, en me cassant la gueule, sur une mare visqueuse. Ayant allumé mon briquet, j'ai vu que c'était du sang et, aux cabinets, j'ai trouvé les mecs.

— Appelle, on verra bien.

— Surveillants ! Surveillants !

— Pourquoi, tu cries si fort, vieux grognon ? Il y a le feu à ta case ?

— Non, chef, il y a deux macchabées dans les chiottes.

— Que veux-tu que je fasse ? Que je les ressuscite ? Il est cinq heures quinze, à six heures on verra. Empêche que personne n'approche des cabinets.

— C'est pas possible, ce que vous dites là. A cette heure, près du lever général, tout le monde va pisser ou chier.

— C'est vrai, attends, je vais reporter au chef de garde. »

Ils reviennent, trois gaffes, un surveillant-chef et deux autres. On croit qu'ils vont entrer, non, ils restent à la porte grillée.

« Tu dis qu'il y a deux morts aux cabinets ?

— Oui, chef.

— Depuis quelle heure ?

— Je sais pas, je viens de les trouver en allant pisser.

— Qui est-ce ?

— Je ne sais pas.

— Eh bien, vieux tordu, je vais te le dire. Un c'est l'Arménien. Va voir.

— Effectivement, c'est l'Arménien et Sans-Souci.

— Bon, attendons l'appel. » Et ils s'en vont.

Six heures, la première cloche sonne. On ouvre la porte. Les deux distributeurs de café passent de place en place, derrière suivent les distributeurs de pain.

Six heures et demie, la deuxième cloche. Le jour est levé, et le coursier est plein d'empreintes des pieds qui ont marché dans le sang cette nuit.

Les deux commandants arrivent. Le jour est bien levé. Huit surveillants et le docteur les accompagnent.

« Tout le monde à poil, au garde-à-vous devant son hamac ! Mais c'est une vraie boucherie, il y a du sang partout ! »

Le deuxième commandant entre le premier dans les cabinets. Quand il en ressort, il est blanc comme un linge : « Ils ont été littéralement égorgés. Bien entendu, personne n'a rien vu, ni entendu ? »

Silence absolu.

« Toi vieux, tu es le gardien de la salle, ces hommes sont secs. Docteur, depuis combien de temps sont-ils morts approximativement ?

— Huit à dix heures, dit le toubib.

— Et tu les découvres à cinq heures seulement ? Tu n'as rien vu, rien entendu ?

— Non, je suis dur d'oreille, je n'y vois presque pas, et par-dessus le marché j'ai soixante-dix piges dont quarante de bagne. Alors vous comprenez, je dors beaucoup. A six heures, je dors, et c'est l'envie de pisser qui m'a réveillé à cinq heures. C'est une chance, parce que d'habitude je ne me réveille qu'à la cloche.

— Tu as raison, c'est une chance, dit ironiquement le commandant. Même pour nous, comme ça tout le monde a dormi tranquille toute la nuit, surveillants et condamnés. Brancardiers, enlevez ces deux cadavres et portez-les à l'amphithéâtre. Je veux que vous fassiez l'autopsie, docteur. Et vous, un par un, sortez dans la cour, tout nus. »

Chacun, nous passons devant les commandants et le docteur. On examine minutieusement les hommes, toutes les parties du corps. Personne n'a de blessures, plusieurs ont des éclaboussures de sang. Ils expliquent qu'ils ont glissé en allant aux cabinets. Grandet, Galgani et moi sommes examinés plus minutieusement que les autres.

« Papillon, où est votre place ? » Ils fouillent tout mon barda. « Et ton couteau ? »

— Mon couteau m'a été saisi à sept heures du soir, à la porte par le surveillant.

— C'est vrai, dit le gaffe. Il a fait tout un pétard en disant qu'on voulait qu'on l'assassine.

— Grandet, c'est à vous ce couteau ?

— Eh oui, il est bien à ma place, donc il est à moi. » Il examine scrupuleusement le couteau, propre comme un sou neuf, sans une tache.

Le toubib revient des cabinets et dit : « C'est un poignard à double fil qui a servi à égorger ces hommes. Ils ont été tués debout. C'est à n'y rien comprendre. Un bagnard ne se laisse pas égorger comme un lapin, sans se défendre. Il devrait y avoir quelqu'un de blessé.

— Vous le voyez vous-même, docteur, personne n'a même une « estafilada ».

— Ces deux hommes étaient dangereux ?

— Excessivement, docteur. L'Arménien devait être sûrement le meurtrier de Carbonieri qui a été tué hier au lavoir à neuf heures du matin.

— Affaire classée, dit le commandant. Toutefois gardez le couteau de Grandet. Au travail tout le monde, sauf les malades. Papillon, vous vous êtes porté malade ?

— Oui, commandant.

— Vous n'avez pas perdu de temps pour venger votre ami. Je ne suis pas dupe, vous savez. Malheureusement, je n'ai pas de preuves et je sais que nous n'en trouverons pas. Encore une dernière fois, personne n'a rien à déclarer ? Si l'un de vous peut faire la lumière sur ce double crime, je donne ma parole qu'il sera désinterné et envoyé à la Grande Terre. »

Silence absolu.

Tout le gourbi de l'Arménien s'est porté malade. Voyant cela, Grandet, Galgani, Jean Castelli, et Louis Gravon se font aussi porter pâles au dernier moment. La salle s'est vidée de ses cent vingt hommes. Nous restons cinq de mon gourbi et quatre du gourbi de l'Arménien, plus l'horloger, le gardien de case qui grogne sans arrêt pour le nettoyage qu'il va avoir à faire, et deux ou trois autres durs dont un Alsacien, le grand Sylvain.

Cet homme vit seul aux durs, il n'a que des amis. Auteur d'un fait peu commun qui l'a envoyé vingt ans aux durs, c'est un homme d'action très respecté. Tout seul, il a attaqué un wagon postal, dans le rapide Paris-Bruxelles, assommé les deux gardiens et jeté sur le ballast les sacs postaux qui, recueillis par des complices le long de la voie, avaient rapporté une somme importante.

Sylvain voyant les deux gourbis chuchoter chacun

dans son coin, et ignorant que nous avons pris l'engagement de ne pas agir l'un contre l'autre, se permet de
prendre la parole : « J'espère que vous n'allez pas vous
battre en bagarre rangée genre les trois mousquetaires ?

— Pour aujourd'hui, non, dit Galgani, ce sera pour
plus tard.

— Pourquoi plus tard ? Faut jamais remettre au lendemain ce qu'on peut faire le jour même, dit Paulo,
mais moi je ne vois pas la raison de s'entre-tuer. Qu'en
dis-tu, Papillon ?

— Une seule question : Etiez-vous au courant de ce
qu'allait faire l'Arménien ?

— Ma parole d'homme, Papi, on ne savait rien et tu
veux que je te le dise ? Je ne sais pas, si l'Arménien
n'était pas mort, comment j'aurais accepté le coup.

— Alors, si c'est comme ça, pourquoi pas arrêter cette
histoire pour toujours ? dit Grandet.

— Nous, on est d'accord. Serrons-nous la main et ne
parlons plus de cette triste affaire.

— Entendu.

— Je suis témoin, dit Sylvain. Ça me fait plaisir que
ce soit fini.

— N'en parlons plus. »

Le soir, à six heures, la cloche sonne. Je ne puis
m'empêcher, en l'écoutant, de revoir la scène de la veille,
et mon ami avec la moitié de son corps dressé, venant
sur le canot. L'image est tellement impressionnante,
même vingt-quatre heures après, que je ne souhaite
pas une seconde que l'Arménien et Sans-Souci soient
littéralement portés par la horde des requins.

Galgani, ne dit pas une parole. Il sait ce qui s'est
passé pour Carbonieri. Il regarde dans le vague en
balançant ses jambes qui pendent à droite et à gauche de son hamac. Grandet n'est pas encore rentré. Le
glas s'est éteint depuis bien dix minutes quand Galgani, sans me regarder, toujours balançant ses jambes,
dit à mi-voix : « J'espère qu'aucun morceau de ce salaud
d'Arménien ne va être bouffé par un des requins qui

ont becqueté Matthieu. Ça serait trop con que, séparés dans la vie, ils se retrouvent dans le ventre d'un requin. »

Ça va être vraiment un vide pour moi la perte de cet ami noble et sincère. Il vaut mieux que je parte de Royale et agisse le plus vite possible. Tous les jours je me répète ça.

UNE CAVALE DES FOUS

« Comme c'est la guerre et que les punitions ont été renforcées en cas d'évasion manquée, ce n'est pas le moment de louper une cavale, n'est-ce pas, Salvidia ? »

L'Italien au plan d'or du convoi et moi discutons sous le lavoir après avoir relu l'affiche qui nous fait connaî-tre les nouvelles dispositions en cas d'évasion. Je lui dis :

« C'est pourtant pas parce qu'on risque d'être condam-nés à mort que cela va m'empêcher de partir. Et toi ?

— Moi, Papillon, je n'en peux plus et je veux cavaler. Arrivera ce qui arrivera. J'ai demandé à être employé à l'asile des fous comme infirmier. Je sais que dans la dépense de l'asile se trouvent deux tonneaux de deux cent vingt-cinq litres, donc très suffisants pour faire un radeau. L'un est plein d'huile d'olive, l'autre de vinaigre. Bien liés l'un à l'autre, de façon qu'en aucun cas ils ne puissent se séparer, il me semble qu'il y aurait une chance sérieuse pour gagner la Grande Terre. Sous les murs qui entourent les bâtiments des fous, côté extérieur, il n'y a pas de surveillance. A l'inté-rieur, seule une garde permanente d'un gaffe infirmier aidé de durs surveille constamment ce que font les malades. Pourquoi ne viendrais-tu pas avec moi là-haut ?

— Comme infirmier ?

— Impossible, Papillon. Tu sais bien que jamais on ne te donnera un emploi à l'asile. Sa situation éloignée du camp, son peu de surveillance, tout y est pour qu'on ne t'envoie pas là-bas. Mais tu pourrais y monter comme fou.

— C'est bien difficile, Salvidia. Lorsqu'un docteur te classe « jobard », il ne te donne ni plus ni moins que le droit de faire gratuit n'importe quoi. En effet, tu es reconnu irresponsable de tes actes. Tu te rends compte de la responsabilité que prend le médecin lorsqu'il admet cela et signe un tel diagnostic ? Tu peux tuer un dur, même un gaffe ou une femme de gaffe, ou un gosse. Tu peux t'évader, commettre n'importe quel délit, la justice n'a plus aucun recours contre toi. Le maximum qu'on puisse te faire, c'est de te mettre dans une cellule capitonnée à poil avec la camisole de force. Ce régime ne peut durer qu'un certain temps, un jour il faut bien qu'ils adoucissent le traitement. Résultat : pour n'importe quel acte très grave, évasion comprise, tu ne paies pas le coup.

— Papillon, j'ai confiance en toi, je voudrais bien cavaler avec toi. Fais l'impossible pour venir me rejoindre comme fou. Comme infirmier je pourrai t'aider à tenir le coup le mieux possible et te soulager dans les moments les plus durs. Je reconnais que ça doit être terrible de se trouver, n'étant pas malade, au milieu de ces êtres si dangereux.

— Monte à l'asile, Roméo, je vais étudier la question à fond, et surtout bien me renseigner sur les premiers symptômes de la folie pour arriver à convaincre le toubib. C'est pas une mauvaise idée d'arriver à ce que le médecin me classe irresponsable. »

Je commence à étudier sérieusement la chose. Il n'y a aucun livre sur la question à la bibliothèque du bagne. Chaque fois que je le peux, je discute avec des hommes qui ont été plus ou moins longtemps malades. J'arrive peu à peu à me faire une idée assez nette :

1° Les fous ont tous des douleurs atroces au cervelet ;

2° Souvent des bourdonnements dans les oreilles ;

3° Comme ils sont très nerveux, ils ne peuvent pas

rester longtemps couchés dans la même position sans être secoués par une véritable décharge des nerfs qui les réveille et les fait sursauter douloureusement de tout leur corps tendu à craquer.

Il faut donc *faire découvrir* ces symptômes sans les indiquer directement. Ma folie doit être juste assez dangereuse pour obliger le docteur à prendre la décision de me mettre à l'asile, mais pas assez violente pour justifier les mauvais traitements des surveillants : camisole de force, coups, suppression de la nourriture, injection de bromure, bain froid ou trop chaud, etc. Si je joue bien la comédie je dois pouvoir faire marron le toubib.

En ma faveur, il y a une chose : pourquoi, pour quelle raison je serais un simulateur ? Le médecin ne trouvant aucune explication logique à cette question, il est probable que je peux gagner la partie. Pas d'autre solution pour moi. On a refusé de m'envoyer au Diable. Je ne peux plus supporter le camp depuis l'assassinat de mon ami Matthieu. Au diable les hésitations ! C'est décidé. Je vais lundi aller à la visite. Non, je ne dois pas moi-même me faire porter malade. Il vaut mieux que ce soit un autre qui le fasse et qu'il soit lui-même de bonne foi. Je dois faire deux ou trois trucs pas normaux dans la salle. Alors le chef de case en parlera au gaffe et celui-ci me fera lui-même inscrire à la visite.

Voici trois jours que je ne dors pas, ne me lave plus et ne me suis pas rasé. Chaque nuit je me masturbe plusieurs fois et mange très peu. Hier, j'ai demandé à mon voisin pourquoi il a enlevé de ma place une photographie qui n'a jamais existé. Il a juré ses grands dieux n'avoir pas touché à mes affaires. Inquiet, il a changé de place. Souvent la soupe reste dans un baquet quelques minutes avant d'être distribuée. Je viens de m'approcher du baquet et, devant tout le monde, j'ai pissé dedans. Ça a jeté plutôt un froid, mais ma gueule a dû impressionner tout le monde, personne n'a soufflé mot, seul mon ami Grandet m'a dit :

« Papillon, pourquoi tu fais ça ?

— Parce qu'on a oublié de la saler. » Et sans faire plus attention aux autres, je suis allé chercher ma gamelle et l'ai tendue au chef de case pour qu'il me serve.

Dans un silence total, tout le monde m'a regardé manger ma soupe.

Ces deux incidents ont suffi pour que ce matin je me trouve devant le toubib sans l'avoir demandé.

« Alors, ça va, oui ou non, toubib ? » Je répète ma question. Le docteur, stupéfait, me regarde. Je le fixe avec des yeux volontairement très naturels.

« Oui, ça va, dit le toubib. Et toi, tu es malade ?

— Non.

— Alors pourquoi es-tu venu à la visite ?

— Pour rien, on m'a dit que vous étiez malade. Ça me fait plaisir de voir que ce n'est pas vrai. Au revoir.

— Attends un peu, Papillon. Assieds-toi là, en face de moi. Regarde-moi. » Et le toubib m'examine les yeux avec une lampe qui jette un tout petit faisceau de lumière.

« T'as rien vu, toubib, de ce que tu croyais découvrir ? Ta lumière n'est pas assez forte, mais quand même je crois que tu as compris, n'est-ce pas ? Dis-moi, tu les as vus ?

— Quoi ? dit le toubib.

— Fais pas le con, tu es docteur ou vétérinaire ? Tu ne vas pas me dire que tu n'as pas eu le temps de les voir avant qu'ils se cachent, ou tu ne veux pas me le dire, ou tu me prends pour un vrai con. »

J'ai les yeux brillants de fatigue. Mon aspect, pas rasé ni lavé, joue en ma faveur. Les gaffes écoutent, médusés, mais je ne fais aucun geste violent qui puisse justifier leur intervention. Conciliant et entrant dans mon jeu pour ne pas m'exciter, le toubib se lève et me pose la main sur l'épaule. Je suis toujours assis.

« Oui, je ne voulais pas te le dire, Papillon, mais j'ai eu le temps de les voir.

— Tu mens, toubib, avec un sang-froid colonial. Parce que tu n'as rien vu du tout ! Ce que je pensais que tu

cherchais, ce sont les trois points noirs que j'ai dans
l'œil gauche. Je les vois seulement quand je regarde
dans le vide ou quand je lis. Mais si je prends une
glace, je vois nettement mon œil, mais pas de trace
des trois points. Ils se cachent aussi sec quand je saisis
la glace pour les regarder.

— Hospitalisez-le, dit le toubib. Emmenez-le immédiatement sans qu'il retourne au camp. Papillon, tu me
dis que tu n'es pas malade ? C'est peut-être vrai, mais
moi je te trouve très fatigué, aussi je vais te mettre
quelques jours à l'hôpital pour que tu te reposes. Tu
veux bien ?

— Ça ne me dérange pas. A l'hôpital ou sur le camp,
c'est toujours les Iles. »

Le premier pas est fait. Je me retrouve une demi-
heure après à l'hôpital dans une cellule bien éclairée,
un bon lit bien propre, avec des draps blancs. Sur la
porte un carton : « En observation. » Petit à petit, sug-
gestionné à fond, je me transforme en jobard. C'est un
jeu dangereux : le tic de tordre la bouche et de me pin-
cer la lèvre inférieure entre les dents, ce tic étudié
dans un bout de glace dissimulé, je l'ai tellement bien
travaillé qu'il m'arrive de me surprendre à le faire sans
en avoir eu l'intention. Faudrait pas s'amuser longtemps à ce petit jeu, Papi. A force de t'obliger à te
sentir virtuellement déséquilibré, ça peut être dangereux et te laisser des tares. Pourtant faut jouer à fond
si je veux arriver au but. Entrer à l'asile, être classé
irresponsable et puis partir en cavale avec mon pote.
Cavale ! Ce mot magique me transporte, je me
vois déjà assis sur les deux tonneaux, poussé vers la
Grande Terre en compagnie de mon pote, l'infirmier
italien.

Le toubib passe la visite chaque jour. Longuement
il m'examine, toujours nous nous parlons poliment et
gentiment. Il est troublé, le mec, mais pas convaincu
encore. Donc je vais lui apprendre que j'ai des élance-
ments dans la nuque, premier symptôme.

« Ça va, Papillon ? Tu as bien dormi ?

— Oui, docteur. Merci, ça va à peu près. Merci pour le *Match* que vous m'avez prêté. Dormir, c'est autre chose. En effet, derrière ma cellule il y a une pompe sûrement là pour arroser je ne sais quoi, mais le pan-et-pan que fait le bras de cette pompe toute la nuit m'arrive jusqu'à ma nuque et on dirait qu'à l'intérieur ça fait comme un écho : pan-et-pan ! Et cela toute la nuit, c'est intenable. Aussi je vous serais reconnaissant de me changer de cellule. »

Le toubib se retourne vers le gaffe infirmier et, rapidement, il murmure :

« Il y a une pompe ? »

Le gaffe fait signe de la tête que non.

« Surveillant, changez-le de cellule. Où veux-tu aller ?

— Le plus loin possible de cette sacrée pompe, au bout du couloir. Merci, docteur. »

La porte se ferme, je me trouve seul dans ma cellule. Un bruit presque imperceptible m'alerte, on m'observe par le mouchard, c'est sûrement le toubib, car je n'ai pas entendu les pas s'éloigner quand ils se sont retirés. Aussi, vite je tends le poing vers le mur qui cache la pompe imaginaire et je crie, pas trop fort : « Arrête, arrête, sale empaffée ! T'as jamais fini d'arroser, jardinier à la noix ? » Et je me couche sur mon lit, la tête cachée sous l'oreiller.

Je n'ai pas entendu le petit bout de cuivre se refermer sur le mouchard, mais j'ai perçu des pas qui s'éloignent. Conclusion : c'était bien le toubib, le mec du mouchard.

L'après-midi on m'a changé de cellule. L'impression que j'ai donnée ce matin a dû être bonne, car pour m'accompagner quelques mètres jusqu'au bout du couloir, ils étaient deux gaffes et deux durs infirmiers. Comme ils ne m'ont pas adressé la parole, moi non plus. Je les ai seulement suivis sans mot dire. Deux jours après, deuxième symptôme : les bruits dans les oreilles.

« Ça va, Papillon ? Tu as fini la revue que je t'ai envoyée ?

— Non, je ne l'ai pas lue, j'ai passé toute la journée et une partie de la nuit à essayer d'étouffer un moustique ou moucheron qui a fait son nid dans mon oreille. J'ai beau m'enfoncer un bout de coton, rien à faire. Le bruissement de leurs ailes n'arrête pas et-zin-et-zin-et-zin... En plus que ça me chatouille désagréablement, le bourdonnement est continu. Ça énerve, à la fin, toubib ! Qu'est-ce que tu en penses ? Peut-être que si je n'ai pas réussi à les asphyxier on pourrait essayer de les noyer ? Qu'en dis-tu ? »

Mon tic de la bouche n'arrête pas et je vois le docteur qui le note. Il me prend la main et me regarde bien droit dans les yeux. Je le sens troublé et peiné.

« Oui, ami Papillon, on va les noyer. Chatal, faites-lui faire des lavages d'oreilles. »

Chaque matin ces scènes se répètent avec des variantes, mais le docteur n'a pas l'air de se décider à m'envoyer à l'asile.

Chatal, à l'occasion d'une injection de bromure, m'avertit :

« Tout va bien pour le moment. Le toubib est sérieusement ébranlé, mais ça peut être encore long avant qu'il t'envoie à l'asile. Montre au toubib que tu peux être dangereux si tu veux qu'il se décide vite.

— Ça va, Papillon ? » Le toubib, accompagné des gaffes infirmiers et de Chatal, me salue gentiment en ouvrant la porte de ma cellule.

« Arrête ton char, toubib. » Mon attitude est agressive. « Tu sais très bien que ça ne va pas. Et je me demande qui de vous est complice du mec qui me torture.

— Et qui te torture ? Et quand ? Et comment ?

— D'abord, toubib, connais-tu les travaux du docteur d'Arsonval ?

— Oui, je l'espère...

— Tu sais qu'il a inventé un oscillateur à ondes mul-

tiples pour ioniser l'air autour d'un malade atteint
d'ulcères duodénaux. Avec cet oscillateur, on envoie des
courants électriques. Eh bien, figure-toi qu'un ennemi
à moi a fauché un appareil à l'hôpital de Cayenne. Chaque fois que je dors bien tranquille, il appuie sur le
bouton, la décharge me choppe en plein ventre et dans
les cuisses. Je me détends d'un seul coup et fais un saut
au-dessus de mon lit de plus de dix centimètres de haut.
Comment veux-tu qu'avec ça je puisse résister et dormir ? Cette nuit ça n'a pas arrêté. A peine je commence
à fermer les yeux, pan ! le courant arrive. Tout
mon corps se détend, comme un ressort qu'on libère. J'en peux plus, toubib ! Avise bien tout le
monde que le premier que je découvre être complice
du mec, je le dessoude. J'ai pas d'arme, c'est vrai,
mais assez de force pour l'étrangler, quel qu'il
soit. A bon entendeur salut ! Et fous-moi la paix
avec tes bonjours d'hypocrite et avec tes « ça va,
Papillon ? » Je te le répète, toubib, arrête ton
char ! »

L'incident a porté ses fruits. Chatal m'a dit que le toubib a averti les gaffes de faire très attention. De ne
jamais m'ouvrir la porte de ma cellule sans être deux
ou trois, et de me parler toujours gentiment. Il est
atteint de persécution, dit le toubib, faut l'envoyer au
plus vite à l'asile.

« Je crois qu'accompagné d'un seul surveillant, je
peux me charger de l'emmener à l'asile », a proposé
Chatal pour m'éviter qu'on me foute la camisole de
force.

— Papi, tu as bien mangé ? — Oui, Chatal, c'était
bon. — Tu veux venir avec moi et M. Jeannus ? — Où
on va ? — On va jusqu'à l'asile porter les médicaments,
ça te fera une promenade.

— Allons-y. » Et tous les trois on sort de l'hosto, en
route vers l'asile. Tout en marchant, Chatal parle puis,
à un moment donné lorsqu'on est près d'arriver : « Tu
te sens pas fatigué d'être sur le camp, Papillon ?

— Oh ! oui, j'en ai marre, surtout que mon ami Carbonieri n'est plus là.

— Pourquoi tu ne resterais pas quelques jours à l'asile ? Comme ça le mec à l'appareil te trouverait peut-être pas pour t'envoyer le courant.

— C'est une idée, mec, mais tu crois que comme je ne suis pas malade du cerveau on va m'accepter ?

— Laisse-moi faire, je vais parler pour toi », dit le gaffe tout heureux que je tombe dans le soi-disant piège de Chatal.

Bref, me voilà à l'asile avec une centaine de fous. C'est pas du sucre de vivre avec des jobards ! Par groupes de trente à quarante, on prend l'air dans la cour pendant que les infirmiers nettoient les cellules. Tout le monde est complètement nu, jour et nuit. Heureusement qu'il fait chaud. A moi, on m'a laissé des chaussons.

Je viens de recevoir de l'infirmier une cigarette allumée. Assis au soleil, je pense qu'il y a cinq jours déjà que je suis là et que je n'ai pu encore prendre contact avec Salvidia.

Un fou s'approche de moi. Je sais son histoire, il s'appelle Fouchet. Sa mère avait vendu sa maison pour lui envoyer quinze mille francs par un surveillant pour qu'il s'évade. Le gaffe devait garder cinq mille et lui remettre dix mille. Ce gaffe lui a tout fauché, puis est parti à Cayenne. Quand Fouchet a appris par une autre voie que sa mère lui avait envoyé le pognon et qu'elle s'était dépouillée de tout inutilement, il est devenu fou furieux et le même jour a attaqué des surveillants. Maîtrisé, il n'a pas eu le temps de faire du mal. De ce jour, voici trois ou quatre ans, il est aux fous.

« Qui es-tu ? » Je regarde ce pauvre homme, jeune, trente ans environ, planté devant moi et qui m'interroge. — « Qui je suis ? un homme comme toi, pas plus et pas moins. — T'es bête dans ta réponse. Je vois que tu es un homme puisque tu as une bitte et des couilles, si tu étais une femme tu aurais un trou. Je te

demande qui tu es ? C'est-à-dire, comment tu t'appelles ?
— Papillon. — Papillon ? Tu es un papillon ? pauvre de
toi. Un papillon ça vole et ça a des ailes, où sont les
tiennes ? — Je les ai perdues. — Faut les trouver,
comme ça tu pourras t'évader. Les gaffes ils n'ont pas
d'ailes. Tu les feras marrons. Donne-moi ta cigarette. »
Avant que j'aie le temps de la lui tendre, il me l'arrache
des doigts. Puis il s'assied en face de moi et fume avec
délice.

« Et toi, qui tu es ? je lui demande.

— Moi, je suis le faisandé. Chaque fois qu'on doit me
donner quelque chose qui m'appartient, on me fait marron. — Pourquoi ? — C'est comme ça. Aussi, je tue le
plus possible de gaffes. Cette nuit, j'en ai pendu deux.
Surtout ne le dis à personne. — Pourquoi tu les a pendus ? — Ils m'ont volé la maison de ma mère. Figure-
toi que ma mère m'a envoyé sa maison et eux, comme
ils l'ont trouvée jolie, ils l'ont gardée et vivent dedans.
J'ai pas bien fait de les pendre ? — Tu as raison. Comme
ça ils ne profiteront pas de la maison de ta mère.
— le gros gaffe que tu vois là-bas, derrière les grilles,
tu le vois ? lui aussi habite la maison. Aussi celui-là,
je vais le bousiller, fais-moi confiance. » Et il se lève et
s'en va.

Ouf ! c'est pas rigolo d'être obligé de vivre au milieu
des fous, et c'est dangereux. La nuit, ça crie de tous les
côtés et quand c'est la pleine lune les fous sont plus
excités que jamais. Comment la lune peut influer sur
l'agitation des fous ? Je ne peux pas l'expliquer, mais
je l'ai constaté bien des fois.

Les gaffes font des rapports sur les fous en observation. Avec moi, ils font des recoupements. Par exemple,
volontairement ils oublient de me sortir dans la cour.
Ils attendent de voir si je vais réclamer. Ou bien, ils
ne me donnent pas un repas. J'ai un bâton avec une
ficelle et je fais les gestes d'un pêcheur. Le gardien-
chef me dit : « Ça mord, Papillon ? — Ça peut pas mordre. Figure-toi que, quand je pêche, il y a un petit pois-

son qui me suit partout, et quand il y a un gros qui va
mordre, le petit l'avertit : « Fais-toi gaffe, ne mords pas,
« c'est Papillon qui pêche. » C'est pour ça que j'attrape
jamais rien. Je continue de pêcher quand même. Peut-
être, un jour, il y en aura un qui ne va pas le croire. »

J'entends le gaffe dire à l'infirmier : « Alors, lui, il a
son compte ! »

Quand on me fait manger à la table commune du
réfectoire, jamais je ne peux bouffer un plat de lentilles. Il y a un géant, un mètre quatre-vingt-dix au moins,
bras, jambes, torses velus comme un singe et qui m'a
choisi comme victime. D'abord il s'assied toujours à
côté de moi. Les lentilles sont servies très chaudes, donc
pour les manger il faut attendre qu'elles refroidissent.
Avec ma cuillère en bois, j'en prends un peu et soufflant dessus, j'arrive à en manger quelques cuillères.
Ivanhoé lui — il croit qu'il est Ivanhoé — prend son
plat, met ses mains en entonnoir et avale le tout en cinq
sec. Puis il prend le mien d'autorité et fait pareil. Le
plat torché, il me le met bruyamment devant moi en
me regardant de ses énormes yeux injectés de sang,
ayant l'air de dire : « Tu as vu comme je mange les
lentilles ? » Je commence à en avoir marre d'Ivanhoé, et
comme je ne suis pas encore classé fou, j'ai décidé de
faire un coup d'éclat sur lui. C'est encore un jour de
lentilles. Ivanhoé ne me loupe pas. Il s'est assis à côté
de moi. Son visage de dingue est radieux, il savoure
à l'avance la joie de se taper ses lentilles et les miennes. Je tire devant moi une lourde et grosse cruche en
grès pleine d'eau. A peine le géant porte en l'air mon
assiette et commence à laisser couler les lentilles dans
sa gorge, je me lève et, de toutes mes forces, je lui
casse la cruche d'eau sur la tête. Le géant s'écroule avec
un cri de bête. Aussi sec, tous les fous se mettent à se
jeter les uns contre les autres, armés des plats. Un vacarme épouvantable se déclenche. Cette bagarre collective
est orchestrée par les cris de tous ces types.

Enlevé en poids, je me retrouve dans ma cellule où

quatre costauds d'infirmiers m'ont emporté en vitesse et sans ménagement. Je crie comme un perdu qu'Ivanhoé m'a volé mon portefeuille avec ma carte d'identité. Cette fois, ça y est ! Le toubib s'est décidé à me classer irresponsable de mes actes. Tous les gaffes sont d'accord pour reconnaître que je suis un fou paisible, mais que j'ai des moments très dangereux. Ivanhoé a un beau pansement sur la tête. Je la lui ai ouverte, paraît-il, sur plus de huit centimètres. Il ne se promène pas aux mêmes heures que moi, heureusement.

J'ai pu parler à Salvidia. Il a déjà le double de la clef de la dépense où on garde les tonneaux. Il cherche à se procurer suffisamment de fil de fer pour les lier ensemble. Je lui dis que j'ai peur que les fils de fer se cassent par les tractions que vont faire les tonneaux en mer ; qu'il vaudrait mieux avoir des cordes, elles seraient plus élastiques. Il va essayer de s'en procurer, il y aura cordes et fils de fer. Il faut qu'il fasse aussi trois clefs : une de ma cellule, une du couloir qui y conduit et une de la porte principale de l'asile. Les rondes sont peu fréquentes. Un seul gaffe pour chaque garde de quatre heures. De neuf heures à une heure du matin et de une heure à cinq heures. Deux des gaffes, lorsqu'ils sont de garde, dorment toute leur garde et n'effectuent aucune ronde. Ils comptent sur le bagnard infirmier qui est de garde avec eux. Donc, tout va bien, c'est une question de patience. Un mois, tout au plus, à tenir le coup.

Le gardien-chef m'a donné un mauvais cigare allumé comme j'entrais dans la cour. Mais même mauvais, il me paraît délicieux. Je regarde ce troupeau d'hommes nus, chantant, pleurant, faisant des gestes désordonnés, parlant tout seuls. Tout mouillés encore de la douche que chacun prend avant de rentrer dans la cour, leurs pauvres corps meurtris par les coups reçus ou qu'ils se sont faits eux-mêmes, les traces des cordons de la camisole de force trop serrés. C'est bien le spectacle de la fin du chemin de la pourriture. Combien de ces sonnés ont été reconnus responsables de leurs actes par les psychiatres en France ?

Titin — on l'appelle Titin — est de mon convoi de 1933. Il a tué un mec à Marseille, puis a pris un fiacre, a chargé sa victime dedans et se fait conduire à l'hôpital où en arrivant il dit : « Tenez, soignez-le, je crois qu'il est malade. » Arrêté aussi sec, les jurés ont eu le culot de ne lui reconnaître aucun degré, si peu soit-il, d'irresponsabilité. Pourtant il fallait qu'il soit déjà jobard pour avoir fait un truc pareil. Le plus con des mecs, normalement, aurait su qu'il allait se faire marron. Il est là, Titin, assis à mon côté. Il a la dysenterie en permanence. C'est un vrai cadavre ambulant. Il me regarde avec ses yeux gris fer, sans intelligence. Il me dit : « J'ai des petits singes dans le ventre, mon pays. Il y en a qui sont méchants, ils me mordent dans les intestins et c'est pour ça que je fais du sang, c'est quand ils sont en colère. D'autres, une race de velus, pleins de poils, ont des mains douces comme de la plume. Elles me caressent doucement et empêchent les autres, les méchants, de me mordre. Quand ces doux petits singes veulent bien me défendre, je ne fais pas de sang.

— Tu te rappelles Marseille, Titin ?

— Pardi, si je me rappelle Marseille. Très bien, même. La place de la Bourse avec les macs et les équipes de braqueurs...

— Tu te rappelles les noms de certains ? L'Ange le Lucre ? Le Gravat ? Clément ?

— Non, je me rappelle pas des noms, seulement d'un con de fiacre qui m'a emmené à l'hôpital avec mon ami malade et qui m'a dit que c'était moi la cause de sa maladie. C'est tout.

— Et les amis ?

— Je sais pas »

Pauvre Titin, je lui donne mon bout de cigare et je me lève avec une immense pitié dans le cœur pour ce pauvre être qui va crever comme un chien. Oui, il est très dangereux de cohabiter avec des fous, mais que faire ? C'est en tout cas la seule façon, je crois, de monter une cavale sans risque de condamnation.

Salvidia est presque prêt. Il a déjà deux des clefs, il ne manque que celle de ma cellule. Il s'est procuré aussi une très bonne corde et, en plus, il en a fait une avec des lanières de toile de hamac qui, me dit-il, ont été tressées à cinq brins. Tout va bien de ce côté.

J'ai hâte qu'on passe à l'action, car c'est vraiment dur de tenir en jouant cette comédie. Pour rester dans cette partie de l'asile où se trouve ma cellule, je dois de temps en temps piquer une crise.

J'en ai piqué une si bien jouée que les gaffes infirmiers m'ont mis dans une baignoire avec de l'eau très chaude et deux injections de bromure. Cette baignoire est couverte par une toile très forte de façon que je ne puisse pas en sortir. Seule ma tête en sort par un trou. Voilà plus de deux heures que je suis dans ce bain avec cette espèce de camisole de force quand entre Ivanhoé. Je suis terrifié de voir la façon dont me regarde cette brute. J'ai une peur affreuse qu'il m'étrangle. Je ne peux même pas me défendre, mes bras étant sous la toile.

Il s'approche de moi, ses gros yeux me regardent attentivement, il a l'air de chercher où il a vu cette tête qui émerge comme d'un carcan. Son souffle et une odeur de pourri m'inondent le visage. J'ai envie de crier au secours, mais j'ai peur de le rendre encore plus furieux par mes cris. Je ferme les yeux et j'attends, persuadé qu'il va m'étrangler avec ses grosses mains de géant. Ces quelques secondes de terreur, je ne les oublierai pas de sitôt. Enfin il s'écarte de moi, tourne dans la salle, puis va aux petits volants qui donnent l'eau. Il ferme l'eau froide et ouvre en grand l'eau bouillante. Je gueule, comme un perdu, car je suis en train de cuire littéralement. Ivanhoé est parti. Il y a de la vapeur dans toute la salle, j'étouffe en la respirant et fais des efforts surhumains, en vain, pour essayer de forcer cette toile de malheur. Enfin on arrive à mon secours. Les gaffes ont vu la vapeur qui sortait par la fenêtre. Quand on me sort de cette bouilloire, j'ai des brûlures horribles et souffre comme un damné. Surtout des cuisses et des parties, où la peau est enlevée. Badigeonné d'acide picrique, on me couche dans la petite salle d'infirmerie de l'asile. Mes brûlures sont si graves qu'on appelle le docteur. Quelques injections de morphine m'aident à passer les premières vingt-quatre heures. Quand le toubib me demande ce qui s'est passé, je lui dis qu'un volcan est sorti dans la baignoire. Personne ne comprend ce qui s'est passé. Et le gardien infirmier accuse celui qui a préparé le bain d'avoir mal réglé les arrivées d'eau.

Salvidia vient de sortir après m'avoir enduit de pommade picrique. Il est prêt et me fait remarquer que c'est une chance que je sois à l'infirmerie en raison que, si la cavale échoue, on peut retourner dans cette partie de l'asile sans être vu. Il doit vite faire une clef de l'infirmerie. Il vient de prendre l'empreinte sur un morceau de savon. Demain on aura la clef. A moi de dire le jour où je me sentirai suffisamment guéri pour profiter de la première garde d'un des gaffes qui ne font pas de ronde.

C'est pour cette nuit, pendant la garde de une heure à cinq heures du matin. Salvidia n'est pas de service. Pour gagner du temps, il videra le tonneau de vinaigre vers les onze heures du soir. L'autre, d'huile, on le roulera à plein, car la mer est très mauvaise et l'huile va nous servir peut-être à calmer les vagues pour la mise à l'eau.

J'ai un pantalon de sacs de farine coupé aux genoux et une vareuse de laine, un bon couteau dans ma ceinture. J'ai aussi un sachet imperméable que je me pendrai au cou ; il contient des cigarettes et un briquet d'amadou. Salvidia, lui, a préparé une musette étanche avec de la farine de manioc qu'il a imbibée d'huile et de sucre. A peu près trois kilos, me dit-il. Il est tard.

Assis sur mon lit, j'attends mon pote. Mon cœur bat à grands coups. Dans quelques instants la cavale va se déclencher. Que la chance et Dieu me favorisent, qu'enfin je sorte à jamais vainqueur du chemin de la pourriture !

Chose bizarre, je n'ai qu'une fugitive pensée pour le passé, elle va vers mon père et ma famille. Pas une image des assises, des jurés ou du procureur.

Au moment où la porte s'ouvrit, je revoyais, malgré moi, Matthieu littéralement porté debout par les requins.

« Papi, en route ! » Je le suis. Rapidement, il referme la porte et cache la clef dans un coin du couloir. « Vite, fais vite. » On arrive à la dépense, la porte est ouverte. Sortir le tonneau vide, c'est un jeu. Il s'entoure le corps des cordes, moi des fils de fer. Je prends la musette de farine et commence, dans la nuit d'encre, à rouler mon tonneau vers la mer. Lui vient derrière, avec le tonneau d'huile. Il est heureusement très fort et parvient assez facilement à le freiner suffisamment dans cette descente à pic.

« Doucement, doucement, fais-toi gaffe qu'il te prenne pas de vitesse. » Je l'attends, pour le cas où il lâcherait son tonneau qui, ainsi se bloquerait contre le mien. Je descends à reculons, moi devant et mon tonneau derrière. Sans aucune difficulté nous arrivons en bas du chemin. Il y a un petit accès à la mer, mais par la suite les rochers sont difficiles à franchir.

« Vide le tonneau, jamais on va pouvoir passer les rochers s'il est plein. » Le vent souffle avec force et les vagues s'écrasent rageusement sur les rochers. Ça y est, il est vide. « Mets le bouchon bien enfoncé. Attends, pose-lui cette plaque de fer-blanc dessus. » Les trous sont faits. « Enfonce bien les pointes. » Avec le vacarme du vent et des vagues, les coups ne peuvent pas être entendus.

Bien liés l'un à l'autre, les deux tonneaux sont difficiles à enlever au-dessus des rochers. Chacun d'eux est de deux cent vingt-cinq litres. C'est volumineux et

pas facile à manier. L'endroit choisi par mon pote
pour la mise à la mer ne facilite pas les choses. « Pousse
dessus, nom de Dieu ! Soulève un peu. Attention à
cette lame ! » On est soulevés tous les deux, tonneaux
compris et repoussés durement sur le rocher. « Attention ! Ils vont se briser, sans parler qu'on peut se casser la patte ou un bras !

— Calme-toi, Salvidia. Ou passe devant vers la mer,
ou viens ici derrière. Là, tu es bien placé. Tire à toi
d'un seul coup quand je vais crier. Je pousserai en
même temps et sûrement on va se détacher des rochers.
Mais pour ça, il faut d'abord tenir et rester sur place,
même si on est recouverts par la vague. »

Tout en criant ces ordres à mon pote, au milieu de
ce tintamarre de vent et de vagues, je crois qu'il les a
entendus : une grosse lame couvre complètement le
bloc compact que nous formons, le tonneau, lui et moi.
C'est alors que, rageusement, de toutes mes forces, je
pousse le radeau. Lui tire sûrement aussi, car d'un seul
coup on se trouve dégagés et pris par la lame. Il est sur
les tonneaux avant moi et, au moment où je me hisse
à mon tour, une énorme vague nous prend par en
dessous et nous lance comme une plume sur un rocher
pointu plus avancé que les autres. Le coup effroyable est
si fort que les tonneaux s'ouvrent, les morceaux s'éparpillent. Quand la vague se retire, elle m'emporte à plus
de vingt mètres du rocher. Je nage et me laisse enlever par une autre vague qui roule droit sur la côte. J'atter-
ris littéralement assis entre deux rochers. J'ai le temps
de m'accrocher avant d'être de nouveau emporté. Contu-
sionné de partout, j'arrive à me sortir de là, mais quand
je suis au sec, je me rends compte que j'ai été déporté
de plus de cent mètres du point où nous nous sommes
mis à la mer.

Sans précautions, je crie : « Salvidia ! Roméo ! Où
es-tu ? » Rien ne me répond. Anéanti, je me couche sur
le chemin, je quitte mon pantalon et ma vareuse de
laine et me retrouve tout nu avec mes chaussons, pas

plus. Nom de Dieu, mon ami, où est-il ? Et je crie à nouveau à tue-tête : « Où es-tu ? » Le vent, la mer, les vagues seules me répondent. Je reste là, je ne sais combien de temps, atone, complètement anéanti, physiquement et moralement. Puis je pleure de rage en jetant le petit sachet que j'ai au cou avec son tabac et le briquet — attention fraternelle de mon ami pour moi, car lui ne fume pas.

Debout, face au vent, face à ces vagues monstrueuses qui viennent de balayer tout, je dresse mon poing et j'insulte Dieu : « Salaud, cochon, dégueulasse, pédé, tu as pas honte de t'acharner ainsi sur moi ? Un Bon Dieu, toi ? Un dégueulasse, oui, c'est ça ! Un sadique, un maudit, voilà ce que tu es ! Un perverti, sale con ! Je ne prononcerai jamais plus ton nom ! Tu ne le mérites pas ! »

Le vent baisse et ce calme apparent me fait du bien et me rend à la réalité.

Je vais remonter à l'asile et si je peux, rentrer dans l'infirmerie. Avec un peu de chance, c'est possible.

Je remonte la côte avec une seule idée : rentrer et me recoucher dans mon plumard. Ni vu ni connu. Sans ennuis j'arrive au couloir de l'infirmerie. J'ai sauté le mur de l'asile, car je ne sais pas où Salvidia a mis la clef de la porte principale.

Sans chercher longtemps, je trouve la clef de l'infirmerie. Je rentre et referme sur moi la porte à deux tours. Je vais à la fenêtre et jette la clef très loin, elle tombe de l'autre côté du mur. Et je me couche. La seule chose qui pourrait me dévoiler, c'est que mes chaussons sont mouillés. Je me lève et je vais les tordre dans les cabinets. Le drap tiré sur ma figure, je me réchauffe petit à petit. Le vent et l'eau de mer m'avaient glacé. Est-ce que mon pote s'est vraiment noyé ? Peut-être a-t-il été emporté beaucoup plus loin que moi et a-t-il pu s'accrocher au bout de l'île. Ne suis-je pas remonté trop tôt ? J'aurais dû attendre encore un peu. Je me reproche d'avoir trop vite admis que mon copain était perdu.

Dans le tiroir de la petite table de nuit, se trouvent deux pastilles pour dormir. Je les avale sans eau. Ma salive suffit à les faire glisser.

Je dors lorsque, secoué, je vois le gaffe infirmier devant moi. La salle est pleine de soleil et la fenêtre ouverte. Trois malades regardent de dehors.

« Et alors, Papillon ? Tu dors comme un perdu. C'est dix heures du matin. Tu n'as pas bu ton café ? Il est froid. Regarde, bois-le. »

Mal réveillé, je réalise quand même qu'en ce qui me concerne rien ne paraît anormal.

« Pourquoi vous m'avez réveillé ?

— Parce que comme tes brûlures sont guéries, on a besoin du lit. Tu vas retourner dans ta cellule.

— Ça va, chef. » Et je le suis. Il me laisse, en passant, dans la cour. J'en profite pour faire sécher au soleil mes chaussons.

Voilà trois jours que la cavale a fracassé. Je n'en ai eu aucune rumeur. Je vais de ma cellule à la cour, de la cour à ma cellule. Salvidia n'a plus paru, donc il est mort le pauvre, certainement écrasé sur les rochers. Moi-même, je l'ai échappé belle et me suis sûrement sauvé parce que j'étais derrière au lieu d'être devant. Comment savoir ? Il faut que je sorte de l'asile. Il va être plus difficile de faire croire que je suis guéri, ou tout au moins apte à retourner au camp, que d'entrer à l'asile. Maintenant il faut que je convainque le docteur que je vais mieux.

« Monsieur Rouviot (c'est le chef infirmier), j'ai froid la nuit. Je vous promets de ne pas salir mes vêtements, pourquoi vous ne me donnez pas un pantalon et une chemise, s'il vous plaît ? » Le gaffe est stupéfait. Il me regarde très étonné, puis me dit : « Assieds-toi là avec moi, Papillon. Dis-moi qu'est-ce qu'il se passe ?

— Je suis surpris, chef, de me trouver ici. C'est l'asile, donc je suis chez les fous ? Est-ce que, par hasard, j'aurais perdu le nord ? Pourquoi je suis ici ? Dites-le-moi, chef, vous serez gentil.

« — Mon vieux Papillon, tu as été malade, je vois que tu as l'air d'aller mieux. Tu veux travailler ?

— Oui.

— Que veux-tu faire ?

— N'importe quoi. »

Et me voilà habillé, j'aide à nettoyer les cellules. Le soir on laisse ma porte ouverte jusqu'à neuf heures et c'est seulement quand le gaffe de nuit prend sa garde que l'on m'enferme.

Un Auvergnat, infirmier bagnard, m'a causé pour la première fois hier soir. On était seuls dans le poste de garde. Le gaffe n'était pas encore arrivé. Je ne connais pas ce mec, mais lui me connaît bien, dit-il.

« C'est pas la pcinc que tu continues à battre maintenant, mec.

— Que veux-tu dire ?

— Tu parles ! Tu crois pas que j'ai été marron à ton battage ? Il y a sept ans que je suis infirmier aux jobards et dès la première semaine j'ai compris que tu étais un tambour (simulateur).

— Alors, et après ?

— Après, je te plains sincèrement d'avoir échoué dans votre cavale avec Salvidia. Lui, ça lui a coûté la vie. J'ai sincèrement de la peine, parce que c'était un bon ami, bien qu'il ne m'ait pas affranchi avant, mais je ne lui en veux pas. Si tu as besoin de quoi que ce soit, dis-le-moi, je serai heureux de rendre service. »

Ses yeux ont un regard si franc que je ne doute pas de sa droiture. Et si je n'ai pas entendu parler de lui en bien, je n'en ai pas entendu parler non plus en mal, donc ce doit être un brave garçon.

Pauvre Salvidia ! Ça a dû faire du pétard quand on a vu qu'il était parti. Ils ont trouvé des morceaux de tonneau rejetés par la mer. Ils ont la certitude qu'il a été bouffé par les requins. Le toubib fait un pétard du diable pour l'huile d'olive jetée. Il dit qu'avec la guerre on n'est pas près d'en avoir.

« Que me conseilles-tu de faire ?

— Je vais te faire nommer à la corvée qui sort de l'asile tous les jours pour aller chercher des vivres à l'hôpital. Ce te fera une promenade. Commence à bien te conduire. Et sur dix conversations, tiens-en huit de sensées. Car il ne faut pas guérir trop vite non plus.

— Merci, comment tu t'appelles ?

— Dupont.

— Merci, mec. Je n'oublierai pas tes bons conseils. »

Voici près d'un mois que j'ai loupé cette cavale. On a trouvé six jours après le corps de mon pote, flottant. Par un hasard inexplicable, les requins ne l'avaient pas bouffé. Mais les autres poissons, ont dévoré, paraît-il, toutes ses entrailles et une partie de la jambe, me raconte Dupont. Son crâne était enfoncé. En raison de son degré de décomposition, on n'a pas fait d'autopsie. Je demande à Dupont s'il a la possibilité de me faire sortir une lettre par la poste. Il faudrait la remettre à Galgani pour qu'au moment de sceller le sac du courrier, il la glisse dedans.

J'écris à la mère de Roméo Salvidia, en Italie :

« Madame, votre petit est mort sans fers aux pieds. Il est mort en mer, courageusement, loin des gardes et de la prison. Il est mort libre en luttant vaillamment pour conquérir sa liberté. Nous nous étions promis mutuellement d'écrire à notre famille si un malheur arrivait à l'un de nous. Je remplis ce douloureux devoir en vous baisant filialement vos mains.

L'ami de votre petit
Papillon. »

Ce devoir accompli, je décide de ne plus penser à ce cauchemar. C'est la vie. Reste à sortir de l'asile, aller coûte que coûte au Diable et tenter une autre cavale.

Le gaffe m'a nommé jardinier dans son jardin. Voici deux mois, que je me porte bien et je me suis fait tellement apprécier que ce con de gaffe ne veut plus me lâcher. L'Auvergnat me dit que, à la dernière visite, le

toubib voulait me faire sortir de l'asile pour me mettre
sur le camp en « sortie d'essai ». Le gaffe s'y est opposé
en disant que jamais son jardin n'avait été si soigneusement travaillé.

Aussi, ce matin, j'ai arraché tous les fraisiers et les
ai jetés aux ordures. A chaque fraisier, j'ai planté à sa
place une petite croix. Autant de fraisiers, autant de
croix. Vous dire le scandale, c'est pas la peine de vous
faire un dessin. Ce gros lourd de garde-chiourme a
failli en claquer tant son indignation était grande. Il
en bavait et étouffait en voulant parler, mais les sons
ne voulaient pas sortir. Assis sur une brouette, il en
a finalement pleuré de vraies larmes. J'ai été un peu
fort, mais que faire ?

Le toubib n'a pas pris la chose au tragique. Ce malade,
insiste-t-il, doit être mis en « sortie d'essai » sur le camp,
pour se réadapter à la vie normale. C'est d'être seul
dans le jardin que lui est venue cette idée bizarre.

« Dis-moi, Papillon, pourquoi as-tu arraché les fraisiers et posé des croix à leur place ?

— Je ne puis expliquer cette action, docteur, et je
m'en excuse au surveillant. Il aimait tant ces fraisiers
que j'en suis vraiment désolé. Je vais demander au
Bon Dieu de lui en donner d'autres. »

Me voilà sur le camp. Je retrouve mes amis. La place
de Carbonieri est vide, je mets mon hamac à côté de
cet espace vide, comme si Matthieu était toujours là.

Le docteur m'a fait coudre sur ma vareuse : « En
traitement spécial. » Personne d'autre que le toubib ne
doit me commander. Il m'a donné l'ordre de ramasser
les feuilles de huit heures à dix heures le matin, devant
l'hôpital. J'ai bu le café et fumé quelques cigarettes en
compagnie du toubib dans un fauteuil devant sa maison.
Sa femme est assise avec nous et le toubib cherche à
ce que je lui parle de mon passé, aidé par sa femme.

« Et alors, Papillon, après ? Qu'est-ce qu'il vous est
arrivé après avoir laissé les Indiens pêcheurs de perles ?... » Tous les après-midi je les passe avec ces admi-

rables gens. « Venez me voir tous les jours, Papillon, dit la femme du docteur. D'abord je veux vous voir et puis aussi entendre les histoires qui vous sont arrivées. »

Chaque jour, je passe quelques heures avec le toubib et sa femme et quelquefois avec sa femme seule. En m'obligeant à raconter ma vie passée, ils sont persuadés que cela contribue à m'équilibrer définitivement. J'ai décidé de demander au toubib de me faire envoyer au Diable.

C'est fait : je dois partir demain. Ce docteur et sa femme savent pourquoi je vais au Diable. Ils ont été si bons avec moi que je n'ai pas voulu les tromper : « Toubib, je n'en peux plus de ce bagne, fais-moi envoyer au Diable, que je me cavale ou que je crève, mais que cela finisse.

— Je te comprends, Papillon, ce système de répression me dégoûte, cette Administration est pourrie. Aussi adieu et bonne chance ! »

Dixième cahier

LE DIABLE

LE BANC DE DREYFUS

C'EST l'île la plus petite des trois îles du Salut. La plus au nord aussi, la plus directement battue par le vent et les vagues. Après un plat étroit qui longe la mer sur tout le bord, rapidement elle monte vers un plat en hauteur où sont installés le poste de garde des surveillants et une seule salle pour les bagnards, une dizaine environ. Au Diable, officiellement on ne doit pas envoyer des bagnards de droit commun mais seulement les condamnés et déportés politiques.

Ils vivent chacun dans une petite maison au toit de tôle. On leur donne le lundi les vivres crus pour la semaine et tous les jours une boule de pain. Ils sont une trentaine. Comme infirmier, le docteur Léger, qui a empoisonné toute sa famille à Lyon ou aux environs. Les politiques ne traitent pas avec les bagnards et quel-

quefois ils écrivent à Cayenne en protestant contre tel ou
tel bagnard de l'île. Alors on l'enlève et il retourne à
Royale.

Un câble relie Royale au Diable, car bien souvent la
mer est trop mauvaise pour que la chaloupe de Royale
puisse venir et aborder à une espèce d'appontement en
ciment.

Le garde-chef du camp (ils sont trois) s'appelle Santori. C'est un grand escogriffe sale et portant souvent
une barbe de huit jours.

« Papillon, j'espère, que vous vous comporterez bien
au Diable. Ne me cassez pas les couilles et moi je vous
laisserai tranquille. Montez au camp, je vous verrai
là-haut. » Je retrouve dans la salle six forçats : deux
Chinois, deux Noirs, un Bordelais et un mec de Lille.
L'un des Chinois me connaît bien, il était avec moi à
Saint-Laurent en prévention pour meurtre. C'est un
Indochinois, un survivant de la révolte du bagne de
Poulo Condor, en Indochine.

Pirate de profession, il attaquait les sampans et quelquefois assassinait tout l'équipage avec la famille. Excessivement dangereux, il a pourtant une façon de vivre
en commun qui capte la confiance et la sympathie.

« Ça va, Papillon ?
— Et toi Chang ?
— Ça va. Ici, on est bien. Toi, manger avec moi. Toi,
coucher là, à côté de moi. Moi faire la cuisine deux fois
par jour. Toi, attraper poissons. Ici beaucoup poissons. »
Santori arrive :

« Ah ! vous êtes installé ? Demain matin, vous irez
avec Chang donner à manger aux cochons. Lui apportera les cocos et vous, vous les ouvrirez en deux avec
une hache. Il faut mettre à part les cocos crèmes pour
les donner aux petits cochons qui n'ont pas de dents.
L'après-midi à quatre heures, même travail. A part ces
deux heures, une le matin, l'autre l'après-midi, vous êtes
libre de faire ce que vous voulez sur l'île. Tout pêcheur
doit monter un kilo de poissons tous les jours à mon

cuisinier, ou des langoustines. Ainsi tout le monde est content. Ça vous va ?

— Oui, monsieur Santori.

— Je sais que tu es un homme de cavale, mais comme d'ici c'est impossible, je ne me fais pas de mauvais sang. La nuit vous êtes enfermés, mais je sais qu'il y en a qui sortent quand même. Fais-toi gaffe des déportés politiques. Tous ont un sabre d'abattis. Si tu t'approches de leurs maisons, ils croient que tu viens leur voler une poule ou des œufs. Aussi tu peux te faire tuer ou blesser, car eux, ils te voient et toi, tu ne les vois pas. »

Après avoir donné à bouffer à plus de deux cents cochons, j'ai parcouru l'île pendant toute la journée, accompagné de Chang qui la connaît à fond. Un vieux, avec une longue barbe blanche, nous a croisés sur le chemin qui fait le tour de l'île au bord de la mer. C'était un journaliste de Nouvelle-Calédonie qui, pendant la guerre de 1914, écrivait contre la France en faveur des Allemands. J'ai vu aussi le salaud qui a fait fusiller Edith Cavell, l'infirmière anglaise ou belge qui sauvait les aviateurs anglais en 1917. Ce répugnant personnage, gros et gras, avait un bâton à la main et battait une murène énorme, de plus d'un mètre cinquante de long et grosse comme ma cuisse.

L'infirmier, lui, il vit aussi dans une de ces petites maisons qui ne devraient être que pour les politiques.

Ce docteur Léger est un grand bonhomme sale et costaud. Seule sa figure est propre, surmontée de cheveux grisonnants et très longs dans le cou et sur les tempes. Ses mains sont couperosées de blessures mal cicatrisées qu'il doit se faire en s'accrochant dans la mer aux aspérités des rochers.

« Si tu as besoin de quelque chose, viens, je te le donnerai. Ne viens que si tu es malade. Je n'aime pas qu'on me visite et encore moins qu'on me parle. Je vends des œufs et quelquefois un poulet ou une poule. Si tu tues en cachette un petit cochon, apporte-moi un gigot de derrière et je te donne un poulet et six œufs. Puisque tu es là, emporte ce flacon de cent vingt cachets de quinine. Comme tu as dû venir ici pour t'évader, dans le cas miraculeux où tu réussirais, tu en aurais besoin en brousse. »

Je pêche le matin et le soir des quantités astronomiques de rougets de roche. J'envoie de trois à quatre kilos tous les jours à la gamelle des gaffes. Santori est radieux, jamais on ne lui avait donné tant de variétés de poissons et de langoustines. Des fois, en plongeant à marée basse, je fais trois cents langoustines.

Le toubib Germain Guibert est venu hier au Diable. La mer étant belle, il est venu avec le commandant de Royale et Mme Guibert. Cette admirable femme est la première femme qui ait mis les pieds au Diable. D'après le commandant, jamais un civil n'a posé les pieds sur l'île. J'ai pu parler plus d'une heure avec elle. Elle est venue avec moi jusqu'au banc où s'asseyait Dreyfus en regardant vers le large, vers la France qui l'avait rejeté.

« Si cette pierre polie pouvait nous dire les pensées de Dreyfus... dit-elle en caressant la pierre. Papillon, c'est sûrement la dernière fois que nous nous voyons, puisque vous me dites qu'avant peu vous allez tenter une cavale. Je prierai Dieu pour qu'il vous fasse triompher. Et je vous demande de venir, avant de partir, passer une minute sur ce banc que j'ai caressé et de le toucher vous-même pour me dire adieu. »

Le commandant m'a autorisé à envoyer par le câble, quand je le voudrai, des langoustines et du poisson au docteur. Santori est d'accord.

« Adieu, toubib, adieu madame. » Le plus naturellement possible, je les salue avant que la chaloupe se détache de l'appontement. Les yeux de Mme Guibert me regardent grands ouverts, de cet air de me dire : « Souviens-toi de nous toujours, car nous ne t'oublierons pas non plus. »

Le banc de Dreyfus est tout en haut de la pointe

nord de l'île. Il domine la mer de plus de quarante mètres.

Je n'ai pas été pêcher aujourd'hui. Dans un vivier naturel, j'ai plus de cent kilos de rougets et dans un tonneau de fer attaché avec une chaîne, plus de cinq cents langoustines. Je peux donc ne pas m'occuper de pêche. J'en ai pour envoyer au toubib, pour Santori, pour le Chinois et moi.

Nous sommes en 1941, il y a onze ans que je suis en prison. J'ai trente-cinq ans. Les plus belles années de ma vie, je les ai passées ou en cellule, ou au cachot. J'ai eu seulement sept mois de liberté complète avec ma tribu indienne. Les gosses que j'ai dû avoir avec mes deux femmes indiennes ont maintenant huit ans. Quelle horreur ! Comme le temps a passé vite ! Mais en regardant en arrière, je les contemple ces heures, ces minutes, pourtant si longues à supporter, chacune d'elles incrustée dans ce chemin de croix.

Trente-cinq ans ! Où sont Montmartre, la place Blanche, Pigalle, le bal du Petit Jardin, le boulevard de Clichy ? Où est-elle la Nénette, avec sa figure de Madone, véritable camée qui, ses grands yeux noirs me dévorant de désespoir, a crié aux assises : « T'en fais pas, mon homme, j'irai te chercher là-bas » ? Où est-il le Raymond Hubert avec son « Nous serons acquittés » ? Où sont-ils, les douze fromages du jury ? Et les poulets ? Et l'avocat général ? Que fait mon papa et les familles fondées par mes sœurs sous le joug allemand ?

Tant de cavales ! Voyons, combien de cavales ?

La première quand je suis parti de l'hôpital, après avoir assommé les gaffes.

La deuxième en Colombie, à Rio Hacha. La plus belle. Là, j'avais réussi complètement. Pourquoi avoir quitté ma tribu ? Un frisson amoureux parcourt mon corps. Il me semble sentir encore en moi les sensations des actes d'amour avec les deux sœurs indiennes.

Puis la troisième, la quatrième, la cinquième et la sixième à Baranquilla. Quelle malchance dans ces cava-

les ! Ce coup de la messe, si malheureusement échoué !
Cette dynamite qui foire, et pour l'autre, ce Clousiot
qui accroche son pantalon ! Et le retard de ce somnifère !

La septième à Royale, où ce salaud de Bébert Celier
m'a dénoncé. Celle-là aurait réussi, sûr, sans lui. Et s'il
avait fermé sa gueule, je serais libre avec mon pauvre
ami Carbonieri.

La huitième, la dernière, de l'asile. Une erreur, une
grosse erreur de ma part. Avoir laissé l'Italien choisir
le point de la mise à l'eau. Deux cents mètres plus bas,
vers la boucherie, on aurait eu certainement plus de
facilité pour lancer le radeau.

Ce banc où Dreyfus, condamné innocent, a trouvé
le courage de vivre quand même, doit me servir à quelque chose. Ne pas m'avouer vaincu. Tenter une autre
cavale.

Oui, cette pierre polie, lisse, surplombant cet abîme
de rochers, où les vagues frappent rageusement sans
arrêt, doit être pour moi un soutien et un exemple.
Dreyfus ne s'est jamais laissé abattre et toujours, jusqu'au bout, il a lutté pour sa réhabilitation. C'est vrai,
qu'il a eu Emile Zola avec son fameux « J'accuse »
pour le défendre. Toutefois, s'il n'avait été un homme
bien trempé, devant tant d'injustice il se serait certainement jeté dans le gouffre, de ce même banc. Il a
tenu le coup. Je ne dois pas être moins que lui et je
dois abandonner l'idée de faire une nouvelle cavale
avec comme devise : vaincre ou mourir. C'est le mot
mourir que je dois abandonner pour ne penser seulement que je vais vaincre et être libre.

Dans les longues heures que je passe assis sur le
banc de Dreyfus, mon cerveau vagabonde, rêve du
passé et bâtit en rose l'avenir. Mes yeux sont éblouis
bien souvent par trop de lumière, par les reflets platinés
de la crête des vagues. A force de la regarder sans la
voir vraiment, cette mer, je sais tous les caprices possibles et imaginables des vagues qui suivent le vent. La

mer, inexorablement, sans jamais se fatiguer, attaque les rochers les plus avancés de l'île. Elle les fouille, les décortique, elle a l'air de dire au Diable : « Va-t'en, il faut que tu disparaisses, tu me gênes quand je m'élance vers la Grande Terre, tu me barres le chemin. C'est pour cela, que chaque jour, sans arrêt, je t'enlève un petit peu de toi. » Quand c'est la tempête, la mer s'en donne à cœur joie et non seulement elle fonce et ratisse en se retirant ce qu'elle a pu détruire, mais encore elle cherche et recherche à envoyer de l'eau dans tous les coins et recoins pour, petit à petit, miner par en dessous ces géants de rochers qui ont l'air de lui dire : « Ici, on ne passe pas. »

C'est alors que je découvre une chose très importante. Juste en bas du banc de Dreyfus, venant face à d'immenses rochers en dos d'âne, les vagues attaquent, se cassent et se retirent avec violence. Leurs tonnes d'eau ne peuvent pas s'éparpiller, parce qu'elles sont coincées par ces deux rochers qui forment un fer à cheval d'environ cinq à six mètres de large. Après c'est la falaise, donc l'eau de la vague n'a d'autre sortie qu'en retournant à la mer.

C'est très important car, si au moment où la vague casse et se précipite dans le gouffre, je me jette du rocher avec un sac de cocos, plongeant directement dans elle, sans l'ombre d'un doute elle m'emportera avec elle en se retirant.

Je sais où prendre plusieurs sacs de jute, car à la porcherie, on en a autant qu'on veut pour ramasser les cocos.

Première chose à faire : un essai. Quand la lune est pleine les marées sont plus hautes, donc les vagues plus fortes. Je vais attendre la pleine lune. Un sac de jute bien cousu, rempli de cocos secs avec leur enveloppe de fibre, est bien dissimulé dans une espèce de grotte où, pour entrer, il faut plonger sous l'eau. Je l'ai découverte en plongeant pour attraper des langoustines. Celles-ci se collent au plafond de la grotte

qui reçoit de l'air seulement quand la marée est basse.
Dans un autre sac qui est lié au sac de cocos, j'ai
mis une pierre qui doit peser de trente-cinq à quarante kilos. Comme je vais partir avec deux sacs
au lieu d'un et que je pèse soixante-dix kilos, les pro-
portions sont gardées.

Je suis très excité par cette expérience. Ce côté de
l'île est tabou. Jamais personne ne pourrait imaginer
que quelqu'un va choisir l'endroit le plus battu par
les lames, donc le plus dangereux, pour s'évader.

Pourtant, c'est le seul endroit où, si j'arrive à me
détacher de la côte, je serai emporté vers le large et
ne pourrai en aucune manière aller me fracasser sur
l'Ile Royale.

C'est de là et pas d'ailleurs que je dois partir.

Le sac de cocos et la pierre sont plus lourds et
pas faciles à porter. Je n'ai pas pu les hisser sur le
rocher. Le rocher est gluant et toujours mouillé par
les vagues. Chang, à qui j'ai parlé, viendra m'aider. Il
a pris tout un attirail de pêche, de lignes de fond, pour
que, si on est surpris, on puisse dire que nous sommes
allés poser des lignes pour piéger les requins.

« Vas-y, Chang. Encore un peu et ça y est. »

La pleine lune éclaire la scène comme en plein jour.
Le vacarme que font les vagues m'étourdit. Chang me
demande : « Tu es prêt, Papillon ? Envoie à celle-là. »
La vague de près de cinq mètres de haut, debout, se précipite comme une folle sur le rocher, elle casse en bas
de nous, mais le choc est si violent que la crête passe
par-dessus le rocher et nous mouille entièrement. Cela
n'empêche pas que nous jetions le sac à la seconde
où son remous se forme avant de se retirer. Emporté
comme une paille le sac prend la mer.

« Ça y est, Chang, c'est bon.

— Attends pour voir si sac pas revenir. »

A peine cinq minutes après, consterné, je vois mon
sac arriver, perché sur la crête d'une vague de fond
immense, haute de plus de sept à huit mètres. La

vague soulève comme un rien ce sac de cocos et sa pierre. Elle le porte sur sa crête, un peu avant l'écume, et avec une force inouïe le renvoie d'où il est parti, un peu à gauche, et il se fracasse sur le rocher d'en face. Le sac s'ouvre, les cocos s'éparpillent et la pierre roule au fond du gouffre.

Trempés jusqu'aux os, car elle nous a entièrement mouillés et virtuellement balayés — heureusement du côté terre —, écorchés et meurtris, Chang et moi, sans un autre regard à cette mer, nous nous éloignons le plus vite possible de cet endroit maudit.

« Pas bon, Papillon. Pas bon cette idée de cavale du Diable. C'est mieux Royale. Du côté sud tu peux partir mieux que d'ici.

— Oui, mais à Royale l'évasion serait découverte en deux heures au maximum. Le sac de cocos n'ayant d'autre impulsion que la vague, je peux être repris en tenaille par les trois canots de l'île. Tandis qu'ici, d'abord il n'y a pas de bateau ; deuxièmement, sûr que j'ai toute la nuit devant moi avant qu'on s'aperçoive de la cavale ; ensuite, on peut croire que je me suis noyé en pêchant. Au Diable, il n'y a pas de téléphone. Si je pars par gros temps, il n'y a pas de chaloupe capable de venir au Diable. Alors c'est d'ici que je dois partir. Mais comment ? »

Un soleil de plomb à midi. Un soleil tropical qui fait comme bouillir le cerveau dans le crâne. Un soleil qui calcine toute plante qui a pu naître mais n'a pas pu grandir au point d'être assez forte pour pouvoir l'affronter. Un soleil qui fait s'évaporer, en quelques heures chaque flaque d'eau de mer pas trop profonde et laisse une pellicule blanche de sel. Un soleil qui fait danser l'air. Oui, l'air bouge, littéralement il bouge devant mes yeux et la réverbération de sa lumière sur la mer me brûle les pupilles. Pourtant, à nouveau sur le banc de Dreyfus, tout cela ne m'empêche pas d'étudier la mer. Et c'est alors que je m'aperçois que je suis un vrai con.

La lame de fond qui, deux fois plus haute que toutes les autres vagues a rejeté mon sac sur les rochers, le pulvérisant littéralement, cette lame se répète seulement toutes les sept vagues.

De midi au coucher du soleil, j'ai regardé si c'était automatique, s'il n'y avait pas de saute d'humeur, donc de déréglage dans la périodicité et la forme de cette vague gigantesque.

Non, pas une fois la lame de fond n'est venue avant ou après. Six vagues de six mètres environ, puis se formant à plus de trois cents mètres de la côte, la lame de fond. Elle arrive droite comme un « I ». Au fur et à mesure qu'elle approche, elle augmente de volume et de hauteur. Presque pas d'écume à sa crête, au contraire des six autres. Très peu. Elle a un bruit particulier, comme un tonnerre qui roule en s'éteignant au loin. Quand elle casse sur les deux rochers et se précipite dans le passage entre les deux et qu'elle vient choquer contre la falaise, sa masse d'eau étant bien plus grande que celle des autres vagues, elle s'étouffe, tourne plusieurs fois dans la cavité et il faut dix à quinze secondes pour que ces remous, ces espèces de tourbillons retrouvent la sortie et s'en aillent, arrachant et roulant avec eux de grosses pierres qui ne font qu'aller et venir avec un tel grondement qu'on dirait des centaines de tombereaux de pierres qu'on décharge brutalement.

J'ai mis une dizaine de cocos dans le même sac, je fous une pierre de vingt kilos à peu près et à peine la vague de fond casse, je jette le sac dedans.

Je ne peux pas le suivre des yeux car il y a trop d'écume blanche dans le gouffre, mais j'ai le temps de l'apercevoir une seconde quand l'eau, comme sucée, se précipite vers la mer. Le sac n'est pas revenu. Les six autres vagues n'avaient pas eu assez de force pour le rejeter à la côte et quand la septième s'est formée, à près de trois cents mètres, le sac avait déjà dû passer le point où elle naît, car je ne l'ai plus revu.

Gonflé de joie et d'espoir, je marche vers le camp.
Ça y est, j'ai trouvé une mise à l'eau parfaite. Pas
d'aventure dans ce coup-là. Je ferai quand même un
essai plus sérieux, avec exactement les mêmes données
que pour moi : deux sacs de cocos bien liés l'un à
l'autre et dessus soixante-dix kilos de poids répartis
en deux ou trois pierres. Je raconte à Chang. Et mon
pote le Chintoc de Poulo Condor écoute mes explications de toutes ses oreilles.

« C'est bon, Papillon. Je crois que tu as trouvé. Moi
aider toi pour le vrai essai. Attendre marée haute de huit
mètres. Bientôt équinoxe. »

Aidé de Chang, profitant d'une marée d'équinoxe de
plus de huit mètres, nous jetons dans la fameuse vague
de fond deux sacs de cocos chargés de trois pierres qui
doivent représenter près de quatre-vingts kilos.

« Comment toi appeler petite fille cherchée par toi à
Saint-Joseph ?

— Lisette.

— Nous appeler la vague qui va un jour emporter toi :
Lisette. D'accord ?

— D'accord. »

Lisette arrive avec le même bruit qu'un rapide entrant
dans une gare. Elle s'est formée à plus de deux cent
cinquante mètres et, debout comme une falaise, elle
avance en grossissant à chaque seconde. C'est vraiment
très impressionnant. Elle casse si fort que Chang et moi
sommes littéralement balayés du rocher et, tout seuls,
les sacs chargés sont tombés dans le gouffre. Nous, en
raison qu'on s'est immédiatement rendu compte au
dixième de seconde qu'on ne pourrait pas tenir sur le
rocher, on s'est jetés en arrière, ce qui ne nous a pas sauvés d'un paquet d'eau mais nous a empêchés de tomber
dans le gouffre. C'est à dix heures du matin qu'on fait
cet essai. On ne risque rien parce que les trois gaffes
sont occupés à l'autre extrémité de l'île à un inventaire
général. Le sac est parti, on le distingue nettement, très
loin de la côte. A-t-il été retiré plus loin que l'endroit de

la naissance de la vague ? On n'a pas de repère pour voir s'il est plus loin ou plus près. Les six vagues qui suivent Lisette n'ont pu l'attraper dans leur lancée. Une autre fois Lisette se forme et repart. Elle non plus n'apporte pas les sacs avec elle. Ils sont donc sortis de la zone de son influence.

En montant vite au banc de Dreyfus pour essayer de les distinguer encore une fois, nous avons la joie, à quatre reprises, de les voir très loin surgir sur la crête de vagues qui ne viennent pas sur le Diable mais s'en vont à l'ouest. Indiscutablement, l'expérience est positive. Je partirai vers la grande aventure sur le dos de Lisette.

« C'est là, regarde. » Une, deux, trois quatre, cinq, six... et voilà Lisette qui arrive.

La mer est toujours dure à la pointe du banc de Dreyfus, mais aujourd'hui elle est spécialement de mauvaise humeur. Lisette s'avance avec son bruit caractéristique. Elle me semble plus énorme encore, déplaçant aujourd'hui, surtout à la base, encore plus d'eau que d'habitude. Cette monstrueuse masse vient attaquer les deux rochers plus rapidement et plus droit que jamais. Et, quand elle casse et se précipite dans l'espace entre les énormes pierres, le coup est encore plus étourdissant, si c'est possible, que la plupart du temps.

« C'est là, que tu dis qu'on doit se jeter ? Eh bien, mon pote, tu as choisi l'endroit au poil. Je marche pas. Je veux partir en cavale, c'est vrai, mais pas me suicider. » Sylvain est très impressionné par la présentation de Lisette que je viens de lui faire. Il est au Diable depuis trois jours et, naturellement, je lui ai proposé de partir ensemble. Chacun sur un radeau. Ainsi, s'il accepte, j'aurai un camarade sur la Grande Terre pour faire une autre cavale. En brousse, seul, c'est pas rigolo.

— N'aie pas le trac à l'avance. Je reconnais qu'au premier abord, tout homme recule. Pourtant c'est la seule vague capable de t'entraîner assez loin pour que les autres qui viennent derrière n'aient pas assez de force pour te ramener sur les rochers.

— Calme-toi, regarde, nous avons essayé, dit Chang. C'est sûr, jamais toi, une fois parti, peut revenir au Diable, ni toucher Royale. »

Il m'a fallu une semaine pour convaincre Sylvain. Un mec bâti de muscles, un mètre quatre-vingts, bien proportionné dans tout son corps d'athlète.

« Bon. J'admets qu'on sera entraînés suffisamment loin. Après, combien de temps penses-tu qu'on arrive à la Grande Terre, poussés par les marées ?

— Franchement, Sylvain, je ne sais pas. La dérive peut être plus ou moins longue, cela dépendra du temps. Le vent aura peu de prise sur nous, on sera trop plaqués à la mer. Mais s'il y a gros temps, les vagues seront plus fortes et nous pousseront plus vite jusqu'à la brousse. En sept ou huit, ou dix marées au plus, on doit être rejetés à la côte. Donc, avec des décalages, ça va chercher dans les quarante-huit à soixante heures.

— Comment tu calcules ?

— Des Iles droit à la côte, il n'y a pas plus de quarante kilomètres. A la dérive, ça fait une hypoténuse d'un triangle rectangle. Regarde le sens des vagues. Plus ou moins, il faut parcourir de cent vingt à cent cinquante kilomètres maximum. Plus on s'approchera de la côte, plus directement les lames vont nous diriger et jeter sur elle. A première vue, tu ne crois pas qu'une épave à cette distance de la côte ne parcourt pas cinq kilomètres à l'heure ? »

Il me regarde et écoute très attentivement mes explications. Ce grand garçon est très intelligent.

« Non, tu dis pas de conneries, je le reconnais, et s'il n'y avait pas les marées basses qui vont nous faire perdre du temps, parce que ce sont elles qui vont nous attirer vers le large, on serait certainement en moins de trente heures sur la côte. A cause des marées basses, je crois que tu as raison : entre quarante-huit et soixante heures on arrivera à la côte.

— Tu es convaincu, tu pars avec moi ?

— Presque. Supposons qu'on est à la Grande Terre en brousse. Qu'est-ce qu'on fait ?

— Il faut s'approcher aux alentours de Kourou. Là, il y a un village de pêcheurs assez important, des chercheurs de balata et d'or. Il faut s'approcher prudemment car il y a aussi un camp forestier de bagnards. Il y a certainement des piques de pénétration dans la brousse pour aller vers Cayenne et vers un camp de Chinois qui s'appelle Inini. Va falloir braquer un dur ou un civil noir et l'obliger qu'il nous emmène à Inini. Si c'est un type qui se comporte bien, on lui donnera cinq cents balles — et qu'il se casse. Si c'est un dur, on l'obligera à partir en cavale avec nous.

— Qu'est-ce qu'on va faire à Inini, dans ce camp spécial pour Indochinois ?

— Là-bas, il y a le frère de Chang.

— Oui, il y a mon frère. Lui partir cavale avec vous, lui trouver sûr canot et vivres. Quand vous rencontrer Cuic-Cuic, vous avoir tout pour cavale. Jamais un Chinois est mouchard. Aussi n'importe quel Annamite vous trouverez en brousse, vous parlez et lui avertir Cuic-Cuic.

— Pourquoi on l'appelle Cuic-Cuic, ton frangin ? dit Sylvain.

— Sais pas, c'est Français qui l'ont baptisé Cuic-Cuic. » Il ajoute : « Attention. Quand vous presque arrivés Grande Terre, vous rencontrer vase. Jamais marcher sur la vase, pas bon elle sucer vous. Attendre qu'autre marée vous pousse jusque dans la brousse pour pouvoir attraper lianes et branches arbres. Sinon vous foutus.

— Ah ! oui, Sylvain. Ne jamais marcher sur la vase, même très, très près de la côte. Il faut attendre de pouvoir choper des branches ou des lianes.

— Ça va, Papillon. Je suis décidé.

— Les deux radeaux étant confectionnés pareils, à peu de chose près, comme nous avons le même poids, certainement que nous n'allons pas être séparés de trop loin l'un et l'autre. Mais on ne sait jamais. En cas qu'on se perde, comment se retrouver ? D'ici, on ne voit pas

Kourou. Mais tu as remarqué, lorsque tu étais à Royale, que sur la droite de Kourou, approximativement à vingt kilomètres, il y a des rochers blancs qu'on distingue bien quand le soleil les frappe.

— Oui.

— C'est les seuls rochers de toute la côte. A droite et à gauche, à l'infini, c'est de la vase. Ces rochers sont blancs par la merde des oiseaux. Il y en a des milliers et comme jamais un homme ne va là-bas, c'est un refuge pour se refaire avant de s'enfoncer dans la brousse. On bouffera des œufs et les noix de cocos que nous emportons. On ne fera pas de feu. Le premier arrivé attendra l'autre.

— Combien de jours ?

— Cinq. Il est impossible qu'en moins de cinq jours l'autre ne soit pas au rendez-vous. »

Les deux radeaux sont faits. On a doublé les sacs pour qu'ils soient plus résistants. J'ai demandé dix jours à Sylvain pour pouvoir m'entraîner le plus d'heures possible à chevaucher un sac. Lui, fait pareil. A chaque fois, on se rend compte que quand les sacs sont sur le point de tourner cela demande des efforts supplémentaires pour se maintenir dessus. Chaque fois qu'on le pourra, il faudra se coucher dessus. Attention de ne pas s'endormir, car on peut perdre le sac en tombant à l'eau et ne pas pouvoir le rattraper. Chang m'a confectionné un petit sac étanche que je pendrai au cou avec des cigarettes et un briquet d'amadou. Nous râperons dix cocos chacun, pour les emporter. Leur pulpe nous permettra de supporter la faim et aussi d'étancher la soif. Il paraît que Santori a une espèce de baudruche en peau pour mettre du vin. Il ne s'en sert pas. Chang, qui des fois va chez le gaffe, va essayer de la faucher.

C'est pour dimanche dix heures du soir. La marée, par pleine lune, doit être de huit mètres. Lisette sera donc dans toute sa force. Chang donnera tout seul à bouffer aux cochons dimanche matin. Je vais dormir toute la journée du samedi et tout le dimanche. Départ à dix heures du soir, le perdant aura déjà commencé depuis deux heures.

Il est impossible que mes deux sacs se détachent l'un de l'autre. Ils sont liés par des cordes de chanvre tressé, du fil de laiton, et cousus l'un à l'autre avec un gros fil à voile. On a trouvé des sacs plus grands que les autres et l'ouverture de chacun s'encastre à l'autre. Les cocos ne pourront pas s'échapper non plus.

Sylvain n'arrête pas de faire de la gymnastique et moi je me fais masser les cuisses par les petites vagues que je laisse venir taper sur elles pendant de longues heures. Ces coups répétés de l'eau sur mes cuisses et les tractions que je suis obligé de faire à chaque vague pour lui résister m'ont donné des jambes et des cuisses de fer.

Dans un puits désaffecté de l'île, il y a une chaîne de près de trois mètres. Je l'ai entrelacée aux cordes qui lient mes sacs. J'ai un boulon qui passe à travers les anneaux. Dans le cas où je n'en pourrais plus, je m'attacherais aux sacs avec la chaîne. Peut-être qu'ainsi je pourrai dormir sans risquer de tomber à l'eau et de perdre mon radeau. Si les sacs tournent, l'eau me réveillera et je le remettrai bien en position.

« Alors, Papillon. Plus que trois jours. » Assis sur le banc de Dreyfus, nous regardons Lisette.

« Oui, plus que trois jours, Sylvain. Moi, j'ai la foi qu'on va réussir. Et toi ?

— C'est certain, Papillon. Mardi dans la nuit, ou mercredi matin on sera dans la brousse. Et alors, à nous la bonne soupe ! »

Chang va nous râper nos dix cocos chacun. En plus des couteaux, on emporte deux sabres d'abattis volés à la réserve à outils.

Le camp d'Inini est à l'est de Kourou. Seulement en marchant le matin, contre le soleil, on sera sûr de suivre la bonne direction.

« Lundi matin, Santori va être jobard, dit Chang. Moi

pas parler que toi et Papillon disparus avant lundi trois
heures de l'après-midi, quand gaffe fini sieste.
— Et pourquoi tu arriverais pas en courant, en disant
qu'une vague nous a emportés à la pêche ?
— Non, moi pas complications. Moi dire : « Chef,
« Papillon et Stephen pas venus travailler aujourd'hui.
« Moi tout seul donné à manger aux cochons. » Pas plus,
pas moins. »

LA CAVALE DU DIABLE

Dimanche, sept heures du soir. Je viens de me réveiller. Volontairement je dors depuis samedi matin. La
lune ne sort qu'à neuf heures. Donc dehors il fait une
nuit noire. Peu d'étoiles au ciel. Des gros nuages chargés
de pluie passent en courant au-dessus de nos têtes. On
vient de sortir du baraquement. Comme on va souvent
pêcher clandestinement la nuit ou même se promener
sur l'île, tous les autres trouvent et croient la chose
naturelle.

Un petit môme entre avec son amant, un Arabe
fourni. Ils viennent certainement de faire l'amour dans
un coin quelconque. En les regardant soulever la planche pour rentrer dans la salle, je pense que pour le
bique, pouvoir baiser son ami deux ou trois fois par jour
est le comble de la félicité. Pouvoir à satiété couvrir ses
besoins érotiques, transforme pour lui le bagne en paradis. Quant au giron, c'est pareil. Il peut avoir vingt-
trois à vingt-cinq ans. Son corps n'est plus tellement d'un
éphèbe. Il a beau ne vivre qu'à l'ombre pour conserver
sa peau blanche laiteuse, il commence à n'être plus un
Adonis. Mais au bagne, il a plus d'amants qu'il ne peut
rêver en avoir en liberté. En plus de son amant de
cœur, le bique, il fait des clients à vingt-cinq francs la
passe, exactement comme une pute du boulevard Roche-
chouart à Montmartre. En plus du plaisir que lui provoquent ses clients, il en retire suffisamment d'argent

pour vivre lui et son « homme » commodément. Eux et
ses clients, roulent volontairement dans leur vice et, du
jour où ils ont mis les pieds au bagne, leur cerveau n'a
pas eu d'autre idéal : le sexe.

Le procureur qui les a fait condamner a fracassé dans
sa recherche de les punir en les envoyant sur le chemin
de la pourriture. C'est dans cette pourriture qu'ils ont
rencontré le bonheur.

La planche refermée sur les miches du petit pédé,
nous sommes seuls, Chang, Sylvain et moi.

« En route. » Vite, nous gagnons le nord de l'île.

On sort les deux radeaux de la grotte. De suite on est
trempés tous les trois. Le vent souffle avec les hurlements caractéristiques du vent du large déchaîné. Sylvain et Chang m'aident à pousser mon radeau en haut
du rocher. Au dernier moment, je décide de m'attacher
le poignet gauche à la corde du sac. J'ai peur tout à
coup de perdre mon sac et d'être emporté sans lui.
Sylvain monte sur le rocher d'en face, aidé de Chang.
La lune est déjà bien montée, on y voit très bien.

J'ai enroulé une serviette autour de ma tête. Nous
avons six lames à attendre. Plus de trente minutes.

Chang est revenu près de moi. Il me serre le cou, puis
m'embrasse. Couché sur le rocher et calé dans une
anfractuosité de la pierre, il tiendra mes jambes pour
m'aider à supporter le choc de casse de Lisette.

« Plus qu'une, crie Sylvain, et l'autre c'est la bonne ! »
Il est devant son radeau pour le couvrir de son corps et
le protéger du paquet d'eau qui va passer sur lui. J'ai
la même position avec en plus, pour m'affermir, les
mains de Chang qui dans son énervement me rentre les
ongles dans les mollets.

Elle arrive, la Lisette, qui vient nous chercher. Elle
arrive droite comme la flèche d'une église. Avec son
coutumier fracas étourdissant, elle se brise sur nos
deux rochers et s'engouffre vers la falaise.

Je me suis jeté une fraction de seconde avant mon
pote qui arrive aussi sec, et c'est les deux radeaux

collés l'un à l'autre que Lisette nous suce vers le large
avec une vitesse vertigineuse. En moins de cinq minutes
on est à plus de trois cents mètres de la côte. Sylvain
n'est pas encore monté sur son radeau. Moi, j'étais dessus
à la deuxième minute. Un bout de chiffon blanc à la main,
perché sur le banc de Dreyfus où il a dû grimper en
vitesse, Chang nous envoie ses derniers adieux. Voilà bien
cinq minutes qu'on est sortis de l'endroit dangereux où
les vagues se forment pour aller droit sur le Diable. Celles
qui nous emportent sont bien plus longues, presque
sans écume, et si régulières qu'on part à la dérive, faisant corps avec elles, sans secousses et sans que le
radeau menace de se retourner.

On monte et on descend ces profondes et hautes
lames, portés suavement vers le large, car c'est le
perdant.

En montant sur la crête d'une de ces vagues, je peux
encore une fois, en tournant complètement la tête, apercevoir le linge blanc de Chang. Sylvain n'est pas très
loin de moi, à une cinquantaine de mètres vers le large.
A plusieurs reprises, il lève un bras et le secoue en signe
de joie et de triomphe.

La nuit n'a pas été dure et nous avons senti fortement
le changement d'attraction de la mer. La marée avec
laquelle on est partis nous a tirés vers le large, celle-ci
nous pousse maintenant vers la Grande Terre.

Le soleil se lève à l'horizon, il est donc six heures. On
est trop bas sur l'eau pour voir la côte. Mais je me
rends compte qu'on est très loin des îles, car c'est à
peine (bien que le soleil les éclaire dans leur hauteur)
qu'on les distingue sans pouvoir deviner qu'elles sont
trois. Je vois une masse, c'est tout. Ne pouvant les
détailler, je pense qu'elles sont au moins à trente kilomètres.

Je souris du triomphe, de la réussite.

Et si je m'asseyais sur mon radeau ? Le vent me
pousserait aussi en tapant sur mon dos.

Là, je suis assis. Je débrouille la chaîne et fais un tour

autour de ma ceinture. Le boulon bien graissé rend facile de serrer l'écrou. Je lève mes mains en l'air pour que le vent sèche. Je vais fumer une cigarette. Ça y est. Longuement, profondément, j'aspire les premières bouffées et rejette la fumée doucement. Je n'ai plus peur. Car il est inutile de vous décrire les douleurs de ventre que j'ai eues depuis, avant et pendant les premiers moments de l'action. Non, je n'ai pas peur, à un tel point que, terminée la cigarette, je décide de manger quelques bouchées de la pulpe de coco. J'en bouffe une grosse poignée, puis je refume une autre cigarette. Sylvain est assez loin de moi. De temps en temps, lorsque à un même moment nous nous trouvons sur la crête d'une vague, nous pouvons nous apercevoir furtivement. Le soleil tape avec une force du diable sur mon crâne qui commence à bouillir. Je mouille ma serviette et je l'enroule sur ma tête. J'ai quitté ma vareuse de laine. Malgré le vent, j'étouffe avec elle.

Nom de Dieu ! mon radeau vient de tourner et j'ai failli me noyer. J'ai bu deux bonnes gorgées d'eau de mer. Je n'arrivais pas, malgré mes efforts, à retourner les sacs et à remonter dessus. La faute est à la chaîne. Mes mouvements ne sont pas assez libres avec elle. Enfin j'ai pu, en la faisant glisser entièrement d'un même côté, nager debout à côté des sacs et respirer profondément. Je commence à essayer de me libérer complètement de la chaîne, mes doigts cherchent inutilement à dévisser l'écrou. Je rage et, trop crispé peut-être, je n'ai pas assez de force dans les doigts pour le débloquer.

Ouf ! Enfin ça y est ! Je viens de passer un sale moment. J'étais littéralement affolé de me croire dans l'impossibilité de me libérer de ma chaîne.

Je ne prends pas la peine de retourner le radeau. Epuisé, je ne m'en sens pas la force. Je me hisse sur lui. Que je sois sur le dessous transformé en dessus, qu'importe ? Jamais plus je ne m'attacherai, ni avec la chaîne ni avec rien. Déjà, j'ai vu la connerie que j'ai faite au départ de m'attacher par le poignet. Cela aurait dû me suffire comme expérience.

Le soleil, inexorablement, me brûle les bras, les jambes. Mon visage est en feu. En le mouillant c'est pire, je crois, car immédiatement l'eau s'évapore et ça me brûle encore plus.

Le vent a beaucoup baissé et si le voyage est plus commode, car les vagues sont maintenant moins hautes, j'avance moins vite. Donc il vaut mieux beaucoup de vent et de la mauvaise mer que du calme.

J'ai des crampes si fortes à la jambe droite, que je crie comme si quelqu'un pouvait m'entendre. Avec mon doigt je fais des croix sur la crampe, me rappelant que ma grand-mère me disait que cela les fait passer. Le remède de bonne femme échoue piteusement. Le soleil est bien descendu à l'ouest. Il est approximativemnt quatre heures de l'après-midi, c'est la quatrième marée depuis le départ. Cette marée montante paraît me pousser plus fort que l'autre vers la côte.

Maintenant, je vois sans interruption Sylvain et lui, il me voit aussi très bien. Il disparaît très rarement car les vagues sont peu profondes. Il a quitté sa chemise et est torse nu. Sylvain me fait des signes. Il est à plus de trois cents mètres en avant de moi, mais plus au large. Il a l'air de ramer avec ses mains, vu la légère écume qu'il y a autour de lui. On dirait qu'il est en train de freiner le radeau pour que je me rapproche de lui. Je me couche sur mes sacs et plongeant mes bras dans l'eau, je rame. Si lui freine et que moi je pousse, peut-être va-t-on raccourcir la distance entre nous ?

J'ai bien choisi mon complice dans cette évasion, il est à la hauteur, cent pour cent.

Je viens d'arrêter de ramer avec mes mains. Je me sens fatigué. Je dois garder mes forces. Je vais manger et essayer de retourner le radeau. La bourse du manger est dessous, ainsi que la bouteille en cuir d'eau douce. J'ai soif et j'ai faim. Mes lèvres, sont déjà craquelées et me brûlent. La meilleure façon de retourner les sacs, c'est de me pendre à eux, face à la vague et puis de pousser avec mes pieds au moment où ils montent en haut de la vague.

Après cinq tentatives, j'ai la chance de retourner mon radeau d'un seul coup. Je suis exténué par les efforts que je viens de faire, et je me hisse difficilement sur mes sacs.

Le soleil est à l'horizon et dans peu de temps il va disparaître. Il est donc près de six heures. Espérons que la nuit ne sera pas trop agitée, car je comprends que ce sont les longues immersions qui m'enlèvent les forces.

Je bois à la gourde de cuir de Santori un bon coup de flotte, après avoir bouffé deux poignées de pulpe de coco. Comblé, mes mains séchées au vent, j'extrais une cigarette et je la fume avec délice. Avant que la nuit tombe, Sylvain a agité sa serviette, et moi la mienne, en guise de bonne nuit. Il est toujours aussi loin de moi. Je suis assis les jambes allongées. Je viens de tordre le plus possible ma vareuse de laine et je la passe. Ces vareuses, même mouillées, tiennent chaud et le soleil disparu, aussi sec j'ai senti le froid.

Le vent fraîchit. Seuls les nuages à l'ouest sont baignés de lumière rose à l'horizon. Tout le reste est maintenant dans la demi-nuit qui s'accentue minute par minute. A l'est, d'où vient le vent, pas de nuages. Donc pas de danger de pluie pour le moment.

Je ne pense absolument à rien, si ce n'est à bien me tenir, à ne pas me mouiller inutilement et à me demander s'il serait sage, si la fatigue me gagne, de m'attacher aux sacs, ou si c'est trop dangereux après l'expérience que j'ai eue. Puis je m'aperçois que j'ai été gêné dans mes mouvements parce que la chaîne était trop courte, un bout en étant inutilement perdu, entrelacé aux cordes et aux fils de fer du sac. Ce bout est facilement récupérable. J'aurai alors les mouvements plus libres. J'arrange la chaîne et je l'attache à nouveau à ma ceinture. L'écrou plein de graisse fonctionne sans difficulté. Il ne faut pas le serrer de trop comme la première fois. Ainsi je me sens plus tranquille, car j'ai une peur bleue de m'endormir et de perdre mon sac.

Oui, le vent grossit et les vagues avec. Le toboggan fonctionne à merveille avec des différences de niveau de plus en plus accentuées.

Il fait complètement nuit. Le ciel est constellé de millions d'étoiles et la Croix du Sud brille plus que toutes les autres.

Je ne vois pas mon pote. Cette nuit qui commence est très importante, car si la chance veut que le vent souffle toute la nuit avec la même force, je ferai du chemin jusqu'à demain matin !

Plus la nuit avance, plus fort souffle le vent. La lune sort lentement de la mer, elle est d'un rouge-brun et quand, libérée, elle se présente enfin énorme, tout entière, je distingue nettement ses taches noires, qui lui donnent l'aspect d'un visage.

Il est donc plus de dix heures du soir. La nuit devient de plus en plus claire. Au fur et à mesure que s'élève la lune, le jour lunaire devient plus intense. Les vagues sont platinées à la surface et leur étrange réverbération me brûle les yeux. Il n'est pas possible de ne pas regarder ces reflets argentés, mais vraiment ils blessent et grillent mes yeux déjà irrités par le soleil et l'eau salée.

J'ai beau me dire que j'exagère, je n'ai pas la volonté de résister et je fume trois cigarettes à la suite.

Rien d'anormal pour le radeau qui, sur une mer fortement creuse, monte et descend sans problème. Je ne peux laisser longtemps mes jambes allongées sur le sac, car la position assise me donne bien vite des crampes horriblement douloureuses.

Je suis, bien entendu, constamment mouillé jusqu'au bassin. J'ai la poitrine presque sèche, le vent m'ayant séché la vareuse, sans qu'aucune vague ne me mouille par la suite plus haut que la ceinture. Mes yeux me brûlent de plus en plus. Je les ferme. Je m'endors de temps en temps. « Il faut pas que tu dormes. » Facile à

dire, mais je n'en peux plus. Merde, alors ! Je lutte
contre ces torpeurs. Et chaque fois que je reprends le
sens de la réalité, c'est une douleur aiguë dans mon
cerveau. Je sors mon briquet d'amadou. De temps en
temps je me fais une brûlure en posant sa mèche allumée sur mon avant-bras droit ou sur mon cou.

Je suis pris d'une horrible angoisse que je cherche à
chasser de toute ma volonté. Vais-je m'endormir ? Et
tombant à l'eau, le froid va-t-il me réveiller ? J'ai bien
fait de me rattacher à la chaîne. Je ne peux pas perdre
ces deux sacs, car ils sont ma vie. Ce sera bien le diable
si, dégringolant dans la flotte, je ne me réveille pas.

Depuis quelques minutes je suis de nouveau tout
mouillé. Une vague rebelle, qui certainement ne voulait
pas suivre le chemin régulier des autres, est venue choquer contre moi par le côté droit. Non seulement elle-
même m'a mouillé, mais encore m'ayant mis en travers,
deux autres vagues normales m'ont littéralement couvert de la tête aux pieds.

La deuxième nuit est très avancée. Quelle heure peut-il
être ? A la position de la lune qui commence à descendre à l'ouest, il doit être près de deux ou trois heures
du matin. Voici cinq marées, trente heures, qu'on est
dans l'eau. D'avoir été trempé jusqu'aux os me sert à
quelque chose : le froid m'a complètement réveillé. Je
grelotte, mais je garde sans effort les yeux grands
ouverts. Mes jambes sont ankylosées et je décide
de les ramener sous mes fesses. En tirant dessus de mes
deux mains, chacune à son tour, j'arrive à m'asseoir
dessus. Mes orteils sont gelés, peut-être vont-ils se
réchauffer sous moi ?

Assis à l'arabe, je reste longtemps ainsi. Avoir changé
de position m'a fait du bien. Je cherche à voir Sylvain
car la lune éclaire très fort la mer. Seulement elle est
déjà descendue et comme je l'ai de face, elle me gêne
pour bien distinguer. Non, je ne vois rien. Lui n'avait rien
pour s'attacher aux sacs, qui sait s'il est toujours dessus ? Désespérément je cherche, inutilement. Le vent est

fort, mais il est régulier, il n'a pas de sautes et c'est très important. Je suis accoutumé à son rythme et mon corps fait littéralement un tout avec mes sacs.

A force de scruter autour de moi, j'arrive à n'avoir qu'une idée fixe en tête : apercevoir mon pote. Je sèche mes doigts au vent puis, je siffle de toutes mes forces les doigts dans la bouche. J'écoute. Rien ne répond. Sylvain sait-il siffler dans ses doigts ? Je ne sais pas. J'aurais dû lui demander avant de partir. On aurait pu facilement fabriquer deux sifflets quand même ! Je me reproche de ne pas avoir pensé à cela. Puis je mets mes deux mains devant ma bouche et je crie : « Hou-Hou ! » Seul le bruit du vent me répond et le chuit-chuit des vagues.

Alors, n'y tenant plus, je me lève et, droit sur mes sacs, soulevant ma chaîne avec la main gauche, je me tiens en équilibre le temps que cinq vagues me montent sur leur crête. Quand j'arrive en haut je suis complètement debout et, pour la descente et la remontée, je m'accroupis. Rien à droite, rien à gauche, rien devant. Serait-il derrière moi ? Je n'ose pas me mettre debout et regarder en arrière. La seule chose qu'il me paraît avoir distingué sans l'ombre d'un doute, c'est, sur ma gauche, une ligne noire foncée dans ce jour lunaire. C'est certainement la brousse.

Au jour je vais voir les arbres, cela me fait du bien. « Au jour tu verras la brousse, Papi ! Oh ! le Bon Dieu fasse que tu voies aussi ton ami ! »

J'ai rallongé mes jambes après avoir frotté mes orteils. Puis je décide de sécher mes mains et de fumer une cigarette. J'en fume deux. Quelle heure peut-il être ? La lune est bien basse. Je ne me rappelle plus combien de temps avant le lever du soleil elle a disparu la nuit dernière. Je cherche à me rappeler en fermant les yeux et en appelant les images de la première nuit. En vain. Ah ! si ! D'un seul coup je vois nettement le soleil se lever à l'est et, en même temps, un bout de lune encore visible sur la ligne d'horizon à l'ouest. Donc, il doit être à peu près cinq heures. La lune est assez lente pour se précipiter dans la mer. La Croix du Sud a disparu depuis longtemps, le Grand et le Petit Chariot aussi. Seule l'Etoile polaire brille plus que toutes les autres. Depuis que la Croix du Sud est partie la Polaire est la reine du ciel.

Le vent paraît gonfler. Pour le moins il est plus épais, si on peut dire, qu'il a été dans la nuit. De ce fait les vagues sont plus fortes et plus profondes et à leur crête les moutons blancs sont plus nombreux qu'au début de la nuit.

Déjà trente heures que je suis en mer. Il faut reconnaître que pour le moment cela va plutôt bien que mal et que la journée la plus dure va être celle qui commence.

Hier, d'être directement exposé au soleil de six heures du matin à six heures du soir m'a cuit et recuit très fortement. Aujourd'hui, quand le soleil va à nouveau me retaper dessus, ça ne sera pas du gâteau. Mes lèvres sont déjà craquelées et pourtant je suis encore dans la fraîcheur de la nuit. Elles me brûlent très fort ainsi que mes yeux. L'avant-bras et les mains, pareil. Si je peux, je ne me découvrirai pas les bras. Savoir si ça va être possible de supporter la vareuse. Ce qui me cuit terriblement aussi, c'est entre les cuisses et l'anus. Là, ce n'est pas le soleil mais l'eau salée et le frottement sur les sacs.

De toute façon, mon pote, brûlé ou pas brûlé, tu y es bien en cavale et d'être là où je suis vaut bien de supporter beaucoup de choses et plus encore. Les perspectives d'arriver vivant à la Grande Terre sont positives à quatre-vingt-dix pour cent et ça c'est quelque chose, oui ou merde ? Même si j'arrive littéralement scalpé et la moitié du corps à vif, c'est pas payer cher un voyage pareil et un tel résultat. Figure-toi que tu n'as pas vu un seul requin. Ils sont tous en vacances ? Tu ne vas pas nier que pour être veinard, t'es un drôle de veinard. Cette fois-ci, tu vas voir, c'est la bonne. De toutes tes cavales trop bien minutées, trop bien préparées, en fin de compte la cavale de la réussite, ça va être la plus idiote. Deux sacs de cocos et puis va où te poussent le vent et la mer. A la Grande Terre. Avoue qu'il ne faut pas sortir de Saint-Cyr pour savoir que toute épave est rejetée à la côte.

Si le vent et la lame se maintiennent dans la journée à la même force que cette nuit, sûr que dans l'après-midi on va toucher terre.

Le monstre des tropiques surgit derrière moi. Il a l'air bien décidé à tout griller aujourd'hui, car il sort tous feux dehors. Il chasse le jour lunaire en trois coups de cuillère à pot. Il n'attend même pas d'être complètement sorti de son lit pour déjà s'imposer comme le maître, le roi indiscuté des tropiques. Déjà le vent, en rien de temps, est devenu presque tiède. Dans une heure il fera chaud. Une première sensation de bien-être se dégage de tout mon corps. Ces premiers rayons m'ont à peine effleuré qu'une douce chaleur parcourt mon être de la ceinture à la tête. J'enlève ma serviette en burnous, exposant mes joues aux rayons comme je le ferais à un feu de bois. Ce monstre, avant de me calciner, veut d'abord me faire sentir combien il est la vie avant d'être la mort.

Mon sang coule fluide dans mes veines et même mes cuisses mouillées ressentent la circulation de ce sang vivifié.

Je vois la brousse très nettement, la cime des arbres bien entendu. J'ai l'impression qu'elle n'est pas loin. Je vais attendre que le soleil monte un peu plus pour me mettre debout sur mes sacs et voir si je peux apercevoir Sylvain.

En moins d'une heure le soleil est déjà haut. Oui, il va faire chaud, nom de Dieu ! Mon œil gauche est à moitié fermé et collé. Je prends de l'eau dans le creux de ma main et me le frotte. Ça pique. Je quitte ma vareuse : je vais rester le torse nu quelques instants avant que le soleil ne brûle trop.

Une vague plus forte que les autres me prend par en dessous et me lève très haut. Au moment où elle bourre, avant de redescendre, j'aperçois mon potc une demi-seconde. Il est assis torse nu sur son radeau. Il ne m'a pas vu. Il est à moins de deux cents mètres de moi, un tout petit peu en avant sur la gauche. Le vent est toujours fort, aussi je décide, pour m'approcher de lui puisqu'il est devant moi, presque sur la même ligne, de passer ma vareuse rien qu'aux bras, de les tenir en l'air et le bas dans ma bouche. Cette sorte de voile va certainement me pousser plus vite que lui.

Pendant près d'une demi-heure je fais la voile. Mais la vareuse me fait mal aux dents et les forces qu'il faut dépenser pour résister au vent m'exténuent trop vite. Quand j'abandonne, j'ai pourtant la sensation d'avoir avancé plus rapidement qu'en me laissant porter par les vagues.

Hourra ! Je viens de voir le « grand ». Il est à moins de cent mètres. Mais, qu'est-ce qu'il fait ? Il n'a pas l'air de s'inquiéter de savoir où je suis ? Quand une autre vague me soulève assez fortement je le revois une, deux, trois fois. J'ai distinctement noté qu'il avait sa main droite sur les yeux, donc il scrute la mer. Regarde derrière, connard ! Il a dû regarder, c'est sûr, mais il ne t'a pas vu.

Je me mets debout et je siffle. Quand je remonte du fond de la lame, je vois Sylvain debout face à moi. Il lève la vareuse en l'air. On s'est dit bonjour au moins vingt fois avant de se rasseoir. A chaque lame en l'air on s'est salués et par chance il monte en même temps que moi. Aux deux dernières vagues, il tend le bras vers la brousse qu'on peut maintenant très bien détailler. On est à moins de dix kilomètres. Je viens de perdre l'équilibre et je suis tombé assis sur mon radeau. D'avoir vu mon copain et la brousse si près, une joie immense s'empare de moi, et une telle émotion que je pleure comme un gosse. Dans les larmes qui me nettoient les yeux purulents, je vois

mille petits cristaux de toutes les couleurs et bêtement je pense : on dirait les vitraux d'une église.
Dieu est avec toi aujourd'hui, Papi. C'est au milieu
des éléments monstrueux de la nature, le vent, l'immen-
sité de la mer, la profondeur des vagues, le toit vert
imposant de la brousse, qu'on se sent infiniment petit
relativement à tout ce qui vous entoure et que peut-être,
sans le chercher, on rencontre Dieu, on le touche du
doigt. De même que je l'ai palpé la nuit dans les
milliers d'heures que j'ai passées dans les lugubres
cachots où j'étais enterré vivant sans un rayon de
lumière, je le touche aujourd'hui dans ce soleil qui
se lève pour dévorer ce qui n'est pas assez fort pour
lui résister, je touche vraiment Dieu, je le sens autour
de moi, en moi. Il me chuchote même à l'oreille :
« Tu souffres et tu souffriras encore plus, mais cette
fois j'ai décidé d'être avec toi. Tu seras libre et
vainqueur, je te le promets. »

N'avoir jamais eu d'instruction religieuse, ne pas
savoir l'a b c de la religion chrétienne, être ignorant
au point de ne pas connaître qui est le père de
Jésus et si sa mère était vraiment la Vierge Marie
et son père un charpentier ou un chamelier, toute
cette crasse d'ignorance n'empêche pas de rencontrer Dieu quand on le cherche vraiment, et on arrive
à l'identifier dans le vent, la mer, le soleil, la brousse,
les étoiles, jusqu'aux poissons qu'il a dû semer à profusion pour que l'homme s'alimente.

Le soleil est monté rapidement. Il doit être près
de dix heures du matin. Je suis complètement séché de
la ceinture à la tête. J'ai trempé ma serviette et l'ai remise
en burnous autour de la tête. Je viens de passer ma
vareuse car mes épaules, mon dos et mes bras me brûlent atrocement. Même mes jambes, qui, pourtant, sont
très souvent baignées par l'eau, sont rouges comme
des écrevisses.

Etant donné que la côte est plus près, l'attraction est
plus forte et les vagues se dirigent presque perpendi-

culairement vers elle. Je vois les détails de la brousse ce qui me fait supposer que rien que ce matin, en quatre ou cinq heures, on s'est drôlement rapprochés. Grâce à ma première cavale, je sais apprécier les distances. Quand on détaille bien les choses, on est à moins de cinq kilomètres, or je vois les différences de grosseurs entre les troncs d'arbre et même, de la crête d'une vague plus haute, je distingue très nettement un gros mastodonte couché en travers, baignant son feuillage dans la mer.

Tiens, des dauphins et des oiseaux ! Pourvu que les dauphins ne s'amusent pas à pousser mon radeau. J'ai entendu raconter qu'ils ont l'habitude de pousser vers la côte les épaves ou les hommes et que, d'ailleurs, ils les noient par leurs coups de museau avec la meilleure intention qui est de les aider. Non, ils tournent et retournent, ils sont même trois ou quatre, venus flairer, voir ce que c'est, mais ils repartent sans même effleurer mon radeau. Ouf !

Midi, le soleil est droit sur ma tête. Il a certainement l'intention de me cuire au court-bouillon, le mec. Mes yeux suppurent sans arrêt et la peau de mes lèvres et de mon nez est partie. Les vagues sont plus courtes et rageusement se précipitent avec un bruit assourdissant vers la côte.

Je vois presque continuellement Sylvain. Il ne disparaît presque jamais, les vagues ne sont plus assez profondes. De temps en temps il se retourne et lève le bras. Il est toujours torse nu, la serviette sur la tête.

Ce ne sont plus des vagues, ce sont des rouleaux qui nous entraînent vers la côte. Il y a une espèce de barre où ils choquent avec un bruit épouvantable, puis, franchie la barre pleine d'écume, ils foncent à l'attaque de la brousse.

On est à moins d'un kilomètre de la côte et je distingue les oiseaux blanc et rose avec leurs aigrettes aristocratiques qui se promènent en picorant dans la vase. Il y en a des milliers. Presque aucun d'eux ne s'envole à plus de deux mètres de haut. Ces petits vols brefs, c'est pour éviter d'être mouillés par l'écume. C'est plein d'écume et la mer est d'un jaune boueux, dégueulasse. On est si près que je distingue sur le tronc des arbres la ligne sale que laisse l'eau à sa hauteur maximum.

Le bruit des rouleaux n'arrive pas à éteindre les cris aigus de ces milliers d'échassiers de toutes couleurs. Pan ! Pan ! Puis deux ou trois mètres encore. Plouf ! J'ai touché, je suis à sec sur la vase. Il n'y a pas assez d'eau pour me porter. D'après le soleil, il est deux heures de l'après-midi. Cela fait quarante heures que je suis parti. C'était avant-hier, à dix heures du soir, après deux heures de marée perdante. Donc, c'est la septième marée et c'est normal que je sois à sec : c'est la marée basse. La marée montante va commencer vers trois heures. A la nuit, je serai en brousse. Gardons la chaîne pour ne pas être arraché des sacs car le moment le plus dangereux est celui où les rouleaux vont commencer à passer sur moi sans pour cela m'emmener, par manque de fond. Je ne vais pas flotter avant au moins deux ou trois heures de montant.

Sylvain est à ma droite, en avant, à plus de cent mètres. Il me regarde et fait des gestes. Je pense qu'il veut crier quelque chose, mais sa gorge a l'air de ne pas pouvoir émettre de son, car je devrais l'entendre. Les rouleaux ayant disparu, nous sommes sur la vase sans autre bruit pour nous gêner que les cris des échassiers. Moi, je suis plus ou moins à cinq cents mètres de la brousse et Sylvain à cent ou cent cinquante mètres de moi, en avant. Mais qu'est-ce qu'il fait, ce grand con ? Il est debout et a laissé son radeau. Il est jobard, non ? Il ne faut pas qu'il marche, sans ça il va s'enfoncer un peu plus à chaque pas et peut-être ne va pas pouvoir revenir au radeau. Je veux siffler, je ne peux pas. Il me reste un peu d'eau, je vide la gourde, puis je cherche à crier pour

l'arrêter. Je ne peux pas émettre un son. De la vase
sortent des bulles de gaz, ce n'est donc qu'une légère
croûte, au-dessous c'est de la boue et le mec qui se
laisse prendre, sûr qu'il est cuit.

Sylvain se retourne vers moi, il me regarde et me
fait des signes que je ne comprends pas. Moi, je lui
fais de grands gestes voulant dire : Non, non, ne bouge
pas de ton radeau, tu n'arriveras jamais à la brousse !
Comme il est derrière ses sacs de cocos, je ne me rends
pas compte s'il se trouve loin ou près de son radeau.
Je pense d'abord qu'il doit être très près et qu'au
cas où il s'enliserait il pourrait s'accrocher à lui.

Tout à coup, je comprends qu'il s'est retiré assez
loin et qu'il s'est enfoncé dans la vase sans pouvoir
s'en décoller et retourner au radeau. Un cri arrive jusqu'à moi. Alors je me couche à plat ventre sur mes
sacs et enfonce les mains dans la vase en tirant de
toutes mes forces. Mes sacs avancent sous moi et
j'arrive à glisser plus de vingt mètres. C'est alors que,
ayant obliqué à gauche, quand je me mets debout, je
vois, sans plus être gêné par ses sacs, mon pote, mon
frangin enterré jusqu'au ventre. Il est à plus de dix
mètres de son radeau. La terreur me redonne de la
voix et je crie : « Sylvain ! Sylvain ! Ne bouge plus,
couche-toi dans la vase ! Si tu peux, dégage tes jambes ! » Le vent a emporté mes paroles et il les a enten-
dues. Il baisse la tête de haut en bas pour me dire
oui. Je me remets à plat ventre et j'arrache la vase en
faisant glisser mon sac. La rage me donne des forces
surhumaines et assez rapidement j'avance encore vers
lui de plus de trente mètres. J'ai mis plus d'une heure
certainement, mais je suis très près de lui, peut-être à
cinquante ou soixante mètres. Je le distingue mal.

Assis, les mains, les bras, la figure pleins de boue,
j'essaie de m'essuyer l'œil gauche où est entrée de la
boue salée qui me brûle et m'empêche de voir, non
seulement de celui-là mais de l'autre aussi, du droit
qui, pour tout arranger, se met à pleurer. Enfin, je

le vois ; il n'est plus couché, il est debout, seul son torse émerge de la vase.

Le premier rouleau vient de passer. Il m'a littéralement sauté sans pour cela me décoller et est allé s'étendre plus loin, couvrant la vase de son écume. Il a passé aussi sur Sylvain qui a toujours tout le buste dehors. Vite, je pense : « Plus les rouleaux vont venir, plus la vase va être molle. Il faut que j'arrive jusqu'à lui coûte que coûte. »

Une énergie de bête qui va perdre sa nichée s'empare de moi et, comme une mère qui veut arracher son petit à un danger imminent, je tire, tire, tire sur cette vase pour avancer jusqu'à lui. Il me regarde sans un mot, sans un geste, ses yeux grands ouverts vers les miens qui le dévorent littéralement. Mes yeux fixés sur lui ne s'occupent que de ne pas lâcher son regard et se désintéressent complètement de voir où j'enfonce mes mains. Je me traîne un peu, mais à cause de deux autres rouleaux qui sont passés sur moi en me recouvrant tout à fait, la vase est devenue moins consistante et j'avance beaucoup moins vite qu'il y a une heure. Un gros rouleau vient de passer, il m'a presque asphyxié et presque décollé. Je m'assieds pour voir mieux. Sylvain a de la vase jusqu'aux aisselles. Je suis à moins de quarante mètres de lui. Il me regarde intensément. Je vois qu'il sait qu'il va mourir, enlisé là, comme un pauvre mec, à trois cents mètres de la terre promise.

Je me recouche et j'arrache encore cette vase qui est presque liquide maintenant. Mes yeux et les siens sont rivés les uns dans les autres. Il me fait signe pour me dire non, de ne plus faire d'efforts. Je continue quand même et je suis à moins de trente mètres quand arrive un gros rouleau qui me couvre de sa masse d'eau et m'arrache presque de mes sacs qui, décollés, avancent de cinq ou six mètres.

Quand le rouleau a passé, je regarde. Sylvain a disparu. La vase couverte d'une légère couche d'eau écu-

mante est complètement lisse. Pas même la main de
mon pauvre ami n'apparaît pour me dire un ultime
adieu. Ma réaction est horriblement bestiale, dégoû-
tante, l'instinct de conservation l'emporte sur tout sentiment : « Toi, tu es vivant. Tu es seul et lorsque tu
seras en brousse, sans ami, ça ne sera pas du sucre
pour réussir la cavale. »

Un rouleau qui se fracasse sur mon dos, car je me
suis assis, me rappelle à l'ordre. Il m'a plié en deux
et le coup a été si fort que j'en perds la respiration
pendant plusieurs minutes. Le radeau a encore glissé de
quelques mètres et c'est alors seulement, en regardant la vague mourir près des arbres, que je pleure
Sylvain : « On était si près, si tu n'avais pas bougé !
A moins de trois cents mètres des arbres ! Pourquoi ?
Mais dis-moi pourquoi tu as fait cette connerie ? Comment as-tu pu supposer que cette croûte sèche était
suffisamment forte pour te permettre de gagner à
pied la côte ? Le soleil ? La réverbération ? Que sais-je,
moi ? Tu ne pouvais plus résister à cet enfer ? Dis-
moi pourquoi un homme comme toi n'a pu supporter
de cuire quelques heures de plus ? »

Les rouleaux se succèdent sans arrêt avec un bruit
de tonnerre. Ils arrivent de plus en plus serrés les
uns derrière les autres et de plus en plus gros. Chaque fois je suis entièrement recouvert et chaque fois
je glisse de quelques mètres, toujours en contact avec
la vase. Vers les cinq heures, les rouleaux d'un seul
coup se transforment en vagues, je suis décollé et je
flotte. Les vagues ayant du fond sous elles ne font
presque plus de bruit. Le tonnerre des rouleaux a
cessé. Le sac de Sylvain est déjà entré dans la brousse.

J'arrive, pas trop brutalement, déposé à peine à
vingt mètres de la forêt vierge. Quand la vague se
retire, je suis à nouveau à sec sur la vase et bien
décidé à ne pas bouger de mon sac jusqu'à ce que
je tienne une branche ou une liane dans les mains.
Près de vingt mètres. J'ai mis plus d'une heure avant

qu'il y ait assez de fond pour être à nouveau soulevé et porté en brousse. La vague qui m'y a poussé en rugissant m'a littéralement projeté sous les arbres. Je dévisse le boulon et me libère de la chaîne. Je ne la jette pas, peut-être que j'en aurai besoin.

EN BROUSSE

Vite, avant que le soleil se couche, je pénètre dans la brousse moitié nageant, moitié marchant, car là aussi il y a de la vase qui vous suce. L'eau pénètre très loin dans la brousse et la nuit est tombée que je ne suis pas encore au sec. Une odeur de pourri me monte au nez et il y a tellement de gaz que les yeux me piquent. J'ai les jambes pleines d'herbes et de feuilles. Je pousse encore mon sac. Chaque fois que je fais un pas, mes pieds tâtent d'abord le terrain sous l'eau, et c'est seulement quand ça n'enfonce pas que j'avance.

C'est sur un gros arbre tombé que je passe ma première nuit. Plein de bêtes me passent dessus. Mon corps me brûle et me pique. Je viens de passer ma vareuse, après avoir bien attaché mon sac que j'ai hissé sur le tronc de l'arbre et fixé des deux bouts. Dans le sac se trouve la vie, car les cocos, une fois ouverts, me permettront de manger et de tenir le coup. Mon sabre coupe-coupe est attaché à mon poignet droit. Je m'allonge, exténué, sur l'arbre, dans la fourche formée par deux branches qui me font une espèce de grosse niche, et je m'endors sans avoir le temps de penser à rien. Si, peut-être ai-je murmuré deux ou trois fois : « Pauvre Sylvain ! » avant de m'abattre comme une masse.

Ce sont les cris des oiseaux qui me réveillent. Le soleil pénètre très loin dans la brousse, il vient horizontalement, donc il doit être sept ou huit heures du matin. Autour de moi, c'est plein d'eau, donc la mer est montante. C'est peut-être la fin de la dixième marée.

Voilà soixante heures que je suis parti du Diable. Je ne me rends pas compte si je suis loin de la mer. De toute façon, je vais attendre que l'eau se retire pour aller au bord de la mer me sécher et prendre un peu de soleil. Je n'ai plus d'eau douce. Il me reste trois poignées de pulpe de coco que je mange avec délice, j'en passe aussi sur mes plaies. La pulpe, grâce à l'huile qu'elle contient, adoucit mes brûlures. Puis je fume deux cigarettes. Je pense à Sylvain, cette fois sans égoïsme. Ne devais-je pas d'abord m'évader sans ami ? C'est que j'avais la prétention de me débrouiller tout seul. Alors rien n'est changé, seulement une grande tristesse serre mon cœur et je ferme les yeux comme si cela pouvait m'empêcher de voir la scène de l'enlisement de mon pote. C'est fini pour lui.

J'ai bien calé mon sac dans la niche et commence à en extraire un coco. J'arrive à en décortiquer deux en les frappant de toutes mes forces contre l'arbre entre mes jambes. Il faut les frapper sur leur pointe de façon que l'enveloppe s'ouvre. C'est mieux qu'avec le coupe-coupe. J'en mange un frais en entier et j'ai bu le peu d'eau trop sucrée qu'il contenait. Rapidement la mer se retire et je peux marcher dans la boue facilement et gagner la plage.

Le soleil est radieux, la mer d'une beauté sans égale aujourd'hui. Longuement je regarde vers l'endroit où je suppose que Sylvain a disparu. Mes effets sont vite secs ainsi que mon corps que j'ai lavé avec de l'eau salée puisée dans un trou. Je fume une cigarette. Encore un dernier regard vers la tombe de mon ami et je rentre dans la brousse, marchant sans trop de difficulté. Mon sac sur l'épaule, lentement je m'enfonce sous le couvert. En moins de deux heures je trouve enfin un terrain qui, lui, n'est jamais inondé. Aucune trace à la base des arbres n'indique que la marée vient jusque-là. Je vais camper ici et me reposer complètement vingt-quatre heures. J'ouvrirai les cocos peu à peu, extrairai la noix pour la mettre toute dans le sac, prête à être mangée quand je le voudrai. Je pourrais allumer du feu, mais je pense que ce n'est pas prudent.

Le reste de la journée et de la nuit s'est passé sans histoire. Le vacarme des oiseaux me réveille au lever du soleil. Je termine de sortir la pulpe des cocos et, un tout petit baluchon sur l'épaule, je m'achemine vers l'est.

Vers les trois heures de l'après-midi, je trouve un sentier. C'est une piste soit de chercheurs de « balata » (gomme naturelle), soit de prospecteurs de bois ou de ravitailleurs de chercheurs d'or. Le sentier est étroit mais propre, pas de branches en travers, donc il est souvent fréquenté. De temps en temps, quelques empreintes de pieds d'âne ou de mulet sans fers. Dans des trous de boue sèche, je remarque les pieds d'hommes, le gros orteil nettement moulé dans l'argile. Je marche jusqu'à la nuit. Je mâche du coco, ça me nourrit et en même temps m'enlève la soif. Quelquefois, bien mâchée, pleine d'huile et de salive, je frotte mon nez, mes lèvres et mes joues de cette mixture. Mes yeux se collent souvent et sont pleins de pus. Dès que je pourrai, je les laverai avec de l'eau douce. Dans mon sac, avec les cocos, j'avais une boîte étanche avec un morceau de savon de Marseille, un rasoir Gillette, douze lames et un blaireau. Je l'ai récupérée intacte.

Je marche le sabre à la main mais n'ai pas à m'en servir car le chemin est libre d'obstacles. Je remarque même, sur le côté, des coupures de branches presque fraîches. Sur ce sentier, il passe du monde, il faut que j'aille avec précaution.

La brousse n'est plus la même que celle que j'ai connue à ma première cavale, à Saint-Laurent-du-Maroni. Celle-ci est à deux étages et n'est pas aussi touffue qu'au Maroni. La première végétation monte à près de cinq ou six mètres de hauteur et, plus haut, la voûte de la brousse à plus de vingt mètres. Il n'y a du jour qu'à droite du sentier. A gauche, c'est presque la nuit.

J'avance rapidement, parfois dans une clairière duc à un incendie provoqué par l'homme ou par la foudre. J'aperçois des rayons de soleil. Leur inclinaison me montre qu'il n'est plus loin de se coucher. Je lui tourne le dos me dirigeant vers l'est, donc sur le village des Noirs de Kourou ou sur le pénitencier du même nom.

D'un seul coup il va faire nuit. Je ne dois pas marcher la nuit. Je vais entrer en brousse et trouver un coin pour me coucher.

A plus de trente mètres du sentier, bien abrité sous un tas de feuilles lisses genre bananier, je suis couché sur un amas de ce même feuillage que j'ai coupé avec mon coupe-coupe. Je vais dormir tout à fait au sec et j'ai la chance qu'il ne pleuve pas. Je fume deux cigarettes.

Je ne suis pas trop fatigué ce soir. La pulpe de coco me tient en forme du côté faim. Seule une soif me dessèche la bouche et je n'arrive pas facilement à saliver.

La deuxième partie de la cavale a commencé et voici la troisième nuit que j'ai passée sans incident désagréable sur la Grande Terre.

Ah ! si Sylvain était là avec moi ! Il n'est pas là, mec, que peux-tu y faire ? Pour agir, tu n'as jamais eu besoin dans la vie que quelqu'un te conseille ou te soutienne ? Tu es un capitaine ou un soldat ? Sois pas con, Papillon, si ce n'est la peine normale d'avoir perdu ton ami, pour être seul en brousse tu n'en es pas moins fort. Ils sont déjà loin ceux de Royale, de Saint-Joseph et du Diable, voici six jours que tu les as quittés. Kourou doit être averti. D'abord les gaffes du camp forestier, ensuite les noirauds du village. Il doit y avoir aussi un poste de gendarmerie. Est-ce bien prudent de marcher vers ce village ? Je ne connais rien de ses environs. Le camp est collé entre le village et le fleuve. C'est tout ce que je sais de Kourou.

À Royale, j'avais pensé à braquer le premier mec venu et l'obliger à me conduire aux alentours du camp d'Ïnini où se trouvent les Chinois dont Cuic-Cuic, le frère de Chang. Pourquoi changer de plan ? Si au Diable ils ont conclu à la noyade, pas de pétard. Mais s'ils ont retenu la cavale, c'est dangereux ce Kourou. Comme c'est un camp forestier, ça doit être plein de biques, d'où une quantité de chasseurs d'hommes. Fais-toi gaffe à l'hallali, Papi ! Pas d'erreur. Ne te fais pas prendre en sandwich. Il faut que tu voies les mecs, quels qu'ils soient, avant qu'ils t'aperçoivent. Conclusion : je ne dois pas marcher sur le sentier mais en brousse, parallèlement au chemin. Tu as fait tout aujourd'hui une drôle d'erreur en galopant sur cette piste avec pour toute arme ton coupe-coupe. Ce n'est pas de l'inconscience mais de la folie. Donc, demain je marcherai en brousse.

Levé de bonne heure, réveillé par les cris des bêtes et des oiseaux qui saluent le lever du jour, je me secoue en même temps que la brousse. Pour moi aussi commence une autre journée. J'avale une poignée de coco bien mâché. Je m'en passe sur la figure et en route.

Très près du sentier, mais sous le couvert, je marche avec assez de difficulté, car bien que les lianes et les branches ne soient pas très fournies, il faut les écarter pour avancer. De toute façon, j'ai bien fait d'abandonner le sentier car j'entends siffler. Devant moi le sentier file tout droit plus de cinquante mètres. Je ne vois pas le siffleur. Ah ! le voilà qui arrive. C'est un Noir couleur Tombouctou. Il porte une charge sur l'épaule et un fusil à la main droite. Il a une chemise kaki et un short, les jambes et les pieds nus. La tête baissée, il ne quitte pas des yeux le sol, le dos voûté sous le poids de la charge, volumineuse.

Dissimulé derrière un gros arbre au bord même du sentier, j'attends qu'il arrive à ma hauteur, mon couteau grand ouvert. A la seconde où il passe devant l'arbre je me jette sur lui. Ma main droite a pris au vol le bras qui tient le fusil et par torsion je le lui fais lâcher. « Ne me tue pas ! Mon Dieu, pitié ! » Il est toujours debout, la pointe de mon couteau appuyée à la base gauche du cou. Je me baisse et ramasse le fusil, une vieille pétoire à un seul canon mais qui doit être bourrée de poudre et de plombs jusqu'à la gueule. J'ai levé le chien et, m'étant écarté de deux mètres, j'ordonne :

« Défais ta charge, laisse-la tomber. N'essaie pas de partir en courant ou je te tue comme un rien. »

Le pauvre Noir terrorisé, s'exécute. Puis, il me regarde :

« Vous êtes un évadé ?

— Oui.

— Que voulez-vous ? Tout ce que j'ai, prenez-le. Mais je vous en prie, ne me tuez pas, j'ai cinq enfants. Par pitié laissez-moi la vie.

— Tais-toi. Comment t'appelles-tu ?

— Jean.

— Où vas-tu ?

— Porter des vivres et des médicaments à mes deux frères qui coupent du bois en brousse.

— D'où viens-tu ?

— De Kourou.

— Es-tu de ce village ?

— J'y suis né.

— Tu connais Inini ?

— Oui, je trafique des fois avec les Chinois du camp des prisonniers.

— Tu vois ça ?

— Qu'est-ce que c'est ?

— C'est un billet de cinq cents francs. Tu as à choisir : ou tu fais ce que je te dis et je te ferai cadeau de cinq cents francs et te rendrai ton fusil ; ou tu refuses, ou cherches à me tromper, et alors je te tue. Choisis.

— Qu'est-ce qu'il faut que je fasse ? Je ferai tout ce que vous voudrez, même pour rien.

— Il faut que tu me mènes sans risque aux alentours du camp d'Inini. Après que j'aurai contacté un Chinois tu pourras partir. Entendu ?

— D'accord.

— Ne me trompe pas, sans ça t'es un homme mort.

— Non, je vous jure que je vous aiderai loyalement. »

Il a du lait condensé. Il sort six boîtes et me les donne, ainsi qu'une boule de pain d'un kilo et du lard fumé.

« Cache ton sac dans la brousse, tu le reprendras plus tard. Tiens, voilà une marque sur l'arbre que je fais avec mon coupe-coupe. »

Je bois une boîte de lait. Il me donne aussi un pantalon long tout neuf, un bleu de mécanicien. Je le passe, sans jamais lâcher le fusil.

« En avant, Jean. Prends tes précautions pour que personne ne nous aperçoive, car si on est surpris ce sera ta faute et alors tant pis pour toi. »

Jean sait mieux marcher que moi en brousse et j'ai de la peine à le suivre tellement il évite habilement branches et lianes. Ce sacré bonhomme marche dans la brousse très aisément.

« Vous savez qu'à Kourou on a été avertis que deux bagnards se sont évadés des Iles. Aussi je veux être honnête avec vous : il y aura beaucoup de danger quand nous passerons près du camp des forçats de Kourou.

— Tu as l'air bon et franc, Jean. J'espère que je ne me trompe pas. Que me conseilles-tu de mieux pour aller à Inini ? Pense que ma sécurité est ta vie, car si je suis surpris par des gaffes ou des chasseurs d'hommes, je suis obligé de te tuer.

— Comment dois-je vous appeler ?

— Papillon.

— Bon, monsieur Papillon. Il faut entrer complète-

ment en brousse et passer loin de Kourou. Je vous
garantis de vous mener à Inini par la brousse.

— Je me fie à toi. Prends le chemin que tu crois le
plus sûr. »

A l'intérieur de la brousse, on marche plus lentement, mais depuis qu'on a quitté les abords du sentier, je sens le Noir plus détendu. Il ne sue plus aussi
abondamment et ses traits sont moins crispés, il est
comme tranquillisé.

« Il me semble, Jean, que tu as moins peur maintenant ?

— Oui, monsieur Papillon. D'être au bord du sentier
c'était très dangereux pour vous, donc pour moi
aussi. »

On avance rapidement. Ce noiraud est intelligent,
jamais il se détache de plus de trois ou quatre mètres
de moi.

« Arrête, je veux faire une cigarette.

— Tenez, voici un paquet de Gauloises.

— Merci, Jean, tu es un bon type.

— Je suis, c'est vrai, très bon. Voyez-vous, je suis
catholique et je souffre de voir comment sont traités
les bagnards par les surveillants blancs.

— Tu en as vu beaucoup ? Et où ?

— Au camp forestier de Kourou. Ça fait pitié de les
voir mourir à petit feu, mangés par ce travail de couper du bois et par la fièvre et la dysenterie. Aux Iles,
vous êtes mieux. C'est la première fois que je vois un
condamné comme vous, en parfaite santé.

— Oui, on est mieux aux Iles. »

On s'est assis un peu sur une grosse branche d'arbre. Je lui offre une de ses boîtes de lait. Il refuse et
préfère mâcher la noix de coco.

« Ta femme est jeune ?

— Oui, elle a trente-deux ans. Moi, j'en ai quarante.
Nous avons cinq enfants, trois filles et deux garçons.

— Tu gagnes bien ta vie ?

— Avec le bois de rose on se défend pas mal et ma femme lave et repasse le linge pour les surveillants. Ça aide un peu. On est très pauvres, mais on mange tous à sa faim et les enfants vont tous à l'école. Ils ont toujours des chaussures à se mettre. »

Pauvre Noir qui trouve que puisque ses enfants ont des chaussures, tout va bien. Il est presque aussi grand que moi, sa figure de nègre n'a rien d'antipathique. Au contraire, ses yeux disent clairement que c'est un homme pourvu de sentiments qui lui font honneur, travailleur, sain, bon père de famille, bon époux, bon chrétien.

« Et vous, Papillon ?

— Moi, Jean, je cherche à revivre. Enterré vivant depuis dix ans, je n'arrête pas de m'évader pour arriver un jour à être comme toi, libre avec une femme et des gosses, sans faire, même par pensée, du mal à personne. Tu l'as dit toi-même, ce bagne est pourri et un homme qui se respecte doit s'enfuir de cette fange.

— Je vous aiderai loyalement à réussir. En route. »

Avec un sens merveilleux de l'orientation, sans jamais hésiter sur son chemin, Jean me conduit directement aux alentours du camp des Chinois où nous arrivons quand la nuit est tombée depuis déjà près de deux heures. Venant de loin, on entend des coups, on ne voit pas de lumière. Jean m'explique que pour s'approcher vraiment du camp il faut éviter un ou deux avant-postes. Nous décidons de nous arrêter pour passer la nuit.

Je suis mort de fatigue, j'ai peur de m'endormir. Et si je me trompe sur le Noir ? Si c'est un comédien et qu'il me prend le fusil pendant mon sommeil et me tue ? Il gagne deux fois en me tuant ; il se débarrasse du danger que je représente pour lui et gagne une prime pour avoir tué un évadé.

Oui, il est très intelligent. Sans parler, sans attendre plus longtemps, il se couche pour dormir. J'ai toujours la chaîne et le boulon. J'ai envie de l'attacher, puis je pense qu'il peut défaire le boulon aussi bien que moi et qu'en agissant avec précaution, si je dors à poings fermés, je ne sentirai rien. D'abord je vais essayer de ne pas dormir. J'ai un paquet entier de Gauloises. Je vais tout faire pour ne pas dormir. Je ne peux pas me confier à cet homme qui après tout est honnête et qui me catalogue comme un bandit.

La nuit est complètement noire. Il est couché à deux mètres de moi, je ne distingue que le blanc de la plante de ses pieds nus. La brousse a ses bruits caractéristiques de la nuit : sans arrêt le hurlement du singe au gros goitre, cri rauque et puissant qui s'entend à des kilomètres. Il est très important, car s'il est régulier c'est que son troupeau peut manger ou dormir tranquille. Il ne dénote pas de terreur ni de danger, donc pas de fauves ni d'hommes à la ronde.

Tendu à bloc, je tiens le coup sans trop d'efforts contre le sommeil, aidé par quelques brûlures de cigarette et surtout par une nuée de moustiques bien décidés à me sortir tout le sang. Je pourrais m'en préserver en me passant de la salive mélangée à du tabac. Si je me passe ce jus de nicotine, il me préserve des moustiques mais sans eux je sens que je vais m'endormir. Il n'y a qu'à souhaiter que ces moustiques ne soient pas porteurs de la malaria ou de la fièvre jaune.

Me voilà sorti, provisoirement peut-être, du chemin de la pourriture. Quand j'y suis entré, j'avais vingt-cinq ans, c'était en 1931. Nous sommes en 1941. Voici dix ans. C'est en 1932 que Pradel, le procureur sans âme, a pu, par un réquisitoire sans pitié et inhumain, me jeter jeune et fort dans ce puits qu'est l'Administration pénitentiaire, fosse pleine de liquide gluant qui doit me dissoudre lentement et me faire disparaître. Je viens de réussir, enfin, la première partie de la cavale. Je suis remonté du fond de ce puits et suis

sur la margelle. Je dois mettre toute mon énergie et
mon intelligence à gagner la deuxième partie.

La nuit passe lentement mais elle s'écoule, et je n'ai
pas dormi. Je n'ai même jamais lâché mon fusil. Je
suis resté si bien éveillé, aidé par les brûlures des
piqûres des moustiques, que pas une fois l'arme ne
m'est tombée des mains. Je peux être content de moi,
je n'ai pas risqué ma liberté en capitulant sous la
fatigue. L'esprit a été plus fort que la matière et
je m'en félicite quand je perçois les premiers cris
des oiseaux qui annoncent le proche lever du jour.
Ces quelques « levés plus tôt que les autres »
sont le prélude qui ne se fait pas attendre longtemps.

Le Noir s'assied après s'être étiré de tout son corps et
il est en train de se frotter les pieds.

« Bonjour, vous n'avez pas dormi ?

— Non.

— C'est bête, car je vous assure que vous n'aviez
rien à craindre de moi. Je suis décidé à vous aider pour
que vous réussissiez dans votre projet.

— Merci, Jean. Le jour va-t-il tarder à pénétrer dans
la brousse ?

— Plus d'une heure encore. Seules les bêtes perçoivent si longtemps avant tout le monde que le jour
va se lever. Nous verrons à peu près clair d'ici une
heure. Prêtez-moi votre couteau, Papillon. »

Sans hésiter, je le lui tends. Il fait deux ou trois pas et
coupe une branche d'une plante grasse. Il m'en donne
un gros morceau et garde l'autre.

« Buvez l'eau qu'il y a dedans et passez-vous-en sur
la figure. »

Avec cette étrange cuvette, je bois et je me lave.
Voici le jour. Jean m'a rendu le couteau. J'allume une
cigarette et Jean fume aussi. En route. C'est vers le
milieu de la journée, après avoir pataugé plusieurs
fois dans de grosses flaques de boue très difficiles
à franchir que, sans aucune rencontre bonne ou mau-

vaise, nous sommes arrivés aux alentours du camp
d'Inini.

Nous nous sommes approchés d'une véritable route
d'accès au camp. Une étroite ligne de chemin de fer
longe le côté de ce large espace défriché. « C'est, me
dit-il, une voie ferrée où ne passent que des chariots
poussés par les Chinois. Ces chariots font un bruit
terrible, on les entend de loin. » Nous assistons au
passage de l'un d'eux, surmonté d'un banc où sont
assis deux gaffes. Derrière, deux Chinois avec de longues barres de bois freinent le truc. Il sort des étincelles des roues. Jean m'explique que les perches ont
un bout en acier et qu'elles servent à pousser ou à
freiner.

Le chemin est très fréquenté. Des Chinois passent,
portant sur leurs épaules des rouleaux de lianes, d'autres
un cochon sauvage et d'autres encore, des paquets
de feuilles de cocotier. Tout ce monde a l'air de se
diriger vers le camp. Jean me dit qu'il y a plusieurs
raisons de sortir en brousse : chasser du gibier, chercher de la liane pour faire des meubles, des feuilles
de coco pour confectionner des nattes qui protègent
les légumes des jardins de l'ardeur du soleil, la chasse
aux papillons, aux mouches, aux serpents, etc. Certains
Chinois sont autorisés à aller en brousse quelques
heures une fois terminée la tâche imposée par l'Administration. Ils doivent tous être rentrés avant cinq heures du soir.

« Tiens, Jean. Voilà les cinq cents francs et ton
fusil (que j'ai déchargé avant). J'ai mon couteau et
mon coupe-coupe. Tu peux t'en aller. Merci. Que Dieu
te récompense mieux que moi d'avoir aidé un malheureux à essayer de revivre. Tu as été loyal, merci encore.
J'espère que lorsque tu raconteras cette histoire à
tes enfants, tu leur diras : « Ce bagnard avait l'air
« d'un brave garçon, je ne me repens pas de l'avoir
« aidé. »

— Monsieur Papillon, c'est tard, je ne pourrai pas

marcher longtemps avant la nuit. Gardez le fusil, je reste avec vous jusqu'à demain matin. Je voudrais, si vous le voulez, arrêter moi-même le Chinois que vous allez choisir pour avertir Cuic-Cuic. Il aura moins peur que s'il voit un Blanc en cavale. Laissez-moi sortir sur la route. Même pas un gaffe, si un venait à surgir, ne trouverait ma présence insolite. Je lui dirais que je viens repérer des bois de rose pour l'entreprise de bois « Symphorien » de Cayenne. Fais-moi confiance.

— Alors, prends ton fusil, car on trouverait bizarre de voir un homme désarmé en brousse.

— C'est vrai. »

Jean s'est planté sur le chemin. Je dois émettre un léger sifflement quand le Chinois qui apparaîtra me plaira.

« Bonjou, Monché », dit en patois un petit vieux chinois qui porte sur l'épaule un tronc de bananier, sûrement un chou palmiste, délicieux à manger. Je siffle car ce vieux poli qui salue le premier Jean me plaît.

« Bonjou, Chine. Arrête, moi parler avec toi.

— Quoi vouloir, Mouché ? » Et il s'arrête.

Près de cinq minutes qu'ils parlent. Je n'entends pas la conversation. Deux Chinois passent, ils portent une grosse biche enfilée sur un bâton. Pendue par les pieds, sa tête racle la terre. Ils filent sans saluer le Noir, mais disent quelques paroles en chintoque à leur compatriote qui répond deux ou trois mots.

Jean fait entrer le vieux en brousse. Ils arrivent jusqu'à moi. En s'approchant de moi, il me tend la main.

« Toi froufrou (évadé) ?

— Oui.

— D'où ?

— Du Diable.

— Y'a bon. » Il rit et me regarde de tous ses yeux bridés. « Y'a bon. Comment toi appelé ?

— Papillon.

— Moi, pas connaître.

— Moi, ami Chang, Cang Vauquien, frère Cuic-Cuic.

— Ah ! Y'a bon. » Et il me redonne la main. « Quoi toi vouloir ?

— Avertir Cuic-Cuic que moi ici attendre lui.

— Pas possible.

— Pourquoi ?

— Cuic-Cuic volé soixante canards chef de camp. Chef vouloir tuer Cuic-Cuic, Cuic-Cuic froufrou.

— Depuis quand ?

— Deux mois.

— Parti en mer ?

— Je sais pas. Moi aller au camp parler autre Chinois qui lui ami intime Cuic-Cuic. Lui décider. Toi pas bouger de là. Moi retourne cette nuit.

— Quelle heure ?

— Je sais pas. Mais moi retourner apporter manger pour toi, cigarettes, toi pas allumer feu ici. Moi siffler « La Madelon ». Quand toi entendre, toi sortir sur la route. Compris ?

— Compris. » Et il s'en va. « Qu'en penses-tu, Jean ?

— Rien n'est perdu car si vous voulez, nous retournerons sur nos pas à Kourou et je vous procurerai une pirogue, des vivres et une voile pour prendre la mer.

— Jean, je vais très loin, c'est impossible de partir tout seul. Merci de ton offre. Au pire, peut-être j'accepterai. »

Le Chinois nous ayant donné un gros morceau du chou palmiste, nous le mangeons. C'est frais et délicieux avec un goût de noisette prononcé. Jean va veiller, j'ai confiance en lui. Je me passe du jus de tabac sur la figure et les mains car les moustiques commencent à attaquer.

« Papillon, on siffle « La Madelon ». Jean vient de me réveiller.

— Quelle heure est-il ?

— Pas tard, peut-être neuf heures. »

Nous sortons sur la route. La nuit est noire. Le siffleur approche, je réponds. Il s'approche, on est très près, je le sens mais ne le vois pas. Toujours en sifflant tour à tour, on arrive à se joindre. Ils sont trois. Chacun me touche la main. La lune va bientôt apparaître.

« Asseyons-nous au bord de la route, dit l'un d'eux en parfait français. Dans l'ombre on ne pourra pas nous voir. » Jean est venu nous rejoindre.

« Mange d'abord, après tu parleras », dit le lettré de la bande. Jean et moi nous mangeons une soupe de légumes très chaude. Cela nous réchauffe et nous décidons de garder le reste de la nourriture pour plus tard. On boit du thé sucré chaud au goût de menthe, c'est délicieux.

« Tu es l'ami intime de Chang ?

— Oui, il m'a dit de venir chercher Cuic-Cuic pour m'évader avec lui. Moi évadé déjà une fois très loin, jusqu'en Colombie. Je suis bon marin, voilà pourquoi Chang voulait que j'emmène son frère. Il a confiance en moi.

— Très bien. Quels sont les tatouages qu'il a, Chang ?

— Un dragon sur la poitrine, trois points sur la main gauche. Il m'a dit que ces trois points sont le signe qu'il a été un des chefs de la révolte de Poulo Condor. Son meilleur ami est un autre chef de la révolte qui s'appelle Van Hue. Il a le bras coupé.

— C'est moi, dit l'intellectuel. Toi, tu es sûrement l'ami de Chang, donc notre ami. Ecoute bien : Cuic-Cuic n'a pas pu prendre la mer encore parce qu'il ne sait pas conduire un bateau. Ensuite, il est seul, il est en brousse, à une dizaine de kilomètres d'ici. Il fait du charbon de bois. Des amis le vendent et lui remettent l'argent. Quand il aura assez d'économies, il achètera une barque et cherchera quelqu'un pour s'évader par la mer avec lui. Où il est, il ne risque rien. Personne ne peut arriver dans l'espèce d'île où il se trouve parce que c'est entouré de vase mouvante. Tout homme est aspiré par la boue s'il s'aventure sans connaître. Je viendrai au lever du jour te chercher pour te conduire à Cuic-Cuic. Venez avec nous. ».

On prend le bord de la route, car la lune s'est levée et il fait assez clair pour distinguer à cinquante mètres. Arrivés à un pont de bois, il me dit :

« Descends sous le pont. Tu dormiras là, moi je viendrai te chercher demain matin. »

On se serre la main et ils partent. Ils marchent sans se cacher. Au cas où ils seraient surpris, ils diraient qu'ils sont allés visiter des pièges posés en brousse dans la journée. Jean me dit :

« Papillon, toi pas dormir ici. Toi dormir en brousse, moi dormir ici. Quand il viendra je t'appellerai.

— C'est ça. » Je rentre en brousse et m'endors heureux après avoir fumé quelques cigarettes, le ventre plein de la bonne soupe.

Van Hue est au rendez-vous avant le lever du jour. Pour gagner du temps, on va marcher sur la route jusqu'à ce que le jour se lève. Nous marchons vite pendant plus de quarante minutes. D'un seul coup le jour se lève et on entend au loin le bruit d'un chariot qui avance sur la voie ferrée. On entre sous le couvert.

« Adieu, Jean, merci et bonne chance. Que Dieu te bénisse, toi et ta famille. » J'insiste pour qu'il accepte les cinq cents francs. Il m'a expliqué, au cas où j'échouerais du côté de Cuic-Cuic, comment m'approcher de son village, le contourner et me remettre sur le sentier où je l'ai rencontré. Il est obligé d'y passer deux fois par semaine. Je serre la main de ce noble Noir guyanais et il saute sur la route.

« En avant », dit Van Hue en pénétrant dans la brousse. Sans hésiter il s'oriente et nous avançons assez vite car la brousse n'est pas impénétrable. Il évite de couper avec son coupe-coupe les branches ou les lianes qui le gênent. Il les écarte.

CUIC-CUIC

En moins de trois heures, on est devant une mare de boue. Des nénuphars en fleur et de grandes feuilles vertes sont collés à la vase. On suit le bord du banc de vase.

« Fais attention de ne pas glisser, sans ça tu disparais sans espoir de remonter, m'avertit Van Hue qui vient de me voir trébucher.

— Vas-y, je te suis et je ferai plus attention. »

Devant nous un îlot, à près de cent cinquante mètres. De la fumée sort du milieu de la minuscule île. Ça doit être des charbonnières. Je repère un caïman dans la vase, dont seuls les yeux émergent. De quoi peut-il bien se nourrir dans cette vase, ce crocodile ?

Après avoir marché plus d'un kilomètre le long de la berge de cette sorte d'étang de vase, Van Hue s'arrête et se met à chanter en chinois à tue-tête. Un mec s'approche au bord de l'île. Il est petit et vêtu d'un short seulement. Les deux Chintocs parlent entre eux. C'est long et je commence à m'impatienter quand, enfin, ils s'arrêtent.

« Viens par là », dit Van Hue.

Je le suis, on retourne sur nos pas.

« Tout va bien, c'est un ami de Cuic-Cuic. Cuic-Cuic est allé à la chasse, il ne va pas tarder à revenir, il faut l'attendre là. »

On s'assied. Moins d'une heure après, Cuic-Cuic arrive. C'est un petit mec tout sec, jaune annamite, les dents très laquées, presque noir brillant, des yeux intelligents et francs.

« Tu es un ami de mon frère Chang ?

— Oui.

— C'est bien. Tu peux partir, Van Hue.

— Merci, dit Van Hue.

— Tiens, emporte-toi cette perdrix-poule.

— Non, merci. » Il me serre la main et s'en va.

Cuic-Cuic m'entraîne derrière un cochon qui marche devant lui. Il le suit littéralement.

« Fais bien attention, Papillon. Le moindre faux
pas, une erreur, et tu t'enlises. En cas d'accident, on
ne peut pas se secourir l'un l'autre, car c'est pas
un, mais deux qui disparaissent. Le chemin à traverser n'est jamais le même car la vase bouge, mais
le cochon, lui, trouve toujours un passage. Une seule
fois il a fallu que j'attende deux jours pour passer. »

Effectivement, le cochon noir flaire et rapidement
s'engage sur la vase. Le Chinois lui parle dans sa langue. Je suis, déconcerté de voir ce petit animal qui
lui obéit comme un chien. Cuic-Cuic observe et moi
j'écarquille les yeux, médusé. Le cochon traverse de
l'autre côté sans jamais s'enfoncer plus de quelques
centimètres. Rapidement, mon nouvel ami s'engage à
son tour et dit :

« Mets les pieds dans les traces des miens. Il faut
faire très vite car les trous qu'a laissés le cochon
s'effacent immédiatement. » Sans difficulté on a traversé. Jamais je n'ai eu de la vase plus haut que les
mollets, et encore, vers la fin.

Le cochon avait fait deux crochets longs, ce qui nous
a obligés à marcher sur cette croûte ferme pendant plus
de deux cents mètres. La sueur me coule de tous
côtés. Je ne peux pas dire que j'avais seulement peur,
car vraiment j'étais terrifié.

Pendant la première partie du trajet, je me demandais si mon destin voulait que je meure comme Sylvain. Je le revoyais, le pauvre, à son ultime instant
et, tout en étant très éveillé, je distinguais son corps
mais son visage paraissait avoir mes traits. Quelle
impression m'a faite ce passage ! Je ne suis pas près
de l'oublier.

« Donne-moi la main. » Et Cuic-Cuic, ce petit mec
tout os et peau, m'aide à grimper sur la berge.

« Eh bien, mon pote, ce n'est pas là que vont venir
nous chercher les chasseurs d'hommes.

— Ah ! pour ça, sois tranquille ! »

Nous pénétrons dans l'îlot. Une odeur de gaz carbonique me prend à la gorge. Je tousse. C'est la fumée de deux charbonnières qui se consument. Je ne risque pas d'avoir de moustiques ici. Sous le vent, enrobé de fumée, un carbet, petite maisonnette au toit de feuilles et aux murs également en feuilles tressées en nattes. Une porte et, devant elle, le petit Indochinois que j'ai vu avant Cuic-Cuic.

« Bonjour, Mouché.

— Parle-lui français et non patois, c'est un ami à mon frère. »

Le Chintoc, demi-portion d'homme, m'examine de la tête aux pieds. Satisfait de son inspection, il me tend la main en souriant d'une bouche édentée.

« Entre, assicds-toi. »

C'est propre, cette unique cuisine. Quelque chose cuit sur le feu dans une grande marmite. Il n'y a qu'un seul lit fait de branches d'arbres, à un mètre du sol au moins.

« Aide-moi à fabriquer un endroit pour qu'il dorme cette nuit.

— Oui, Cuic-Cuic. »

En moins d'une demi-heure ma couchette est faite. Les deux Chinois mettent la table et nous mangeons une soupe délicieuse, puis du riz blanc avec de la viande aux oignons.

Le mec, ami de Cuic-Cuic, est celui qui vend le charbon de bois. Il n'habite pas sur l'île, c'est pour cela que, la nuit tombée, nous nous trouvons seuls, Cuic-Cuic et moi.

« Oui, j'ai volé tous les canards du chef de camp et c'est pour ça que je suis en cavale. »

Nos deux visages éclairés par instants par les flammes du petit feu, nous sommes assis l'un en face de l'autre. On s'examine et, en parlant chacun de nous cherche à connaître et comprendre l'autre.

Le visage de Cuic-Cuic n'est presque pas jaune.

Par le soleil, son jaune naturel s'est cuivré. Ses yeux très bridés, noir brillant, regardent bien en face quand il parle. Il fume de longs cigares faits par lui avec des feuilles de tabac noir.

Je continue à fumer des cigarettes que je roule dans du papier de riz apporté par le manchot.

« Je me suis donc mis en cavale, car le chef, patron des canards, voulait me tuer, voilà trois mois de cela. Le malheur est que j'ai perdu aux jeux, non seulement l'argent des canards mais aussi celui du charbon de deux charbonnières.

— Où joues-tu ?

— En brousse. Chaque nuit il y a le jeu des Chinois du camp d'Inini et des libérés qui viennent de Cascade.

— Tu es décidé à prendre la mer ?

— Je ne demande que ça et quand je vendais mon charbon de bois, je pensais acheter un bateau, trouver un mec sachant le manier et qui voudrait partir avec moi. Mais dans trois semaines, avec la vente du charbon nous pourrons acheter le canot et prendre la mer puisque tu sais le piloter.

— J'ai de l'argent, Cuic-Cuic. On n'a pas à attendre de vendre le charbon pour acheter la barque.

— Alors, ça va. Il y a une bonne chaloupe à vendre mille cinq cents francs. C'est un Noir, coupeur de bois, qui la vend.

— Bon, tu l'as vue ?

— Oui.

— Mais moi, je veux la voir.

— Demain j'irai voir Chocolat, comme je l'appelle. Raconte-moi ta cavale, Papillon. Je croyais que c'était impossible de s'évader du Diable. Pourquoi mon frère Chang n'est pas parti avec toi ? »

Je lui raconte la cavale, la vague Lisette, la mort de Sylvain.

« Je comprends que Chang n'ait pas voulu partir avec toi. C'était vraiment risqué. Tu es un homme privilégié par la chance, c'est pour cela que tu as pu arriver vivant jusqu'ici. J'en suis content. »

Il y a plus de trois heures que Cuic-Cuic et moi conversons. On dort de bonne heure, car il veut aller au lever du jour voir Chocolat. Après avoir mis une grosse branche sur le feu pour le maintenir toute la nuit, on se couche. La fumée me fait tousser et me prend à la gorge mais il y a un avantage : pas un seul moustique.

Allongé sur mon grabat, couvert d'une bonne couverture, bien au chaud, je ferme les yeux. Je ne peux pas m'endormir. Je suis trop excité. Oui, la cavale se déroule bien. Si le bateau est bon, avant huit jours je prends la mer. Cuic-Cuic est petit, sec, mais il doit avoir une force peu commune et une résistance à toute épreuve. Il est certainement loyal et correct avec ses amis, mais doit être aussi très cruel envers ses ennemis. C'est difficile de lire sur un visage d'Asiatique, il n'exprime rien. Toutefois, ses yeux parlent en sa faveur.

Je m'endors et je rêve d'une mer pleine de soleil, mon bateau franchissant joyeusement les vagues, en route vers la liberté.

« Tu veux du café ou du thé ?

— Qu'est-ce que tu bois ?

— Du thé.

— Donne-moi du thé. »

Le jour pointe à peine, le feu est resté allumé depuis hier, de l'eau bout dans une casserole. Un coq lance son joyeux corocorico. Pas de cris d'oiseaux autour de nous, la fumée des charbonnières les chasse sûrement. Le cochon noir est couché sur le lit de Cuic-Cuic. Ce doit être un paresseux car il continue à dormir. Des galettes faites avec de la farine de riz rôtissent sur la braise. Après m'avoir servi du thé sucré, mon pote coupe une galette en deux, l'enduit de margarine et me la donne. Nous déjeunons copieusement. Je mange trois galettes bien cuites.

« Je vais partir, accompagne-moi. Si on crie ou on siffle, ne réponds pas. Tu ne risques rien, personne ne peut venir ici. Mais, si tu te montres au bord de la vase, on peut te tuer d'un coup de fusil. »

Le cochon se lève aux cris de son maître. Il mange et boit, puis il sort, on le suit. Il va droit à la vase. Assez loin de l'endroit où nous sommes arrivés hier, il descend. Après avoir fait une dizaine de mètres, il retourne. Le passage ne lui plaît pas. C'est après trois tentatives qu'il parvient à passer. Cuic-Cuic, immédiatement et sans appréhension, franchit la distance jusqu'à la terre ferme.

C'est seulement le soir que doit revenir Cuic-Cuic. J'ai mangé tout seul la soupe qu'il avait mise au feu. Après avoir ramassé huit œufs dans le poulailler, j'ai fait une petite omelette de trois œufs avec de la margarine. Le vent a changé de direction et la fumée des deux charbonnières en face du carbet se dirige sur le côté. A l'abri de la pluie qui est tombée l'après-midi, bien couché sur mon lit de bois, je n'ai pas été incommodé par le gaz carbonique.

Dans la matinée, j'ai fait le tour de l'île. Presque à son centre, une clairière assez grande est ouverte. Des arbres tombés et du bois coupé m'indiquent que c'est de là que Cuic-Cuic sort le bois pour faire ses charbonnières. Je vois aussi un grand trou de glaise blanche dont il sort sûrement la terre nécessaire à couvrir le bois pour qu'il se consume sans flamme. Les poules vont picorer dans la clairière. Un rat énorme s'enfuit sous mes pieds et, quelques mètres plus loin, je trouve un serpent mort de près de deux mètres de long. C'est sans nul doute le rat qui vient de le tuer.

Toute cette journée passée seul dans l'îlot a été une suite de découvertes. Par exemple, j'ai trouvé une famille de fourmiliers. La mère et trois petits. Un énorme nid de fourmis était en révolution autour d'eux. Une douzaine de singes, très petits sautent d'arbre en arbre dans la clairière. A mon arrivée, les ouistitis crient à fendre l'âme.

Cuic-Cuic revient le soir.

« Je n'ai pas vu Chocolat, le bateau non plus. Il a dû aller chercher des vivres à Cascade, le petit village où il a sa maison. Tu as bien mangé ?

— Oui.

— Tu veux encore manger ?

— Non.

— Je t'ai apporté deux paquets de tabac gris, c'est du gros-cul de soldat, mais il n'y avait que ça.

— Merci, ça fait pareil. Quand Chocolat s'en va, combien de temps il reste au village ?

— Deux ou trois jours, mais j'irai quand même demain et tous les jours, car je ne sais pas quand il est parti. »

Le lendemain, il tombe une pluie torrentielle. Cela n'empêche pas Cuic-Cuic de partir complètement à poil. Il porte ses effets sous le bras, enveloppés dans une toile cirée. Je ne l'accompagne pas : « C'est pas la peine que tu te mouilles », m'a-t-il dit.

La pluie vient de s'arrêter. Le soleil m'apprend qu'il est près de dix à onze heures. L'une des deux charbonnières, la deuxième, s'est écroulée sous l'avalanche de pluie. Je m'approche pour voir le désastre. Le déluge n'a pas pu éteindre tout à fait le bois. Il sort toujours de la fumée du tas informe. Tout à coup, je me frotte les yeux avant de regarder de nouveau, tant ce que j'aperçois est imprévu : cinq souliers sortent de la charbonnière. On se rend compte tout de suite que ces chaussures posées perpendiculairement sur leur talon ont chacune un pied et une jambe au bout. Donc, il y a trois hommes en train de cuire dans la charbonnière. Pas besoin de faire un dessin de ma première réaction : ça fait un petit peu froid dans le dos de découvrir un truc pareil. Je me penche et poussant du pied un peu de charbon de bois à moitié calciné, je découvre le sixième pied.

Le Cuic-Cuic n'y va pas de main morte, il les transforme en cendres, en série, les mecs qu'il bousille. Je
suis tellement impressionné que d'abord je m'écarte
de la charbonnière et vais jusqu'à la clairière prendre
du soleil. J'ai besoin de chaleur. Oui, dans cette température étouffante, voilà que tout à coup j'ai froid
et que je sens le besoin d'un rayon du bon soleil des
tropiques.

En lisant cela, on pensera que c'est illogique, que
j'aurais dû plutôt avoir des sueurs après une découverte pareille. Eh bien, non, je suis transi de froid,
congelé moralement et physiquement. C'est bien longtemps après, plus d'une heure, que les gouttes de
sueur se sont mises à couler de mon front, car plus je
pense, plus je me dis qu'après lui avoir dit que j'avais
beaucoup d'argent dans le plan, c'est un miracle que
je sois encore vivant. A moins qu'il me réserve pour
me mettre à la base d'une troisième charbonnière ?

· Je me souviens que son frère Chang m'a raconté
qu'il a été condamné pour piraterie et assassinat à bord
d'une jonque. Quand ils attaquaient un bateau pour le
piller, ils supprimaient toute la famille, bien entendu
au nom de raisons politiques. C'est donc des mecs déjà
entraînés aux assassinats en série. D'autre part, je suis
prisonnier ici. Je me trouve dans une drôle de position.

Voyons, faisons le point. Si je tue Cuic-Cuic sur l'îlot
et le mets à son tour dans la charbonnière, ni vu ni
connu. Mais le cochon ne va pas m'obéir à moi, il ne
parle même pas français ce coco de porc apprivoisé.
Donc pas moyen de sortir de l'îlot. Si je braque le Chintoc, il va m'obéir, mais alors il faut qu'après l'avoir
obligé à me sortir de l'île, je le tue sur la terre ferme.
Si je le jette à la vase, il va disparaître, mais il doit y
avoir une raison pour qu'il brûle les mecs et ne les
jette pas dans la vase, ce qui serait plus facile. Des
gaffes, je m'en fous, mais si les Chinois ses amis découvrent que je l'ai tué, ils vont se transformer en chas-

seurs d'hommes et avec leur connaissance de la brousse, c'est pas du gâteau de les avoir à ses trousses.

Cuic-Cuic n'a qu'un fusil à un canon qui se charge par en haut. Il ne le quitte jamais, pas même pour faire la soupe. Il dort avec et l'emporte même quand il s'écarte du carbet pour aller aux cabinets. Je dois avoir mon couteau toujours ouvert, mais faut bien que je dorme. Eh bien, je l'ai choisi mon associé pour partir en cavale !

Je n'ai pas mangé de toute la journée. Et je n'ai pas encore pris de détermination quand j'entends chanter. C'est Cuic-Cuic qui revient. Caché derrière des branches, je le vois venir. Il porte un paquet en équilibre sur la tête, et c'est quand il est très près du bord que je me montre. Souriant, il me passe le colis entouré d'un sac de farine, grimpe à côté de moi et vite se dirige vers la maisonnette. Je le suis.

« Bonne nouvelle, Papillon. Le Chocolat est revenu. Il a toujours le bateau. Il dit qu'il peut porter une charge de plus de cinq cents kilos sans s'enfoncer. Ce que tu portes, ce sont des sacs de farine pour faire la voile et un foc. C'est le premier paquet. Demain on apportera les autres car tu viendras avec moi pour voir si le canot te convient. »

Tout cela, Cuic-Cuic me l'explique sans se retourner. Nous marchons en file. D'abord le cochon, puis lui et ensuite moi. Je pense rapidement qu'il n'a pas l'air d'avoir projeté de me foutre dans la charbonnière puisqu'il doit m'emmener demain voir le bateau et qu'il commence à faire des frais pour la cavale : il a même acheté des sacs de farine.

« Tiens, une charbonnière s'est écroulée. C'est la pluie sans doute. Il est tombé un tel paquet de flotte que ça ne m'étonne pas. »

Il ne va même pas voir la charbonnière et entre directement dans le carbet. Je ne sais plus quoi dire, ni quelle détermination prendre. Faire celui qui n'a rien vu, c'est peu acceptable. Il paraîtrait bizarre que dans toute la journée je ne me sois pas approché de la charbonnière qui est à vingt-cinq mètres de la maisonnette.

« Tu as laissé éteindre le feu ?

— Oui, je n'ai pas fait attention.

— Mais tu n'as pas mangé ?

— Non, je n'avais pas faim.

— Tu es malade ?

— Non.

— Alors, pourquoi tu n'as pas bouffé la soupe ?

— Cuic-Cuic, assieds-toi, j'ai à te parler.

— Laisse-moi allumer le feu.

— Non. Je veux te parler tout de suite, pendant qu'il fait encore jour.

— Qu'est-ce qu'il y a ?

— Il y a que la charbonnière, en s'écroulant, a laissé apparaître trois hommes que tu faisais cuire dedans. Donne-moi une explication.

— Ah ! c'est pour ça que je te trouvais bizarre ! » Et sans s'émotionner nullement, il me regarde bien en face : « Après cette découverte tu n'étais pas tranquille. Je te comprends, c'est naturel. J'ai même eu de la chance que tu ne m'aies pas poignardé dans le dos. Ecoute, Papillon, ces trois mecs c'étaient trois chasseurs d'hommes. Or, voici une semaine, dix jours plutôt, j'avais vendu une bonne quantité de charbon à Chocolat. Le Chinois que tu as vu m'avait aidé à sortir les sacs de l'île. C'est une histoire compliquée : avec une corde de plus de deux cents mètres, on tire des chaînes de sacs qui glissent sur la vase. Bref. D'ici à un petit cours d'eau où était la pirogue de Chocolat, on avait laissé pas mal de traces. Des sacs en mauvais état avaient laissé tomber quelques morceaux de charbon. C'est alors qu'a commencé à rôder le premier chasseur d'hommes. Par les cris des bêtes, j'ai su qu'il y avait quelqu'un dans la brousse. J'ai vu le mec sans qu'il m'aperçoive. Traverser du côté opposé où il était et, par un demi-cercle, venir le surprendre par-derrière, n'a pas été difficile. Il est mort sans même voir qui l'a tué. Comme j'avais remarqué

que la vase rend les cadavres qui, après s'être d'abord
enfoncés, remontent à la surface au bout de quelques
jours, je l'ai porté ici et je l'ai mis dans la charbonnière.

— Et les deux autres ?

— C'était trois jours avant ton arrivée. La nuit était
très noire et silencieuse, ce qui est assez rare en brousse.
Ces deux-là étaient autour de l'étang depuis la tombée
de la nuit. L'un d'eux, de temps en temps, quand la
fumée allait vers eux, était pris de quintes de toux.
C'est à cause de ce bruit de toux que j'ai été averti
de leur présence. Avant le lever du jour, je m'aventure
à passer la vase du côté opposé à l'endroit où j'avais
localisé la toux. Pour aller vite, je te dirai que le premier chasseur d'hommes, je l'ai égorgé. Il n'a même
pas pu lancer un cri. Quant à l'autre, armé d'un fusil
de chasse, il a eu le tort de se découvrir, trop occupé
qu'il était à scruter la brousse de l'îlot pour voir ce qui
se passait là-bas. Je l'ai abattu d'un coup de fusil et,
comme il n'était pas mort, je lui ai planté mon couteau
dans le cœur. Voilà, Papillon, qui sont les trois mecs
que tu as découverts dans la charbonnière. C'étaient
deux Arabes et un Français. Passer la vase avec l'un
d'eux sur l'épaule n'a pas été facile. J'ai dû faire deux
voyages car ils pesaient beaucoup. Enfin j'ai pu les
mettre dans la charbonnière.

— C'est bien ainsi que cela s'est passé ?

— Oui, Papillon, je te le jure.

— Pourquoi tu ne les as pas mis dans la vase ?

— Comme je te l'ai dit, la vase rend les cadavres.
Quelquefois il y tombe de grosses biches et une semaine
après elles remontent à la surface. Ça sent le pourri
jusqu'à ce que les charognards les dévorent. C'est long
et leurs cris et leur vol attirent des curieux. Papillon,
avec moi, je te jure, tu ne crains rien. Tiens, pour te
rassurer, prends le fusil si tu veux. »

J'ai une envie folle d'accepter l'arme mais je me
domine et le plus naturellement possible je dis :

« Non, Cuic-Cuic. Si je suis ici, c'est que je me sens avec un ami, en sécurité. Demain il faut que tu rebrûles les chasseurs d'hommes, car va savoir ce qui peut se passer quand on sera partis d'ici. Je n'ai pas envie qu'on m'accuse, même absent, de trois assassinats.

— Oui, je les brûlerai encore demain. Mais sois tranquille, jamais personne ne mettra les pieds sur cette île. C'est impossible de passer sans s'enliser.

— Et avec un radeau en caoutchouc ?

— Je n'y avais pas pensé.

— Si quelqu'un amenait des gendarmes jusqu'ici et qu'ils se mettaient dans la tête de venir jusqu'à l'île, crois-moi qu'avec un radeau ils passeraient, c'est pour cela qu'il faut partir le plus vite possible.

— D'accord. Demain on rallume la charbonnière qui d'ailleurs n'est pas éteinte. Il n'y a qu'à faire deux cheminées d'aération.

— Bonsoir, Cuic-Cuic.

— Bonne nuit, Papillon. Et je te le répète, dors bien, tu peux avoir confiance en moi. »

Recouvert d'une couverture jusqu'au menton, je jouis de la chaleur qu'elle me donne. J'allume une cigarette. Moins de dix minutes après, Cuic-Cuic ronfle. Son cochon à côté de lui respire fortement. Le feu n'a plus de flammes, mais le tronc d'arbre plein de braise, qui rougeoie quand la brise pénètre dans le carbet, donne une impression de paix et de sérénité. Je savoure ce confort et je m'endors avec une arrière-pensée : ou demain je me réveille et alors tout ira toujours bien entre Cuic-Cuic et moi, ou le Chinois est un artiste plus fort que Sacha Guitry pour dissimuler ses intentions et raconter les histoires, et alors je ne verrai plus le soleil, car j'en sais trop sur lui, ça peut le gêner.

Un quart de café à la main, le spécialiste des assassinats en série me réveille et, comme si rien ne s'était passé, me souhaite le bonjour avec un sourire magnifiquement cordial. Le jour est levé.

« Tiens, bois ton café, prends une galette, elle a déjà de la margarine. »

Après avoir mangé et bu, je me lave dehors, prenant de l'eau dans un tonneau qui est toujours plein.

« Tu veux m'aider, Papillon ?

— Oui », lui dis-je sans demander pour quoi.

Nous tirons par les pieds les cadavres à moitié brûlés. Je remarque sans rien dire que les trois ont le ventre ouvert : le sympathique Chintoc a dû chercher dans leurs boyaux s'ils avaient un plan. Etait-ce bien des chasseurs d'hommes ? Pourquoi pas des chasseurs de papillons ou de gibier ? Il les a tués pour se défendre ou pour les voler ? Bref, assez pensé à ça. Ils sont remis dans un trou de la charbonnière, bien couverts de bois et d'argile. Deux cheminées d'aération sont ouvertes et la charbonnière repart dans ses deux fonctions : faire du charbon de bois et transformer en cendres les trois macchabées.

« En route, Papillon. »

Le cochonnet trouve un passage en peu de temps. A la queue leu leu, nous franchissons la vase. J'ai une angoisse insurmontable au moment de me risquer à me lancer dessus. L'enlisement de Sylvain a laissé en moi une impression si forte que je ne peux m'y aventurer sereinement. Enfin, avec des gouttes de sueur froide, je me lance derrière Cuic-Cuic. Chacun de mes pieds va dans l'empreinte des siens. Il n'y a pas de raison : s'il passe, je dois passer.

Plus de deux heures de marche nous amènent à l'endroit où Chocolat coupe du bois. Nous n'avons fait aucune rencontre en brousse et n'avons donc jamais eu à nous cacher.

« Bonjour, Mouché.

— Bonjour, Cuic-Cuic.

— Ça va ?

— Oui, ça va.

— Montre le bateau à mon ami. »

Le bateau est très fort, c'est une espèce de chaloupe de charge. Il est très lourd, mais costaud. Je plante mon couteau partout. Il ne pénètre en aucun endroit de plus d'un demi-centimètre. Le plancher aussi est intact. Le bois avec lequel on l'a fabriqué est de premier choix.

« Combien vous le vendez ?

— Deux mille cinq cents francs.

— Je vous en donne deux mille. »

Marché conclu.

« Ce bateau n'a pas de quille. Je vous paierai cinq cents francs de plus, mais il faut que vous lui posiez une quille, un gouvernail et un mât. La quille, en bois dur, ainsi que le gouvernail. Le mât, trois mètres en bois léger et flexible. Quand sera-t-il terminé ?

— Dans huit jours.

— Voici deux billets de mille et un de cinq cents francs. Je vais les couper en deux, je vous donnerai l'autre moitié à la livraison. Gardez les trois moitiés de billets chez vous. Entendu ?

— D'accord.

— Je veux du permanganate, un tonneau d'eau, des cigarettes et des allumettes, des vivres pour quatre hommes pour un mois : farine, huile, café et sucre. Ces provisions je vous les paierai à part. Vous me livrerez le tout sur le fleuve, le Kourou.

— Mouché, je ne peux pas vous accompagner à l'embouchure.

— Je ne vous l'ai pas demandé. Je vous dis de me livré le canot sur le fleuve et non dans cette crique.

— Voilà les sacs de farine, une corde, des aiguilles et du fil à voile. »

Nous retournons. Cuic-Cuic et moi, à notre cachette. Bien avant la nuit, nous arrivons sans ennuis. Pendant le retour, il a porté le cochon sur ses épaules, car il était fatigué.

Je suis seul aujourd'hui encore, en train de coudre la voile quand j'entends des cris. Caché dans la brousse, je m'approche de la vase et regarde sur l'autre berge : Cuic-Cuic discute et gesticule avec le Chinois intellectuel. Je crois comprendre qu'il veut passer sur l'îlot et que Cuic-Cuic ne veut pas. Chacun d'eux a un coupe-coupe à la main. Le plus exalté, c'est le manchot. Pourvu qu'il ne me tue pas Cuic-Cuic ! Je décide de me faire voir. Je siffle. Ils se tournent vers moi.

« Qu'est-ce qui se passe, Cuic-Cuic ?

— Je veux parler avec toi, Papillon, crie l'autre. Cuic-Cuic ne veut pas me laisser passer. »

Après encore dix minutes de discussion en chinois, le cochon les précède et ils arrivent tous deux sur l'îlot. Assis dans le carbet, un quart de thé chacun dans la main, j'attends qu'ils se décident à parler.

« Voilà, dit Cuic-Cuic. Lui, il veut à tout prix partir en cavale avec nous. Moi, je lui explique que je ne suis pour rien dans cette affaire, que c'est toi qui paie et qui commande tout. Il ne veut pas me croire.

— Papillon, dit l'autre, Cuic-Cuic est obligé de m'emmener avec lui.

— Pourquoi ?

— C'est lui, il y a deux ans, qui m'a coupé le bras dans une bataille pour une question de jeu. Il m'a fait jurer de ne pas le tuer. J'ai juré à une condition : toute sa vie il doit me nourrir, tout au moins tant que je l'exigerai. Or, s'il s'en va, je ne le verrai plus de ma vie. Voilà pourquoi ou il te laisse partir tout seul, ou il m'emmène avec lui.

— Ça, par exemple, j'aurai vraiment tout vu dans ma vie ! Ecoute, moi j'accepte de t'emmener. Le bateau est bon et grand, on pourrait partir plus si on voulait. Si Cuic-Cuic est d'accord, je t'emmène.

— Merci, dit le manchot.

— Que dis-tu, Cuic-Cuic ?

— D'accord, si tu veux.

— Une chose importante. Peux-tu sortir du camp sans être porté disparu et recherché pour cavale et arriver au fleuve avant la nuit ?

— C'est sans inconvénient. Je peux sortir dès trois heures de l'après-midi et en moins de deux heures je suis au bord du fleuve.

— Dans la nuit, trouveras-tu l'endroit, Cuic-Cuic, pour que nous embarquions ton ami sans perdre de temps ?

— Oui, sans aucun doute.

— Viens d'ici une semaine pour savoir le jour du départ. »

Le manchot repart joyeux après m'avoir serré la main. Je les aperçois quand ils se quittent sur l'autre berge. Ils se touchent la main avant de se séparer. Tout va bien. Quand Cuic-Cuic est de nouveau dans le carbet j'enchaîne :

« Tu as fait un drôle de contrat avec ton ennemi : accepter de le nourrir toute ta vie, c'est un truc pas ordinaire. Pourquoi lui as-tu coupé le bras ?

— Une bagarre pour le jeu.

— Tu aurais mieux fait de le tuer.

— Non, parce que c'est un très bon ami. Au conseil de guerre où j'ai comparu pour ça, il m'a défendu à fond, disant que lui m'avait attaqué et que j'avais agi en légitime défense. Le pacte a été accepté librement par moi, je dois le tenir très correctement. La seule chose est que je n'osais pas te le dire parce que tu paies toute la cavale.

— Ça va, Cuic-Cuic, ne parlons plus de ça. A toi, une fois libre, si Dieu veut, de faire ce que bon te semblera.

— Je tiendrai ma parole.

— Que comptes-tu faire si un jour tu es libre ?

— Un restaurant. Je suis très bon cuisinier et lui est un spécialiste de la « Chow Mein », une sorte de spaghetti chinois. »

Cet incident m'a mis de bonne humeur. Cette histoire est si rigolote que je ne puis m'empêcher de taquiner Cuic-Cuic.

Chocolat a tenu parole : cinq jours plus tard tout est prêt. Par une pluie battante, nous sommes allés voir le bateau. Rien à redire. Mât, gouvernail et quille ont été adaptés parfaitement avec un matériel de première qualité. Dans une espèce de coude du fleuve, le bateau nous attend avec son tonneau et les vivres. Reste à aviser le manchot. Chocolat se charge d'aller au camp parler avec lui. Pour éviter le danger de s'approcher de la rive pour le recueillir, il l'emmènera directement lui-même à la planque.

La sortie du fleuve Kourou est marquée par deux phares de position. S'il pleut, on peut sortir sans risque bien au milieu du fleuve, sans lever les voiles, bien entendu, pour ne pas se faire repérer. Chocolat nous a donné de la peinture noire et un pinceau. On va peindre sur la voile un grand K et le N° 21. Ce K 21 est le matricule d'un bateau de pêche qui, quelquefois, sort pêcher la nuit. En cas où on nous verrait déployer la voile à la sortie en mer, on nous prendrait pour l'autre bateau.

C'est pour demain soir à dix-neuf heures, une heure après la tombée de la nuit. Cuic-Cuic affirme me retrouver le chemin et est sûr de me conduire tout droit à la planque. Nous quitterons l'île à cinq heures pour avoir une heure de jour à marcher.

Le retour au carbet se fait joyeusement. Cuic-Cuic, sans se retourner, car je marche derrière lui, porte le cochonnet sur son épaule et il n'arrête pas de parler :

« Enfin, je vais quitter le bagne. C'est grâce à toi et à mon frère Chang que je serai libre. Peut-être qu'un jour, quand les Français seront partis d'Indochine, je pourrai retourner dans mon pays. »

Bref, il a confiance en moi, et de voir que le bateau m'a plu le rend joyeux comme un pinson. Je dors ma dernière nuit sur l'îlot, ma dernière nuit, j'espère, sur la terre de Guyane.

Si je sors du fleuve et que je prends la mer, c'est la liberté, sûr. Le seul danger c'est le naufrage, car depuis la guerre on ne rend plus les évadés d'aucun pays. Pour ça au moins, la guerre nous sert à quelque chose. Si on est marrons, on est condamnés à mort, c'est vrai, mais il faut qu'on soit arrêtés. Je pense à Sylvain : il devrait être là avec moi, près de moi, s'il n'avait pas commis cette imprudence. Je m'endors en rédigeant un télégramme : « Monsieur l'avocat général Pradel — Enfin, définitivement, j'ai vaincu le chemin de la pourriture où vous m'aviez jeté. Il m'a fallu neuf ans. »

Le soleil est assez haut quand Cuic-Cuic me réveille. Thé et galettes. C'est plein de boîtes partout. Je remarque deux cages en osier.

« Que veux-tu faire de ces cages ?

— Je mettrai les poules pour les manger en route.

— Tu es jobard, Cuic-Cuic ! On n'emporte pas les poules.

— Si, je veux les emporter.

— Tu es malade ? Si à cause du perdant on sort vers le matin et que les poules et les coqs crient et chantent sur le fleuve, tu te rends compte du danger ?

— Moi pas jeter les poules.

— Fais-les cuire et mets-les dans de la graisse et de l'huile. Elles se conserveront et les trois premiers jours on les bouffera. »

Enfin convaincu, Cuic-Cuic part à la recherche des poules, mais les cris des quatre premières qu'il a attrapées ont dû faire sentir la fumée aux autres, car il n'a pas pu en choper une de plus, elles se sont toutes planquées dans la brousse. Mystère des bêtes qui ont pressenti, je ne sais comment, le danger.

Chargés comme des mulets, nous traversons la vase derrière le cochon. Il m'a supplié d'emmener le cochon avec nous.

« Ta parole, il va pas crier, cet animal ?

— Je te jure que non. Il se tait quand je le lui ordonne. Même quand on a été deux ou trois fois chassés par un tigre qui tournait pour nous surprendre, il n'a pas crié. Et pourtant il avait ses poils droits sur tout le corps. »

Convaincu de la bonne foi de Cuic-Cuic, j'admets d'emmener son cochon chéri. Quand on arrive à la planque, il fait nuit. Chocolat est là avec le manchot. Deux lampes électriques me permettent de tout vérifier. Il ne manque rien : les anneaux de la voile passés dans le mât, le foc arrangé à sa place, prêt à être hissé. Cuic-Cuic fait deux ou trois fois la manœuvre que je lui indique. Rapidement, il sait ce que j'attends de lui. Je paie le Noir qui a été si correct. Il est si naïf qu'il a apporté du papier collant et les moitiés de billets. Il me demande de les lui coller. Pas un moment il n'a pensé que je pouvais lui reprendre l'argent. Les gens qui n'ont pas de mauvaises pensées envers les autres, c'est qu'eux-mêmes sont bons et droits. Chocolat était un brave et honnête homme. Après avoir vu comment on traite les forçats, il n'avait aucun remords d'en aider trois à s'évader de cet enfer.

« Adieu, Chocolat. Bonne chance pour toi et ta famille.
— Merci beaucoup. »

Onzième cahier

L'ADIEU AU BAGNE

CAVALE DES CHINOIS

J'EMBARQUE le dernier et, poussé par Chocolat, le bateau s'avance vers le fleuve. Pas de pagaies, mais deux bons avirons, l'un manié par Cuic à l'avant, l'autre par moi. En moins de deux heures, on attaque le fleuve.

Il pleut depuis plus d'une heure. Un sac de farine peint me sert de ciré, Cuic en a un aussi et le manchot de même.

Le fleuve est rapide et son eau pleine de tourbillons. Malgré la force du courant, en moins d'une heure on est au milieu du cours d'eau. Aidés par le perdant, trois heures après nous passons entre deux phares. Je sais que la mer est proche car ils sont aux extrêmes pointes de l'embouchure. Voile et foc en l'air, on sort du Kourou sans aucun ennui. Le vent nous attrape de côté avec une force telle que je suis obligé de le faire glisser sur la voile. On entre en mer durement et, comme une flèche, nous passons le goulet, nous éloignant rapidement de la côte. Devant nous, à quarante kilomètres, le phare de Royale nous indique la route.

Il y a treize jours, j'étais derrière ce phare, à l'île du Diable. Cette sortie de nuit en mer, ce détachement rapide de la Grande Terre n'est pas salué par une explosion de joie de mes deux compagnons Chinois. Ces fils du ciel n'ont pas comme nous la même façon d'extérioriser leurs sentiments.

Une fois en mer, Cuic-Cuic a seulement dit d'une voix normale :

« On est sortis très bien. »

Le manchot ajoute : « Oui, nous sommes entrés en mer sans difficulté aucune. »

« J'ai soif, Cuic-Cuic. Passe-moi un peu de tafia. »

Après m'avoir servi, ils boivent aussi un bon coup de rhum.

Je suis parti sans boussole, mais dans ma première cavale, j'ai appris à me diriger d'après le soleil, la lune, les étoiles et le vent. C'est donc sans hésiter que, le mât pointé sur la Polaire, je fonce vers la haute mer. Le bateau se comporte bien : il monte la lame avec souplesse et ne roule presque pas. Le vent étant très fort, au matin nous sommes très loin de la côte et des Iles du Salut. Si ça n'avait pas été trop risqué, je me serais rapproché du Diable pour, en le doublant, le contempler bien à mon aise du large.

Nous avons eu, pendant six jours, un temps houleux mais sans pluie et sans tempête. Le vent très fort nous a poussés assez vite vers l'ouest. Cuic-Cuic et Hue sont d'admirables compagnons. Ils ne se plaignent jamais, ni du gros temps, ni du soleil, ni du froid la nuit. Une seule chose, aucun d'eux ne veut toucher à la barre et prendre quelques heures le bateau en main pour que je puisse dormir. Trois à quatre fois par jour, ils font à bouffer. Toutes les poules et les coqs y ont passé. Hier en plaisantant, j'ai dit à Cuic :

« Quand mangerons-nous le cochon ? »

Il a fait un véritable malheur.

« Cet animal est mon ami et avant qu'on le tue pour le manger, il faudrait me tuer moi-même. »

Mes camarades s'occupent près de moi. Ils ne fument pas pour que je puisse fumer tant que je veux. Constamment il y a du thé chaud. Ils font tout sans avoir rien à leur dire.

Voilà sept jours qu'on est partis. Je n'en peux plus. Le soleil frappe avec une telle ardeur que même mes Chintocs sont cuits comme des écrevisses. Je vais dormir. J'attache la barre et laisse un tout petit peu de voile. Le bateau va comme le vent le pousse. Je dors à poings fermés près de quatre heures.

C'est par une secousse trop dure que je suis réveillé en sursaut. Quand je me passe de l'eau sur le visage, je suis agréablement surpris de constater que pendant mon sommeil Cuic m'a rasé et que je n'ai rien senti. Mon visage est aussi bien huilé par ses soins.

Depuis hier soir, je fais ouest-quart-sud car je crois que je suis monté trop au nord. Ce lourd bateau a l'avantage, en plus de bien tenir la mer, de ne pas dériver facilement. C'est pourquoi je suppose être trop monté, car j'ai compté la dérive et peut-être qu'il n'y en a presque pas eu. Tiens, un ballon dirigeable ! C'est la première fois de ma vie que j'en vois un. Il n'a pas l'air de venir vers nous et il est trop loin pour qu'on se rende bien compte de sa taille.

Le soleil qui se reflète sur son métal d'aluminium lui donne des reflets platinés et tellement brillants qu'on ne peut pas le fixer des yeux. Il a changé de route, on dirait qu'il se dirige vers nous. En effet, il grossit rapidement et en moins de vingt minutes il est sur nous. Cuic et le manchot sont si surpris de voir cet engin qu'ils n'arrêtent pas de jacter en chinois.

« Parlez français, nom de Dieu ! pour que je vous comprenne.

— Saucisse anglaise, dit Cuic.

— Non, c'est pas tout à fait une saucisse, c'est un dirigeable. »

L'engin énorme, on le détaille très bien maintenant qu'il est bas et tourne au-dessus de nous en cercles étroits. Des drapeaux sortent et font des signaux. Comme on n'y comprend rien, on ne peut pas répondre. Le dirigeable insiste en passant encore plus près de nous, au point qu'on distingue des gens dans la carlingue. Puis ils s'en vont droit vers la terre. Moins d'une heure après, arrive un avion qui fait plusieurs passages au-dessus de nous.

La mer a grossi et le vent est devenu plus fort soudain. L'horizon est clair de tous côtés, pas de danger de pluie.

« Regarde, dit le manchot.

— Où ?

— Là-bas, ce point en direction de là où doit être la terre. Ce point noir c'est un bateau.

— Comment le sais-tu ?

— Je le suppose et même je te dirai que c'est un chasseur rapide.

— Pourquoi ?

— Parce qu'il ne fait pas de fumée. »

Effectivement, une bonne heure après on distingue très nettement un bateau de guerre gris qui a l'air de se diriger directement vers nous. Il grossit, donc il avance à une vitesse prodigieuse, sa pointe dirigée sur nous, à tel point que j'ai peur qu'il nous frôle de trop près. Ce serait dangereux car la mer est forte et son sillage contraire à la vague pourrait nous faire couler.

C'est un torpilleur de poche, le *Tarpon*, pouvons-nous lire quand, amorçant un demi-cercle il se montre dans toute sa longueur. Drapeau anglais flottant à la proue, ce chasseur, après avoir fait son demi-cercle, nous vient dessus lentement par l'arrière. Prudemment il se tient à la même hauteur que nous, à la même vitesse que nous. Une grande partie de l'équipage est sur le pont, vêtu du bleu de la marine anglaise. De la passerelle, un porte-voix à la bouche, un officier en blanc crie :

« Stop. You stop !

— Descends les voiles, Cuic ! »

En moins de deux minutes, voile, trinquette et foc sont amenés. Sans voile on est presque arrêtés, seules les vagues nous entraînent en travers. Je ne peux pas rester longtemps ainsi sans danger. Un bateau qui n'a pas d'impulsion propre, moteur ou vent, n'obéit pas au gouvernail. C'est très dangereux quand les vagues sont hautes. Me servant de mes deux mains comme porte-voix, je crie :

« Vous parlez français, captain ? »

Un autre officier prend le porte-voix du premier :

« Oui, captain, je comprends le français.

— Qu'est-ce que vous nous voulez ?

— Monter votre bateau à bord.

— Non, c'est trop dangereux, je ne veux pas que vous me cassiez mon bateau.

— Nous sommes un bateau de guerre qui surveille la mer, vous devez obéir.

— Je m'en fous, car nous, on fait pas la guerre.

— Vous n'êtes pas des naufragés d'un bateau torpillé ?

— Non, nous sommes des évadés du bagne français.

— Quel bagne, qu'est-ce que c'est, qu'est-ce que ça veut dire, bagne ?

— Prison, pénitencier. Convict, en anglais. Hard labour.

— Ah ! Oui, oui, je comprends. Cayenne ?

— Oui, Cayenne.

— Où allez-vous ?

— British Honduras.

— C'est pas possible. Vous devez faire sud-quart-ouest et vous rendre à Georgetown. Obéissez, c'est un ordre.

— O.K. » Je dis à Cuic de monter les voiles et nous partons dans la direction donnée par le torpilleur.

On entend un moteur derrière nous, c'est une chaloupe qui s'est détachée du bateau, elle nous rattrape vite. Un marin, fusil en bandoulière est debout sur la proue. La chaloupe vient sur le côté droit, elle nous rase littéralement sans s'arrêter ni demander qu'on s'arrête. D'un bond, le marin saute sur notre canot. La chaloupe continue et s'en va rejoindre le chasseur.

« Good afternoon (Bon après-midi) », dit le marin.

Il s'avance vers moi, s'assied à mon côté, puis pose la main sur la barre et dirige le bateau plus au sud que je ne le faisais. Je lui abandonne la responsabilité de gouverner, observant sa façon de faire. Il sait très bien manœuvrer, aucun doute là-dessus. Malgré tout, je reste à ma place. On ne sait jamais.

« Cigarettes ? »

Il sort trois paquets de cigarettes anglaises et en donne un à chacun de nous.

« Ma parole, dit Cuic, on lui a remis les paquets de cigarettes juste quand il s'est embarqué, car il ne doit pas se promener avec trois paquets sur lui. »

Je ris de la réflexion de Cuic, puis je m'occupe du marin anglais qui sait mieux que moi manier le bateau. J'ai tout le loisir de penser. Cette fois, la cavale a réussi pour toujours. Je suis un homme libre, libre. Une chaleur me monte à la gorge, je crois même que des larmes perlent à mes yeux. C'est vrai, je suis définitivement libre, puisque depuis la guerre aucun pays ne rend les évadés.

Avant que la guerre soit finie, j'aurai le temps de me faire estimer et connaître dans n'importe quel pays où je me serai fixé. Le seul inconvénient, c'est qu'avec la guerre, peut-être je ne pourrai pas choisir le pays où je voudrai rester. Ça ne fait rien, n'importe où que je vive, j'aurai en peu de temps gagné l'estime et la confiance de la population et des autorités par ma façon de vivre qui doit être et sera irréprochable. Même mieux, exemplaire.

La sensation de sécurité d'avoir enfin vaincu le chemin de la pourriture est telle, que je ne pense pas à autre chose. Enfin tu as gagné, Papillon ! Au bout de neuf ans tu es définitivement vainqueur. Merci, Bon

Dieu, peut-être tu aurais pu le faire avant, mais tes voies sont mystérieuses, je ne me plains pas de toi, car grâce à ton aide je suis jeune encore, sain et libre.

C'est en pensant au chemin parcouru dans ces neuf ans de bagne, plus les deux faits en France avant, total : onze, que je suis le bras du marin qui me dit : « La terre. »

A seize heures, après avoir doublé un phare éteint, on entre dans un énorme fleuve, Demerara River. La chaloupe réapparaît, le marin me redonne la barre et va se poster à l'avant. Il reçoit au vol une grosse corde qu'il attache au banc avant. Lui-même descend les voiles et, doucement tirés par la chaloupe, nous remontons une vingtaine de kilomètres de ce fleuve jaune, suivis à deux cents mètres par le torpilleur. Après un coude, une grande ville surgit : « Georgetown », crie le marin anglais.

C'est effectivement dans la capitale de la Guyane anglaise que nous entrons doucement tirés par la chaloupe. Beaucoup de cargos de charge, de vedettes et de bateaux de guerre. Des canons sur tourelles sont dressés au bord du fleuve. Il y a tout un arsenal, aussi bien sur les unités navales qu'à terre.

C'est la guerre. Voici pourtant plus de deux ans qu'on est en guerre mais je ne l'avais pas sentie. Georgetown, la capitale de la Guyane anglaise, port important sur Demerara River, est sur pied de guerre à cent pour cent. Ça me fait drôle, cette impression d'une ville en armes. A peine on accoste à un appontement militaire, que le torpilleur qui nous suivait approche lentement et accoste. Cuic avec son cochon, Hue un petit baluchon à la main et moi sans rien, nous montons sur le quai. Aucun civil sur cet appontement réservé à la marine. Seulement des marins et des militaires. Un officier arrive, je le reconnais. C'est celui qui m'a parlé en français du torpilleur. Gentiment il me tend la main et me dit :

« Vous êtes en bonne santé ?

— Oui, capitaine.

— Parfait. Toutefois il vous faudra passer à l'infirmerie où l'on vous fera plusieurs injections. Vos deux amis aussi. »

GEORGETOWN

LA VIE A GEORGETOWN

DANS l'après-midi, après avoir reçu différents vaccins, nous sommes transférés à la Station de police de la ville, une espèce de commissariat gigantesque où des centaines de policiers entrent et sortent sans arrêt. Le superintendant de la police de Georgetown, première autorité de la police responsable de la tranquillité de ce port important, nous reçoit immédiatement dans son bureau. Autour de lui, des officiers anglais vêtus de kaki, impeccables avec leur short et leurs bas blancs. Le colonel nous fait signe de nous asseoir devant lui et, en pur français, nous dit :

« D'où veniez-vous lorsqu'on vous a repérés en mer ?

— Du bagne de la Guyane française.

— Veuillez me dire les points exacts d'où vous vous êtes évadés.

— Moi de l'Ile du Diable. Les autres d'un camp semi-politique d'Inini, près de Kourou, Guyane française.

— Quelle est votre condamnation ?

— Perpétuité.
— Motif : meurtre.
— Et les chinois ?
— Meurtre aussi.
— Condamnation ?
— Perpétuité.
— Profession ?
— Electricien.
— Et eux ?
— Cuisiniers.
— Vous êtes pour de Gaulle ou pour Pétain ?
— Nous ne savons rien de cela. Nous sommes des hommes prisonniers qui cherchons à revivre honnêtement en liberté.
— On va vous donner une cellule qui sera ouverte toute la journée et la nuit. Nous vous mettrons en liberté quand nous aurons examiné vos dires. Si vous avez dit la vérité, vous n'avez rien à craindre. Comprenez que nous sommes en guerre et que nous sommes obligés de prendre encore plus de précautions qu'en temps normal. »

Bref, huit jours après nous sommes mis en liberté. Nous avons profité de ces huit jours à la Station de police pour nous munir d'effets décents. C'est correctement habillés que mes deux Chinois et moi nous nous trouvons à neuf heures du matin dans la rue, munis d'une carte d'identité avec nos photographies.

La ville de 250 000 habitants est presque toute en bois, bâtie à l'anglaise : le rez-de-chaussée en ciment, le reste en bois. Les rues et les avenues grouillent de monde de toutes races : Blancs, chocolats, nègres, Hindous, coolies, marins anglais et américains, Nordiques. Nous sommes un peu enivrés de nous trouver dans cette foule bigarrée. Une joie débordante est en nous, si grande dans nos cœurs que cela doit se voir sur nos visages, même sur ceux des Chintocs, car beaucoup de personnes nous regardent et nous sourient gentiment.

— Où allons-nous ? dit Cuic.

— J'ai une adresse approximative. Un policier noir m'a donné l'adresse de deux Français à Penitence Rivers. »

Renseignement pris, c'est un quartier où vivent exclusivement des Hindous. Je vais à un policier vêtu de blanc, impeccable. Je lui montre l'adresse. Avant de répondre, il nous demande nos cartes d'identité. Fièrement je la lui donne. « Très bien, merci. » Alors il se dérange et nous met dans un tramway après avoir parlé au conducteur. On sort du centre de la ville et, vingt minutes après, le conducteur nous fait descendre. Ce doit être là. Dans la rue on interroge. « Frenchmen ? » Un jeune homme nous fait signe de le suivre. Tout droit, il nous conduit à une maisonnette basse. A peine j'approche que trois hommes sortent de la maison avec des gestes accueillants :

« Comment, tu es là, Papi ?

— C'est pas possible ! dit le plus vieux aux cheveux tout blancs. Entre. Ici c'est chez moi. Ils sont avec toi, les Chinois ?

— Oui.

— Entrez, soyez les bienvenus. »

Ce vieux forçat s'appelle Guittou Auguste, dit le Guittou, c'est un pur Marseillais, il est monté dans le même convoi que moi sur le *la Martinière* en 1933, voilà neuf ans. Après une cavale malheureuse, il a été libéré de sa peine principale et c'est comme libéré qu'il s'est évadé voici trois ans, me dit-il. Les deux autres, c'est Petit-Louis, un mec d'Arles, et l'autre un Toulonnais, Julot. Eux aussi sont partis après avoir fini leur peine, mais ils auraient dû rester en Guyane française le même nombre d'années qu'ils avaient été condamnés, dix et quinze ans (cette deuxième peine s'appelle doublage).

La maison a quatre pièces : deux chambres, une salle cuisine-salle à manger et un atelier. Ils font des chaussures en balata, sorte de caoutchouc naturel ramassé en brousse qu'on peut, avec de l'eau chaude, travailler et modeler très bien. Le seul défaut c'est que si c'est trop exposé au soleil, ça fond, car ce caoutchouc n'est pas vulcanisé. On remédie à cela en intercalant des feuilles de toile entre les couches de balata.

Merveilleusement reçus, avec le cœur que tout homme qui a souffert a ennobli, Guittou nous arrange une chambre pour nous trois et nous installe chez lui sans hésiter. Il n'y a qu'un problème, le cochon de Cuic, mais Cuic prétend qu'il ne salira pas la maison, que c'est sûr, il ira faire ses besoins tout seul dehors.

Guittou dit : « Bon, on verra, pour le moment garde-le avec toi .»

C'est avec de vieilles couvertures de soldat que, provisoirement, nous avons préparé trois lits par terre.

Assis devant la porte, tous les six fumant quelques cigarettes, je raconte à Guittou toutes mes aventures de neuf ans. Ses deux amis et lui écoutent de toutes leurs oreilles et vivent intensément mes aventures, car ils les ressentent dans leur propre expérience. Deux ont connu Sylvain et sincèrement se lamentent sur son horrible mort. Devant nous passent et repassent beaucoup de gens de toutes races. De temps en temps entre quelqu'un qui achète des souliers ou un balai, car le Guittou et ses amis font aussi des balais pour gagner leur vie. J'apprends par eux qu'entre bagnards et relégués, il y a une trentaine d'évadés dans Georgetown. Ils se rencontrent la nuit dans un bar du centre où ils boivent ensemble du rhum ou de la bière. Tous travaillent pour subvenir à leurs besoins, me raconte Julot, et la majorité se comporte bien.

Pendant que nous prenons le frais à l'ombre, devant la porte de la maisonnette, il passe un Chinois que Cuic interpelle. Sans rien me dire, Cuic s'en va avec lui ainsi que le manchot. Ils ne doivent pas aller loin, car le cochon suit derrière. Deux heures après, Cuic revient avec un âne tirant une petite charrette. Fier comme Artaban, il arrête le bourricot à qui il parle

en chinois. L'âne a l'air de comprendre cette langue.
Dans la charrette, il y a trois lits en fer démontables,
trois matelas, des oreillers, trois valises. Celle qu'il
me donne est pleine de chemises, de caleçons, de tricots de peau, plus deux paires de souliers, des cra-
vates, etc.

« Où as-tu trouvé ça, Cuic ?

— C'est mes compatriotes qui me les ont donnés.
Demain nous irons les visiter, tu veux bien ?

— C'est entendu. »

Nous nous attendions à ce que Cuic reparte avec
l'âne et la charrette, mais pas du tout. Il dételle l'âne
et l'attache dans la cour.

« Ils m'ont fait cadeau aussi de la charrette et de
l'âne. Avec ça, m'ont-ils dit, je peux gagner ma vie
facilement. Demain matin, un pays à moi viendra pour
m'apprendre.

— Ils vont vite, les Chinois. »

Guittou accepte que la voiture et l'âne soient provisoirement dans la cour. Tout va bien pour notre premier jour libre. Le soir, tous les six autour de la table
de travail, nous mangeons une bonne soupe de légumes,
faite par Julot, et un bon plat de spaghetti.

« Chacun son tour fera la vaisselle et le nettoyage de
la maison », dit le Guittou.

Ce repas en commun est le symbole d'une première
petite communauté pleine de chaleur. Cette sensation
de se savoir aidé pour les premiers pas dans la vie
libre est bien réconfortante. Cuic, le manchot et moi
sommes vraiment et pleinement heureux. Nous avons
un toit, un lit, des amis généreux qui, dans leur pau-
vreté, ont trouvé la noblesse de nous aider. Que demander de mieux ?

« Que voudrais-tu faire cette nuit, Papillon ? me dit
le Guittou. Veux-tu qu'on descende au centre, dans ce
bar où vont tous les évadés ?

— Je préférerais rester ici cette nuit. Descends si tu
veux, ne te dérange pas pour moi.

— Oui, je vais descendre car je dois voir quelqu'un.

— Je resterai avec Cuic et le manchot. »

Petit-Louis et Guittou se sont habillés et cravatés et sont partis au centre. Seul Julot est resté terminer quelques paires de chaussures. Mes camarades et moi nous faisons un tour dans les rues adjacentes pour connaître le quartier. Tout ici est hindou. Très peu de Noirs, presque pas de Blancs, quelques rares restaurants chinois.

Penitence Rivers, c'est le nom du quartier, est un coin des Indes ou de Java. Les jeunes femmes sont admirablement belles et les vieillards portent de longues robes blanches. Beaucoup marchent pieds nus. C'est un quartier pauvre, mais tout le monde est vêtu proprement. Les rues sont mals éclairées, les bars où l'on boit et mange sont pleins de monde, partout il y a de la musique hindoue.

Un Noir cirage vêtu de blanc et cravaté m'arrête :

« Vous êtes français, monsieur ?

— Oui.

— Cela me fait plaisir de rencontrer un compatriote. Voulez-vous accepter un verre ?

— Si vous voulez, mais je suis avec deux amis.

— Ça ne fait rien. Ils parlent français ?

— Oui. »

Nous voilà installés tous les quatre à une table donnant sur le trottoir d'un bar. Ce Martiniquais parle un français plus choisi que le nôtre. Il nous dit de faire attention aux Noirs anglais car, dit-il, ce sont tous des menteurs. « C'est pas comme nous, les Français, nous avons une parole, eux non. »

Je souris en moi-même de voir ce Noir Tombouctou dire« nous les Français » et puis, je suis troublé vraiment. Parfaitement, ce monsieur est un Français, un pur plus que moi, je pense, car il revendique sa nationalité avec chaleur et foi. Lui est capable de se faire tuer pour la France, moi non. Donc il est plus français que moi. Aussi, je suis le courant.

« Cela me fait plaisir de rencontrer un compatriote et de parler ma langue, car je parle très mal l'anglais.

— Moi si, je m'exprime couramment et grammaticalement en anglais. Si je puis vous être utile, je suis à votre disposition. Il y a longtemps que vous êtes à Georgetown ?

— Huit jours, pas plus.

— D'où venez-vous ?

— De la Guyane française.

— Pas possible, vous êtes un évadé ou un gardien du bagne qui veut passer à de Gaulle ?

— Non, je suis un évadé.

— Et vos amis. ?

— Aussi.

— Monsieur Henri, je ne veux pas savoir votre passé, c'est le moment d'aider la France et de vous racheter. Moi, je suis avec de Gaulle et j'attends d'embarquer pour l'Angleterre. Venez me voir demain au Martiner Club, voici l'adresse. Je serai heureux que vous vous joigniez à nous.

— Comment vous appelez-vous ?

— Homère.

— Monsieur Homère, je ne puis me décider tout de suite, je dois d'abord me renseigner sur ma famille et aussi, avant de prendre une décision aussi grave, l'analyser. Froidement, voyez-vous, monsieur Homère, la France m'a fait beaucoup souffrir, elle m'a traité inhumainement. »

Le Martiniquais, avec une flamme et une chaleur admirables, cherche à me convaincre de tout son cœur. C'était vraiment émouvant d'écouter les arguments de cet homme en faveur de notre France meurtrie.

Très tard, nous rentrons à la maison et, couché, je pense à tout ce que m'a dit ce grand Français. Je dois réfléchir sérieusement à sa proposition. Après tout, les poulets, les magistrats, l'Administration pénitentiaire, ce n'est pas la France. Je sens bien en moi que je n'ai pas cessé de l'aimer. Et dire qu'il y a les Boches dans toute la France ! Mon Dieu, que doivent souffrir les miens et quelle honte pour tous les Français !

Quand je me réveille, l'âne, la charrette, le cochon, Cuic et le manchot ont disparu.

« Alors, mec, tu as bien dormi ? me demande le Guittou et ses amis.

— Oui, merci.

— Tiens, tu veux du café noir au lait ou du thé ? Du café et des tranches de pain beurré ?

— Merci. » Je mange tout en les regardant travailler.

Julot prépare la masse de balata au fur et à mesure des besoins, il ajoute des morceaux durs dans l'eau chaude qu'il amalgame à la boule molle.

Petit-Louis prépare les bouts d'étoffe et Guittou fait le soulier.

« Vous en produisez beaucoup ?

— Non. On travaille pour gagner vingt dollars par jour. Avec cinq on paie le loyer et la nourriture. Il reste cinq à chacun pour l'argent de poche, s'habiller et se faire laver.

— Vous vendez tout ?

— Non, quelquefois il faut que l'un de nous aille vendre les souliers et les balais dans les rues de George-town. C'est dur à pied, en plein soleil, la vente.

— S'il le faut, je le ferai volontiers. Je ne veux pas être ici un parasite. Je dois contribuer aussi à gagner la bouffe.

— C'est bien, Papi. »

Toute la journée je me suis promené dans le quartier hindou de Georgetown. Je vois une grande affiche de cinéma et il me prend un désir fou de voir et d'entendre pour la première fois de ma vie un film parlant en couleur. Je demanderai à Guittou de m'emmener ce soir. J'ai marché dans les rues de Penitence Rivers toute la journée. La politesse de ces gens me plaît énormément. Ils ont deux qualités : ils sont propres et très polis. Cette journée passée seul dans les rues de ce quartier de Georgetown est pour moi encore plus grandiose que mon arrivée à Trinidad il y a neuf ans.

A Trinidad, au milieu de toutes ces merveilleuses sensations nées de me mêler à la foule, j'avais une interrogation constante : Un jour, avant deux semaines, maximum trois, je devrais repartir en mer. Quel serait le pays qui voudrait de moi ? Y aurait-il une nation pour me donner asile ? Que serait l'avenir ? Ici, c'est différent. Je suis définitivement libre, je peux même, si je veux, aller en Angleterre et m'engager dans les forces françaises libres. Que dois-je faire ? Si je me décide à aller avec de Gaulle, ne va-t-on pas dire que j'y suis allé parce que je ne savais où me fourrer ? Au milieu de gens sains, ne vont-ils pas me traiter comme un bagnard qui n'a pas trouvé d'autre refuge et qui, pour cela, est avec eux ? On dit que la France est partagée en deux, Pétain et de Gaulle. Comment un maréchal de France ne sait-il pas où est l'honneur et l'intérêt de la France ? Si j'entre un jour dans les forces libres, ne serai-je pas obligé plus tard de tirer sur des Français ?

Ici, ça va être dur, très dur de se faire une situation acceptable. Le Guittou, Julot et Petit-Louis sont loin d'être des imbéciles et ils travaillent pour cinq dollars par jour. D'abord, il me faut apprendre à vivre en liberté. Depuis 1931 — et nous sommes en 1942 — je suis prisonnier. Je ne peux pas, le premier jour de ma liberté, résoudre toutes ces inconnues. Je ne connais même pas les premiers problèmes qui se posent à un homme pour se faire un trou dans la vie. Je n'ai jamais travaillé de mes doigts. Un tout petit peu électricien. N'importe quel manœuvre électricien en sait plus que moi. Je dois me promettre une seule chose à moi-même : vivre proprement, tout au moins le plus dans une morale à moi.

Il est seize heures quand je rentre à la maison.

« Alors Papi, c'est bon de déguster les premières bouffées d'air de la liberté ? Tu t'es bien promené ?

— Oui, Guittou, j'ai tourné et retourné dans toutes ces rues de ce grand faubourg.

— Tu as vu tes Chinois ?

— Non.

— Ils sont dans la cour. Ce sont des débrouillards, tes potes. Ils ont déjà gagné quarante dollars et ils voulaient à tout prix que j'en prenne vingt. J'ai refusé, bien entendu. Va les voir. »

Cuic est en train de couper un chou pour son cochon. Le manchot lave l'âne qui se laisse faire, joyeux.

« Ça va, Papillon ?

— Oui, et vous ?

— Nous bien contents, on a gagné quarante dollars.

— Qu'avez-vous fait ?

— On est partis à trois heures du matin dans la campagne accompagnés d'un pays à nous pour nous faire voir. Il avait apporté deux cents dollars. Avec ça, on a acheté des tomates, des salades, des aubergines, enfin toutes sortes de légumes verts et frais. Quelques poules et des œufs et du lait de chèvre. On est allés au marché près du port de la ville et on a tout vendu à des gens du pays d'abord, un tout petit peu, puis à des marins américains. Ils ont été si contents des prix que demain je ne dois pas entrer dans le marché : ils m'ont dit de les attendre devant la porte du port. Ils m'achèteront tout. Tiens, voilà l'argent. C'est toi toujours, le chef, qui dois garder l'argent.

— Tu sais bien, Cuic, que j'ai de l'argent et que je n'ai pas besoin de celui-là.

— Garde l'argent ou on ne travaille plus.

— Ecoute, les Français vivent à peu près avec cinq dollars. Nous, on va prendre chacun cinq dollars et en donner cinq ici à la maison pour la nourriture. Les autres, on les met de côté pour rendre à tes pays les deux cents dollars qu'ils t'ont prêtés.

— Entendu.

— Je veux venir demain avec vous.

— Non, toi dormir. Si tu veux, tu nous retrouves à sept heures devant la grande porte du port.

— Ça va. »

Tout le monde est heureux. D'abord nous, de savoir que nous pouvons gagner notre vie et ne pas être à charge de nos amis. Ensuite, Guittou et les deux autres qui, malgré leur bon cœur, devaient se demander dans combien de temps nous allions être capables de gagner notre vie.

« Pour fêter ce véritable tour de force de tes amis, Papillon, on va faire deux litres de pastis. »

Julot s'en va et revient avec de l'alcool blanc de canne à sucre et des produits. Une heure après, on boit le pastis comme à Marseille. L'alcool aidant, les voix montent et les rires de joie de vivre sont plus forts que d'habitude. Des voisins hindous qui entendent que chez les Français il y a fête, viennent sans façon, trois hommes et deux jeunes filles, se faire inviter. Ils apportent des brochettes de viande de poulet et de cochon très poivrées et pimentées. Les deux filles sont d'une beauté peu commune. Toutes vêtues de blanc, pieds nus avec des bracelets d'argent à la cheville gauche. Guittou me dit :

« Fais gaffe. Ce sont de vraies jeunes filles. Ne te laisse pas aller à dire une parole trop osée parce qu'elles ont les seins découverts sous leur voile transparent. Pour elles, c'est naturel. Moi non, je suis trop vieux. Mais Julot et Petit-Louis ont essayé au début que nous sommes venus ici et ils ont fracassé. Elles sont restées longtemps sans venir. »

Ces deux Hindoues sont d'une merveilleuse beauté. Un point tatoué au milieu du front leur donne un air étrange. Gentiment, elles nous parlent et le peu d'anglais que je sais me permet de comprendre qu'elles nous souhaitent la bienvenue à Georgetown.

Cette nuit, Guittou et moi sommes allés au centre de la ville. On dirait une autre civilisation, complètement différente de celle où nous vivons. Cette ville grouille de gens. Des Blancs, des Noirs, des Hindous, des Chinois, des soldats et des marins en tenue militaire, et une quantité de marins civils. Un grand nombre de bars, restaurants, cabarets et boîtes illuminent les rues de leurs lumières crues comme en plein jour.

Après la soirée où j'ai assisté pour la première fois de ma vie à la présentation d'un film en couleur et parlant, encore tout étourdi par cette nouvelle expérience, je suis Guittou qui m'entraîne dans un énorme bar. Plus d'une vingtaine de Français occupent un coin de la salle. La boisson : des cubas libres (alcool et Coca-Cola).

Tous ces hommes sont des évadés, des durs. Les uns sont partis après avoir été libérés, ils avaient terminé leur peine et devaient accomplir le « doublage » en liberté. Crevant de faim, sans travail, mal vus par la population officielle et aussi par les civils guyanais, ils ont préféré partir vers un pays où ils croyaient vivre mieux. Mais c'est dur, me racontent-ils.

« Moi, je coupe du bois en brousse pour deux dollars cinquante par jour chez John Fernandes. Je descends tous les mois à Georgetown passer huit jours. Je suis désespéré.

— Et toi ?

— Je fais des collections de papillons. Je vais chasser en brousse et quand j'ai une bonne quantité de papillons divers, je les arrange dans une boîte sous verre et je vends la collection. »

D'autres font les débardeurs sur le port. Tous travaillent, mais gagnent juste de quoi vivre. « C'est dur, mais on est libres, disent-ils. C'est si bon la liberté. »

Ce soir vient nous voir un relégué, Faussard. Il paie à boire à tout le monde. Il était à bord d'un bateau canadien qui, chargé de bauxite, a été torpillé à la sortie du fleuve la Demarara. Il est survivor (survivant) et a reçu de l'argent pour avoir été naufragé. Presque tout l'équipage s'est noyé. Lui a eu la chance de pouvoir

embarquer sur une chaloupe de sauvetage. Il raconte
que le sous-marin allemand est venu à la surface et
leur a parlé. Il leur a demandé combien de bateaux
étaient au port en attente de sortir pleins de bauxite.
Ils ont répondu qu'ils ne savaient pas, l'homme qui les
interrogeait s'est mis à rire : « Hier, dit-il, j'étais à tel
cinéma à Georgetown. Regardez la moitié du ticket d'entrée. » Et ouvrant sa veste, il leur aurait dit : « Ce
costume vient de Georgetown. » Les incrédules crient
au bluff, mais Faussard insiste et c'est sûrement vrai.
Le sous-marin les aurait même avertis que tel bateau
allait venir les recueillir. Effectivement, ils furent
sauvés par le bateau indiqué.

Chacun raconte son histoire. Je suis assis avec Guittou à côté d'un vieux Parisien des Halles : Petit-
Louis de la rue des Lombards, nous dit-il.

« Mon vieux Papillon, moi j'avais trouvé une combine
pour vivre sans rien faire. Quand il paraissait sur le
journal le nom d'un Français dans la rubrique « mort
pour le roi ou la reine », je ne sais pas trop, alors
j'allais chez un marbrier et je me faisais faire la
photo d'une pierre tombale où j'avais peint le nom du
bateau, la date où il avait été torpillé et le nom du
Français. Après je me présentais dans les riches villas
des Anglais et je leur disais qu'il fallait qu'ils contri-
buent à acheter une stèle pour le Français mort pour
l'Angleterre afin qu'il y ait au cimetière un souvenir
de lui. Ça a été jusqu'à la semaine dernière où une
espèce de corniaud de Breton, qui avait été porté mort
dans un torpillage, est apparu bien vivant et bien portant
par-dessus le marché. Il a visité quelques bonnes femmes à qui justement j'avais demandé cinq dollars chacune pour la tombe de ce mort qui gueulait partout
qu'il était bien vivant et que jamais de ma vie j'avais
acheté une tombe au marbrier. Va falloir trouver autre
chose pour vivre, car à mon âge je ne peux plus travailler. »

Les cubas libres aidant, chacun extériorise à haute

voix, persuadés que seuls nous comprenons le français, les histoires les plus inattendues.

« Moi, je fais des poupées en balata, dit un autre, et
des poignées de bicyclettes. Malheureusement quand les
petites filles oublient les poupées au soleil dans leur
jardin, elles fondent ou se déforment. Tu parles d'un
pétard quand j'oublie que j'ai vendu dans telle rue.
Depuis un mois, je ne peux plus passer le jour dans
plus de la moitié de Georgetown. Les bicyclettes, c'est
pareil. Celui qui la laisse au soleil, quand il la reprend
il a les mains collées aux poignées de balata que je lui
ai vendues.

— Moi, dit un autre, je fais des cravaches avec
des têtes de négresse aussi en balata. Aux marins, je
leur dis que je suis un rescapé des Mers el-Kébir et
qu'ils sont obligés d'en acheter, car ce n'est pas leur
faute si je suis encore vivant. Huit sur dix m'en
achètent. »

Cette cour des miracles moderne m'amuse et en
même temps me fait voir qu'effectivement ce n'est
pas facile de gagner son pain.

Un type prend la radio du bar : on entend un appel
de De Gaulle. Tout le monde écoute cette voix française qui de Londres encourage les Français des colo-
nies et d'outre-mer. L'appel de De Gaulle est pathéti-
que, absolument personne n'ouvre la bouche. D'un seul
coup, un des durs qui a trop bu des cubas libres se
lève et dit :

« Ah ! merde, les potes ! Ça c'est pas mal ! D'un seul
coup j'ai appris l'anglais, je comprends tout ce qu'il
dit, Churchill ! »

Tout le monde éclate de rire, personne ne prenant
la peine de le dissuader de son erreur de soulogra-
phe.

Oui, il me faut faire les premiers essais pour gagner
ma vie et comme je le vois par les autres, cela ne va
pas être facile. Je ne suis pas du tout soucieux. De
1930 à 1942, j'ai perdu complètement la responsabilité

et le savoir-faire pour me conduire sans personne. Un être qui a été prisonnier si longtemps sans avoir à s'occuper du manger, d'un appartement, de s'habiller ; un homme qu'on a manié, tourné, retourné, qu'on a habitué à ce qu'il ne fasse rien par lui-même et à exécuter automatiquement les ordres les plus divers sans les analyser ; cet homme qui en quelques semaines se trouve d'un seul coup dans une grande ville, qui doit réapprendre à marcher sur les trottoirs sans bousculer personne, à traverser une rue sans se faire écraser, à trouver naturel qu'à son commandement on lui serve à boire ou à manger, cet homme doit réapprendre à vivre. Par exemple, il y a des réactions inattendues. Au milieu de tous ces durs, libérés, relégués en cavale, mélangeant dans leur français des mots d'anglais ou d'espagnol, j'écoute de toutes mes oreilles leurs histoires, et voilà que d'un seul coup, dans ce coin de bar anglais, j'ai envie d'aller aux cabinets. Eh bien, c'est à peine imaginable, mais un quart de seconde j'ai cherché le surveillant à qui je devais demander l'autorisation. Ce fut très fugitif, mais aussi très drôle quand j'ai réalisé : Papillon, maintenant tu n'as personne à qui demander l'autorisation si tu veux pisser ou faire autre chose.

Au cinéma aussi, au moment où l'ouvreuse nous cherchait une place pour nous asseoir, j'ai eu comme un éclair, l'envie de lui dire : « Je vous en prie, ne vous dérangez pas pour moi, je ne suis qu'un pauvre condamné qui ne mérite aucune attention. » En marchant dans la rue, je me suis retourné plusieurs fois dans le trajet du cinéma au bar. Le Guittou, qui connaît cette tendance, me dit :

« Pourquoi tu te retournes si souvent pour regarder en arrière ? Tu regardes si le gaffe te suit ? Y a pas de gaffes ici, mon vieux Papi. Tu les as laissés aux durs. »

Dans la langue imagée des durs, on dit qu'il faut se dépouiller de la casaque des forçats. C'est plus que cela, car la tenue d'un bagnard n'est qu'un symbole. Il faut non pas se dépouiller de la casaque, il faut s'arracher de l'âme et du cerveau l'empreinte au feu d'un matricule d'infamie.

Une patrouille de policiers noirs anglais, impeccables, vient d'entrer dans le bar. Table par table, ils vont, exigeant les cartes d'identité. Arrivés dans notre coin, le chef regarde attentivement tous les visages. Il en trouve un qu'il ne connaît pas, c'est le mien.

« Votre carte d'identité, je vous prie, monsieur. »

Je la lui donne, il me jette un coup d'œil, me la rend et ajoute :

« Excusez-moi, je ne vous connaissais pas. Soyez le bienvenu à Georgetown. » Et il se retire.

Paul le Savoyard ajoute quand il est parti :

« Ces rosbifs sont merveilleux. Les seuls étrangers à qui ils font confiance cent pour cent sont les durs évadés. Pouvoir prouver aux autorités anglaises que tu es un évadé du bagne, c'est obtenir ta liberté immédiatement. »

Bien que l'on soit rentrés tard à la maisonnette, à sept heures du matin je suis à la porte principale du port. Moins d'une demi-heure après, Cuic et le manchot arrivent avec la charrette pleine de légumes frais, coupés le matin, des œufs et quelques poulets. Ils sont seuls. Je leur demande où est leur pays qui doit leur apprendre comment opérer. Cuic répond :

« Il nous a montré hier, c'est suffisant. Maintenant on n'a plus besoin de personne.

— Tu reviens de loin chercher tout ça ?

— Oui, à plus de deux heures et demie. On est partis à trois heures du matin et on arrive maintenant. »

Comme s'il était ici depuis vingt ans, Cuic trouve du thé chaud puis des galettes. Assis sur le trottoir, près de la charrette, on boit et on mange, attendant les clients.

« Tu crois qu'ils viendront, les Américains d'hier ?

— Je l'espère, mais s'ils ne viennent pas, on vendra à d'autres.

— Et les prix ? Comment tu fais ?

— Moi, je ne leur dis pas : Ça vaut tant. Je leur dis : « Combien tu offres ? »

— Mais tu ne sais pas parler anglais.

— C'est vrai, mais je sais bouger mes doigts et mes mains. Avec ça c'est facile.

— D'abord toi, tu parles suffisamment pour vendre et acheter, me dit Cuic.

— Oui, mais je voudrais d'abord te voir faire seul. »

Ce n'est pas long, car il arrive une espèce de jeep énorme appelée command-car. Le chauffeur, un sous-officier et deux marins en descendent. Le sous-officier monte dans la charrette, il examine tout : salades, aubergines, etc. Chaque paquet est inspecté, il tâte les poulets.

« Combien le tout ? » Et la discussion commence.

Le marin américain parle du nez. Je ne comprends rien de ce qu'il dit, Cuic baragouine en chinois et en français. Voyant qu'ils n'arrivent pas à se comprendre, j'appelle à l'écart Cuic.

« Combien en tout tu as dépensé ? »

Il fouille ses poches et trouve dix-sept dollars.

« Cent quatre-vingt-trois dollars, me dit Cuic.

— Combien il t'offre ?

— Je crois deux cent dix, c'est pas assez. »

J'avance vers l'officier. Il me demande si je parle anglais. Un petit peu.

« Parlez lentement, lui dis-je.

— O.K.

— Combien vous payez ! Non, c'est pas possible deux cent dix dollars. Deux cent quarante. »

Il ne veut pas.

Il fait semblant de partir puis revient, repart, monte dans sa jeep, mais je sens que c'est une comédie. Au moment où il en redescend, arrivent mes deux belles voisines, les Hindoues, demi-voilées. Elles ont certai-

nement observé la scène, car elles font semblant de
ne pas nous connaître. L'une d'elles monte dans la
charrette, examine la marchandise et s'adresse à nous :
« Combien le tout ?

— Deux cent quarante dollars », je lui réponds.

Elle dit : « Ça va. »

Mais l'Américain sort deux cent quarante dollars et
les donne à Cuic en disant aux Hindoues qu'il avait
déjà acheté. Mes voisines ne se retirent pas et regardent les Américains décharger la charrette et charger
ensuite le command-car. Au dernier moment, un marin
prend le cochon pensant qu'il fait partie du marché
conclu. Cuic ne veut pas qu'on emporte le cochon,
bien entendu. Il commence une discussion où nous
n'arrivons pas à expliquer que le cochon n'était pas
inclus dans l'affaire.

J'essaie de faire comprendre aux Hindoues, mais
c'est très difficile. Elles non plus ne comprennent pas.
Les marins américains ne veulent pas lâcher le cochon,
Cuic ne veut pas rendre l'argent, ça va dégénérer en
bagarre. Le manchot a déjà pris un bois de la charrette
quand passe une jeep de police militaire américaine.
Le sous-officier siffle. La Military Police s'approche.
Je dis à Cuic de rendre l'argent, il ne veut rien entendre. Les marins ont le cochon et eux non plus ne veulent
pas le rendre. Cuic est planté devant leur jeep, empê-
chant qu'ils s'en aillent. Un groupe de curieux assez
nombreux s'est formé autour de la scène bruyante.
La police américaine donne raison aux Américains et,
d'ailleurs, eux non plus ne comprennent rien à notre
charabia. Elle croit sincèrement que nous avons voulu
tromper les marins.

Je ne sais plus comment faire quand je me rappelle
que j'ai un numéro de téléphone du Mariner Club avec
le nom du Martiniquais. Je le donne à l'officier de
police en disant : « Interprète. » Il m'emmène à un
téléphone. J'appelle et j'ai la chance de trouver mon
ami gaulliste. Je lui demande d'expliquer au policier

que le cochon n'est pas dans le marché, qu'il est apprivoisé, que c'est comme un chien pour Cuic et que nous avons oublié de dire aux marins qu'il n'entrait pas dans le marché. Après, je passe le téléphone au policier. Trois minutes suffisent pour qu'il ait tout compris. De lui-même il prend le cochon et le remet à Cuic, qui, tout heureux, le reprend dans ses bras et le met vite dans la charrette. L'incident finit bien et les Amerlos rient comme des enfants. Tout le monde s'en va, tout s'est bien terminé.

Le soir, à la maison, nous remercions les Hindoues qui rient bien fort de cette histoire.

Voilà trois mois que nous sommes à Georgetown. Aujourd'hui nous nous installons dans la moitié de la maison de nos amis hindous. Deux chambres claires et spacieuses, une salle à manger, une petite cuisine au charbon de bois et une cour immense avec un coin couvert de tôle pour l'étable. La charrette et l'âne sont à l'abri. Je vais dormir seul dans un grand lit acheté d'occasion avec un bon matelas. Dans la chambre à côté, chacun dans un lit, mes deux amis chinois. Nous avons aussi une table et six chaises, plus quatre tabourets. Dans la cuisine tous les ustensiles nécessaires pour cuisiner. Après avoir remercié Guittou et ses amis de leur hospitalité, nous prenons possession de notre maison, comme dit Cuic.

Devant la fenêtre de la salle à manger qui donne sur la rue, un fauteuil en rotin trône, cadeau des Hindoues ! Sur la table de la salle à manger, dans un pot de verre, quelques fleurs fraîches apportées par Cuic.

Cette impression de mon premier chez-moi, humble mais propre, cette maison claire et nette qui m'entoure, premier résultat de trois mois de travail en équipe, me donne confiance en moi et dans l'avenir.

Demain c'est dimanche, il n'y a pas de marché, donc on est libre toute la journée. Aussi, tous les trois avons décidé d'offrir un repas chez nous à Guittou et à ses amis, ainsi qu'aux Hindoues et à leurs frères. L'invité d'honneur sera le Chinois qui a aidé Cuic et le manchot, celui qui leur a fait cadeau de l'âne et de la charrette et qui nous a prêté les deux cents dollars pour faire démarrer notre premier commerce. Dans son assiette il trouvera une enveloppe avec les deux cents dollars et un mot de remerciement écrit de notre part en chinois.

Après le cochon qu'il adore, c'est moi qui ai toute l'amitié de Cuic. Il a des attentions constantes envers moi : je suis le mieux vêtu des trois et souvent il arrive à la maison avec une chemise, une cravate ou un pantalon pour moi. Tout cela il l'achète sur son pécule. Cuic ne fume pas, ne boit presque pas, son seul vice est le jeu. Il ne rêve qu'une chose : avoir assez d'économies pour se rendre au club des Chinois pour jouer.

Pour vendre nos produits achetés le matin, nous n'avons aucune difficulté sérieuse. Je parle déjà suffisamment l'anglais pour acheter et vendre. Chaque jour nous gagnons de vingt-cinq à trente-cinq dollars entre les trois. C'est peu, mais nous sommes très satisfaits d'avoir trouvé si vite un moyen de gagner notre vie. Je ne vais pas toujours avec eux acheter, quoique j'obtienne de meilleurs prix qu'eux, mais maintenant c'est toujours moi qui vends. Beaucoup de marins américains et anglais qui sont détachés à terre pour acheter pour leur bateau me connaissent. Gentiment nous discutons la vente sans y apporter trop de chaleur. Il y a un grand diable de cantinier d'un messe d'officiers américain, un Italo-Américain qui me parle toujours en italien. Il est heureux comme tout que je lui réponde dans sa langue et ne discute que pour s'amuser. A la fin, il achète au prix que j'ai demandé au début de la conversation.

Dès huit heures et demie à neuf heures du matin, on est à la maison. Le manchot et Cuic se couchent après que tous les trois avons mangé un léger repas.

Moi, je vais voir le Guittou ou mes voisines viennent chez moi. Pas de gros ménage à faire : balayer, laver le linge, faire les lits, tenir propre la maison, les deux sœurs nous font très bien tout cela, à peu près pour rien, deux dollars par jour. J'apprécie pleinement ce que c'est qu'être libre sans angoisse pour l'avenir.

MA FAMILLE HINDOUE

Le moyen de locomotion le plus employé dans cette ville est la bicyclette. Je me suis donc acheté une bicyclette pour aller n'importe où sans problème. Comme la ville est plate ainsi que les environs, on peut sans effort faire de longues distances. Sur la bicyclette, il y a deux porte-bagages très forts, un devant et l'autre derrière. Je peux donc, comme beaucoup de natifs, porter facilement deux personnes.

Pour le moins deux fois par semaine, nous faisons une promenade d'une heure ou deux avec mes amies hindoues. Elles sont folles de joie et je commence à comprendre que l'une d'elles, la plus jeune, est en train de tomber amoureuse de moi.

Son père, que je n'avais jamais vu, est venu hier. Il habite pas trop loin de chez moi, mais jamais il n'était venu nous voir et je ne connaissais que leurs frères. C'est un grand vieillard avec une barbe très longue qui est blanche comme la neige. Ses cheveux aussi sont platinés et découvrent un front intelligent et noble. Il ne parle qu'hindou, sa fille traduit. Il m'invite à venir le voir chez lui. Ce n'est pas loin à bicyclette, me fait-il dire par la petite princesse, comme j'appelle sa fille. Je lui promets de lui rendre visite avant longtemps.

Après avoir mangé quelques gâteaux en buvant le thé, il s'en va non sans que j'aie noté qu'il avait examiné les moindres détails de la maison. La petite princesse est toute heureuse de voir son père partir satisfait de sa visite et de nous.

J'ai trente-six ans et je suis en très bonne santé, je me sens jeune encore et tout le monde, heureusement, me considère comme jeune : je ne fais pas plus de trente ans, me disent tous mes amis. Or, cette petite a dix-neuf ans et la beauté de sa race, calme et pleine de fatalisme dans sa façon de penser. Ce serait pour moi un cadeau du ciel d'aimer et d'être aimé de cette fille splendide.

Quand tous les trois nous sortons, elle monte toujours sur le porte-bagages de devant et elle sait très bien que quand elle se tient bien assise le buste droit et que pour forcer sur les pédales je penche un peu la tête, je suis très près de son visage. Si elle rejette sa tête en arrière, je vois toute la beauté de ses seins nus sous le voile, mieux que s'ils n'étaient pas couverts de gaze. Ses grands yeux noirs brûlent de tous leurs feux lors de ces presque attouchements, et sa bouche rouge sombre sur sa peau de thé s'entrouvre avec l'envie de se faire embrasser. Des dents admirables et d'une éclatante beauté parent cette bouche merveilleuse. Elle a une façon de prononcer certains mots, de faire apparaître un tout petit bout de sa langue rose dans sa bouche à demi ouverte, qui rendrait paillards les saints les plus saints que nous a donnés la religion catholique.

Nous devons aller au cinéma ce soir tous les deux seuls, sa sœur ayant, paraît-il, une migraine, migraine que je crois simulée pour nous laisser tous les deux. Elle arrive avec une robe de mousseline blanche qui descend jusqu'aux chevilles qui, lorsqu'elle marche, apparaissent nues, entourées de trois anneaux d'argent. Elle est chaussée de sandales dont les brides dorées passent dans le gros orteil. Ça lui fait un pied très élégant. Dans la narine droite, elle a incrusté une toute petite coquille d'or. Son voile de mousseline sur la tête est court et lui tombe légèrement plus bas que les épaules. Un ruban doré le maintient serré autour de la tête. Du ruban jusqu'au milieu du front pendent trois fils garnis de pierres de toutes couleurs. Belle fantaisie, bien entendu, qui lorsqu'elle se balance laisse voir le tatouage trop bleu de son front.

Toute la maisonnée hindoue et la mienne, représentée par Cuic et le manchot, nous regarde partir tous les deux avec des visages heureux de nous voir extérioriser notre bonheur. Tous ont l'air de savoir que nous retournerons du cinéma fiancés.

Bien assise sur le coussin du porte-bagages de ma bicyclette, nous roulons tous les deux vers le centre. C'est dans un long roue-libre, dans une partie d'une avenue mal éclairée, que cette fille splendide, d'elle-même, m'effleure la bouche d'un furtif et léger baiser. C'était si inattendu qu'elle ait pris l'initiative, que d'un rien je tombais de la bicyclette.

Les mains dans les mains, assis au fond de la salle, je lui parle avec mes doigts et elle me répond. Notre premier duo d'amour dans cette salle de cinéma où passait un film que nous n'avons pas regardé, a été complètement muet. Ses doigts, ses ongles longs si bien soignés et vernis, les pressions des creux de sa main, chantent et me communiquent beaucoup mieux que si elle parlait, tout l'amour qu'elle a pour moi et le désir d'être mienne. Elle a penché sa tête sur mon épaule, ce qui me permet de lui donner des baisers sur son visage si pur.

Cet amour si timide, si long à s'épanouir, se transforma vite en passion totale. Je lui ai expliqué, avant qu'elle soit mienne, que je ne pouvais pas l'épouser, ayant été marié en France. A peine si cela l'a contrariée un jour. Une nuit, elle est restée chez moi. Pour ses frères, me dit-elle, et certains voisins et voisines hindous, elle préférerait que j'aille vivre avec elle chez son père. J'ai accepté et me suis installé dans la maison de son père qui vit seul avec une jeune Hindoue, lointaine parente, qui le sert et lui fait tout le ménage. Ce n'est pas très loin de la maison où habite Cuic, cinq cents mètres environ. Aussi mes deux amis viennent chaque jour me voir le

soir et passent une bonne heure avec nous. Bien souvent ils mangent à la maison.

Nous continuons toujours notre vente de légumes au
port. Je pars à six heures et demie et presque toujours
mon Hindoue m'accompagne. Un gros thermos plein de
thé, un pot de confiture et du pain grillé dans un grand
sac de cuir attendent Cuic et le manchot pour que nous
buvions ensemble le thé. Elle prépare elle-même ce
petit déjeuner et tient absolument à ce rite : prendre
tous les quatre le premier repas du jour. Dans son sac,
il y a tout ce qu'il faut : une toute petite natte bordée
de dentelle que, très cérémonieusement, elle pose sur le
trottoir qu'elle a balayé avec une brosse, les quatre tas-
ses en porcelaine avec leurs soucoupes. Et assis sur le
trottoir, très sérieusement, nous déjeunons.

C'est marrant d'être sur un trottoir à boire le thé
comme si on était dans une salle, mais elle trouve cela
naturel et Cuic aussi. Ils ne font d'ailleurs aucun cas
des gens qui passent, et trouvent normal d'agir ainsi. Je
ne veux pas la contrarier. Elle est si contente de nous
servir et d'étendre la marmelade sur les toasts, que si
je ne voulais pas, je lui ferais de la peine.

Samedi dernier, il s'est passé une chose qui m'a donné
la clef d'un mystère. En effet, voici deux mois que nous
sommes ensemble et très souvent elle me remet de
petites quantités d'or. Ce sont toujours des morceaux de
bijoux cassés : la moitié d'un anneau d'or, une seule
boucle d'oreille, un bout de chaîne, un quart ou la
moitié d'une médaille ou d'une pièce. Comme je n'en ai
pas besoin pour vivre, bien qu'elle me dise de les vendre,
je les garde dans une boîte. J'en ai près de quatre cents
grammes. Quand je lui demande d'où cela vient, elle
m'entraîne, m'embrasse, rit, mais ne me donne aucune
explication.

Or, samedi, vers les dix heures du matin, mon Hindoue
me demande de porter son père, je ne sais plus où, avec
ma bicyclette : « Mon papa, me dit-elle, t'indiquera le
chemin. Moi je reste à la maison pour repasser. » Intri-

gué, je pense que le vieux veut faire une visite assez loin et de bonne grâce j'accepte de l'y conduire.

Assis sur le porte-bagages avant, sans parler, car il ne parle qu'hindou, je prends les directions qu'il m'indique avec le bras. C'est loin, voici près d'une heure que je pédale. On arrive dans un quartier riche au bord de la mer. Rien que de belles villas. Sur un signe du « beau-père », j'arrête et j'observe. Il sort une pierre ronde et blanche de dessous sa tunique et s'agenouille sur la première marche d'une maison. Tout en roulant la pierre sur la marche, il chante. Quelques minutes passent, une femme habillée en Hindoue sort de la villa, s'approche de lui et lui remet quelque chose sans dire un mot.

De maison en maison, il répète la scène jusqu'à seize heures. C'est long cette histoire, et je n'arrive pas à comprendre. A la dernière villa, c'est un homme vêtu de blanc qui vient à lui. Il le fait se lever et, un bras passé sous le sien, le conduit jusqu'à sa maison. Il reste plus d'un quart d'heure et ressort toujours accompagné du monsieur qui, avant de le quitter, lui baise le front ou plutôt ses cheveux blancs. Nous repartons à la maison, je pédale tant que je peux pour arriver vite, car il est plus de quatre heures et demie.

Avant la nuit, heureusement, nous sommes chez nous. Ma jolie Hindoue, Indara, emmène d'abord son père et puis me saute au cou et me couvre de baisers en m'entraînant vers la douche pour que je me baigne. Du linge propre et frais m'attend et, lavé, rasé et changé, je m'assieds à table. Elle me sert elle-même, comme d'habitude. Je désire l'interroger, mais elle tourne et retourne, faisant celle qui est occupée, pour éluder le plus longtemps possible le moment des questions. Je brûle de savoir. Seulement, je sais qu'il ne faut jamais forcer un Hindou ou un Chinois à dire quelque chose. Il y a toujours un temps à respecter avant d'interroger. Alors, ils parlent tout seuls car ils devinent, ils savent que vous attendez d'eux une confidence et s'ils vous en savent digne, ils la font. C'est d'ailleurs ce qui s'est passé avec Indara.

Après que, couchés, nous avons fait longuement l'amour, quand, repue, elle a posé au creux de mon aisselle nue sa joue encore brûlante, elle me parle sans me regarder :

« Tu sais, chéri, mon papa quand il va chercher de l'or il ne fait pas de mal, au contraire. Il appelle les esprits pour qu'ils protègent la maison où il roule sa pierre. Pour le remercier on lui donne un morceau d'or. C'est une très vieille coutume de notre pays de Java. »

C'est ce que ma princesse me raconte. Mais un jour, une de ses amies converse avec moi au marché. Ce matin-là, ni elle ni les Chinois n'étaient encore arrivés. Donc, la jolie fille, de Java elle aussi, me raconte autre chose :

« Pourquoi tu travailles du moment que tu vis avec la fille du sorcier ? Elle n'a pas honte de te faire lever de si bonne heure même quand il pleut ? Avec l'or que gagne son père, tu pourrais vivre sans travailler. Elle ne sait pas t'aimer car elle ne devrait pas te laisser te lever si tôt.

— Et que fait son père ? Explique-moi, car je ne sais rien.

— Son père est un sorcier de Java. S'il veut, il appelle la mort sur toi ou ta famille. La seule façon d'échapper au sortilège qu'il te fait avec sa pierre magique, c'est de lui donner assez d'or pour qu'il la fasse rouler dans le sens contraire de celui appelant la mort. Alors il défait tous les maléfices et appelle au contraire la santé et la vie pour toi et tous les tiens qui vivent dans la maison.

— Ce n'est pas tout à fait pareil à ce que m'a raconté Indara. »

Je me promets de faire un recoupement pour voir qui a raison des deux. Quelques jours après, j'étais avec mon « beau-père » à la longue barbe blanche au bord d'un ruisseau qui traverse Penitence Rivers et tombe dans la Demerara. La mine des pêcheurs hindous m'éclaira amplement. Chacun lui offrait un poisson et s'écartait le plus vite possible de la berge. J'ai compris. Plus besoin de demander autre chose à personne.

Pour moi, mon beau-père sorcier ne me gêne en rien. Il ne me parle qu'hindou et suppose que je comprends un peu. Je n'arrive jamais à saisir ce qu'il veut dire. Ça a son bon côté : on ne peut pas ne pas être d'accord. Il m'a trouvé du travail, malgré tout : je tatoue le front des toutes jeunes filles de treize à quinze ans. Quelquefois il me découvre leurs seins et je les tatoue de feuilles ou de pétales de fleurs en couleur, vert, rose et bleu, laissant la pointe surgir comme le pistil d'une fleur. Les courageuses, car c'est très douloureux, se font tatouer en jaune canari le cercle noir avant le bout du sein et même quelques-unes, mais rarement, la pointe du sein en jaune.

Devant la maison, il a mis une pancarte écrite en hindou où est annoncé, paraît-il : « Artiste tatoueur — Prix modéré — Travail garanti. » Ce travail est bien payé et j'ai donc deux satisfactions : admirer les beaux seins des Javanaises et gagner de l'argent.

Cuic a trouvé près du port un restaurant à vendre. Il m'apporte tout fier la nouvelle et m'offre que nous l'achetions. Le prix est correct, huit cents dollars. En vendant l'or du sorcier plus nos économies, on peut acheter le restaurant. Je vais le voir. Il est dans une petite rue, mais très près du port. Ça grouille de monde à toute heure. Une assez grande salle carrelée en blanc et noir, huit tables à gauche, huit à droite, au milieu une table ronde où l'on peut exposer les hors-d'œuvre et les fruits. La cuisine est grande, spacieuse, bien éclairée. Deux grands fours et deux cuisinières immenses.

RESTAURANT ET PAPILLONS

On a fait l'affaire. Indara a vendu elle-même tout l'or qu'on possédait. Le papa était d'ailleurs surpris que je n'aie jamais touché aux morceaux d'or qu'il donnait à sa fille pour nous deux. Il a dit :

« Je vous les ai donnés afin que vous en profitiez. Ils sont à vous deux, vous n'avez pas à me demander si vous pouvez en disposer. Faites ce que vous voudrez. »

Il n'est pas si mal que cela mon « beau-père sorcier ». Elle, c'est une classe à part, comme maîtresse, comme femme et comme amie. On ne risque pas de se disputer, car elle répond toujours oui à tout ce que je dis. Elle tique seulement un peu quand je tatoue les nichons de ses compatriotes.

Donc, me voilà patron du restaurant Victory, à Water Street, en plein milieu du port de la ville de Georgetown. Cuic doit faire la cuisine, ça lui plaît, c'est son métier. Le manchot fera le marché et la « Chow Mein », sorte de spaghetti chinois. On les fait de la façon suivante : de la fleur de farine est mélangée et massée avec des quantités de jaunes d'œufs. Sans eau, cette masse est travaillée durement et longuement. Cette pâte est très dure à pétrir, au point qu'il la malaxe en sautant dessus, sa cuisse sur un bâton bien poli fixé au centre de la table. Une cuisse à cheval sur le bâton, le tenant par son unique main, il tourne en sautant sur un pied autour de la table, malaxant ainsi la pâte qui, travaillée avec cette force, devient vite une pâte légère et délicieuse. A la fin, un peu de beurre achève de lui donner un goût exquis.

Ce restaurant, qui avait fait faillite, rapidement a une grande renommée. Aidée d'une jeune et très jolie Hindoue, du nom de Daya, Indara sert les nombreux clients qui accourent chez nous déguster la cuisine chinoise. Tous les durs en cavale viennent. Ceux qui ont de l'argent paient, les autres mangent gratuitement. « Ça porte bonheur de donner à manger à ceux qui ont faim », dit Cuic.

Un seul inconvénient : l'attraction des deux serveuses dont Indara. Elles exibent toutes les deux leurs nichons nus sous le léger voile de leur robe. En plus, elles les ont fendues sur le côté de la cheville jusqu'à la hanche. A certains mouvements, elles se découvrent toute la jambe et la cuisse, très haut. Les marins américains, anglais, suédois, canadiens et norvégiens mangent quelquefois deux fois par jour pour jouir du spectacle. Mes amis appellent mon restaurant, le restaurant des voyeurs. Moi, je représente le patron. Pour tout le monde je suis le « boss ». Il n'y a pas de caisse enregistreuse, les serveurs m'apportent l'argent que je mets dans ma poche et je rends la monnaie quand c'est nécessaire.

Le restaurant ouvre à huit heures du soir jusqu'à cinq ou six heures du matin. C'est pas la peine de vous dire que sur les trois heures du matin, toutes les putes du quartier qui ont fait une bonne nuit viennent bouffer avec leur Julot ou un client un poulet au curry ou une salade de germes de haricot. On prend aussi de la bière, surtout anglaise, et du whisky, un rhum de canne à sucre du pays, très bon, avec du soda ou du Coca-Cola. Comme c'est devenu le point de rendez-vous des Français en cavale, je suis le refuge, le conseiller, le juge et le confident de toute la colonie des durs et des relégués.

Ça m'attire d'ailleurs des ennuis quelquefois. Un collectionneur de papillons m'explique sa manière de chasser en brousse. Il découpe un carton en forme de papillon puis colle dessus les ailes du papillon qu'il veut chasser. Ce carton est fixé au bout d'un bâton d'un mètre. Quand il chasse, il tient le bâton dans sa main droite et fait des mouvements de façon que le faux papillon ait l'air de voler. Il se met toujours en brousse dans des clairières où le soleil pénètre. Il sait les heures d'éclosion pour chaque espèce. Il y a des espèces qui ne vivent que quarante-huit heures. Alors, lorsque le soleil baigne cette éclaircie, les papillons qui viennent d'éclore se précipitent dans cette lumière, cherchant à faire le plus vite possible l'amour. Quand ils aperçoivent l'amorce, ils viennent de très loin se précipiter dessus. Si le faux papillon est un mâle, c'est un mâle qui vient pour se battre. Avec la main gauche qui tient le petit filet, rapidement il l'attrape.

La bourse a un étranglement, ce qui fait que le chasseur peut continuer à coiffer des papillons sans avoir à craindre que les autres s'échappent.

Si l'amorce est faite avec les ailes d'une femelle, les mâles viennent pour la baiser et le résultat est le même.

Les plus beaux papillons sont ceux de nuit, mais comme ils choquent souvent contre des obstacles, c'est très difficile d'en rencontrer un dont les ailes soient intactes. Presque tous ont les ailes déchiquetées. Pour ces papillons nocturnes, il monte tout en haut d'un grand arbre et fait un cadre avec un drap blanc qu'il éclaire par-derrière avec une lampe à carbure. Les grands papillons de nuit, de quinze à vingt centimètres d'un bout de l'aile à l'autre, viennent se coller contre le drap blanc. Il ne reste qu'à les asphyxier en leur comprimant très vite et très fort le thorax sans l'écraser. Il ne faut pas qu'ils se débattent, sans quoi ils abîment leurs ailes et ont moins de valeur.

J'ai toujours dans une vitrine des petites collections de papillons, de mouches, de petits serpents et de vampires. Il y a plus d'acheteurs que de marchandises. Aussi les prix sont hauts.

Un Américain m'a désigné un papillon aux ailes de derrière bleu acier et les supérieures bleu clair. Il m'a offert cinq cents dollars si je trouvais un papillon de cette espèce qui soit hermaphrodite.

Parlant avec le chasseur, il me dit qu'une fois il en a eu un dans les mains, très joli, qu'on l'a payé cinquante dollars et qu'il a su après, par un collectionneur sérieux, que ce spécimen valait près de deux mille dollars.

« Il veut te faire marron l'Amerlo, Papillon, me dit le chasseur. Il te prend pour un con. Même si la pièce rare valait mille cinq cents dollars, il profiterait encore drôlement de ton ignorance.

— Tu as raison, c'est un salaud. Et si on le faisait marron ?

— Comment ?

— Il faudrait fixer sur un papillon femelle, par exemple, deux ailes d'un mâle ou vice versa. Le difficile est de trouver comment les fixer sans que ça se voie. »

Après bien des essais malheureux, on est arrivés à coller parfaitement, sans que cela se dénote, deux ailes d'un mâle sur un magnifique exemplaire femelle : nous avons introduit les pointes dans une minuscule incision puis les avons collées au lait de balata. Cela tient bien, au point qu'on peut le soulever par les ailes collées. On met le papillon sous verre avec d'autres dans une collection quelconque à vingt dollars, comme si je ne l'avais pas vu. Ça n'a pas raté. A peine l'Américain le remarque qu'il a le toupet de venir avec un billet de vingt dollars à la main pour m'acheter la collection. Je lui dis qu'elle est promise, qu'un Suédois m'a demandé une boîte et que c'est pour lui.

En deux jours, l'Américain a pris au moins dix fois dans ses mains la boîte. Enfin, n'y tenant plus il m'appelle.

« J'achète le papillon du milieu vingt dollars et tu gardes le reste.

— Et qu'est-ce qu'il a d'extraordinaire, ce papillon ? » Et je me mets à l'examiner. Puis je m'écrie : « Dis donc, mais c'est un hermaphrodite !

— Que dites-vous ? Oui, c'est vrai. Avant je n'étais pas très sûr, dit l'Amerlo. A travers la vitre on ne voyait pas très bien. Permettez ? » Il examine le papillon sous toutes les coutures et dit : « Combien en voulez-vous ?

— Un jour ne m'aviez-vous pas dit qu'un pareil spécimen aussi rare valait cinq cents dollars ?

— Je l'ai répété à plusieurs chasseurs de papillons, je ne veux pas profiter de l'ignorance de celui qui a attrapé celui-ci.

— C'est donc cinq cents dollars ou rien.

— Je l'achète, gardez-le-moi. Tenez, voici soixante dollars que j'ai sur moi en signe que la vente est faite. Donnez-moi un reçu, demain j'apporterai le reste. Et surtout enlevez-le de cette boîte.

— Très bien, je vais le garder ailleurs. Voici notre reçu. »

Juste à l'heure de l'ouverture, le descendant de Lincoln est là. Il examine encore le papillon, cette fois avec une petite loupe. J'ai un trac terrible quand il le retourne à l'envers. Satisfait, il me paie, place le papillon dans une boîte qu'il a apportée, me demande un autre reçu et s'en va.

Deux mois après je suis emballé par les poulets. Arrivé au commissariat, le superintendant de police m'explique en français que je suis arrêté pour être accusé par un Américain d'escroquerie :

« C'est au sujet d'un papillon à qui vous avez collé des ailes, me dit le commissaire. Grâce à cette supercherie vous l'auriez vendu cinq cents dollars. »

Deux heures après, Cuic et Indara sont là avec un avocat. Il parle très bien français. Je lui explique que moi je ne sais rien des papillons, que je ne suis ni chasseur ni collectionneur. Je vends les boîtes pour rendre service aux chasseurs qui sont mes clients, que c'est l'Amerlo qui a offert cinq cents dollars, pas moi qui les lui ai demandés, et que d'ailleurs s'il avait été authentique comme il le croyait, le voleur aurait été lui puisque alors il aurait eu une valeur de deux mille dollars environ.

Deux jours après, je passe au tribunal. L'avocat me sert aussi d'interprète. Je répète ma thèse. En sa faveur, mon avocat a un catalogue des prix des papillons. Un spécimen pareil est coté dans le livre, au-dessus de mille cinq cents dollars. L'Américain en est pour les frais du tribunal. Il devra, par surcroît, payer les honoraires de mon avocat plus deux cents dollars.

Tous les durs et les Hindous réunis, on fête ma libération avec un pastis maison. Toute la famille d'Indara était venue au tribunal, tous très fiers d'avoir dans la famille — après un acquittement — un superhomme. Car eux n'étaient pas dupes, ils se doutaient bien que c'était moi qui avais collé les ailes.

Ça y est, on a été obligés de vendre le restaurant, ça

devait arriver. Indara et Daya étaient trop belles et leur sorte de strip-tease, toujours à peine ébauché sans jamais aller plus loin, affolait encore plus ces marins pleins de sang que si cela avait été un déshabillé intégral. Ayant remarqué que plus elles mettaient leurs nichons nus à peine voilés sous le nez des matelots plus elles touchaient de pourboire, bien penchées sur la table elles n'arrivaient jamais à trouver le compte ou la monnaie juste. Après ce temps d'exposition bien calculé, le marin les yeux hors de la tête pour mieux voir, elles se redressaient et disaient : « Et mon pourboire ? — Ah ! » Ils étaient généreux les pauvres mecs, et ces amoureux allumés sans jamais être éteints ne savaient plus bien où donner de la tête.

Un jour, il est arrivé ce que je prévoyais. Un grand diable de rouquin plein de taches de rousseur ne s'est pas contenté de voir toute la cuisse découverte : à l'apparition fugitive du slip, il a envoyé la main et de ses doigts de brute tenait ma Javanaise coincée comme un étau. Comme elle avait un pot de verre plein d'eau à la main, le lui casser sur la tête n'a pas été long. Sous le coup, l'autre arrache le slip et s'écroule. Je me précipite pour le ramasser, quand des amis à lui croient que je vais le frapper et, avant que j'aie dit ouf, je reçois un coup de poing magistral en plein œil. Peut-être ce marin boxeur a-t-il voulu vraiment défendre son pote, ou balancer un horion au mari de la belle Hindoue responsable de ce qu'on ne peut pas arriver à elle ? Va savoir ! En tout cas, mon œil a reçu ce direct de face. Il avait compté trop vite sur sa victoire, car il se met en garde de boxe devant moi et me crie : « Boxe, boxe, man ! » D'un coup de pied dans les parties suivi d'un coup de tête maison Papillon, le boxeur s'étale de tout son long.

La bagarre devient générale. Le manchot est sorti à mon secours de la cuisine et distribue des coups de bâton avec lequel il fait ses spaghetti spéciaux. Cuic arrive avec une longue fourchette à deux dents et pique dans le tas. Un voyou parisien en retraite des bals musettes de la rue de Lappe se sert d'une chaise comme massue. Se trouvant sans doute handicapée par la perte de son slip, Indara s'est retirée de la bagarre.

Conclusion : cinq Amerlos sont sérieusement blessés à la tête, d'autres portent deux trous de la fourchette de Cuic sur diverses parties du corps. Il y a du sang partout. Un policier noir Brazzaville s'est mis à la porte pour que personne ne sorte. Heureusement, car il arrive une jeep de la Military Police. Guêtres blanches et bâton levé, ils veulent entrer par force et, voyant tous leurs marins pleins de sang, ils ont sûrement l'intention de les venger. Le policier noir les repousse puis met son bras avec son bâton en travers la porte et dit : « Majesty Police (Police de Sa Majesté). »

C'est seulement quand arrivent les policiers anglais qu'on nous fait sortir et monter dans le panier à salade. Nous sommes conduits au commissariat. A part moi qui ai l'œil poché, aucun de nous n'est blessé, ce qui fait qu'on ne veut pas croire à notre légitime défense.

Huit jours après, au tribunal, le président accepte notre thèse et nous met en liberté, sauf Cuic qui prend trois mois pour coups et blessures. Il était difficile de trouver une explication aux multiples deux trous distribués à profusion par Cuic.

Comme, par la suite, en moins de quinze jours il y a eu six bagarres, on sent qu'on ne peut plus tenir. Les marins ont décidé de ne pas considérer cette histoire comme terminée et, comme ceux qui viennent ont toujours des gueules nouvelles, comment savoir si ce sont ou non des amis de nos ennemis ?

Donc, on a vendu le restaurant, même pas au prix qu'on l'avait payé. C'est vrai qu'avec la renommée qu'il avait prise, les acheteurs ne faisaient pas la queue.

« Que va-t-on faire, manchot ?

— En attendant que Cuic sorte, on va se reposer. On ne peut pas reprendre la charrette et l'âne, car on les a vendus avec la clientèle. Le mieux, c'est de ne rien faire, de se reposer. On verra après. »

Cuic est sorti. Il nous dit qu'il a été bien traité : « Le seul ennui, raconte-t-il, c'est que j'étais près de deux condamnés à mort. » Or, les Anglais ont une sale habitude : ils avertissent un condamné quarante-cinq jours avant l'exécution qu'il sera pendu haut et court tel jour à telle heure, que la Reine a refusé leur grâce. « Alors, nous raconte Cuic, tous les matins les deux condamnés à mort se criaient l'un à l'autre : « Un jour de moins, Johnny, il ne reste plus que tant de jours ! » Et l'autre n'arrêtait pas d'insulter son complice toute la matinée. » A part cela il était tranquille, le Cuic, et bien considéré.

LA CABANE BAMBOU

Pascal Fosco est descendu des mines de bauxite. C'est l'un des hommes qui avaient tenté une attaque à main armée contre la poste de Marseille. Son complice fut guillotiné. Pascal est le meilleur de nous tous. Bon mécanicien, il ne gagne que quatre dollars par jour et avec cela, trouve toujours le moyen de nourrir un ou deux forçats en difficulté.

Cette mine de terre d'aluminium est très en avant dans la brousse. Un petit village s'est formé autour du camp, où vivent les ouvriers et les ingénieurs. Dans le port, on charge sans arrêt le minerai dans de nombreux cargos. Il me vient une idée : pourquoi n'irions-nous pas monter un cabaret dans ce bled perdu en brousse ? Les gens doivent s'ennuyer à cent pour cent la nuit.

« C'est vrai, me dit Fosco, que ce n'est pas jojo comme distractions. Il n'y a rien. »

Indara, Cuic, le manchot et moi, nous voilà quelques jours après sur un rafiot qui en deux jours de navigation nous emmène par le fleuve à « Mackenzie », nom de la mine.

Le camp des ingénieurs, des chefs et des ouvriers spécialisés est net, propre, avec des maisonnettes confortables, toutes munies de toile métallique pour protéger des moustiques. Le village, lui, est dégueulasse. Aucune maison de brique, de pierre ou de ciment. Rien que des huttes faites en terre glaise et bambou, les toits en feuilles de palmier sauvage ou, les plus modernes, de tôles de zinc. Quatre bars-restaurants horribles grouillent de clients. Les marins se battent pour avoir une bière chaude. Aucun commerce n'a un Frigidaire.

Il avait raison Pascal, il y a à faire dans ce bled. Après tout, je suis en cavale, c'est l'aventure, je ne peux pas vivre normalement comme mes camarades. Travailler pour gagner juste de quoi vivre, ça ne m'intéresse pas.

Comme les rues sont gluantes de boue quand il pleut, je choisis un peu en retrait du centre du village un emplacement plus élevé. Je suis sûr, même quand il pleuvra, de ne pas être inondé ni à l'intérieur, ni autour de la construction que je pense faire.

En dix jours, aidés de charpentiers noirs qui travaillent à la mine, on bâtit une salle rectangulaire de vingt mètres de long sur huit de large. Trente tables de quatre places permettront à cent vingt personnes de s'y asseoir commodément. Une estrade où passeront les artistes, un bar de la largeur de la salle et une douzaine de hauts tabourets. A côté du cabaret, une autre construction avec huit chambres où pourront aisément vivre seize personnes.

Quand je suis descendu à Georgetown pour acheter le matériel, chaises, tables, etc., j'ai embauché quatre jeunes Noires splendides pour servir les clients. Daya, qui travaillait au restaurant, s'est décidée à venir avec nous. Une coolie tapera sur le vieux piano que j'ai loué. Reste le spectacle.

Après bien des peines et des blablablas, je suis arrivé à convaincre deux Javanaises, une Portugaise, une Chinoise et deux brunes à abandonner la prostitution et à devenir artistes du déshabillé. Un vieux rideau rouge acheté chez un brocanteur servira à ouvrir et fermer le spectacle.

Je remonte avec tout mon monde en un voyage spécial que me fait un pêcheur chinois avec son bongo. Une maison de liqueurs m'a fourni toutes les boissons imaginables à crédit. Elle a confiance, je paierai tous les trente jours ce que j'aurai vendu, sur inventaire. Au fur et à mesure, elle me donnera les liqueurs qui me seront nécessaires. Un vieux phonographe et des disques usés donneront de la musique quand la pianiste cessera de martyriser le piano. Toutes sortes de robes, de jupons, de bas noirs et de couleur, de jarretelles, de soutiens-gorge encore en très bon état et que j'ai choisis pour leurs couleurs voyantes chez un Hindou qui avait recueilli les dépouilles d'un théâtre ambulant, seront la « garde-robe » de mes futures « artistes ».

Cuic a acheté le matériel bois et couchage ; Indara, les verres, et tout le nécessaire à un bar ; moi, les liqueurs et je m'occupe de la question artistique. Pour bâcler tout cela en une semaine, il a fallu en mettre un bon coup. Enfin, ça y est, et matériel et gens occupent tout le bateau.

Deux jours après, nous arrivons au bled. C'est une véritable révolution que produisent les dix filles dans ce pays perdu au milieu de la brousse. Chacun chargé d'un colis monte à la Cabane Bambou, nom que nous avons donné à notre boîte de nuit. Les répétitions ont commencé. Apprendre à mes « artistes » à se mettre à poil, ce n'est pas très facile. D'abord parce que je parle très mal l'anglais et que mes explications ne sont pas bien comprises ; ensuite, toute leur vie elles se sont déshabillées en vitesse pour expédier plus vite le client. Tandis que maintenant, c'est tout le contraire : plus lentement elles vont, plus c'est sexy. Pour chaque fille il y a une tactique différente à employer. Cette façon de faire doit aussi s'harmoniser avec les vêtements.

La Marquise au corset rose et à robe à crinoline, à

grands pantalons de dentelles blanches, se déshabille lentement, cachée par un paravent devant une grande glace dans laquelle le public peut admirer peu à peu chaque morceau de chair qu'elle découvre.

Puis, il y a la « Rapide », une fille au ventre lisse, brune couleur café au lait très clair, magnifique exemplaire de sang croisé, sûrement un Blanc avec une Noire déjà claire. Son teint de grain de café à peine doré au feu fait ressortir ses formes parfaitement bien équilibrées. De longs cheveux noirs tombent ondulés naturellement sur ses épaules divinement rondes. Des seins pleins, hauts et arrogants malgré leur lourdeur, dardent deux pointes magnifiques à peine plus foncées que la chair. Celle-là, c'est la Rapide. Toutes les pièces de sa tenue s'ouvrent avec des fermetures Eclair. Elle se présente en pantalon de cow-boy, un chapeau très large sur la tête et une blouse blanche dont les poignets se terminent par des franges de cuir. Au son d'une marche guerrière, elle apparaît sur la scène et se déchausse en envoyant voler du pied chaque soulier. Le pantalon s'ouvre sur le côté des deux jambes et tombe d'un seul coup à ses pieds. Le corsage s'ouvre en deux pièces par une fermeture à glissière à chaque bras.

Pour le public, le coup est violent car les nichons nus surgissent comme en colère d'avoir été enfermés si longtemps. Les cuisses et le buste nus, elle écarte les jambes et, les deux mains aux hanches, elle regarde le public bien en face, s'enlève le chapeau et le jette à l'une des premières tables près de la scène.

La « Rapide » ne fait pas non plus de manières ou de gestes de pudeur pour enlever son slip. En même temps elle déboutonne les deux côtés de la petite pièce et l'arrache plutôt qu'elle se la quitte. En tenue d'Eve, son sexe velu apparaît et, au même moment, une autre fille lui passe un énorme éventail de plumes blanches avec lequel, grand ouvert, elle se cache.

La Cabane Bambou est pleine à craquer le jour de l'inauguration. L'état-major de la mine est là au grand complet. La nuit se termine en dansant et le jour est déjà levé quand les derniers clients s'en vont. C'est un vrai succès, on ne pouvait pas espérer mieux. On a des frais, mais les prix sont très hauts, cela compense, et ce cabaret en pleine brousse aura, bien des nuits, je le crois sincèrement, plus de clients que d'espace à offrir.

Mes quatre serveuses noires n'arrivent pas à servir. Vêtues très court, leur corsage bien échancré, un madras rouge sur la tête, elles ont aussi bien impressionné la clientèle. Indara et Daya supervisent chacune une partie de la salle. Au bar, le manchot et Cuic sont là pour envoyer les commandes dans la salle. Et moi partout, corrigeant où ça cloche, ou aidant qui est dans l'embarras.

« Voilà la réussite certaine », dit Cuic quand serveuses, artistes et patron se retrouvent seuls dans cette grande salle. Nous mangeons tous ensemble en famille, patron et employés, rendus de fatigue mais heureux du résultat. Tout le monde va se coucher.

« Eh bien, Papillon, tu ne vas pas te lever ?

— Quelle heure est-il ?

— Dix-huit heures, me dit Cuic. Ta princesse nous a aidés. Depuis deux heures elle est levée. Tout est en ordre, prêt à recommencer cette nuit. »

Indara arrive avec un broc d'eau chaude. Rasé, baigné, frais et dispos, je la prends par la taille et nous entrons dans la Cabane Bambou où je suis accueilli par mille questions.

« Ça a été, boss ?

— J'ai bien fait mon déshabillé ? Où ça cloche d'après vous ?

— J'ai chanté presque juste ? C'est vrai qu'heureusement le public est facile. »

Cette équipe nouvelle est vraiment sympathique. Ces putes transformées en artistes prennent leur travail au sérieux et paraissent heureuses d'avoir quitté leur premier métier. Le commerce va on ne peut mieux. Une seule difficulté : pour tant d'hommes seuls, trop peu de

femmes. Tous les clients voudraient être accompagnés
sinon toute la nuit, mais plus longtemps, par une fille,
surtout une artiste. Ça fait des jaloux. De temps en
temps, quand par hasard deux femmes sont à la même
table, il y a des protestations de la part des clients.

Les petites Noires sont aussi sollicitées, premièrement parce qu'elles sont belles et surtout parce que
dans cette brousse il n'y a pas de femmes. Derrière le
bar, quelquefois Daya passe pour servir et parle avec
tous. A peu près une vingtaine d'hommes jouissent de
la présence de l'Hindoue, vraiment une beauté rare.

Pour éviter les jalousies et les réclamations des
clients pour avoir à leur table une artiste, j'ai institué
une loterie. Après chaque numéro de déshabillé ou de
chant, une grande roue numérotée de 1 à 32, un numéro
par table et deux numéros pour le bar, décide où doit se
rendre la fille. Pour participer à la loterie, il faut
prendre un billet qui coûte le prix d'une bouteille de
whisky ou de champagne.

Cette idée (je le croyais) a deux avantages. D'abord
elle évite toute réclamation. Celui qui gagne jouit de la
môme pendant une heure à sa table pour le prix de la
bouteille qu'on lui sert de la façon suivante : pendant
que, complètement nue, l'artiste est cachée par l'immense
éventail, on fait tourner la roue. Quand sort le numéro,
la fille monte sur un grand plat en bois peint en argent,
quatre gaillards soulèvent le tout et la portent à l'heureuse table gagnante. Elle-même débouche le champagne, trinque une coupe, toujours à poil, s'excuse et,
cinq minutes après, revient s'asseoir à nouveau habillée.

Pendant six mois, tout a bien marché, mais la saison
des pluies étant passée, il est venu une clientèle nouvelle.
Ce sont les chercheurs d'or et de diamants qui prospec-
tent librement en brousse dans cette terre si riche
d'alluvions. Chercher de l'or et des brillants avec des
moyens archaïques est excessivement dur. Bien souvent
les mineurs se tuent ou se volent entre eux. Aussi tout
ce monde est armé et quand ils ont un petit sachet d'or

ou une poignée de brillants, ils ne résistent pas à la
tentation de le dépenser follement. Les filles, sur chaque
bouteille, reçoivent un gros pourcentage. De là, en
embrassant le client, à verser dans le seau à glace le
champagne ou le whisky pour que la bouteille se termine
plus vite, c'est rapidement fait. Quelques-uns, malgré
l'alcool bu, s'en rendent compte et leurs réactions sont
si brutales que j'ai été obligé de faire sceller les tables
et les chaises.

Avec cette nouvelle clientèle, ce qui devait arriver
arriva. On l'appelait « Fleur de Cannelle ». Effectivement,
sa peau avait la couleur de la cannelle. Cette nouvelle
môme, que j'avais tirée des bas fonds de Georgetown,
rendait littéralement fous les clients par sa façon de se
déshabiller.

Quand c'était son tour de passer, on apportait un
canapé en satin blanc sur la scène et non seulement elle
se mettait à poil, avec une science perverse peu commune, mais une fois nue comme un ver, elle s'allongeait
sur le canapé et se caressait elle-même. Ses longs
doigts effilés glissaient sur toute sa chair nue jouant
avec son propre corps, des cheveux à la pointe des
pieds. Aucune partie n'échappait à ses attouchements.
Inutile de vous dire la réaction de ces hommes frustes de
la brousse pleins d'alcool.

Comme elle était très intéressée, elle avait exigé que
pour participer à sa loterie, les joueurs devraient acheter
le prix de deux bouteilles de champagne et non d'une
comme pour les autres. Après avoir joué plusieurs fois
vainement sur sa chance de gagner Fleur de Cannelle,
un mineur costaud, porteur d'une barbe noire très fournie, ne trouve pas autre chose, lorsque passe mon Hindoue pour vendre les numéros du dernier déshabillé
de Fleur de Cannelle, que d'acheter les trente numéros
de la salle. Il ne restait donc que les deux numéros du
bar.

Sûr de gagner après avoir payé les soixante bouteilles
de champagne, mon barbu attendait, confiant, le désha-

billé de Fleur de Cannelle et le tirage de la loterie. Fleur de Cannelle était très excitée par tout ce qu'elle avait bu cette nuit. Il était quatre heures du matin quand elle commença sa dernière présentation. L'alcool aidant, elle fut plus sexuelle que jamais et ses gestes encore plus osés que d'habitude. RRRan! On fait marcher la roulette qui, avec son petit index de corne, va donner le gagnant.

Le barbu bave d'excitation après avoir vu l'exhibition de la môme Cannelle. Il attend, il est sûr qu'on va lui servir à poil sur son plateau argenté, couverte du fameux éventail de plumes et, entre ses magnifiques cuisses, les deux bouteilles de champagne. Catastrophe! Le mec aux trente numéros perd. C'est le 31 qui gagne, donc le bar. D'abord il ne comprend qu'à moitié et ne réalise complètement que lorsqu'il voit que l'artiste est enlevée et posée sur le bar. Alors là, le connard devient fou, il bouscule la table devant lui, en trois bonds il arrive près du bar. Sortir son revolver et tirer trois balles sur la fille n'a pas duré trois secondes.

Fleur de Cannelle est morte dans mes bras. Je l'avais prise après avoir assommé cet animal d'un coup de black-jack de la police américaine que je porte toujours sur moi. C'est pour avoir trébuché avec une serveuse et son plateau, ce qui a retardé mon intervention, que cette brute a eu le temps de commettre cette folie. Résultat : la police a fermé la Cabane Bambou et nous sommes retournés à Georgetown.

Nous voilà encore de nouveau dans notre maison. Indara, comme une véritable Hindoue fataliste, ne change pas de caractère. Pour elle, cette ruine n'a aucune importance. On fera autre chose, c'est tout. Les Chinois, pareils. Rien ne change dans notre harmonieuse équipe. Pas un reproche pour mon idée baroque de faire tirer au sort des filles, idée qui pourtant est la cause de notre fracas. Avec nos économies, après avoir scrupuleusement payé toutes nos dettes et donné une somme d'argent à la maman de Fleur de Cannelle. On

ne se fait pas de bile. Tous les soirs on va au bar
où les durs se réunissent. On passe des soirées charmantes, mais Georgetown, en raison des restrictions de
la guerre, commence à me fatiguer. En plus, ma princesse n'avait jamais été jalouse et j'avais eu toujours
toute ma liberté. Maintenant, elle ne me lâche plus
d'une semelle et reste des heures assise à côté de moi,
quel que soit l'endroit où je me trouve.

Les probabilités de faire du commerce à Georgetown
se compliquent. Aussi, un beau jour il me prend l'envie
de partir de la Guyane anglaise pour un autre pays. On
ne risque rien, c'est la guerre. Aucun pays ne nous
rendra, tout au moins je le suppose.

CAVALE DE GEORGETOWN

Le Guittou est d'accord. Lui aussi pense qu'il doit y
avoir des pays meilleurs et plus faciles à vivre que la
Guyane anglaise. On commence à préparer une cavale.
En effet, sortir de la Guyane anglaise est un délit très
grave. Nous sommes en temps de guerre et aucun de
nous n'a de passeport.

Chapar qui s'est évadé de Cayenne après avoir été
désinterné, est ici depuis trois mois. Il travaille pour
un dollar cinquante par jour à faire de la glace dans
une pâtisserie chinoise. Lui aussi veut partir de Georgetown. Un dur de Dijon, Deplanque, et un Bordelais sont
aussi candidats à la cavale. Cuic et le manchot préfèrent rester. Ils se trouvent bien ici.

Comme la sortie de la Demerara est extrêmement surveillée et sous le feu de nids de mitrailleuses, de lance-
torpilles et de canons, on copiera exactement un bateau
de pêche inscrit à Georgetown et on sortira en se faisant
passer pour lui. Je me reproche d'être sans reconnaissance envers Indara et de ne pas répondre comme je
le devrais à son amour total. Mais je ne peux rien faire,
elle se colle tant à moi que c'est nerveux maintenant,

elle m'énerve. Les être simples, clairs, sans retenue
dans leurs désirs, n'attendent pas que celui qu'elles
aiment les sollicitent pour faire l'amour. Cette Hindoue
réagit exactement comme les sœurs indiennes de la
Guajira. Au moment où leurs sens ont envie de s'épanouir, elles s'offrent, et si on ne les prend pas, c'est très
grave. Une douleur vraie et tenace germe dans le plus
profond de leur moi et cela m'irrite car pas plus que
les sœurs indiennes ou hindoues, je ne veux pas non plus
faire souffrir Indara et je dois me forcer pour que
dans mes bras elle jouisse le plus possible.

Hier, j'ai assisté à la chose la plus jolie qu'on peut
voir au point de vue mimiques afin d'exprimer ce que
l'on ressent. En Guyane anglaise, il existe une espèce
d'esclavage moderne. Les Javanais viennent travailler
dans les plantations de coton, de canne à sucre ou de
cacao avec des contrats de cinq et dix ans. Le mari
et la femme sont contraints de sortir tous les jours au
travail, sauf lorsqu'ils sont malades. Mais si le docteur
ne les reconnaît pas, ils doivent effectuer comme peine
un mois de travail supplémentaire en fin de contrat.
Et il s'y ajoute d'autres mois pour d'autres délits
mineurs. Comme ils sont tous joueurs, ils s'endettent
vis-à-vis de la plantation et, pour payer leurs créanciers,
ils signent, afin de toucher une prime, une rallonge d'une
ou plusieurs années.

Pratiquement, ils ne s'en sortent jamais. Pour eux
qui sont capables de jouer leur femme et de tenir scrupuleusement parole, une seule chose est sacrée, leurs
enfants. Ils font tout pour les préserver « free » (libres).
Ils surmontent les plus grandes difficultés et les priva-
tions, mais très rarement un de leurs enfants signe
un contrat avec la plantation.

Donc, aujourd'hui, c'est le mariage d'une fille hindoue.
Tout le monde est vêtu de longues robes : les femmes
de voile blanc et les hommes de tuniques blanches qui
descendent jusqu'aux pieds. Beaucoup de fleurs d'oranger. La scène, après plusieurs cérémonies religieuses,

se déroule au moment où le marié va emporter sa femme. Les invités sont à droite et à gauche de la porte de la maison. D'un côté les femmes, de l'autre les hommes. Assis sur le seuil de la maison, la porte ouverte, le père et la mère. Les mariés embrassent la famille et passent entre les deux rangées longues de quelques mètres. D'un seul coup, la mariée s'échappe des bras de son mari et court vers sa mère. La maman se cache les yeux d'une main et de l'autre la renvoie à son mari.

Celui-ci tend les bras et l'appelle, elle fait des gestes où elle exprime qu'elle ne sait que faire. Sa mère lui a donné la vie et, très bien, elle fait voir une petite chose qui sort du ventre de sa maman. Puis sa mère lui a donné le sein. Va-t-elle oublier tout cela pour suivre l'homme qu'elle aime ? Peut-être, mais ne sois pas pressé, lui dit-elle avec des gestes, attends encore un peu, laisse-moi les contempler encore ces parents si bons qui, jusqu'à ce que je t'aie rencontré, ont été la seule raison de ma vie.

Alors, lui aussi fait des mimiques où il lui fait comprendre que la vie exige aussi d'elle d'être épouse et mère. Tout cela aux sons des chants des jeunes filles et des garçons qui leur répondent. A la fin, après s'être encore échappée des bras de son mari, après avoir embrassé ses parents, c'est elle-même qui fait quelques pas en courant, saute dans les bras de son mari qui l'emporte bien vite jusqu'à la charrette enguirlandée de fleurs qui les attend.

La cavale se prépare minutieusement. Un canot large et long, avec une bonne voile, un foc et un gouvernail de première qualité, sont préparés en prenant des précautions pour que la police ne s'en aperçoive pas.

Dans Penitence Rivers, la petite rivière qui se jette dans le grand fleuve, la Demerara, nous cachons le bateau en aval de notre quartier. Il est exactement peint et·numéroté comme une barque de pêche de Chinois immatriculée à Georgetown. Eclairé par les phares, seul l'équipage est différent. Pour bien donner le change nous ne pourrons pas être debout, car les Chinois du bateau copié sont petits et secs et nous, grands et forts.

Tout se passe sans histoire et nous sortons flambants de la Demerara pour prendre la mer. Malgré la joie d'être sortis et d'avoir évité le danger d'être découverts, une seule chose m'empêche de savourer complètement cette réussite, c'est d'être parti comme un voleur sans avoir averti ma princesse hindoue. Je ne suis pas content de moi. Elle, son père et sa race ne m'ont fait que du bien et en retour je les ai mal payés. Je ne cherche pas à trouver d'arguments pour justifier ma conduite. Je trouve que c'est peu élégant ce que j'ai fait et je ne suis pas content de moi du tout. J'ai ostensiblement laissé sur la table six cents dollars, mais l'argent ne paie pas ces choses reçues.

On devait prendre quarante-huit heures nord-nord. Reprenant mon ancienne idée, je veux aller au British Honduras. Aussi, pour cela il nous faut prendre plus de deux jours de haute mer.

La cavale est formée de cinq hommes : le Guittou, Chapar, Barrière, un Bordelais, Deplanque, un mec de Dijon et moi, Papillon, capitaine responsable de la navigation.

A peine avons-nous trente heures de mer que nous sommes pris dans une tempête épouvantable suivie d'un genre de typhon, un cyclone. Eclairs, tonnerre, pluie, vagues énormes et désordonnées, vent d'ouragan tourbillonnant sur la mer nous emportent sans pouvoir y résister dans une folle et dramatique chevauchée sur une mer comme je ne l'avais jamais vue ni même imaginée. Pour la première fois, à mon expérience, les vents tournent en changeant de direction, au point que les alizés sont effacés complètement et que la tourmente nous fait valser en direction opposée. Si ça avait duré huit jours, on retournait aux durs.

Ce typhon, d'ailleurs, a été mémorable, je l'ai su après

à Trinidad, par M. Agostini, le consul français. Il lui a coupé plus de six mille cocotiers de sa plantation. Ce typhon en forme de vrille a littéralement scié à hauteur d'homme cette cocoteraie. Des maisons ont été enlevées et transportées en l'air très loin, retombant sur la terre ou en mer. Nous avons tout perdu : vivres et bagages ainsi que les tonneaux d'eau. Le mât s'est cassé à moins de deux mètres, plus de voile et, le plus grave, le gouvernail s'est brisé. Par miracle, Chapar a sauvé une petite pagaie, et c'est avec cette petite pelle que j'essaie de conduire le canot. Par-dessus le marché on s'est mis tous à poil pour confectionner une espèce de voile. Tout y a passé, vestes, pantalons et chemises. Nous sommes cinq en slip. Cette voile, fabriquée avec nos vêtements et cousue avec un petit rouleau de fil de fer qui était à bord, nous permet presque de naviguer avec notre mât tronqué.

Les vents alizés ont repris leurs cours et j'en profite pour essayer de faire plein sud pour gagner n'importe quelle terre, même la Guyane anglaise. La condamnation qui nous attend là-bas sera la bienvenue. Mes camarades se sont tous comportés dignement pendant et après je ne dirai pas cette tempête, ce ne serait pas assez, mais ce cataclysme, ce déluge, ce cyclone plutôt.

C'est seulement au bout de six jours, dont deux de calme plat, que nous voyons la terre. Avec ce bout de voile que le vent accroche malgré ses trous, nous ne pouvons pas naviguer exactement comme nous le voulons. La petite pagaie non plus n'est pas suffisante pour diriger fermement et sûrement l'embarcation. Etant tous à poil, nous avons des brûlures cuisantes sur tout le corps, ce qui diminue notre force pour lutter. Aucun de nous n'a plus de peau sur le nez, il est à vif. Les lèvres, les pieds, les entrecuisses et les cuisses ont aussi la chair complètement à vif. Une soif nous tourmente à tel point que Deplanque et Chapar en sont arrivés à boire de l'eau salée. Depuis cette expérience,

ils souffrent encore davantage. Il y a, malgré la soif
et la faim qui nous tenaillent, quelque chose de bien :
personne, absolument personne ne se plaint. Aucun de
nous non plus ne donne un conseil à l'autre. Celui qui
veut boire de l'eau salée, et celui qui se jette sur lui
de l'eau de mer disant que ça rafraîchit, se rend compte
tout seul que l'eau salée creuse ses plaies et le brûle
encore plus par l'évaporation.

Je suis seul à avoir un œil complètement ouvert et
sain, tous mes camarades ont les yeux pleins de pus
et qui se collent constamment. Les yeux justifient de
se laver coûte que coûte malgré la douleur, car il faut
bien ouvrir les yeux et y voir clair. Un soleil de plomb
nous attaque les brûlures avec une telle intensité que
c'est à peu près irrésistible. Deplanque, à moitié fou,
parle de se jeter à l'eau.

Voici près d'une heure qu'il me semblait distinguer
la terre à l'horizon. Bien entendu, immédiatement je
me suis dirigé vers elle sans rien dire car je n'étais
pas très sûr. Des oiseaux arrivent et volent autour de
nous, donc je ne me suis pas trompé. Leurs cris avertissent mes camarades qui, abrutis de soleil et de
fatigue, sont allongés au fond du canot, se protégeant
la figure du soleil avec leurs bras.

Guittou, après avoir rincé sa bouche pour pouvoir
sortir un son me dit :

« Tu vois la terre, Papi ?

— Oui.

— Dans combien de temps crois-tu que nous pouvons
arriver ?

— Cinq ou sept heures. Ecoutez, les amis, moi je
n'en peux plus. En plus des mêmes brûlures que vous,
j'ai les fesses à vif par le frottement sur le bois de
mon banc et par l'eau de mer. Le vent n'est pas très
fort, on n'avance que lentement et mes bras ont constamment des crampes, ainsi que mes mains qui sont
lasses de serrer depuis si longtemps la pagaie qui me
sert de gouvernail. Voulez-vous accepter une chose ?

On enlève la voile et nous la tendons sur le canot comme un toit pour nous abriter de ce soleil de feu jusqu'à la nuit. Le bateau ira à la dérive tout seul vers la terre. Il faut ça, à moins que l'un de vous veuille prendre ma place au gouvernail.

— Non, non, Papi. Faisons ça et dormons tous moins un à l'ombre de la voile. »

C'est au soleil, vers treize heures, que je fais prendre cette décision. Avec une satisfaction animale, je m'allonge au fond du canot, enfin à l'ombre. Mes camarades m'ont cédé la meilleure place pour que, de l'avant, je puisse recevoir l'air du dehors. Celui qui est de garde est assis mais abrité à l'ombre de la voile. Tout le monde, même l'homme de garde, sombre rapidement dans le néant. Rendus de fatigue et jouissant de cette ombre qui enfin nous permet d'échapper à ce soleil inexorable, nous nous sommes endormis.

Un hurlement de sirène réveille tout le monde d'un seul coup. J'écarte la voile, il fait nuit dehors. Quelle heure peut-il être ? Quand je m'assieds à ma place, au gouvernail, une brise fraîche caresse tout mon pauvre corps scalpé et immédiatement j'ai froid. Mais quelle sensation de bien-être de ne plus brûler !

On lève la voile. Après m'être nettoyé les yeux à l'eau de mer — heureusement je n'en ai qu'un qui me brûle et suppure — je vois la terre très nettement à ma droite et à ma gauche. Où sommes-nous ? Vers laquelle des deux vais-je me diriger ? Une autre fois on entend le hurlement de la sirène. Je comprends que le signal vient de la terre de droite. Que diable veut-on nous dire ?

« Où crois-tu qu'on est, Papi ? dit Chapar.

— Franchement je ne sais pas. Si cette terre n'est pas isolée et que ce soit un golfe, on est peut-être au bout de la pointe de la Guyane anglaise, la partie qui va jusqu'à l'Orénoque (grand fleuve du Venezuela qui fait frontière). Mais si la terre de droite est coupée par un assez grand espace de celle de gauche, alors cette pres-

qu'île est une île et c'est Trinidad. A gauche ce serait le Venezuela, donc on serait dans le golfe de
Paria. »

Mes souvenirs des cartes marines que j'ai eu l'occasion d'étudier me donnent cette alternative. Si c'est
Trinidad à droite et le Venezuela à gauche, que choi-
sirons-nous ? Cette décision met notre destin en jeu.
Il ne sera pas trop difficile, par ce bon vent frais, de
se diriger vers la côte. Pour le moment nous n'allons
ni vers l'une ni vers l'autre. A Trinidad, ce sont les
« rosbifs », même gouvernement que la Guyane anglaise.

« On est sûrs d'être bien traités, dit Guittou.

— Oui, mais quelle décision ils vont prendre pour
avoir quitté en temps de guerre leur territoire sans
autorisation et clandestinement ?

— Et le Venezuela ?

— On ne sait pas comment cela se passe, dit Deplanque. A l'époque du président Gómez, les durs étaient
obligés de travailler sur les routes dans des conditions
extrêmement pénibles, puis il les rendait à la France,
les Cayennais, comme on appelle les durs là-bas.

— Oui, mais maintenant c'est pas pareil, on est en
guerre.

— Eux, d'après ce que j'ai entendu à Georgetown, ne
sont pas en guerre, ils sont neutres.

— C'est sûr ?

— C'est certain.

— Alors, c'est dangereux pour nous. »

On distingue des lumières sur la terre de droite et
aussi sur celle de gauche. Encore la sirène, qui cette
fois hurle trois coups à la suite. Des signaux lumineux
nous parviennent de la côte de droite. La lune vient
de sortir, elle est assez loin de nous mais sur notre
trajectoire. Tout en avant, deux immenses rochers
pointus et noirs émergent très haut de la mer. Ce doit
être la raison de la sirène : ils nous avertissent que
c'est dangereux.

« Tiens, des bouées flottantes ! Il y en a tout un

chapelet. Pourquoi n'attendrions-nous pas le jour accrochés à l'une d'elles ? Baisse la voile, Chapar. »

Il décroche aussi sec ces bouts de pantalons et de chemises que prétentieusement j'appelle la voile. Freinant avec ma pelle, je présente à une des « bouées » la pointe du canot qui, heureusement, a gardé un grand bout de corde si bien attaché à son anneau que le typhon n'a pas pu l'arracher. Ça y est, on est accroché. Non pas directement à cette étrange bouée parce qu'il n'y a rien sur elle pour pendre la corde, mais sur le câble qui la relie à une autre bouée. Nous nous trouvons bien amarrés au câble de cette délimitation d'un chenal sans doute. Sans s'occuper des hurlements que continue d'émettre la côte de droite, nous nous couchons tous dans le fond du canot, couverts par la voile pour nous protéger du vent. Une douce chaleur envahit mon corps transi par le vent et la fraîcheur de la nuit et je suis certainement un des premiers à ronfler à poings fermés.

Le jour est net et clair quand je me réveille. Le soleil est en train de sortir de son lit, la mer est un peu forte et son bleu-vert indique que le fond est de corail.

« Qu'est-ce qu'on fait ? Décidons-nous d'aller à terre ? Je crève de faim et de soif. »

C'est la première fois que quelqu'un se plaint depuis ces jours de jeûne, exactement sept jours aujourd'hui.

« Nous sommes si près de la terre qu'il n'y a pas de faute grave à le faire. » C'est Chapar qui a parlé.

Assis à ma place, je vois clairement loin devant moi, après les deux immenses rochers qui surgissent de la mer, la cassure de la terre. A droite c'est donc Trinidad, à gauche le Venezuela. Nous sommes sans aucun doute dans le golfe de Paria et si l'eau est bleue et non pas jaunie par les alluvions de l'Orénoque, c'est que nous sommes dans le courant du chenal qui passe entre les deux pays et se dirige ensuite vers le large.

« Ce qu'on fait ? A vous de voter, c'est trop grave de prendre seul la décision. A droite, l'île anglaise de Tri-

nidad ; à gauche, le Venezuela. Où voulez-vous aller ?
Vu les conditions de notre bateau et notre état physique,
on doit le plus vite possible aller à terre. Il y a deux
libérés parmi nous : le Guittou et Barrière. Nous trois :
Chapar, Deplanque et moi sommes les plus en danger.
C'est à nous de décider. Que dites-vous ?

— Le plus sage est d'aller à Trinidad. Le Venezuela,
c'est l'inconnu.

— Pas besoin de prendre une décision, cette vedette
qui arrive la prendra pour nous », dit Deplanque.

Une vedette, en effet, rapidement s'avance vers nous.
La voilà, elle s'arrête à plus de cinquante mètres. Un
homme prend un porte-voix. J'aperçois un drapeau qui
n'est pas anglais. Plein d'étoiles, très beau, je n'ai
jamais vu ce drapeau de ma vie. Il doit être vénézuélien.
Plus tard ce drapeau sera « mon drapeau », celui de ma
nouvelle patrie, pour moi, le symbole le plus émouvant,
celui d'avoir, comme tout homme normal, réuni dans un
bout d'étoffe, les qualités les plus nobles d'un grand
peuple, mon peuple.

« Quien son vosotros (Qui êtes-vous) ?

— Sommes français.

— Estan locos (Etes-vous fous) ?

— Pourquoi ?

— Porque son amarados a minas (parce que vous
êtes attachés à des mines).

— C'est pour cela que vous n'approchez pas ?

— Oui. Détachez-vous vite.

— Ça y est. »

En trois secondes Chapar a défait la corde. Nous
n'étions ni plus ni moins qu'attachés à une chaîne de
mines flottantes. Un miracle qu'on n'ait pas sauté,
m'explique le commandant de la vedette à laquelle nous
nous sommes amarrés. Sans monter à bord, l'équipage
nous passe du café, du lait chaud bien sucré, des cigarettes.

« Allez au Venezuela, vous serez bien traités, je vous
l'assure. On ne peut pas vous remorquer à terre, car nous

allons d'urgence chercher un homme grièvement blessé au phare de Barimas. Surtout n'essayez pas de monter à Trinidad, car il y a neuf chances sur dix pour que vous choquiez une mine, et alors... »

Après un « Adios, buena suerte » (Au revoir, bonne chance), la vedette s'en va. Elle nous a laissé deux litres de lait. On arrange la voile. A dix heures du matin déjà, l'estomac en voie de se décoller grâce au café et au lait, une cigarette à la bouche, j'aborde sans prendre aucune précaution sur le sable fin d'une plage où une cinquantaine de personnes réunies attendaient de voir qui arrivait dans cette étrange embarcation surmontée d'un mât tronqué et d'une voile de chemises, de pantalons et de vestes.

LE VENEZUELA

LES PÊCHEURS D'IRAPA

Je découvre un monde, des gens, une civilisation pour moi complètement inconnus. Ces premières minutes sur le sol vénézuélien sont tant émouvantes qu'il faudrait un talent supérieur au peu que je sais pour expliquer, exprimer, peindre l'atmosphère de l'accueil chaleureux que nous fait cette population généreuse. Les hommes, blancs ou noirs mais la grande majorité de couleur très claire, du ton d'un blanc après plusieurs jours de soleil, ont presque tous les pantalons relevés jusqu'aux genoux.

« Pauvres hommes, dans quel état vous êtes ! » disent les hommes.

Le village de pêcheurs où nous sommes arrivés s'appelle Irapa, communauté d'un Etat dénommé Sucre. Les jeunes femmes, toutes jolies, plutôt petites mais combien gracieuses, et les plus mûres comme les toutes vieilles se transforment sans exception en infirmières, en sœurs de charité ou en mères protectrices.

Réunis sous le hangar d'une maison où ils ont accroché cinq hamacs de laine et mis une table et des chaises, ils nous ont enduits de beurre dc cacao de la tête aux pieds. Pas un centimètre de chair à vif n'a été oublié. Morts de faim et de fatigue, notre si long jeûne ayant provoqué une certaine déshydratation, ces gens de la côte savent que nous devons dormir mais aussi manger par petites quantités.

Chacun bien couché dans un hamac reçoit, tout en dormant, la becquée d'une de nos infirmières improvisées. J'étais tellement rendu, mes forces m'ayant complètement abandonné au moment où l'on m'a étendu dans le hamac, mes plaies à vif bien colmatées par le beurre de cacao, que je fonds littéralement, dormant, mangeant, buvant sans bien me rendre compte de ce qui se passe.

Les premières cuillerées d'une espèce de tapioca de chez nous n'ont pas pu être acceptées par mon estomac vide. Il n'y a pas que moi d'ailleurs. Tous, nous avons vomi plusieurs fois une partie ou le tout de la nourriture que ces femmes introduisaient dans notre bouche.

Les gens de ce village sont excessivement pauvres. Pourtant, chacun, sans exception, contribue à nous aider. Trois jours après, grâce aux soins de cette collectivité et grâce à notre jeunesse, nous sommes presque sur pied. De longues heures nous nous levons, et, assis sous le hangar de feuilles de cocotier qui nous donnent une ombre fraîche, mes camarades et moi conversons avec ces gens. Ils ne sont pas assez riches pour nous habiller tous d'un seul coup. Il s'est formé de petits groupes. Celui-ci s'occupe surtout de Guittou, un autre de Deplanque, etc. A peu près une dizaine de personnes s'occupent de moi.

Les premiers jours, on nous a habillés de n'importe quoi d'usé, mais scrupuleusement propre. Maintenant, chaque fois qu'ils le peuvent, ils nous achètent une chemise neuve, un pantalon, une ceinture, une paire de pantoufles. Parmi les femmes qui s'occupent de moi, de très jeunes filles, type indien mais déjà mêlé de sang espagnol ou portugais. L'une s'appelle Tibisay, l'autre Nenita. Elles m'ont acheté une chemise, un pantalon et une paire de pantoufles qu'ils appellent « aspargate ». C'est une semelle de cuir sans talons avec, pour couvrir le pied, un tissu tressé. Seul le cou-de-pied est recouvert, les orteils sont à nu et l'étoffe va prendre le talon.

« Pas besoin de vous demander d'où vous venez. A cause de vos tatouages nous savons que vous êtes des évadés du bagne français. »

Cela m'émotionne davantage. Comment ! Sachant que nous sommes des hommes condamnés pour des délits graves, évadés d'une prison dont ils connaissent par des livres ou des articles toute la sévérité, ces humbles gens trouvent naturel de nous secourir, de nous aider ? Habiller quelqu'un quand on est riche ou aisé, donner à manger à un étranger qui a faim lorsque rien ne manque à la maison pour la famille et soi-même, c'est quand même démontrer que l'on est bon. Mais, couper en deux un morceau de casave de maïs ou de manioc, genre de tourte cuite au four par eux-mêmes, alors qu'il n'y en a pas assez pour soi-même et les siens, partager le frugal repas qui sous-alimente plutôt qu'il nourrit sa propre communauté avec un étranger et en plus un fugitif de la justice, cela est admirable.

Ce matin, tout le monde, hommes et femmes sont silencieux. Ils ont l'air contrariés et soucieux. Que se passe-t-il ? Tibisay et Nenita sont près de moi. J'ai pu me raser pour la première fois depuis quinze jours. Voilà huit jours que nous sommes au milieu de ces gens qui portent leur cœur dans la main. Comme une peau très fine s'est reformée sur mes brûlures, j'ai pu me risquer à me raser. A cause de ma barbe, les femmes n'avaient qu'une idée vague de mon âge. Elles sont ravies, et me le disent naïvement, de me trouver jeune. J'ai pourtant trente-cinq ans, mais j'en parais vingt-huit ou trente. Oui, tous ces hommes et femmes hospitaliers ont des soucis pour nous, je le sens.

« Que peut-il bien se passer ? Parle, Tibisay, que se passe-t-il ?

— On attend les autorités de Güiria, un village à côté de Irapa. Ici, il n'y avait pas de « chef civil » (commissaire), et l'on ne sait pas comment, mais la police est au courant que vous êtes ici. Elle va venir. »

Une grande et belle Noire vient vers moi accompagnée d'un jeune homme torse nu, pantalon blanc roulé aux genoux. Son corps d'athlète est bien proportionné. La Negrita (la Négresse) — c'est une façon caressante d'appeler les femmes de couleur très utilisée au Venezuela où il n'y a absolument pas de discrimination raciale ou religieuse — m'interpelle.

« Señor Enriquez (Monsieur Henri), la police va venir. Je ne sais pas si c'est pour vous faire du bien ou du mal. Voulez-vous aller vous cacher pendant quelque temps dans la montagne ? Mon frère peut vous conduire dans une maisonnette où personne ne pourra venir vous chercher. Entre Tibisay, Nenita et moi, tous les jours nous vous apporterons à manger et vous renseignerons sur les événements. »

Emu au possible, je veux baiser la main de cette noble fille mais elle la retire et, gentiment, purement, me donne un baiser sur la joue.

Des cavaliers arrivent à fond de train. Tous portent un coupe-chou, sabre qui sert à couper la canne à sucre et qui pend comme une épée sur le côté gauche, une large ceinture pleine de balles et un énorme revolver dans un étui à droite sur la hanche. Ils mettent pied à terre. Un homme au faciès mongolique, yeux fendus d'Indien, peau cuivrée, grand et sec, d'une quarantaine d'années environ, coiffé d'un chapeau de paille de riz immense, s'avance vers nous.

« Bonjour. Je suis le « chef civil », le préfet de police.

— Bonjour, monsieur.

— Vous, pourquoi vous n'avez pas averti que vous

aviez ici cinq Cayennais évadés ? Voilà huit jours qu'ils sont ici, m'a-t-on dit. Répondez.

— C'est que nous attendions qu'ils soient capables de marcher et guéris de leurs brûlures.

— On vient les chercher pour les conduire à Güiria. Un camion doit venir plus tard.

— Café ?

— Oui, merci. »

Assis en rond, tout le monde boit le café. Je regarde le préfet de police et les policiers. Ils n'ont pas l'air méchants. Ils me donnent l'impression d'obéir à des ordres supérieurs sans pour cela être d'accord avec eux.

« Vous êtes évadés du Diable ?

— Non, nous venons de Georgetown, de Guyane anglaise.

— Pourquoi vous n'y êtes pas restés ?

— La vie est dure à gagner là-bas. »

En souriant, il ajoute : « Vous pensiez qu'ici vous seriez mieux qu'avec les Anglais ?

— Oui, car nous sommes latins comme vous. »

Un groupe de sept ou huit hommes s'avancent vers notre cercle. A leur tête, un homme d'une cinquantaine d'années, les cheveux blancs, de plus d'un mètre soixante-quinze, une couleur de peau chocolat très clair. Des yeux immenses, noirs, dénotant une intelligence et une force d'âme peu communes. Sa main droite est posée sur la poignée d'un coupe-chou qui pend le long de sa cuisse.

« Préfet, qu'allez-vous faire de ces hommes ?

— Je vais les conduire à la prison de Güiria.

— Pourquoi vous ne les laissez pas vivre avec nous dans nos familles ? Chacun en prendra un.

— C'est pas possible, car c'est l'ordre du gouverneur.

— Mais ils n'ont commis aucun délit sur la terre vénézuélienne.

— Je le reconnais. Malgré tout, ce sont des hommes très dangereux, car pour être condamnés au bagne français, ils ont dû commettre des délits très graves. De plus, ils sont évadés sans pièces d'identité et la police de leur pays les réclamera sûrement quand elle saura qu'ils sont au Venezuela.

— Nous voulons les garder avec nous.

— C'est pas possible, c'est l'ordre du gouverneur.

— Tout est possible. Que sait-il le gouverneur des êtres misérables ? Un homme n'est jamais perdu. Malgré tout ce qu'il a pu commettre, à un moment donné de sa vie, il y a toujours une chance de le récupérer et d'en faire un homme bon et utile à la communauté. N'est-ce pas, vous autres ?

— Oui, disent en chœur hommes et femmes. Laissez-les-nous, on les aidera à se refaire une vie. En huit jours on les connaît déjà assez et ce sont certainement de braves gens.

— Des gens plus civilisés que nous les ont enfermés dans des cachots pour qu'ils ne fassent plus de mal, dit le préfet.

— Qu'appelez-vous civilisation, chef ? je demande. Vous croyez que parce que nous avons ascenseurs, avions et un train sous terre, ça prouve que les Français sont plus civilisés que ces gens qui nous ont reçus et soignés ? Sachez qu'à mon humble avis il y a plus de civilisation humaine, plus de supériorité d'âme, plus de compréhension dans chaque être de cette communauté qui vit simplement dans la nature, manquant, c'est vrai, de tous les bienfaits de la civilisation mécanique. Mais s'ils n'ont pas les bénéfices du progrès, ils ont le sens de la charité chrétienne bien plus élevé que tous les prétendus civilisés du monde. Je préfère un illettré de ce hameau qu'un licencié ès lettres de la Sorbonne à Paris, si celui-ci doit avoir un jour l'âme du procureur général qui m'a fait condamner. L'un est toujours un homme, l'autre a oublié de l'être.

— Je vous comprends. Toutefois je ne suis qu'un instrument. Voilà le camion qui arrive. Je vous en prie, aidez-moi par votre attitude à ce que les choses se passent sans incident. »

Chaque groupe de femmes embrasse celui dont elles se sont occupées. Tibisay, Nenita, la Negrita pleurent à chaudes larmes en m'embrassant. Chaque homme nous serre la main, exprimant ainsi combien il souffre de nous voir partir en prison.

« Au revoir, gens d'Irapa, race noble à l'extrême pour avoir eu le courage d'affronter et de blâmer les propres autorités de votre pays pour défendre des pauvres diables inconnus hier. Le pain que j'ai mangé chez vous, ce pain que vous avez eu la force d'enlever de votre propre bouche pour me le donner, ce pain symbole de la fraternité humaine a été pour moi le sublime exemple des temps passés : « Tu ne tueras point, tu feras le bien « à ceux qui souffrent même si tu devais te priver pour « cela. Aide toujours plus malheureux que toi. » Et si plus tard je suis libre, un jour, chaque fois que je le pourrai, j'aiderai les autres comme me l'ont appris à le faire les premiers hommes du Venezuela que j'ai rencontrés. » J'en rencontrerai bien d'autres après.

LE BAGNE D'EL DORADO

Deux heures plus tard, nous arrivons dans un grand village, port de mer qui a la prétention d'être une ville, « Güiria ». Le chef civil (genre de préfet chez nous) nous remet lui-même au commandant de la police du pays. Dans ce commissariat, nous sommes traités plus ou moins bien, mais on nous fait subir un interrogatoire et l'instructeur, bouché, ne veut absolument pas admettre que nous venons de Guyane anglaise où nous étions libres. Par surcroît, lorsqu'il demande que nous nous expliquions sur la raison de notre arrivée au Venezuela dans cet état de dénuement et à bout de forces après un voyage si court de Georgetown au golfe de Paria, il dit que nous nous moquons de lui en lui racontant l'histoire du typhon.

« Deux gros bananiers ont sombré corps et biens dans

cette tornade, un cargo chargé de minerai de bauxite
a coulé avec tout son équipage, et vous, avec une embarcation de cinq mètres ouverte aux intempéries, vous êtes
sauvés ? Qui croira cette histoire ? Même pas le gaga
du marché qui demande l'aumône. Vous mentez, il y a
quelque chose de louche dans ce que vous racontez.

— Prenez des renseignements à Georgetown.

— Je n'ai pas envie que les Anglais se paient ma
tête. »

Ce secrétaire instructeur crétin et têtu, incrédule et
prétentieux, envoie je ne sais quel rapport, ni à qui.
De toute façon, un matin nous sommes réveillés à cinq
heures, enchaînés et dirigés sur une camion vers un
destin inconnu.

Le port de Güiria est dans le golfe de Paria, comme je
l'ai dit en face de Trinidad. Il a aussi l'avantage de profiter de l'embouchure d'un énorme fleuve aussi grand
que l'Amazone, l'Orénoque.

Enchaînés dans un camion où nous sommes cinq plus
dix policiers, nous roulons vers Ciudad Bolivar, l'importante capitale de l'Etat de Bolivar. Le voyage, sur des
routes de terre, fut très fatigant. Policiers et prisonniers, cahotés, bousculés comme des sacs de noix sur
cette plate-forme de camion qui branlait à tout moment
pire qu'un toboggan, ce voyage dura cinq jours. Chaque
nuit on dormait dans le camion et le matin on repartait
dans une course folle vers une destination inconnue.

C'est à plus de mille kilomètres de la mer, dans une
forêt vierge percée par une route de terre qui va de
Ciudad Bolivar jusqu'à El Dorado, qu'enfin nous ter-
minons ce voyage éreintant.

Soldats et prisonniers sont en très mauvais état lorsque nous arrivons au village d'El Dorado.

Mais qu'est-ce qu'El Dorado ? Ce fut d'abord l'espérance de conquistadores espagnols qui, voyant que les
Indiens venant de cette région avaient de l'or, croyaient
fermement qu'il y avait une montagne d'or ou pour le
moins moitié terre moitié or. Total, El Dorado est

d'abord un village au bord d'un fleuve plein de caribes, de pirajès, poissons carnivores qui en quelques minutes dévorent un homme ou une bête, de poissons électriques, les tembladores qui, en tournant autour de leur proie, homme ou bête, l'électrocutent rapidement et par la suite, sucent leur victime en décomposition. Au milieu du fleuve, il y a une île et sur cette île, un vrai camp de concentration. C'est le bagne vénézuélien.

Cette colonie de travaux forcés est la chose la plus dure que j'aie vue de ma vie, la plus sauvage aussi et la plus inhumaine en raison des coups que reçoivent les prisonniers. C'est un carré de cent cinquante mètres de côté, en plein air, entouré de fils de fer barbelés. Près de quatre cents hommes couchent dehors, exposés aux intempéries, car il n'y a que quelques tôles de zinc pour s'abriter autour du camp.

Sans attendre un mot d'explication de nous, sans justifier cette décision, on nous incorpore au bagne d'El Dorado à trois heures de l'après-midi alors que nous arrivons morts de fatigue de ce voyage épuisant, enchaînés dans ce camion. A trois heures et demie, sans prendre ni noter notre nom, on nous appelle et deux d'entre nous reçoivent une pelle et les trois autres une pioche. Entourés de cinq soldats, fusils et nerfs de bœuf à la main, commandés par un cabot, on nous oblige sous peine d'être frappés, à nous rendre au lieu de travail. Nous comprenons très vite que c'est une espèce de démonstration de force que veut faire la garde de ce pénitencier. Il serait dangereux à l'extrême de ne pas obéir pour le moment. On verra après.

Arrivés sur le lieu où travaillent les prisonniers, on nous donne une tranchée à ouvrir sur le côté de la route qu'ils construisent en pleine forêt vierge. Nous obéissons sans mot dire et travaillons chacun suivant ses forces sans lever la tête. Cela ne nous empêche pas d'entendre les insultes et les coups sauvages que reçoivent sans arrêt les prisonniers. Aucun de nous ne reçoit un seul coup de nerf de bœuf. Cette séance de travail, à peine arrivés, était surtout destinée à nous faire voir comment étaient traités les prisonniers.

C'était un samedi. Après le travail, pleins de sueur et de poussière, on nous incorpore à ce camp de prisonniers, toujours sans aucune formalité.

« Les cinq Cayennais, par ici. » C'est le cabot « presso » (le prévôt) qui parle.

C'est un métis d'un mètre quatre-vingt-dix de haut. Il a un nerf de bœuf à la main. Cette immonde brute est chargée de la discipline à l'intérieur du camp seulement.

On nous a indiqué l'endroit où nous devons poser les hamacs, près de la porte d'entrée du camp, à l'air libre. Mais là, il y a un toit de tôles de zinc, ce qui fait que pour le moins nous serons abrités de la pluie et du soleil.

La grande majorité des prisonniers sont colombiens et le reste des Vénézuéliens. Aucun des camps disciplinaires du bagne ne peut se comparer à l'horreur de cette colonie de travail. Un âne mourrait des traitements reçus par ces hommes. Pourtant, à peu près tous se portent bien, car il y a une chose : la nourriture est excessivement copieuse et appétissante.

Nous faisons un petit conseil de guerre. Si l'un de nous est frappé par un soldat, le mieux à faire c'est de nous arrêter de travailler, de nous coucher sur le sol et, quel que soit le traitement infligé, de ne pas se relever. Il va bien venir un chef à qui nous pourrons demander comment et pourquoi nous sommes dans ce bagne de travaux forcés sans avoir commis aucun délit ? Les deux libérés, le Guittou et Corbière, parlent de demander qu'on les rende à la France. Puis nous décidons d'appeler le cabot presso. C'est moi qui doit lui parler. Il est surnommé Negro Blanco (Nègre Blanc). Le Guittou doit aller le chercher. Ce bourreau arrive, toujours son nerf de bœuf à la main. Les cinq, nous l'entourons.

« Que me voulez-vous ? »

C'est moi qui parle :

« On veut te dire une seule parole : nous ne commettrons jamais aucune faute contre le règlement ainsi tu n'auras pas de motif pour frapper aucun de nous. Mais comme on a remarqué que tu frappes n'importe qui sans aucune raison quelquefois, on t'a appelé pour te dire que le jour où tu frappes l'un de nous, tu es un homme mort. Tu as bien compris ?

— Oui, dit le Negro Blanco.

— Un dernier avis.

— Quoi ? dit-il d'une voix sourde.

— Si ce que je viens de te dire doit être répété, que cela soit à un officier, mais pas à un soldat.

— Entendu. » Et il s'en va.

Cette scène se passe le dimanche, jour où les prisonniers ne vont pas au travail. Un galonné arrive.

« Comment t'appelles-tu ?

— Papillon.

— C'est toi le chef des Cayennais ?

— Nous sommes cinq et tous sont chefs.

— Pourquoi c'est toi qui as pris la parole pour t'exprimer devant le prévôt ?

— Parce que c'est moi qui parle le mieux espagnol. »

C'est un capitaine de la garde nationale qui me parle. Il n'est pas, me dit-il, le commandant de la garde. Il y a deux chefs plus importants que lui, mais qui ne sont pas là. Depuis notre arrivée, c'est lui qui commande. Les deux commandants arriveront mardi.

« Tu as menacé en ton nom et en celui de tes camarades de tuer le prévôt s'il frappait l'un de vous. Est-ce vrai ?

— Oui, et la menace est très sérieuse. Maintenant je vous dirai que j'ai ajouté que nous ne donnerions aucun motif qui justifie un châtiment corporel. Vous savez, capitaine, qu'aucun tribunal ne nous a condamnés car nous n'avons commis aucun délit au Venezuela.

— Je ne sais pas. Vous êtes arrivés au camp sans aucun papier, avec seulement une note du directeur qui est au village : « Faire travailler ces hommes immédiatement à leur arrivée. »

— Eh bien, capitaine, soyez assez juste, puisque vous êtes militaire, pour qu'en attendant qu'arrivent vos chefs, vos soldats soient avisés par vous de nous traiter différemment des autres prisonniers. Je vous réaffirme que nous ne sommes et ne pouvons pas être des condamnés, car nous n'avons commis aucun délit au Venezuela.

— C'est bien, je donnerai des ordres dans ce sens. J'espère que vous ne m'avez pas trompé. »

J'ai le temps d'étudier les prisonniers tout l'après-midi de ce premier dimanche. La première chose qui me frappe, c'est que tous se portent bien physiquement. Deuxièmement, les coups sont tellement matière journalière qu'ils ont appris à les supporter au point que, même le jour de repos, le dimanche, où ils pourraient assez facilement les éviter en se comportant bien, on dirait qu'ils trouvent un sadique plaisir en jouant avec le feu. Ils n'arrêtent pas de faire des choses défendues : jouer aux dés, baiser un jeune aux cabinets, voler un camarade, dire des mots obscènes aux femmes qui viennent du village apporter douceurs ou cigarettes aux prisonniers. Elles font aussi des échanges. Un panier tressé, un objet sculpté pour quelque monnaie ou des paquets de cigarettes. Eh bien, il y a des prisonniers qui trouvent le moyen d'attraper à travers les fils barbelés ce qu'offre la femme et de partir en courant sans lui donner l'objet marchandé, pour se perdre ensuite au milieu des autres. Conclusion : les châtiments corporels sont appliqués tellement inégalement et pour n'importe quoi, leur cuir étant littéralement tanné par les látigos, que la terreur règne dans ce camp sans aucun bénéfice ni pour la société ni pour l'ordre et qu'elle ne corrige en rien ces malheureux.

La Réclusion de Saint-Joseph, par son silence, est bien plus terrible que cela. Ici la peur est momentanée, et pouvoir parler la nuit, en dehors des heures de travail et le dimanche, ainsi que la nourriture, ici riche et abondante, font qu'un homme peut très bien accomplir sa condamnation qui en aucun cas ne dépasse cinq ans.

Nous passons le dimanche à fumer et à boire du café en parlant entre nous. Quelques Colombiens se sont approchés de nous, nous les avons écartés gentiment, mais fermement. Il faut qu'on nous considère comme des prisonniers à part, sans cela on est foutus.

Le lendemain lundi, à six heures, après avoir copieusement déjeuné, on défile au travail avec les autres. Voici la manière d'opérer la mise en train du travail : deux rangées d'hommes, face à face, cinquante prisonniers, cinquante soldats. Un soldat par prisonnier. Entre les deux rangées, cinquante outils : pioches, pelles ou haches. Les deux lignes d'hommes s'observent. La file des prisonniers, angoissés, la file des soldats, nerveux et sadiques.

Le sergent crie : « Un tel, pioche ! »

Le malheureux se précipite et, au moment où il ramasse la pioche pour la jeter sur son épaule et partir en courant au travail, le sergent crie : « Número » ce qui équivaut à : « Soldat, une, deux, etc. » Le soldat fonce derrière le pauvre mec et le fouette avec son nerf de bœuf. Cette horrible scène se répète deux fois par jour. Sur le parcours du camp au lieu de travail, on a l'impression que ce sont des gardiens d'ânes qui fustigent leurs bourricots en courant derrière eux.

Nous étions glacés d'appréhension, attendant notre tour. Ce fut heureusement différent.

« Les cinq Cayennais, par ici ! Les plus jeunes, prenez ces pioches et vous les deux vieux, ces deux pelles. »

En route, sans courir mais au pas de chasseur, surveillés par quatre soldats et un caporal, nous nous rendons au chantier commun. Cette journée fut plus longue et plus désespérante que la première. Des hommes particulièrement visés, à bout de forces, criaient comme des fous et imploraient à genoux qu'on ne les frappe plus. L'après-midi, ils devaient faire d'une multitude de tas de bois qui avaient mal brûlé, un seul grand tas.

D'autres devaient nettoyer derrière. Et aussi, de quatre-vingts à cent fagots qui étaient déjà presque consumés, il devait seulement rester un grand brasier au milieu du camp. A coups de nerf de bœuf, chaque soldat frappait son prisonnier pour qu'il ramasse les débris et les porte en courant au milieu du champ. Cette course démoniaque provoquait chez certains une véritable crise de folie et dans leur précipitation ils attrapaient quelquefois des branches du côté où il y avait encore de la braise. Les mains brûlées, flagellés sauvagement, marchant pieds nus sur une braise ou une branche encore fumante par terre, cette fantastique scène dura trois heures. Pas un de nous ne fut invité à participer au nettoyage de ce champ nouvellement défriché. Heureusement, car nous avions, par de courtes phrases, sans trop lever la tête, tout en piochant, décidé de sauter chacun sur les cinq soldats, cabots compris, de les désarmer et de tirer dans le tas de ces sauvages.

Aujourd'hui, mardi, nous ne sommes pas sortis au travail. On nous appelle au bureau des deux commandants de la garde nationale. Ces deux militaires sont très étonnés du fait que nous soyons à El Dorado sans documents justifiant qu'un tribunal nous y ait envoyés. De toute façon, ils nous promettent de demander demain des explications au directeur du pénal.

Ça n'a pas été long. Ces deux majors commandants de la garde du pénitencier sont certainement très sévères, on peut même dire : exagérément répressifs, mais ils sont corrects, car ils ont exigé que le directeur de la colonie vienne lui-même nous donner des explications.

Le voici devant nous, accompagné de son beau-frère, Russian, et des deux officiers de la garde nationale.

« Français, je suis le directeur de la Colonie d'El Dorado. Vous avez désiré me parler. Que voulez-vous ?

— D'abord, quel tribunal nous a condamnés sans nous entendre à subir une peine dans cette colonie de travaux forcés ? De combien et pour quel délit ? Nous sommes arrivés par mer à Irapa, au Venezuela. Nous n'avons pas commis le moindre délit. Alors, qu'est-ce que nous faisons ici ? Et comment justifiez-vous qu'on nous oblige à travailler ?

— D'abord nous sommes en guerre. Donc, nous devons savoir qui vous êtes exactement.

— Très bien, mais cela ne justifie pas notre incorporation dans votre bagne.

— Vous êtes des évadés de la justice française, aussi nous devons savoir si vous êtes sollicités par elle.

— J'admets cela, mais j'insiste encore : pourquoi nous traiter comme si nous avions une condamnation à subir ?

— Pour le moment vous êtes ici à cause d'une loi de « vagues et maleantes » en dépôt, comme en instance de documentation sur vous. »

Cette discussion aurait duré longtemps si l'un des officiers n'avait lui-même tranché le tout par son opinion :

« Directeur, nous ne pouvons honnêtement pas traiter ces hommes comme les autres prisonniers. Je suggère qu'en attendant que Caracas soit mis au courant de cette situation particulière, on trouve le moyen de les employer à autre chose que le travail de la route.

— Ce sont des hommes dangereux, ils ont menacé de tuer le cabot presso s'il les frappait. Est-ce vrai ?

— Non seulement on l'a menacé, monsieur le directeur, *mais n'importe lequel* qui s'amusera à frapper l'un de nous sera assassiné.

— Et si c'est un soldat ?

— La même chose. Nous n'avons rien fait pour subir un régime pareil. Nos lois et nos régimes pénitenciers sont peut-être plus horribles et inhumains que les vôtres, mais être frappés comme un animal, nous ne l'accepterons pas. »

Le directeur, se tournant triomphant vers les officiers : « Vous voyez que ces hommes sont très dangereux ! »

Le commandant de la garde, le plus âgé, hésite une seconde ou deux, puis, au grand étonnement de tous conclut :

« Ces fugitifs français ont raison. Rien au Venezuela

ne justifie qu'ils soient contraints à subir une peine et les règles de cette colonie. Je leur donne raison. Aussi deux choses, directeur : ou vous leur trouvez un travail à part des autres prisonniers, ou ils ne sortiront pas au travail. Mis avec tout le monde, ils seraient un jour frappés par un soldat.

— Nous verrons cela. Pour le moment laissez-les dans le camp. Je vous dirai demain ce que l'on doit faire. » Et le directeur, accompagné de son beau-frère, se retire.

Je remercie les officiers. Ils nous donnent des cigarettes et nous promettent de lire au rapport du soir une note aux officiers et soldats où ils leur feront connaître que sous aucun motif ils ne doivent nous frapper.

Voilà huit jours que nous sommes ici. Nous ne travaillons plus. Hier, dimanche, il s'est passé une chose terrible. Les Colombiens ont tiré au sort pour savoir qui devait tuer le prévôt Negro Blanco. C'est un homme d'une trentaine d'années qui a perdu. On lui a fourni une cuillère en fer, le manche affûté sur le ciment en forme de lance très pointue et coupant sur les deux bords. Courageusement, l'homme a tenu son pacte avec ses amis. Il vient de porter trois coups près du cœur du Negro Blanco. Le prévôt emporté d'urgence à l'hôpital, le meurtrier est attaché à un poteau au milieu du camp. Comme des fous, les soldats cherchent partout d'autres armes. Les coups pleuvent de tous côtés. Dans leur rage folle, l'un d'eux, comme je n'allais pas assez vite pour quitter mon pantalon, m'a porté un coup de son nerf de bœuf à la cuisse. Corbière saisit un banc et le lève sur la tête du soldat. Un autre soldat lui donne un coup de baïonnette qui lui traverse le bras quand, au même moment, j'allonge la sentinelle qui m'a frappé d'un coup de pied dans le ventre. J'ai déjà saisi le fusil par terre, quand un ordre crié d'une voix forte arrive jusqu'au groupe :

« Arrêtez tous ! Ne touchez pas aux Français ! Français, laisse le fusil ! » C'est le capitaine Flores, celui qui nous a reçus le premier jour, qui vient de hurler cet ordre.

Son intervention est arrivée à la seconde même où j'allais tirer dans le tas. Sans lui on en aurait peut-être tué un ou deux, mais certainement nous y aurions laissé notre vie, perdue bêtement au bout du Venezuela, au bout du monde, dans ce bagne où nous n'avions rien à faire.

Grâce à l'énergique intervention du capitaine, les soldats se retirent de notre groupe et vont ailleurs assouvir leur besoin de carnage. Et c'est alors que nous assistons à la chose la plus abjecte que l'on puisse concevoir.

Le « ronque » attaché au poteau au centre du camp, est roué de coups sans arrêt par trois hommes à la fois, cabot presso et soldats. Cela dura de cinq heures de l'après-midi jusqu'au lendemain six heures, au lever du jour. C'est long à tuer un homme avec rien que des coups portés sur le corps ! Les très courts arrêts de ce carnage, c'était pour lui demander qui étaient ses complices, qui lui avaient donné la cuillère et qui l'avaient affûtée. Cet homme ne dénonça personne, même pas sous la promesse qu'on arrêterait le supplice s'il parlait. Il perdit connaissance bien des fois. On le ranimait en lui jetant des seaux d'eau. Le comble fut atteint à quatre heures du matin. S'apercevant que sous les coups la peau ne réagit plus, même par des contractions, les frappeurs s'arrêtent.

« Est-il mort ? demande un officier.

— On ne sait pas.

— Détachez-le et mettez-le à quatre pattes. »

Maintenu par quatre hommes, il est plus ou moins à quatre pattes. Alors, l'un des bourreaux lui envoie un coup de nerf de bœuf juste dans la raie des fesses et la pointe est sûrement allée bien plus en avant encore que les parties sexuelles. Ce magistral coup d'un maître tortureur arracha au « ronque », enfin, un cri de douleur.

« Continuez, dit l'officier, il n'est pas mort. »

Jusqu'au jour, il fut frappé. Cette bastonnade digne du Moyen Age, qui aurait tué un cheval, n'était pas arrivée à faire expirer le « ronque ». Après l'avoir laissé une heure sans le frapper et l'avoir arrosé de plusieurs seaux d'eau, il eut, aidé par des soldats, la force de se lever. Il arriva à se tenir debout un moment, tout seul. L'infirmier arrive avec un verre à la main :

« Bois cette purge, commande un officier, ça te remettra. »

Le « ronque » hésite, puis boit d'un seul coup la purge. Une minute après il s'écroule, pour toujours. Agonisant, de sa bouche sort une phrase : « Imbécile, ils t'ont empoisonné. »

Inutile de vous dire qu'aucun des prisonniers, nous compris, n'avait l'intention de bouger ne serait-ce qu'un seul doigt. Tout le monde sans exception était terrorisé. C'est la deuxième fois de ma vie que j'ai eu envie de mourir. Pendant plusieurs minutes je fus attiré par le fusil que tenait négligemment un soldat non loin de moi. Ce qui m'a retenu, c'est la pensée que je serais peut-être tué avant d'avoir eu le temps de manœuvrer la culasse et de tirer dans le tas.

Un mois après, le Negro Blanco était de nouveau et plus que jamais la terreur du camp. Toutefois son destin de crever à El Dorado était écrit. Un soldat de garde, une nuit, le braque quand il passe près de lui :

« Mets-toi à genoux », ordonne le soldat.

Negro Blanco obéit.

« Fais ta prière, tu vas mourir. »

Il lui laissa faire une courte prière puis l'abattit de trois balles de fusil. Les prisonniers disaient que le soldat l'avait tué, écœuré qu'il était de voir ce bourreau frapper comme un sauvage les pauvres prisonniers. D'autres racontaient que Negro Blanco avait dénoncé ce soldat à ses supérieurs, disant qu'il l'avait connu à Caracas et qu'avant le service militaire, c'était un voleur. Il a dû être enterré pas loin du « ronque », voleur certainement, mais un homme d'un courage et d'une valeur peu communs.

Tous ces événements ont empêché de prendre une

décision à notre égard. D'ailleurs, les autres prisonniers sont restés quinze jours sans sortir travailler. Barrière a été très bien soigné pour son coup de baïonnette par un docteur du village.

Pour le moment nous sommes respectés. Chapar est parti hier comme cuisinier du directeur au village. Guittou et Barrière ont été libérés, car il est venu de France les renseignements sur nous tous. Comme il en ressortait qu'ils avaient terminé leur peine, on les a mis en liberté. Moi, j'avais donné un nom italien. Il revient mon vrai nom avec mes empreintes et ma condamnation à perpétuité ; pour Deplanque, qu'il a vingt ans et Chapar aussi. Tout fier, le directeur nous donne la nouvelle reçue de France : « Toutefois, nous dit-il, en raison du fait que vous n'avez rien commis de mal au Venezuela, on va vous garder pendant un certain temps, puis on vous mettra en liberté. Mais pour cela, il faut travailler et bien vous conduire : vous êtes en période d'observation. »

En parlant avec moi, plusieurs fois les officiers se sont plaints de la difficulté d'avoir au village des légumes frais. La colonie a un camp d'agriculture, mais pas de légumes. Elle cultive du riz, du maïs, des haricots noirs et c'est tout. Je leur offre de faire un jardin potager s'ils me procurent des graines. Accordé.

Premier avantage : on nous sort du camp, Deplanque et moi, et comme il est arrivé deux relégués arrêtés à Ciudad Bolivar, ils sont joints à nous. L'un est un Parisien, Toto, l'autre un Corse. A nous quatre on fait deux maisonnettes bien bâties en bois et en feuilles de palmier. Dans l'une Deplanque et moi ; dans l'autre, nos deux camarades.

Toto et moi construisons des tables haut perchées dont les pieds sont posés dans des boîtes pleines de pétrole pour que les fourmis ne mangent pas les graines. Très vite, nous avons des plants robustes de tomates, d'aubergines, melons, haricots verts. Nous commençons à les repiquer sur des planches, car les petits plants sont maintenant assez forts pour résister aux fourmis. Pour planter les nouvelles tomates, nous creusons une espèce de fossé tout autour qui sera souvent rempli d'eau. Cela les tiendra toujours humides et empêchera les parasites, nombreux dans cette terre vierge, de pouvoir accéder à nos plants.

« Tiens, qu'est-ce que c'est ça ? me dit Toto. Regarde ce caillou comme il brille.

— Lave-le, mec. » Et il me le passe. C'est un petit cristal gros comme un pois chiche. Une fois lavé, il brille encore plus sur la partie où sa gangue est cassée, car il est entouré par une espèce d'écorce de grès dure.

« Ne serait-ce pas un diamant ?

— Ferme ta gueule, Toto. C'est pas le moment de jacter, si c'est un brillant. Tu ne vois pas si on avait la veine d'avoir trouvé une mine de diamants ? Attendons ce soir et cache ça. »

Le soir, je donne des leçons de mathématiques à un caporal (aujourd'hui colonel) qui prépare un concours pour passer officier. Cet homme, d'une noblesse et d'une droiture à toute épreuve (il me l'a prouvé pendant plus de vingt-cinq ans d'amitié), s'appelle maintenant le colonel Francisco Bolagno Utrera.

« Francisco, qu'est-ce ceci ? C'est un cristal de roche ?

— Non, dit-il après l'avoir minutieusement examiné. C'est un diamant. Cache-le bien et ne le fais voir à personne. Où l'as-tu trouvé ?

— Sous mes plants de tomates.

— C'est bizarre. Ne l'aurais-tu pas rapporté quand tu montais de l'eau du fleuve ? Est-ce que tu racles ton seau et prends un peu de sable avec l'eau ?

— Oui, ça arrive.

— Alors, c'est sûrement cela. Ton brillant, tu l'as monté du fleuve, le rio Caroni. Tu peux chercher, mais prends des précautions pour voir si tu n'en as pas apporté d'autres, car jamais on ne trouve rien qu'une

seule pierre précieuse. Où on en trouve une, obligatoirement il y en a d'autres. »

Toto se met au travail.

Jamais il n'avait tant travaillé de sa vie, au point que
nos deux camarades à qui l'on n'avait rien raconté,
disaient :

« Arrête de bosser, Toto, tu vas te crever à monter des
seaux d'eau du fleuve. Et par-dessus le marché tu appor-
tes du sable avec !

— C'est pour rendre la terre plus légère, mon pote,
répondait Toto. En la mélangeant avec du sable, elle
filtre mieux l'eau. »

Toto, malgré les plaisanteries de nous tous, continue
à charrier des seaux sans arrêt. Un jour, en plein midi,
lors d'un voyage il se casse la gueule devant nous assis
à l'ombre. Et du sable versé surgit un brillant gros
comme deux pois chiches. La gangue, encore une fois,
est cassée, sans quoi on ne le verrait pas. Il a le tort de
le ramasser trop vite.

« Tiens, dit Deplanque, ça serait pas un diamant ? Des
soldats m'ont dit que dans la rivière il y a des diamants
et de l'or.

— Voilà pourquoi je charrie tant d'eau. Vous voyez que
je ne suis pas si con que ça ! » dit Toto, content de
justifier enfin pourquoi il travaille tant.

Bref, en six mois, pour terminer l'histoire des brillants, Toto est possesseur de sept à huit carats de brillants. Moi, j'en ai une douzaine en plus de trente petites
pierres, ce qui les transforme en « commercial », dans
l'argot des mineurs. Mais, un jour, j'en trouve un de
plus de six carats qui, taillé plus tard à Caracas, a
donné quatre carats à peu près. Je l'ai toujours et le
porte nuit et jour au doigt. Deplanque et Antartaglia
eux aussi ont réuni quelques pierres précieuses. Moi, j'ai
toujours le plan du bagne et je les ai mises dedans.
Eux ont fabriqué avec des pointes de cornes de bœuf des
espèces de plans qui leur servent à garder ces petits
trésors.

Personne ne sait rien sauf le futur colonel, le caporal Francisco Bolagno. Les tomates et les autres plantes ont poussé. Scrupuleusement, les officiers nous paient nos légumes que nous portons tous les jours au mess.

Nous avons une liberté relative. Nous travaillons sans aucun garde et couchons dans nos deux maisonnettes. Jamais nous n'allons au camp. On est respectés et bien traités. Bien entendu, nous insistons chaque fois qu'on le peut auprès du directeur pour qu'il nous mette en liberté. Chaque fois il nous répond : « Bientôt », mais voilà huit mois qu'on est là et rien n'arrive. Alors je commence à parler cavale. Toto ne veut rien savoir. Les autres non plus. Pour étudier la rivière, je me suis procuré cordon de pêche et hameçon. Je vends ainsi du poisson, particulièrement les fameux caribes, poissons carnivores qui arrivent à peser un kilo et qui ont des dents disposées comme celles des requins et aussi terribles.

Aujourd'hui branle-bas. Gaston Duranton, dit Tordu, est parti en cavale en emportant soixante-dix mille bolivars du coffre-fort du directeur. Ce dur a une histoire originale.

Enfant, il était à la maison de correction de l'île d'Oléron et il travaillait comme cordonnier à l'atelier. Un jour la courroie de cuir qui prend la chaussure sur le genou et passe sous le dessous du pied, casse. Il se déhanche. Mal soignée, la hanche se soude à moitié et toute sa vie de gosse et une partie de sa vie d'homme il est tordu, déhanché. Le voir marcher était pénible : ce garçon maigre et déjeté ne pouvait avancer qu'en traînant cette jambe qui refusait d'obéir. Il monte au bagne à vingt-cinq ans. Rien d'étonnant qu'après les longs stages en maison de correction il en soit sorti voleur.

Toute le monde l'appelle Tordu. Presque personne ne connaît son nom, Gaston Duranton. Tordu il est, Tordu on l'appelle. Mais du bagne, tout déjeté qu'il est, il s'évade et arrive jusqu'au Venezuela. C'était du temps du dictateur Gomez. Peu de bagnards ont passé au travers de sa répression. Quelques rares exceptions, dont surtout le docteur Bougrat, parce qu'il sauva toute la population de l'île aux perles « Margarita » où il y avait une épidémie de fièvre jaune.

Tordu, arrêté par la « sagrada » (sacrée), police spéciale de Gomez, est envoyé travailler à faire les routes du Venezuela. Les prisonniers français et Vénézuéliens étaient enchaînés à des boulets où était imprimée en creux la fleur de lis de Toulon. Quand les hommes réclamaient, on leur disait : « Mais ces chaînes, ces manilles et ces boulets viennent de ton pays ! Regarde la fleur de lis. » Bref, Tordu s'évade du camp volant où il travaillait à la route. Rattrapé quelques jours après, on le ramène à cette espèce de bagne ambulant. Devant tous les prisonniers, on le couche sur le ventre, à poil, et on le condamne à recevoir cent coups de nerf de bœuf.

Il est extrêmement rare qu'un homme résiste à plus de quatre-vingts coups. La chance qu'il a c'est d'être maigre, car couché à plat ventre les coups ne peuvent pas lui prendre le foie, partie qui éclate si on frappe dessus. Il est de coutume, après cette flagellation où les fesses sont comme hachées, de mettre du sel sur les plaies et de laisser l'homme au soleil. Toutefois on lui couvre la tête avec une feuille d'une plante grasse, car on accepte qu'il meure des coups mais pas d'une insolation.

Tordu sort vivant de ce supplice du Moyen Age et quand il se relève pour la première fois, surprise, il n'est plus tordu. Les coups lui ont cassé la mauvaise soudure faite à faux et lui ont remis la hanche exactement à sa place. Soldats et prisonniers crient au miracle, personne ne comprend. Dans ce pays superstitieux, on croit que c'est Dieu qui a voulu le récompenser d'avoir résisté dignement aux tortures. De ce jour, on lui enlève les fers et le boulet. Il est protégé et passe distributeur d'eau aux travailleurs forcés. Vite, il se développe et, mangeant beaucoup, devient un grand et athlétique garçon.

La France sut que les bagnards travaillaient à construire des routes au Venezuela. Pensant que ces énergies seraient mieux employées en Guyane française, le maréchal Franchet d'Esperey fut envoyé en mission pour demander au dictateur, heureux de cette main-d'œuvre gratuite, de bien vouloir rendre ces hommes à la France.

Gomez accepte et, au port de Puerto Cabello, un bateau vient les chercher. Alors là, il se passe des gags terribles car il y a des hommes qui viennent d'autres chantiers de routes et ne savent pas l'histoire du Tordu.

« Eh ! Marcel, ça va ?

— Qui es-tu ?

— Le Tordu.

— Tu rigoles, te fous pas de moi ! répondaient tous les interpellés en voyant ce grand et beau gaillard, bien planté sur ses jambes bien droites. »

Tordu, qui était jeune et rigolo, n'arrêta pas pendant tout l'embarquement d'interpeller tous ceux qu'il connaissait. Et tous, bien entendu, n'admettaient pas que le Tordu se soit redressé. De retour au bagne, je connus cette histoire de sa propre bouche et de celle des autres, à Royale.

Evadé de nouveau en 1943, il vient échouer à El Dorado. Comme il avait vécu au Venezuela, certainement sans dire qu'il y avait toujours été prisonnier, on l'avait employé tout de suite comme cuisinier à la place de Chapar passé jardinier. Il était au village chez le directeur, donc de l'autre côté du fleuve.

Dans le bureau du directeur se trouvait un coffre-fort et l'argent de la colonie. Ce jour-là, donc, il vole soixante-dix mille bolivars, ce qui valait en ce temps-là à peu près vingt mille dollars. D'où le branle-bas dans notre jardin : directeur, beau-frère du directeur et les deux majors commandants de la garde. Le directeur veut nous remettre sur le camp. Les officiers refusent. Ils nous défendent aussi bien que leur approvisionnement de légumes. On arrive à convaincre enfin le directeur qu'on n'a aucun renseignement à lui fournir ; que si on avait dû savoir quelque chose, on serait partis avec lui, mais que nous,

notre objectif c'est d'être libres au Venezuela et non en
Guyane anglaise, seule région où il a pu se diriger. Guidé
par les charognards qui le dévoraient, on retrouva
Tordu mort à plus de soixante-dix kilomètres en brousse,
très près de la frontière anglaise.

La première version, la plus commode, est qu'il avait
été assassiné par des Indiens. Bien plus tard, un homme
fut arrêté à Ciudad Bolivar. Il changeait des billets de
cinq cents bolivars qui étaient trop neufs. La banque
qui les avait délivrés au directeur de la Colonie d'El
Dorado possédait la série de numéros et vit que c'étaient
des billets volés. L'homme avoua et en dénonça deux
autres qui ne furent jamais arrêtés. Voilà la vie et la
fin de mon bon ami, Gaston Duranton, dit le Tordu.

Clandestinement, certains officiers ont mis des prisonniers à la recherche de l'or et des diamants dans le
rio Caroni. Les résultats furent positifs, sans découvertes
fabuleuses, mais assez pour stimuler les chercheurs. En
bas de mon jardin, deux hommes travaillent toute la
journée avec la « battée », un chapeau chinois renversé,
la pointe en bas et le bord en haut. Ils le remplissent de
terre et la lavent. Comme le diamant est plus lourd que
tout, il reste au fond du « chapeau ». Il y a déjà eu un
mort. Il volait son « patron ». Ce petit scandale a fait
qu'on a arrêté cette « mine » clandestine.

Il y a sur le camp un homme au torse tout tatoué.
Sur le cou est écrit : « Merde au coiffeur. » Il est paralysé du bras droit. Sa bouche tordue et une grosse langue souvent pendante et baveuse indiquent clairement
qu'il a eu une attaque d'hémiplégie. Où ? On ne sait pas.
Il était ici avant nous. D'où vient-il ? Ce qu'il y a de sûr,
c'est que c'est un bagnard ou un relégué évadé. Sur sa
poitrine est tatoué « Bat d'Af ». Ça et le « Merde au coiffeur » derrière son cou font, sans qu'on puisse se
tromper, reconnaître que c'est un dur.

Il est surnommé Picolino par les gaffes et les prisonniers. Il est bien traité et reçoit scrupuleusement le
manger, trois fois par jour, et des cigarettes. Ses yeux

bleus vivent intensément et son regard n'est pas toujours triste. Quand il regarde quelqu'un qu'il aime, ses pupilles brillent de joie. Il comprend tout ce qu'on lui dit, mais il ne peut ni parler ni écrire : son bras droit paralysé ne le lui permet pas et à la main gauche il lui manque le pouce et deux doigts. Cette épave reste des heures collée aux fils de fer barbelés, attendant que je passe avec des légumes, car c'est ce chemin que j'emprunte pour me rendre au mess des officiers. Donc, chaque matin, lorsque je porte mes légumes, je m'arrête pour parler à Picolino. Appuyé sur les fils de fer barbelés, il me regarde de ses beaux yeux bleus pleins de vie dans un corps presque mort. Je lui dis des mots gentils et avec sa tête ou ses paupières il me fait comprendre qu'il a saisi toute ma conversation. Son pauvre visage paralysé s'illumine un moment, et ses yeux brillent en voulant m'exprimer combien de choses ? Toujours je lui porte quelques friandises : une salade de tomates, laitue ou concombre toute préparée avec sa sauce vinaigrette, ou un petit melon, un poisson cuit sur la braise. Il n'a pas faim, car la nourriture est copieuse au bagne vénézuélien, mais ça change du menu officiel. Quelques cigarettes complètent toujours mes petits cadeaux. C'est devenu une habitude fixe, cette courte visite à Picolino, au point que les soldats et les prisonniers l'appellent le fils de Papillon.

LA LIBERTÉ

Chose extraordinaire, les Vénézuéliens sont si prenants, si captivants, que je suis décidé à croire en eux. Je ne partirai pas en cavale. Prisonnier, j'accepte cette situation anormale, espérant un jour faire partie de leur peuple. Cela paraît paradoxal. La manière dont ils traitent sauvagement les prisonniers n'est pas pourtant pour m'encourager à vivre dans leur société, mais je comprends qu'ils trouvent normales les punitions corporelles, aussi bien les prisonniers que les soldats. Si un soldat fait une faute, on lui administre plusieurs coups de nerf de bœuf à lui aussi. Et quelques jours après, ce même sergent parle avec le même cabot, sergent ou officier qui l'a frappé, comme si rien ne s'était passé.

Ce système barbare leur a été transmis par le dictateur Gomez qui les a conduits ainsi de longues années. Il en est resté cette coutume, au point qu'un chef civil punit les habitants qui sont sous sa juridiction de cette façon, par quelques coups de nerf de bœuf.

C'est à cause d'une révolution que je me trouve à la veille d'être libéré. Un coup d'Etat, moitié civil moitié militaire, a fait tomber le président de la République de son fauteuil, le général Angarita Medina, l'un des plus grands libéraux qu'ait connu le Venezuela. Il était si bon, si démocrate, qu'il n'a pas su ou voulu résister au coup d'Etat. Il s'est catégoriquement refusé, paraît-il, à faire couler le sang entre Vénézuéliens pour se maintenir à son poste. Certainement que ce grand militaire démocrate n'était pas au courant de ce qui se passait à El Dorado.

De toute façon, un mois après la Révolution, tous les officiers sont changés. Une enquête est ouverte sur la mort du « ronque » par la « purge ». Le directeur et son beau-frère disparaissent pour être remplacés par un ancien diplomate-avocat.

« Oui, Papillon, je vais vous mettre en liberté demain, mais je voudrais que vous emmeniez avec vous ce pauvre Picolino à qui vous vous intéressez. Il n'a pas d'identité, je lui en ferai une. Quant à vous, voilà une cédula (carte d'identité) bien en règle avec votre vrai nom. Les conditions sont les suivantes : vous devez vivre dans un petit pays pendant un an avant de pouvoir vous installer dans une grande ville. Ce sera une espèce de liberté non pas surveillée, mais où l'on pourra vous voir vivre et se rendre compte de la façon de vous défendre dans la vie.

Si, comme je le crois, au bout d'un an le chef civil du pays vous donne un certificat de bonne conduite, alors lui-même mettra fin à votre « confinamiente » (résidence forcée). Je crois que Caracas serait pour vous la ville idéale. De toute façon vous êtes autorisé à vivre légalement dans le pays. Votre passé ne compte plus pour nous. A vous de démontrer que vous êtes digne que l'on vous donne l'opportunité d'être à nouveau un homme respectable. J'espère qu'avant cinq ans vous serez mon compatriote par une naturalisation qui vous donnera une nouvelle patrie. Que Dieu vous accompagne ! Merci de vouloir vous occuper de cette épave de Picolino. Je ne peux le mettre en liberté que si quelqu'un signe qu'il se charge de lui. Espérons que dans un hôpital il arrivera à guérir. »

C'est demain matin à sept heures que je dois, accompagné de Picolino sortir en vraie liberté. Une chaleur envahit mon cœur, j'ai enfin vaincu pour toujours « le chemin de la pourriture ». Nous sommes en août 1944. Il y a treize ans que j'attendais ce jour-là.

Je me suis retiré dans ma maisonnette du jardin. Je me suis excusé auprès de mes camarades, j'ai besoin d'être seul. L'émotion est trop grande et trop belle pour que je l'extériorise devant témoins. Je tourne et retourne ma carte d'identité que m'a remise le directeur : ma photographie à l'angle gauche, en haut le numéro 1728629, délivrée le 3 juillet 1944. Au beau milieu, mon nom ; au-dessous, mon prénom. Derrière, date de naissance : 16 novembre 1906. La pièce d'identité est parfaitement en règle, elle est même signée et tamponnée par le directeur d'Identification. Situation au Venezuela : « Résident. » C'est formidable ce mot « résident », cela veut dire que je suis domicilié au Venezuela. Mon cœur bat à grands coups. Je voudrais me mettre à genoux pour prier et remercier Dieu. Tu ne sais pas prier et tu n'es pas baptisé. A quel Dieu tu vas t'adresser puisque tu n'appartiens à aucune religion déterminée ? Le Bon Dieu des catholiques ? des protestants ? des juifs ? des mahométans ? Lequel, je vais choisir pour lui dédier ma prière que je vais être obligé d'inventer de toutes pièces puisque je ne sais aucune prière entière. Mais pourquoi je cherche aujourd'hui à quel Dieu je dois m'adresser ? N'ai-je pas toujours pensé, quand je l'ai appelé dans ma vie, ou maudit même, à ce Dieu de l'enfant Jésus dans son panier avec l'âne et le bœuf autour ? Serait-ce que dans mon subconscient je garde encore rancune aux bonnes sœurs de Colombie ? Et alors, pourquoi ne pas penser seulement à l'unique, au sublime évêque de Curaçao, Mgr Irénée de Bruyne et, plus loin encore, au bon prêtre de la Conciergerie ?

Je serai libre demain, complètement libre. Dans cinq ans je serai naturalisé vénézuélien, car je suis certain de ne commettre aucune faute sur cette terre qui m'a donné asile et m'a fait confiance. Je dois être dans la vie deux fois plus honnête que tout le monde.

En effet, si je suis innocent du meurtre pour lequel un procureur, des poulets et douze fromages m'ont envoyé aux durs, cela n'a pu se faire que parce que j'étais un truand. C'est parce que j'étais vraiment un aventurier que, facilement, on a pu tisser autour de ma personnalité ce fatras de mensonges. Ouvrir les coffres-forts des autres n'est pas une profession bien recommandable et la société a le droit et le devoir de se défendre. Si j'ai pu être jeté dans le chemin de la pourriture, c'est parce que, je dois honnêtement le reconnaître, j'étais candidat permanent à y être envoyé un jour. Que ce châtiment ne soit pas digne d'un peuple comme la France, qu'une société ait le devoir de se défendre et non de se venger si bassement, tout cela c'est autre chose. Mon passé ne peut être effacé d'un coup d'éponge, je dois me réhabilité moi-même, à mes propres yeux d'abord, et aux yeux des autres ensuite. Donc, remercie ce Bon Dieu des catholiques, Papi, promets-lui quelque chose de très important.

« Bon Dieu, pardonne si je ne sais pas prier, mais regarde en moi et tu liras que je n'ai pas assez de mots

pour t'exprimer ma reconnaissance de m'avoir conduit
jusqu'ici. La lutte a été dure, gravir le calvaire que m'ont
infligé les hommes n'a pas été très facile, et certainement si j'ai pu surmonter tous les obstacles et continuer
à vivre en bonne santé jusqu'à ce jour béni, c'est que
tu avais la main sur moi pour m'aider. Que pourrais-je
faire pour démontrer que je suis sincèrement reconnaissant de tes bienfaits ?

— Renoncer à ta vengeance. »

Ai-je entendu ou cru entendre cette phrase ? Je ne
sais, mais elle est venue si brutalement me gifler en
pleine joue que j'admettrais presque l'avoir vraiment
entendue.

« Oh non ! Pas cela ! Ne me demande pas ça. Ces gens
m'ont trop fait souffrir. Comment veux-tu que je pardonne aux policiers véreux, au faux témoin Polein ?
Renoncer d'arracher la langue au procureur inhumain ?
C'est pas possible. Tu m'en demandes trop. Non, non
et non ! Je regrette de te contrarier, mais à aucun prix
je n'exécuterai pas ma vengeance. »

Je sors, j'ai peur de faiblir, je ne veux pas abdiquer. Je
fais quelques pas dans mon jardin. Toto arrange des
tiges de haricots grimpants pour qu'elles s'enroulent
autour des gaules. Tous les trois s'approchent de moi,
Toto, le Parisien plein d'espoir des bas-fonds de la rue
de Lappe, Antartaglia, le voleur à la tire né en Corse
mais ayant de longues années dépouillé les Parisiens
de leur porte-monnaie, et Deplanque, le Dijonnais meurtrier d'un barbeau comme lui. Ils me regardent, leur
visage est plein de joie de me voir libre enfin. Bientôt
ce sera leur tour, sans doute.

« Tu n'as pas rapporté du village une bouteille de
vin ou de rhum pour fêter ton départ ?

— Excusez-moi, j'étais tellement émotionné que je n'y
ai même pas pensé. Pardonnez-moi cet oubli.

— Mais non, Toto, on n'a pas à te pardonner, je vais
faire un bon café pour tous.

— Tu es content, Papi, car tu es enfin définitivement

libre après tant d'années de lutte. Nous sommes heureux pour toi.

— Votre tour viendra bientôt, je l'espère.

— C'est sûr, dit Toto, le capitaine m'a dit que tous les quinze jours il sortira l'un de nous en liberté. Que vas-tu faire une fois libre ? »

J'ai hésité une ou deux secondes mais, courageusement, malgré la crainte d'être un peu ridicule devant ce relégué et les deux durs, je réponds :

« Ce que je vais faire ? Eh bien, c'est pas compliqué : je me mettrai à travailler et serai toujours honnête. Dans ce pays qui m'a fait confiance, j'aurais honte de commettre un délit. »

Au lieu d'une réponse ironique, je reste surpris car tous les trois en même temps avouent :

« Moi aussi, j'ai décidé de vivre correctement. Tu as raison, Papillon, ça sera dur mais cela vaut la peine et ces Vénézuéliens méritent qu'on les respecte. »

Je n'en crois pas mes oreilles. Toto, le voyou des bas-fonds de la Bastille, qui a des idées pareilles ? Ça, c'est déconcertant ! Antartaglia qui toute sa longue vie a vécu en fouillant dans les poches des autres réagissant ainsi ? C'est merveilleux. Et que Deplanque, souteneur professionnel, n'ait pas dans ses projets l'idée de trouver une femme et de l'exploiter ? C'est encore bien plus étonnant. Tous on éclate de rire ensemble.

« Ah ! celle-là par exemple, elle vaut de l'or et si demain tu retournes à Montmartre, place Blanche et que tu racontes ça, personne ne va te croire !

— Les hommes de notre milieu, si. Ils comprendraient, mec. Ceux qui ne voudraient pas l'admettre, ce sont les caves. La grande majorité des Français n'admet pas qu'un homme puisse, avec le passé que nous avons, devenir quelqu'un de bien sous tous les rapports. C'est la différence entre le peuple vénézuélien et le nôtre. Je vous ai raconté la thèse du type d'Irapa, un pauvre pêcheur, expliquant au préfet qu'un homme n'est jamais perdu, qu'il faut lui donner une chance pour qu'en l'aidant il devienne un honnête homme. Ces pêcheurs presque illettrés du golfe de Paria, au bord du monde, perdus dans cet immense estuaire de l'Orénoque, ont une philosophie d'humanisme qui manque à beaucoup de nos compatriotes. Trop de progrès mécaniques, une vie agitée, une société qui n'a qu'un idéal : de nouvelles inventions mécaniques, une vie toujours plus facile et meilleure. Déguster les découvertes de la science comme on lèche un sorbet entraîne la soif d'un confort meilleur et la lutte constante pour y arriver. Tout cela tue l'âme, la commisération, la compréhension, la noblesse. On n'a pas le temps de s'occuper des autres, encore bien moins des repris de justice. Et même les autorités de ce bled sont autrement que chez nous, car ils sont aussi responsables de la tranquillité publique. Malgré tout, ils risquent d'avoir de gros ennuis, mais ils doivent penser que cela vaut la peine de risquer un peu pour sauver un homme. Et ça, c'est magnifique. »

J'ai un beau costume bleu marine que m'a offert mon élève, aujourd'hui colonel. Il est parti à l'école des officiers il y a un mois après y être entré dans les trois premiers, au concours. Je suis heureux d'avoir un peu contribué à son succès par les leçons que je lui ai données. Avant de partir, il m'a offert des effets presque neufs qui me vont très bien. Je sortirai vêtu correctement grâce à lui, Francisco Bolagno, cabot de la garde nationale, marié et père de famille.

Cet officier supérieur, actuellement colonel de la garde nationale, m'a pendant vingt-six ans honoré de son amitié aussi noble qu'indéfectible. Il représente vraiment la droiture, la noblesse et les sentiments les plus élevés qu'un homme puisse posséder. Jamais, malgré sa haute position dans la hiérarchie militaire, il n'a cessé de me témoigner sa fidèle amitié, ni de m'aider pour quoi que ce soit. Je lui dois beaucoup au colonel Francisco Bolagno Utrera.

Oui, je ferai l'impossible pour être et rester honnête.

Le seul inconvénient, c'est que je n'ai jamais travaillé, je ne sais rien faire. Je devrai faire n'importe quoi pour gagner ma vie. Cela ne sera pas facile mais j'y arriverai, c'est sûr. Demain je serai un homme comme les autres. Tu as perdu la partie, procureur : *je suis sorti définitivement du chemin de la pourriture.*

Je tourne et retourne dans mon hamac, dans l'énervement de la dernière nuit de mon odyssée de prisonnier. Je me lève, traverse mon jardin que j'ai si bien soigné pendant ces mois passés. La lune éclaire comme en plein jour. L'eau de la rivière coule sans bruit vers l'embouchure. Pas de cris d'oiseaux, ils dorment. Le ciel est plein d'étoiles, mais la lune est si brillante qu'il faut lui tourner le dos pour apercevoir les étoiles. En face de moi, la brousse, trouée seulement par la clairière où est bâti le village d'El Dorado. Cette paix profonde de la nature me repose. Mon agitation peu à peu s'apaise et la sérénité du moment me donne le calme dont j'ai besoin.

J'arrive à imaginer très bien l'endroit où, demain, je débarquerai du chaland pour poser le pied sur la terre de Simon Bolivar, l'homme qui a libéré ce pays du joug espagnol et qui a légué à ses fils les sentiments d'humanité et de compréhension qui font qu'aujourd'hui, grâce à eux, je puis recommencer à vivre.

J'ai trente-sept ans, je suis encore jeune. Mon état physique est parfait. Je n'ai jamais été malade sérieusement, mon équilibre mental est, je crois pouvoir le dire, complètement normal. Le chemin de la pourriture n'a pas laissé de traces dégradantes en moi. C'est surtout, je crois, parce que je ne lui ai jamais vraiment appartenu.

Non seulement je devrai, dans les premières semaines de ma liberté, trouver la façon de gagner ma vie, mais je devrai aussi soigner et faire vivre le pauvre Picolino. C'est une grave responsabilité que j'ai prise là. Pourtant, malgré qu'il va être un lourd fardeau, j'accomplirai la promesse faite au directeur et ne laisserai ce malheureux que lorsque j'aurais pu le mettre dans un hôpital, entre des mains compétentes.

Dois-je avertir mon papa que je suis libre ? Il ne sait rien de moi depuis des années. Savoir où il est ? Les seules nouvelles qu'il a eues à mon sujet sont les visites de la gendarmerie à l'occasion des cavales. Non, je ne dois pas être pressé. Je n'ai pas le droit de remettre à vif la plaie que peut-être les années passées ont presque cicatrisée. J'écrirai quand je serai bien, quand j'aurai acquis une petite situation stable, sans problèmes, où je pourrai lui dire : « Mon petit père, ton fiston est libre, il est devenu un homme bon et honnête. Il vit de telle façon, de telle manière. Tu n'as plus à baisser la tête à son sujet, c'est d'ailleurs pour cela que je t'écris que je t'aime et te vénère toujours. »

C'est la guerre, qui sait si les Boches sont installés dans mon petit village ? L'Ardèche n'est pas une partie bien importante de la France. L'occupation n'y doit pas être complète. Qu'est-ce qu'ils iraient chercher là-bas à part des châtaignes ? Oui, c'est seulement quand je serai bien et digne de le faire que j'écrirai, ou plutôt chercherai à écrire chez moi.

Où vais-je aller maintenant ? Je me fixerai aux mines d'or d'un village qui s'appelle Le Callao. Là, je vivrai l'année que l'on m'a demandé de passer dans une petite communauté. Qu'est-ce que je vais faire ? Va savoir ! Ne commence pas à te poser des problèmes à l'avance. Devrais-tu piocher la terre pour gagner ton pain, que tu le ferais et puis c'est tout. Je dois d'abord apprendre à vivre libre. Ça ne va pas être facile. Depuis treize ans, à part ces quelques mois à Georgetown, je n'ai pas eu à m'occuper de gagner ma nourriture. Toutefois à Georgetown je ne me suis pas mal défendu. L'aventure continue, à moi d'inventer des trucs pour vivre, sans faire de mal à personne bien entendu. Je verrai bien. Donc, demain Le Callao.

Sept heures du matin. Un beau soleil des tropiques, un ciel bleu sans nuages, les oiseaux qui crient leur joie de vivre, mes amis réunis à la porte de notre jardin, Picolino tout habillé proprement en civil, bien rasé. Tout : nature, bêtes et hommes respirent la joie et fêtent ma mise en liberté. Un lieutenant est aussi avec le groupe de mes amis, il nous accompagnera jusqu'au village d'El Dorado.

« Embrassons-nous, dit Toto, et va-t'en. C'est mieux pour tout le monde.

— Adieu, chers potes, quand vous passerez par Le Callao, cherchez-moi. Si j'ai une maison à moi, ce sera la vôtre.

— Adieu, Papi, bonne chance ! »

Rapidement nous gagnons l'embarcadère et montons sur le chaland. Picolino a marché très bien. C'est seulement en haut du bassin qu'il est paralysé, les jambes vont bien. En moins de quinze minutes on a passé la rivière.

« Allez, voici les papiers de Picolino. Bonne chance, Français. Vous êtes libres dès ce moment. Adios ! »

Et ce n'est pas plus difficile que cela de quitter des chaînes qu'on traîne depuis treize ans. « Vous êtes libres dès ce moment. » On vous tourne le dos, abandonnant ainsi votre surveillance. Et c'est tout. Le chemin de galets qui monte de la rivière est vite grimpé. Nous n'avons qu'un tout petit paquet où il y a trois chemises et un pantalon de rechange. Je porte le costume bleu marine, une chemise blanche et une cravate bleue assortie au costume.

Mais, on s'en doute, on ne refait pas une vie comme on recoud un bouton. Et si aujourd'hui, vingt-cinq ans après, je suis marié, avec une fille, heureux à Caracas, citoyen vénézuélien, c'est à travers beaucoup d'autres aventures, des réussites et des fracas, mais d'homme libre et de citoyen correct. Je les raconterai peut-être un jour, et aussi bien des histoires peu banales que je n'ai pas eu la place de mettre ici.

PAPILLON OU LA LITTERATURE ORALE

par

JEAN-FRANÇOIS REVEL

S'IL me fallait nommer l'écrivain du passé qu'Henri Charrière évoque pour moi, je n'hésiterais pas une seconde : je nommerais Grégoire de Tours. Le rapprochement s'est imposé à mon esprit avec une force irrésistible. Lisez par exemple ce passage de l'*Histoire des Francs* du grand évêque gaulois :

« Le conflit survenu entre les habitants de Tours qui, comme nous l'avons dit plus haut, avait pris fin, reprit avec une fureur nouvelle. Sichaire, après le meurtre des parents de Chramnesinde, s'était pris d'une très grande amitié pour ce dernier et ils se chérissaient mutuellement d'une telle affection que très souvent ils prenaient ensemble leurs repas et couchaient tous les deux dans le même lit ; or, un certain jour, Chramnesinde prépare un souper dans la soirée et invite Sichaire à sa table. Celui-ci étant venu, tous deux s'installent pour le festin. Puis, comme Sichaire appesanti par le vin déblatérait beaucoup contre Chramnesinde, on prétend qu'il lui

aurait dit pour finir : « Tu me dois de grandes grâces,
« ô très cher frère, pour avoir tué tes parents ; grâce
« à la composition que tu as reçue, l'or et l'argent sur-
« abondent dans ta maison et tu serais dépouillé de tout
« et dans l'indigence, si cette chose ne t'avait requin-
« qué. » En entendant cela, l'autre accueillit avec amertume
les propos de Sichaire et déclara dans son for intérieur : « Si je ne venge pas le meurtre de mes parents,
« je ne mériterai plus de porter le nom d'homme, mais
« d'être appelé une faible femme. » Aussitôt donc, ayant
éteint les luminaires, il tranche la tête de Sichaire
avec une scie. Celui-ci, ayant poussé un faible cri au
terme de sa vie, tomba et mourut. Les esclaves qui
étaient venus avec lui se dispersent. Chramnesinde sus-
pendit le cadavre dépouillé de ses vêtements à une
branche d'une haie et ayant enfourché ses chevaux
se rendit auprès du roi [1]... ».

Reportez-vous maintenant aux pages 40 et 41 de
Papillon, depuis « Tout nu dans le froid glacial » jusqu'à
« ce qui m'empêche de sentir les coups ».

On touche dans ces deux textes le fond même du récit,
le récit à l'état pur, où tout n'est que récit. Actes, pensées, paroles, marqués d'un même caractère de soudaineté, ou plutôt d'un bizarre mélange de rumination et
de soudaineté, sont tous et ne peuvent être que des événements. L'intention, ici, est toujours un fait. Penser,
accomplir un geste ont la même lourdeur concrète,
envahissant l'individu tout entier. L'être humain est
ce qui lui vient brusquement à l'esprit, ce qu'il dit
à un compagnon ou ce qu'il exécute, et, à chaque
instant, il n'est que cela. Aussi n'y a-t-il pas, dans l'univers
de Papillon, de différences d'intensité. Comme chez
Grégoire de Tours, s'adresser à quelqu'un, le tuer, le
sauver, surgissent comme une image surgit après l'autre

---

1. Trad. Robert Latonche. Certaines expressions auraient d'ailleurs
pu être traduites dans une langue populaire dont je parlerai plus bas
à propos de celle de *Papillon*. « Crapulatus a vino », par exemple.

au cinéma : celle qui montre des fleurs caressées par la brise n'occupe pas moins de place sur l'écran que celle qui montre un tremblement de terre. Tout le monde luttant à tout moment pour sa vie, il n'y a que le va-tout qu'on puisse jouer, et tous les signes extérieurs sont en permanence interprétés, jaugés dans cette perspective du va-tout. De même, ces hommes sont perpétuellement et à la fois tout calcul et toute impulsivité, ruse et violence, oubli et mémoire. L'un des deux personnages de Grégoire a oublié que l'autre avait tué ses parents. Mais lorsque ce détail lui revient, il occit son convive. On notera aussi la rapidité et la présence d'esprit avec lesquelles il éteint les lumières, semblable à la rapidité avec laquelle Papillon coiffe son gardien de la marmite d'eau bouillante. Un tel extrémisme dans les réactions entraîne un *tempo* où les situations se modifient de fond en comble presque à chaque page, soit du fait de l'un des acteurs, soit par un coup du sort, car il ne peut y avoir, dans ce quitte ou double éternel, d'imprévus mineurs. Le mariage de l'organisation et du hasard, là encore, est aussi intime que l'alliance d'un vouloir-vivre féroce avec une légèreté ahurissante dans l'art de provoquer le danger, ou la vengeance.

Dans ce type de récit, l'auteur n'a pas à se demander pourquoi il écrit. La question n'a pas de sens pour lui. Ou plutôt, la réponse semble évidente. La violence avec laquelle il a vécu ce qu'il raconte ne laisse place à aucun doute dans son esprit quant à l'intérêt qu'on doit y prendre (conviction sans laquelle il n'est pas de vrai conteur) et comme, d'autre part, il ne peut pas penser à autre chose, il fait plaisir à tout le monde, y compris à lui, en se laissant aller à la narration. Cet abandon à la narration, c'est l'état de grâce fondamental, le talent primaire dont seul autrui s'aperçoit et qui ne s'acquiert pas.

Cet état de grâce ne pouvait apparaître aujourd'hui que dans une œuvre qui ne fût pas née d'une autre, je veux dire dans l'extra-littéraire. (Il n'y a pas en effet d'influence *littéraire* d'Albertine Sarrazin sur Charrière, elle n'a eu d'influence que sur sa *décision* d'écrire.) Il n'existe pas aujourd'hui d'écrivain conscient qui puisse, déterminé qu'il est par sa culture, surmonter les antinomies esthétiques du récit linéaire. Le roman n'est plus récit, et du reste refuse la catégorie romanesque comme genre.

On s'interroge à notre époque jusqu'à la hantise sur ce qu'est la littérature, sur ce qu'est le langage, sur ce qu'est écrire, sur ce qu'est parler. Ces questions sont plus radicales qu'elles ne l'étaient dans les arts poétiques du passé. On ne se borne pas comme jadis à évaluer la légitimité de tel ou tel contenu de l'œuvre littéraire, l'aptitude de telle ou telle forme. Il y a longtemps que tous les contenus sont légitimes. C'est pourquoi ils ont tous disparu, faute d'interdits. Rien n'est interdit — du point de vue esthétique j'entends. Reste donc la forme. Il ne pouvait en aller autrement. Alors là, au contraire, tout est interdit, il n'y a plus que des interdits. La littérature n'est ni la peinture ni la musique. La forme, fût-elle privilégiée, y supposait justement l'existence, l'hypothèse, le repoussoir au moins d'un contenu à neutraliser. Écrire a désormais pour objet l'écriture, la littérature a pour but la recherche de la littérature. Ou plutôt elle ne doit même pas avoir de but — ce terme suggérant une visée hors d'elle. L'œuvre est devenue tautologie, mais une tautologie informulable puisqu'il n'y a rien à répéter. Hébétée de parthénogenèse, la littérature dit le dire et se demande comment c'est possible. Ce n'est pas un hasard si plusieurs « romans » de ces dernières années, ont pour « thème » l'écrivain aux prises avec l'écriture, et se donnent pour trame l'actualité même du texte en train de se faire, et qui n'a d'autre raison d'être que de dire qu'il est, ce qui lui permet d'être. Mais aussi le retour volontaire au récit est inconcevable.

Il semble donc que le texte à la fois narratif et non documentaire, objectif et poétique, fait de mémoire ou d'imagination (car en l'espèce la différence importe peu) ne puisse réapparaître désormais que de façon sporadique, de loin en loin, en quelques livres aberrants, imprévisibles, hors l'histoire, impossibles à susciter, à prévoir. Sans doute, également, la force d'évocation visuelle et événementielle, et non point sa contrefaçon au niveau du langage, jouit-elle d'une sorte de dispense qui permet de braver les écoles et les conjonctures littéraires — sans le savoir, bien sûr. Sans doute aussi ne trouve-t-on, dans ce cas l'écriture que pour ne l'avoir jamais eue, ou le langage pour l'avoir toujours eu. Car il s'agit en fait ici de langage, je veux dire de langage oral, et non d'écriture. Dans *Papillon*, l'écriture est un succédané de la parole, elle n'en est pas le dépassement, la transmutation, comme dans la littérature savante. La vigueur narrative de Charrière relève de la littérature orale, celle qui ne devient littérature que par la nécessité de « noter » le récit, pour qu'il ne soit pas perdu. Mais le rythme profond de la conception et de l'expression est celui du verbe et c'est cela qu'il faut chercher à retrouver en lisant, exactement comme on lit une partition, qui n'est pas un but en soi, mais un moyen de reconstituer et d'exécuter la substance musicale dans son intégralité. Je n'ai d'ailleurs jamais eu un tel sentiment aveuglant de la différence entre le français écrit et le français parlé qu'en lisant *Papillon*. Il s'agit véritablement de deux langues différentes. Non point tant par l'usage de l'argot ou d'un vocabulaire familier que par des divergences capitales dans la syntaxe, les tournures, la charge affective des mots. Les reconstitutions littéraires de la langue parlée, chez Céline par exemple, souffrent précisément de ne pas porter la marque de la spontanéité. D'autre part, il est d'une rareté extrême que le français parlé puisse, sans truquage, aboutir à une œuvre achevée. Devant la page à écrire, le génie populaire se croit généralement obligé de faire appel aux quelques bribes qu'il connaît du français littéraire. Il perd sur les deux tableaux. (C'est ce qu'on appelle méchamment des

« romans d'autodidacte ».) Pour franchir ce barrage redoutable — la culture écrite — sans s'en apercevoir, en gardant la totalité de ses ressources narratives comme si l'on parlait, il faut cette innocence rusée qui fut celle du Douanier Rousseau, et que possède Papillon, l'intemporel « conteur qui prend place au pied du térébinthe ».

IMPRIMÉ EN FRANCE PAR BRODARD ET TAUPIN
Usine de La Flèche (Sarthe).
LIBRAIRIE GÉNÉRALE FRANÇAISE - 6, rue Pierre-Sarrazin - 75006 Paris.
ISBN : 2 - 253 - 00555 - X

Nouvelles éditions des « classiques »

La critique évolue, les connaissances s'accroissent. Le Livre de Poche Classique renouvelle, sous des couvertures prestigieuses, la présentation et l'étude des grands auteurs français et étrangers. Les préfaces sont rédigées par les plus grands écrivains ; l'appareil critique, les notes tiennent compte des plus récents travaux des spécialistes.

Texte intégral

Extrait du catalogue*

---

* Disponible chez votre libraire.

*Le sigle ♥, placé au dos du
volume, indique une nouvelle
présentation.*